MAIBOCK MIT BETE UND SCHOKOLADE

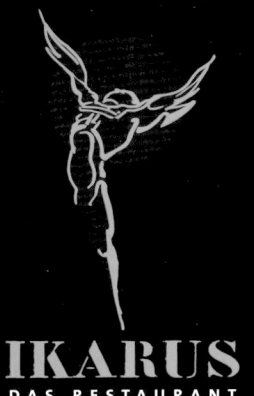

Die Weltköche zu Gast im Ikarus

MAIBOCK MIT BETE UND SCHOKOLADE

60 außergewöhnliche Rezepte
und 12 internationale Chefs im Portrait

» Nicht die Erwartungen anderer dern der Anspruch an sich selbst Liebe zum Detail, das Bewusstsein der, der sich selbst der strengste

führen zu Spitzenleistungen, son- Die Ernsthaftigkeit der Arbeit, die für Qualität. Herausragen kann nur Kritiker ist. **«**

Dietrich **MATESCHITZ**

INHALT

November — 15  Bart **DE POOTER** — De Pastorale
Rumst-Reet / Belgien

Dezember — 39  Jannis **BREVET** — Inter Scaldes
Manoir Restaurant Inter Scaldes / Niederlande

Januar — 67  André **CHIANG** — Restaurant André
Singapur

Februar — 91  Paco **PÉREZ** — Restaurant Miramar
Llançà / Spanien

März — 115  Alexandre **GAUTHIER** — La Grenouillère
La Madelaine-sous-Montreuil / Frankreich

April — 139  Ana **ROŠ** — Restaurant Hiša Franko
Kobarid / Slowenien

Mai 163  Rodolfo **GUZMÁN** Boragó

Santiago de Chile / Chile

Juni 187  Magnus **EK** Oaxen Krog

Stockholm / Schweden

Juli 211  Sat **BAINS** Restaurant Sat Bains

Nottingham / Vereinigtes Königreich

August 235  **IKARUS** Team Restaurant Ikarus im Hangar-7

Salzburg / Österreich

September 259  Matthew **LIGHTNER** Atera

New York / USA

Oktober 283  Jesper & Rasmus **KIRKETERP KLIIM** Restaurant Radio

Kopenhagen / Dänemark

Die Köpfe einer großen Familie

Was für ein pralles Jahr, auf das wir zurückblicken dürfen. Einmal mehr ist es dem Hangar-7 gelungen, die kulinarischen Epizentren unseres Globusses im monatlichen Rhythmus zu bündeln und zu fokussieren. Alexandre Gauthier und Paco Pérez repräsentieren Frankreich und Spanien, zwei kulinarische Großmächte. Mit André Chiang haben wir unseren Vorposten in Asien. Magnus Ek, Jesper Kirketerp uns Rasmus Kliim schenken uns die Chance, den modischen Begriff »New Nordic Kitchen« mit Leben zu erfüllen. Rodolfo Guzmán demonstriert, wie selbstbewusst der nun auch kulinarisch erwachende Kontinent Südamerika sich mittlerweile präsentiert. Und eine Ana Roš führt uns in eine kulinarische Diaspora, die nach ihrem Besuch nur noch mit einem Wort umschrieben werden kann: vermeintlich. Tatsächlich zeigte uns die sympathische Slowenin, wie man ein schwieriges wirtschaftliches Umfeld trotzdem mit großem Genuss verbinden kann, wenn man nur sein Handwerk beherrscht. Überhaupt: Neben ihrem großartigen Küchenschaffen sind es einmal mehr die so unglaublich unterschiedlichen Charaktere eines Matthew Lightner, eines Bart de Pooter, eines Sat Bains oder eines Jannis Brevet, die uns im Hangar-7 bereichern und inspirieren.

Nein, im Jahre 2014 gilt wie im Eröffnungsjahr 2003: Das visionäre Gastkochkonzept eines Dietrich Mateschitz trägt unvermindert. Besser noch, es gewinnt von Monat zu Monat, von Gastkoch zu Gastkoch, an Momentum.

Kein Jahr kann das besser belegen als das zurückliegende. Den Wechsel an der Executive-Spitze von Roland Trettl zu Martin Klein in einer solchen Perfektion zu meistern gelingt nur, wenn die Grundidee überragt und die Mannschaft in ihrer ganzen Tiefe von dieser Grundidee überzeugt und begeistert ist.

Lassen Sie mich an dieser Stelle bitte kurz aufs Grundsätzliche blicken: Das Fine Dining im Hangar-7 stellt eine absolute Spitze dar. Doch selbst die spitzeste Spitze ist ohne Basis und Mittelbau nicht denkbar. Und genau dort gibt es Anzeichen, die bedenklich stimmen. Über die Hälfte aller Koch-Lehrlinge brechen ihre Ausbildung wieder ab. Und selbst wenn alle durchhalten würden, wäre ihre Gesamtzahl zu niedrig.

Und jetzt würde ich gerne zur Verdeutlichung eine kleinen Ausflug unternehmen, für den ich in der Red-Bull-Welt bleiben kann. Wenn bei Red Bull Racing der Abschied eines Mark Webber so überzeugend mit der Nachfolge durch Daniel Ricciardo aufgefangen werden kann, dann ist das kein Glück, sondern Ergebnis einer jahrelangen und weltweiten Nachwuchsförderung. Diesem Konzept hat sich Red Bull verschrieben: nicht Stars »einkaufen«, sondern stattdessen lieber selber erschaffen und sie bei ihrem langen Weg an die Spitze begleiten und fördern.

Und nun zurück zum Hangar-7: Er ist seit frühen Zeiten eine Ausbildungsstätte. Den ersten Lehrling gab es 2005 im Ikarus, er hieß Andreas Bitsch.

Warum ich das heute noch weiß? Weil eben dieser Andreas Bitsch uns eines Tages zwar verließ – weil er unter anderen in Frankreich bei Jean Georges Klein arbeiten wollte – aber ebenso eines Tages wieder zu uns zurückkehrte. Als Sous-Chef! Unser Mann, Teil unserer Mannschaft und überzeugter Vertreter und erprobter Kenner einer großartigen kulinarischen Vision. Besser geht es nicht. Was auch für unseren neuen Service-Chef Matthias Berger gilt, den ich etwas salopp, aber voller Vertrauen als Eigengewächs bezeichnen darf. Und natürlich erst recht für unseren neuen Executive-Chef Martin Klein, ein Hangar-7-Mann der allerersten Stunde.

Wenn die Vision mitreißend und großartig ist, wenn dann noch eine Mannschaft hinzukommt, einerlei ob in der Küche, ob im Service oder in der Verwaltung, die in ihrer ganzen Tiefe zu überzeugen weiß, dann erleben wir eine feste Plattform zu wirklich Überragendem. Das vorliegende Buch zeugt davon, genießen Sie es!

In diesem Sinne herzlichst

Ihr Eckart Witzigmann

Eckart Witzigmann im Gespräch mit Roland Trettl und Jannis Brevet (oben), sowie mit Trettls Nachfolger Martin Klein und Rodolfo Guzmán (unten).

Einmaliges Zentrum von Genuss und Technik

Der Salzburger Hangar-7 ist eine weltweit einmalige Ansammlung hinreißender Avantgarde-Architektur, liebevoll gepflegter und einsatzbereiter Flugzeug-Schmuckstücke, wechselnder Kunstausstellungen und einem einzigartigen Gastronomie-Angebot.

Unter dem Schirm von exakt 1.754 unterschiedlich großen und speziell gebogenen Glastafeln findet sich die Heimat der Flying Bulls mit ihren wunderschönen Exponaten, an ihrer Spitze die majestätische, »better than new«-restaurierte DC-6B.

Bei kostenlosem Eintritt erfreuen sich jährlich weit über 250.000 Besucher zudem an einem umfassenden Gastronomie-Konzept. Mehrere Lounges, das Carpe Diem Lounge-Café mit seinem besonders gefragten Frühstücksangebot, die trendige Mayday Bar, die begeistert aufgenommene Hangar-7 Outdoor Lounge und natürlich das weltweit bekannte Restaurant Ikarus mit seinem einzigartigen Gastkochkonzept lassen keine Wünsche offen und prädestinieren den Hangar-7 zu seiner einzigartigen Gastgeberrolle. Dazu vermitteln wöchentliche Live-Übertragungen von ServusTV aus dem Hangar-7 den Puls der Zeit. In dieser Vielfalt hat der Hangar-7 als Architektur-, Technik-, Kunst- und Genusszentrum einen herausragenden Platz im österreichischen Kulturleben gewonnen.

Kulinarischer Hochseilakt der Kochelite

Am Anfang stand ein »völlig unmöglich!« – seitdem ist die kulinarische Vision des Dietrich Mateschitz eine nicht enden wollende Erfolgsgeschichte: Die internationale Kochelite präsentiert im Salzburger Hangar-7-Restaurant Ikarus ihre Spitzenküche. Monat für Monat. Jahr für Jahr. Seit 2003.

Unter der Patronanz des Jahrhundertkochs Eckart Witzigmann ist für diesen kulinarischen Hochseilakt kein Aufwand zu hoch. Ob in Singapur oder im spanischen Llançà, ob in Santiago oder im flämischen Rumst, ob in New York oder im niederländischen Kruiningen, vor jedem Gastkochmonat steht intensivste Recherche im Lastenheft dieses weltweit einmaligen Konzeptes. Jedes Rezept, jedes Produkt, jeder Lieferant – alles will der Ikarus-Executive-Chef wissen und vor Ort erkochen. Auf dass sich der Gastkoch in Salzburg auf eine perfekt eingestellte Brigade verlassen kann.

Das Gastkoch-Konzept im Ikarus vereint die großen Namen der internationalen Spitzenküche. In ihm treffen sich die angesagtesten Trends ebenso wie die ewig gültigen Klassiker. Das Ikarus im Salzburger Hangar-7 bündelt das internationale Fine Dining zu einem monatlichen Stepptanz der Genüsse. Dieses Buch lädt Sie dazu ein, hinter die Kulissen dieser einzigartigen kulinarischen Vision und ihrer Umsetzung zu schauen.

Bart
DE POOTER

De Pastorale

Rumst-Reet / Belgien

Drei Gänge für ein Halleluja

Es gibt Fakten und Zahlen, werden die genannt, ist erst einmal Ruhe im Raum. Zumindest mir verschlug es die Sprache, als Bart de Pooter vom Zwei-Sterne-Restaurant Pastorale im flämische Rumst von einem Trip nach Katalonien mit seinem Drei-Sterne-Kumpel Jacob Jan Boerma nebst Gattinnen erzählte: »20 Tage unterwegs, 12.000 Kilometer gereist, 50 Restaurants aufgesucht, insgesamt 580 Gänge verkostet. Dafür haben wir in dieser Region aber wirklich jedes nennenswerte Lokal aufgesucht – und dabei zehn Kilo zugenommen.«

Spätestens an dieser Stelle weiß man, dass Bart de Pooter Fine Dining nicht auf die leichte Schulter nimmt. Ein anderes Beispiel? Bart schwärmt für deutschen Riesling. Also Ehrensache für ihn, »Belgiens beste Riesling-Karte« anzubieten. Oder sein Hang zum dry aged Rindfleisch. Ohne Bart läuft bei diesem Thema im gesamten Benelux-Gebiet gar nichts. Bei täglich 1.100 geschlachteten Rindern hat er das Recht des ersten Zugriffs, womit gesichert sein dürfte, dass nur beste Qualität den Weg zuerst in die Reifekammern und dann ins Pastorale findet.

Es gibt also viele gute Gründe, sich in seinem Restaurant auf der sicheren Seite zu wähnen. Die alle getoppt werden, betritt man das ehemalige Pfarramt im 8.000-Seelen-Städtchen Rumst. Eine – der Klerus hatte ja schon immer einen Hang zum Üppigen – hochherrschaftliche Villa mit kleinem Park. Vor dem Eingang Plastiken von Jan Fabre; hat man die Villa dann betreten, zieht sich durch alle Erdgeschossräume eine spektakuläre Installation von Arne Quinze an der Decke entlang. Zusammen mit der sehr reduzierten, überwiegend in Weiß und Schwarz gehaltenen Einrichtung, wirkt alles sehr cool, sehr beeindruckend.

Auch beeindruckend, wie Bart – der in seiner kargen Freizeit am liebsten Schach gegen Garii Kasparov spielt, am Computer, Level vier – mit dem Restaurantname Pastorale jongliert. Indem er alles in Past, Orale und E zerlegt. Past, also Vergangenheit, ist ihm wichtig, weil er sich als Mittler des kulinarisch Historischen in die Gegenwart versteht. Oral, weil die Komponenten salzig, sauer, süß und bitter für eine Mund-Sensation zu sorgen haben. Und E wie Emotionen, ohne die Leidenschaft jedweder Art nun mal nicht denkbar ist.

Kann ein Essen bei soviel Vor-, Um- und Überbau überhaupt standhalten? Eine Frage, die umso schwerer wiegt, weil Bart eigentlich ununterbrochen vom Essen redet. Von seinem, von dem der anderen, alles immer vergleichend, historisch, regional, preislich, was auch immer. Deswegen noch mal die Frage, die selbst mich nach so vielen Jahren mit Gastköchen wirklich in Spannung versetzte: Was kann Bart de Pooter besser, reden oder kochen?

Um es kurz zu machen. Schon bei den ersten Amuse-Gueules war klar, dass hier jemand richtig Rückgrat hat. Und sich dabei an seine eigene Strategie hält. Nämlich nicht mit dem absoluten Paukenschlag zu beginnen, sondern das Menü als Gesamt-Inszenierung mit stetig ansteigender Intensivierung zu begreifen.

Nahezu logisch, dass nach all den Küchengrüßen dann mit einem zarten Gericht wie Spargel, Gemüse, frischen Kräutern, Artischocken und Wachtelei begonnen wird. In Barts Fall ein wirkliches Meisterwerk zurückhaltender Balance bei gleichzeitigem Volumen. Glauben Sie mir: Eine solche Produkt-Kombi geht in 99 von 100 Fällen anderer Köche im uferlosen Meer völliger Bedeutungslosigkeit unter.

Belegt dieses Gericht Barts zartes Händchen für feinste Zwischentöne, zeigt ein weiteres Gericht, vier Gänge später auf der Bartschen Intensivierungsskala, wie völlig eigenständig er aufkocht: gegrillter Seeteufel mit Kaviar, geräucherter Aal, schwarzer Knoblauch und Oliven. In der Tat etwas, was ich so noch nicht gesehen habe, was umso stärker beeindruckt, steht doch der flämische Teil Belgiens stark unter den Einflüssen eines Sergio Hermans oder eines Jonny Boers. Ebenso toll und eigenständig ein Käsegang, hier schon deswegen erwähnt, weil die wenigsten Köche ein solchen Gang richtig hinkriegen. Hier ist es eine Mousse von Greyerzer und Emmentaler mit Petersilien-Öl. Einfach toll – kurzum, Bart de Pooter zeigt exemplarisch das, was momentan in Belgien möglich ist.

Was das nun für die Gäste des Hangar-7 bedeutete? Ganz einfach: Sie brauchten nicht 12.000 Kilometer zu reisen und statt 50 Restaurants konnten Sie sich auf das Ikarus beschränken – wo Sie dann auch nicht 580 Gänge essen mussten, um das aktuelle Belgien wirklich zu verstehen.

PASTORAL EMOTIONS

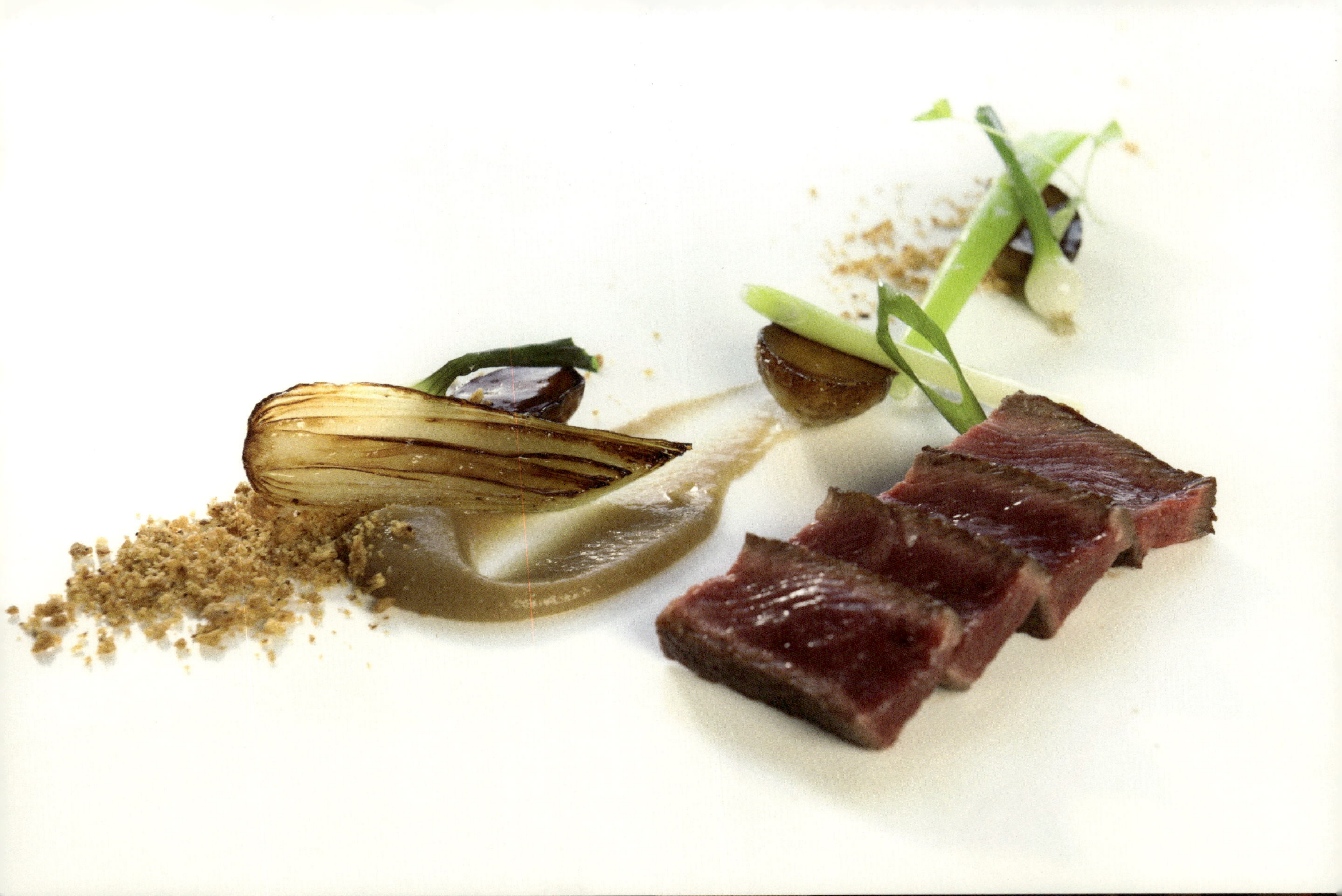

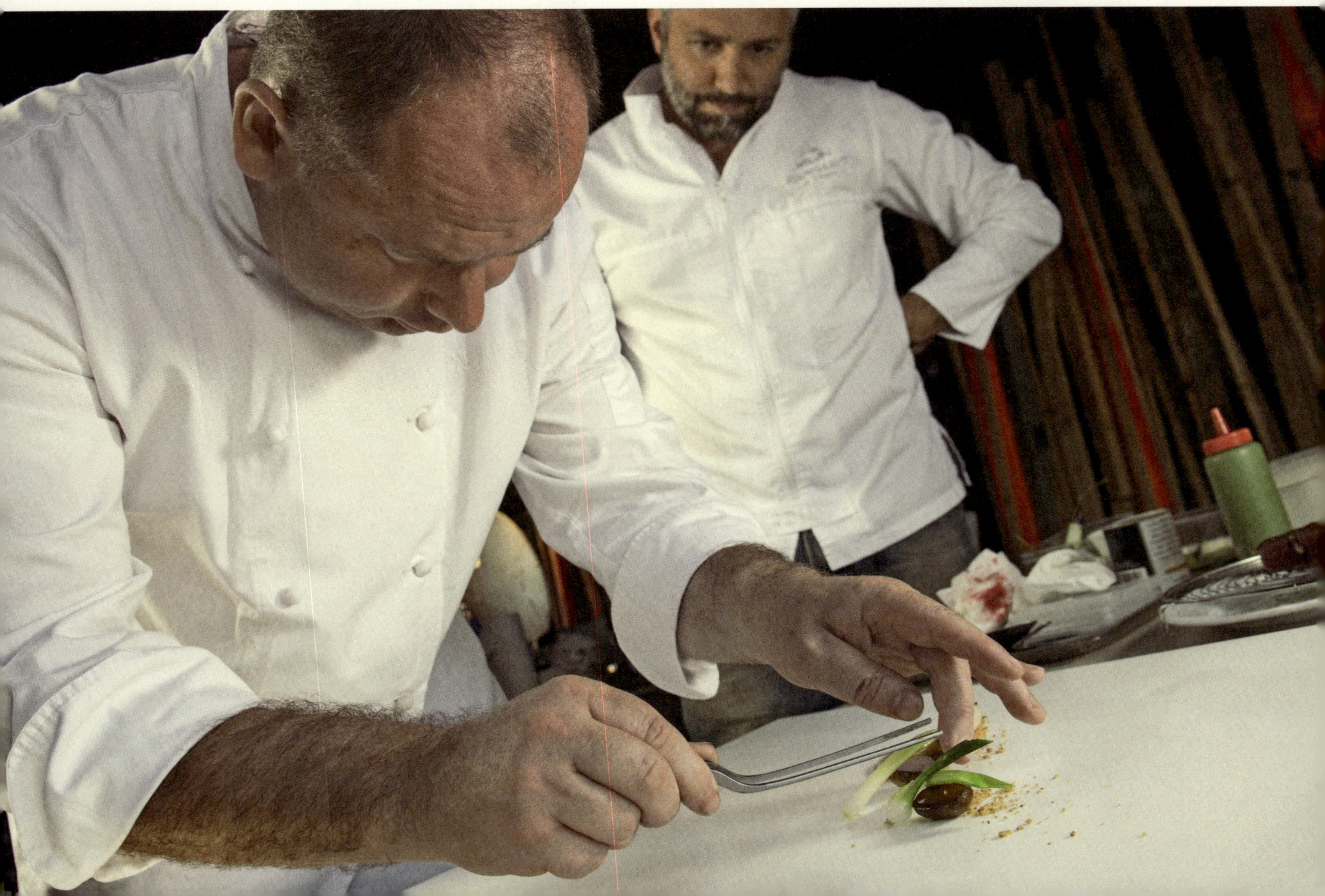

Ich wollte mich beweisen. Meine Mutter half in der Küche, meine Frau im Service. Das war der Anfang, mit 24, ganz ohne Geld.

Wer heutzutage teuer essen geht, gibt das viele Geld nicht aus, um satt zu werden. Da muss mehr kommen. Wenn sich ein Gast abends in meinem Restaurant überhaupt nicht über mein Essen unterhalten will, dann habe ich versagt.

Ja gut, industrielle Produktion ist notwendig um die Weltbevölkerung satt zu kriegen, aber ich glaube nicht an die Massentierhaltung.

Ein Essen muss sich aufbauen. Ich fange nie mit einem Paukenschlag an. Bei mir muss die Linie stetig ansteigen. Kochen ist für mich unendliches Lernen und nie endende Evolution.

Ich bin ein Tokio-Fan. Es ist spannend von Köchen zu lernen, die jeden Tag sechs Millionen Menschen satt kriegen.

Kochen heißt teilen, kochen bedeutet Kommunikation. Großartiges kochen heißt, Referenzen zu setzen.

Ich koche nicht molekular, überhaupt nicht. Ich übernehme Ideen und Techniken aus dieser Richtung. Aber ich bleibe ein belgischer Koch. Bevor ich zu Ferran Adrià ging, war ich ein klassischer Koch. Das El Bulli war ein Schock für mich. Danach habe ich mich völlig in Frage gestellt.

Du löst ein Problem oder es wird zum Problem. Wenn man weiß, wie es geht, warum macht man es dann nicht selber? Das hat was mit Identität zu tun.

Zu Hause waren wir arm, aber meine Eltern hatten trotzdem ein tolles Geschenk für mich: Freiheit. Mit diesem Gefühl habe ich mich so früh selbständig machen können.

Meine besten Gerichte erschaffe ich unter Druck.

Ich bin ein glücklicher Junge. Meine Mutter kocht noch heute für mich. Huhn mit Erbsen und Kartoffelpüree – das ist für mich der Himmel auf Erden. Aber das lasse ich meine Mutter machen, dafür würde ich nicht ins Restaurant gehen.

Identität und Provokation sind der beste Kopierschutz.

MENÜ

Mais / Blutampfer

Kabeljau mit Fenchel
Ochsenschwanz-Vermicelli / Kokos-Limetten-Sorbet
Schweinebauch mit Sprossenkohl

Belgischer Meeresblick

Jakobsmuscheln mit Bete, Meerrettich
und Scamorza

Gegrillte Seezunge mit Topinambur,
Maronen und Perigord-Trüffel

Fasanenbrust in Heubutter gegart
mit Sauerkraut und Senf

Dry Aged Beef mit Miso, Auberginen und Pilze

Variation von Trauben und Pfeffer

5 Äpfel

Belgischer Meeresblick

Gravy
- 50 g Bonito-Flakes
- 150 g Fischfond
- 450 g Muschelfond
- 50 g Sake
- 2,5 g frische Estragonblättchen
- ¼ rote Fingerchili
- 15 g frischer Ingwer, in Scheiben geschnitten
- ½ Stängel frisches Zitronengras
- frisch geriebene Schale von ½ Limette
- 1 g Xanthan

Algen-»Schwamm«
- 75 g Eigelb
- 5 g Austernpulver
- 15 g Algenpulver (Meersalat und Kombu)
- 5 g Matcha-Teepulver
- 0,5 g Sternanis, gemahlen
- 2,5 g Salz
- 100 g Eiweiß
- 40 g helles Weizenmehl
- 55 g Trisol (lösliche Weizenfaser)

»Sand«
- 50 g Puffreis
- 2 g Algenpulver (Meersalat)
- 2 g Algenpulver (Kombu)
- je 1 g Salz, Essig- und Silberpulver

»Buddhas Hand«
- 1 Segment frische Buddhas Hand (Zitrusfrucht)
- 10 g weiße Sojasauce
- 10 g Chardonnay-Essig
- 10 g Ponzu-Sauce
- 10 g Zucker
- 1 g Salz
- 60 g Sonnenblumenöl

Austernemulsion
- 60 g frisches Austernfleisch, gut gekühlt
- 50 g frisches Austernwasser, passiert
- 16 g Eiweiß
- 6 g Limettensaft, frisch gepresst
- 2 g Salz
- 8 g Sushi-Essig
- 0,8 g Xanthan
- 100 g Sonnenblumenöl

Meeresfrüchte
- 4 frische Austern, ausgelöst
- 12 frische Messermuscheln, ausgelöst
- 12 frische Miesmuscheln, gesäubert
- 12 frische Vongole, gesäubert
- 4 Seeigelzungen

Anrichten
- 1 Silikon-Schablone in Abbild eines von Prielen durchzogenen Flachküsten-Wattgebietes
- 40 g frische Algen und Meeresstrandkräuter (z. B. Meersalat, Codium, Algatinado, Dulse, Salicorn, Meerfenchel, Austernpflanzenblättchen)
- 8 eingelegte Sea Grapes (Meerestrauben), gewässert

Gravy
Alle Zutaten (außer Xanthan) einmal aufkochen lassen, den Fond mit Frischhaltefolie abdecken und 2 Stunden ziehen lassen. Die Sauce durch ein feines Sieb passieren. Das Xanthan untermixen und kalt stellen.

Algen-»Schwamm«
Das Eigelb schaumig schlagen, dann das Algenpulver, das Matchapulver und den Sternanis unterrühren. Das Eiweiß mit dem Salz zu cremigem Eischnee aufschlagen und abwechselnd mit der Weizenmehl-Trisol-Mischung unter die Masse heben. Den Teig in eine Backform füllen, mit Frischhaltefolie überziehen und im Dampfgarer bei 100 °C 25 Min. dämpfen.

»Sand«
Den Puffreis, das Algenpulver, das Salz, das Essigpulver und das Silberpulver in einen Thermomix geben und zu körnigem Pulver mixen.

»Buddhas Hand«
Die Buddhas Hand in hauchdünne Scheiben schneiden und mit den restlichen Zutaten vakuumieren. Die Zitrusscheiben im Wasserbad bei konstant 65 °C 15 Min. pochieren und in Eiswasser abschrecken.

Austernemulsion
Alle Zutaten (außer das Öl) mixen. Das Öl in einem dünnen Strahl einlaufen lassen und weitermixen, bis eine glatte Emulsion entsteht, dann kalt stellen.

Meeresfrüchte
Das Austern- und das Messermuschelfleisch auf Eis legen. Die Miesmuscheln und die Vongole im Dampfgarofen bei 95 °C 40 Sekunden garen, dann das Muschelfleisch aus den Schalen brechen und kalt stellen. Die Seeigelzungen je in 3 Stücke schneiden.

Anrichten
Die Silikon-Schablone auf einen flachen Teller legen, mit der Austernemulsion ausstreichen, dann abziehen. Nacheinander 4 Muster vorbereiten und darauf je 1 rohe Auster, 3 rohe Messermuscheln, 3 Miesmuscheln, 3 Vongole und 3 Seeigel-Stücke legen. Etwas gezupften Algen-»Schwamm« dazwischen stecken und mit frischen Algen, Meeresstrandkräutern und je 2 Meerestrauben garnieren. An die Ränder etwas »Sand« streuen. Die Gravy in 4 kleine Kännchen füllen und bei Tisch in die Teller gießen.

Gegrillte Seezunge mit Topinambur, Maronen und Perigord-Trüffel

Crisini
- 300 g frisches Artischockenpüree
- 30 g Reismehl
- 50 g Isomalt
- 50 g flüssiges Eiweiß
- 2 g Salz
- 5 g Xanthan

Seezunge
- 1 frische, große Seezunge (mind. 1 kg)
- Salz

Jus
- 1 Seezungenkarkasse (siehe Teilrezept »Seezunge«)
- 150 ml Fischfond
- 300 ml Kalbsjus
- 30 g Stangensellerie
- 30 g Fenchelknolle
- 30 g Topinamburschale
- Salz

Topinamburnocken und Topinamburkreise
- 3 große Topinambur
- Salz

Topinamburpüree
- 300 g Topinambur, geschält
- Vollmilch zum Bedecken
- 20 g Butter
- Salz

Anrichten
- 20 g frische Perigord-Trüffel-Scheiben, mit etwas Olivenöl abgeglänzt
- 4 frische Maronen, in Scheiben geschnitten
- etwas frittierte, gegarte Topinamburschale
- 4 frische Maronen, in feine Späne gerieben
- einige feine Kerbelblättchen

Crisini

Alle Zutaten glatt mixen und in einen Spritzbeutel mit kleiner glatter Tülle füllen. Auf ein mit Backpapier belegtes Backblech lange dünne Streifen (2–3 mm Durchmesser) der Masse spritzen. Die Crisini im auf 150 °C (Ober-/Unterhitze) vorgeheizten Backofen 8 Minuten backen, anschließend bei 65 °C einige Stunden trocknen lassen.

Seezunge

Die Seezunge von Silber- und Bauchhaut befreien, filetieren, säubern und trocken tupfen. Die Seezungenfilets kalt stellen. Die Karkasse für die Zubereitung der Jus (siehe Teilrezept »Jus«) beiseitestellen. Vor dem Anrichten je 2 Seezungenfilets aufeinanderlegen, sodass die Silberhautseiten innen liegen. Die Seezungendoppelfilets vakuumieren und im Wasserbad bei konstant 55 °C 8 Minuten garen. Dann aus dem Vakuumierbeutel nehmen und von beiden Seiten kurz grillen. Anschließend salzen, längs halbieren und anrichten.

Jus

Die Seezungenkarkasse im auf 180 °C (Ober-/Unterhitze) vorgeheizten Backofen 35 Minuten rösten. Die geröstete Karkasse grob hacken, in einen Topf geben und mit dem Fischfond und der Kalbsjus bedecken. Das Gemüse würfeln und zugeben. Alles aufkochen und zur Glace einreduzieren lassen. Die Jus durch ein feines Sieb passieren und mit Salz abschmecken. Vor dem Anrichten nochmals erhitzen.

Topinamburnocken und Topinamburkreise

Die geschälten Topinambur vakuumieren und im Wasserbad bei konstant 85 °C ca. 1 Stunde weich garen. 1 gegarte Topinambur in dicke Scheiben schneiden, kleine Kreise ausstechen und salzen. Die restlichen Topinambur mit der Gabel leicht zerdrücken, salzen und zu kleinen Nocken formen.

Topinamburpüree

Die geschälten Topinambur grob würfeln, in einen Topf geben und mit Vollmilch bedecken. Anschließend weich kochen und pürieren, dabei nach Bedarf weitere heiße Vollmilch untermixen. Die Butter zugeben und nochmals aufmixen. Das cremige Topinamburpüree mit Salz abschmecken.

Anrichten

Je 1–2 EL Topinamburpüree auf 4 Teller geben und zu einem langen Tropfen auseinanderziehen. Je 1 gegrilltes Seezungenfiletstück danebenlegen. An die Seite abwechselnd Trüffelscheiben, Maronenscheiben, Topiamburnocken und Topinamburkreise setzen. Einige Topinamburchips in die Zwischenräume stecken und und darauf vorsichtig einige Maronenspäne drapieren. Zum Schluss mit feinen Kerbelblättchen garnieren und je 2 Crisini über die Seezungenfilets legen.

Fasanenbrust in Heubutter gegart mit Sauerkraut und Senf

Heubutter
- 500 g Butter
- 40 g aromatisches Heu
- 10 g Wacholderbeeren

Fasan
- 1 frischer Fasan (ca. 800–900 g)
- 150 g Heubutter (siehe Teilrezept »Heubutter«)
- 2 Thymianzweige
- Salz

Fasanenjus
- Fasanenkarkassen (siehe Teilrezept »Fasan«)
- 20 g schwarz geräucherter Speck
- 300 g frisches Sauerkraut
- 1 l dunkler Geflügelfond
- Salz
- 1 EL flüssige Heubutter (siehe Teilrezept »Heubutter«)

Sauerkraut
- 150 g Heubutter (siehe Teilrezept »Heubutter«)
- 400 g frisches Sauerkraut
- 100 ml Fasanenjus (siehe Teilrezept »Fasanenjus«)
- Fasanenkeulenfleisch (siehe Teilrezept »Fasan«)
- Salz

Bratkohl
- 1 kleiner Weißkohlkopf
- 30 g Heubutter (siehe Teilrezept »Heubutter«)
- 1 Wacholderbeere
- Salz

Bratkohlsalat
- Bratkohlabschnitte (siehe Teilrezept »Bratkohl«)
- 30 g Savora-Senf
- 10 g Dashi-Essig
- 10 g Sushi-Essig
- 10 g Ponzu-Sauce
- 10 g Wasser
- 5 g frisch gepresster Limettensaft
- 100 ml Traubenkernöl

Senfglace
- 75 g Savora-Senf
- 25 g Dashi-Essig
- 25 g Sushi-Essig
- 25 g Ponzu-Sauce

Anrichten
- Gelbe Tagetesblüten und dunkle Mizuna-Salat-Spitzen
- Senfpulver

Heubutter
Die Butter in einem Topf zerlassen. Das Heu auf ein Blech geben, mit einem Bunsenbrenner an einer Stelle anzünden und sofort wieder ausblasen. Das angebrannte Heu mit den angedrückten Wacholderbeeren zu der flüssigen Butter geben und kurz ziehen lassen. Die Heubutter durch ein feines Sieb passieren.

Fasan
Die Keulen vom Fasan abtrennen. Die Brüste auslösen, dabei aber den Brustbeinknochen belassen. Die abgetrennten Karkassen beiseitestellen. Die Fasanenkeulen mit 50 g flüssiger Heubutter und den Thymianzweigen vakuumieren und im Wasserbad bei konstant 65 °C 3 Stunden garen. Das Fasanenkeulenfleisch klein zupfen und kalt stellen. Vor dem Anrichten die Fasanenbrüste salzen und in 100 g Heubutter goldbraun anbraten, dann mit dem Brustbeinknochen im Backofen bei 140 °C (Ober-/Unterhitze) auf eine Kerntemperatur von 42 °C garen, dabei immer wieder mit der Heubutter arrosieren. Die Fasanenbrüste kurz ruhen lassen, auf dem Herd etwas nachbraten, dann auslösen.

Fasanenjus
Die Fasanenkarkassen im Backofen bei 180 °C (Ober-/Unterhitze) goldbraun rösten. Dann mit dem gewürfelten Speck, dem Sauerkraut und dem dunklen Geflügelfond 1 Stunde köcheln lassen. Die Jus durch ein feines Sieb passieren und um die Hälfte einreduzieren, dann salzen. Kurz vor dem Anrichten aufkochen und mit 1 EL flüssiger Heubutter beträufeln.

Sauerkraut
Die Heubutter in einem Topf zerlassen, das Sauerkraut und die Fasanenjus zugeben und solange einkochen lassen, bis das Sauerkraut weich ist. Das klein gezupfte Fasanenkeulenfleisch zugeben und salzen.

Bratkohl
Den ganzen Kohlkopf im Backofen bei 180 °C (Ober-/Unterhitze) ca. 2 Stunden weich garen. Die gebräunten Blätter entfernen und in ca. 1,5–2 cm dicke Stücke schneiden. Die Kohlabschnitte beiseitestellen. Vor dem Anrichten die Heubutter erhitzen, die zerstoßene Wacholderbeere zugeben und die Kohlecken beidseitig darin anbraten, dann salzen.

Bratkohlsalat
Die Bratkohlabschnitte in Würfel schneiden (ca. 1 cm) und mit den restlichen Zutaten marinieren.

Senfglace
Den Savora-Senf, den Dashi-Essig, den Sushi-Essig und die Ponzu-Sauce verrühren.

Anrichten
Je 1 EL Senfglace auf 4 flache Teller geben und kreisförmig auseinanderstreichen. Darauf je 1 längs halbierte Fasanenbrust setzen und je 1 Ecke Bratkohl anlehnen. An die Fasanenbrustspitzen etwas Bratkohlsalat und an die Seite etwas Fasanenjus geben. Mit Tagetesblüten und Mizuna-Salat-Spitzen garnieren und mit etwas Senfpulver bestäuben.

Dry Aged Beef mit Miso, Auberginen und Pilze

Auberginenrolle
- 2 frische Portobello-Pilze (Riesenchampignons)
- ½ Knoblauchzehe, frittiert
- 2,5 g frische Thymianblättchen
- ½ frisches Lorbeerblatt
- 2,5 g Salz
- 500 ml Sonnenblumenöl
- 1 Aubergine
- 1 Knoblauchzehe, in Scheiben geschnitten
- Salz zum Abschmecken

Gepickelte Shiitakepilze
- 30 g Schalottenwürfel
- 55 g Weißweinessig
- 250 ml Wasser
- 17 g Sojasauce
- 7 g Zucker
- 7 g Austernsauce
- 8 frische Shiitakepilze

Auberginen-Miso-Creme
- 2 Auberginen
- 3 g frische Thymianblättchen
- 35 ml Olivenöl
- 1,5 g Salz
- 1 Prise frisch gemahlener schwarzer Pfeffer
- 20 g helle Misopaste

Dry Aged Beef
- 360 g Dry Aged Beef (Reifezeit 100 Tage)
- 1 EL Olivenöl
- Salzflocken
- geschrotete schwarze Pfeffermischung

Sautierte Pilze
- 4 kleine Steinpilze, halbiert
- 40 g kleine Pfifferlinge
- 4 Herbsttrompeten, gewässert
- 1 EL Olivenöl
- Salz

Anrichten
- Pulver aus getrockneten schwarzen Oliven
- Wasserkresseblättchen

Auberginenrolle

Die Portobello-Pilze säubern und vom Stiel befreien. Die ganzen Pilze zusammen mit der frittierten Knoblauchzehe, den Thymianblättchen, dem Lorbeerblatt, dem Salz und dem Sonnenblumenöl vakuumieren und im Wasserbad bei konstant 65 °C 2 Stunden garen. Die Aubergine längs halbieren. Das Auberginenfleisch einritzen und mit Knoblauchscheiben belegen. Die Auberginenhälften im auf 180 °C (Ober-/Unterhitze) vorgeheizten Backofen weich garen. Die Auberginen abkühlen lassen und das weiche Fruchtfleisch aushöhlen, dann klein hacken, mit Salz abschmecken und kalt stellen. Die gegarten Pilze abtropfen lassen und in lange dünne Scheiben schneiden. Auf je 2 Lagen Frischhaltefolie einige Pilzscheiben überlappend zu einem ca. 12 cm breiten Rechteck auslegen. Auf das untere Drittel der 2 Pilzrechtecke das gekühlte Auberginenfleisch in einer Linie auftragen. Nun Pilze und Füllung mithilfe der Frischhaltefolie zu einer straffen Rolle aufrollen. Die beiden vorbereiteten Rollen kalt stellen. Vor dem Anrichten die Enden der Auberginenrollen glätten, dann halbieren. Die 4 Auberginenrollen im Backofen bei 60 °C behutsam erwärmen und anrichten.

Gepickelte Shiitakepilze

Die Schalottenwürfel, den Weißweinessig, das Wasser, die Sojasauce, den Zucker und die Austernsauce aufkochen, dann abkühlen lassen. Die Shiitakepilze von den Stielen befreien. Den Sud durch ein feines Sieb passieren und zusammen mit den Shiitakepilzen vakuumieren. Die Pilze mindestens 3 Stunden im Kühlschrank marinieren, dann abtropfen lassen und rund ausstechen.

Auberginen-Miso-Creme

Die Auberginen schälen und klein würfeln, dann mit den Thymianblättchen, dem Olivenöl, dem Salz, dem Pfeffer und der Misopaste mischen. Die Mischung vakuumieren und im Dampfgarofen bei 100 °C 30 Minuten garen. Die Auberginenmischung fein mixen und durch ein feines Sieb passieren. Kurz vor dem Anrichten behutsam erwärmen und warm anrichten.

Dry Aged Beef

Das Fleisch rundum kurz in Olivenöl anbraten, dann im Backofen bei 90 °C (Ober-/Unterhitze) auf eine Kerntemperatur von 52 °C garen. Das Fleisch aus dem Backofen nehmen und einige Minuten ruhen lassen, dann in 4 Tranchen schneiden und die Schnittflächen mit Salzflocken und etwas geschroteter schwarzer Pfeffermischung bestreuen. Das Dry Aged Beef sofort anrichten.

Sautierte Pilze

Die halbierten Steinpilze, die Pfifferlinge und die Herbsttrompeten nacheinander in heißem Olivenöl kurz sautieren, salzen und sofort anrichten.

Anrichten

Etwas Auberginen-Miso-Creme auf 4 flache Teller geben und mit einer kleinen Palette zu einem Streifen verstreichen. Darauf je 1 Auberginenrolle setzen und je 1 Tranche Dry Aged Beef daneben platzieren. Die sautierten Pilze und die gepickelten Shiitakepilzkreise auf den Tellern verteilen. Etwas Olivenpulver auf die Teller streuen und alles mit Wasserkresseblättchen garnieren.

5 Äpfel

Karamellgel
- 160 g Milch
- 1,6 g Kappa
- 0,8 g Agar-Agar
- ½ langer Pfeffer, gerieben
- 50 g Zucker

Vanilleeis in Ingwerbrotbrösel
- 50 g weiche Butter
- 180 g Honig
- 1 Ei
- 100 g helles Weizenmehl
- 2,4 g Backnatron
- je 2 g Zimt-, Ingwer- und Anispulver
- 4 Vanilleeis-Nocken

Ingweräpfel
- 100 g Wasser
- 60 g Zucker
- 4 g Ingwerpulver
- 1 Boskoop-Apfel

Apfelscheiben
- 100 g Orangensaft
- 50 g Läuterzucker (1:1)
- 1 g Sternanispulver
- 1 Pink-Lady-Apfel

Apfel-Brownie
- 25 g dunkle Schokolade (72 % Kakaoanteil)
- 15 g dunkle Schokolade (80 % Kakaoanteil)
- 40 g Butter
- 50 g Puderzucker
- 1 Ei
- 50 g Golden-Delicius-Apfel (Brunoise)
- 8 g helles Weizenmehl
- 5 g Backpulver

Mandel-Karamell-Crumbles
- 50 g Butter
- 50 g Puderzucker
- 50 g helles Weizenmehl
- 50 g geriebene Mandelkerne
- 2,5 g Zimtpulver
- 6 g Kakaopulver

Milch-Crispy
- 80 g Puderzucker
- 30 g Vollmilch
- 30 g flüssige Butter
- 24 g helles Weizenmehl

Anrichten
- 100 g Mascarpone-Creme, mit 10 g Apfelpüree (Cox Orange) verrührt
- 1 Braeburn-Apfel, in 1 cm große Würfel geschnitten und gefriergetrocknet
- 50 g Haselnuss-Ganache
- 50 g Milchkaramell (Kondensmilch 3 Stunden in Vakuum gekocht)

Karamellgel
Die Milch, das Kappa, das Agar-Agar und den geriebenen Pfeffer aufkochen. Den Zucker karamellisieren und mit der heißen Milch ablöschen, dann für 12 Stunden kalt stellen. Das kalte Karamellgelee fein mixen.

Vanilleeis in Ingwerbrotbrösel
Alle Zutaten (bis auf das Vanilleeis) verrühren und ca. 3 cm hoch in einen Backrahmen füllen. Das Ingwerbrot im Backofen bei 160 °C (Ober-/Unterhitze) 30 Minuten backen, dann klein zupfen und bei 60 °C (Ober-/Unterhitze) 12 Stunden trocknen lassen. Zu Bröseln mixen und die Eisnocken darin wälzen.

Ingweräpfel
Das Wasser, den Zucker und das Ingwerpulver zu einem Sirup kochen, abkühlen lassen und mit kleinen Apfel-Türmchen (1 cm, ausgestochen) mindestens 1 Stunde vakuumieren.

Apfelscheiben
Den Orangensaft, den Läuterzucker und das Sternanispulver zu einem Sirup kochen, abkühlen und mit hauchdünnen Apfelscheiben mindestens 1 Stunde vakuumieren.

Apfel-Brownie
Die gehackte Schokolade und die Butter behutsam schmelzen, dann den Puderzucker und das verquirlte Ei unterrühren. Das Weizenmehl und das Backpulver mischen und unterheben. Zum Schluss die Apfelwürfel unter den Teig heben. Den Brownie-Teig ca. 2 cm hoch in einen Backrahmen füllen und im auf 170 °C (Ober-/Unterhitze) vorgeheizten Backofen ca. 7 Minuten backen. Den Apfel-Brownie abkühlen lassen und in Stücke brechen.

Mandel-Karamell-Crumbles
Aus allen Zutaten (bis auf das Kakaopulver) einen glatten Teig verkneten, diesen zu einer 1 cm dicken Teigplatte auswellen und im Backofen bei 160 °C (Ober-/Unterhitze) 12 Minuten backen. Die abgekühlte Teigplatte fein zerkrümeln und behutsam mit dem Kakaopulver vermischen.

Milch-Crispy
Alle Zutaten zu einem glatten Teig verrühren, dünn auf eine Silikonbackmatte streichen und im Backofen bei 160 °C (Ober-/Unterhitze) ca. 6 Minuten goldbraun backen.

Anrichten
Je 1 EL Mascarponecreme auf je 4 Teller geben und zu einem Streifen verstreichen. Darauf je 1 Apfel-Brownie-Stück, einige Apfelscheiben, einige Ingweräpfel und einige gefriergetrocknete Braeburn-Apfelwürfel verteilen. Je 1 kleine Nocke Vanilleeis mit Ingwerbrot-Brösel und je 1–2 TL Mandel-Karamell-Crumbles auf die Teller setzen. In die Zwischenräume je 1–2 Milch-Crispy-Stücke stecken und je 1 Tupfen Haselnuss-Ganache, Milchkaramell und Karamellgel spritzen.

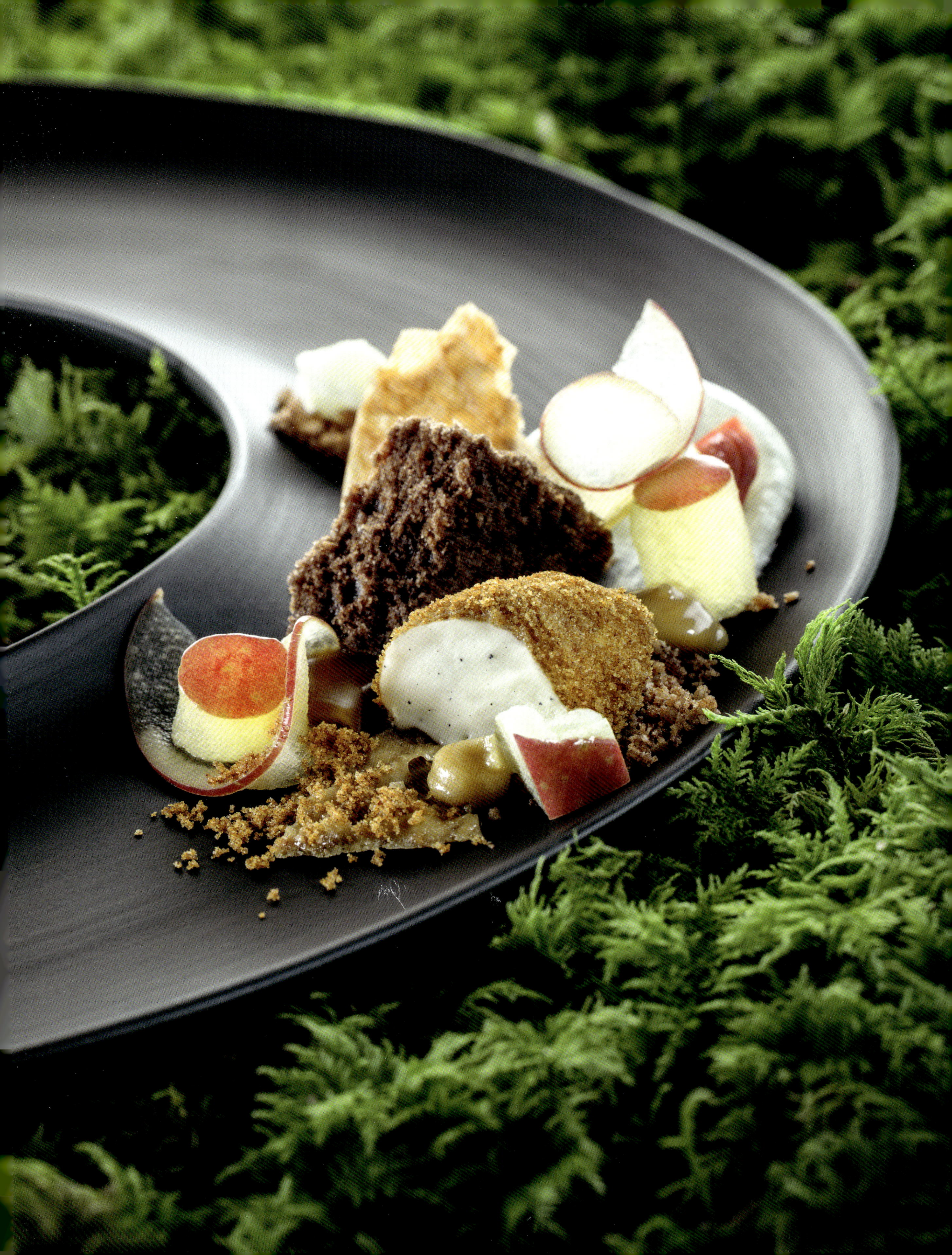

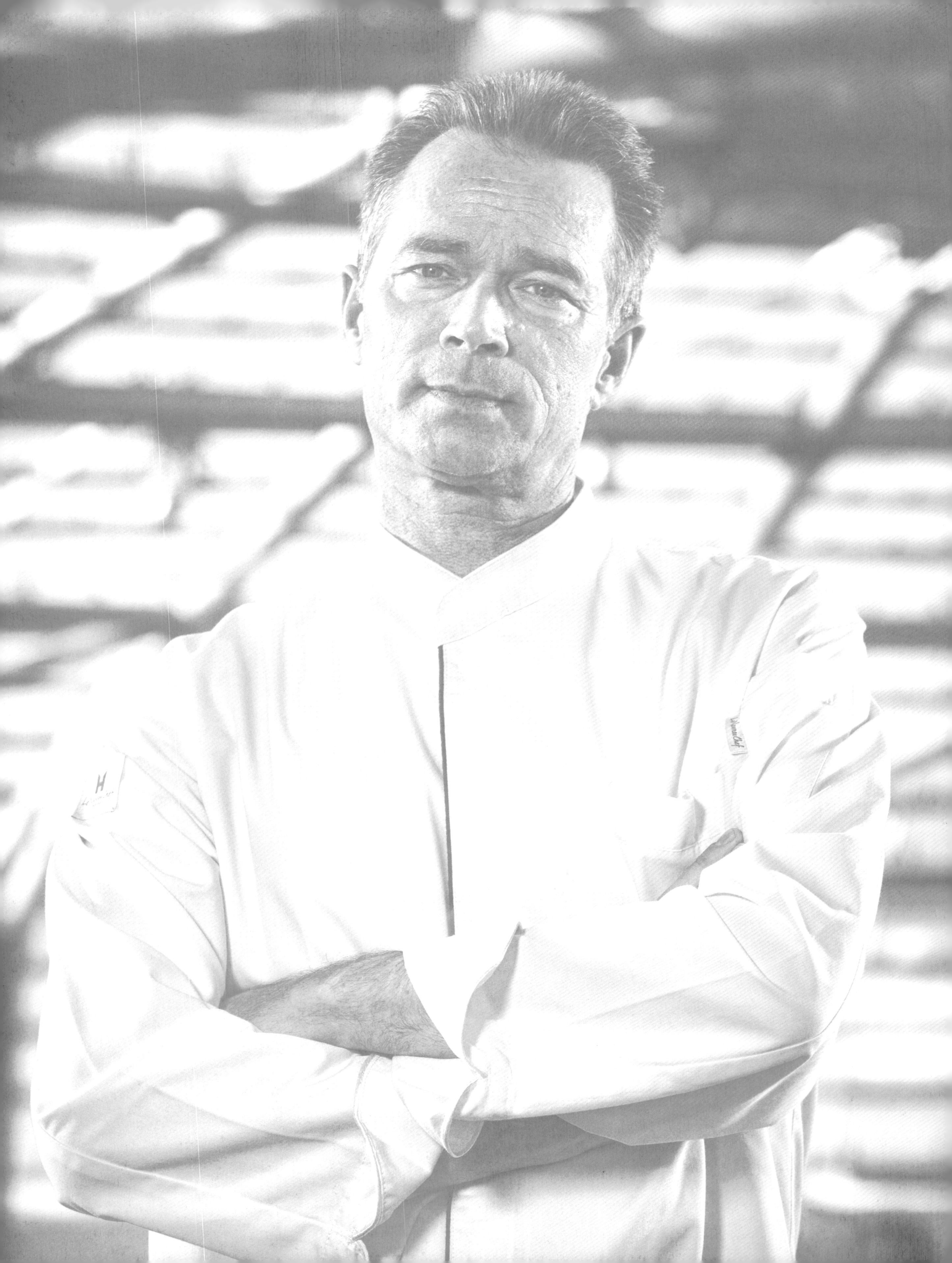

39

Jannis
BREVET

Manoir Restaurant Inter Scaldes
───────────────
Kruiningen / Niederlande

Kochen so simpel wie die Relativitätstheorie

Fangen wir für dieses eine Mal mit Wikipedia an. Der erste Satz zu Kruiningen lautet: Kruiningen ist ein Dorf ... Okay, das reicht, mehr muss man eigentlich nicht sagen. Knapp 4.000 Einwohner, null Ablenkung, das ganze ländliche Leben dort ist so spannend, wie Farbe beim Trocknen zuzuschauen. Und das Beste daran ist, es ist gut so: Denn so lenkt einen nichts ab von Jannis Brevets Inter Scaldes und von einer Küche, die eine solche Eigenständigkeit aufweist, dass sie locker in jedweder Weltmetropole herausragen würde.

Das Inter Scaldes hat seit Jahrzehnten einen hervorragenden Ruf in den Niederlanden. Es bekam vor 25 Jahren zwei Sterne, woran sich auch nichts änderte, als Jannis und seine Gattin Claudia vor 12 Jahren das Restaurant übernahmen. Das kann man als Erfolg betrachten – oder als Frechheit. Denn entweder gewährt man hier den dritten Michelin-Stern, oder man nimmt allen anderen Spitzenhäusern den dritten Stern weg.

Jannis Brevet, der zuvor in Witzigmanns Aubergine, in Winklers Tantris und in Dieter Müllers Schweizer Stuben gearbeitet hatte, kocht mit einer solchen Liebe zum Produkt und dabei mit einer solchen Eigenständigkeit und Unabhängigkeit auf, dass man auch nach zehn Jahren Gastkochkonzept schier sprachlos ist. Immer wieder erwischt man sich bei dem Gedanken: »Ist ja eigentlich völlig logisch, was hier gerade zusammengestellt wird, bloß und um alles um der Welt, wie kommt man nur darauf?«

Sie wollen ein Beispiel? Okay, nehmen wir einfach Jannis' Gillardeau-Auster mit Knochenmark, Fleischjus und Sauerkrautschaum. Na logisch, eine bei 40 Grad ganz leicht pochierte Auster und Mark gehen gedanklich schon mal völlig klar, ein Schuss Volumen mit dem Jus kriegt man auch noch gedacht und statt dem üblichen Spritzer Zitrone nun die Säure durchs Sauerkraut. Wie gesagt, alles völlig logisch, allein, ich komme ja auf vieles, aber darauf wäre ich nicht gekommen. Was ein Jammer ist, denn der Gang ist genial.

Ebenso verhält es sich mit der sensationellen Kombi aus Brandade, weißen Trauben und Kaviar. Da wird man schon beim Lesen ganz hibbelig, weil bereits beim theoretischen Hochschmecken klar ist, dass jetzt eine Sensation kommen wird. Allein, auch hier gilt: Man muss erst einmal drauf kommen. Oder, ein weiteres Beispiel, würde Ihnen Creme von der Peking Duck mit Popcornschaum und Feigen-Chutney einfallen?

Wenn ich mich jetzt stilistisch festlegen müsste, würde ich sagen: sehr klassisch verankert, ungeheuer modern interpretiert, alles verbunden mit sehr viel heimatlicher Produktliebe. Man könnte es natürlich auch kürzer fassen, indem man Jannis Brevet einfach nach seinen Ideen und seiner Küche fragt. »Ich koche einfach, was mir schmeckt«, sagt der. Genau so könnte man natürlich auch die Relativitäts-Theorie erklären: »Ich rechne einfach, was mir gerade so in den Kopf kommt.«

Das Inter Scaldes ist vom Interieur her von sehr zurückhaltender Eleganz, umso mehr fällt der extrem cool gekleidete Service auf, ein jeder scheint hier einem Tom-Ford-Prospekt entsprungen. Das alles kontrastiert umso stärker mit Brevets fast altmodischer Zurückhaltung. An das Gastkochkonzept geht er einerseits fasziniert, aber innerlich doch eher skeptisch heran. Auf internationalen Events ist er so gut wie nie anzutreffen. Jannis Brevet gehört zu den ganz wenigen Spitzenkönnern, die wirklich noch jeden Abend selber in der Küche stehen. Umso dankbarer mussten wir für seinen Auftritt in Salzburg sein. Als er im Hangar-7 nach dem rechten sah, galt tatsächlich der Wikipedia-Satz »Kruiningen ist ein Dorf« in ungewöhnlicher Härte – ansonsten muss es aber heißen: Jannis Brevets Kruiningen ist ein absoluter Hot Spot internationaler Spitzenküche ...

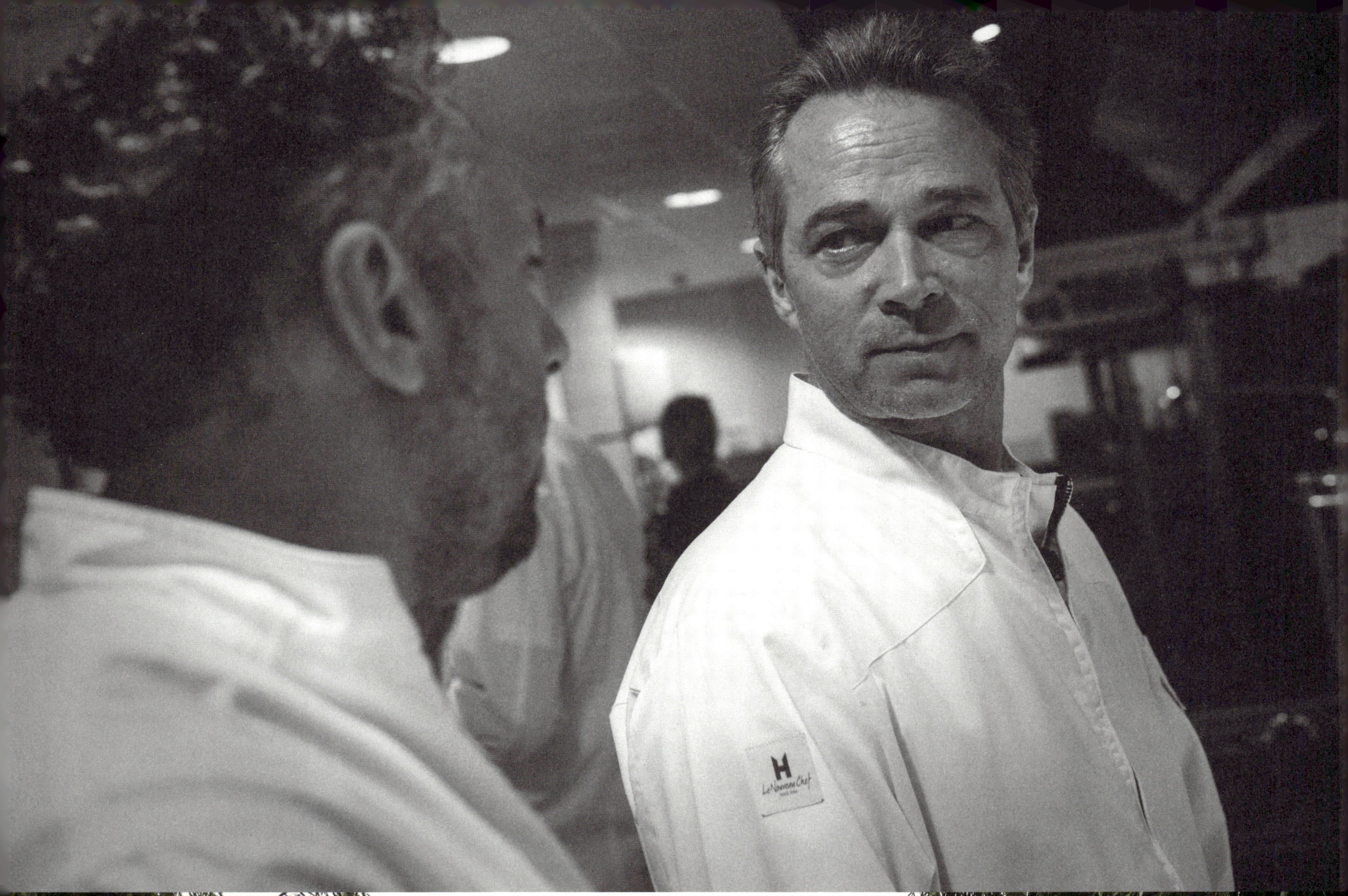

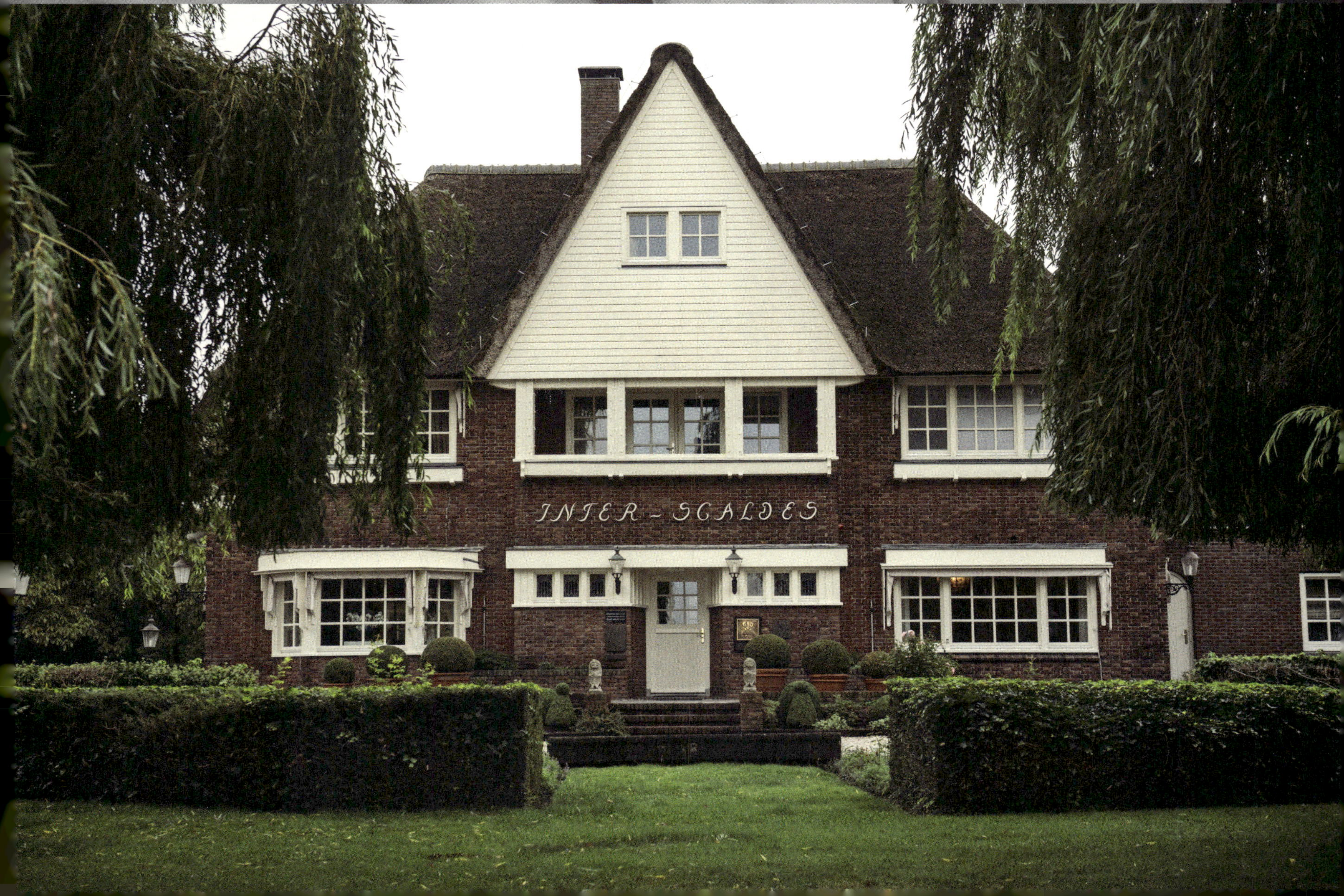
INTER - SCALDES

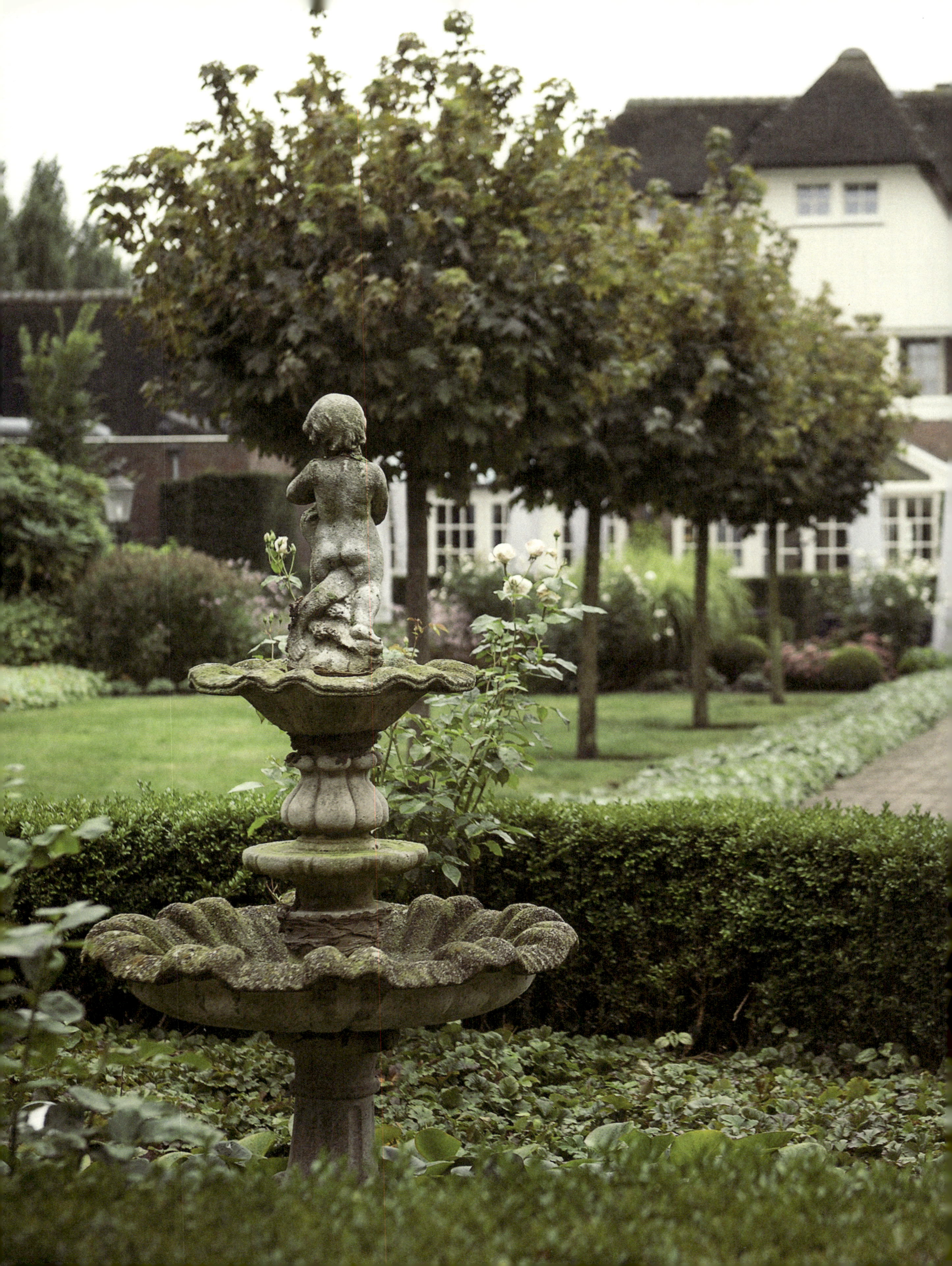

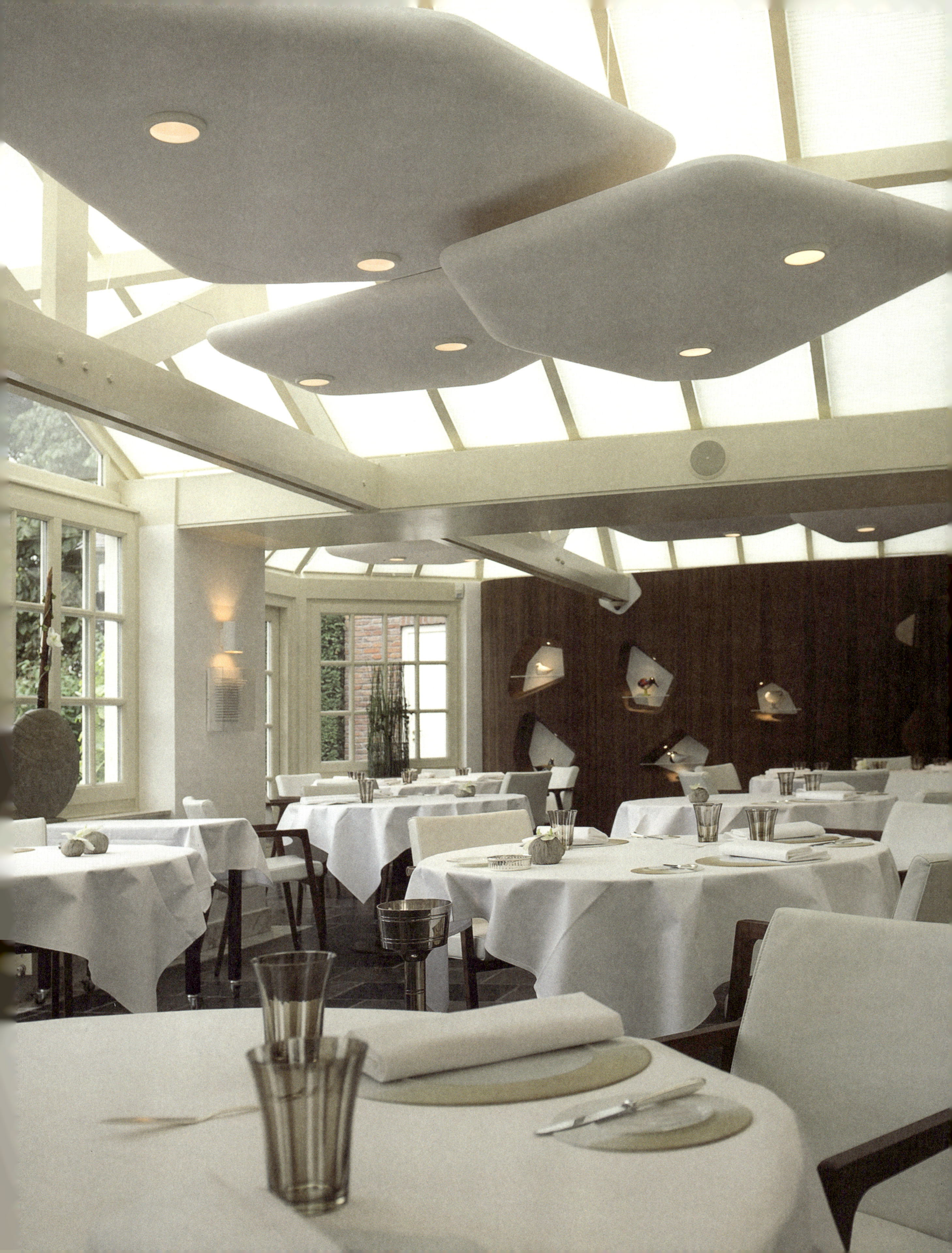

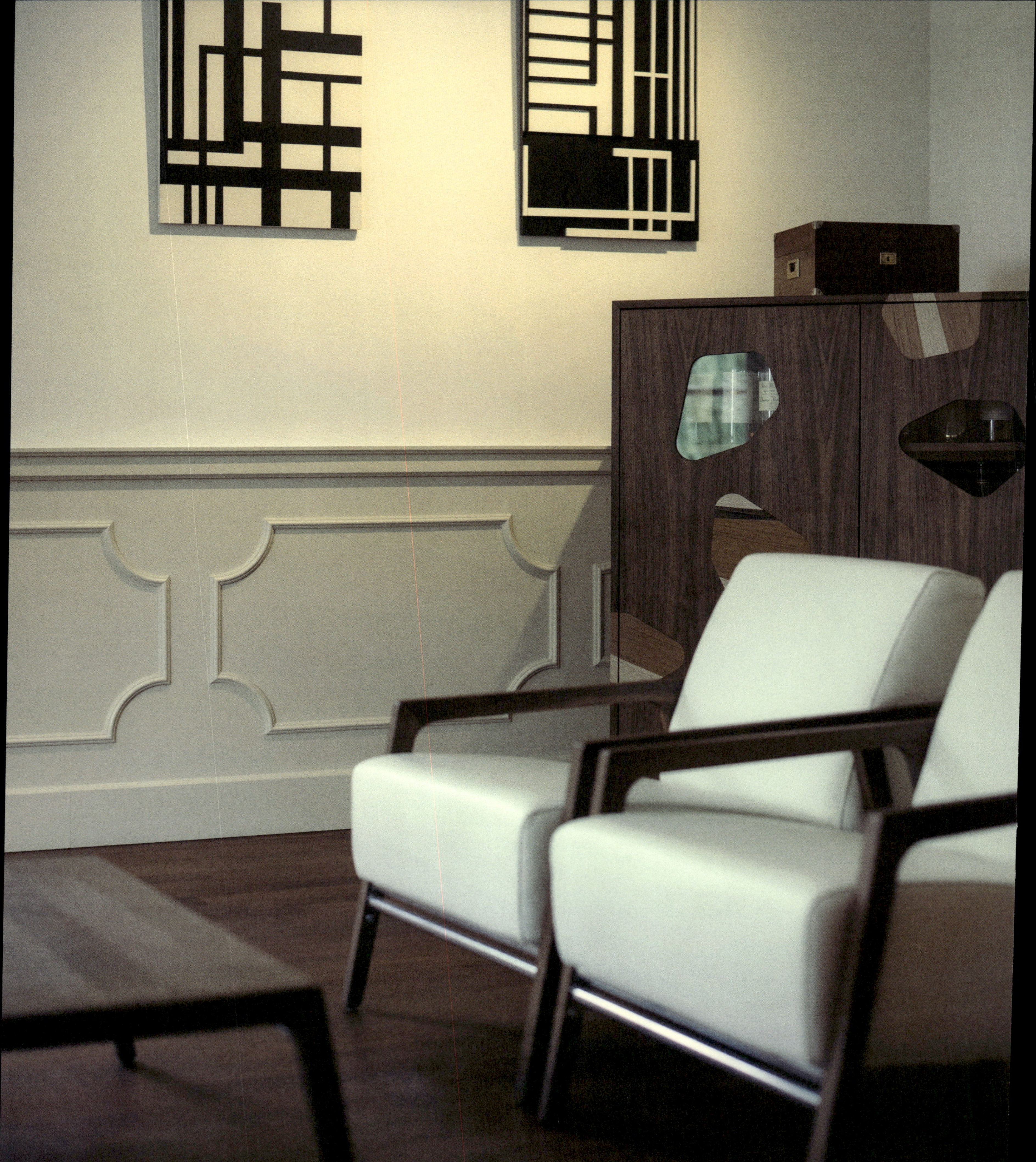

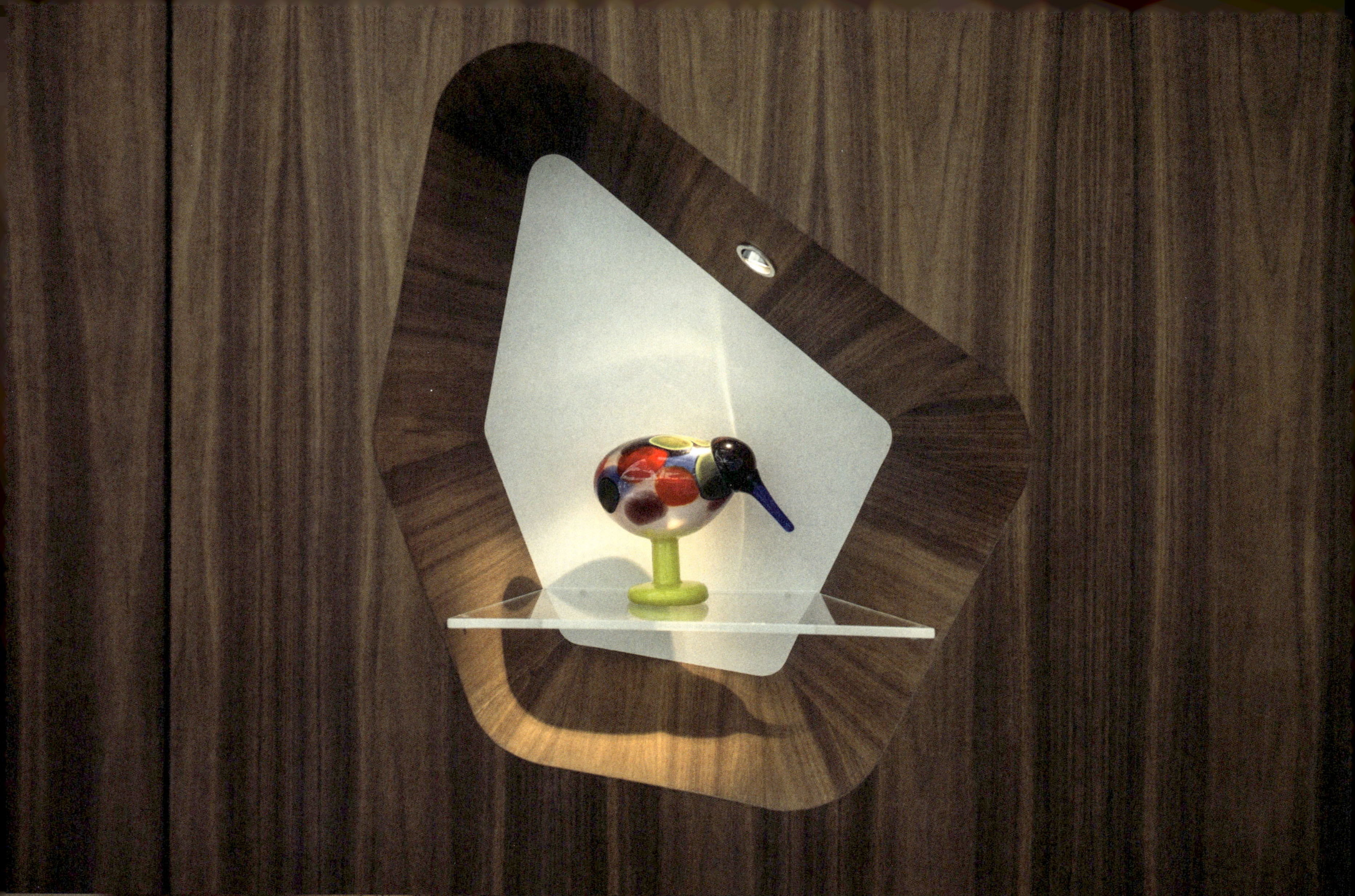
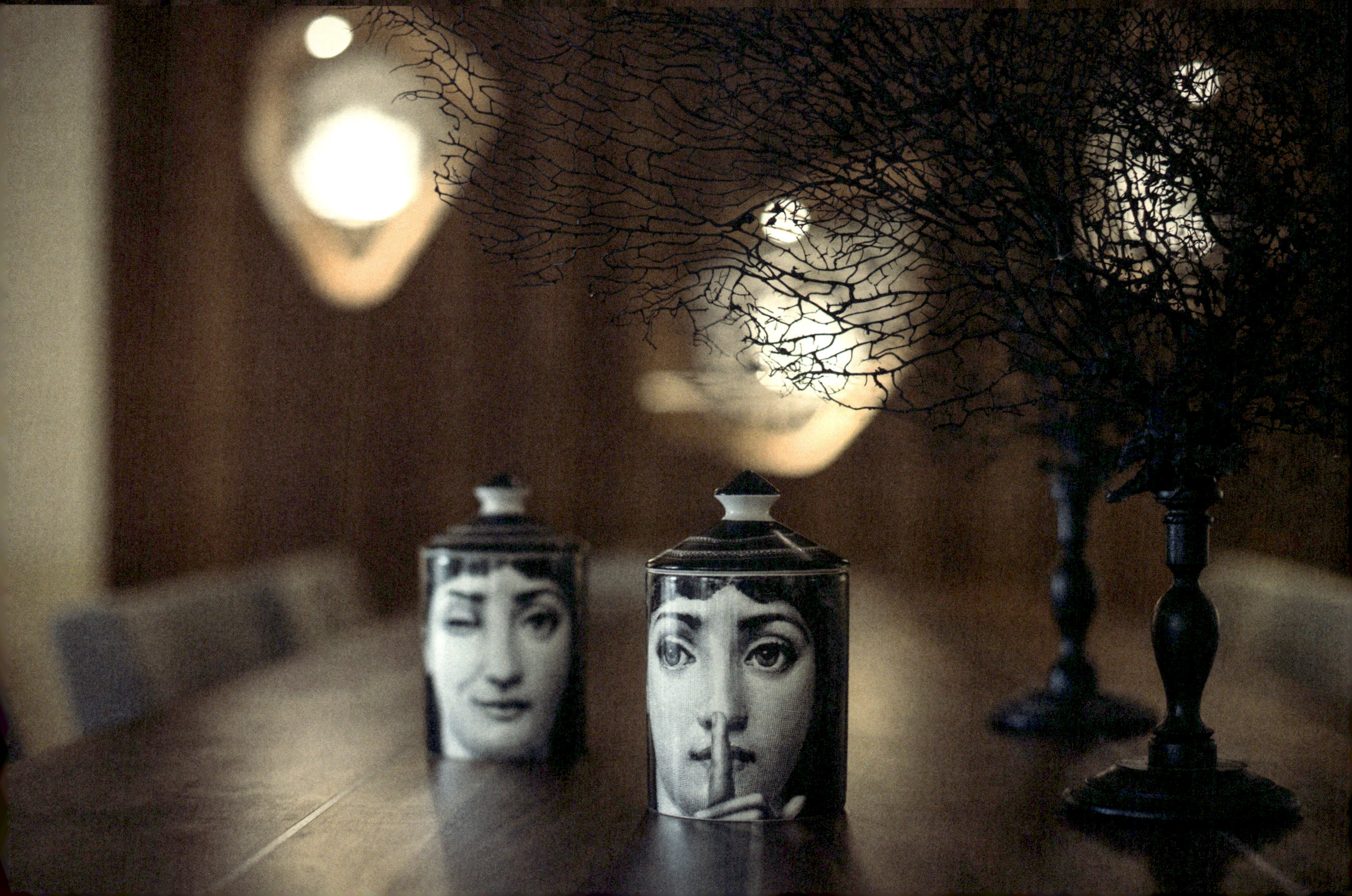

Jannis **BREVET**

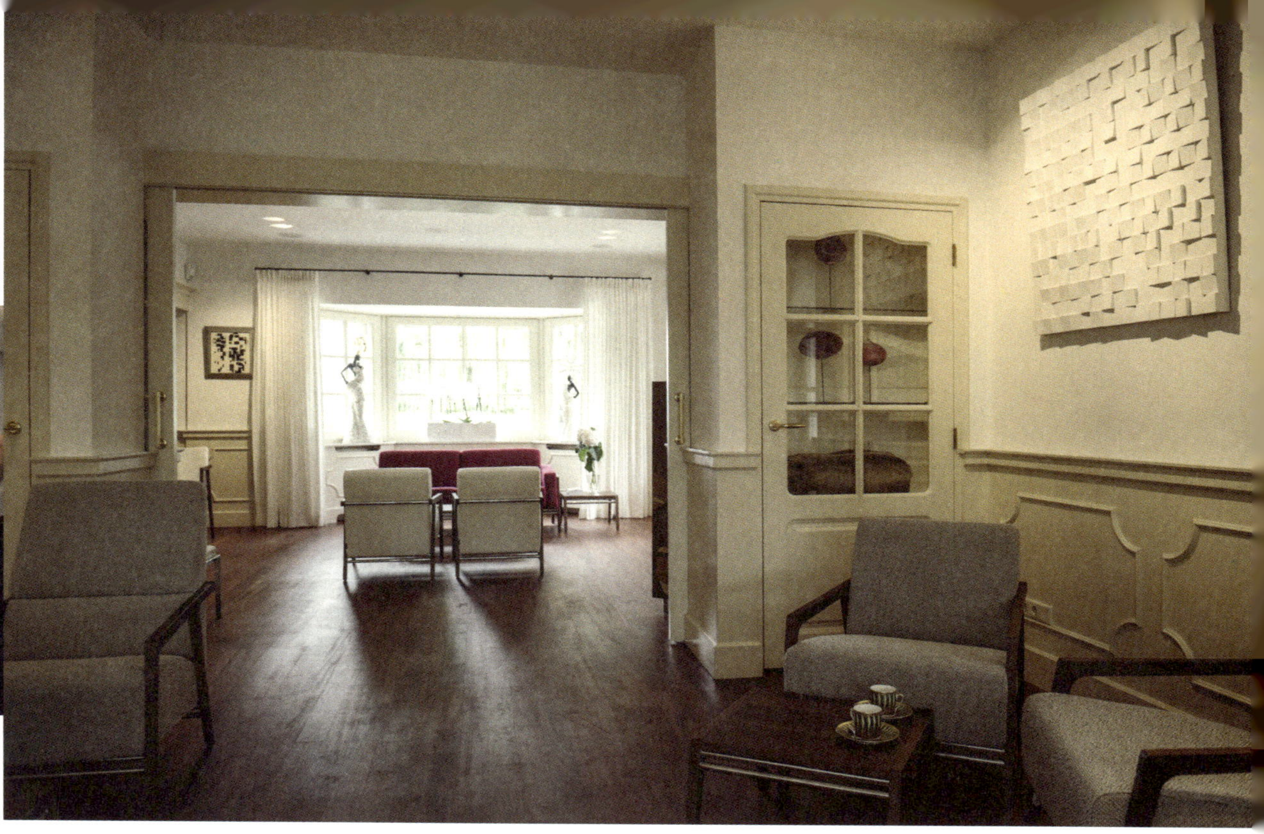

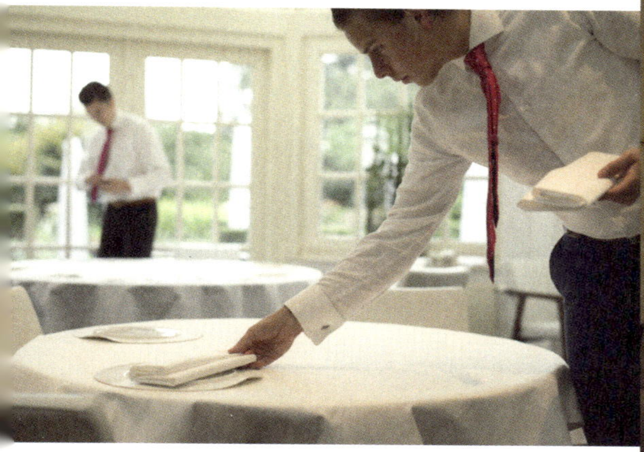

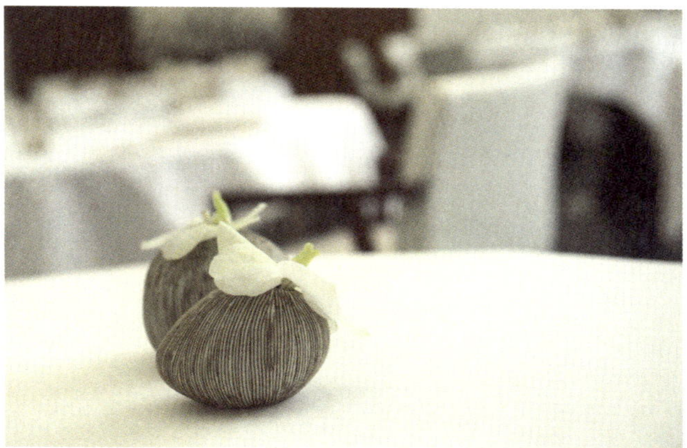

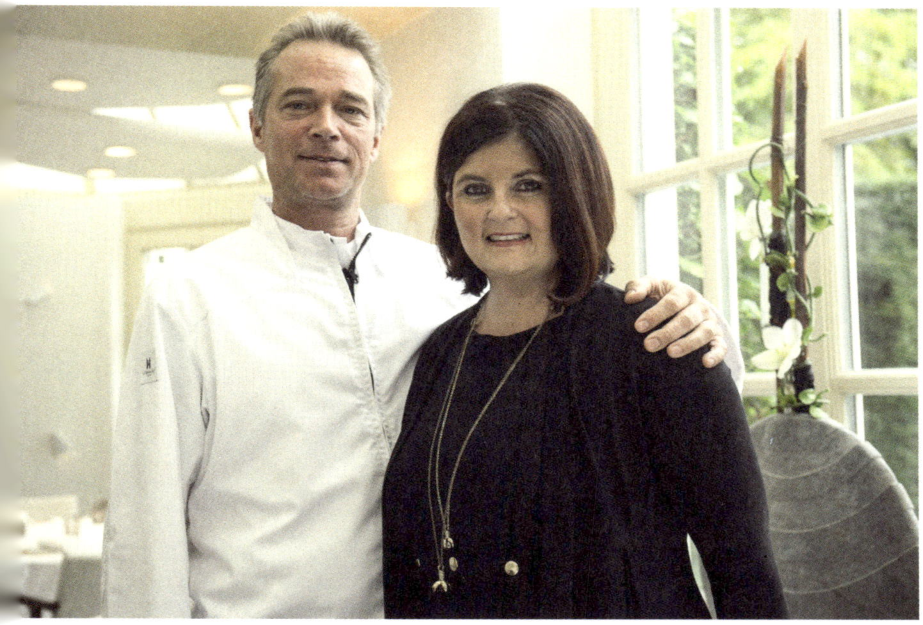

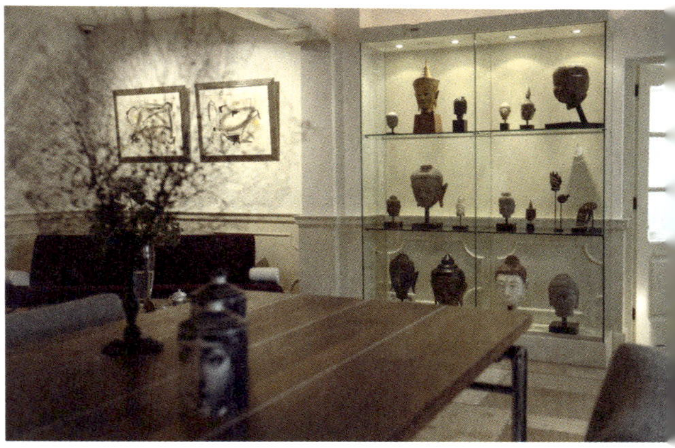

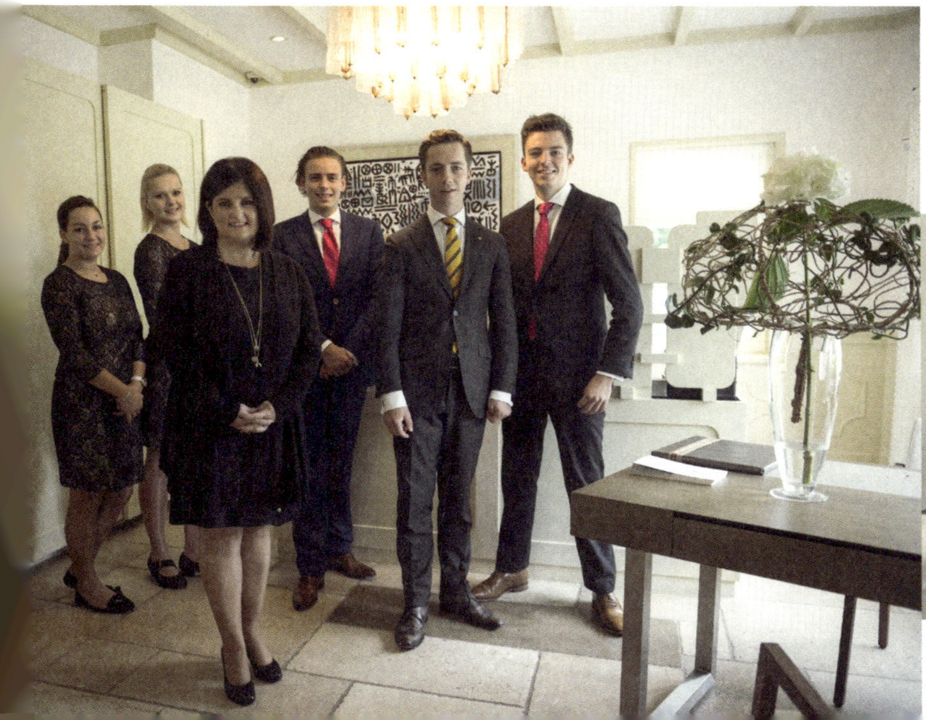

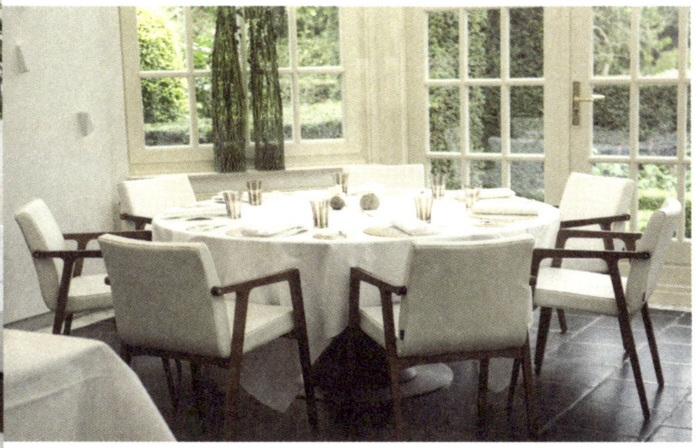

Wenn man gut ist, dann reisen die Leute gerne eine, zwei oder auch drei Stunden. Wenn man Qualität anbietet, hat man immer eine Überlebenschance und immer sein Publikum. Wenn ich gut essen will, dann ist es mir das wert. So denken heutzutage viele Gäste.

Meine Küche ist eine klare Küche mit viel Transparenz, denn ich koche für das Produkt.

Die Natur braucht nicht viel. Ihre Produkte sind optimal, da muss man kaum was hinzufügen.

Ich glaube fest daran, dass es immer à la Carte geben wird. Rund 50 Prozent meiner Gäste bestellen à la Carte. Ich übrigens auch.

Ich habe vor vielen Jahren in Paris bei Joel Robuchon sein Kartoffelpüree gegessen. Unglaublich, das war der Wahnsinn. Dass man aus einer einfachen Kartoffel ein solches Püree machen kann. Das ist mir bis heute präsent. Ich war damals noch ziemlich jung und ich glaube schon, dass mich dieses Erlebnis geformt hat.

Mein Restaurant hat seinen eigenen Stil. Es ist modern, aber nicht zu modern. Es gleichzeitig auch ein bisschen altmodisch, auf jeden Fall sehr eigen und auch ein wenig minimalistisch. Doch es hat Qualität, wir arbeiten nur mit Qualitätsprodukten, das sieht man schon an den Tischdecken, den Tischen und den Stühlen. Das alles macht das Inter Scaldes aus.

Ich versuche immer, eine gewisse Spannung auf dem Teller zu erzeugen. Eine bestimmte Visualität, die ich schön finde. Und so, wie ich Kunst sehe, versuche ich auch meine Speisen zu kreieren. Das Visuelle spielt dabei seine Rolle, nicht nur das Essbare.

Ich mache keine verrückten Dinge. Die Gäste, die hierhin kommen, wissen immer, woran sie sind, was für eine Küche ich führe. Das gibt ihnen eine gewisse Sicherheit. Bezugspunkte sind nun mal wichtig.

Ich bin sehr auf Minimalismus konzentriert. Das nennt man Zero-Art. Less ist einfach more. Ich versuche, so wenig Komponenten wie möglich auf den Teller zu bringen. Mir liegt daran, das Produkt für sich sprechen zu lassen. Dafür braucht man allerdings sehr viel Zeit und Produktwissen.

Ich möchte mich immer weiter verbessern, immer etwas anderes machen, ich will immer das Beste, das steckt einfach in mir. Es gibt auch Köche, die sich mit weniger zufrieden geben, die muss es natürlich auch geben. Doch ich habe bei allen Dingen den Drang, Leistung zu bringen, die Spitze zu erreichen.

Fisch, Schalen- und Krustentiere sind meine Produkte, schon wegen der Küstennähe.

Jannis **BREVET**

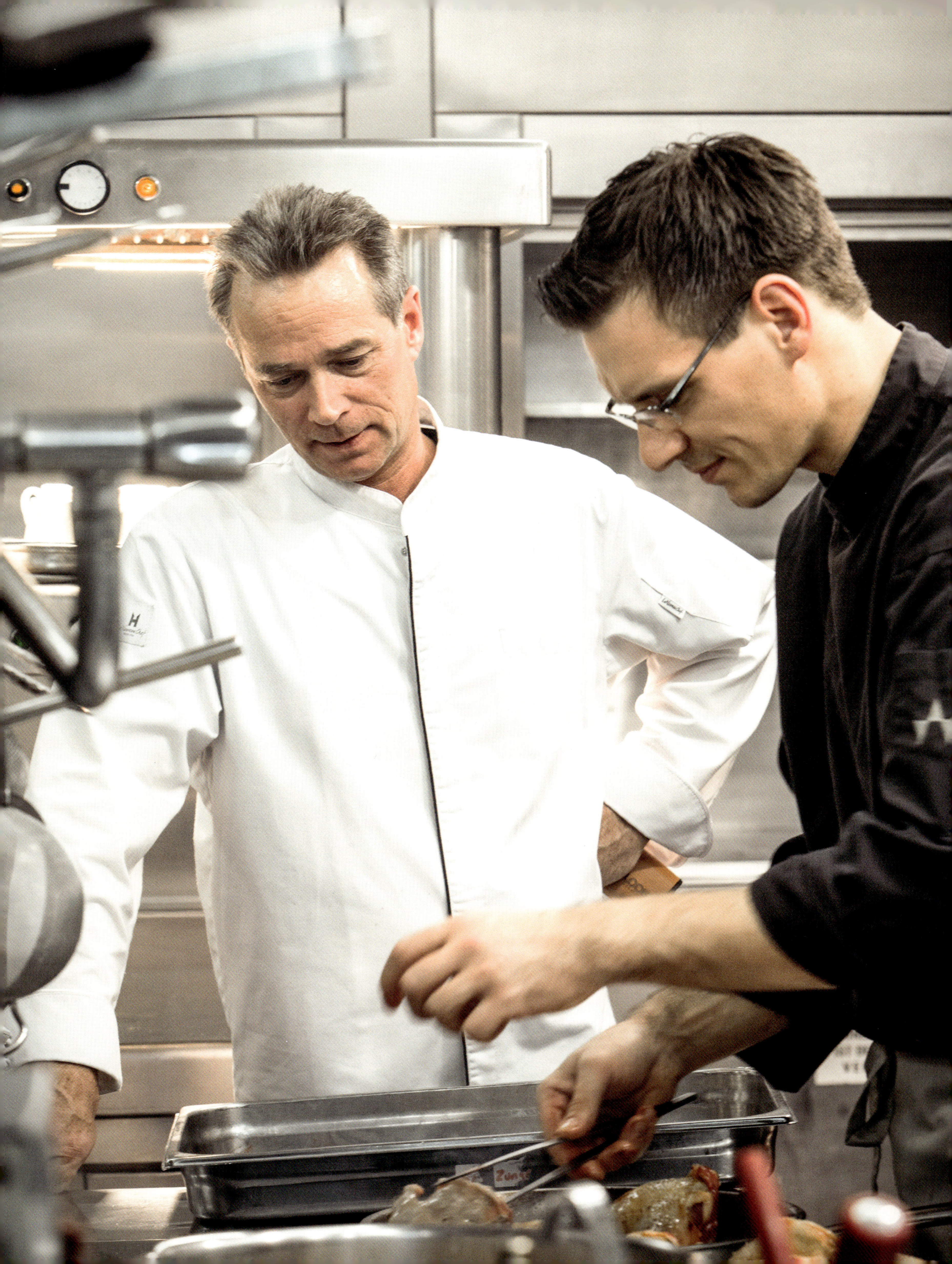

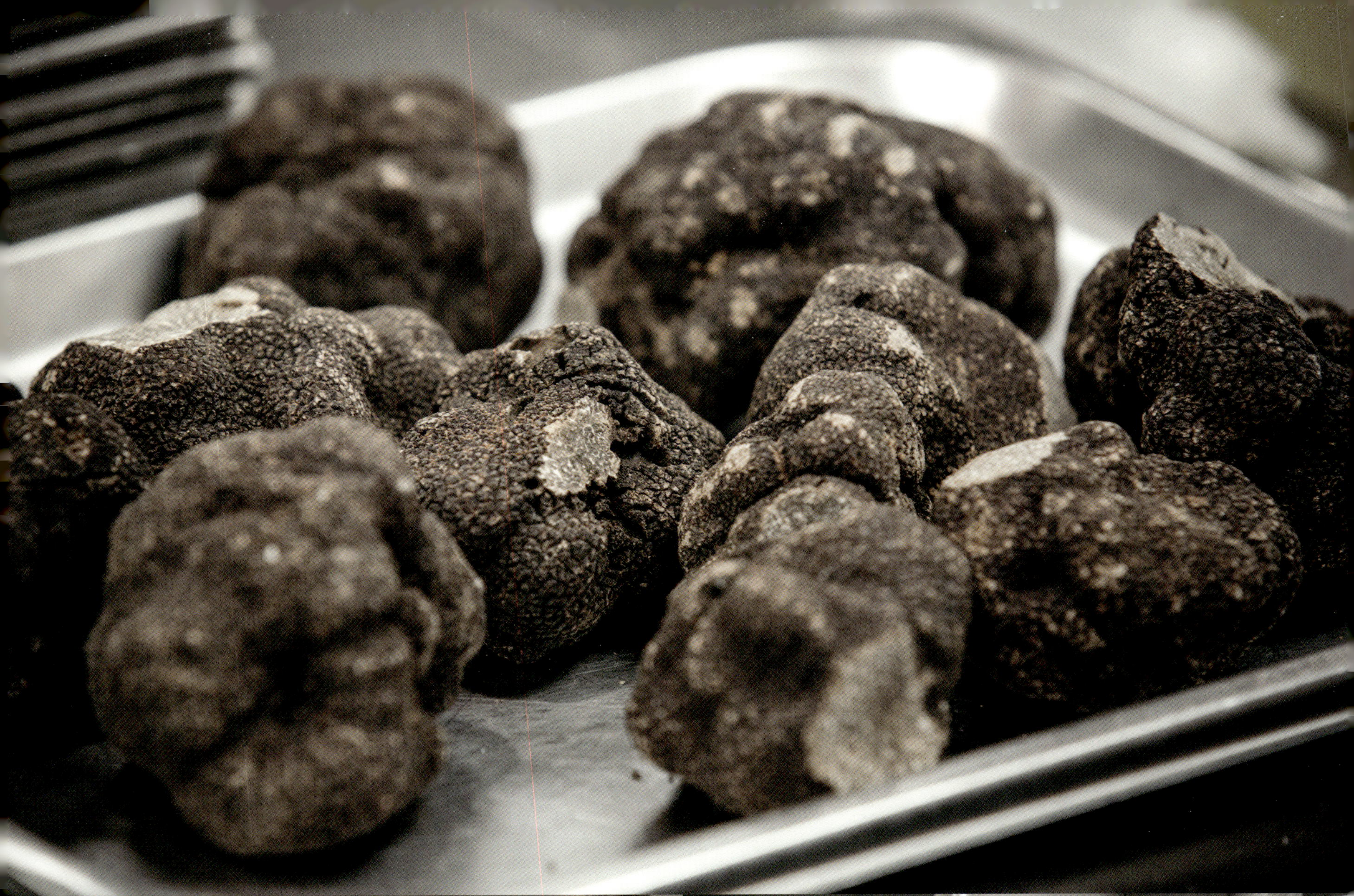

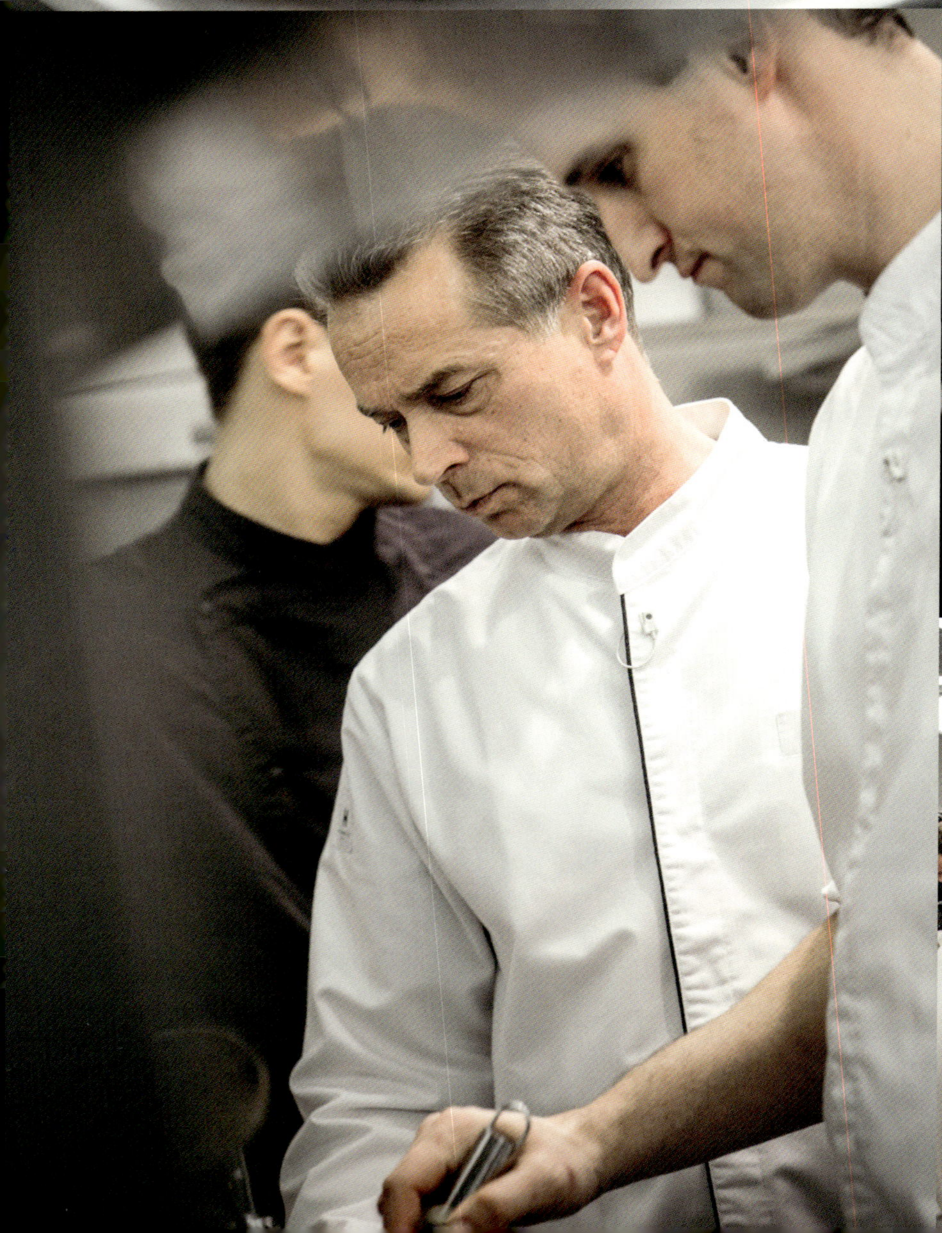

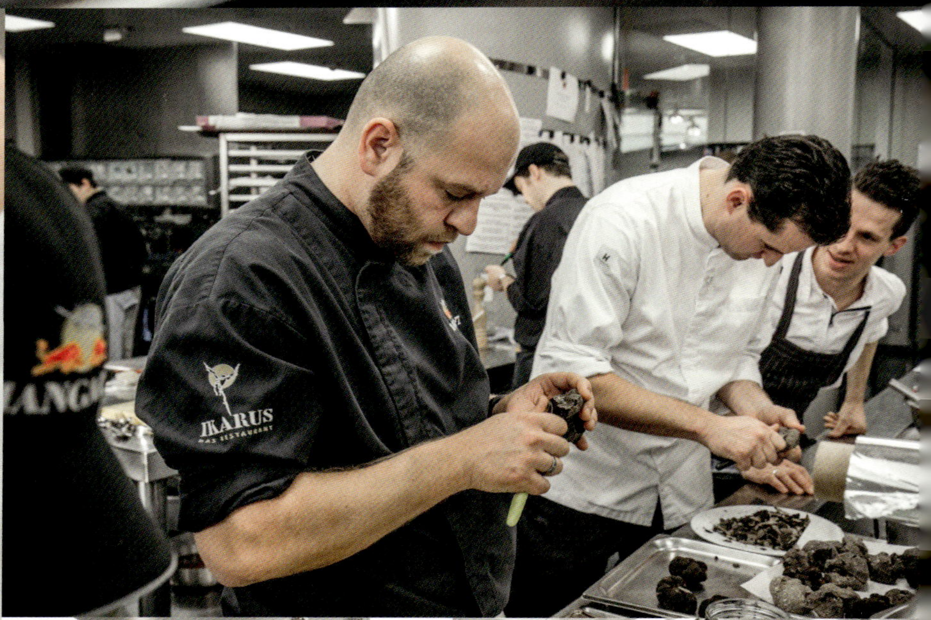
IKARUS

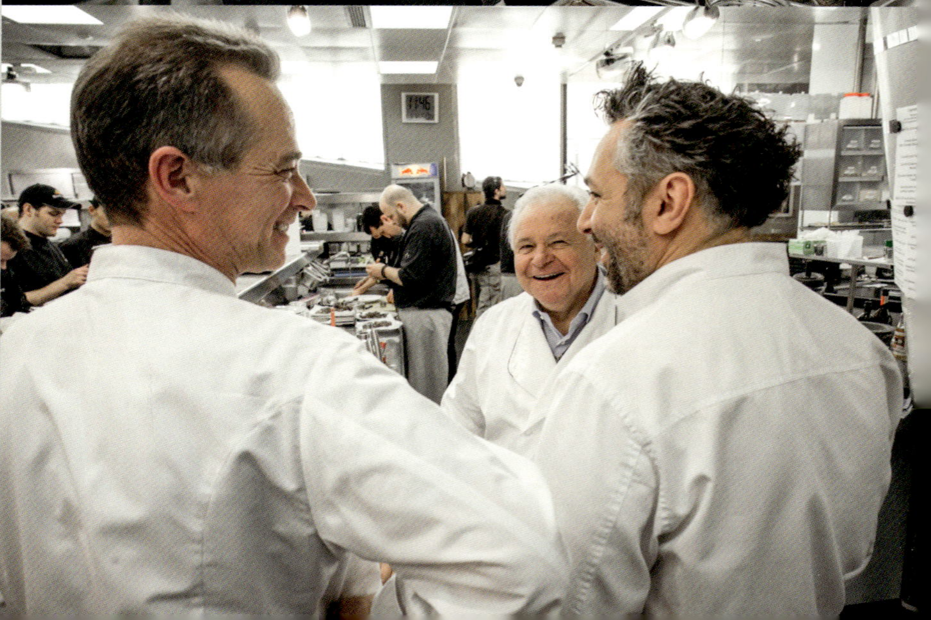

MENÜ

*Gillardeau-Auster mit Knochenmark,
Fleischjus und Sauerkrautschaum*

*Ei mit Blumenkohl, geräuchertem Aal
und Basilikum-Sabayon*

———

Langostinos mit Zwiebelcreme, Granny Smith,
Seebananen und Lavendelvinaigrette

Holländischer Kaviar mit Störbrandade
und weißen Trauben

Lauwarmer Kartoffelsalat mit schwarzem Trüffel,
Radieschen und Parmigiano Reggiano

Creme von Peking Duck mit Popcorn-Schaum
und Feigen-Chutney

Atlantik-Steinbutt mit Fenchel, Kürbiskernöl,
mariniertem Gemüse und Muskatblütenschaum

Anjou-Taube mit Epoissecreme, Karotten
und weißem Trüffel

Relief-Konstruktion, Kardamom, Cassis,
Karamell, Tomate

———

Ei mit Blumenkohl, geräuchertem Aal und Basilikum-Sabayon

Royale
- 150 ml Sahne
- 50 ml Vollmilch
- 300 ml Vollei
- 1 Prise Salz
- 1 Tropfen Tabasco
- 100 g geräucherter Aal, gewürfelt
- 4 EL sehr kleine rohe Blumenkohlröschen
- Porzellanschälchen oder leere Eierschalen zum Befüllen

Pesto
- 62 g Basilikumblätter
- 1 Knoblauchzehe, gehackt
- 1 g feines Meersalz
- 21 g Pinienkerne
- 50 g Olivenöl
- 31 g Parmesan, frisch gerieben
- 15 g Pecorino, frisch gerieben

Basilikumcreme
- 50 g Crème fraîche
- 5,5 g Pesto (siehe Teilrezept »Pesto«)
- 1,5 g frisch gepresster Limettensaft

Gewürzbrezeln
- 10 g frisch gemahlener schwarzer Pfeffer
- 10 g frisch gemahlene Koriandersamen
- 5 g frisch gemahlene Kreuzkümmelsamen
- 3 g frisch gemahlene Gewürznelken
- ½ Lage frischer Blätterteig
- 1 Eigelb mit etwas Wasser verquirlt

Anrichten
- 40 g geräucherter Aal, längs in Streifen geschnitten
- kleine rohe Blumenkohlröschen, in Scheiben geschnitten
- feine Basilikumspitzen

Royale
Die Sahne, die Vollmilch, das Vollei, 1 Prise Salz und 1 Tropfen Tabasco gut durchmixen. In 4 kleine Porzellanschälchen je 25 g gewürfelten, geräucherten Aal und 1 EL rohe Blumenkohlröschen geben (oder 4 Eierschalen in Eierbecher setzen und wie beschrieben befüllen). Dann mit der Eiermasse auffüllen (ca. 38–40 g). Eine Auflaufform mit mehreren Lagen Küchenkrepp auskleiden. Die Porzellanschälchen straff mit Frischhaltefolie überziehen, hineinstellen und etwas heißes Wasser angießen. Die Royale im Backofen bei 85 °C (Ober-/Unterhitze) 90 Minuten pochieren. Die Schälchen aus dem Wasserbad nehmen und heiß anrichten.

Pesto
Die Basilikumblätter, die gehackte Knoblauchzehe, das Meersalz, die Pinienkerne und das Olivenöl mixen. Den Parmesan und den Pecorino zugeben und nochmals kurz durchmixen.

Basilikumcreme
Die Crème fraîche, das Pesto und den frisch gepressten Limettensaft verrühren.

Gewürzbrezeln
Den Pfeffer, den Koriander, den Kreuzkümmel und die Gewürznelken mischen. Aus dem Blätterteig mithilfe eines Brezelausstechers 4 Brezeln ausstechen. Diese mit etwas verquirltem Eigelb bestreichen und mit der Gewürzmischung bestreuen. Die Gewürz-Brezeln im Backofen bei 180 °C 6 Minuten goldbraun backen.

Anrichten
Auf je 1 heiße Royale etwas Basilikumcreme, 2–3 Streifen Räucheraal und einige Blumenkohlscheiben geben. Je 1 Gewürzbrezel an die Seite lehnen und mit feinen Basilikumspitzen garnieren.

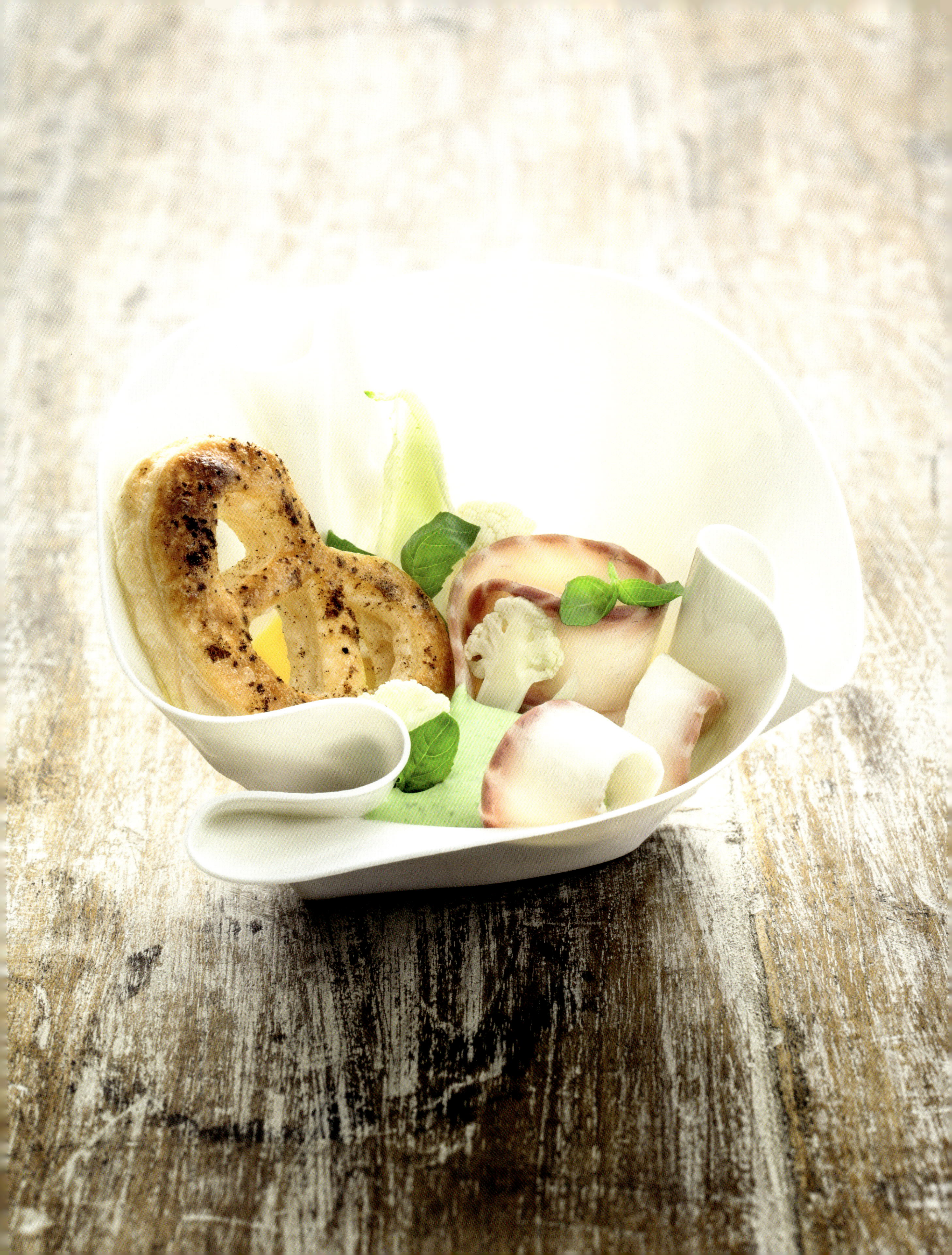

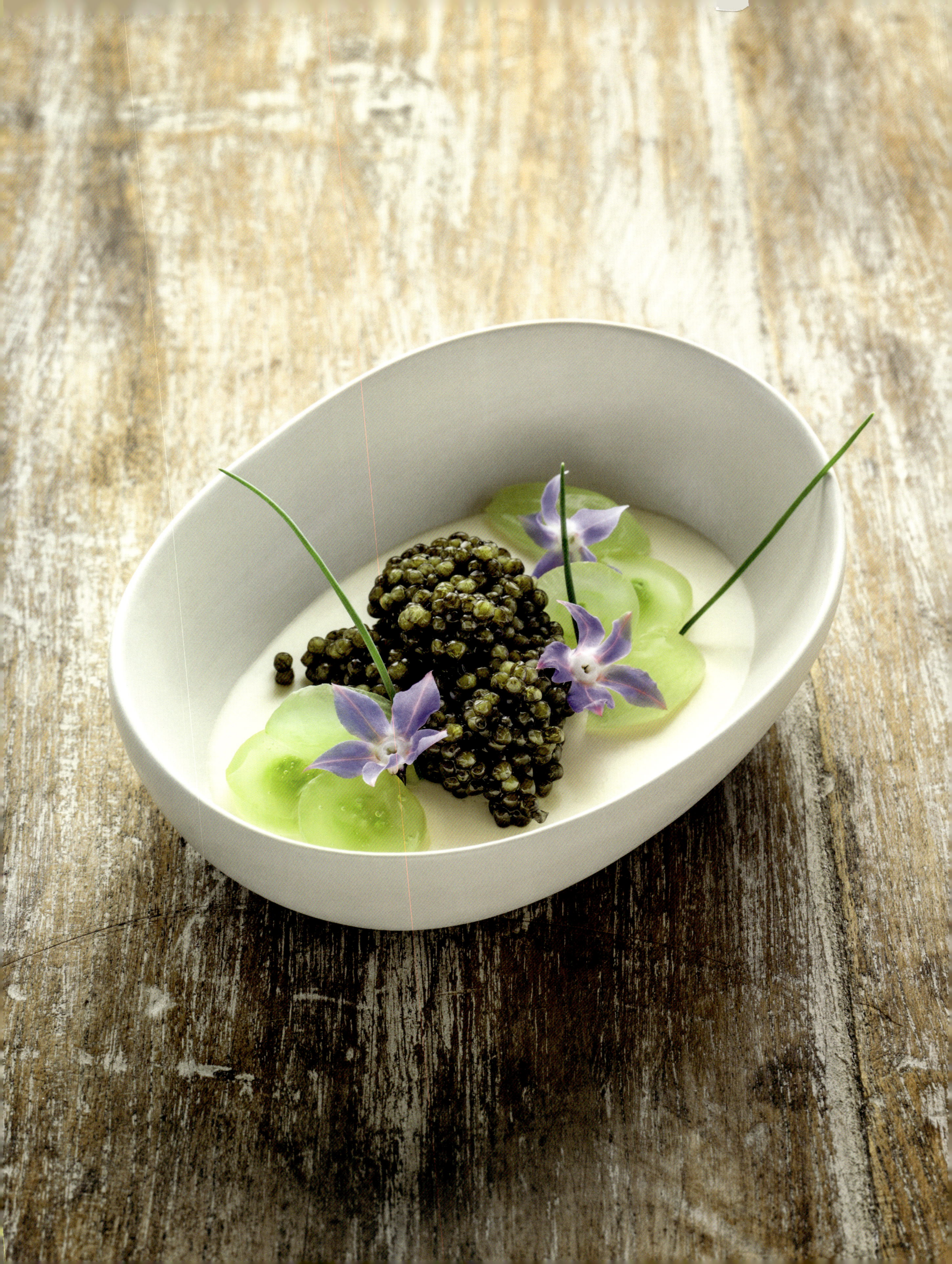

Holländischer Kaviar mit Störbrandade und weißen Trauben

Störbrandade
- 300 g frisches Störfilet ohne Haut
- 100 g gekochte Kartoffeln, durchgepresst
- 4 g Salz
- 2 Tropfen Tabascosauce
- 10 g Trüffelöl
- 75 g Olivenöl
- 300 g Crème fraîche

Weiße Trauben
- 60 g kernlose weiße Trauben

Anrichten
- 60 g holländischer Kaviar
- einige Borretschblüten
- einige feine Schnittlauchhalme

Störbrandade

Das Störfilet in kleine Würfel schneiden und in einer heißen Pfanne ohne Fettzugabe weich dünsten, dann aus der Pfanne nehmen und abkühlen lassen. Den abgekühlten Fisch, die gekochten, durchgepressten Kartoffeln, das Salz, die Tabascosauce, das Olivenöl und die Crème fraîche gut durchmixen, dann in kleine Schälchen füllen und kalt stellen, bis die Masse stockt.

Weiße Trauben

Die Trauben vorsichtig mit einem kleinen, spitzen Messer schälen und in dünne Scheiben schneiden.

Anrichten

Je 4 gestockte Störbrandaden dachziegelartig mit einigen geschälten Traubenscheiben belegen. Je 15 g holländischen Kaviar darauf verteilen und mit Borretschblüten und feinen Schnittlauchhalmen garnieren.

Lauwarmer Kartoffelsalat mit schwarzem Trüffel, Radieschen und Parmigiano Reggiano

Kartoffelschaum
- 250 g mehlig kochende Kartoffeln, geschält
- 1 weiße Zwiebel, geschält
- Salz
- 50 g Sahne

Kartoffeln
- 16 kleine Grenaille-Kartoffeln
- 500 g Gänsefett
- Maldon-Meersalz

Radieschen
- 12 kleine Radieschen
- Salz
- 20 g Butter

Trüffel-Vinaigrette
- 146 g Trüffeljus
- 2 g Sherryessig
- 6 g alter Balsamicoessig
- 1,5 g feiner Senf
- 2 g Steinpilzöl
- 16 g Olivenöl
- 10 g Walnussöl

Anrichten
- 20 g frische schwarze Trüffel, in feine Scheiben gehobelt
- 80 g Parmigiano Reggiano, in breite Späne gehobelt
- einige kleine Blutampferblättchen

Kartoffelschaum
Die Kartoffeln würfeln und die Zwiebel klein hacken. Beides in kochendem Salzwasser weich kochen. Kartoffeln und Zwiebeln abgießen, das Kartoffelkochwasser auffangen. Die heißen Kartoffel- und Zwiebelwürfel mit der Sahne und etwas heißem Kartoffelkochwasser glatt mixen. Die Masse sollte die Konsistenz eines festen Kartoffelpürees aufweisen. Die Kartoffelmasse mit Salz abschmecken und in eine Espumaflasche füllen. Diese mit 2 N20-Kapseln bestücken und im heißen Wasserbad warm halten.

Kartoffeln
Die Kartoffeln mit der Schale im heißen Gänsefett bei 110 °C solange konfieren, bis sie gar sind. Die Kartoffeln abtropfen lassen, halbieren und mit Salzflocken bestreuen.

Radieschen
Die Radieschen putzen und mit den Stielansätzen kurz in kochendem Salzwasser blanchieren. Dann halbieren, kurz in heißer Butter durchschwenken und salzen.

Trüffel-Vinaigrette
Die Trüffeljus, den Sherryessig, den alten Balsamicoessig, den feinen Senf, das Steinpilzöl, das Olivenöl und das Walnussöl zu einer Vinaigrette verrühren.

Anrichten
Je 8 konfierte Kartoffelhälften und 6 Radieschenhälften auf 4 tiefe Teller verteilen. In die Zwischenräume reichlich Kartoffelschaum spritzen. Die Trüffelscheiben mit etwas Trüffelvinaigrette abglänzen, auf die Teller geben und etwas Trüffelvinaigrette darüber träufeln. Die Parmesanspäne locker aufrollen und vorsichtig auf die Teller legen. Mit einigen kleinen Blutampferblättchen garnieren.

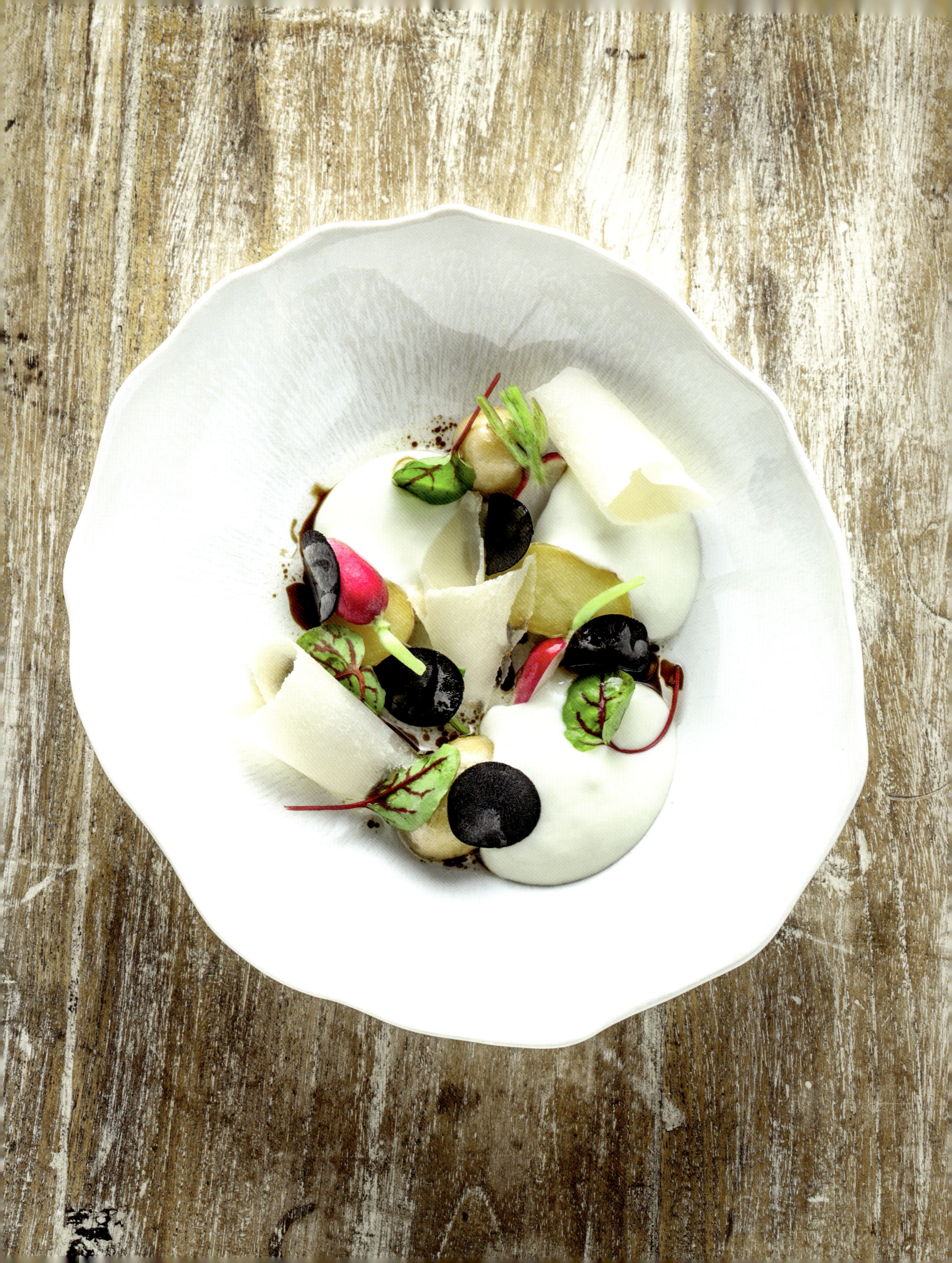

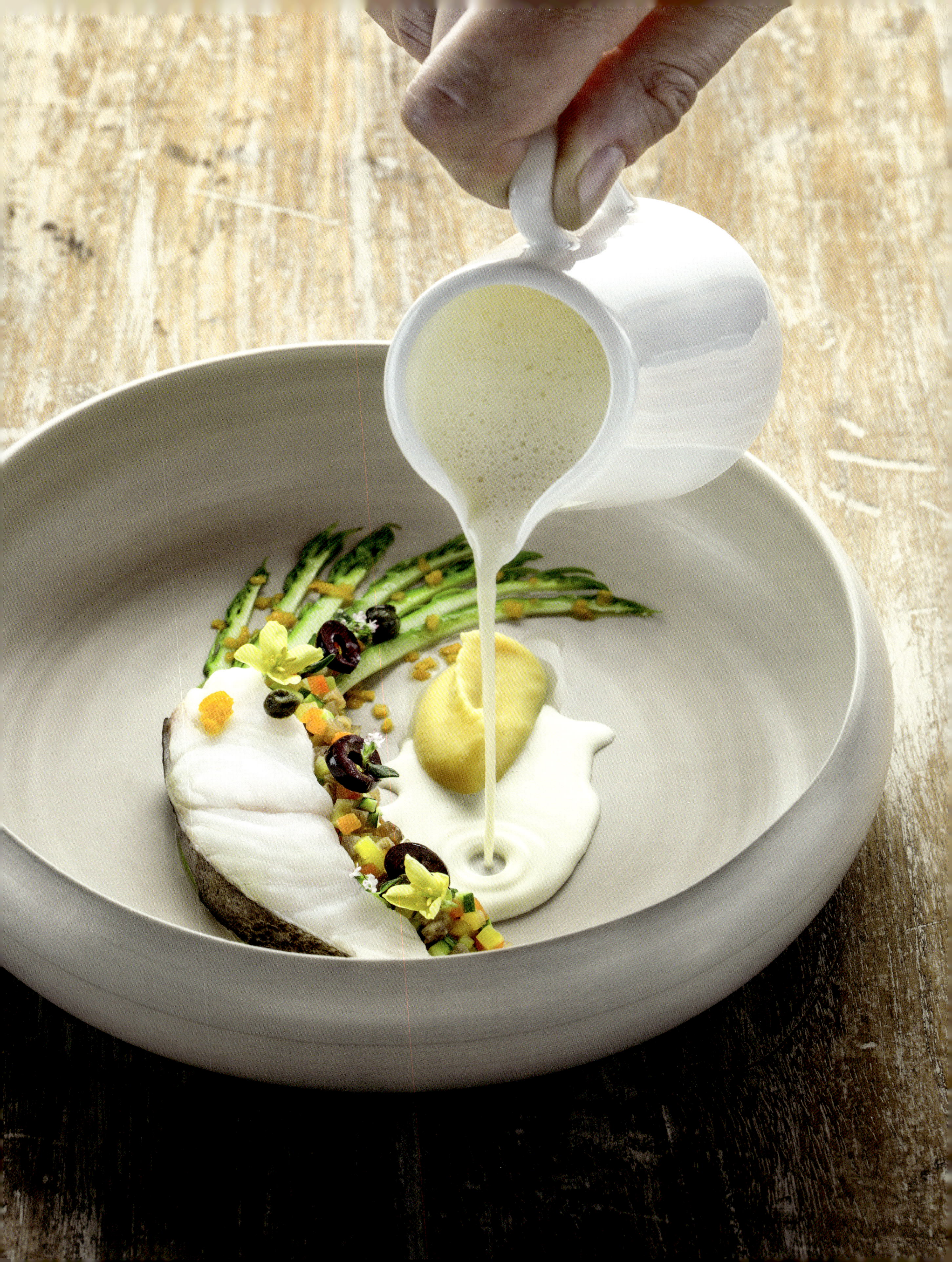

Atlantik-Steinbutt mit Fenchel, Kürbiskernöl, mariniertem Gemüse und Muskatblütenschaum

Mariniertes Gemüse
- 60 g Fenchel (Brunoise)
- 80 g Zucchini (Brunoise)
- 42 g Staudensellerie (Brunoise)
- 210 g Schalotten (Brunoise)
- 10 g Knoblauchzehe (Brunoise)
- 100 g Olivenöl
- 2 Thymianzweige
- 10 g rote Fingerchili (Brunoise)
- 80 g rote Paprikaschoten, gegrillt und geschält (Brunoise)
- 40 g grüne Paprikaschoten, gegrillt und geschält (Brunoise)
- 155 g frische Tomatenfilets (Brunoise)
- 15 Safranfäden
- 75 g schwarze Taggiasca-Oliven, entsteint
- 88 g Kapern, gewässert
- 4,7 g Basilikumblätter, in feine Streifen geschnitten
- Salz

Muskatblütenschaum
- 155 g Stockfisch, 24 Stunden gewässert
- 45 g Karotten, gewürfelt
- 22 g Staudensellerie, gewürfelt
- 55 g Fenchel, gewürfelt
- 1 EL Olivenöl
- 100 ml trockener Weißwein
- 1 l Stockfischfond (Einweichwasser)
- 50 g kalte Butterwürfel
- Salz
- etwas Muskatblütenpulver (Macis)

Fenchelcreme
- 30 g Karotten, fein gewürfelt
- 360 g Fenchel, fein gewürfelt
- 36 g kalte Butter
- 8 g Olivenöl
- 19 g trockener Weißwein
- 16 g Pernot
- 30 g kalte Geflügelbrühe
- frisch geriebene Schale von ½ Orange
- 1 Spritzer frisch gepresster Orangensaft
- Salz
- Zucker

Steinbutt
- 340 g frisches Atlantik-Steinbuttfilet (mit Haut und grätenfrei)
- Salz, Olivenöl

Anrichten
- 8 Stangen grüner Spargel, blanchiert
- etwas Kürbiskernöl, Orangenabrieb und einige Thymian- und Rucolablüten

---

Mariniertes Gemüse

Die Fenchel-, Zucchini- und Staudenselleriewürfel separat in Salzwasser blanchieren und in Eiswasser abschrecken. Die Schalotten- und die Knoblauchwürfel im heißen Olivenöl glasig anschwitzen. Die Thymianzweige und die Fingerchili mit anschwitzen. Dann die blanchierten Gemüsewürfel, die Paprikawürfel, die Tomaten und die Safranfäden zugeben und andünsten. Die Oliven in Ringe schneiden und mit den gewässerten Kapern und den Basilikumstreifen zugeben. Das Gemüse mit Salz abschmecken, 48 Stunden kalt stellen und vor dem Anrichten lauwarm erwärmen.

Muskatblütenschaum

Den abgetropften, gewässerten Stockfisch in kleine Stücke schneiden. Die Karotten-, Staudensellerie- und Fenchelwürfel im heißen Olivenöl farblos anschwitzen, dann mit dem Weißwein ablöschen und etwas einreduzieren. Den Stockfisch zugeben und mit dem Stockfischfond auffüllen. Alles zusammen 1,5 Stunden köcheln lassen, dann weitere 4 Stunden am Herdrand ziehen lassen. Den Fond passieren und etwas einreduzieren. Vor dem Anrichten erhitzen und mit kalter Butter schaumig aufmixen. Den Muskatblütenschaum je nach Bedarf salzen und mit etwas Muskatblütenpulver aromatisieren.

Fenchelcreme

Die Karotten, den Fenchel, die kalte Butter, das Olivenöl, den Weißwein, den Pernot, die kalte Geflügelbrühe und die Orangenschale gut durchmixen. Die Fenchelcreme mit 1 Spritzer Orangensaft, Salz und Zucker abschmecken, passieren und kalt stellen.

Steinbutt

Das Steinbuttfilet im Dampfgarofen bei 100 °C auf eine Kerntemperatur von 48 °C dämpfen, in 4 Tranchen schneiden, salzen und mit etwas Olivenöl abglänzen.

Anrichten

Die Spargelstangen mit Kürbiskernöl abglänzen, in Streifen schneiden und fächerförmig auf je 4 flache Teller verteilen, dann mit Orangenabrieb bestreuen. Je 1 Tranche Steinbutt auf die Teller legen, das marinierte Gemüse in einer Linie daneben anrichten und je 1 EL Fenchelcreme hinzugeben. Mit einigen Thymian- und Rucolablüten garnieren. Den Muskatblütenschaum in Kännchen füllen und bei Tisch in die Teller gießen.

Relief-Konstruktion, Kardamom, Cassis, Karamell, Tomate

Eukalyptusmousse
- 125 g Sahne
- 65 g Vollmilch
- 130 g flüssige dunkle Schokolade (70 % Kakaoanteil)
- 5 Tropfen Eukalyptusessenz
- Sprühschokolade (100 g Schokolade (70 %), 20 g Kakaobutter)

Bananenpüree
- 200 g reife Bananen, grob geschnitten
- 30 g Zucker
- Saft von ½ Zitrone
- Mark von ¼ Vanilleschote
- 2 g Blattgelatine, eingeweicht
- Sprühschokolade (100 g Milchschokolade (40 % Kakaoanteil), 45 g Kakaobutter)

Knusperboden für Kardamomschnitte
- 63 g flüssige Kakaobutter
- 15 g flüssige Milchschokolade (40 % Kakaoanteil)
- 65 g Knusper-Praliné-Masse (60 % Haselnussanteil)
- 50 g Cornflakes, klein gemixt

Kardamommousse für Kardamomschnitte
- je 300 g Sahne und Vollmilch, aufgekocht
- 48 g Kaffeebohnen
- 26 g Kardamomkapseln
- 120 g Eigelb
- 80 g Zucker
- 6 g Blattgelatine, eingeweicht
- 10 g Grand Marnier

Schokoladenmousse für Kardamomschnitte
- je 30 g Wasser und Zucker
- 2 g Blattgelatine, eingeweicht
- 45 g Vollei
- 100 g flüssige dunkle Schokolade (64 % Kakaoanteil)
- 7 g Cognac
- 222 g geschlagene Sahne
- Sprühschokolade (100 g weiße Schokolade, 45 g Kakaobutter)

Tomatenchip
- je 125 g getrocknete Tomaten und Tomatensaft
- 35 g Isomalt
- 5 g Glucosesirup

Anrichten
- Cassispüree mit Eukalyptusessenz aromatisiert, leicht gesalzenes Spinatpüree, Vanillesauce, Yuzugel, geräucherte Karamellsauce

Eukalyptusmousse
Die Sahne mit der Vollmilch aufkochen, dann mit der flüssigen Schokolade emulgieren und mit der Eukalyptusessenz aromatisieren. Ein Blech (50 cm × 50 cm) mit einer stabilen Klarsichtfolie bedecken, darauf einen 0,5 cm hohen Backrahmen (42 cm × 42 cm) stellen. Die Schokoladenmasse in den Backrahmen füllen und glätten, gefrieren lassen und im gefrorenen Zustand in Quader (10 cm × 5 cm) schneiden, dann erneut gefrieren. Im gefrorenen Zustand mit der Sprühschokolade besprühen (Lackierpistole) und gefrieren.

Bananenpüree
Die Bananen, den Zucker, den Zitronensaft und das Vanillemark vermischen, in ein tiefes Blech geben und mit Alufolie verschließen, dann bei 180 °C 17–18 Minuten weich schmoren. Heiß mit der Blattgelatine mixen, in einen Backrahmen (42 cm × 42 cm) streichen, gefrieren und in Quader (4 cm × 5 cm) schneiden. Die erneut tiefgekühlten Bananenpürees mit der Sprühschokolade besprühen und einfrieren.

Knusperboden für Kardamomschnitte
Alle Zutaten mischen und zwischen 2 stabilen Klarsichtfolien ausrollen. Den festen Knusperboden in Rechtecke (6 cm × 2 cm) schneiden und kalt stellen.

Kardamommousse für Kardamomschnitte
Die Kaffeebohnen und die Kardamomkapseln 20 Minuten in der heißen Sahnemilch ziehen lassen, passieren und mit dem Eigelb und dem Zucker »zur Rose« abziehen. Die Blattgelatine und den Grand Marnier unterrühren, dann kalt schlagen. Die Kardamommousse in einen Backrahmen (30 cm × 15 cm) gießen und kalt stellen.

Schokoladenmousse für Kardamomschnitte
Das Wasser und den Zucker zu einem Sirup kochen, die Blattgelatine zugeben und unter das Vollei schlagen. Die Masse kalt schlagen und bei 40 °C zuerst die flüssige Schokolade, dann den Cognac unterrühren. Die Sahne unterheben und auf die vorbereitete Kardamommousse (siehe Teilrezept) streichen und gefrieren. Gefroren in Quader (6 cm × 2 cm) schneiden und auf je 1 Knusperboden setzen. Die Kardamomschnitten gefrieren, mit Sprühschokolade besprühen und im Kühlschrank auftauen lassen.

Tomatenchip
Alle Zutaten im Thermomix bei 85 °C mixen, dann hauchdünn auf eine Silikonbackmatte streichen und im Backofen bei 75 °C 45 Minuten trocknen lassen. Die Tomatenschicht ablösen, in Rechtecke (8 cm × 3 cm) schneiden und abermals bei 75 °C 1 Stunde trocknen lassen.

Anrichten
Je 1 gefrorene Eukalypusmousse auf 4 Teller legen. Darauf bündig je 1 gefrorene Bananenmousse legen, linksbündig dahinter je 1 Kardamomschnitte setzen und je 1 Tomatenchip anlehnen. Mit geräucherter Karamellsauce, Cassispüree, Spinatpüree, Yuzugel und Vanillesauce garnieren.

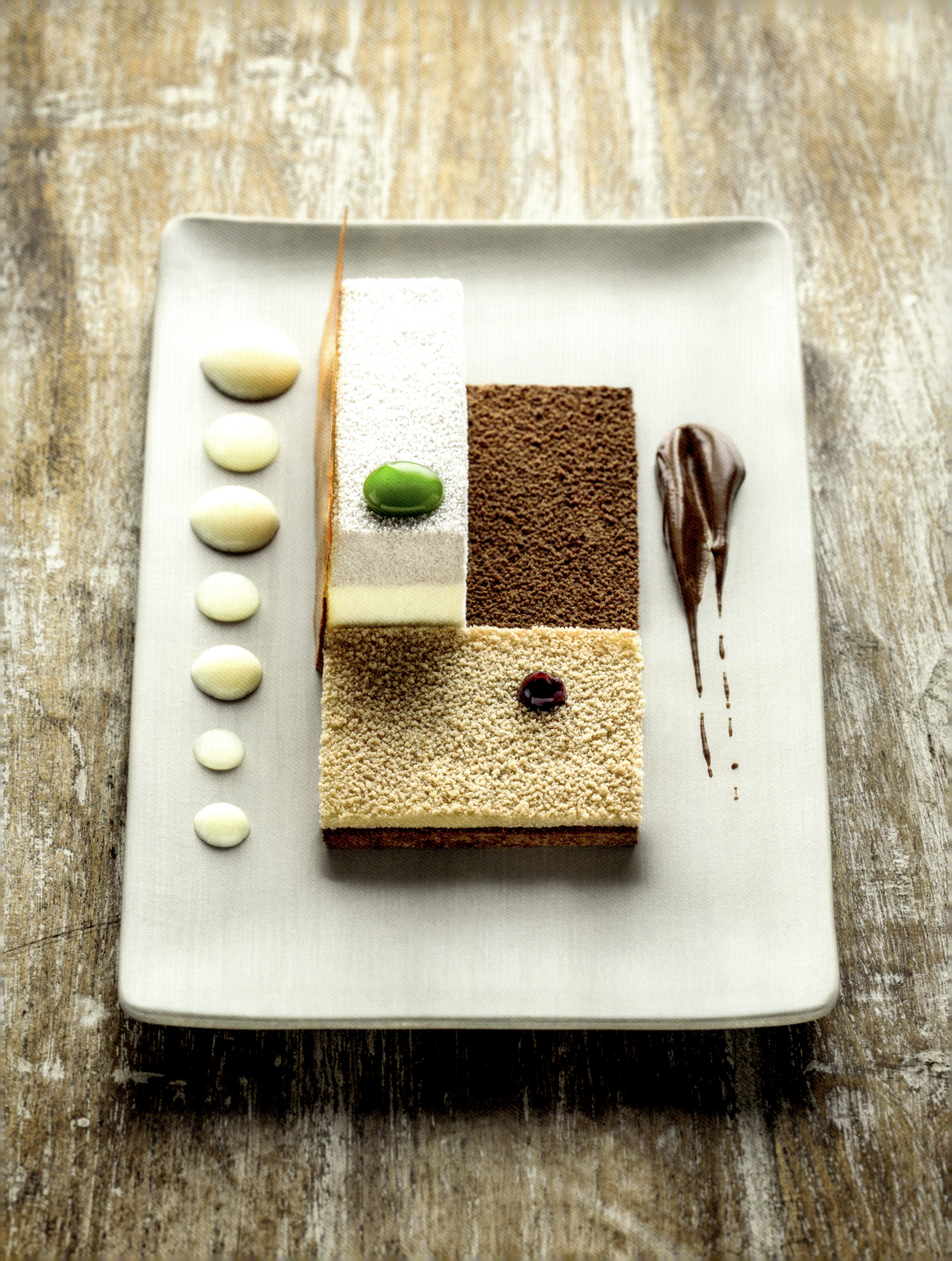

WEC

Roland
TRETTL

HSEL

Martin KLEIN

Soll etwas wirklich Großes gelingen, bedarf es Visionen und Visionäre. Soll das Große Konstanz haben, braucht es zudem innere, substantielle und personelle Tiefe – nur sie bewahrt vor dem One-Hit-Wonder.

Als vor über zwölf Jahren das Gastkoch-Konzept aus der Taufe gehoben wurde, war Dietrich Mateschitz der für ein solch innovatives Vorhaben unverzichtbare Planer und Macher. Er erwies sich als umsichtiger Entrepreneur, der mit Patron Eckart Witzigmann und dem Executive Chef Roland Trettl das notwendige personale Inventar für diese weltweit einzigartige Kulinarik-Aufgabe fand und beauftragte.

An der Seite von Jahrhundertkoch Eckart Witzigmann prägte Roland Trettl mit seinem selbstbewussten, zugreifenden Stil diese weltweit einzigartige Führungsrolle und war der internationalen Kochelite ein Partner auf Augenhöhe. Dabei konnte sich der Südtiroler stets auf ein perfekt abgestimmtes Team verlassen, das ihm bei seinen weltweiten Gastkochbesuchen zu Hause den Rücken frei hielt.

Diese Kombination aus Konstanz und Perfektion griff nun besonders, als sich Roland Trettl nach mehr als einer Dekade Spitzenleistung aufmachte, außerhalb des Hangar-7 neue Herausforderungen zu finden.

Sowohl für die Gastköche wie für die Gäste als auch für die Mitarbeiter konnte das Ikarus an seiner Spitze einen reibungslosen Wechsel vollziehen. Martin Klein, Chefkoch der allerersten Ikarus-Stunde, kehrte rechtzeitig aus Übersee nach Salzburg zurück, um das Zepter von seinem langjährigen Weggefährten Roland Trettl zu übernehmen.

Keiner war für diesen Schritt geeigneter als der immer noch so jungendlich wirkende Elsässer. Keiner hat eine größere Verbundenheit zum Ikarus, keiner mehr Erfahrung mit dessen Konzept. Und keiner ist besser verankert im Ikarus-Team, wo die kongenialen Chefköche Jörg Bruch und Tommy Dananic nach wie vor die tagtägliche Exzellenz garantieren.

Vision, Visionär, Tiefe und Konstanz – das Ikarus im Hangar-7, jetzt unter der Leitung von Patron Eckart Witzigmann und Executive Chef Martin Klein, schreibt somit unvermindert weiter an seiner einzigartigen Erfolgsgeschichte.

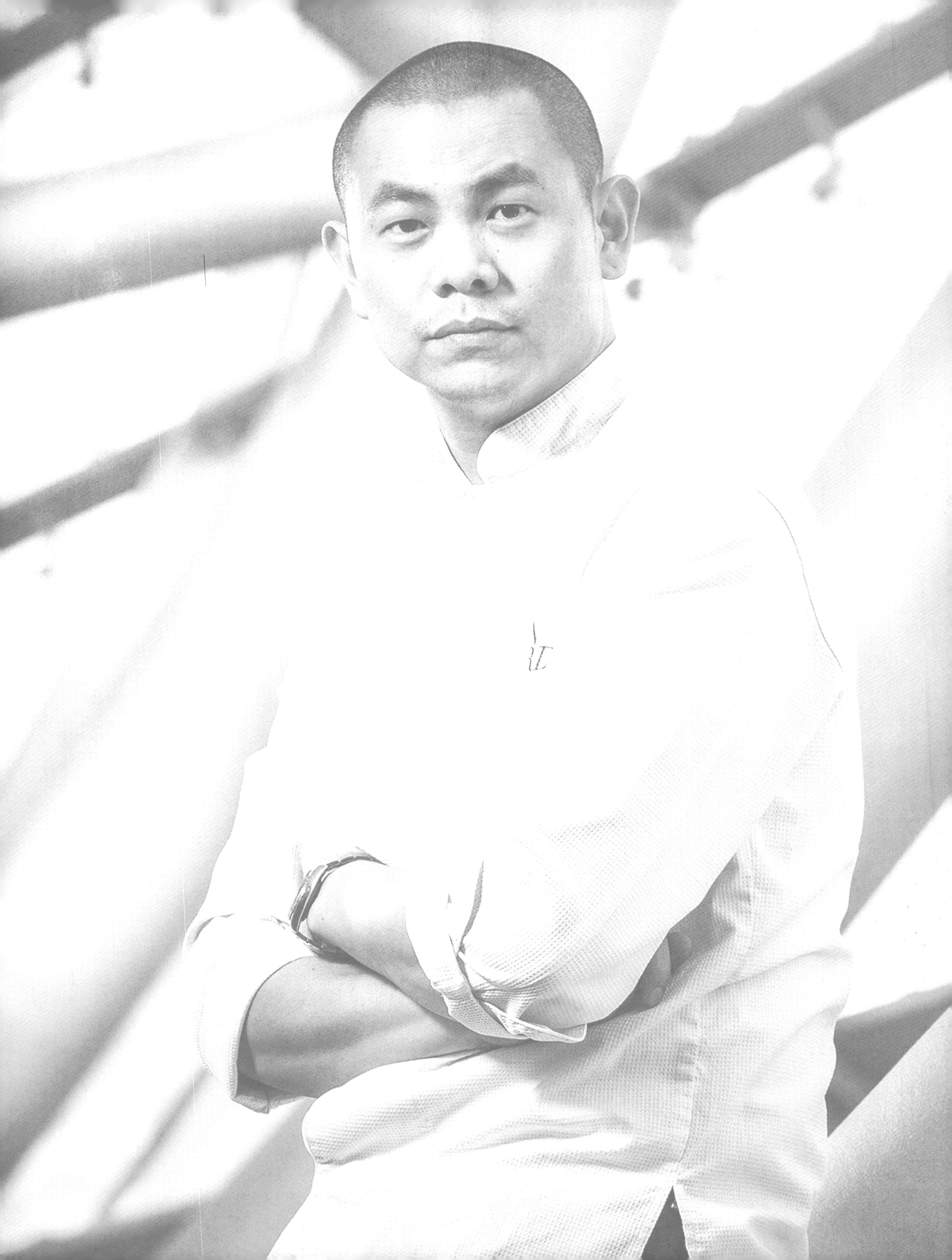

André
CHIANG

Restaurant André

Singapur

Die neuen Kleider von Kaiser Chiang

Jeder kennt das Märchen von des Kaisers neuen Kleidern. Nur zu oft muss ich daran denken, denn nur zu oft gibt es genau in unserer Profession dieses Problem: dass viel geredet wird, noch mehr gestaunt wird, dass alle jubeln und keiner sich traut, darauf hinzuweisen, dass die Wirklichkeit doch eher nackt daher kommt.

Mit diesen Gedanken bin ich nach Singapur zu André Chiangs Restaurant André – Rang 38 in der Pellegrino-Liste – geflogen. Im Hinterkopf stets seine »Oktaphilosophie«, also die acht Säulen seines Schaffens. Soll heißen: Einzigartigkeit, Textur, Erinnerung, Purismus, Terroir, Salz, Süden, Handwerk!

Liest sich toll. Hört sich noch toller an, wenn André alles wortgewaltig erklärt, wahlweise fließend auch auf Englisch oder Französisch. Aber ist das auch toll auf dem Teller?

Mein erster Eindruck in Singapur? Den hatte ich bereits am Flughafen. Wo mich nämlich Chiangs französische PR-Assistentin Camille empfing. Perfekt strukturiert und organisiert und felsenfest entschlossen, bereits die Taxi-Fahrt zum Hotel fürs Besprechen des extrem durchgetakteten Wochenplans zu nutzen. Auch hier wieder alles toll und auch wieder die Frage: Was bleibt davon auf dem Teller?

15 Jahre lang hat André Chiang in Frankreich bei den Besten gearbeitet und gelernt – unter ihnen Größen wie Pierre Gagnaire, Joel Robuchon, oder Pascal Barbot. So verwundert es nicht, dass im Restaurant des untypisch groß gewachsenen Asiaten überall eine gewisse französische Note herrscht. Bereits im Service und auch sonst überall hört man Frankreich durch – was mich als Landsmann natürlich heimisch stimmt, den vielen nichtfranzösischen Gästen aber auch und sofort einen gewissen kulinarischen Grundanspruch signalisiert. Wer als gebürtiger Taiwanese in Singapur seine französischen Wurzeln betont, arbeitet sich nicht an Steak Tartar ab.

Wie das in der Küche weitergeht? Da werden die Tauben mit Kopf und Innereien für 14 Tage zum Reifen in den Kühlraum gehängt, das ist sehr französisch. Ebenso wie der Hang zur sehr klaren Mitarbeiter-Ansage, dass weniger als 100 Prozent nicht akzeptiert werden. Andrés Auftritt ist eher französisch-imperial als asiatisch-zurückhaltend. Um es kurz zu machen: Für mich als Franzosen ist es total spannend, in der Tiefe Asiens den heimischen Spiegel vorgehalten zu bekommen.

Und dann endlich ein erster Teller: marinierte Jakobsmuscheln mit geschmorten Zwiebeln und einer Consommé von violettem Blumenkohl. Die Muscheln in Dashi-Sud mariniert und dann in einer speziellen Folie leicht angetrocknet. Großartig.

Ebenso beeindruckend Andrés Topinambur, in Brühe gegart und dann satte 40 Minuten behutsam gegrillt. Und währenddessen immer wieder und Schicht für Schicht mit einer kräftig gewürzten Soja-Rind-Sauce lackiert. Alles wird auf einem Bett von »Kakao-Erde« serviert und getoppt mit sautierten Waldpilzen, einem Topinambur-Chip und frisch gehobelten Trüffeln. Dazu wird ein Malz-Essig-braune Butter-Eis serviert. Was für ein volles Gemüse-Gericht. Geschmack, Temperatur, Textur – hier stimmt alles. Da beherrscht jemand Handwerk, Produkt und Präzision. Und zeigt Mut – den man haben muss, wenn man einen tollen Trüffel über das Gericht hobelt, nur um zu beweisen, dass der Star trotzdem die simple Topinambur bleibt.

Und André hat sogar Witz. Wie er beispielsweise mit der asiatischen Unlust auf Käse – vulgo: verdorbene Milch – spielt. Camembert Richtung Finale ist für den frankophilen Taiwanese ein Muss, damit seine Landsleute aber nicht aussteigen, gibt's einen asiatischen Kompromiss: Serviert in der klassischen Camembert-Holzschachtel ein Fromage-Blanc-Burrata-Mousse in Milchhaut umwickelt, dazu ein Heu-Eis. Sieht original nach Camembert aus, und keiner verliert sein Gesicht. Nein, all das vermag zu überzeugen, und zwar genau dort, wo Essen überzeugen soll: Auf dem Teller. Andrés Gastspiel war ein Glücksfall im Hangar-7. Für vier Wochen durfte man staunen – über die wunderschönen Kleider Chiangs, des Kaisers aus Singapur.

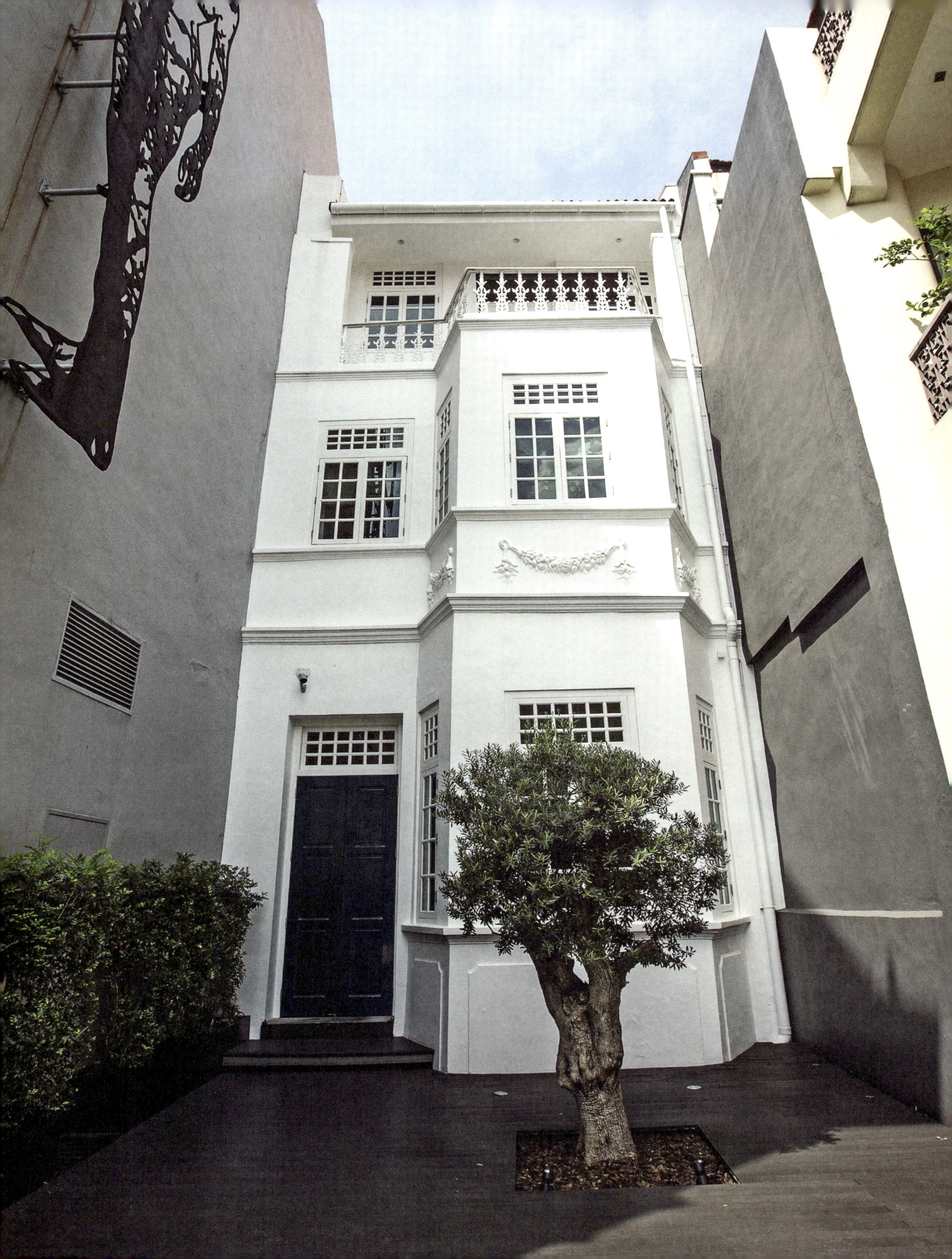

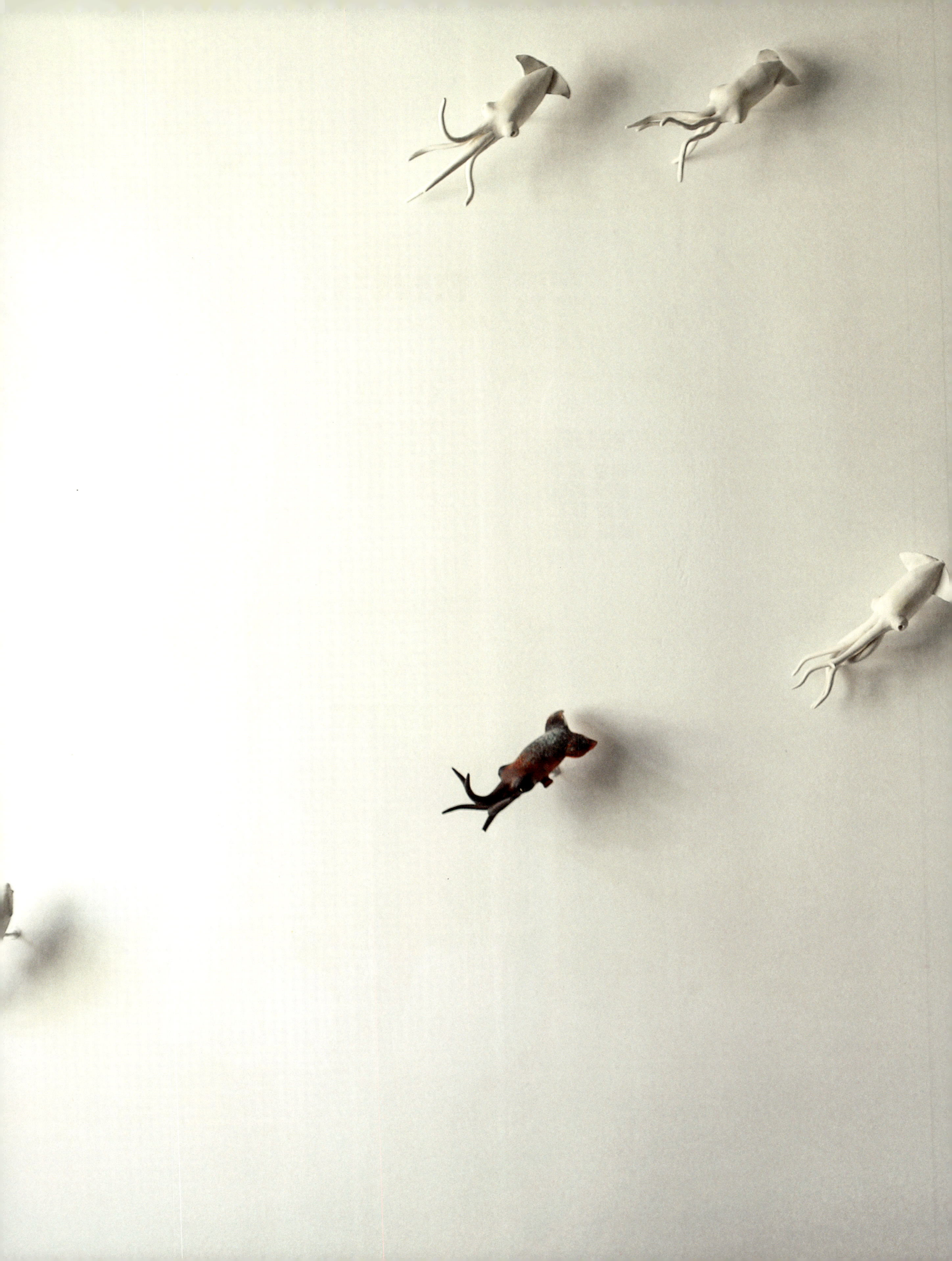

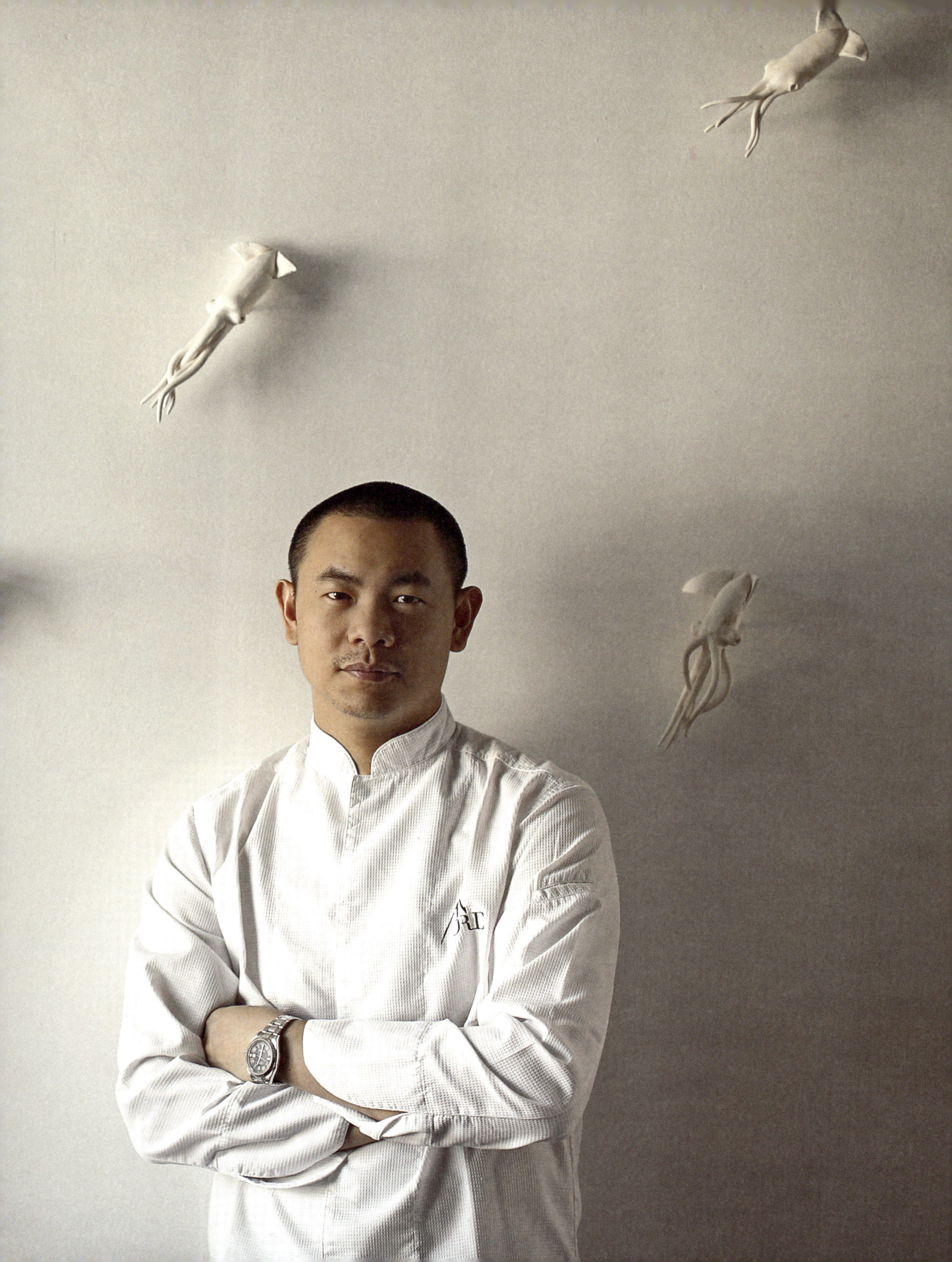

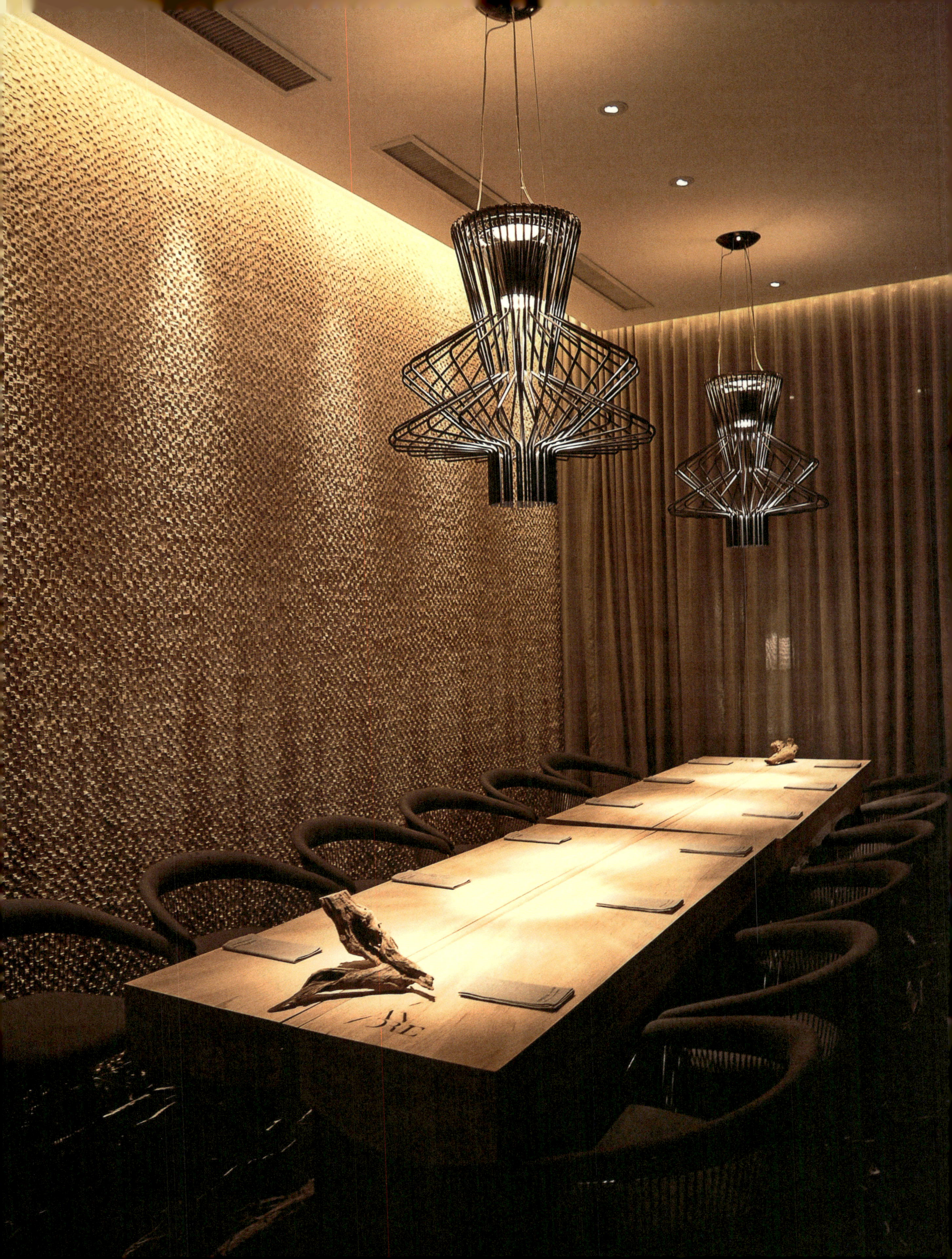

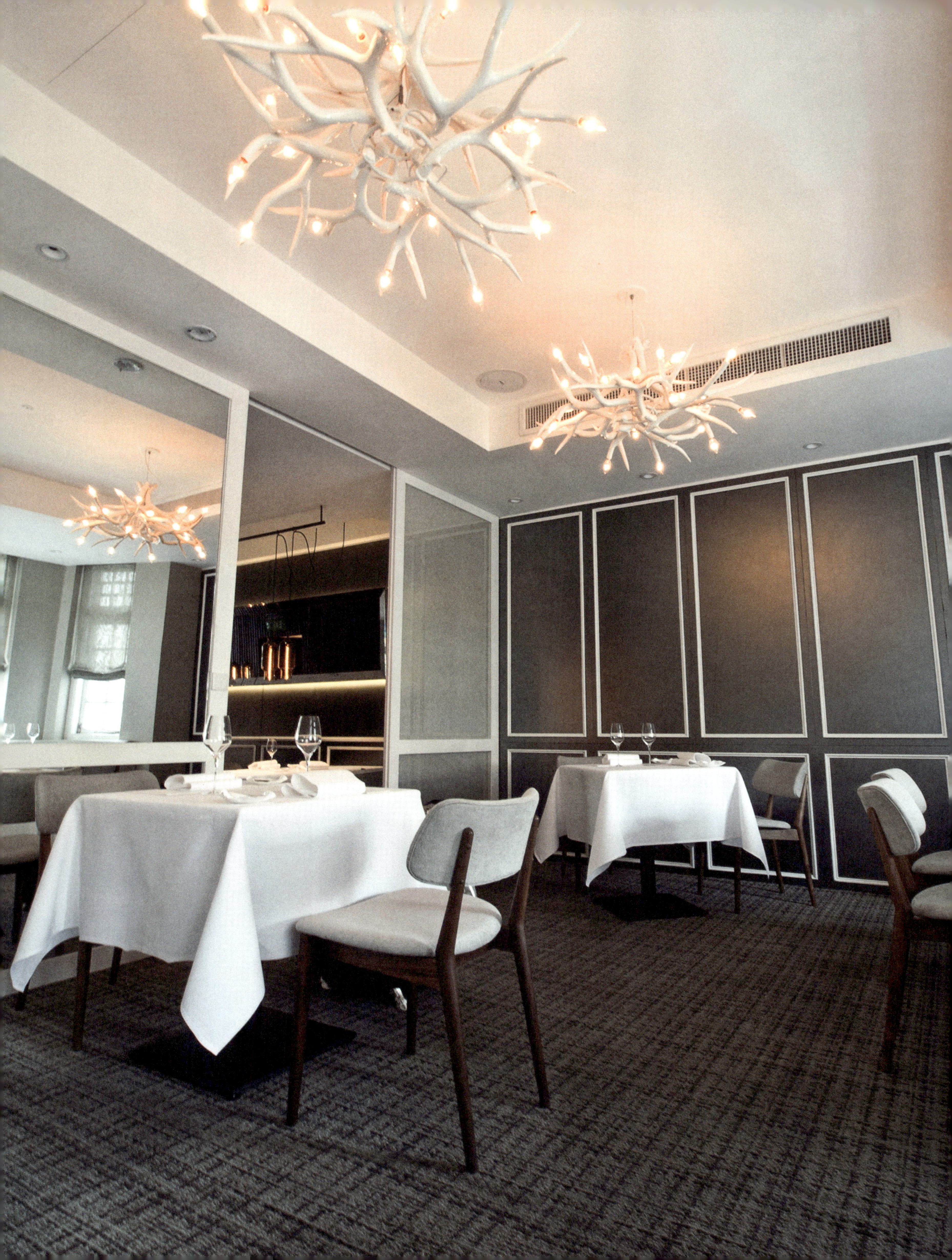

André CHIANG

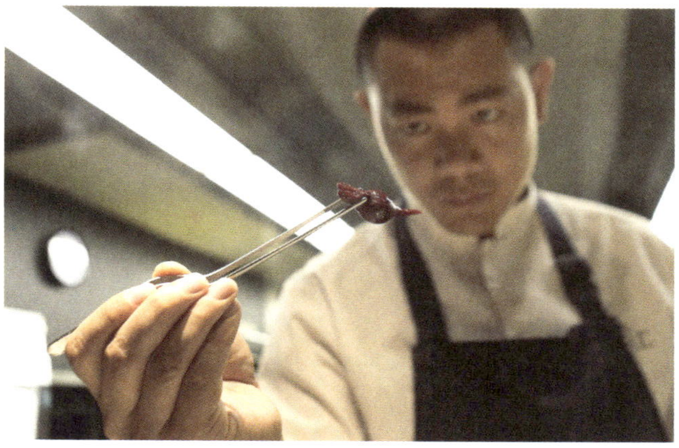
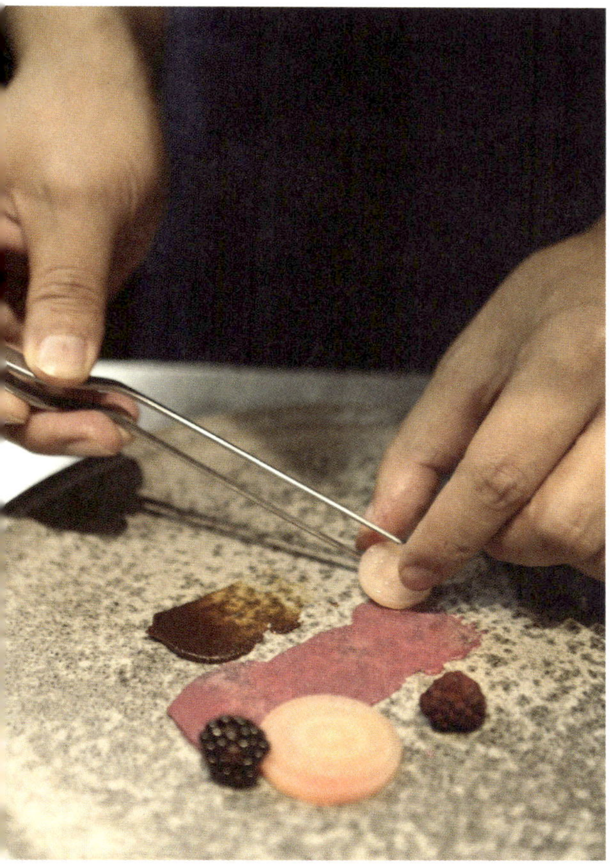
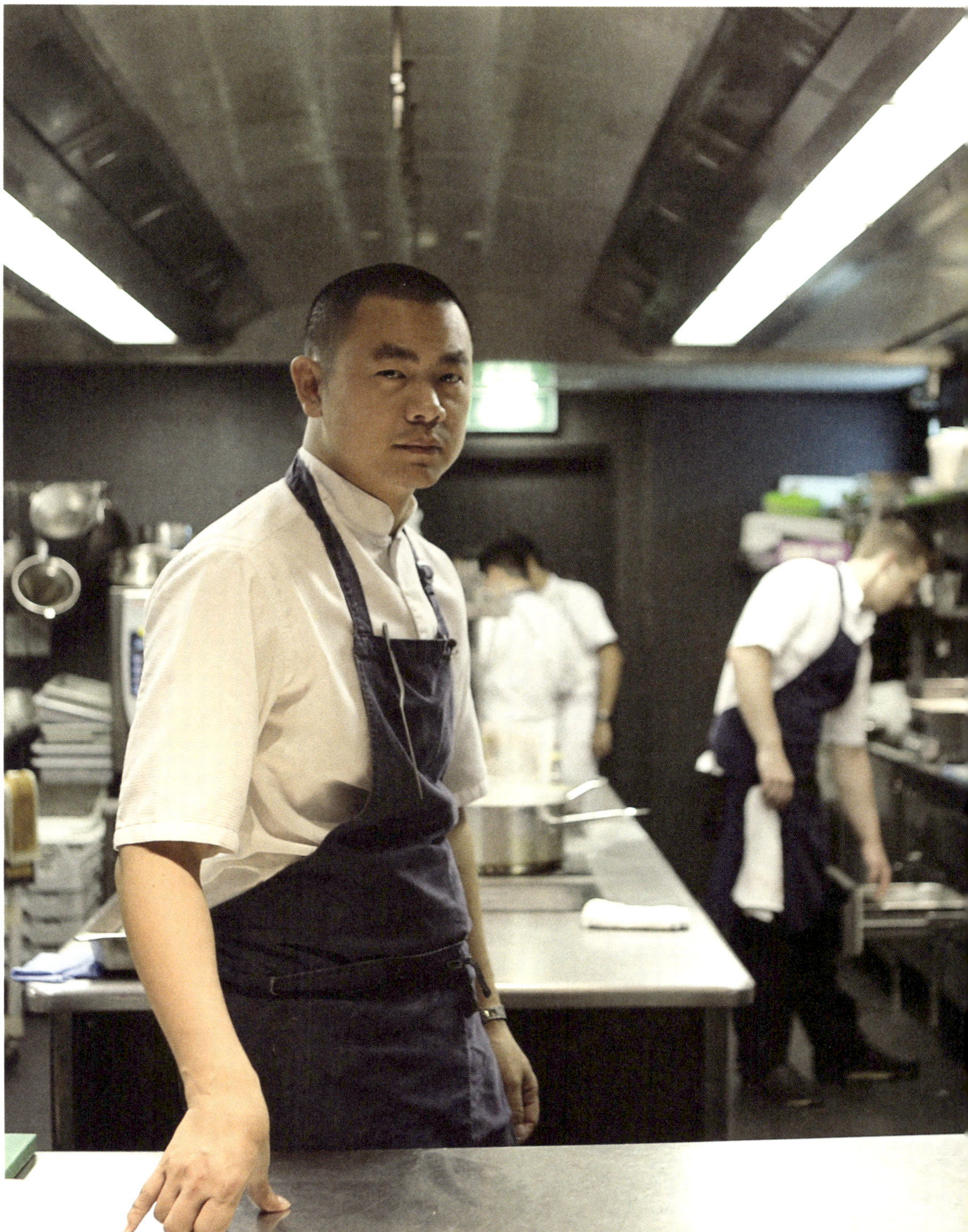
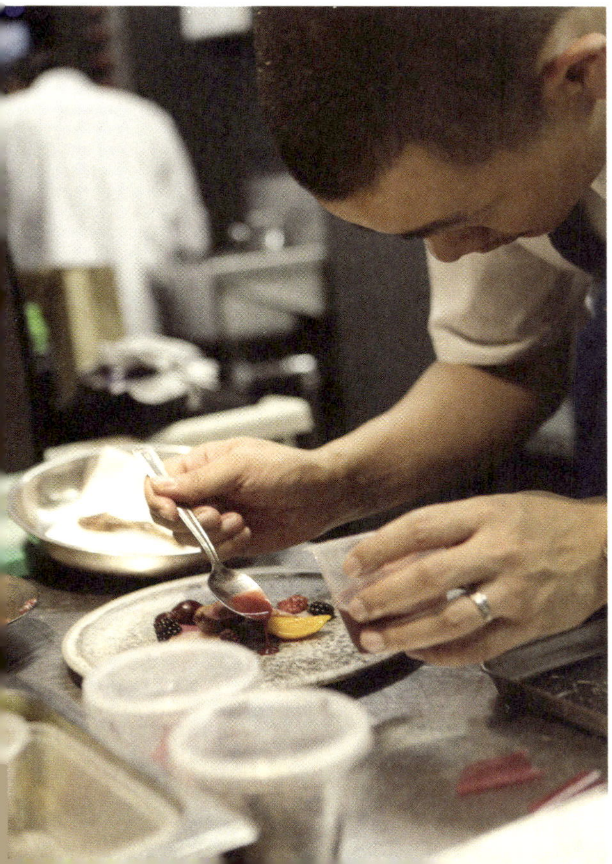

Als ich mit der Planung des Restaurants anfing begann ich darüber nachzudenken, was ich selbst mag oder nicht mag, wenn ich als Gast ein Restaurant besuche. Und was ich nicht mag ist, wenn es zwar sehr gutes Essen hat, aber man merkt, dass das Essen und die Einrichtung oder Dekoration einfach nicht zusammenpassen.

Hier in Singapur kann ich nicht nur die meisten Dinge bekommen, die ich auch in Europa habe, sondern dazu noch alle möglichen Produkte aus China, Japan, Südostasien und Australien. Ich habe hier also in Wahrheit mehr Auswahl als früher in Europa.

Für mich ist entscheidend, dass Singapur ein Schmelztiegel ist. Einerseits ein asiatisches Kulturengemisch aus Chinesen, Malaien und Indern, die den Großteil der Bevölkerung stellen. Aber dazu noch viele Vertreter der internationalen Eliten. Und genau das macht Singapur aus.

Ich lese keine Kochbücher. Wirklich alles andere, aber keine Kochbücher.

Das ist für mich das Wichtigste: dass man den Gästen nicht nur ein köstliches Gericht serviert, sondern sie auch daran teilhaben lässt, warum man es tut. Ja. Zuerst muss man sich selbst davon überzeugen und dann muss man das mit seinen Gästen teilen.

Wir haben unser Restaurant am 10. Oktober 2010 eröffnet – dreimal die Zehn.

Ich entdeckte das Haus rein zufällig. Ich wollte nebenan zu Mittag essen und im Vorbeigehen sah ich es und dachte: »Wow! Was für ein schönes Gebäude. Ich frag mich, wer dort wohl wohnt?«

Also sagte ich mir: »Ich werde keinen Designer dafür engagieren. Es soll schließlich aussehen wie Andrés Haus.« Und deshalb habe ich dann tatsächlich alles selbst ausgesucht oder selbst designt. Und wenn ich mir heute das Restaurant so anschaue, erscheint es mir eher wie ein Wohnhaus. Es sieht nicht wirklich wie ein Restaurant aus, zumindest nicht im klassischen Sinn.

Was ist der internationalste Geschmack? Der Geschmack also, den jeder akzeptieren kann? Ich denke, es ist Salz!

Also hab ich gesagt: »Das ist André. Die Dinge, die sich in den letzten 20 Jahren nie verändert haben.« Das ist die Idee dahinter. Und da es acht Elemente sind, hab ich das Ganze eben Octaphilosophy genannt.

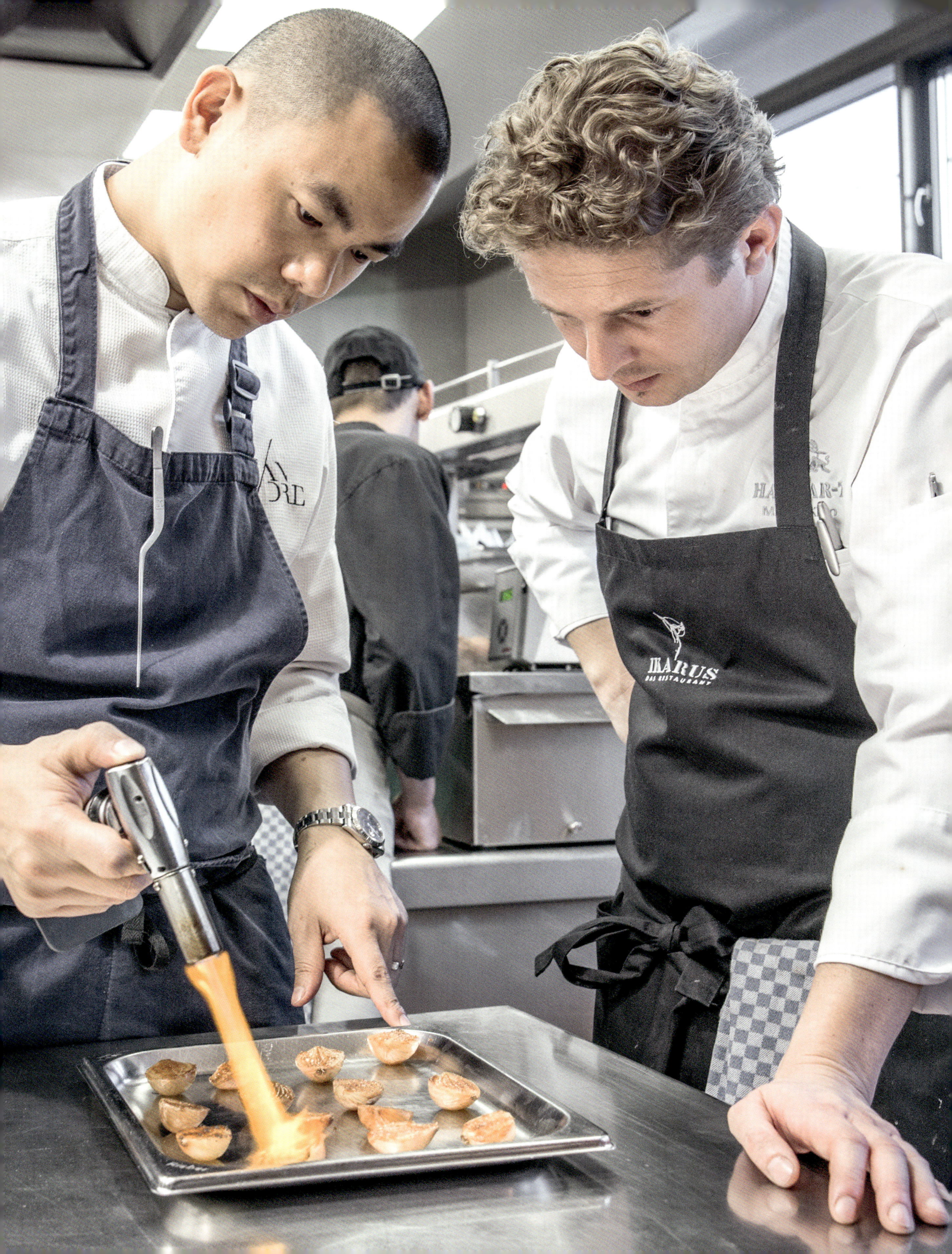

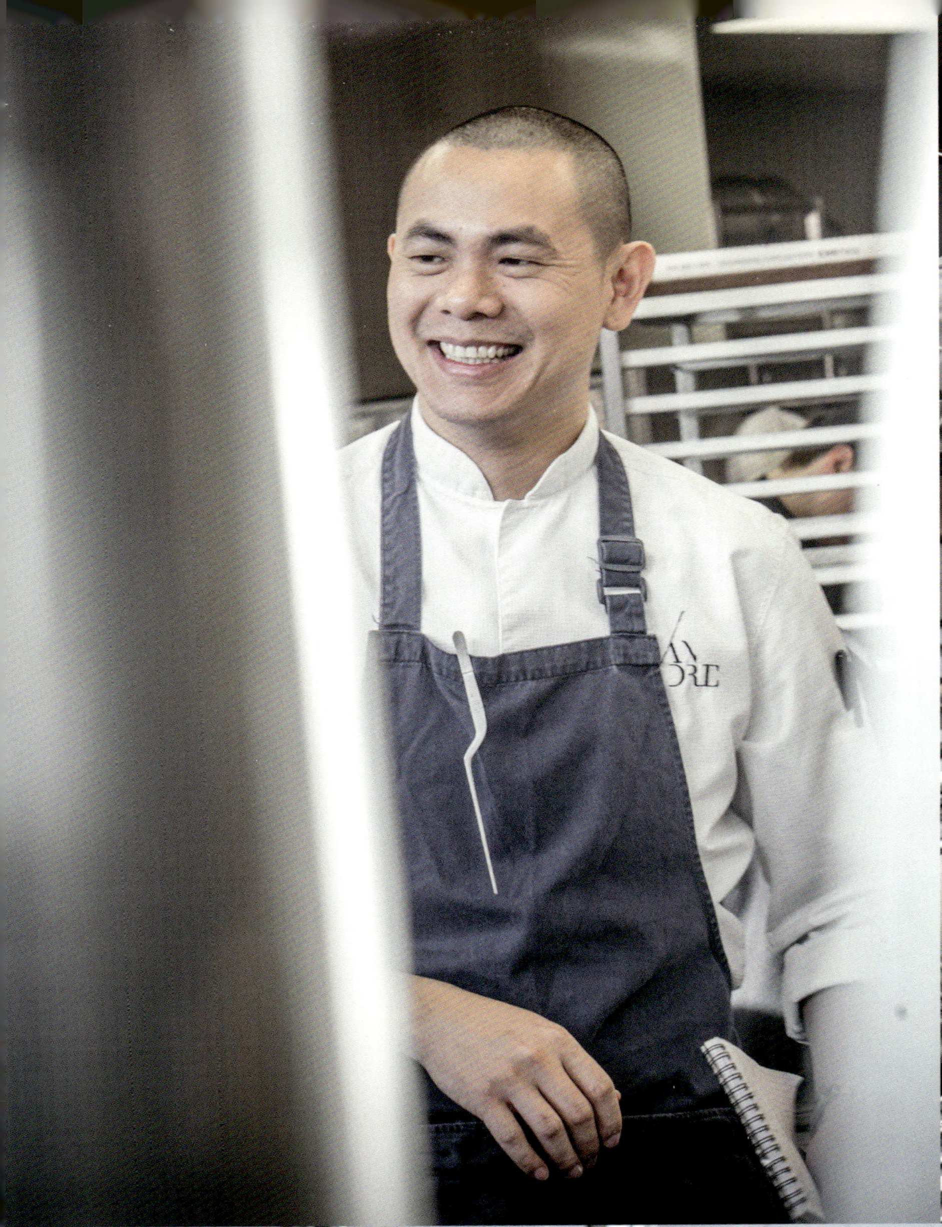

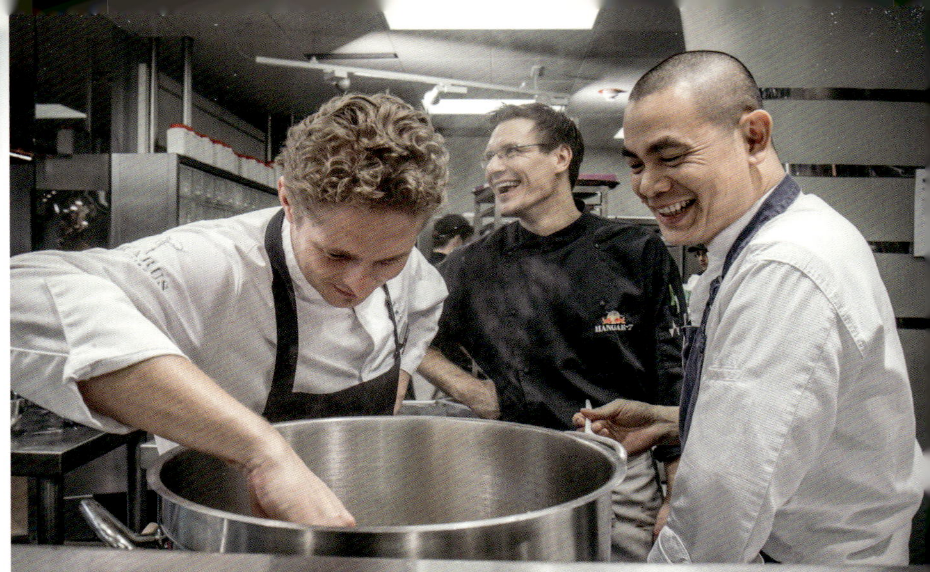

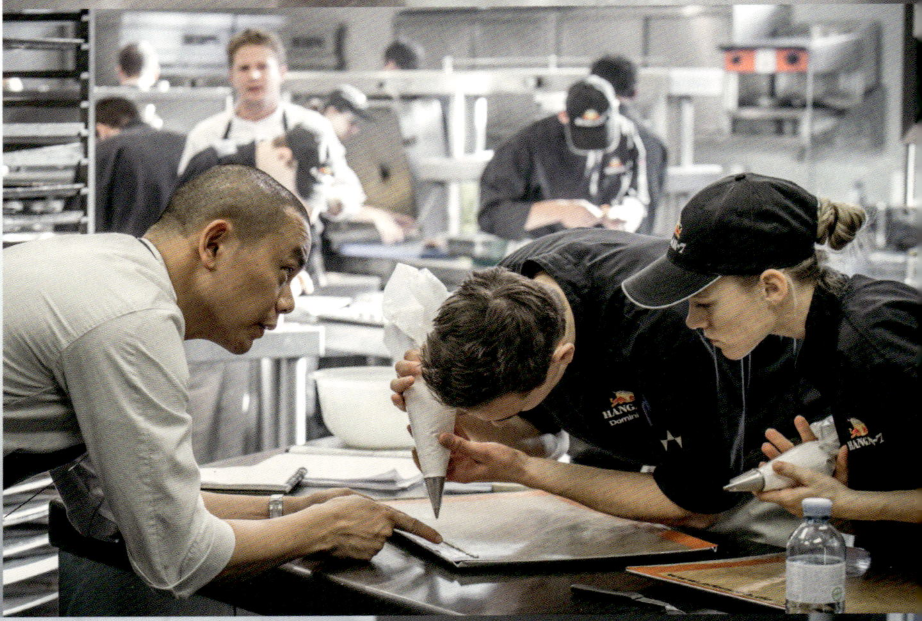

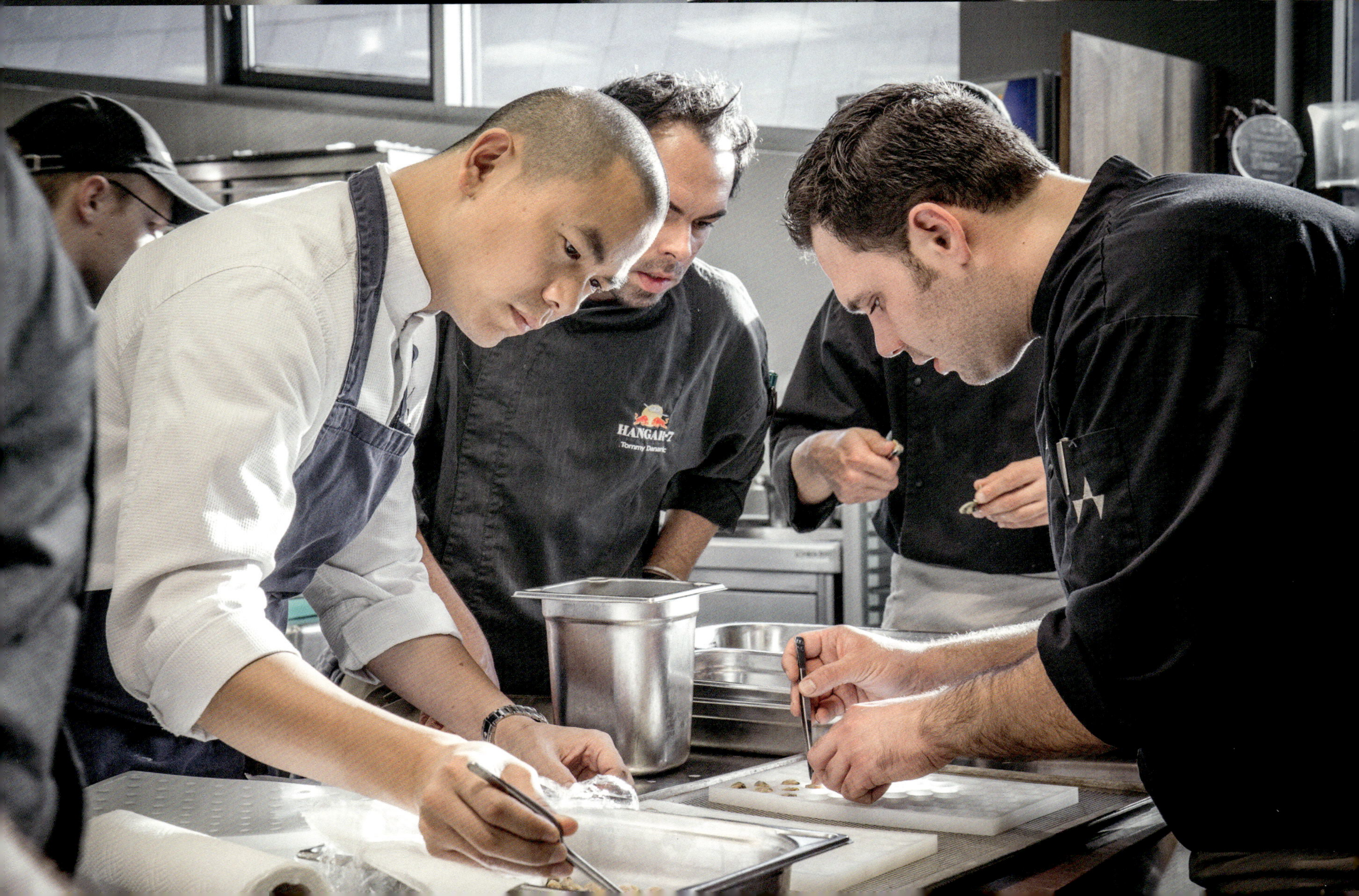
HANGAR-7

MENÜ

Pommes Soufflé-Meerrettich-Rindertatar-Kaviar
Zwiebelsuppe
Garnelen-Curry-Cracker
Chlorophyll-Kapsel

Jakobsmuschel, Blumenkohl-Consommé, Zwiebel

Vichyssoise, Palourde, Kartoffeln, Lauch

Sepia, Risotto, Sepia

Rotbarbe, Weizensprossen, Artischocken

Topinambur, Wald, Kakao, Knoblauch, Erde

Warmes Foie-Gras-Gelee, Perigord-Trüffel

Taube, Bete, Beeren

»Camembert«

Klarer Joghurt, Walderdbeeren, Marshmallow

Weißer Snicker

Jakobsmuschel, Blumenkohl-Consommé, Zwiebel

Blumenkohl-Consommé
- 1 violetter Blumenkohl
- ½ l Wasser
- etwas Shirodashi

Jakobsmuscheln
- 4 frische Jakobsmuscheln in der Schale
- 50 ml Shirodashi

Zwiebeln
- 4 frische Perlzwiebeln
- 250 ml Apfelsaft
- 1 Thymianzweig
- 20 g braune Zwiebelpaste (von Sosa)
- 20 g weiße Misopaste

Anrichten
- 8 eingelegte Sea Grapes (Meerestrauben), gewässert
- feine Meeresalgen und Meereskräuter nach Belieben (z. B. Dulse-Algen, Meeresfenchel, Salicornia, Austernpflanzenblätter, Eiskraut)
- Rucolablüten
- Olivenöl zum Beträufeln

Blumenkohl-Consommé
Die Blumenkohlröschen mit dem Wasser vakuumieren und im Wasserbad bei konstant 80 °C 4–5 Stunden ziehen lassen, bis das Wasser eine lila Farbe annimmt. Die Blumenkohl-Consommé durch ein feines Sieb passieren, mit Shirodashi abschmecken und kalt stellen.

Jakobsmuscheln
Die Jakobsmuscheln auslösen, säubern und trocken tupfen. Das Jakobsmuschelfleisch vierteln und 3 Stunden mit dem Shirodashi marinieren lassen. Die Jakobsmuschelviertel aus der Marinade nehmen, gut abtropfen lassen und nebeneinander auf eine Lage Frischhaltefolie legen. Dann in die Folie einwickeln und 1 Stunde kalt ziehen lassen.

Zwiebeln
Die Perlzwiebeln putzen, längs halbieren und zusammen mit dem Apfelsaft und dem Thymianzweig vakuumieren. Die Perlzwiebelhälften im Wasserbad bei konstant 75 °C ca. 40 Minuten bissfest pochieren. Die braune Zwiebelpaste und die Misopaste verrühren. Die Perlzwiebeln trocken tupfen und die Schnittflächen mit der Zwiebel-Miso-Paste bestreichen. Dann mit einem Bunsenbrenner abflämmen, dabei schrittweise arbeiten, sonst verbrennen die Zwiebeln. Die gratinierten Zwiebelhälften in einzelne Zwiebelschichten lösen.

Anrichten
Die kalte Blumenkohl-Consommé auf 4 tiefe Teller verteilen. Je 4 marinierte Jakobsmuschelstücke und einige gratinierte Perlzwiebelsegmente in die Consommé setzen. Dann je 2 Meerestrauben, einige gemischte Meeresalgen und -kräuter darauf verteilen und mit Rucolablüten garnieren. Zum Schluss einige Tropfen Olivenöl in die Blumenkohl-Consommé träufeln.

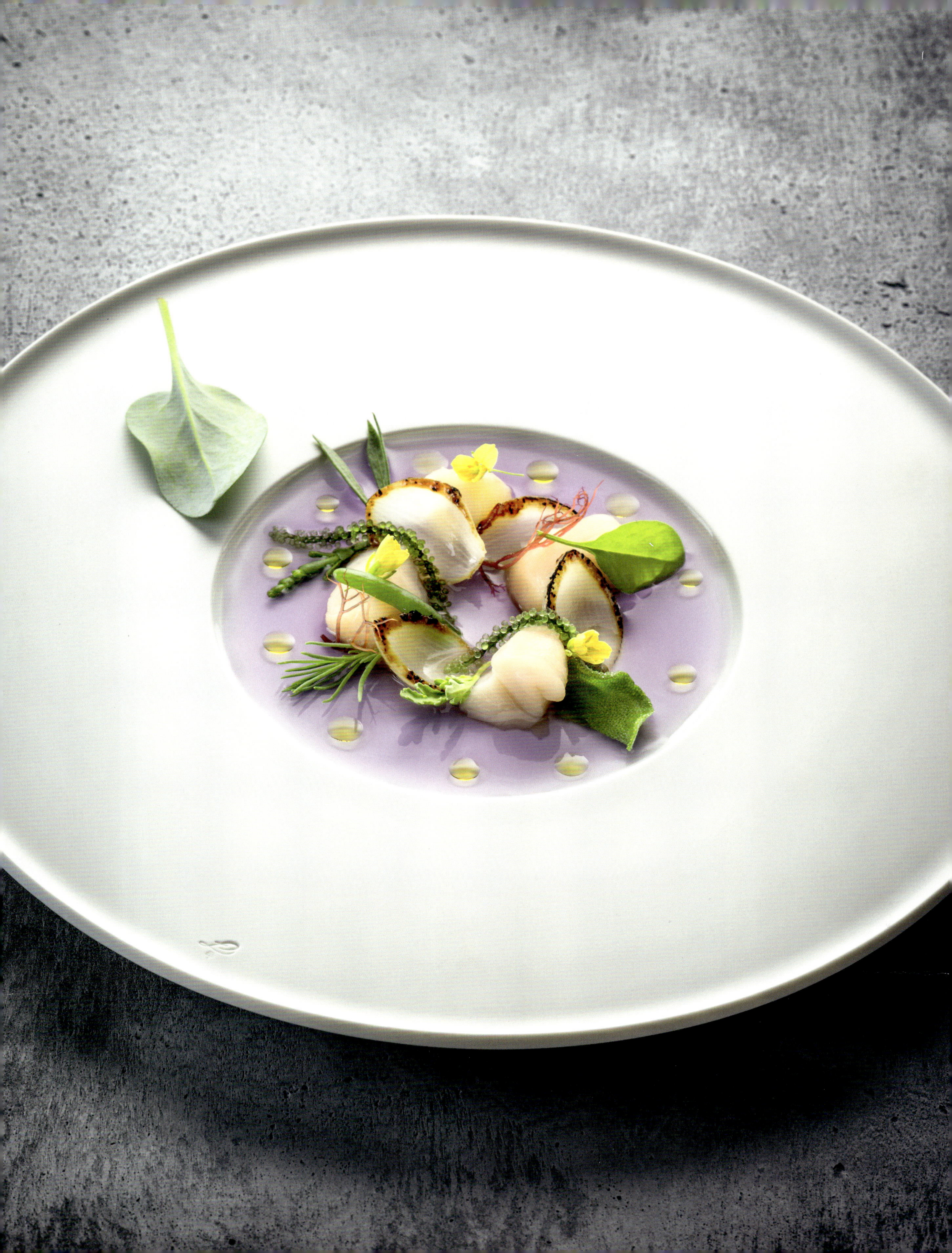

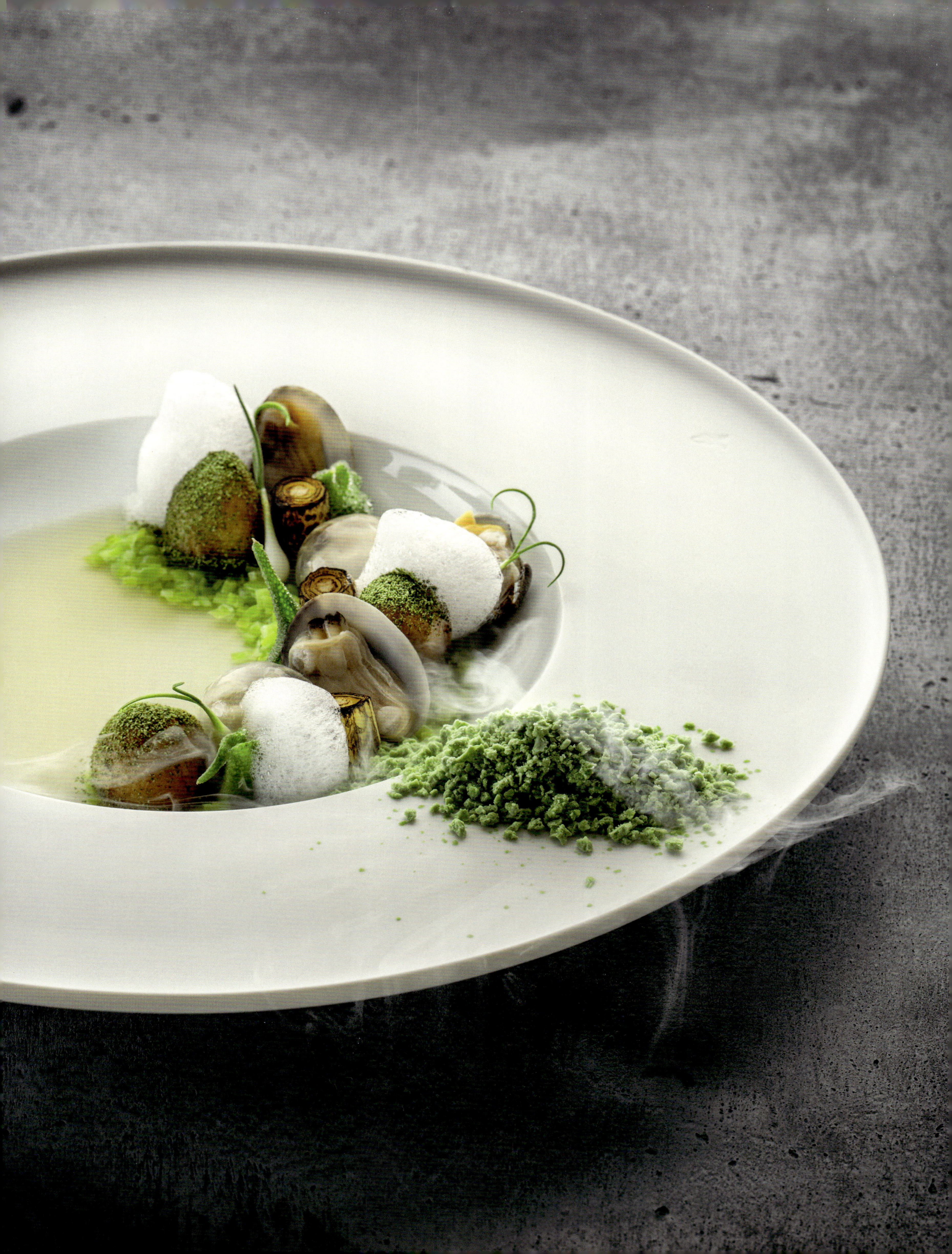

Vichyssoise, Palourde, Kartoffeln, Lauch

Palourde-Kugeln
- 1 l Wasser
- 5 g Alginat
- 1 kg frische Palourde-Muscheln
- 50 g Lauch, fein gewürfelt
- Saft von ½ Limette
- fein geriebene Schale von 1 Limette
- etwas Sojasauce
- 2 g Gluco
- 0,8 g Xanthan
- reichlich Maiskeimöl zum Einlegen

Granité
- 500 ml Salatgurkensaft, mit Schale frisch gepresst
- 3 g Petersilienblätter, blanchiert
- 50 g Lauchgrün, blanchiert
- 100 g Spinatblätter, blanchiert
- 15 g Shirodashi
- Salz
- frisch gemahlener schwarzer Pfeffer
- etwas Pro Espuma (Emulgator)
- reichlich flüssiger Stickstoff

Zwiebelsud
- 500 g weiße Zwiebeln, geschält und gewürfelt
- 500 g helle Geflügelbrühe
- Salz
- etwas Xanthan

Kartoffeln
- 12 kleine Grenaille-Kartoffeln
- 500 ml Maiskeimöl
- reichlich neutrales Pflanzenöl zum Frittieren
- grünes Lauchpulver zum Übersieben

Lauch
- 2 Stangen Lauch
- 20 g Butter
- 100 ml helle Geflügelbrühe
- Salz

Milchschaum
- 250 ml Vollmilch
- 60 g Wasser
- 55 g Shirodashi
- etwas Sojalecitin

Anrichten
- 8 EL Lauch (Brunoise), in Butter angeschwitzt
- 12 vorgegarte Palourde-Muscheln
- Eiskrautspitzen und Schalottensprößlinge

Palourde-Kugeln

Das kalte Wasser mit dem Alginat mixen und 12 Stunden im Kühlschrank ruhen lassen. Die gesäuberten und tropfnassen Palourde-Muscheln in der Pfanne kurz erhitzen, bis sich die Schalen öffnen. Das Muschelfleisch auslösen und kalt stellen. 250 g passierten Muschelsud mit dem Gluco und dem Xanthan mixen und kalt stellen. Je 2 ausgelöste Palourde-Muscheln in die Mulde einer Silikonmatte für Hohlkugeln (1,5 cm) legen und mit dem kalten Muschelsud auffüllen. Die Silikonmatte mindestens 4 Stunden gefrieren lassen, dann die gefrorenen Muschelkugeln 20 Minuten in das Alginatbad (Raumtemperatur) legen. Die Palourde-Kugeln in reichlich Maiskeimöl einlegen.

Granité

Den Salatgurkensaft, die Petersilienblätter, das Lauchgrün, die Spinatblätter und das Shirodashi sehr gut mixen. Den Saft mit Salz und frisch gemahlenem Pfeffer würzen, passieren und abwiegen. Den Saft mit 10 % Pro Espuma mixen, in eine Espumaflasche füllen, diese mit 2 N2O-Kapseln bestücken und einige Stunden kalt stellen.. Den Saft in reichlich flüssigen Stickstoff spritzen, das Granité herausschöpfen, zerstoßen und sofort anrichten.

Zwiebelsud

Die Zwiebelwürfel und die Geflügelbrühe vakuumieren, dann im Wasserbad bei konstant 85 °C 4 Stunden garen lassen. Den Zwiebelfond passieren, mit Salz abschmecken und mit etwas Xanthan binden. Vor dem Anrichten erhitzen.

Kartoffeln

Die Kartoffeln mit der Schale im Maiskeimöl bei 110 °C ca. 20 Minuten konfieren, bis sie gar sind. Vor dem Anrichten im Pflanzenöl bei 180 °C kurz frittieren, halbieren, salzen und mit Lauchpulver übersieben.

Lauch

Die Lauchstangen putzen und alle grünen Bestandteile entfernen. Die Lauchstangen einige Minuten in Butter farblos anschwitzen, dann die Geflügelbrühe zugeben und den Lauch bissfest garen. Die Lauchstangen bis zu einem Durchmesser von ca. 1 cm schälen, in 2 cm lange Stücke schneiden und salzen. Vor dem Anrichten die Lauchtürmchen rundum mit dem Bunsenbrenner abflämmen.

Milchschaum

Die Vollmilch, das Wasser und das Shirodashi aufkochen, dann mit etwas Sojalecithin schaumig aufmixen.

Anrichten

Je 2 EL Lauch-Brunoise auf 4 flache Teller verteilen. Darauf je 3 Grenaille-Kartoffeln, Lauchtürmchen, Palourde-Muscheln und je 2 Palourde-Kugeln verteilen. Mit Eiskrautspitzen und Schalottensprößlingen garnieren, den Zwiebelsud angießen und mit etwas Milchschaum nappieren. Zum Schluss etwas Granité auf die Teller geben.

Taube, Bete, Beeren

Taube
- 2 frische, küchenfertige Tauben
- Salz
- 500 g Butterschmalz
- 1 Thymianzweig
- 1 Rosmarinzweig
- 1 Knoblauchzehe, halbiert
- etwas Taubenjus zum Glacieren

Rotkohlpüree
- 400 g frischer Rotkohl
- 100 g Butter
- 100 ml Apfelsaft
- Salz
- Zucker
- etwas Merlot-Essig

Gelbe und Rote Beten
- 2 Gelbe Beten
- 500 ml Orangensaft
- 2 Rote Beten
- 500 ml Rote-Bete-Saft
- Salz

Knoblauchpaste
- 50 g schwarzer fermentierter Knoblauch
- etwas Wasser
- etwas Sojasauce

Anrichten
- einige frische Brombeeren
- einige gefriergetrocknete Himbeeren
- rohe gestreifte Chioggia-Bete-Scheiben
- einige Rote-Bete-Chips
- 4 TL frische Himbeercoulis, mit Kernen
- etwas Rote-Bete-Reduktion
- etwas schwarzer, fermentierter Knoblauch, getrocknet und gemahlen
- Maldon-Meersalz
- Sauerampfer- und Sauerkleeblättchen

Taube
Die Keulen von den Tauben abtrennen. Die Brüste auslösen, dabei aber den Brustbeinknochen belassen und kalt stellen. Die Taubenkeulen salzen und in 1 EL Butterschmalz rundherum anbraten. Reichlich Butterschmalz auf 90 °C erhitzen, den Thymian- und den Rosmarinzweig und die halbierte Knoblauchzehe zugeben. Die Taubenkeulen einlegen und 2 Stunden bei 90 °C konfieren. Vor dem Anrichten die abgetropften Taubenkeulen in etwas Taubenjus glacieren. Die Taubenbrüste salzen und mit dem Brustbeinknochen in 1 EL Butterschmalz anbraten, dann vakuumieren und im Wasserbad bei konstant 52 °C 20 Minuten garen. Die Taubenbrüste ruhen lassen, vom Brustbeinknochen auslösen, längs halbieren und anrichten.

Rotkohlpüree
Den Rotkohl in feine Streifen schneiden und in der Butter farblos anschwitzen. Den Apfelsaft zugeben und den Rotkohl zugedeckt ca. 1,5–2 Stunden langsam schmoren lassen. Den sehr weichen Rotkohl mixen und mit Salz, Zucker und etwas Merlot-Essig abschmecken. Vor dem Anrichten behutsam erwärmen.

Gelbe und Rote Beten
Die Gelben Beten putzen und im Orangensaft bissfest schmoren. Die Roten Beten ebenso putzen und im Rote-Bete-Saft bissfest schmoren. Die Beten im jeweiligen Sud abkühlen lassen, dann schälen und beliebige Kreise ausstechen. Die Beten-Scheiben vor dem Anrichten in etwas Sud erwärmen, dann mit Salz abschmecken.

Knoblauchpaste
Den geschälten fermentierten Knoblauch durch ein feines Sieb streichen. Etwas Wasser und Sojasauce zugeben und zu einer Paste mixen.

Anrichten
Je 1–2 EL Rotkohlpüree auf 4 flache Teller geben und mit einer kleinen Palette zu einem Streifen verstreichen. Daneben etwas Knoblauchpaste geben und ebenfalls verstreichen. Zu beiden Seiten einige frische Brombeeren, gefriergetrocknete Himbeeren, Gelbe- und Rote-Bete-Scheiben, rohe Chioggia-Bete-Scheiben und Rote-Bete-Chips arrangieren. Daneben je 1 TL Himbeercoulis, etwas warme Rote-Bete-Reduktion und schwarzes Knoblauchpulver geben. Je 1 Taubenbrust und 1 glacierte Taubenkeule auf das Rotkohlpüree setzen und mit Maldon-Meersalz bestreuen. Zum Schluss mit Sauerampfer- und Sauerkleeblättchen garnieren.

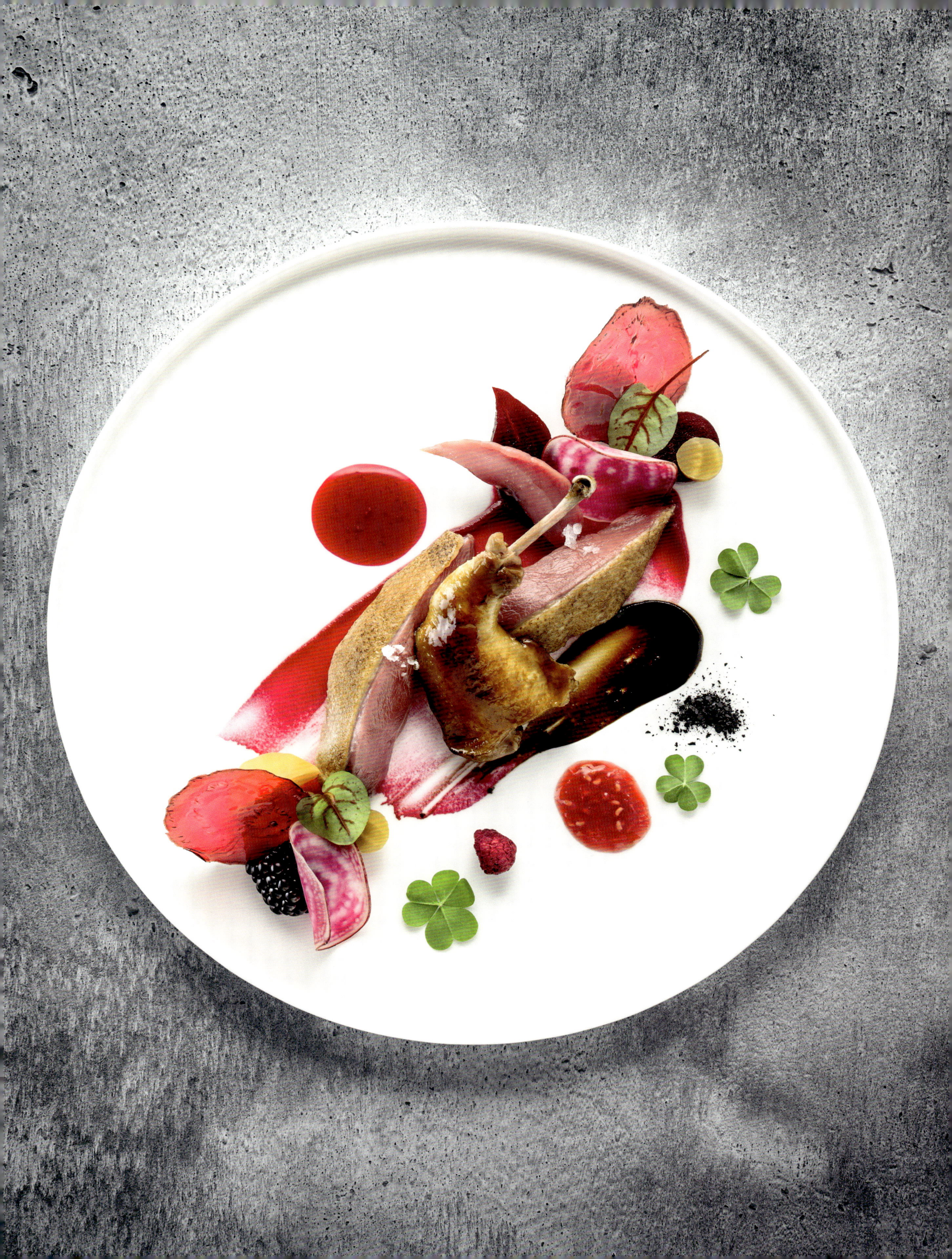

CAMEMBERT
SELECTION
Restaurant ANDRE
Fabriqué en Normandie
250g

»Camembert«

Heumilch
- 150 g frisches aromatisches Heu
- 300 ml Vollmilch

Heumilcheis
- 250 g Heumilch (siehe Teilrezept »Heumilch«)
- 50 g Sahne
- 40 g Eigelb
- 35 g Zucker
- 1,6 g Pectagel rose (Eisstabilisator)
- 1 Prise Salz

»Camembert«
- 120 g Zucker
- 45 g Wasser
- 50 g Eiweiß
- 120 g Fromage blanc (französischer Frischquark)
- 120 g Crème fraîche
- frisch geriebene Schale von 1 Zitrone
- 2 Blatt Gelatine
- 300 g geschlagene Sahne
- etwas Burrata zum Füllen

Milchhaut
- 100 g Vollmilch
- 100 g Sojamilch
- 10 g Sahne

Fertigstellen und Anrichten
- Dextrosepulver zum Bestäuben
- 4 Camembert-Schachteln, mit Pergament ausgekleidet

Heumilch
Das Heu auf einem Blech verteilen und im Backofen bei 190 °C (Ober- / Unterhitze) 10–15 Minuten rösten. Das Heu in einen Vakuumierbeutel füllen, die Vollmilch zugeben und vakuumieren. Dann im Wasserbad bei konstant 70 °C 60 Minuten infusieren lassen. Die fertige Heumilch durch ein feines Sieb passieren.

Heumilcheis
Die Heumilch und die Sahne aufkochen. Das Eigelb, den Zucker, das Pectagel rose und das Salz in einer Schüssel verrühren. Die heiße Heumilch unterrühren, dann die Masse über einem warmen Wasserbad »zur Rose« aufschlagen (85 °C). Die Eismasse über einem Eiswürfelbad kalt schlagen, dann in einen Pacojet-Becher füllen und 12 Stunden tiefkühlen. Vor dem Anrichten den gefrorenen Pacojet-Becher in den Pacojet setzen und den Inhalt zu Eis verarbeiten. (Alternativ die gut gekühlte Flüssigkeit in einer Eismaschine zu Eis verarbeiten.)

»Camembert«
Den Zucker und das Wasser auf 121 °C erhitzen. Das Eiweiß in der Küchenmaschine leicht anschlagen. Bei laufender Maschine den heißen Zuckersirup in einem dünnen Strahl zugießen und solange weiterschlagen, bis die Masse abgekühlt ist. Den Fromage blanc, die Crème fraîche und die frisch geriebene Zitronenschale verrühren. Die eingeweichte und aufgelöste Gelatine unterrühren. Die abgekühlte Eiweißmasse unterheben. Zum Schluss die geschlagene Sahne unter die Mousse heben. Die Mousse in einen Spritzbeutel füllen. 4 Metallringe (Durchmesser 5 cm, Höhe 2,5 cm) auf ein Blech stellen. Die Mousse zu ¾ in die Ringe füllen und mindestens 4 Stunden kalt stellen. Die restliche Mousse ebenfalls kalt stellen. Dann mit Hilfe eines Parisienne-Ausstechers mittig je eine kleine Mulde ausstechen. Etwas Burrata in die Mulden füllen, die Füllung mit der restlichen Mousse bedecken und glatt streichen. Die »Camemberts« 6 Stunden kalt stellen.

Milchhaut
Die Vollmilch, die Sojamilch und die Sahne in einem Topf erhitzen und solange ziehen lassen, bis sich eine Milchhaut bildet. Diese vorsichtig abnehmen und auf eine Lage Frischhaltefolie legen. Auf diese Weise 4 Milchhäute vorbereiten. Die Milchhäute unabgedeckt 2 Stunden im Kühlschrank antrocknen lassen.

Fertigstellen und Anrichten
Die »Camemberts« aus den Ringen lösen und vorsichtig in je 1 Milchhaut wickeln. Dann mit reichlich Dextrosepulver übersieben und an der Oberseite mit einem langen dünnen Stäbchen leichte Rillen eindrücken. Zum Anrichten die »Camemberts« nach Belieben in mit Pergamentpapier ausgekleidete Schachteln setzen und mit je 1 Nocke Heumilcheis servieren.

Klarer Joghurt, Walderdbeeren, Marshmallow

Klarer Joghurt
- 600 g Naturjoghurt (3,5 % Fettanteil)
- 200 ml Wasser
- 4 g Blattgelatine
- 20 g Zucker
- 1 g Iota
- 0,2 g Kappa
- 4 Joghurtgläser zum Befüllen à 125 ml

Walderdbeer-Espuma
- 200 g Naturjoghurt (3,5 % Fettanteil)
- 140 g frisches Walderdbeerpüree
- 4 g Blattgelatine

Walderdbeer-Granité
- 200 g Wasser
- 20 g Zucker
- 20 g frisches Walderdbeerpüree
- 10 g frisch gepresster Zitronensaft
- 3 Tropfen Walderdbeeraroma

Marshmallow
- 50 g Zucker
- 30 g Glucosesirup
- 30 g Eiweiß
- 4 g Blattgelatine
- 2 Tropfen Walderdbeeraroma
- 20 g Puderzucker
- 20 g Maisstärke

Anrichten
- 60 g frische Walderdbeeren
- etwas Fenchelknolle, dünn gehobelt und in Eiswasser gelegt
- etwas Fenchelgrün
- 4 Joghurtglas-Aluminium-Schutzfolien zum Warmverschließen

Klarer Joghurt
Den Naturjoghurt und das Wasser auf 60 °C erhitzen. Die eingeweichte Blattgelatine zugeben und auflösen. Die Masse abkühlen lassen und 6 Stunden gefrieren. Ein Lochblech mit Küchenkrepp auskleiden und auf ein tiefes Blech setzen. Den gefrorenen Joghurt grob in Stücke schneiden und auf dem Küchenkrepp verteilen, dann bei Raumtemperatur auftauen lassen, dabei das abtropfende klare Joghurtwasser auffangen. Den Zucker mit dem Iota und dem Kappa mischen. 200 g klares Joghurtwasser mit dem Zuckergemisch aufkochen und je 35 g heiße Joghurtmasse in eines von 4 Joghurtgläsern füllen. Den klaren Joghurt mindestens 6 Stunden kalt stellen.

Walderdbeer-Espuma
Den Naturjoghurt mit 100 g Walderdbeerpüree glatt rühren. Das restliche Walderdbeerpüree erhitzen, die eingeweichte Blattgelatine zugeben und auflösen. Die Gelatinemischung unter den Walderdbeerjoghurt rühren, durch ein feines Sieb passieren und in eine Espumaflasche füllen. Diese mit 2 N20-Kapseln bestücken und mindestens 6 Stunden kalt stellen.

Walderdbeer-Granité
Das Wasser, den Zucker, das Walderdbeerpüree, den Zitronensaft und das Walderdbeeraroma gut verrühren und in einem Gefrierbehälter mindestens 6 Stunden gefrieren lassen. Kurz vor dem Anrichten mit einer Gabel feine Granité-Flocken abschaben.

Marshmallow
Zucker und Glucosesirup in einen Topf geben und auf 121 °C erhitzen. Das Eiweiß in einer Küchenmaschine leicht anschlagen. Bei laufender Maschine den heißen Zuckersirup in einem dünnen Strahl zugießen. Die eingeweichte und gut ausgedrückte Blattgelatine, sowie das Waldbeeraroma in die warme Eiweißmasse geben und solange weiter schlagen, bis die Marshmallow-Masse auf Raumtemperatur abgekühlt ist. Die Marshmallow-Masse in einen Spritzbeutel mit glatter Tülle (3 mm) füllen und kleine Tupfen der Masse auf eine Lage Backpapier aufspritzen. Die Marshmallows mindestens 4 Stunden in den Kühlschrank stellen. Vor dem Anrichten den Puderzucker und die Maisstärke mischen und über Marshmallows sieben.

Anrichten
Die 4 mit klarem Joghurt befüllten Gläser aus dem Kühlschrank nehmen. Etwas Walderdbeer-Espuma hineinspritzen und einige frische Walderdbeeren, feine Fenchelstreifen und Marshmallows darauf verteilen. Mit etwas Fenchelgrün garnieren und je 1–2 EL Walderdbeer-Granité daraufgeben. Sofort je 1 Aluminium-Schutzfolie auf die Gläser legen und mit Hilfe eines heißen Bügeleisens versiegeln. Die Ränder nach unten biegen und sofort servieren.

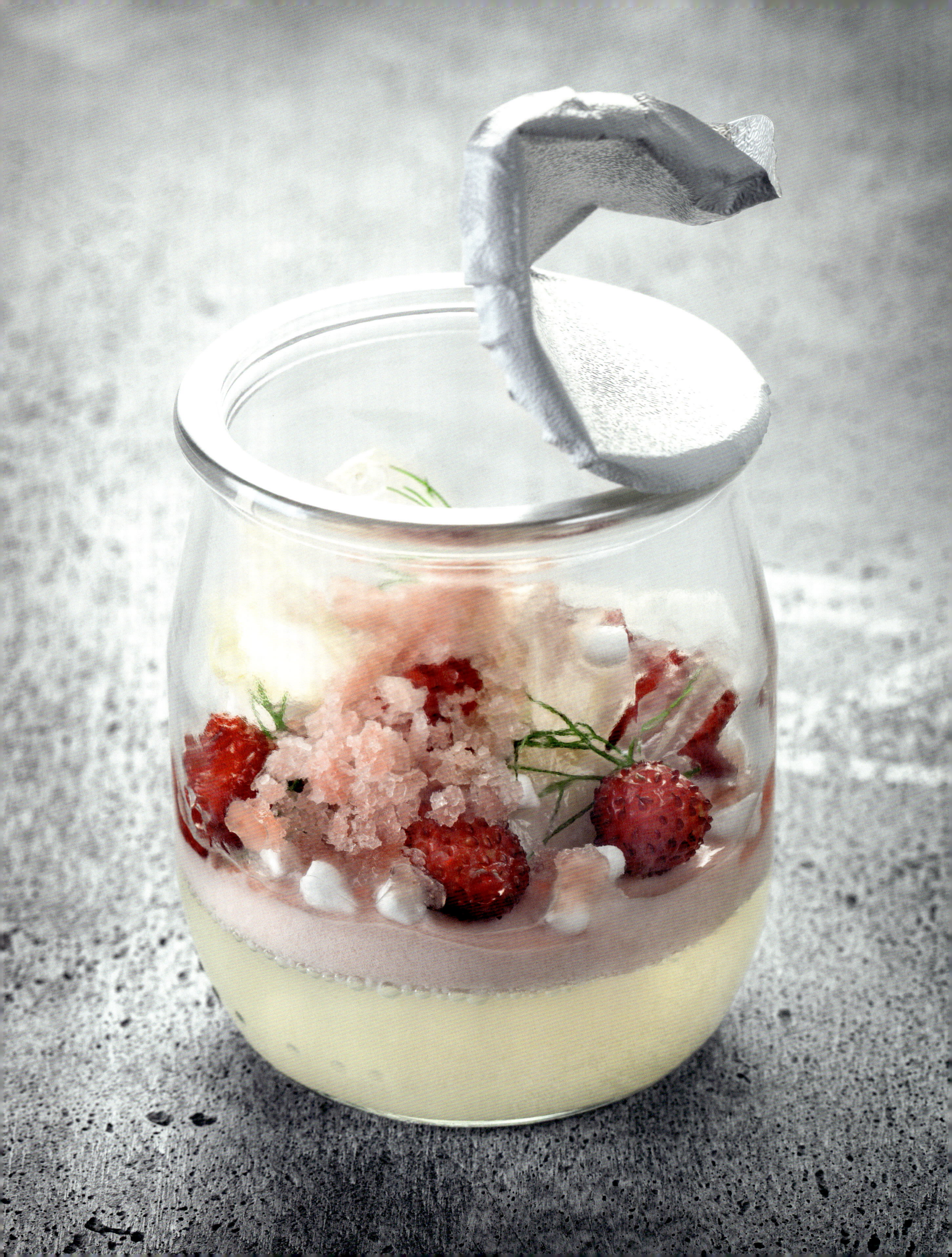

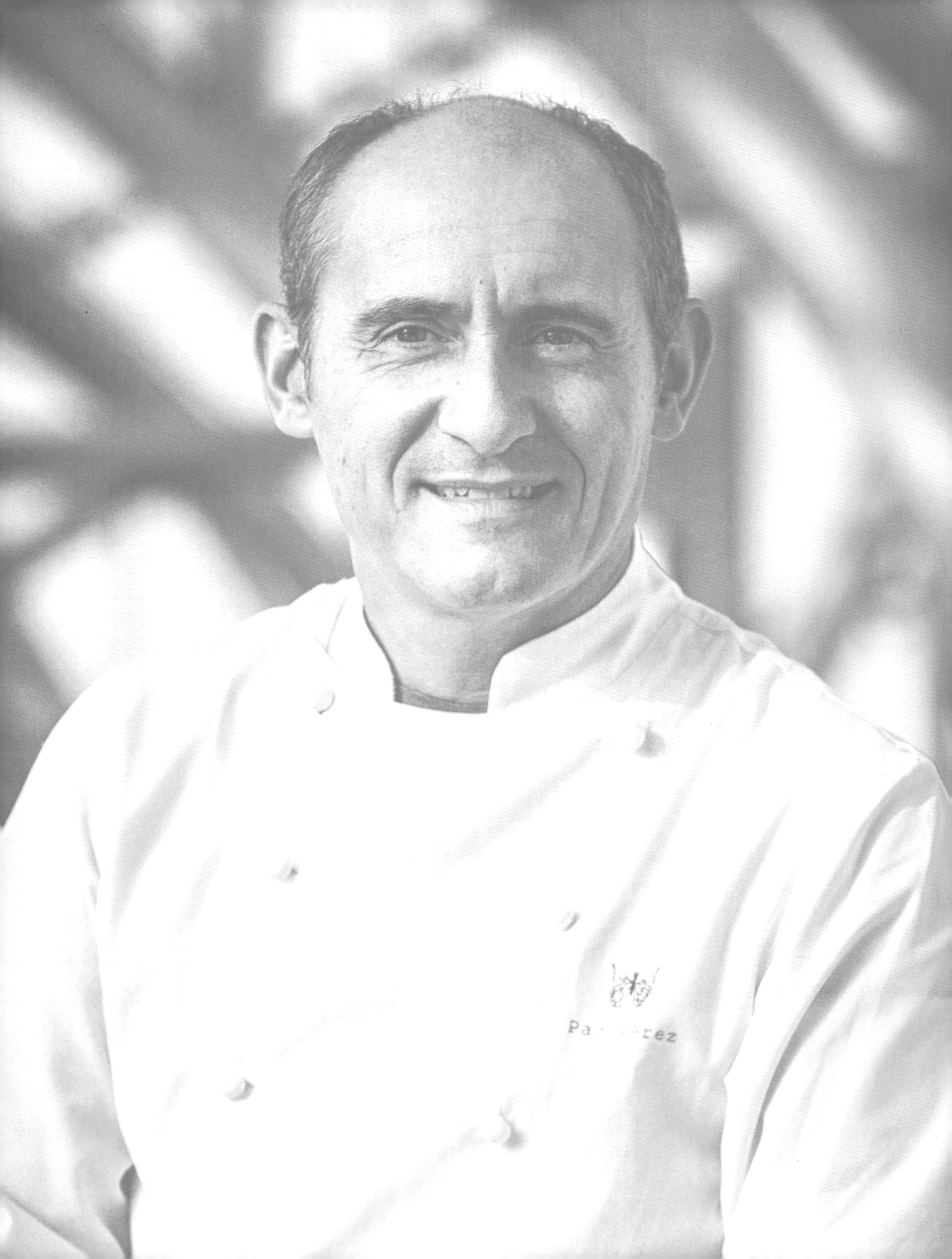

Paco
PÉREZ

Restaurant Miramar

Llançà / Spanien

Urlaubssperre für ein bombastisches Feuerwerk

Ich will mich nicht genau festlegen aber ich denke, es war so zwischen Gang 20 und 21, als ich ein wenig nervös zum Handy griff, um meine Brigade im Hangar-7 anzurufen. Ich weiß, wie man sich bei den Jungs beliebt macht, und das war jetzt so ein Fall: Totales Urlaubsverbot für den Monat Februar! Am besten für Januar noch gleich mit. Excuse-moi, aber es geht nicht anders.

Was war passiert? Eigentlich nichts schlimmes, eher ganz im Gegenteil. Ich sitze im nordspanischen Kleinst-Fischereidorf Llançà bei Paco Pérez in seinem weiß eingedeckten Zwei-Sterne-Restaurant Miramar, direkt an der großen Fensterfront mit dem dazugehörigen unverbaubaren Blick auf Strand und Meer und esse gerade »Viva Mexiko«. Soll heißen, ein mit Mole bestrichener Esspapierchip, der zuerst knusprig gemacht, dann wieder kalt gestellt werden muss, nur um dann in den Händen erwärmt und zum Taco geformt zu werden, mit Avocado-Würfeln und einer Cuacamole-Creme getoppt, mit in Stickstoff gefrorenen Limetten-Zellen, mit Mini-Mais-»Couscous«, Chiliöl und Koriander-Kresse abgerundet, dazu als Side-dish noch ein Mais-Macaron mit Gänseleber-Creme und ein Zwiebel-Chili-Alginat.

Was das jetzt mit Urlaubssperre zu tun hat, wollen Sie wissen? Richtig, eigentlich ist das alles kein Problem, es sei denn, das Gesamt-Arrangement »Viva Mexico« ist ein Gang von insgesamt 36 Gängen – spätestens dann versteht jeder, warum Alarm angesagt ist.

Richtig, 36 Gänge! In einem atemberaubenden Tempo. Mit einer zutiefst beeindrucken Choreographie, mit Rhythmus und Druck gekocht und serviert. Der Vergleich mit einem Feuerwerk bietet sich nur bedingt an, weil nur dann richtig, wenn man an die finale Phase eines Feuerwerks denkt, wenn also der Pyrotechniker noch einmal alles raushaut, was er so im Programm hat, dann wären wir genau da, wo Paco ist. 36 Gänge lang!

Noch mehr als das Produkt stehen bei dem Spanier Technik und Ästhetik, Texturen und Temperaturen im Vordergrund. Da kann ein Pata-Negra-Schinken schon mal zur Consommé »degradiert« werden. Und wenn es Ente gibt, interessiert Paco noch mehr als die Herkunft, dass sie stundenlang sous-vide gegart wurde und dann millimeterdünn als Art Carpaccio-Röllchen mit Roter Bete und einer Jackson Pollock-artig über den Teller gespritzten Reduktion aus Rote-Bete-Saft serviert wird.

Natürlich ist Pacos Küche im ausgeprägten Sinne spanisch molekular. Nicht umsonst hat der Vater zweier Kinder lange Zeit in Ferran Adriàs El Buli gearbeitet. Trotzdem beschreibt sich Paco heute lieber als modernen Avantgarde-Koch, was ihn nicht davon abhält, wie alle molekularen Spitzen-Spanier, seiner Küche noch ein eigenes Labor als Nebenraum anzugliedern. Da stehen dann Destillatoren, 3D-Drucker oder Gefriertrockner. Viel Technik, aber wenn dann ein wasserklares »Etwas« im Mund als »After-Eight«-Sorbet explodiert, hat alles seine Berechtigung.

Paco hat nicht nur Technik, sondern auch Humor, besonders schwarzen Humor. Spätestens wenn im Dessert-Bereich eine eher unscheinbar umgestülpte Tassenform aus erkalteten Frischkäse und weißer Schokolade daher kommt. Sieht eher minimalistisch aus – bis man mit dem Löffel rein sticht und plötzlich ein Himbeer-Alginat-Inneres über den Teller verspritzt. Pérez nennt das Dessert »Tarantino« – Pulp Fiction lässt grüßen.

Paco Pérez' Menü-Komposition ist bei aller Reichhaltigkeit extrem leicht und bekömmlich. Trotzdem hatten wir uns – Stichwort Reizüberflutung – auf »nur« 24 Gänge geeinigt. Ich war mir sicher, dass das Pérez-Feuerwerk im Glas-Palast Hangar-7 ganz besonders hell erstrahlen würde. Und Sie als Gast, das war Ihnen versichert, brauchten Gang für Gang nur zu genießen – für Sie galt die Urlaubssperre nicht.

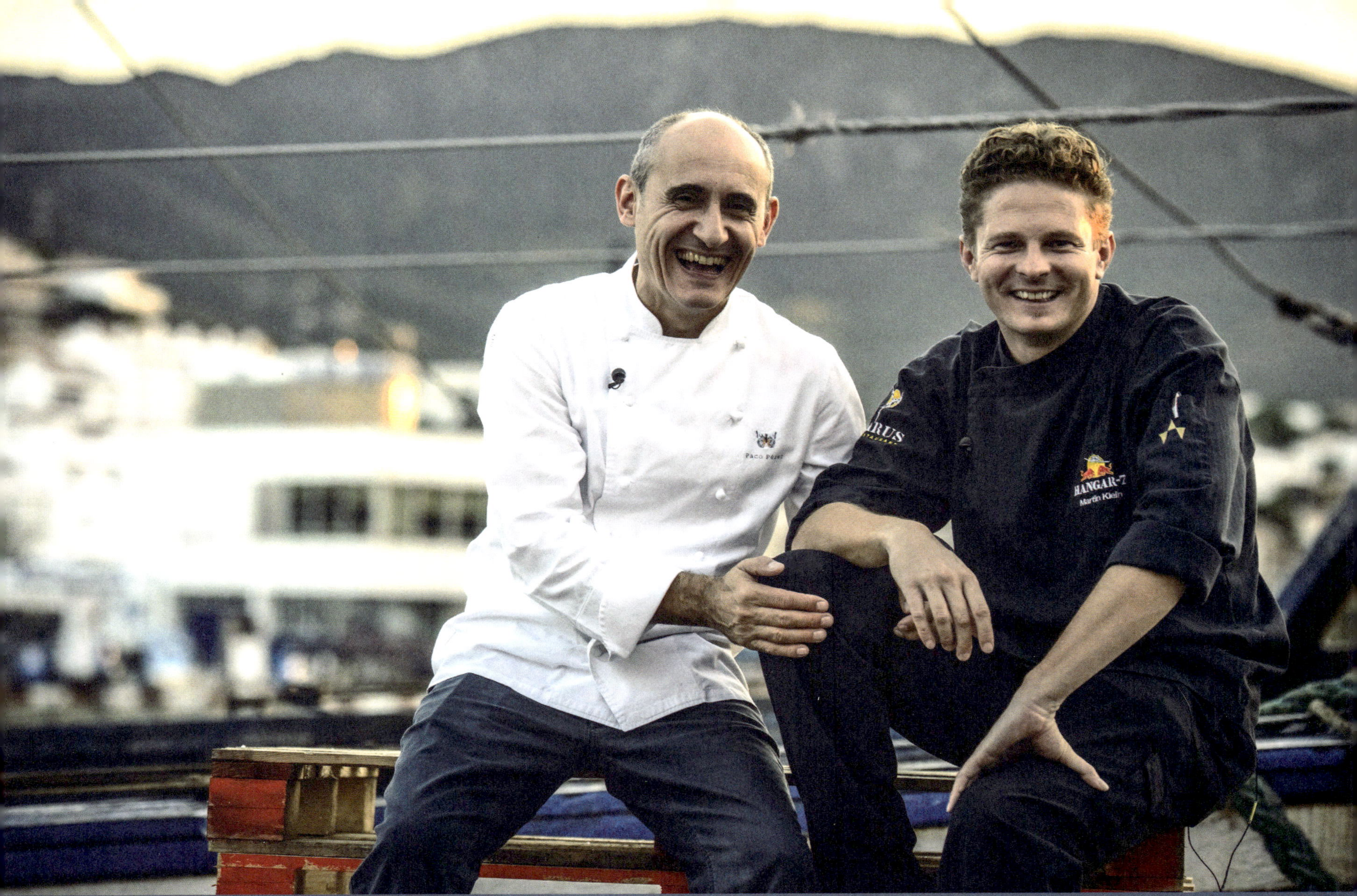
HANGAR-7

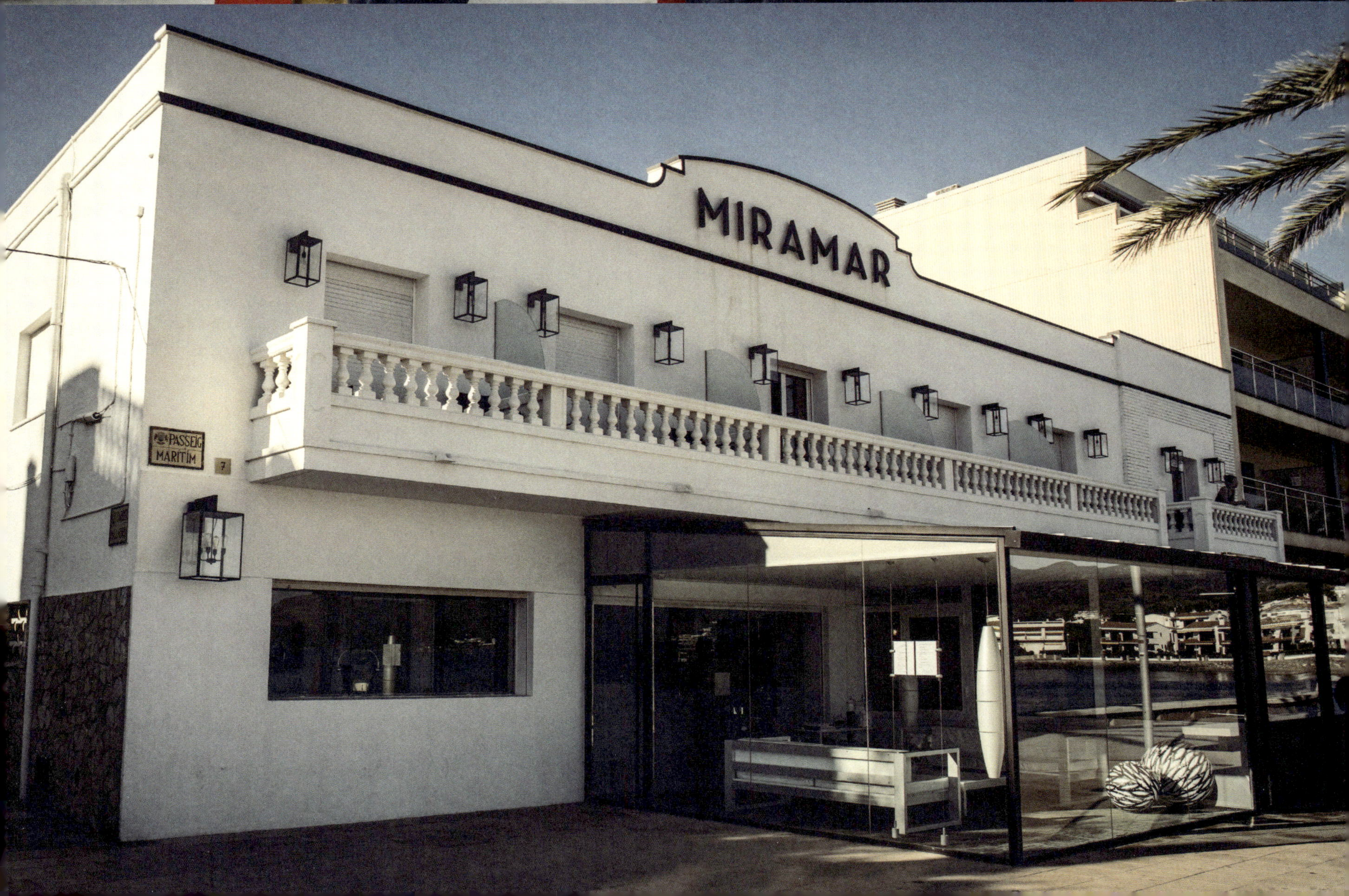
MIRAMAR
PASSEIG MARÍTIM
7

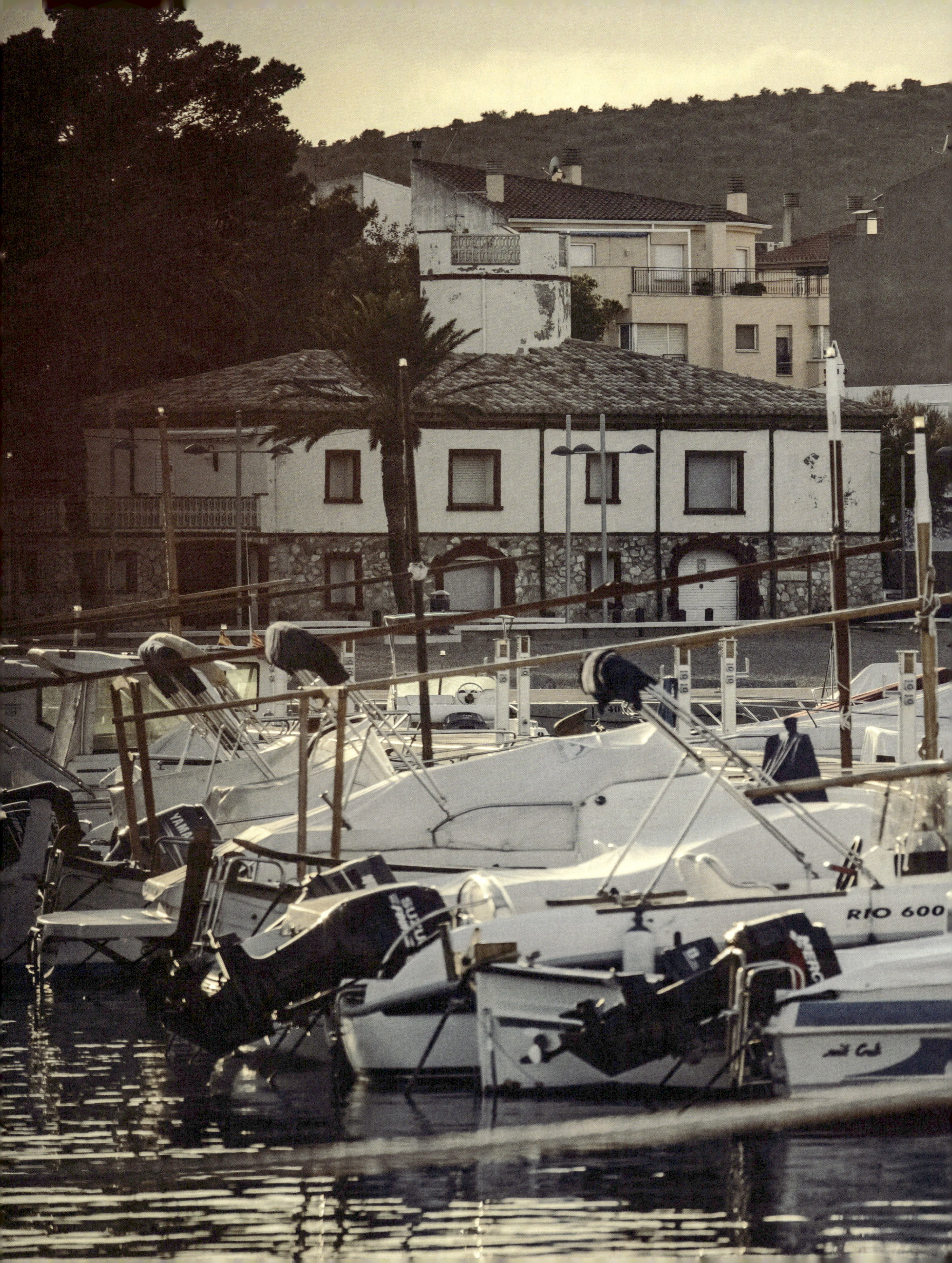
RIO 600

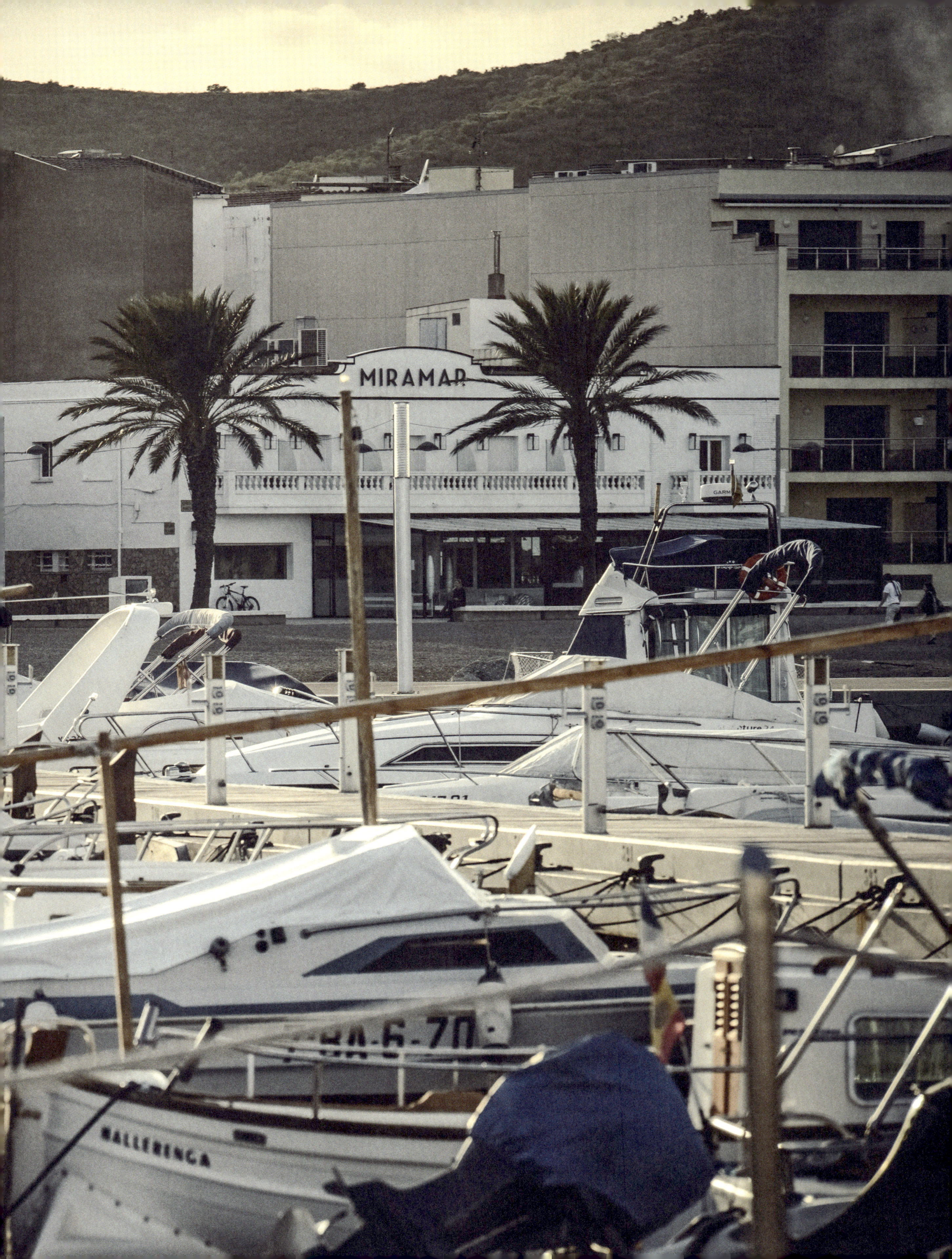
MIRAMAR

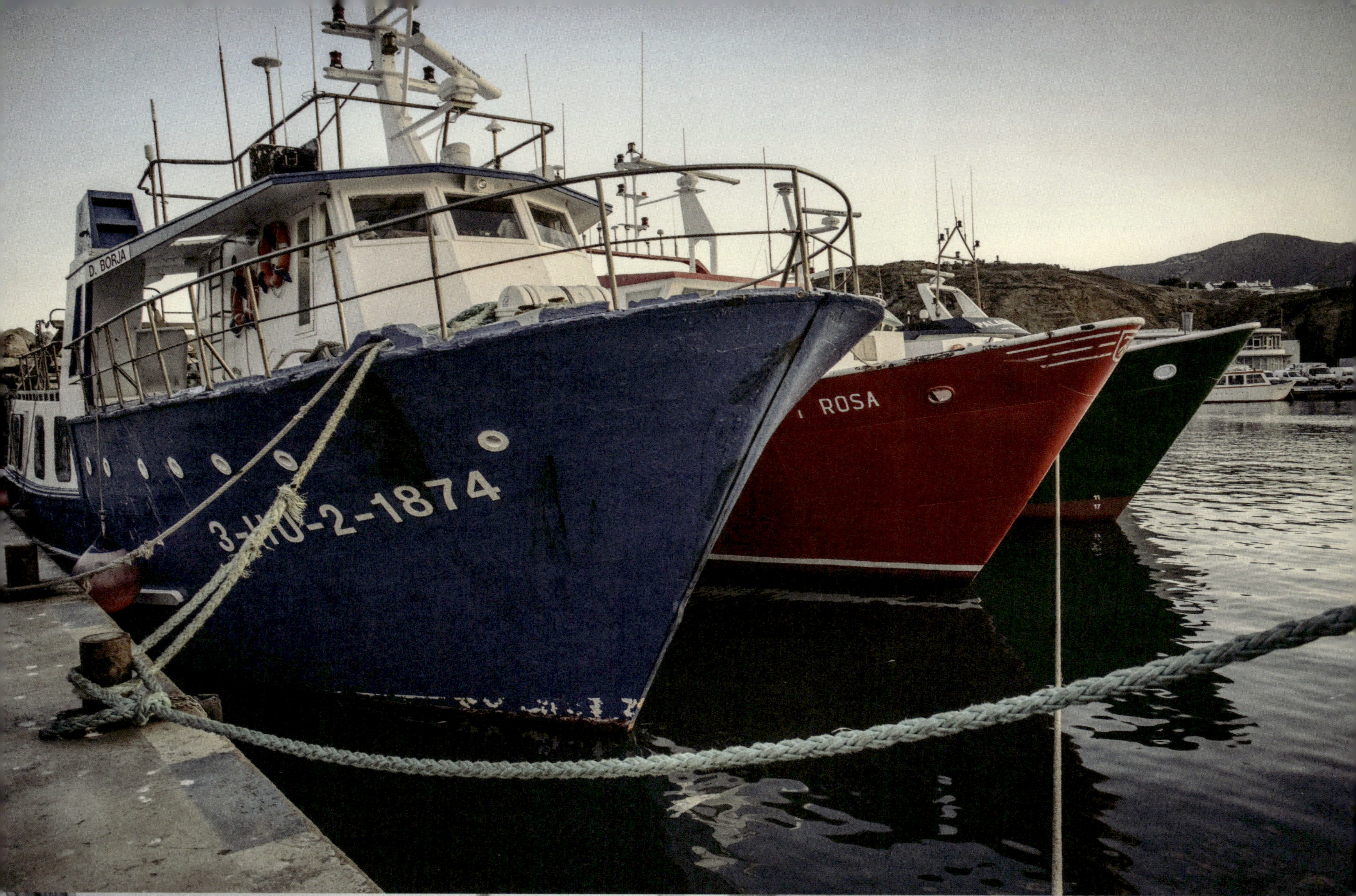
D. BORJA
ROSA

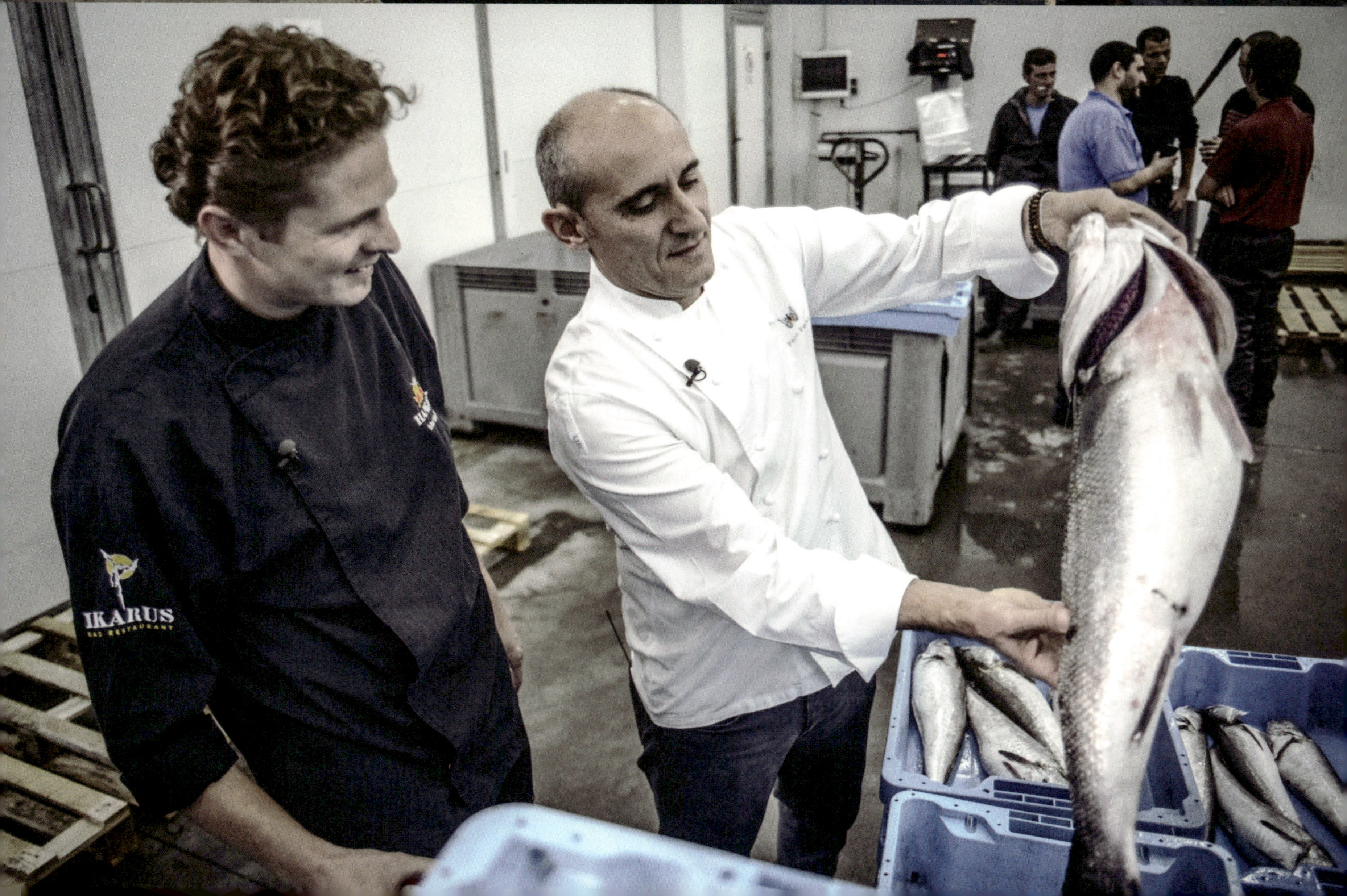
IKARUS

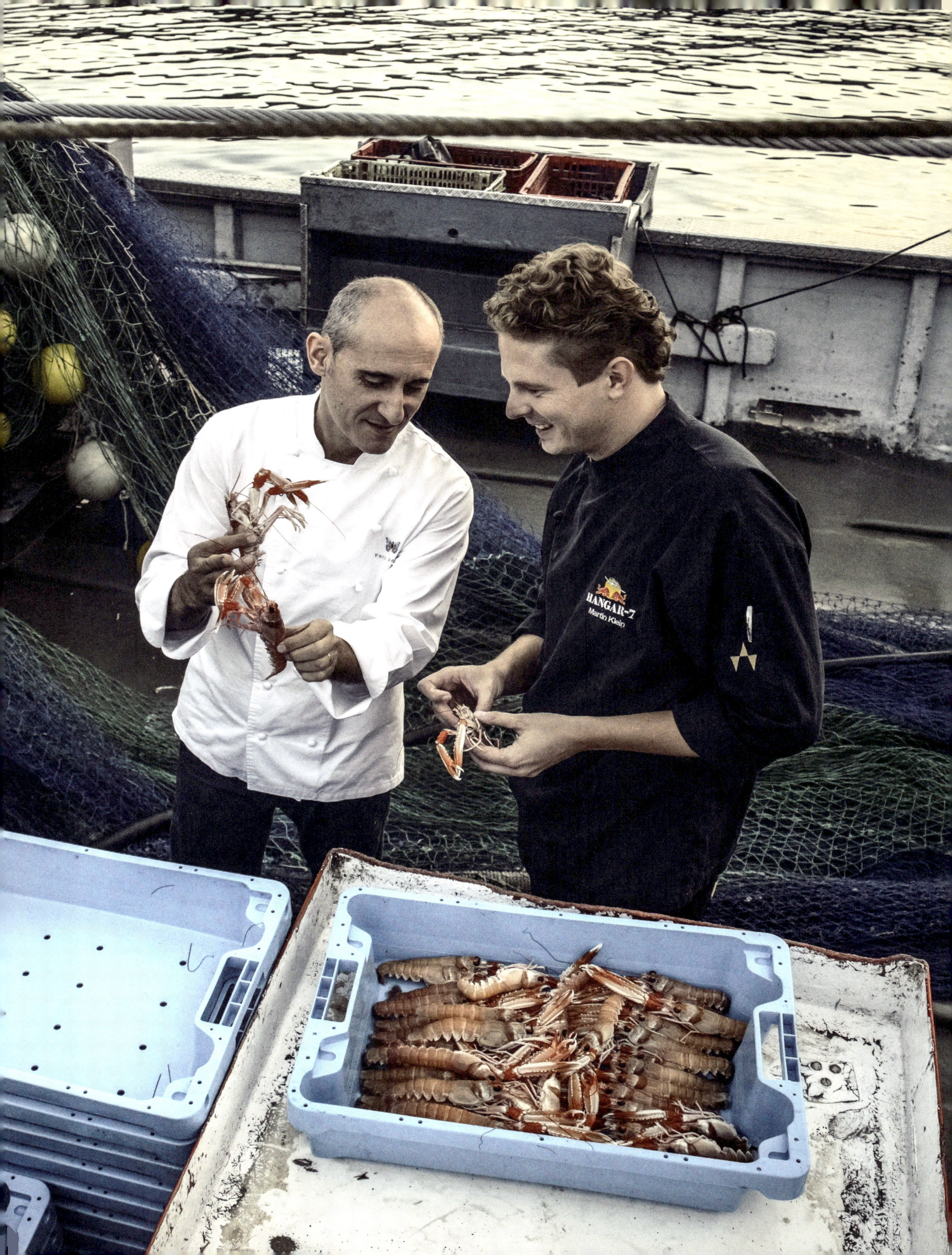
HANGAR-7
Martin Klein

Paco **PÉREZ**

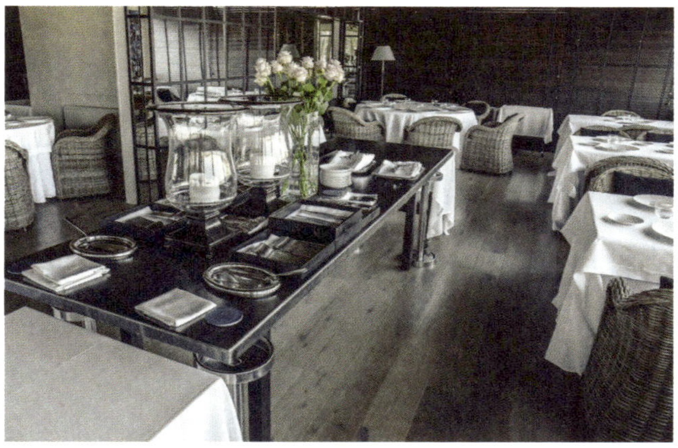
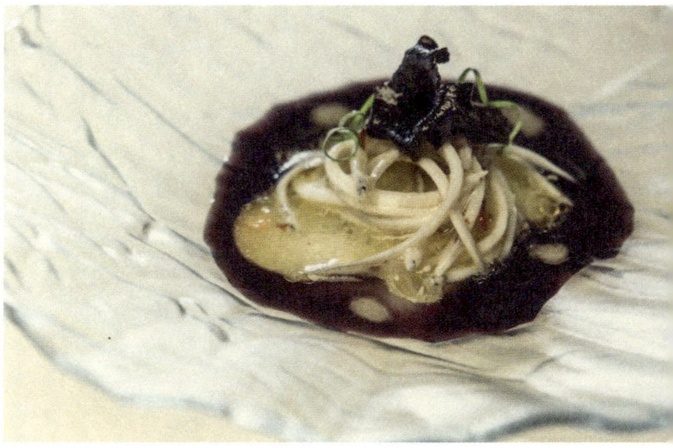
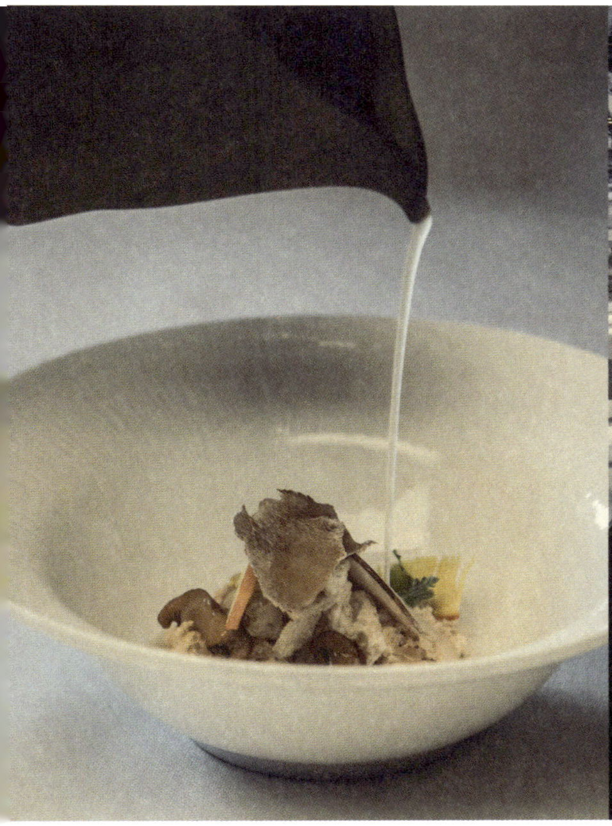
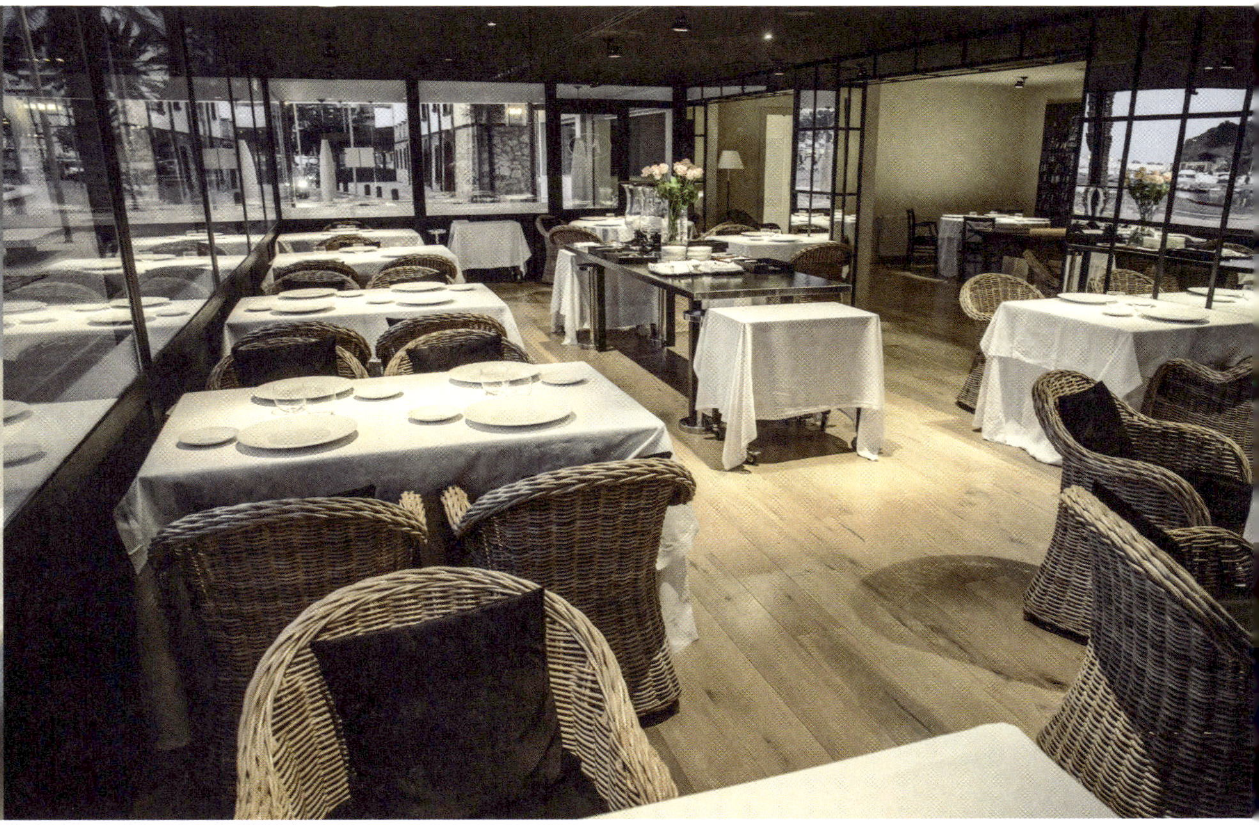
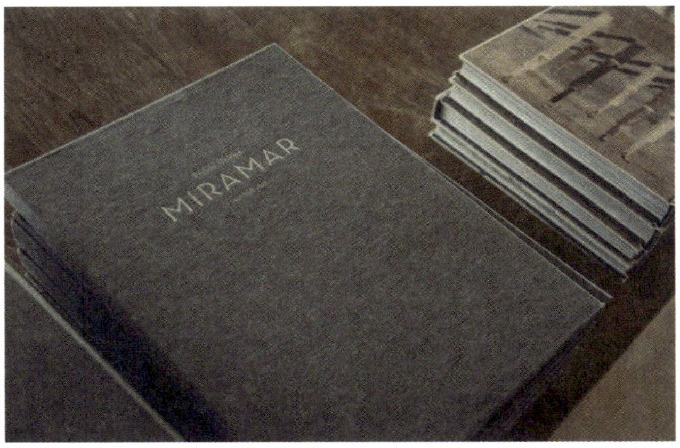
MIRAMAR
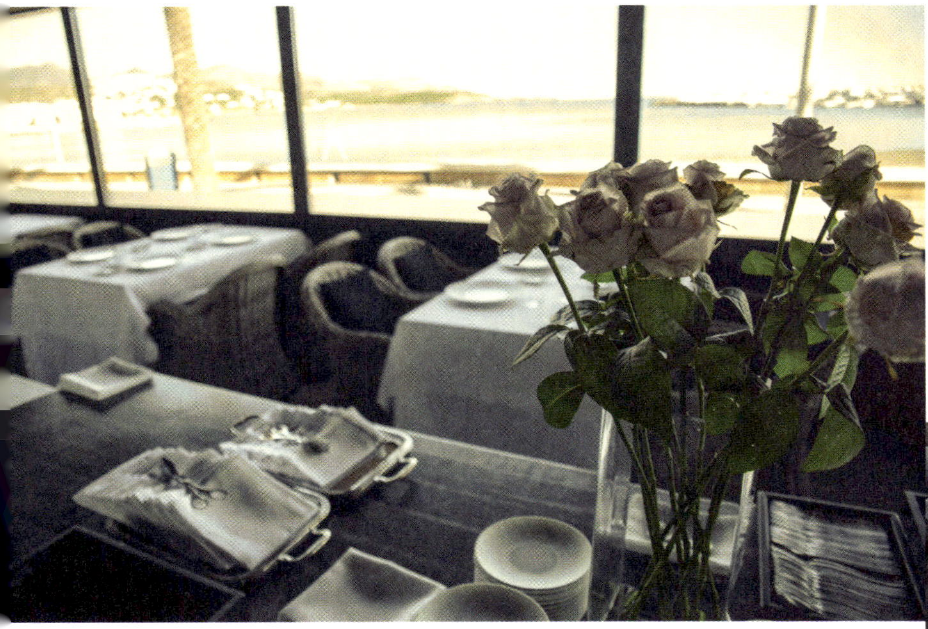
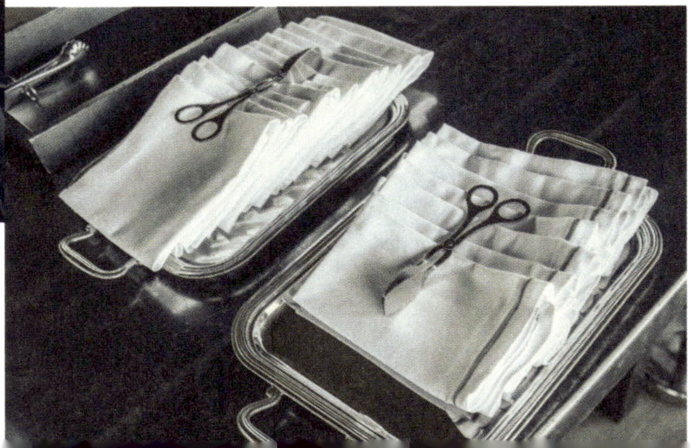

Manchmal handelt es sich um Inspiration und manchmal einfach um harte Arbeit. Sicherlich kann dir ein Spaziergang, ein bestimmtes Bild oder ein Erlebnis als Inspirationsquelle dienen, aber letztendlich sind es vor allem die unzähligen Stunden harter, konstanter Arbeit, die dich voranbringen.

Meine Großeltern verließen Barcelona in Richtung französische Grenze, um dem Spanischen Bürgerkrieg zu entfliehen. Dabei kamen sie durch diesen Ort Llançà und beschlossen, hier in diesem Gebäude ein kleines Wirtshaus zu errichten. Deshalb sind wir heute hier. Seit 1939.

Ich würde an keinem anderen Ort der Welt leben wollen. Weil ich in diesen Ort verliebt bin.

Ich liebe Meeresfrüchte. Seeigel, Garnelen, Hummer, Muscheln, alles wunderbare Produkte, die wir hier sehr schätzen. Außerdem haben wir unglaublich gutes Gemüse. Wir verfügen über tolle Erbsen, tolle Calçots, tolle Zwiebeln, tolle Pilze. Wir leben hier wirklich in einem Paradies. Ja, genau das ist es – ein Paradies

Ich mag es, morgens aufzustehen, das Meer zu sehen, in Ruhe eine Tasse Tee zu trinken, zu sehen, wie nach und nach unsere Mitarbeiter eintrudeln und wir anfangen zu kochen.

Das Kochen ist Teil der Familie. Deshalb hat es etwas Magisches, zu Hause zu sein, zu kochen und miteinander zu reden. Ich denke, das ist etwas Wunderbares.

Wenn man morgens aufwacht und Lust hat, seinen Beruf auszuüben, dann handelt es sich um Leidenschaft. Das gilt für alle Berufe. Das führt dazu, dass die Arbeit immer wichtiger wird, weil man möchte, dass sich die Anstrengungen in der Reaktion der Restaurantgäste widerspiegeln. Ich denke, das ist der Grund, weshalb meine Arbeit mit so viel Leidenschaft verbunden ist.

Die vielen hochklassigen Restaurants in Katalonien gibt es deswegen, weil es hier viele kleine und mittelgroße Restaurants und auch viele Familienlokale mit einer sehr guten Küche gibt. Das schafft seit vielen Jahren eine solide Grundlage, auf der dann erfolgreiche Spitzenrestaurants entstehen.

Paco **PÉREZ**

Ich denke, die katalanische Küche verfügt über fantastische Grundlagen, über unglaubliche, verschiedenartige Gerichte. Wir haben hier das Meer, die Felder, die Berge, Barcelona, das Landesinnere. Wir verfügen über eine Küche voller Aromen und Geschmäcker, die alles, was wir tun, sehr stark beeinflusst.

Ab und zu entfliehe ich der Küche auch für ein Stündchen, um meinem Sohn Guillem beim Fußballspielen zuzusehen.

Nun, unsere Küche harmoniert sehr gut mit dem Geschmack des Cava. Bei langen Speisen ist ein guter Cava sehr wichtig. Er passt hervorragend zum Essen, weil er mit allem harmoniert. Für mich ist der Cava wirklich ein tolles Produkt.

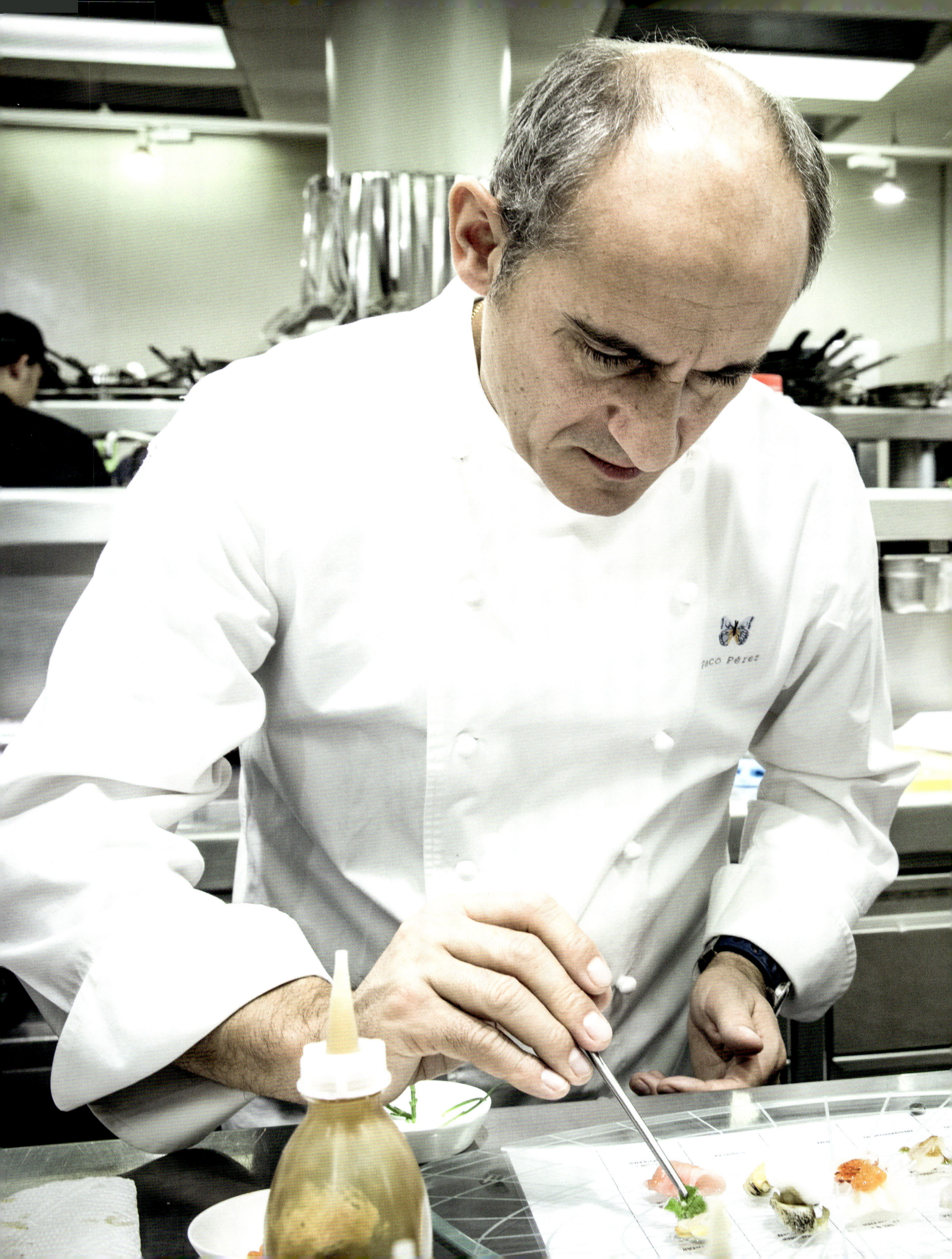
aco Pérez

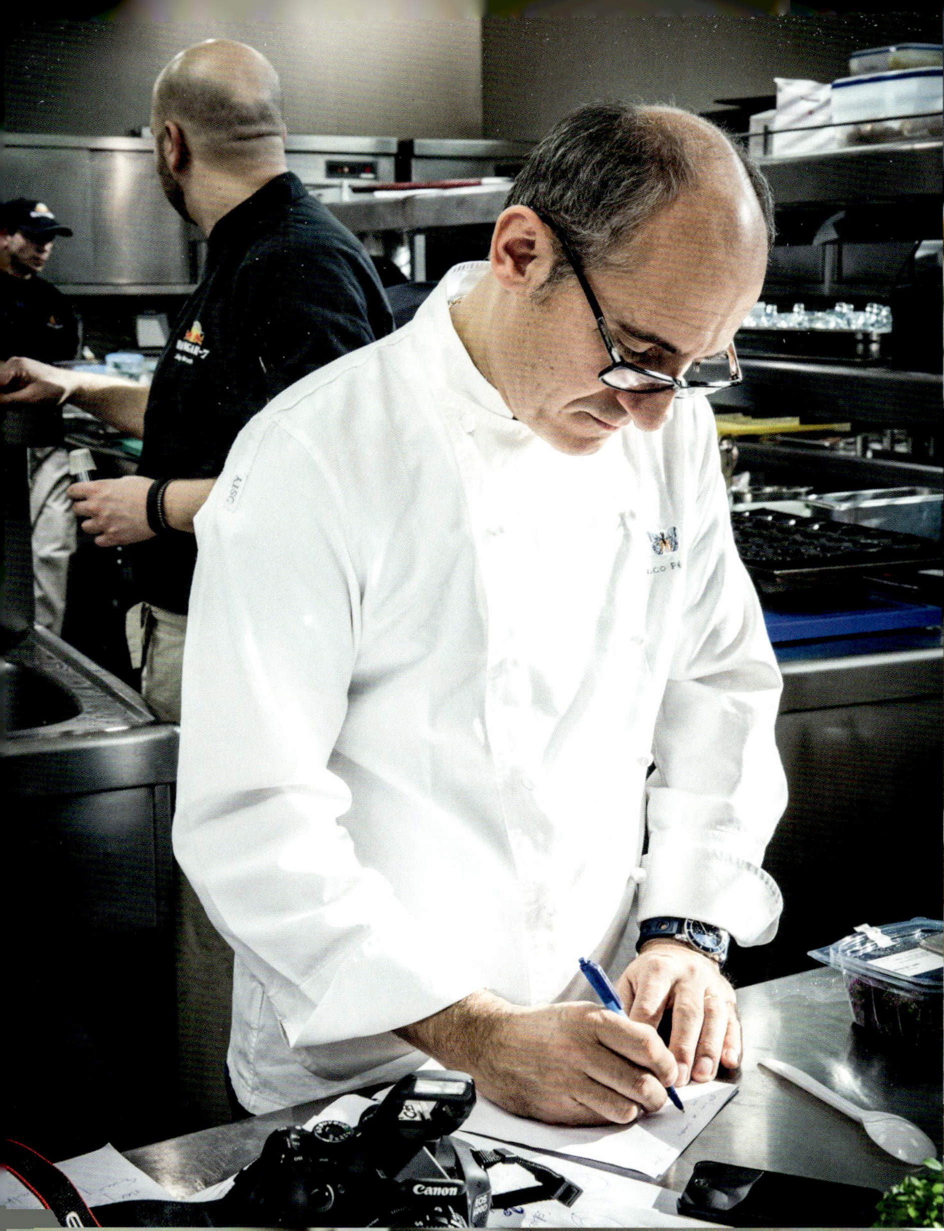
Canon
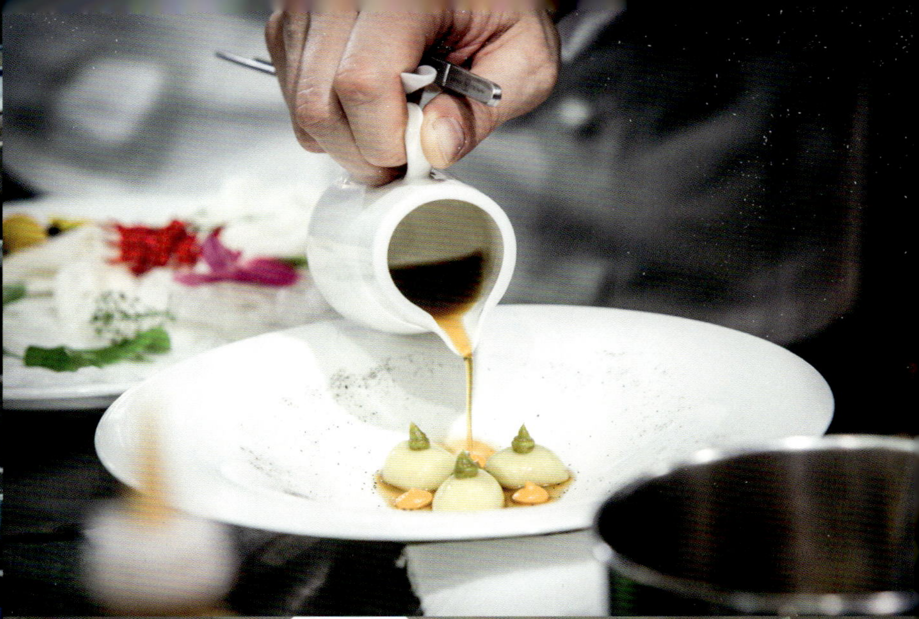
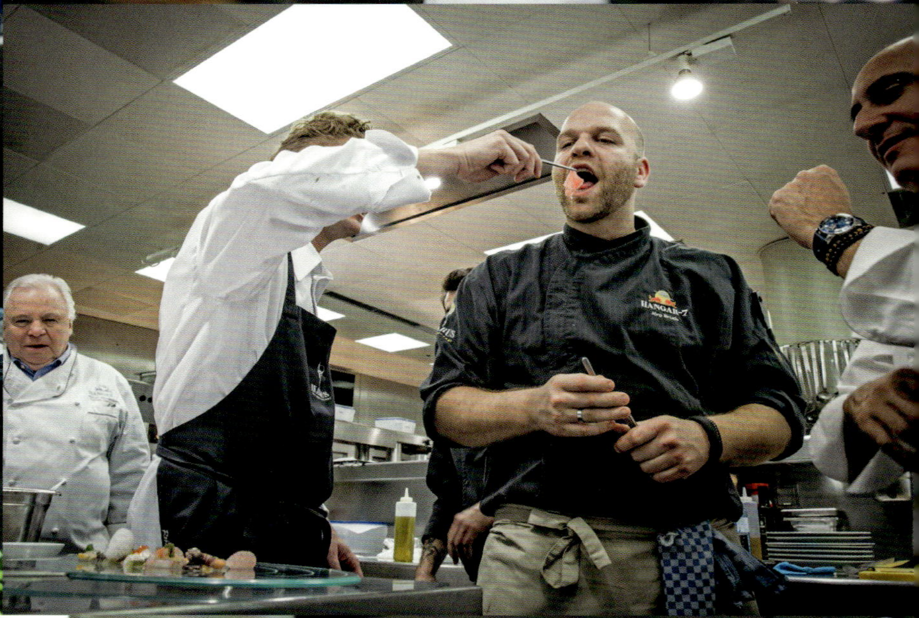
HANGAR-7
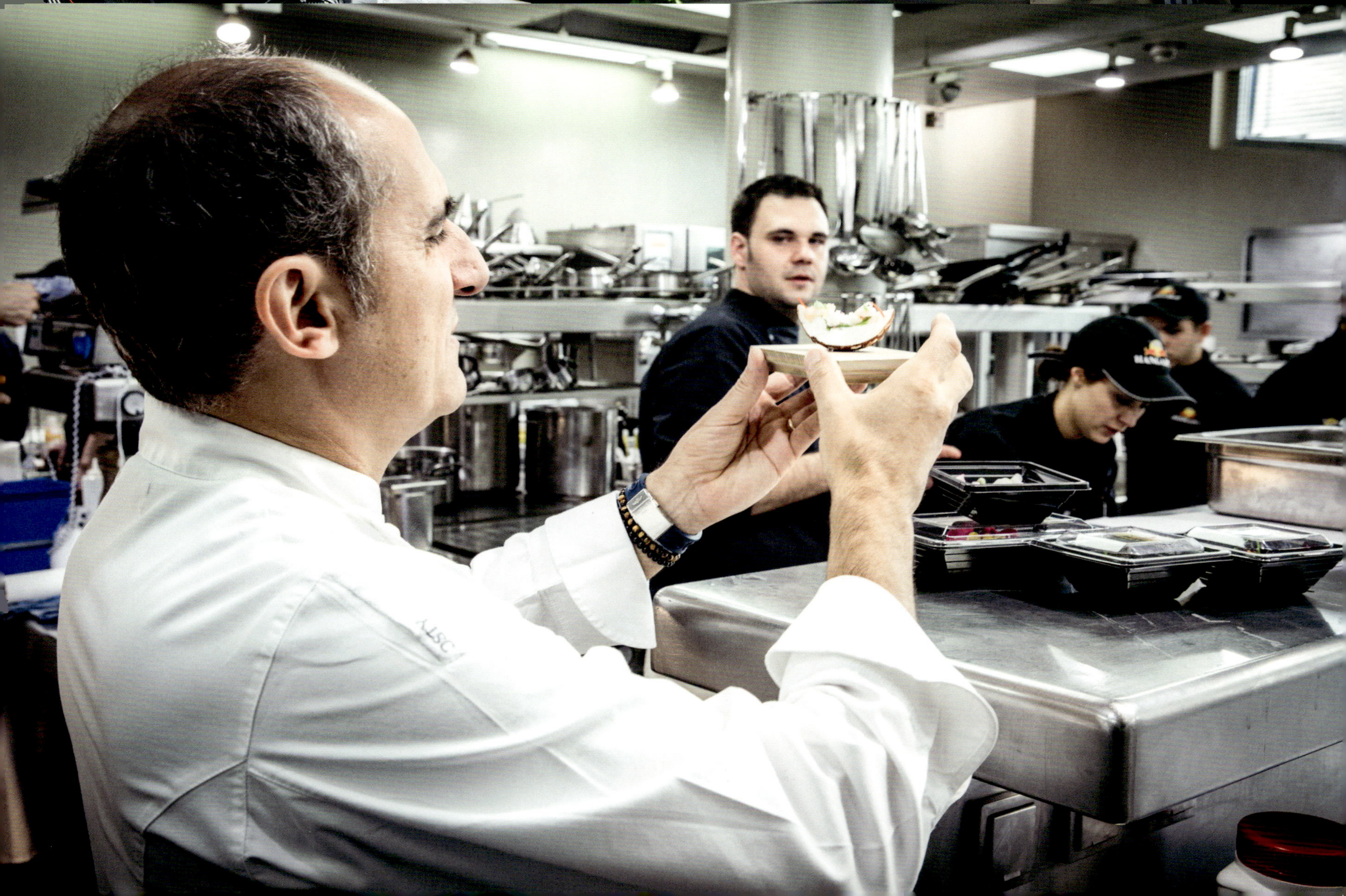

MENÜ

Pinienkerne / Apfel / Saiblingstoast / Thymiansuppe / Sardelle / Nigiri / Kokos »Thai« / Hühnerbier / Andalucía

Viva Mexico / Cupcake / Getrüffelte Wolke

Lauchzwiebel

Meer

Erbsen

Wald

Oktopus »Seoul«

Scrambled eggs

Calamari-Risotto

Ente

Käse

Mango Zitrusfrüchte

Torte »Nevada« by Tarantino

Lauchzwiebel

Calçots-Zwiebeln vorbereiten
- 1 kg frische Calçots-Zwiebeln

Lauchzwiebel-Emulsion
- 240 g weiche grüne Calçots-Zwiebeln (siehe Teilrezept »Calçots-Zwiebeln vorbereiten«)
- 30 g Lauchzwiebel-Abtropfsaft (siehe Teilrezept »Calçots-Zwiebeln vorbereiten«)
- 30 g helle Geflügelbrühe
- 3,2 g Agar-Agar
- Salz

Lauchzwiebelfond
- Leicht schwarze und dunkelbraune gegrillte Lauchzwiebelschale (siehe Teilrezept »Calçots-Zwiebeln vorbereiten«)
- Wasser
- Salz
- etwas Xanthan

Lauchzwiebel-Gnocchi
- 130 g weiche weiße Calçots-Zwiebeln (siehe Teilrezept »Calçots-Zwiebeln vorbereiten«)
- 10 g Olivenöl
- 2 g Gluco
- 0,1 g Xanthan
- 1,5 l Wasser
- 7,5 g Alginat
- Sonnenblumenöl zum Einlegen
- etwas Lauchzwiebelfond zum Erwärmen (siehe Teilrezept »Lauchzwiebelfond«)

Romesco
- 500 g Fleisch- oder Eiertomaten
- 25 g Knoblauchzehen in der Schale
- 25 g geröstete, blanchierte Haselnusskerne
- 25 g geröstete, blanchierte Mandelkerne
- 15 g Niora (spanische Paprikaflocken)
- 75 g Olivenöl
- 5 g Cabernet-Sauvignon-Essig
- Salz

Anrichten
- Schnittlauchblüten
- schwarzes Lauchzwiebelpulver

Calçots-Zwiebeln vorbereiten
Die ganzen Lauchzwiebeln mit Wurzelansätzen und grünen Blattanteilen über einem heißen Holzkohlegrill solange grillen, bis die Lauchzwiebeln rundherum dunkelbraun bis schwarz gefärbt sind. Die gegrillten, aber noch bissfesten Lauchzwiebeln in Zeitungspapier wickeln und 4–5 Stunden durchziehen lassen, dann auspacken, auf ein Lochgitter setzen und 12 Stunden abtropfen lassen. Den abtropfenden Lauchzwiebelsaft auffangen. Die gegrillten Lauchzwiebeln von der schwarzen verbrannten Schale trennen. Die leicht schwarzen und dunkelbraunen Bestandteile für die Zubereitung des Lauchzwiebelsaft beiseitestellen. Die weichen weißen Bestandteile für die Zubereitung der Lauchzwiebel-Gnocchi beiseitestellen. Die weichen grünen Bestandteile und den Lauchzwiebel-Abtropffond für die Zubereitung der Lauchzwiebel-Emulsion beiseitestellen.

Lauchzwiebel-Emulsion
Die weichen grünen Calçots-Zwiebeln fein pürieren, passieren und mit dem Lauchzwiebel-Abtropfsaft, der Geflügelbrühe und dem Agar-Agar aufkochen. Das Püree mit Salz abschmecken und 12 Stunden kalt stellen. Das gelierte Lauchzwiebelpüree gut mixen und in eine kleine Spritzflasche füllen.

Lauchzwiebelfond
Die gegrillte Lauchzwiebelschale in eine Schüssel geben und mit kochendem Wasser überbrühen (Verhältnis: 3 Teile Wasser, 1 Teil Lauchzwiebelschale). Alles zusammen 10 Minuten ziehen lassen und anschließend durch ein feines Sieb passieren. Den Zwiebelfond mit Salz abschmecken und mit etwas Xanthan binden. Vor dem Anrichten erwärmen.

Lauchzwiebel-Gnocchi
Die weichen weißen Calçots-Zwiebeln fein pürieren, passieren und mit dem Olivenöl, dem Gluco und dem Xanthan mixen. Die Masse in eine Silikonform für Mini-Röllchen streichen und mindestens 12 Stunden gefrieren lassen. Das kalte Wasser mit dem Alginat mixen und 12 Stunden ruhen lassen. Die Röllchen aus der Silikonform lösen und im gefrorenen Zustand in ca. 2 cm große Stücke schneiden. Die gefrorenen Lauchzwiebel-Gnocchi in das kalte Alginatbad gleiten lassen. Nach 10 Minuten herausnehmen, abtropfen lassen und in Sonnenblumenöl einlegen. Vor dem Anrichten in etwas Lauchzwiebelfond erwärmen und anrichten.

Romesco
Die Tomaten im auf 160 °C (Ober-/Unterhitze) vorgeheizten Backofen solange rösten, bis sie sich dunkel färben. Die Knoblauchzehen in der Schale ebenfalls im Backofen rösten. Die Tomaten abkühlen lassen, dann die Schale abziehen. Den Knoblauch schälen und zusammen mit den geschälten Tomaten, den Haselnusskernen, den Mandelkernen, dem Niora, dem Olivenöl und dem Essig gut durchmixen. Die Romesco-Sauce mit Salz abschmecken, in eine Spritzflasche füllen und kalt stellen. Vor dem Anrichten Raumtemperatur annehmen lassen.

Anrichten
Je 3 Lauchzwiebel-Gnocchi in 4 tiefe Teller geben und etwas warmen Lauchzwiebelfond angießen. Auf die Lauchzwiebel-Gnocchi je 1 kleinen Tupfen Lauchzwiebel-Emulsion spritzen. In den Lauchzwiebelfond je 3 Tupfen Romesco spritzen. Zum Schluss mit Schnittlauchblüten garnieren und mit etwas schwarzem Lauchzwiebelpulver bestreuen.

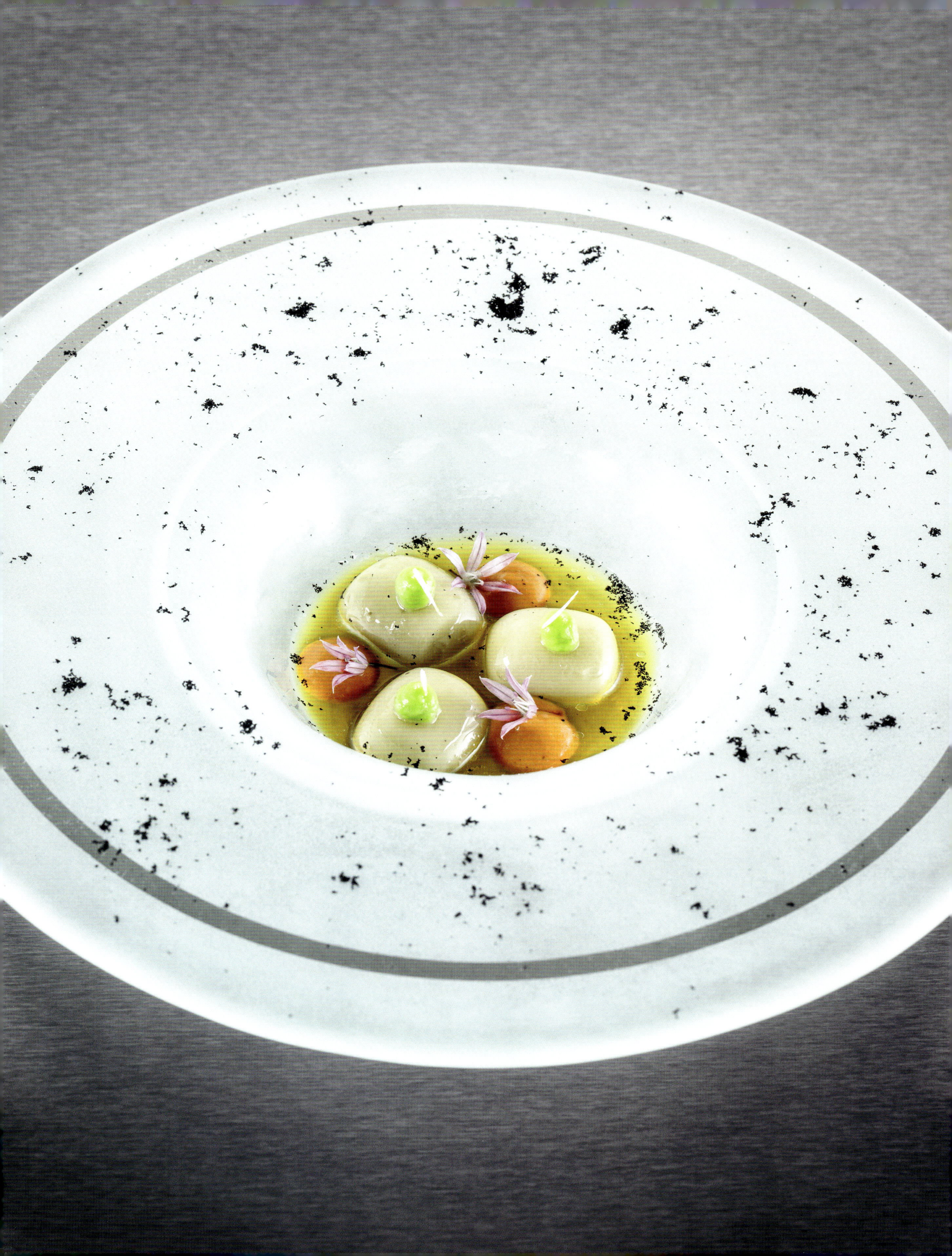

Meer

Percebes
- 200 g frische Percebes (Entenmuscheln)
- 100 g Percebes-Muschelsud
- 0,9 g Agar-Agar
- Salz, frisch gepresster Limettensaft
- Olivenöl

Volute-Muscheln
- 4 frische Volute-Muscheln (große Schneckenmuscheln)
- 100 g Volute-Muschel-Sud
- 1 g Sucro
- Salz, Zucker

Miesmuscheln
- 8 frische Miesmuscheln
- 50 g Olivenöl
- ⅓ Knoblauchzehe
- ½ kleines frisches Lorbeerblatt
- 1–2 schwarze Pfefferkörner
- 5 g Pimentón de la Vera (geräuchertes Paprikapulver)
- 13 g Rotweinessig
- Salz, 0,1 g Xanthan

Percebes
Die Entenmuscheln waschen und tropfnass auf ein Lochblech legen. Das Lochblech in ein tiefes Blech setzen und die Entenmuscheln im Dampfgarofen (Steamer) bei 100 °C 2 Minuten dämpfen. Das Entenmuschelfleisch aus den Schalen brechen und kalt stellen. 100 g des abtropfenden Muschelsuds mit dem Agar-Agar aufkochen, abkühlen und kalt stellen. Das Muschelgelee gut durchmixen, mit Salz, frisch gepresstem Limettensaft und etwas Olivenöl abschmecken und kalt stellen.

Volute-Muscheln
Die gesäuberten Volute-Muscheln 3-mal kurz in sprudelnd kochendem Salzwasser blanchieren. Für jeden Blanchiervorgang frisches Wasser verwenden. Nach dem letzten Blanchiervorgang 100 g Volute-Muschel-Sud beiseitestellen. Das Schneckenmuschelfleisch auslösen, säubern und kalt stellen. Den erkalteten Volute-Muschel-Sud mit dem Sucro mixen und mit Salz und Zucker abschmecken. Das Muschelfleisch in den Sud legen und kalt stellen.

Miesmuscheln
Die Miesmuscheln kurz blanchieren, in Eiswasser abschrecken, auslösen und kalt stellen. Das Olivenöl, die angedrückte Knoblauchzehe, das Lorbeerblatt und die Pfefferkörner goldgelb rösten, dann das Paprikapulver kurz mitrösten und sofort passieren. Den Rotweinessig unter das erkaltete Öl rühren, mit Salz abschmecken und das Xanthan unterrühren. Das Miesmuschelfleisch in die Marinade legen und kalt stellen.

Rote Garnelen

- 4 frische rohe rote Garnelen (mit Schalen und Köpfen)
- 200 ml Wasser
- 60 g Schalen und Köpfe von roten Garnelen
- Olivenöl, frisch gepresster Limettensaft, Salz
- 0,6 g Xanthan

Messermuscheln mit Ponzu-Limetten-Vinaigrette

- 4 frische Messermuscheln
- 5 g frisch gepresster Limettensaft
- 23 g Sojasauce
- 0,1 g Xanthan
- frisch geriebene Schale von 1/3 Limette

Anrichten

- je 4 TL Saiblings- und Imperial-Kaviar
- 4 gegarte Vongole, mit Olivenöl mariniert
- 4 frische ausgelöste Jakobsmuscheln, roh mit Maldon-Meersalz bestreut
- 4 eingelegte Sea Grapes (Meerestrauben), gewässert
- 4 dünne Streifen roher Toro (Thunfischbauch, á 10 g), aufgerollt mit etwas Wasabi-Paste
- 1 gegarter Hummerschwanz, etwas Corail-Öl
- feine Algen und Meereskräuterspitzen

Rote Garnelen

Die Garnelen ausbrechen, säubern und kalt stellen. Das Wasser mit den gesäuberten Garnelenköpfen und -schalen einige Minuten lang kochen, passieren und abkühlen lassen. Den kalten Garnelensud mit Olivenöl, frisch gepresstem Limettensaft und Salz abschmecken. Das Xanthan unterrühren und kalt stellen. Vor dem Anrichten die rohen Garnelenschwänze mit der Marinade abglänzen.

Messermuscheln mit Ponzu-Limetten-Vinaigrette

Die Messermuscheln aus den Schalen lösen, säubern und auf Eis legen. Eine Vinaigrette aus den restlichen Zutaten rühren, das Muschelfleisch kurz marinieren und anrichten.

Anrichten

Auf 4 große flache Teller (von links beginnend) je 2 Percebes und etwas Muschelgel, 1 TL Saiblingskaviar, 1 Vongole, 1 Jakobsmuschel (geviertelt) mit 1 Meerestraube, 1 rote Garnele, 3 Scheiben Volute-Muscheln, 1 Toro-Röllchen mit Wasabi-Tupfen, 1 TL Imperial-Kaviar, 2 Messermuscheln mit Ponzu-Limetten-Vinaigrette, 2 Scheiben mit etwas Corail-Öl abgeglänzten Hummerschwanz und 2 Miesmuscheln setzen. Mit feinen Meeresalgen und Meereskräuterspitzen garnieren.

Wald

Pilzfond
- 1 kg frische gemischte Waldpilze (Steinpilze, Pfifferlinge, Morcheln)
- 1 EL Olivenöl
- 100 g weiße Zwiebelwürfel
- 2 l Wasser

getrockneter Pilzschaum
- 400 ml Pilzfond (siehe Teilrezept »Pilzfond«)
- 2 Blatt Gelatine
- 200 g Sahne
- 0,6 g Xanthan
- Salz

Pilzconsommé
- 500 ml Pilzfond (siehe Teilrezept »Pilzfond«)
- Salz
- 0,5 g Xanthan

Pilzpüree
- 300 g frische gemischte Waldpilze (Steinpilze, Pfifferlinge, Morcheln)
- 15 g Butter
- 50 g Schalottenwürfel
- ¼ Knoblauchzehe, fein gehackt
- 1 Thymianzweig
- 50–70 g Sahne
- Salz
- frisch gemahlener schwarzer Pfeffer

sautierte Pilze
- 160 g frische gemischte Waldpilze (Steinpilze, Pfifferlinge, Morcheln)
- 20 g Butter
- Salz
- frisch gemahlener schwarzer Pfeffer

Anrichten
- 4 dünne Scheiben roher Steinpilz
- 4 dünne Scheiben schwarze Trüffel
- 1 EL Pinienkerne, 24 Stunden in Wasser eingeweicht
- feine Schafgarben- und Gierschspitzen
- gelbe Tagetesblüten

Pilzfond
Die Waldpilze säubern und grob würfeln. Das Olivenöl in einer Pfanne erhitzen, die Pilze und die Zwiebelwürfel zugeben und mit Farbe anbraten. Dann mit dem Wasser auffüllen und auf die Hälfte einkochen lassen. Den Pilzfond durch ein feines Sieb passieren und kalt stellen.

getrockneter Pilzschaum
Etwas Pilzfond erwärmen, die eingeweichte Gelatine zugeben und auflösen, dann unter den restlichen Pilzfond rühren. Die Sahne und das Xanthan unterrühren. Die Flüssigkeit salzen und in eine Espumaflasche füllen, dann mit 2 N20-Kapseln bestücken und 12 Stunden kalt stellen. Einen Metallring mit einem Durchmesser von 10 cm auf ein kleines Blech stellen und die gekühlte Pilzsahne in den Ring spritzen. Die Pilzespuma mindestens 4 Stunden tiefkühlen, dann den Ring abziehen. Die gefrorene Pilzespuma 72 Stunden im Vakuum-Dehydrator trocknen lassen. Den getrockneten Pilzschaum in grobe Stücke brechen.

Pilzconsommé
Den Pilzfond aufkochen und auf 250 ml einreduzieren, dann mit Salz abschmecken und mit dem Xanthan binden.

Pilzpüree
Die Waldpilze säubern und grob würfeln. Die Butter in einer Pfanne zerlassen. Die Schalottenwürfel, die gehackte Knoblauchzehe, den Thymianzweig und die Pilze zugeben und farblos weich dünsten. Den Thymianzweig entfernen, dann mit der Sahne zu einem glatten Püree mixen. Das Pilzpüree mit Salz und frisch gemahlenem Pfeffer würzen.

sautierte Pilze
Die Waldpilze säubern und je nach Größe halbieren oder viertln. Die Butter in einer Pfanne aufschäumen lassen, die Pilze zugeben und kurz sautieren. Die Pilze mit Salz und frisch gemahlenem Pfeffer würzen und sofort anrichten.

Anrichten
Jeweils etwas Pilzpüree in die Mitte von 4 tiefen Tellern geben, darauf die sautierten Waldpilze verteilen. Je 1 Steinpilzscheibe und 1 Trüffelscheibe in die Zwischenräume stecken. Je 2–3 Stücke getrockneten Pilzschaum auf die Pilze setzen und einige Pinienkerne darauf verteilen. Mit feinen Schafgarben- und Gierschspitzen sowie Tagetesblüten garnieren. Die warme Pilzconsommé in kleine Kännchen füllen und bei Tisch über den getrockneten Pilzschaum gießen.

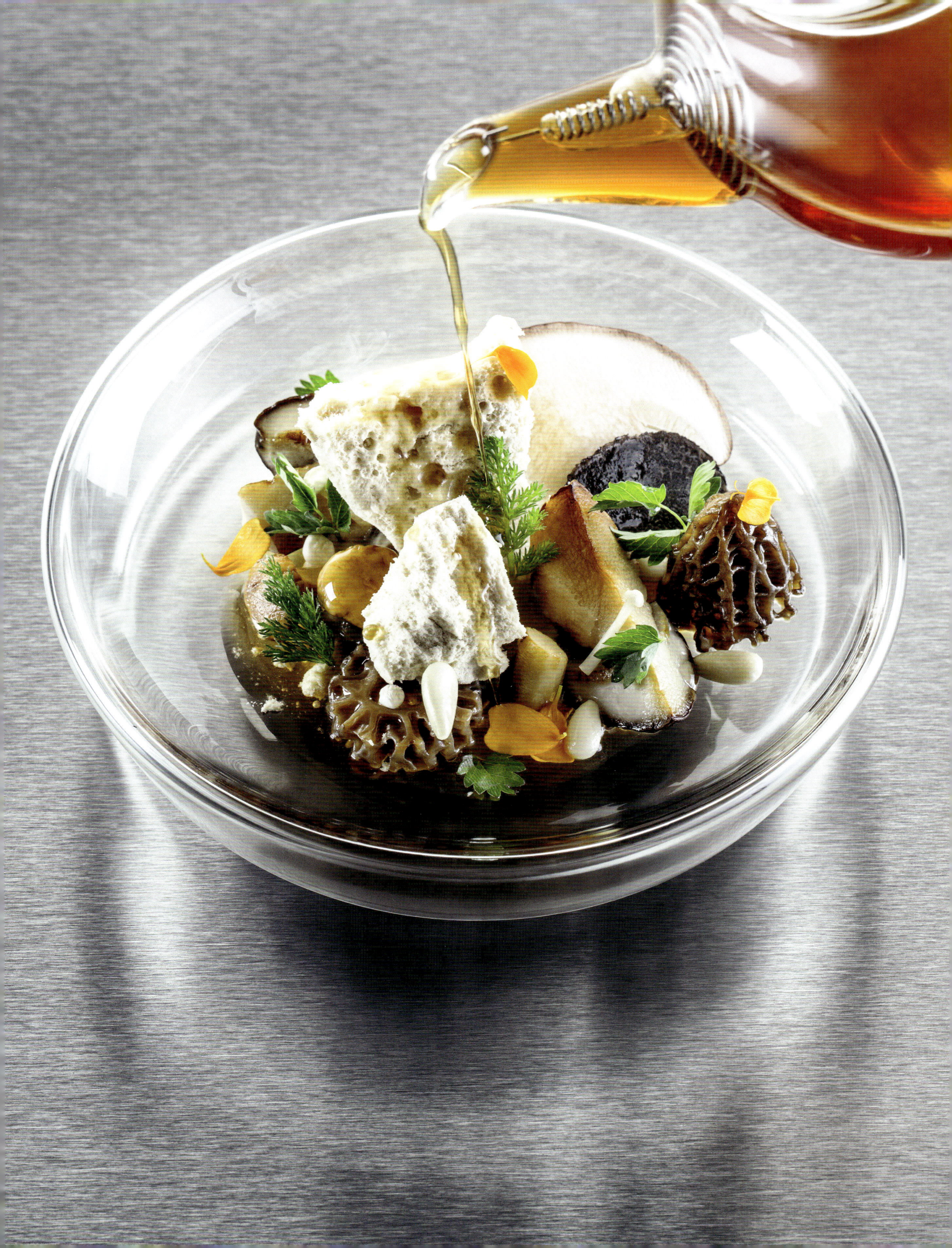

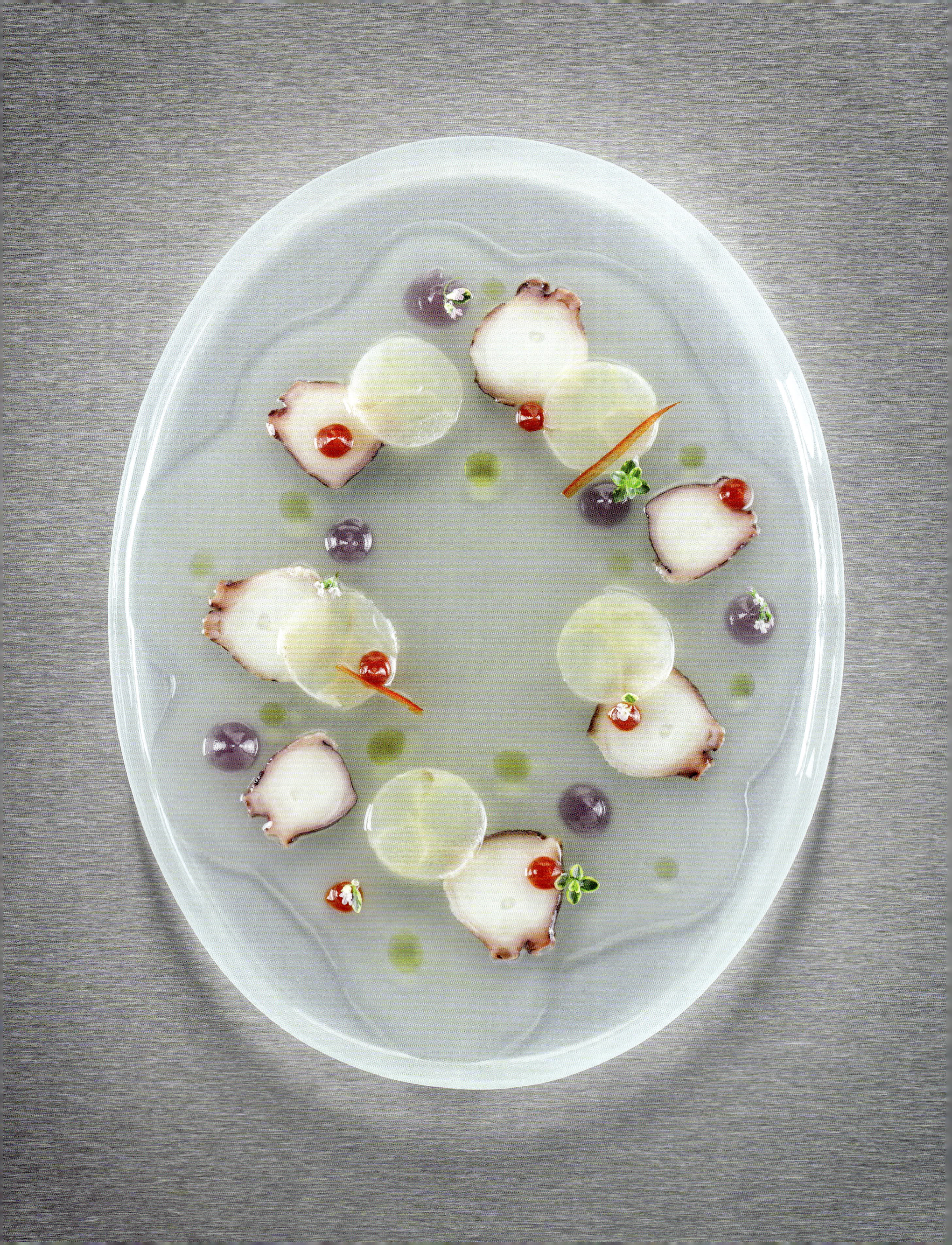

Oktopus »Seoul«

Oktopus
- 4 frische große Oktopus-Arme
- Salz
- etwas Sonnenblumenöl
- 500 ml Wasser

Oktopus-Gel
- 100 g Oktopus-Fond (siehe Teilrezept »Oktopus«)
- 1 g Agar-Agar

Gochujang-Gel
- 100 g Oktopus-Fond (siehe Teilrezept »Oktopus«)
- 60 g Gochujang-Paste (fermentierte asiatische Chilipaste)
- 1,6 g Agar-Agar

Tendon de bœuf
- 2 frische Tendons de bœuf (Rindersehnen)
- 150 g Mirepoix (Zwiebel, Karotte, Knollensellerie)
- Salz

Sardellenfond
- 80 g Sardellenfilets (in Salz eingelegt)
- 250 ml Wasser
- 90 ml helle Geflügelbrühe
- 0,4 g Xanthan

Anrichten
- Olivenöl zum Beträufeln
- frische Fingerchilistreifen
- Zitronenthymianblüten

Oktopus

Die Oktopus-Arme salzen und mit etwas Sonnenblumenöl bestreichen, dann auf einer heißen Grillplatte kurz grillen. Die Oktopus-Haut darf nicht verletzt werden. Die Oktopus-Arme in einen Vakuumierbeutel legen, mit dem Wasser auffüllen und vakuumieren, dann im Wasserbad bei konstant 64 °C 15 Stunden garen. Die Oktopus-Arme im Vakuumierbeutel abkühlen lassen. Den entstandenen lila gefärbten Oktopus-Fond auffangen und beiseitestellen. Die Oktopus-Arme straff in Folie wickeln und mindestens 6 Stunden gefrieren lassen. Kurz vor dem Anrichten im gefrorenen Zustand in hauchdünne Scheiben schneiden.

Oktopus-Gel

Den Oktopus-Fond mit dem Agar-Agar aufkochen, dann abkühlen und einige Stunden gelieren lassen. Das Oktopus-Gelee zu einem Gel mixen, in eine kleine Spritzflasche füllen und kalt stellen.

Gochujang-Gel

Den Oktopus-Fond und die Gochujang-Paste verrühren. Das Agar-Agar unterrühren und aufkochen, dann abkühlen und einige Stunden gelieren lassen. Das Gochujang-Gelee zu einem Gel mixen, in eine kleine Spritzflasche füllen und kalt stellen.

Tendon de bœuf

Die Rindersehnen und das Mirepoix mit reichlich Wasser aufkochen, dann bei kleiner Flamme ca. 10 Stunden köcheln lassen, bis die Rindersehnen sehr weich sind. Die Rindersehnen säubern und mit Salz würzen, dann auf eine große Lage Frischhaltefolie legen und gleichmäßig zu einer Rolle formen. Der Durchmesser sollte ungefähr den Durchmesser der vorbereiteten Oktopus-Arme haben. Die Enden straff verschließen, sodass ein kompaktes Bonbon entsteht. Die Rolle mindestens 6 Stunden gefrieren lassen. Kurz vor dem Anrichten im gefrorenen Zustand in hauchdünne Scheiben schneiden.

Sardellenfond

Die Sardellenfilets 5 Stunden in kaltem Wasser wässern, dann abtropfen lassen und in einem Topf mit 250 ml kochendem Wasser überbrühen. Den Topf an den Herdrand stellen und den Fond bei 90 °C 30 Minuten ziehen lassen. Den Sardellenfond durch ein feines Sieb passieren. 90 ml Sardellenfond mit der hellen Geflügelbrühe aufkochen und mit dem Xanthan binden. Den Sardellenfond kalt stellen. Vor dem Anrichten Raumtemperatur annehmen lassen.

Anrichten

Je 6–7 gefrorene Oktopus- und Tendon-Scheiben kreisförmig auf 4 vorgewärmte Teller legen. Einige kleine Tupfen Oktopus- und Gochujang-Gel auf die Teller spritzen. Dann vorsichtig etwas Sardellenfond angießen und mit der Pipette etwas Olivenöl hineinträufeln. Zum Schluss mit frischen Fingerchilistreifen und Zitronenthymianblüten garnieren.

Torte »Nevada« by Tarantino

Milchmeringue
- » 80 ml Magermilch
- » 40 g Läuterzucker (1:1)
- » 4 g Eiweißpulver
- » 1 g Xanthan

Himbeerkugeln
- » 840 ml Wasser
- » 4,5 g Alginat
- » 300 g Himbeerpüree
- » 10 g Läuterzucker (1:1)
- » 3 g Gluco

Schokoladenschale & -creme
- » 320 ml Wasser
- » 1,6 g Agar-Agar
- » 160 g flüssige weiße Schokolade
- » 40 g Yopol (Joghurtpulver)
- » 4 g Blattgelatine

Milchmeringue

Die Magermilch, den Läuterzucker, das Eiweißpulver und das Xanthan aufschlagen. Die Masse 1 cm hoch auf eine Silikonbackmatte streichen, 4 Kreise (4,5 cm Durchmesser) ausstechen und die restliche Masse abtragen. Die Milchmeringue-Scheiben im Backofen bei 65 °C (Ober-/Unterhitze) 12 Stunden trocknen lassen.

Himbeerkugeln

600 ml kaltes Wasser und das Alginat mixen und 12 Stunden kalt stellen. 100 g Himbeerpüree zusammen mit 40 ml Wasser, den Läuterzucker und das Gluco mixen. Die Masse in eine Silikonmatte für Halbkugeln (4 cm Durchmesser) füllen und mindestens 6 Stunden gefrieren. Die gefrorenen Himbeer-Halbkugeln herauslösen und sofort in das Alginatbad gleiten lassen. Die Himbeerkugeln nach 4 Minuten herausschöpfen und einige Minuten in kaltes Wasser legen. 200 g Himbeerpüree mit 200 ml Wasser verrühren. Die Himbeerkugeln herausschöpfen und bis zum Anrichten in das Himbeerbad legen.

Schokoladenschale & -creme

Das Wasser mit dem Agar-Agar aufkochen, dann mit der flüssigen Schokolade emulgieren. Zuerst das Yopol, dann die eingeweichte Gelatine unter die Schokoladenmasse mixen und passieren. Eine Silikonmatte mit Mulden

Haselnuss-Crumbles
- » 25 g Butter
- » 25 g gemahlene, blanchierte Haselnusskerne
- » 25 g Puderzucker
- » 25 g helles Weizenmehl

Fertigstellen & Anrichten
- » 200 g gesüßte Schlagsahne
- » Joghurtpulver zum Übersieben

für runde Törtchen (6 cm Durchmesser, 3 cm hoch) so dünn wie möglich an Boden und Wänden mit etwa der Hälfte der Schokoladenmasse bestreichen. Die restliche Schokoladenmasse mindestens 6 Stunden kalt stellen. Die Silikonmatte mindestens 6 Stunden gefrieren, die Schokoladenschalen herauslösen und wieder einfrieren.

Haselnuss-Crumbles
Alle Zutaten zu einem glatten Teig verkneten, 1 cm dick ausrollen und im Backofen bei 165 °C (Ober- / Unterhitze) 8 Minuten backen. Abgekühlt in kleine Stücke zerbröseln.

Fertigstellen & Anrichten
4 gefrorene Schokoladenschalen auf ein eiskaltes Blech setzen. Mit der Schokoladencreme in jede Schokoladenschale einen Kranz spritzen und darauf je 1 Himbeerkugel platzieren. Die Himbeerkugeln mit etwas Schokoladenmasse umkränzen und darauf etwas gesüßte Schlagsahne spritzen. Mit einigen Haselnuss-Crumbles bestreuen und mit je 1 Milchmeringue-Scheibe bedecken. Die Törtchen stürzen und jedes auf einen flachen Teller setzen. Um die Törtchen kleine Tupfen gesüßte Schlagsahne spritzen, mit Joghurtpulver übersieben und sofort servieren. Nach Belieben die Torte »Nevada« by Tarantino bei Tisch mit einem Löffel kraftvoll zerbrechen.

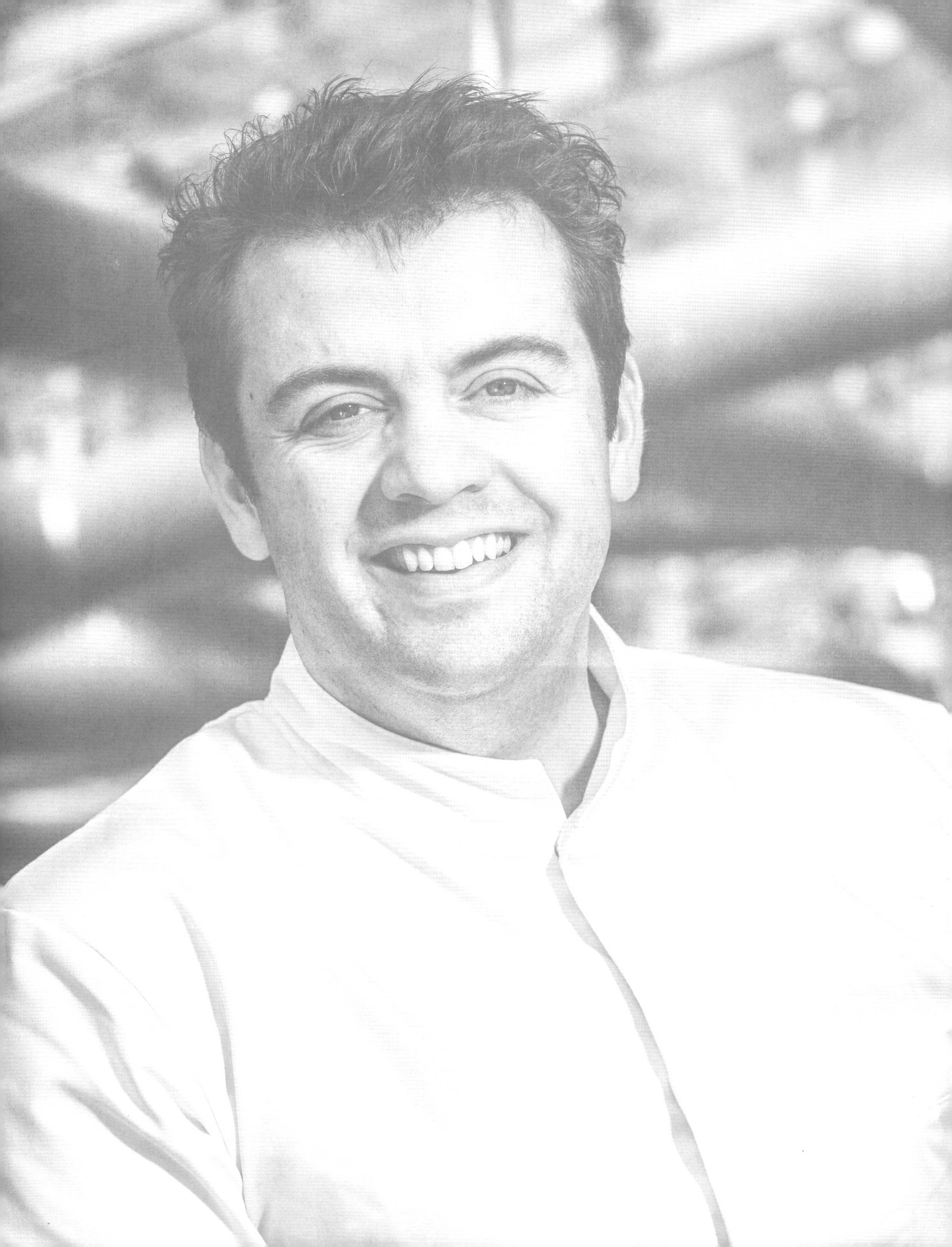

Alexandre
GAUTHIER

La Grenouillère

La Madelaine-sous-Montreuil / Frankreich

Feinste Trüffel für den Frosch im Hals

Diese Geschichte wird traurig enden. Zumindest für den heimlichen Star in Alexandre Gauthiers La Grenouillère ganz im Nordwesten Frankreichs. Denn kaum hat man das urige, windschiefe und uralte Gemäuer des Haupthauses betreten, findet man überall ihn: den Frosch. In all seiner Erscheinungsvielfalt. Als Gemälde, als Wandzeichnung, als Skulptur. Aus Porzellan, aus Metallen aller Art, aus Holz, groß und klein, naturalistisch, verfremdet, überzeichnet. Wir Franzosen werden ja gerne als »frogs«, also als Frösche, bezeichnet, hier in La Grenouillère spürt man, dass das nur als Kompliment gemeint sein kann.

Will man Alexandres Kochstil erklären, sollte man sich auf Lage und Architektur des Relais & Chateaux-Anwesens focussieren. Eingebettet in eine sumpfartige Landschaft, die nach Kamin, niedrigen Decken, dunklem Gebälk und alten Möbeln verlangt, findet man beim Betreten der Rezeption genau alles das. Dazu noch eine heiße Tasse Tee und selbstgemachtes Gebäck, und die Eincheck-Modalitäten werden zum ersten Genuss-Erlebnis.

Der bis dahin vorherrschende Klassik-Eindruck wird beim Aufsuchen des Restaurants jäh ins Gegenteil verkehrt. Küche und Gastraum bilden zwei Vulkanen ähnliche, vielleicht auch zeltartige, Gebäude, die rundum nahezu vollständig verglast sind und die trotzdem den schweifenden Blick des überwältigten Gastes im Inneren festhalten. Eigens gefertigtes Leder-Gestühl und dazu passende, lederbespannte Tische sind schon mal Eye-Catcher. Und trotzdem wird alles von der Beleuchtung übertroffen – unter der hölzernen Decken-Kuppel findet sich ein spinnenetzartiges Geflecht von Kabeln, an deren Ende jeweils eine LED-Leuchte erstrahlt.

Hier also das historische Gemäuer, dort die avantgardistische Ergänzung – so bipolar das architektonische Ensemble, so zweipolig Alexandres Kochen. Wer bestellt bekommt, was die französische Klassik verlangt: Austern, Hummer, Jakobsmuschel, Gänseleber, Kalbsrücken – allein, die Zubereitung ist dann eher Restaurant-Anbau statt Stammhaus.

Zum Beispiel knackig-hauchdünne Hokaido-Kürbis-Streifen mit in Salz marinierten rohen Gänseleber-Streifen. Als Füllung ein Clementinen-Gelee, darüber Kürbis und Clementinen-Zesten gehobelt. Soll heißen: Wer in Frankreich Gänseleber serviert bekommt, rechnet nicht mit roher Gänseleber und rohem Kürbis.

Oder Gauthiers Hummer-Gericht. Den Hummer nur ultrakurz gekocht und dann den Schwanz ausgebrochen und in Wacholderbutter vorsichtig erwärmt. Das Ganze eingebettet in einem Nest glühender und dementsprechend duftender Wacholder-Nadelzweige serviert – ohne Besteck, auf dass man den ganzen Hummer in die Hand nimmt und ins prall-saftige Fleisch beißt. Das ist so toll wie unklassisch. Und auf jeden Fall so, dass man versteht, wenn Alexandre seinen Stil als »wild, radikal und brutal« bezeichnet.

Alexandre gilt in Frankreich als große Hoffnung auf dem Weg zum zweiten Stern. Bereits jetzt hat er seine festen Prinzipien, er ist kein Typ, der sich über Handy-Gequatsche im Restaurant ärgert, er sorgt stattdessen dafür, dass diese Krachmacher in seinem Restaurant einfach keinen Empfang haben. Problem gelöst. Die gleiche Effizienz findet auch auf seinem Teller wieder. Beispielsweise mit seinen Rote-Bete-Ravioli, gefüllt mit Butter und Haddock-Masse und einem Dank dieses »Thermoschutzes« immer noch flüssigen Eigelb. Sehr einfach, sehr gut. Und dann wieder Alexandre, der brutale. Der eine Jakobsmuschel über der offenen Flamme richtig hart anbrät, um sie dann mit schwarzen Rettich und Öl von gerösteten Erdnüssen abzuschmecken. Saftig und großartig.

Bleibt als Letztes natürlich noch ein Gericht zur näheren Erwähnung. Gauthiers kulinarische Verneigung vor dem Frosch. Die respektvoller nicht ausfallen kann: in der Pfanne gebratene Froschschenkel – mit Trüffeln. Das freut nicht nur die »frogs«, nein, ich war mir ganz sicher, das wird auch im Hangar-7 reüssieren.

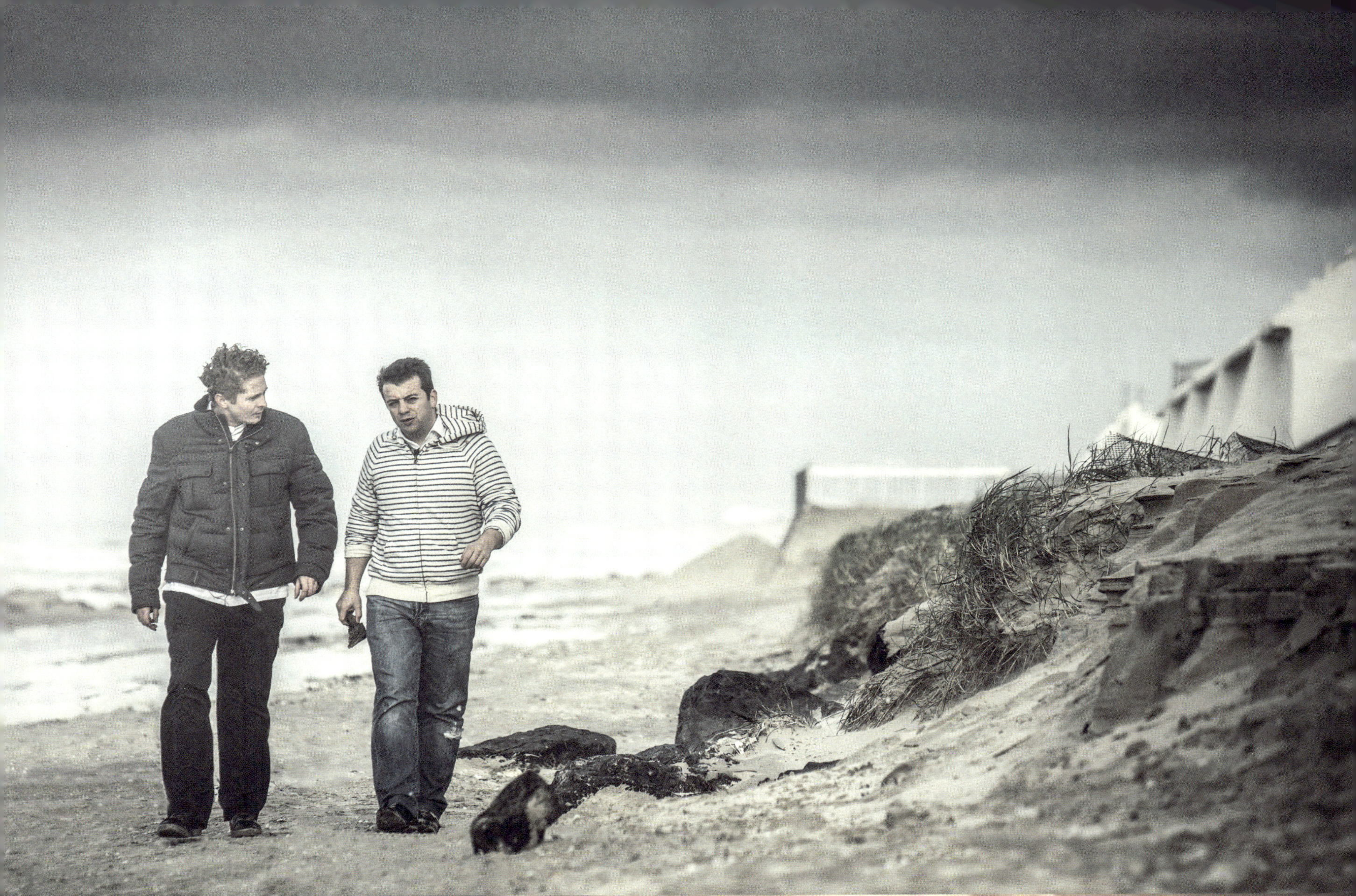

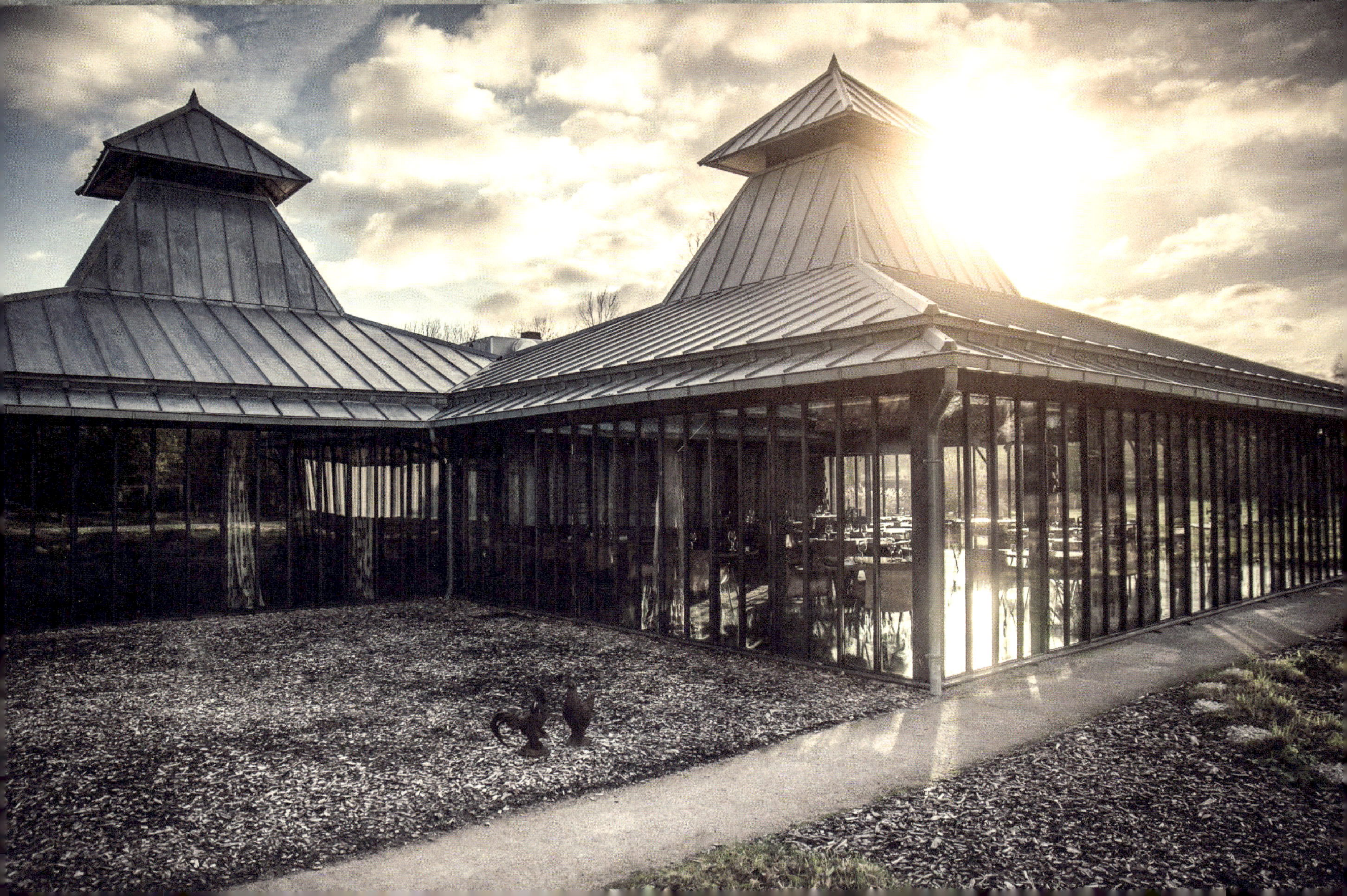

LA GRENOUILLERE

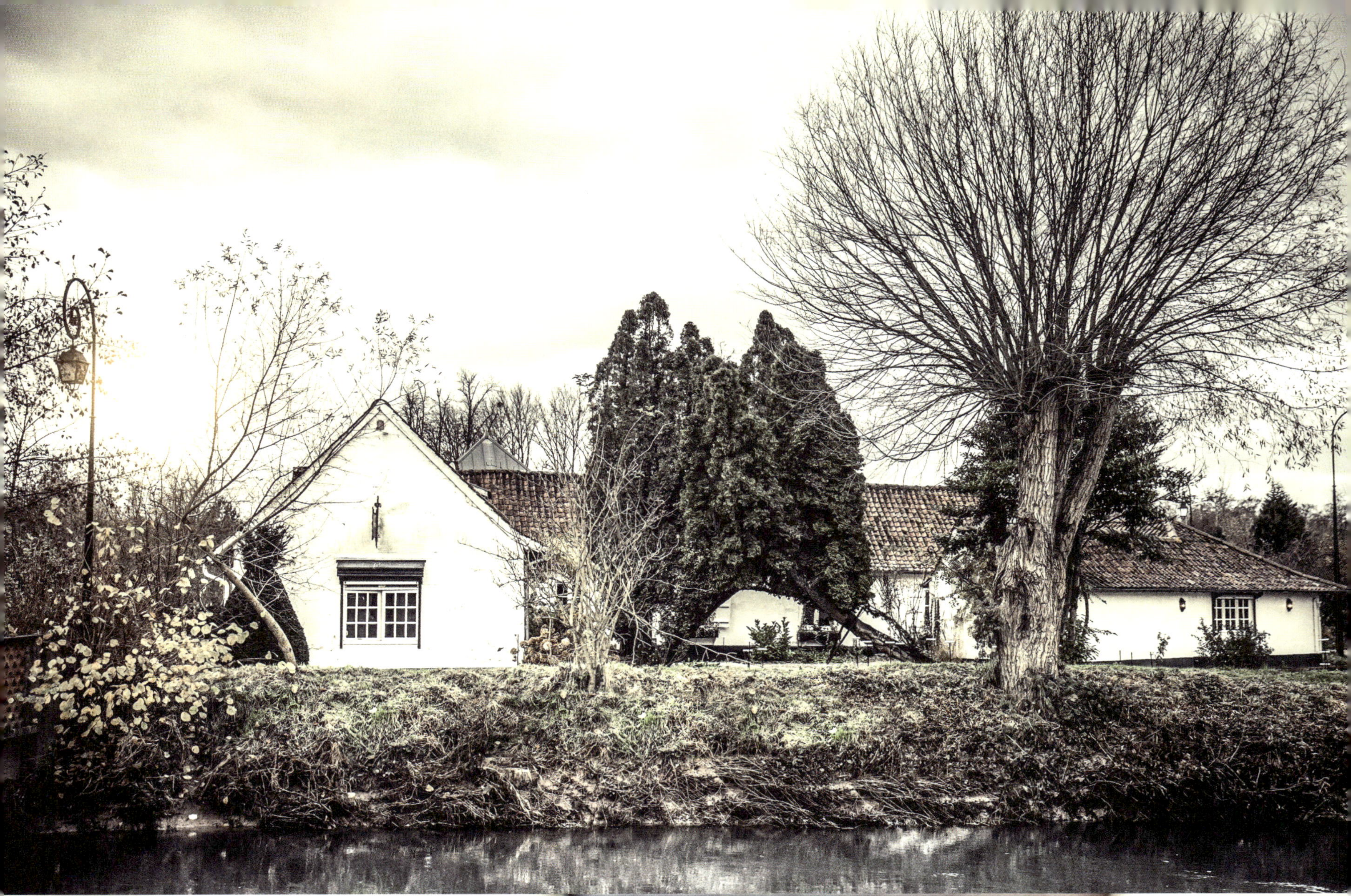

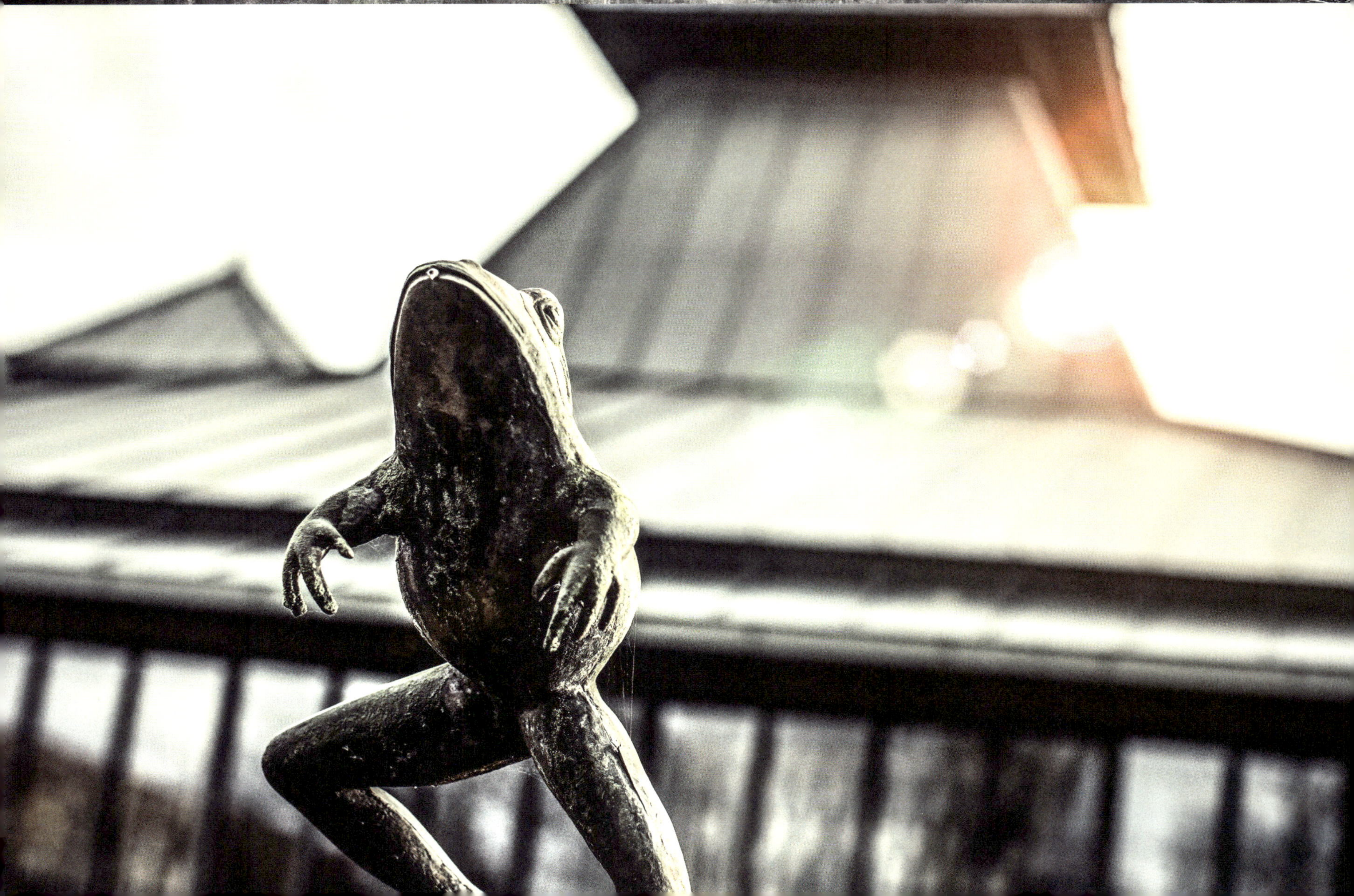

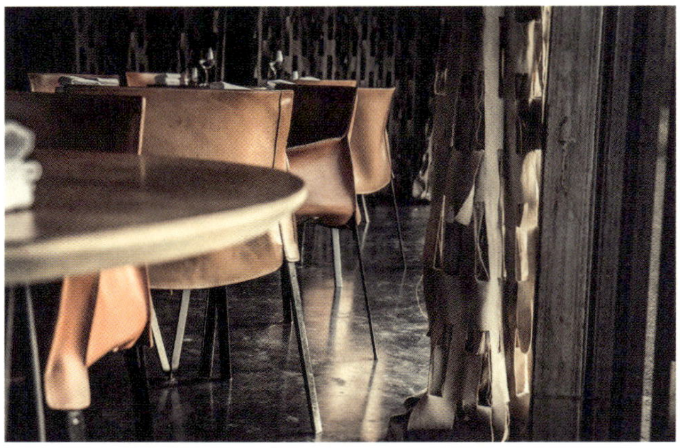
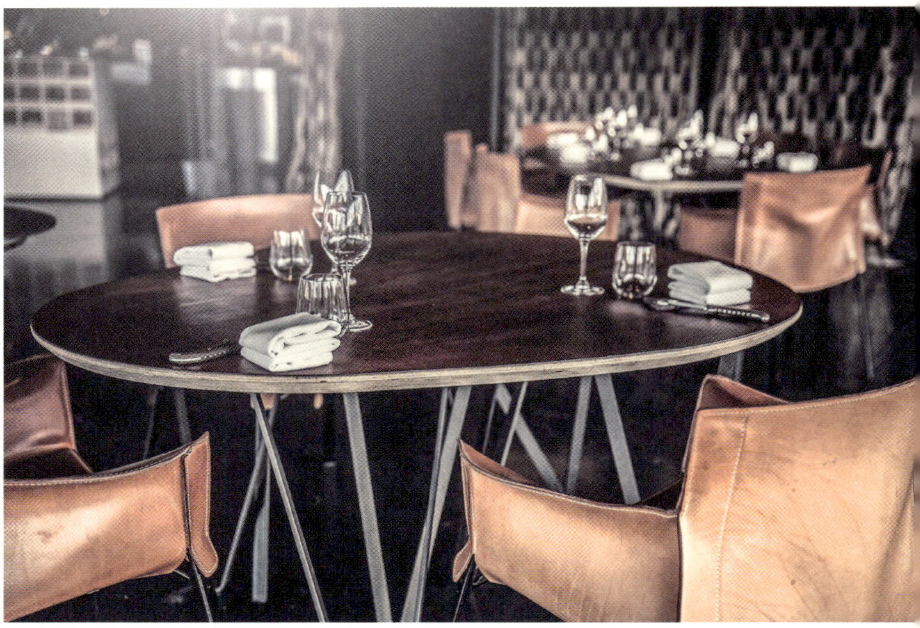
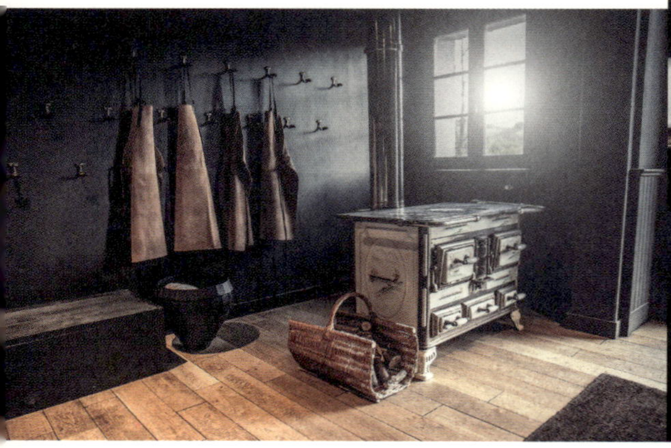
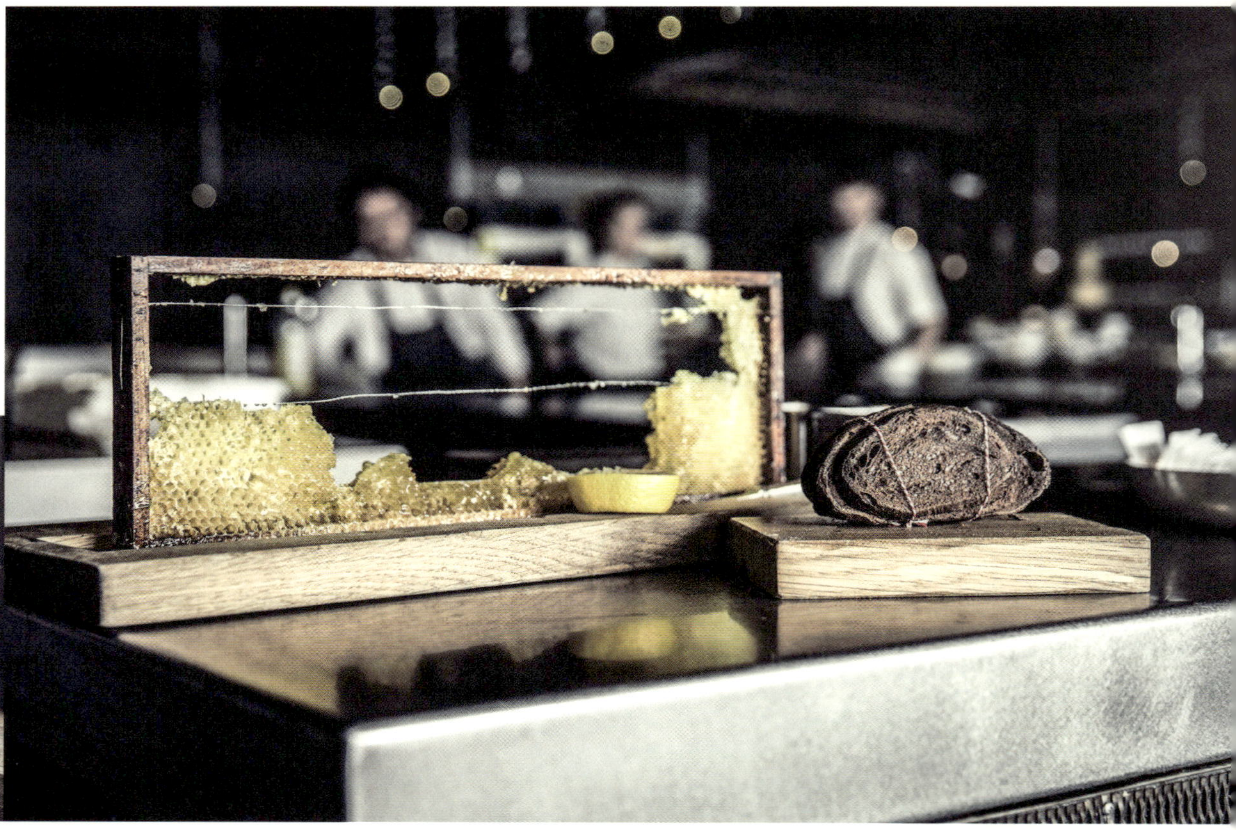
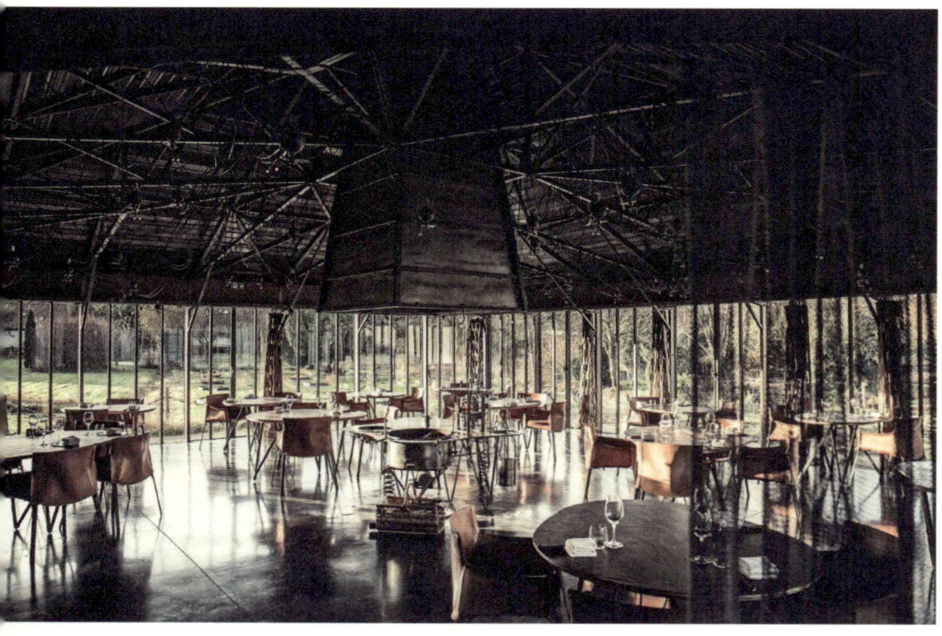
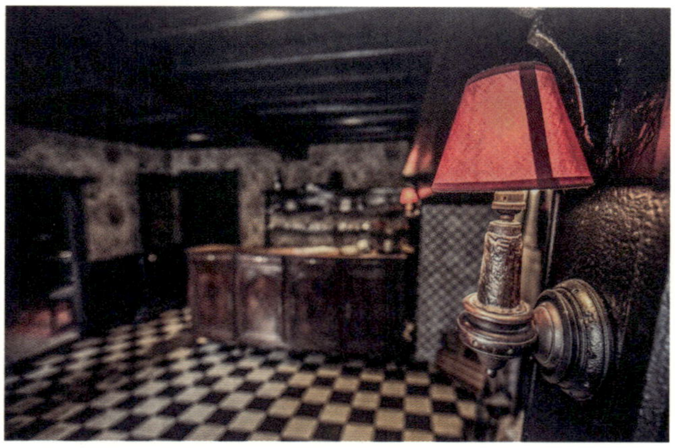

Alexandre GAUTHIER

121

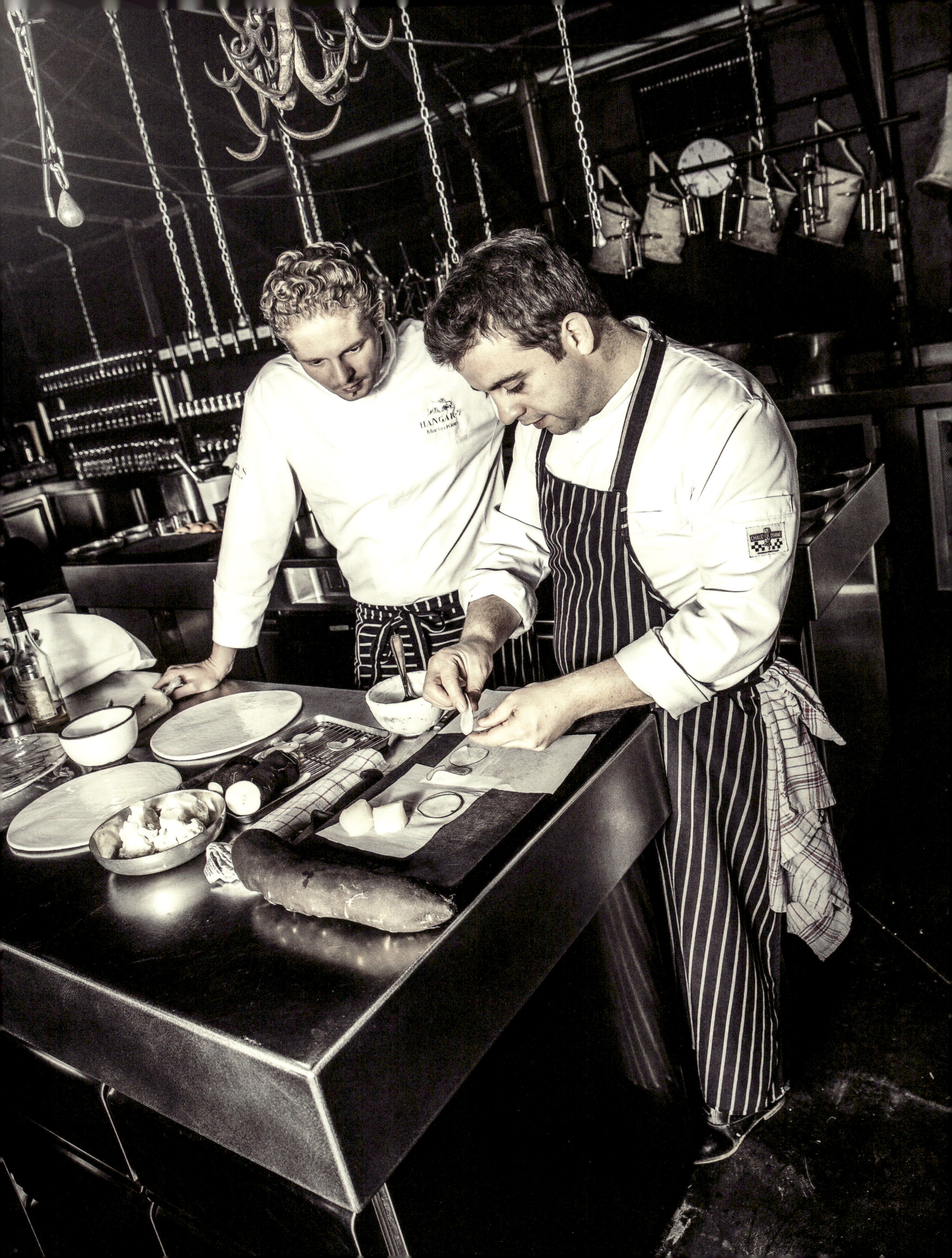
HANGAR-7

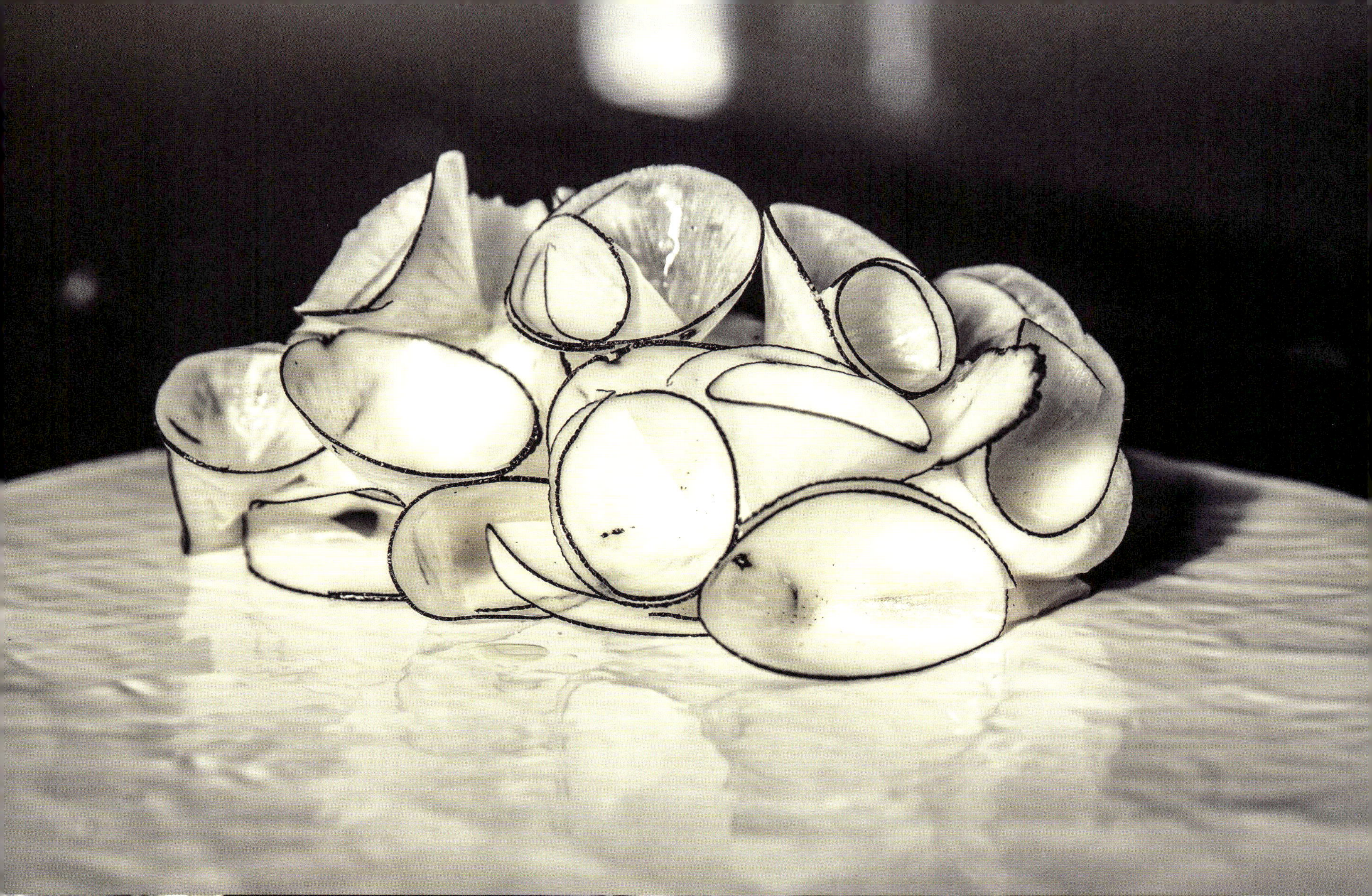
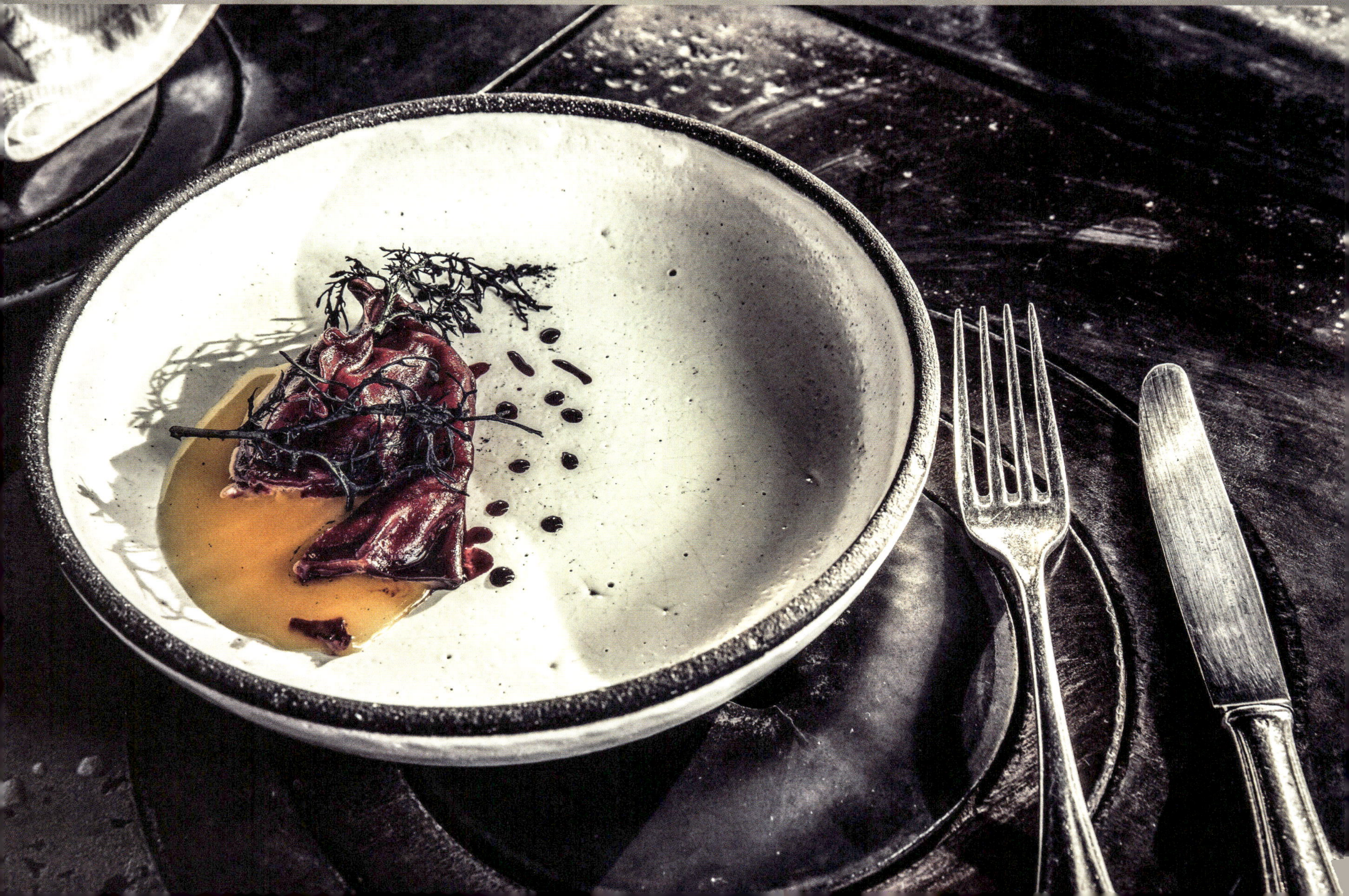

> Ich mache eine französische Küche, befreit von ihren Vorurteilen und Komplexen.

Nordfrankreich ist auch ein europäischer Schnittpunkt, wir sind nur zwei Stunden von London entfernt, zwei Stunden von Paris, eine Stunde von Belgien, drei Stunden von Brüssel. Das ist eine europäische Schnittstelle und mit dem Meer dazu, dem Land, den Wäldern, ist alles da. Also ist es ein Ort, an dem man alles hat, um anständig zu kochen und das ist prima.

Der Ort liegt in einer Moorlandschaft, es ist hier sehr feucht und es gibt sehr viele Frösche. So hieß der Ort La Grenouillère seit jeher und heißt bis heute so.

Das Essen ist ein wichtiger und symbolischer Moment, ein Moment der Freude. Einerseits, weil man isst und trinkt, aber auch weil es Spaß macht, miteinander zu kommunizieren, sich für den anderen zu interessieren, zu erfahren, was er so im Laufe des Tages erlebt hat, ob es ihm gut geht. Die soziale Komponente ist wichtig.

Nordfrankreich hat den Ruf, sehr gastfreundlich zu sein. Wenn man die Sonne nicht am Himmel hat, hat man sie eben im Herzen.

Als ich Koch geworden bin, war es klar, dass ich das Familienunternehmen übernehme und entwickle, und es so zu meinem mache. Also musste ich mir auf jeden Fall dieses Haus aneignen. Ich habe mich gefragt: New York, Singapur, Hongkong? Ja, nein, warum? Mir war von Anfang vieles nicht klar, aber mein Zuhause ist hier, also musste ich bleiben. Es ist mein Luxus, mein Geburtshaus zu übernehmen, seine Geschichte weiterzuschreiben und das zu sein, was ich hier bin.

Als ich La Grenouillère übernommen habe, war es ein traditioneller, klassischer Ort, ein 350 Jahre altes Bauwerk mit 110 Jahre alten Fresken. Ein großer Name in der Gegend, ein Lokal mit bestem Ruf. Aber der Ort war zu sehr geprägt, er war zu traditionell geworden, fast folkloristisch. Ich musste mir diesen Ort unbedingt aneignen und ihn passend zu meiner Küche machen. Passend zur Gegend, passend zu mir und passend zu meiner Küche.

Wichtig ist, dass meine Lieferanten daran interessiert sind, mit mir zu arbeiten und bestimmte Dinge mit mir zu tun. Denn so entwickeln sie sich, so entwickle ich mich und dieses Wetteifern ist sehr, sehr positiv.

Meine Küche ist zeitgenössisch, eine Autorenküche, die sehr persönlich ist, inspiriert von allem, was mich umgibt.

Die Beleuchtung schafft Atmosphäre, schafft Intimität. Man isst hier, andere Gäste sind da, aber man ist unter sich. Das Licht ist nur auf den Tisch gerichtet. Also sind nur die Gesichter beleuchtet und auf gewisse Weise ist jeder schön. Das Licht streichelt die Gesichter, spiegelt sich auf dem Leder und streichelt das Gesicht. Das schafft Atmosphäre und Intimität.

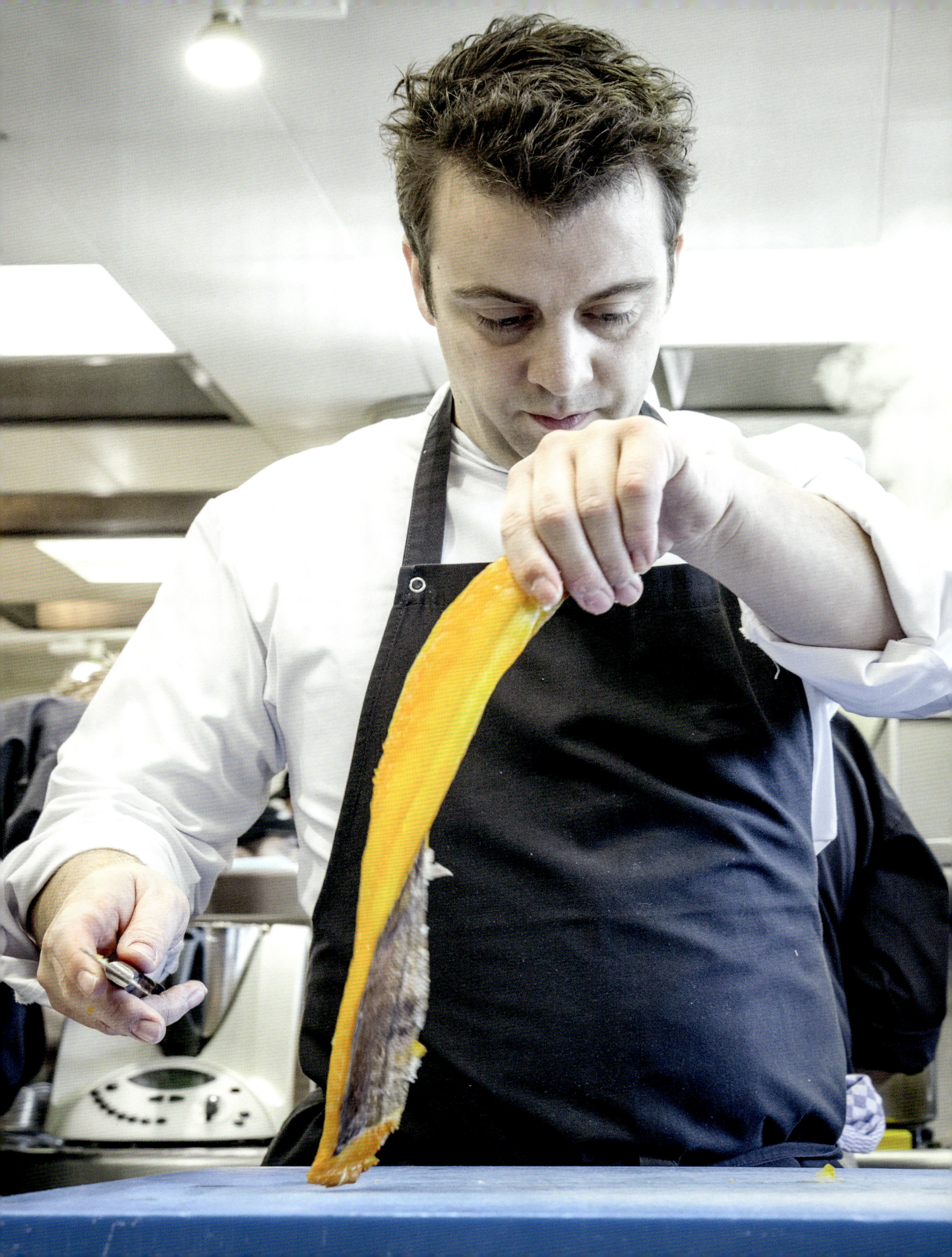

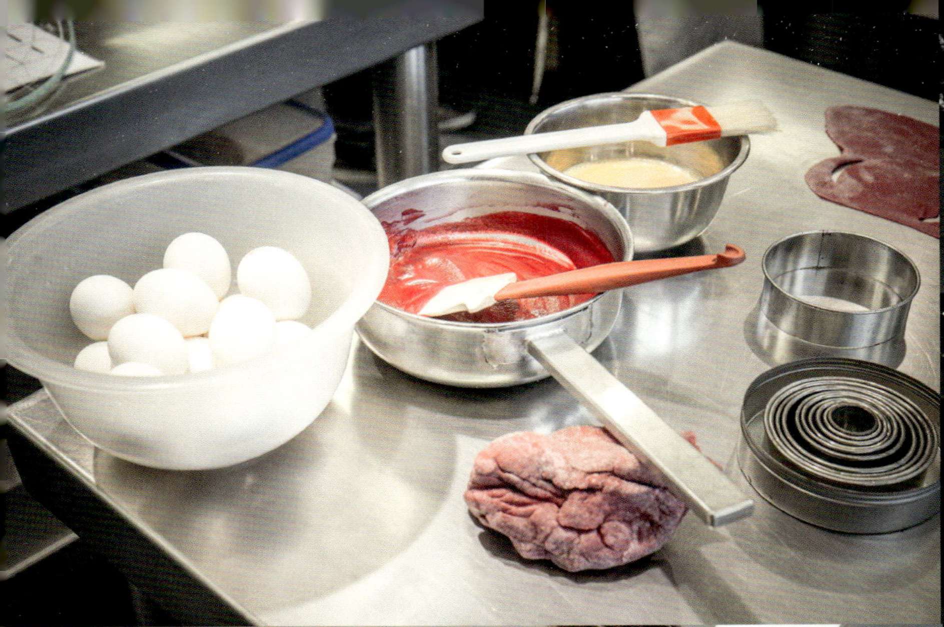
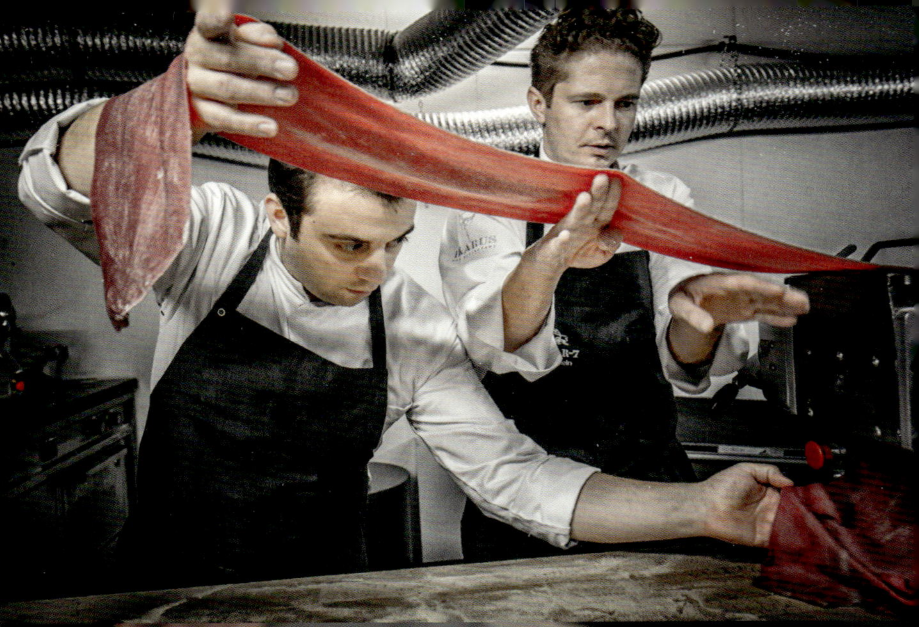
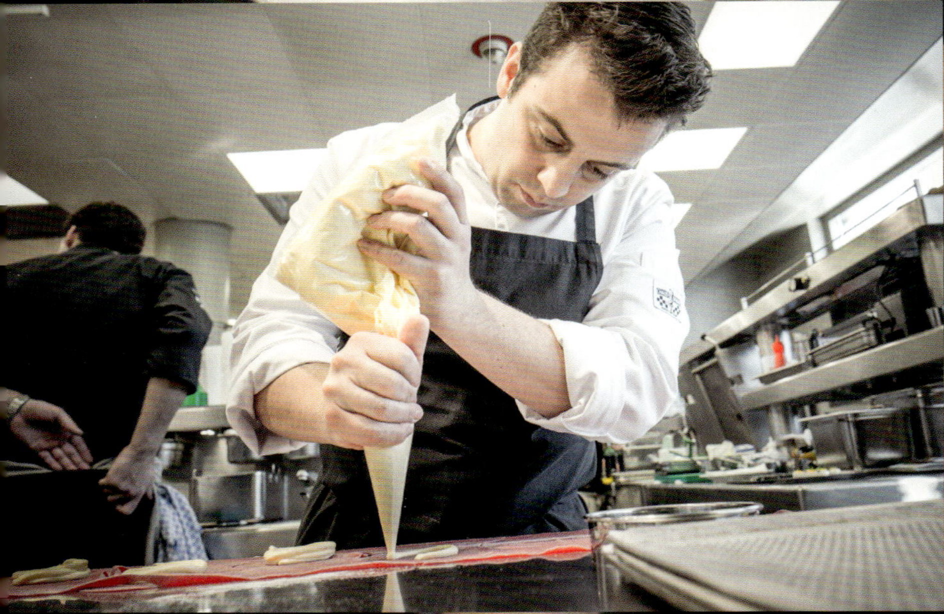
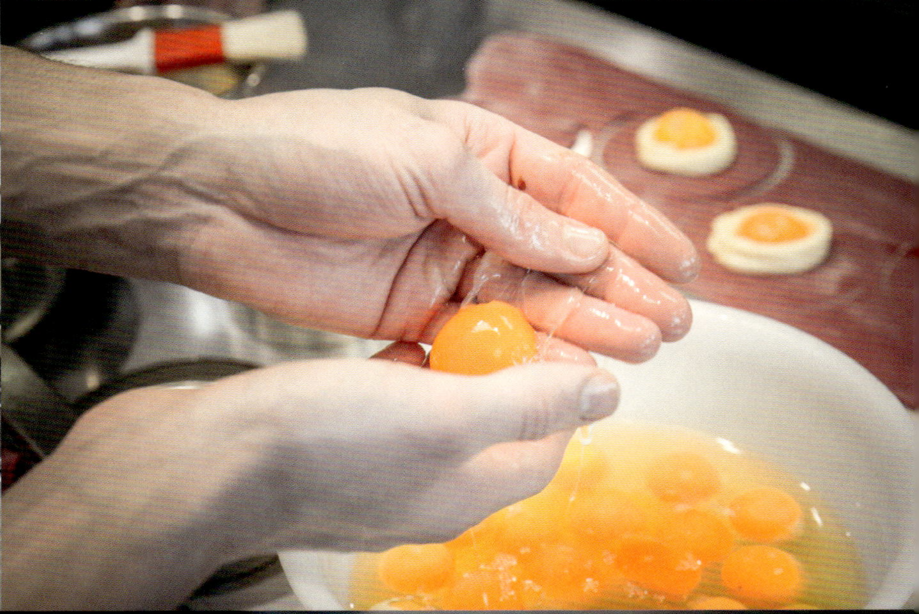
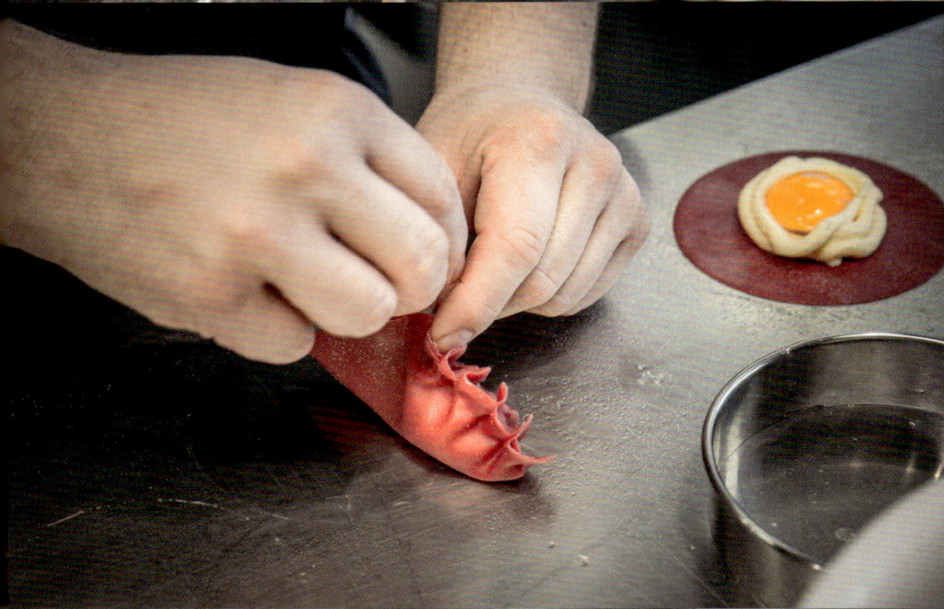
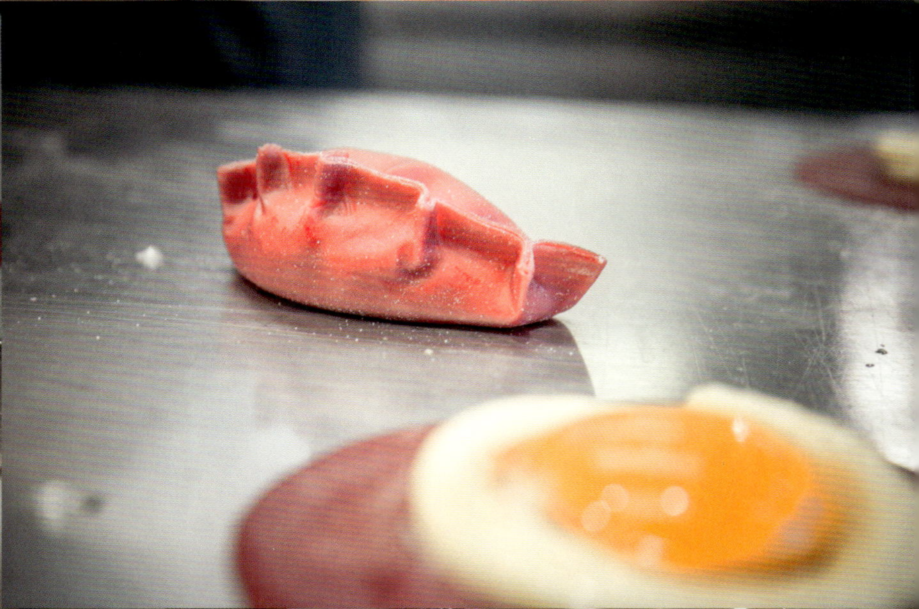
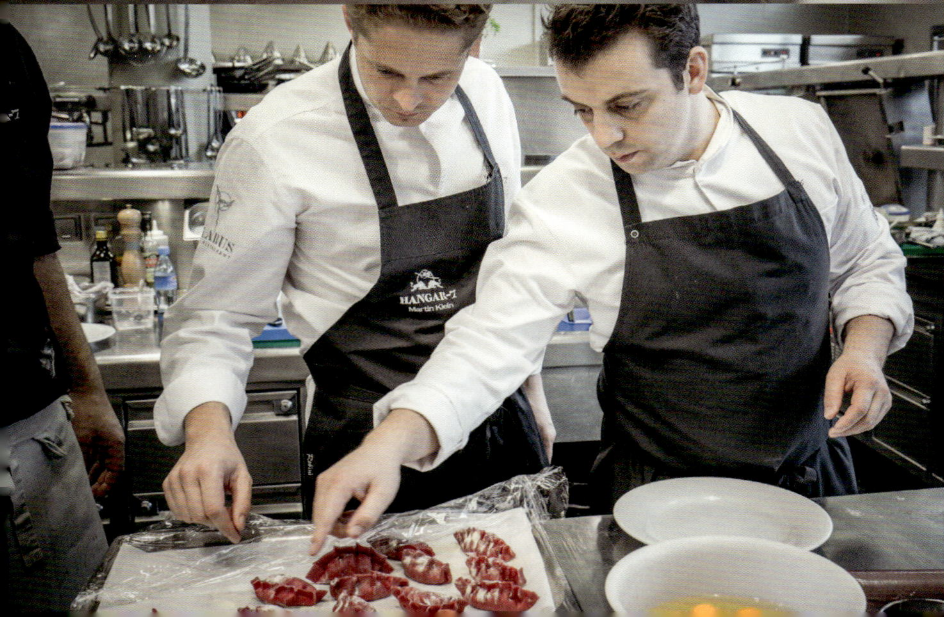
HANGAR-7
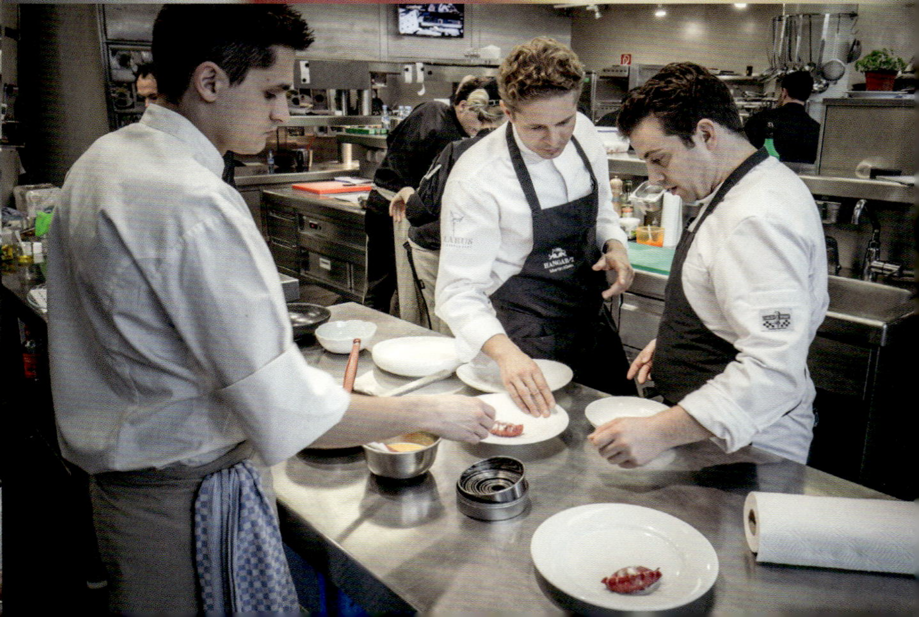

MENÜ

Tintenfisch-Blatt
Wachtelei
Spargel-Hummer-Röllchen
Messermuschel

Kürbis, Clementine, Foie Gras

Gegrillte Auster

Gebrannte Jakobsmuschel

Sepia, Kerbelwurzel

Hummer, Wacholder

Räucherfisch-Ravioli, Rote Bete

Frosch, Trüffel

Milchkalb, Erbse, Knoblauch

Sauerampferblase

Apfelbaum

Kürbis, Clementine, Foie Gras

Clementinengelee
- 400 g frisch gepresster Clementinensaft
- 1,5 g Agar-Agar

Kürbis
- ¼ Hokkaido-Kürbis

Foie Gras
- 100 g rohe Gänse- oder Entenstopfleber
- etwas Olivenöl
- Maldon-Meersalz
- geschrotete schwarze Pfeffermischung

Anrichten
- 4 frische Clementinenfilets
- 4 Sauerkleeblättchen
- etwas frisch geriebene unbehandelte Clementinenschale

Clementinengelee
Den Clementinensaft und das Agar-Agar 2 Minuten unter Rühren kochen, abkühlen lassen und einige Stunden im Kühlschrank gelieren. Das fertige Clementinengelee soll geliert, aber nicht ganz schnittfest sein.

Kürbis
Die Kürbissamen auskratzen. Das Kürbisviertel waschen und ungeschält mit der Aufschnittmaschine in dünne Streifen schneiden. Die Kürbisstreifen begradigen und zu Röllchen drehen.

Foie Gras
Mit einem heißen Messer von der rohen Gänsestopfleber 4 dicke Scheiben (5 mm) abschneiden. Die Gänseleberscheiben mit etwas Olivenöl bestreichen und mit Maldon-Meersalz und etwas geschroteter schwarzer Pfeffermischung bestreuen.

Anrichten
Je 1 Scheibe Foie gras auf 4 flache Teller legen. Je 8–10 Kürbisröllchen dicht nebeneinander darauf anrichten. Die Clementinenfilets in je 4 Stücke schneiden. Je 1 Stück Clementinenfilet in ein Kürbisröllchen stecken. Je Teller weitere 4 Kürbisröllchen mit etwas Clementinengelee füllen. Etwas Clementinengelee um die Kürbisröllchen herum drapieren. Alles mit reichlich frisch geriebener Clementinenschale bestreuen und mit je 1 Sauerkleeblättchen garnieren.

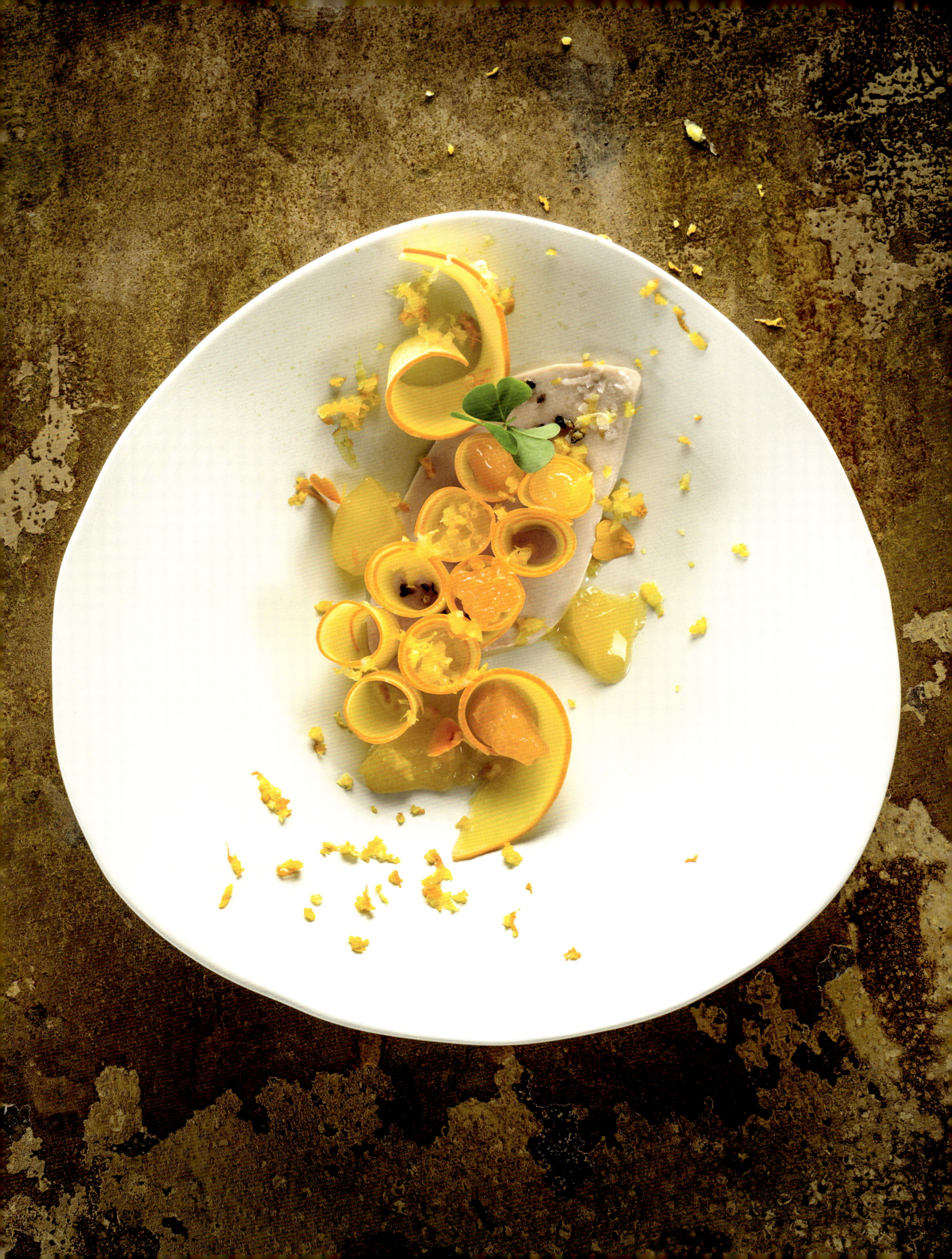

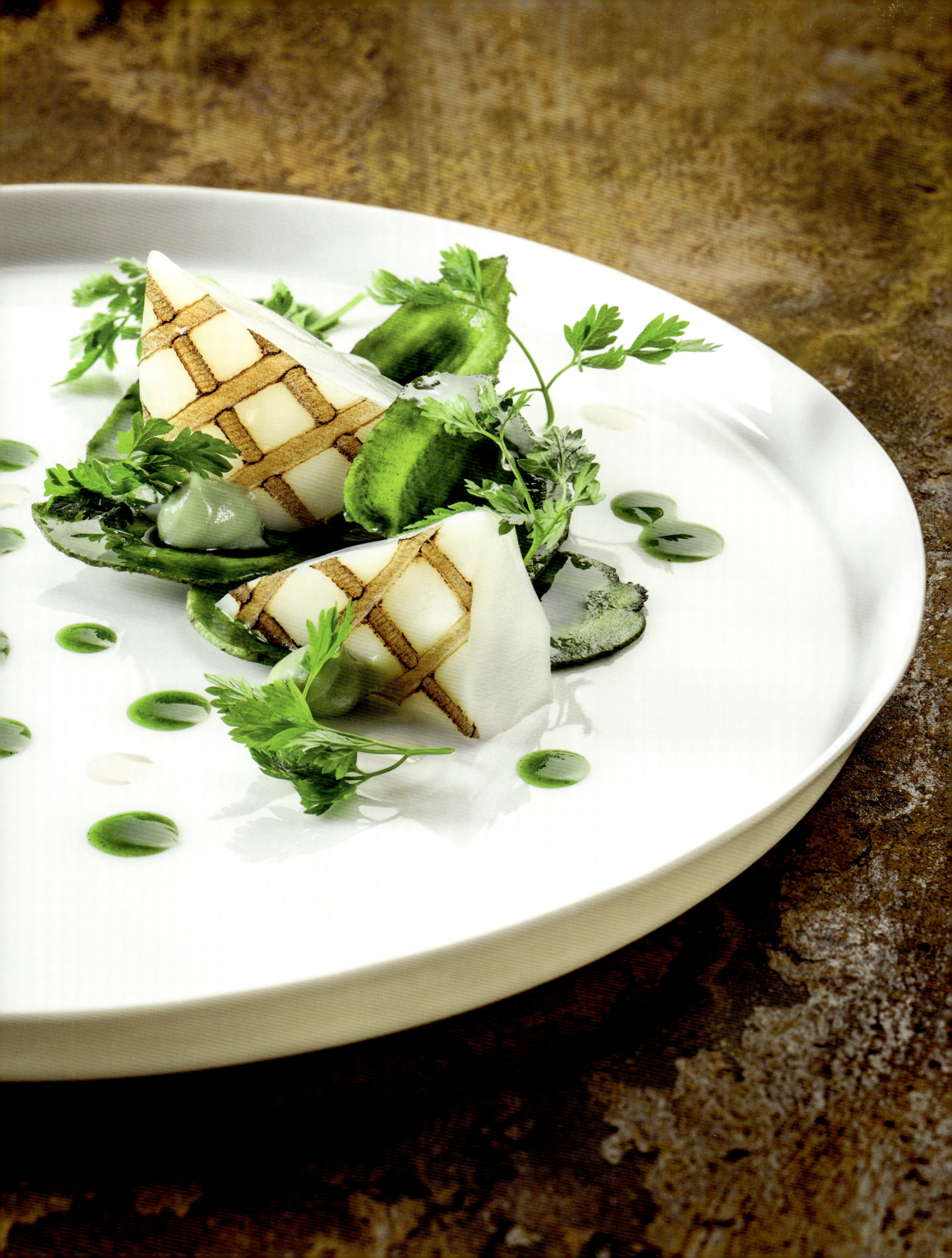

Sepia, Kerbelwurzel

Kerbelwurzel
- 125 g frische Kerbelzweige
- 4 frische Kerbelwurzeln
- Chardonnay-Essig
- Salz

Kerbelpüree
- 150 g Topinambur
- 150 g Kerbelwurzeln
- 50 g Butter
- etwas frisch gepresster Kerbelblättersaft zum Färben
- Salz

Sepia
- 1 sehr große frische Sepia (1,5–2 kg)
- 80 g Nussbutter
- Salz

Anrichten
- Olivenöl zum Beträufeln
- feine Kerbelzweige

Kerbelwurzel

Die ganzen Kerbelzweige zu Saft pressen (dazu am besten eine elektrische Saftpresse mit eingebauter Presswalze zur Hilfe nehmen). Die Kerbelwurzeln schälen und längs in dünne Scheiben schneiden, dann mit dem frisch gepressten Kerbelblättersaft 12 Stunden vakuumieren. Vor dem Anrichten den Kerbelblättersaft abtropfen lassen und mit etwas Chardonnay-Essig und Salz abschmecken. Die Kerbelwurzelscheiben mit der Vinaigrette marinieren.

Kerbelpüree

Die Topinambur und die Kerbelwurzeln schälen und klein schneiden, dann in 10 g Butter farblos anbraten und abgedeckt weich dünsten. Das Gemüse mixen und mit der restlichen Butter verfeinern. Das Püree mit etwas frisch gepresstem Kerbelblättersaft färben und mit Salz abschmecken, dann in einen Spritzbeutel füllen und warm anrichten.

Sepia

Die Sepia gründlich putzen und säubern. Die Sepiatube aufschneiden und auseinanderklappen. Die Sepiatube sollte mindestens 1–1,5 cm dick sein, ersatzweise können Kalmare verwendet werden, diese dann im Ganzen grillen. Die Sepiatube beschweren und sehr scharf ca. 1–2 Minuten auf einem heißen Grill grillen (nur von einer Seite). Die Nussbutter in einer Pfanne erhitzen und die gegrillte Sepiatube kurz nachgaren, dabei immer wieder mit der Nussbutter arrosieren. Die Sepiatube portionieren (pro Person ca. 50 g), salzen und sofort anrichten.

Anrichten

Die marinierten Kerbelwurzelscheiben nebeneinander auf 4 flache Teller legen. Je 2 Stück Sepia daraufsetzen und mit etwas Olivenöl beträufeln. In die Zwischenräume einige Tupfen Kerbelpüree spritzen. Rundherum etwas Kerbelwurzel-Vinaigrette träufeln und alles mit feinen Kerbelzweigen garnieren.

Hummer, Wacholder

Hummer vorbereiten
- 4 mittelgroße, lebende Hummer (à ca. 400–500 g)
- 10 l Wasser
- reichlich Eiswasser
- Salz

Wacholderbutter
- 250 g Butter
- 10 g Wacholderbeeren, fein gemörsert
- Maldon-Meersalz

Hummer fertigstellen
- vorgegartes Hummerfleisch (siehe Teilrezept »Hummer vorbereiten«)
- Wacholderbutter (siehe Teilrezept »Wacholderbutter«)
- Maldon-Meersalz

Anrichten
- reichlich frische Wacholderzweige
- Maldon-Meersalz

Hummer vorbereiten
10 l Wasser in einem großen Topf auf 70 °C erhitzen. Eine große Schüssel Eiswasser vorbereiten. Den lebenden Hummer in das heiße Wasser gleiten lassen und zugedeckt 7 Minuten garen, anschließend aus dem Wasser nehmen. Den Schwanz und die Scheren der noch warmen Hummer abtrennen. Die Hummerschwänze sofort in Eiswasser legen. Die Hummerscheren zurück in das heiße Wasser geben und 5 Minuten nachgaren, anschließend in Eiswasser legen. Das Fleisch aus dem Hummerschwanz lösen, vom Darm befreien und in gesalzenes Eiswasser legen. Die Hummerscheren aus dem Eiswasser nehmen und das unterste Scherenglied im Gelenk abdrehen. Die Hummerscheren mithilfe eines Messerrückens an der breitesten Stelle anschlagen. Den Panzer mit einer Drehbewegung entfernen, ohne dabei das Scherenfleisch zu beschädigen. Das Scherenfleisch sorgfältig in einem Stück herausziehen und sofort in Eiswasser legen. Die ausgelösten Hummerfleischstücke aus dem Eiswasser nehmen und kurz in einer weiteren Schüssel mit gesalzenem Eiswasser abspülen, um gegebenenfalls geronnenes Eiweiß zu entfernen. Das ausgelöste Hummerfleisch trocken tupfen.

Wacholderbutter
Die Butter zerlassen und zusammen mit den gemörserten Wacholderbeeren aufschäumen lassen. Die Wacholderbutter mit Maldon-Meersalz würzen.

Hummer fertigstellen
Vor dem Anrichten das Hummerfleisch auf ein Blech setzen und rundum mit reichlich Wacholderbutter bestreichen, dann im Backofen bei 65 °C (Ober-/Unterhitze) 10–15 Minuten erwärmen.

Anrichten
Die Wacholderzweige auf 4 große Teller verteilen. Je 1 warmen Hummerschwanz und 2 ausgelöste Hummerscheren daraufsetzen und mit reichlich Wacholderbutter beträufeln. Das Hummerfleisch mit Maldon-Meersalz bestreuen. Die Wacholderzweige mit dem Bunsenbrenner anzünden, dann sofort eine Glasglocke über jeden Teller stülpen und servieren. Die Glasglocke vor den Augen des Gasts abnehmen und das Hummerfleisch auf vorgewärmte Teller setzen.

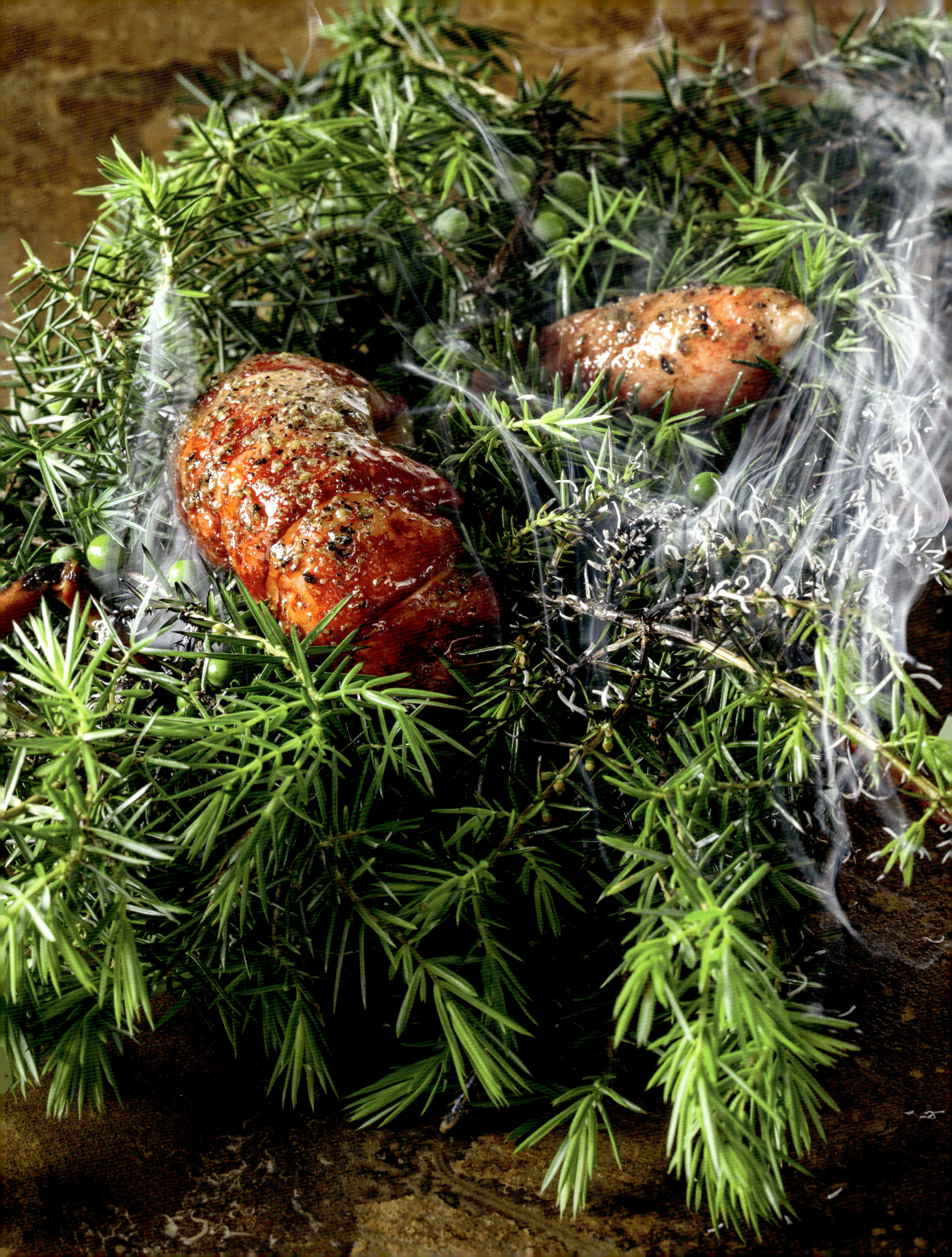

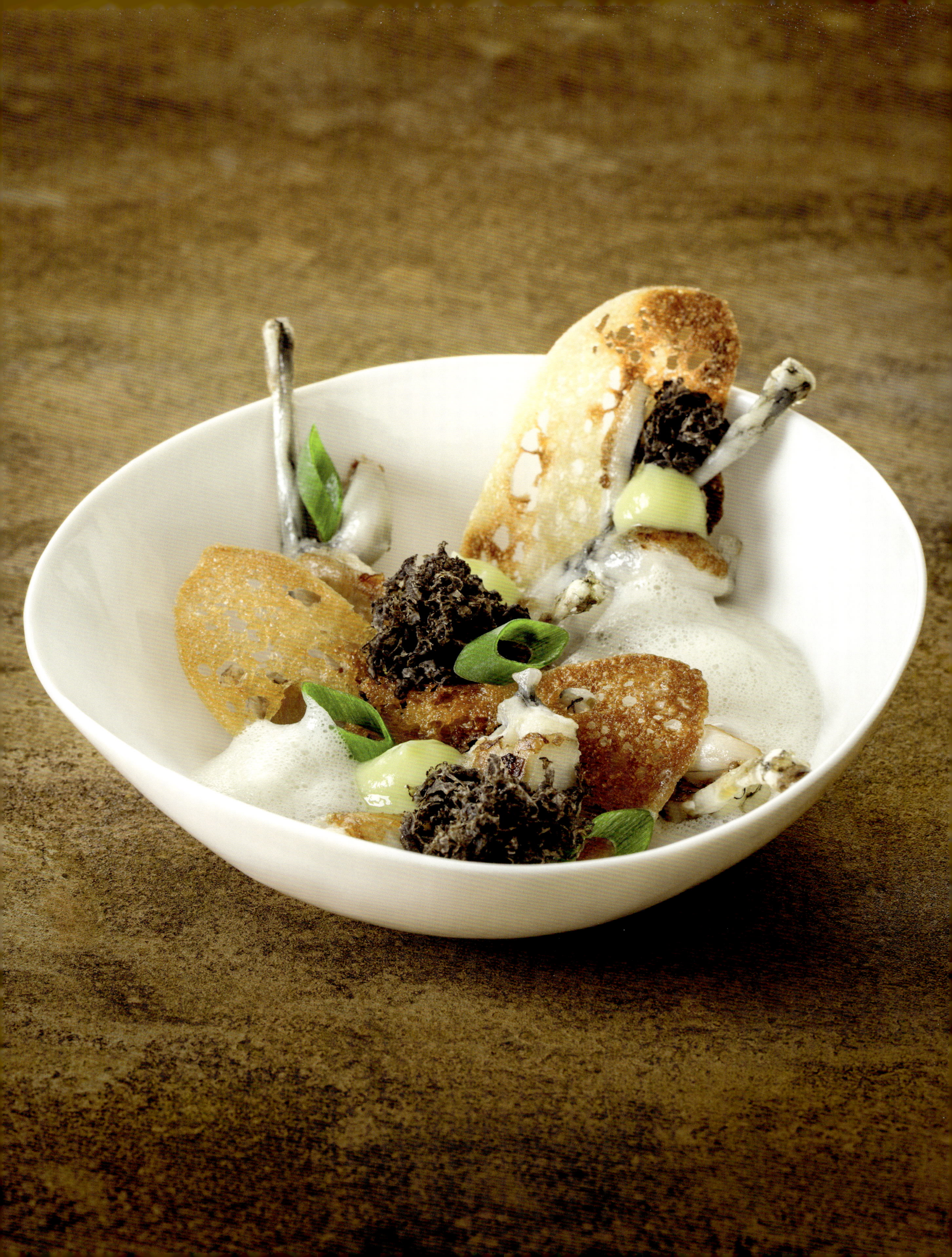

Frosch, Trüffel

Lauchpüree
- 2 Stangen Lauch
- Salz

Trüffelbutter
- 50 g weiche salzige Butter
- 50 g weiche Butter
- 30 g frische schwarze Trüffel
- 1 g Trüffelöl (aus schwarzer Trüffel)

Froschschenkel
- 28 frische Froschschenkel
- 1 EL Olivenöl
- Salz
- 80 g Trüffelbutter (siehe Teilrezept »Trüffelbutter«)

Geschäumte Trüffelsauce
- 10 g Butter
- 10 g Olivenöl
- 25 g Schalottenwürfel
- 300 g Froschschenkelabschnitte und -karkassen
- 95 ml trockener Weißwein
- 250 ml helle Geflügelbrühe
- 250 ml Miesmuschelsud
- 50 g Trüffelbutter (siehe Teilrezept »Trüffelbutter«)
- Salz

Anrichten
- Weißbrot-Croûtons
- 20 g frische schwarze Trüffel
- Lauchzwiebelringe

Lauchpüree
Die ganzen Lauchstangen mit Wurzelansätzen und grünen Blattanteilen über einem heißen Holzkohlegrill solange grillen, bis sie rundum dunkelbraun bis schwarz gefärbt und weich gegart sind. Die Lauchstangen schälen und die weichen, weißen Bestandteile fein mixen. Das Lauchpüree mit Salz abschmecken und vor dem Anrichten behutsam erwärmen.

Trüffelbutter
Die Butter mit der frischen Trüffel und dem Trüffelöl mixen.

Froschschenkel
Die Froschschenkel waschen, trocken tupfen und auslösen, dabei das Fleisch bis zum Ansatz zurückschieben und den Oberschenkelknochen belassen. Vor dem Anrichten die Froschschenkel kurz in Olivenöl sautieren und leicht salzen. Die Trüffelbutter zugeben und die Froschschenkel arrosieren.

Geschäumte Trüffelsauce
Die Butter und das Olivenöl erhitzen, die Schalottenwürfel darin glasig anschwitzen. Die Froschschenkelabschnitte und -karkassen zugeben und farblos anbraten, dann mit dem Weißwein ablöschen und auf die Hälfte einreduzieren. Die Geflügelbrühe und den Miesmuschelsud zugeben, aufkochen und 15 Minuten ziehen lassen. Den Fond durch ein feines Sieb passieren und etwas einreduzieren. Kurz vor dem Anrichten aufkochen, mit der Trüffelbutter schaumig aufmixen und mit Salz abschmecken.

Anrichten
Je 7 Froschschenkel auf 4 flache Teller geben. In die Zwischenräume einige Croûtons stecken und einige Tupfen Lauchpüree spritzen. Die Trüffel in sehr feine Späne hobeln und mit einer kleinen Palette vorsichtig auf die Teller setzen. Die geschäumte Trüffelsauce auf die Teller geben und mit einigen Lauchzwiebelringen garnieren.

Sauerampferblase

Taubnessel-Eis
- 200 g Wasser
- 30 g Trimoline
- 45 g Zucker
- 1,5 g Pectagel rose (Eisstabilisator)
- 150 g Quark (20 % Fett i. Tr.)
- 50 g frische Sauerampferblätter
- 15 g frische Taubnesselblätter

Minzsorbet
- 130 g Wasser
- 130 g Zucker
- 100 g französisches Mineralwasser (von Perrier)
- 20 g leicht geschlagenes Eiweiß
- 20 g frisch gepresster Zitronensaft
- 15 g frische Minzeblätter

Panna Cotta
- 188 g Sahne
- 25 g Zucker
- 1 Blatt Gelatine

Geblasene Zuckerkugel
- 250 g Isomalt
- 25 g Wasser

Anrichten
- kleine Sauerampfer- und Portulakblätter
- gemischte Viola-, Sauerklee- und Lobelienblüten
- Olivenöl zum Beträufeln

Taubnessel-Eis
Das Wasser und das Trimoline in einen Topf geben. Den Zucker mit dem Pectagel rose mischen und unterrühren. Alles zusammen aufkochen, auf ein Eiswürfelbad setzen und auf 30 °C abkühlen lassen, dann den Quark unterrühren. 400 g der Masse abwiegen, mit den gezupften Sauerampfer- und Taubnesselblättern in einen Pacojet-Becher füllen und 12 Stunden tiefkühlen. Den gefrorenen Pacojet-Becher in den Pacojet setzen und pacossieren. Die Eismasse wieder in den Pacojet-Becher geben und einige Stunden gefrieren lassen. Dann erneut im gefrorenen Zustand in den Pacojet einsetzen und pacossieren. Das Taubnessel-Eis insgesamt 3-mal pacossieren.

Minzsorbet
Das Wasser und den Zucker aufkochen und abkühlen lassen. Das Mineralwasser, das leicht geschlagene Eiweiß und den Zitronensaft unter den abgekühlten Sirup rühren. Zum Schluss die Minzeblätter unterrühren. Die Sorbetmasse in einen Pacojet-Becher füllen und 12 Stunden tiefkühlen. Vor dem Anrichten den gefrorenen Pacojet-Becher in den Pacojet setzen und den Inhalt zu Minzsorbet verarbeiten.

Panna Cotta
Die Sahne und den Zucker auf 60 °C erhitzen, die eingeweichte Gelatine zugeben und auflösen. Die Panna Cotta mindestens 6 Stunden im Kühlschrank gelieren lassen.

Geblasene Zuckerkugel
Das Isomalt und das Wasser auf 185 °C erhitzen und abkühlen lassen. Von der Masse kleine Mengen abnehmen und in eine Silikonbackform mit Mulden setzen. Die Silikonbackform in den Backofen schieben und die Zuckermasse bei 80 °C warm halten. Je eine Portion Zuckermasse herausnehmen und mit einem kleinen Blasebalg (am besten eignet sich eine kleine Pumpe aus der Zuckerpatisserie) zu einer Kugel aufblasen. Mit dem Bunsenbrenner an der Unterseite eine kleine Öffnung für die Füllung ausbrennen und bis zum Anrichten trocken aufbewahren.

Anrichten
Auf 4 flachen Tellern ein buntes Blätter- und Blütenpotpourri anrichten. Die Zuckerblasen vorsichtig mit je 2 kleinen Nocken Minzsorbet und Taubnesseleis füllen, wenden und auf die Teller setzen. Mit einem Löffel etwas Panna Cotta um die Zuckerblase geben. Zum Schluss etwas Olivenöl um das Arrangement träufeln.

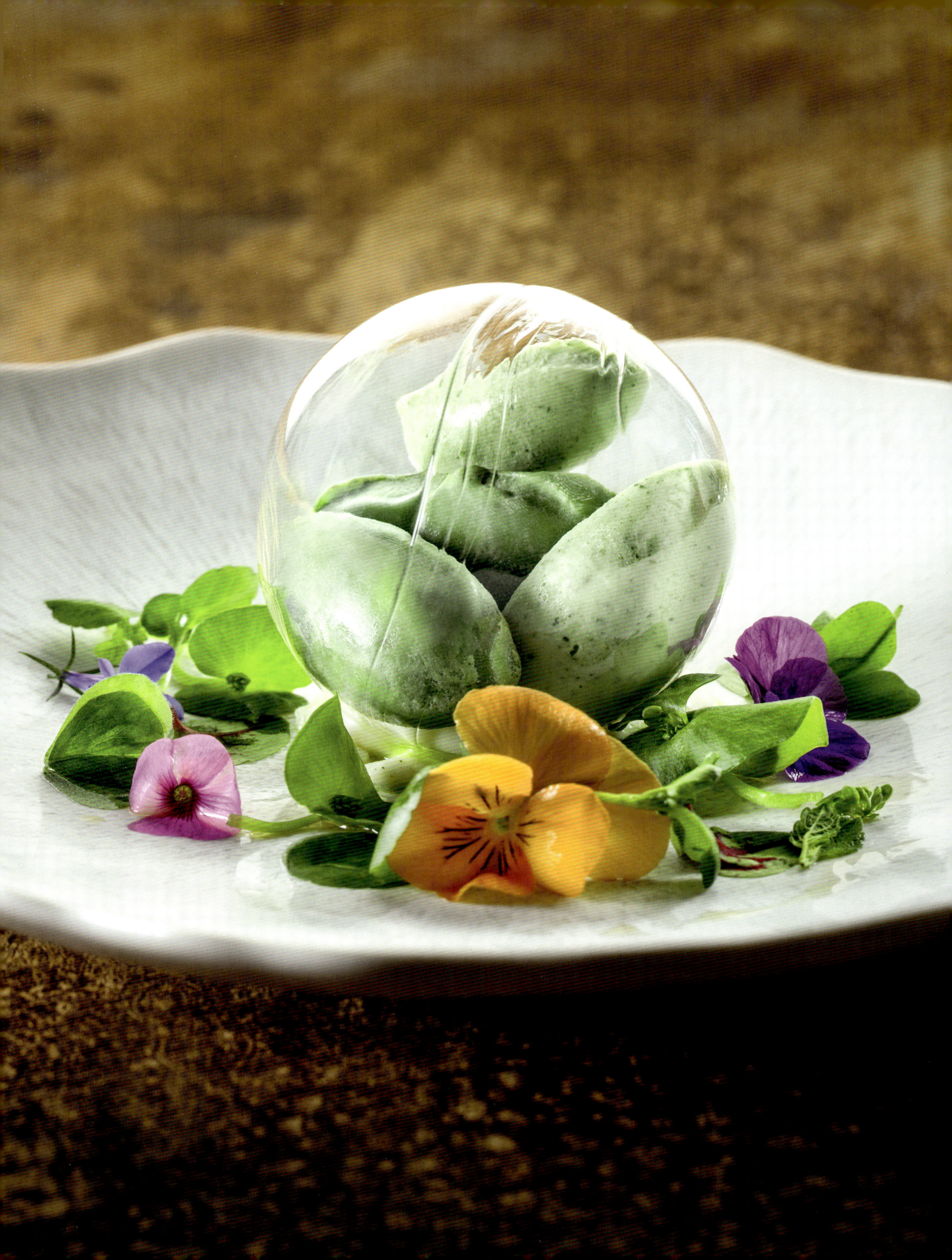

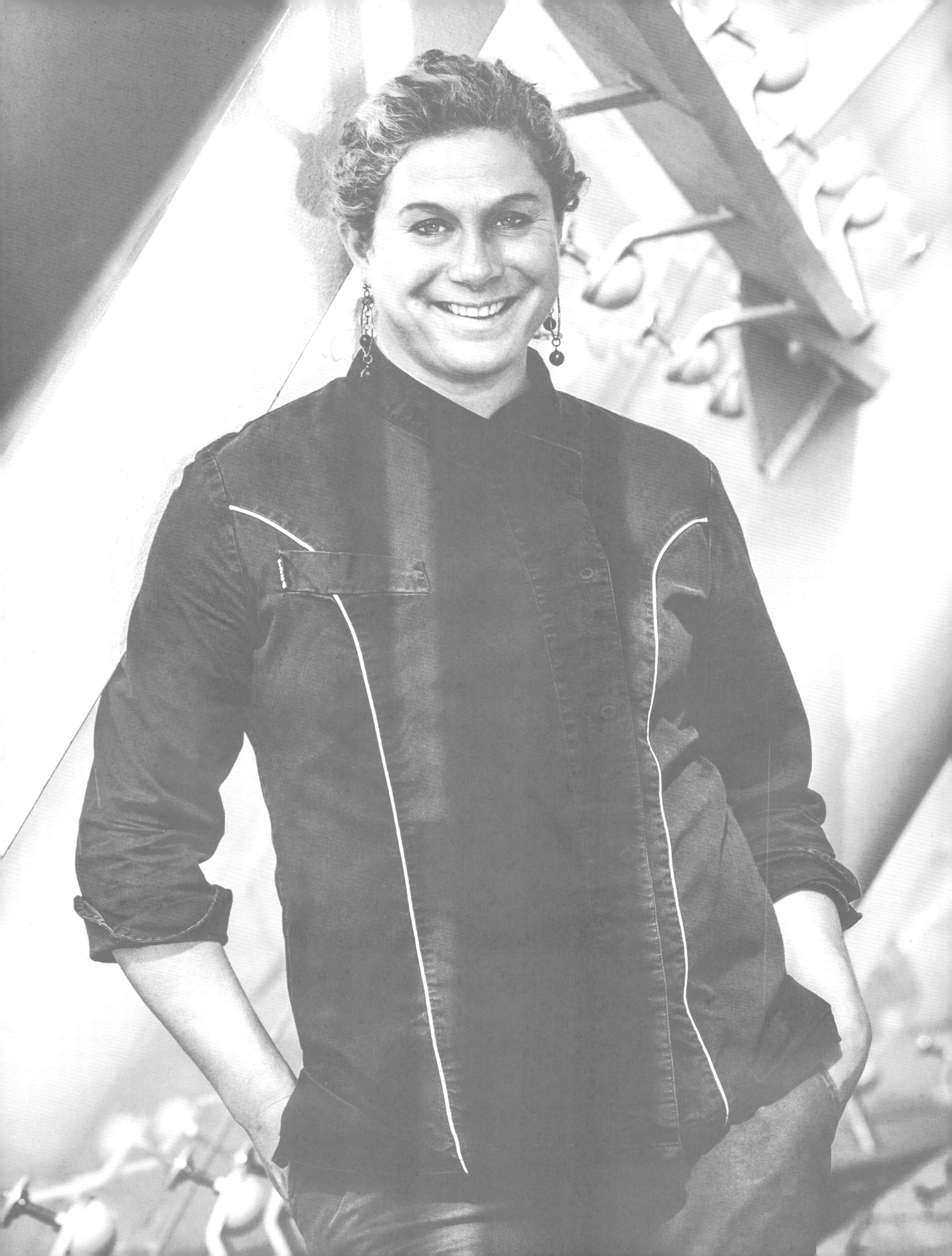

Ana ROŠ

Restaurant Hiša Franko

Kobarid / Slowenien

Rote-Bete-Ravioli im diplomatischen Dienst

Vor vielen Jahren schrieb ein deutscher Autor und Reisejournalist einen großartigen Satz: »Die erste Mahlzeit in einem fremden Land entscheidet, ob die Gegend einem gefallen wird.« Schneller kann man auf Slowenien im Allgemeinen und Ana Roš im Besonderen nicht zu sprechen kommen.

Was nun war meine erste Mahlzeit in Slowenien – ein Land, das – ich gebe es offen zu – bislang nicht meine bevorzugte Kulinarik-Destination stellte? Nach einer gut vierstündigen Autofahrt erreichte ich spät abends Ana Roš' Restaurant Hiša Franko, mitten im Wald, alles umgeben von hohen Bergketten. Das Spaghetti-Wasser köchelte bereits, ein Sugo schmurgelte im großen Topf – Anas Vater püriert jährlich rund 800 Kilo Tomaten, deren beste Qualität er in Istrien findet. Zusammen mit Ana und ihrem Mann Valter saß ich nun an einer Art Stammtisch vor dem eigentlichen Restaurantraum, und schon gehörte ich zur Familie. Die Spaghetti, die Menschen, das Land – alles war toll.

Wo soll man nun anfangen, wenn man von Slowenien und dortigem Fine Dining erzählen will? Auf jeden Fall sollte man Ana zuhören, die lebhaft und ununterbrochen spricht, wahlweise italienisch, französisch oder englisch. In Triest hatte sie sich vor Jahren zum diplomatischen Dienst ausbilden lassen, dann kam Valter, die große Liebe, sein kleines Hotel mit angeschlossenem Gasthaus, und autodidaktisches Kochen im überschaubaren Kobarid statt der großen weiten Welt im diplomatischen Corps.

Das sie nun am Herd vertritt, wenn sie nicht gerade auf Koch-Events in New York oder ähnlichen Metropolen zu finden ist. Vielleicht hat Ana instinktiv erspürt, dass eine gute Köchin noch mehr für ein Land erreichen kann als die meisten Diplomaten. Wenn sie nur bei ihren Wurzeln bleibt. Und bei allen neuen Zielen immer weiß, woher sie kommt.

Wem das zu theoretisch klingt, eine kleine Geschichte: Slowenien ist arm, das Land leidet unter Wirtschaftskrise und Arbeitslosigkeit. Über die Hälfte des Staatsgebietes ist von Wald bedeckt – der nur zu oft von Sammlern durchstreift wird, um die knappe Haushaltskasse ein wenig zu füllen. Pilze, Kräuter, Brombeeren, Holunderblüten, Vogelbeeren, Hagebutten – Ana kauft bei diesen Sammlern viel mehr ein, als die tagesaktuelle Küche bräuchte. Deswegen überall die gut gefüllten Weck- und Einmach-Gläser.

Wenn Ana ein Reh auf die Karte setzt, dann ist es natürlich aus Slowenien. Ana brät dann das Reh scharf an, alles geschieht in der Pfanne, nichts im Ofen. Dazu reicht sie eine Sauce aus Enzian-Wurzeln, ein Brotsoufflee mit Pilzen, eingelegte Vogelbeeren und geschmorten Chicoree. Ein grandios ausbalanciertes Ensemble im Bitter-Grundton, ideal eingebunden in die raue Umgebung.

In diesem Sinne extrem regional sind auch ihre Ravioli-Rezepte. Etwa ein Nudelteig mit Rote-Bete-Füllung in einer Sauce aus fermentiertem, fast säuerlich prickelndem Topfen. Die rustikale Säuerlichkeit wird meisterlich aufgefangen mit feinsten, hauchdünnen Streifen von Räucheraal, darüber dann Hobel von roh marinierten Fenchel und roher Gänseleber. Fine Dining also ja, aber alles im Kontext von Heimat und Region. Genau dieser Spagat gelingt ihr auch mit Liebstöckel-Ravioli, serviert mit Ziegenkitz-Pflanzerl und schwarzen Trüffeln.

Ana ist bei aller Professionalität im besten Sinne auch unaufgeregte Hausfrau. Morgens bringt sie die beiden Kinder zur Schule, vor dem Abendservice wird bei den Hausaufgaben geholfen. Ihr Mann Valter kümmert sich als gelernter Sommelier um die lokalen Weine, sein großes Steckenpferd sind zudem die ortsgebundenen Milchbauern und deren Käsevariationen. Wem das jetzt alles viel zu kitschig klingt, dem sei gesagt: Ja, das hier ist noch ganz viel heile Welt. Dessen ständige Vertretung der Hangar-7 für einen prallen Monat sein durfte. Der slowenischen Koch-Diplomatin Ana Roš konnte man sich ganz entspannt anvertrauen. Sie und ihr Land haben gefallen. Sehr sogar!

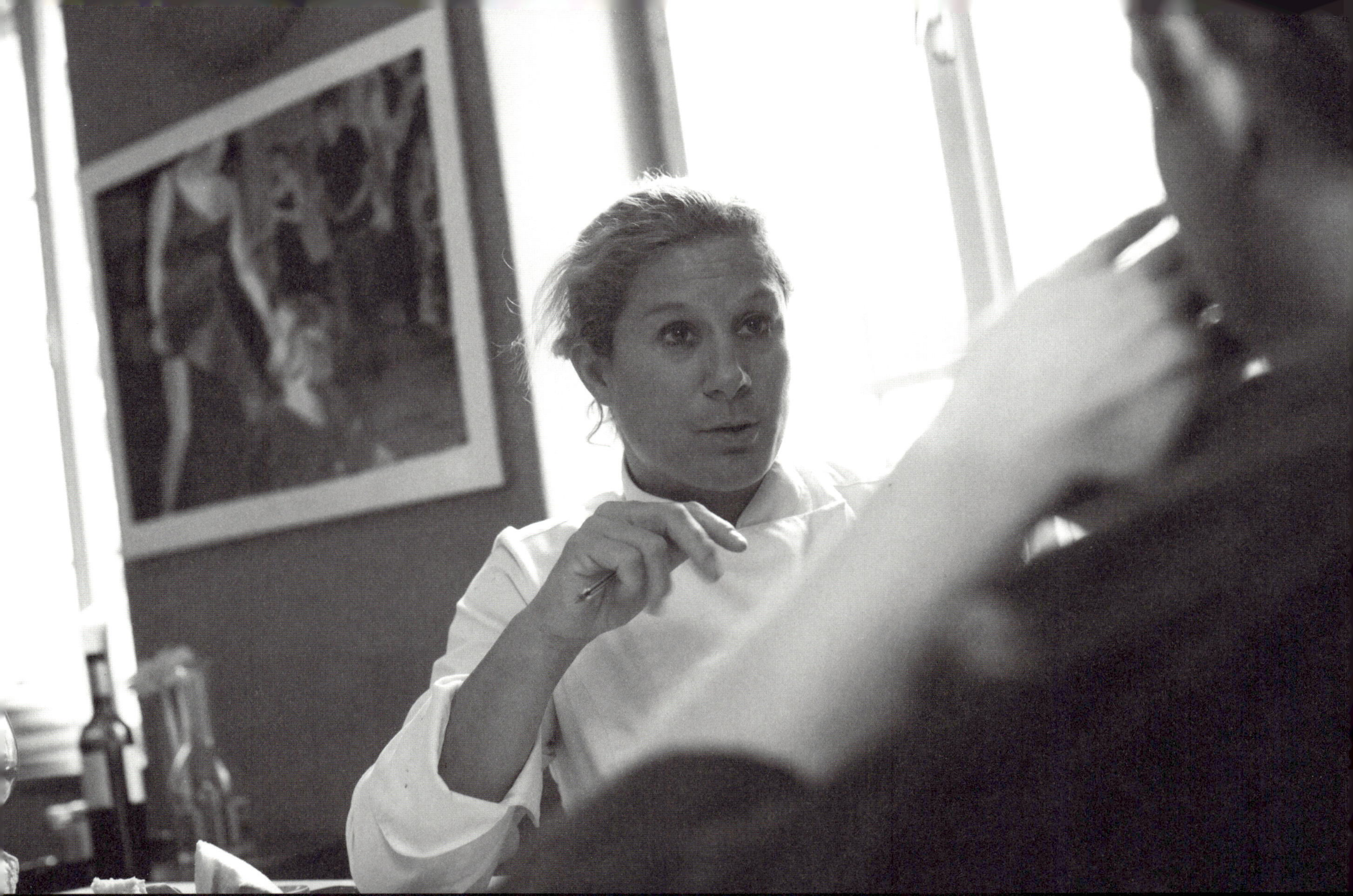

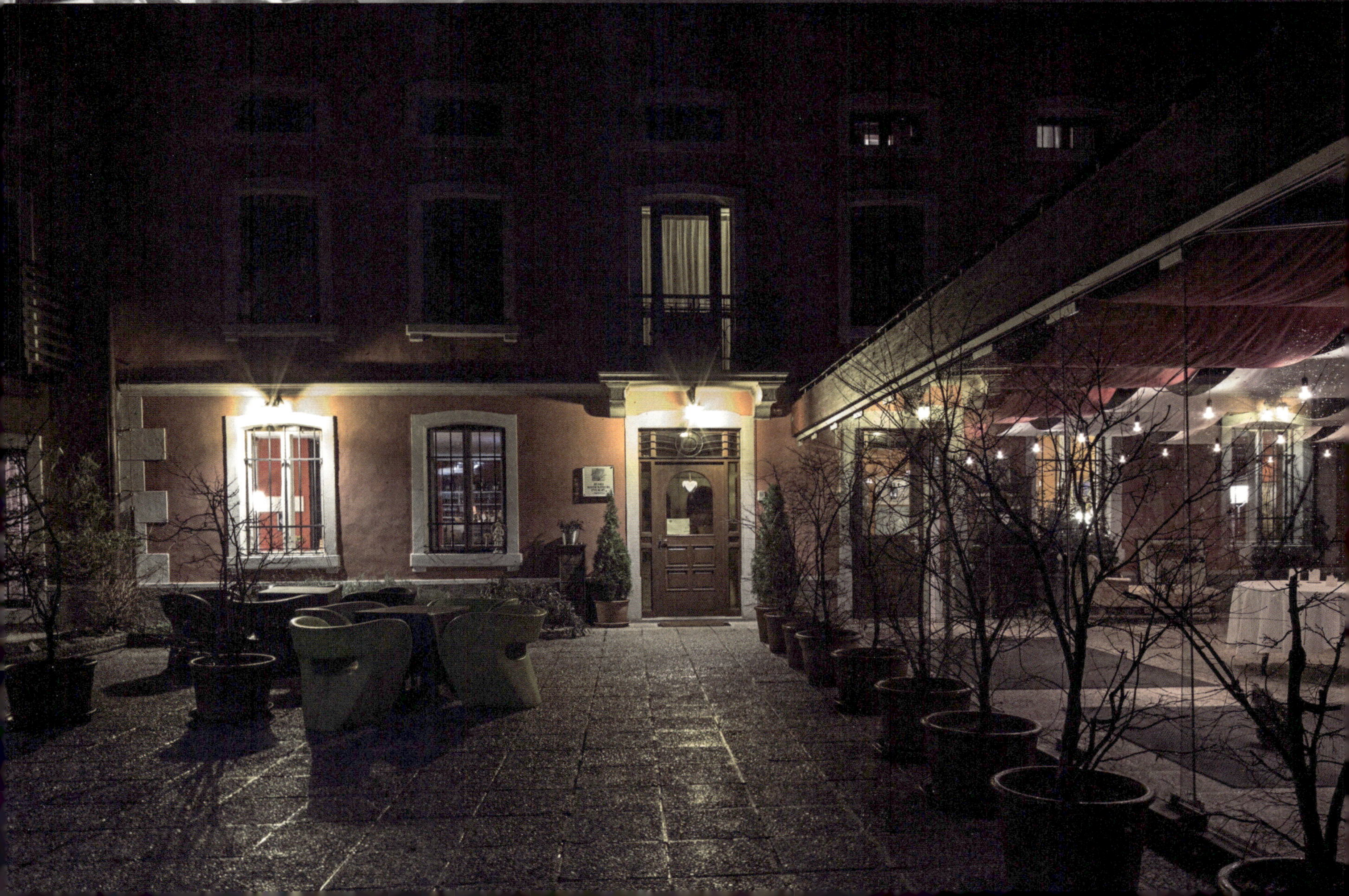

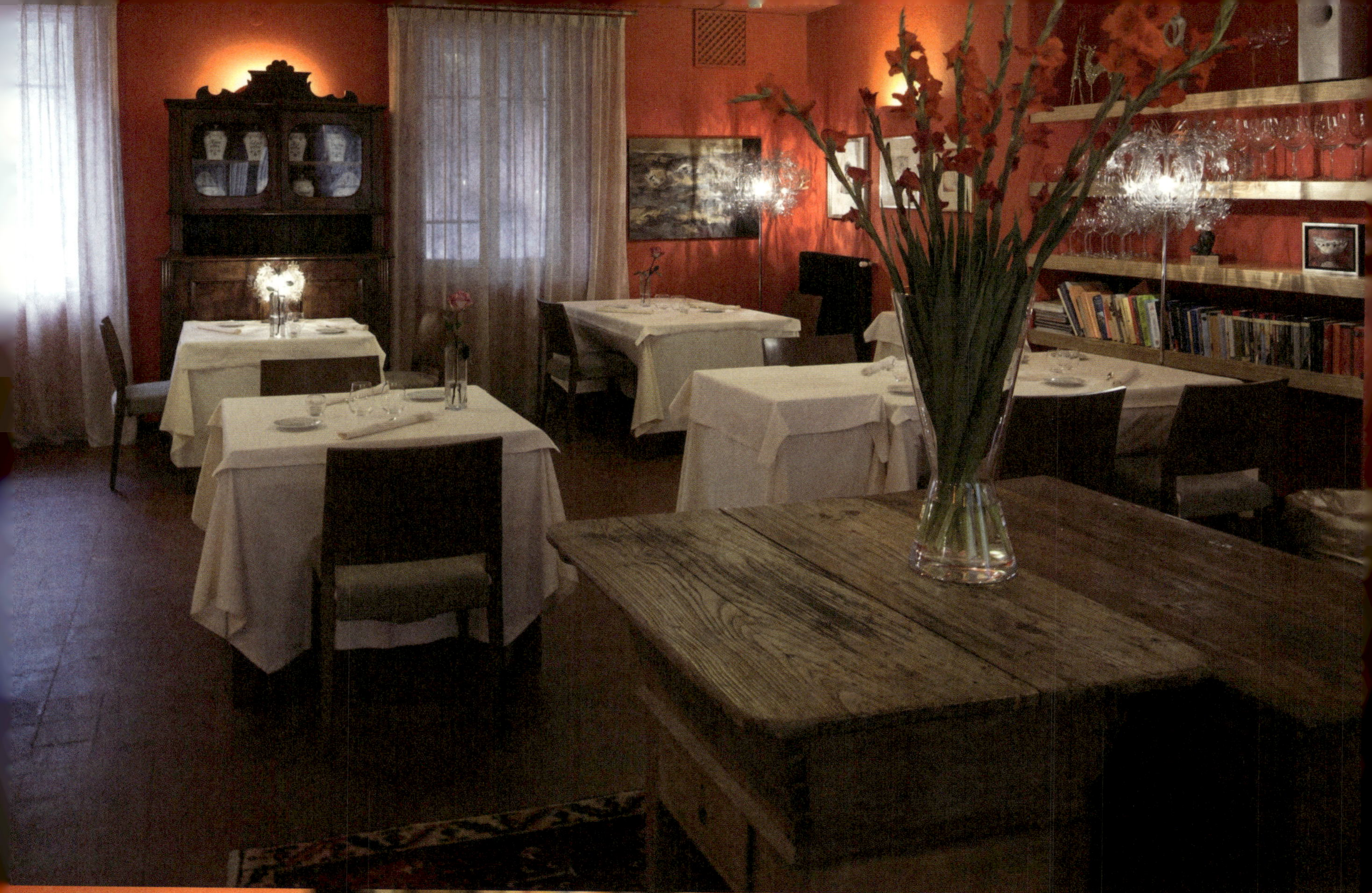

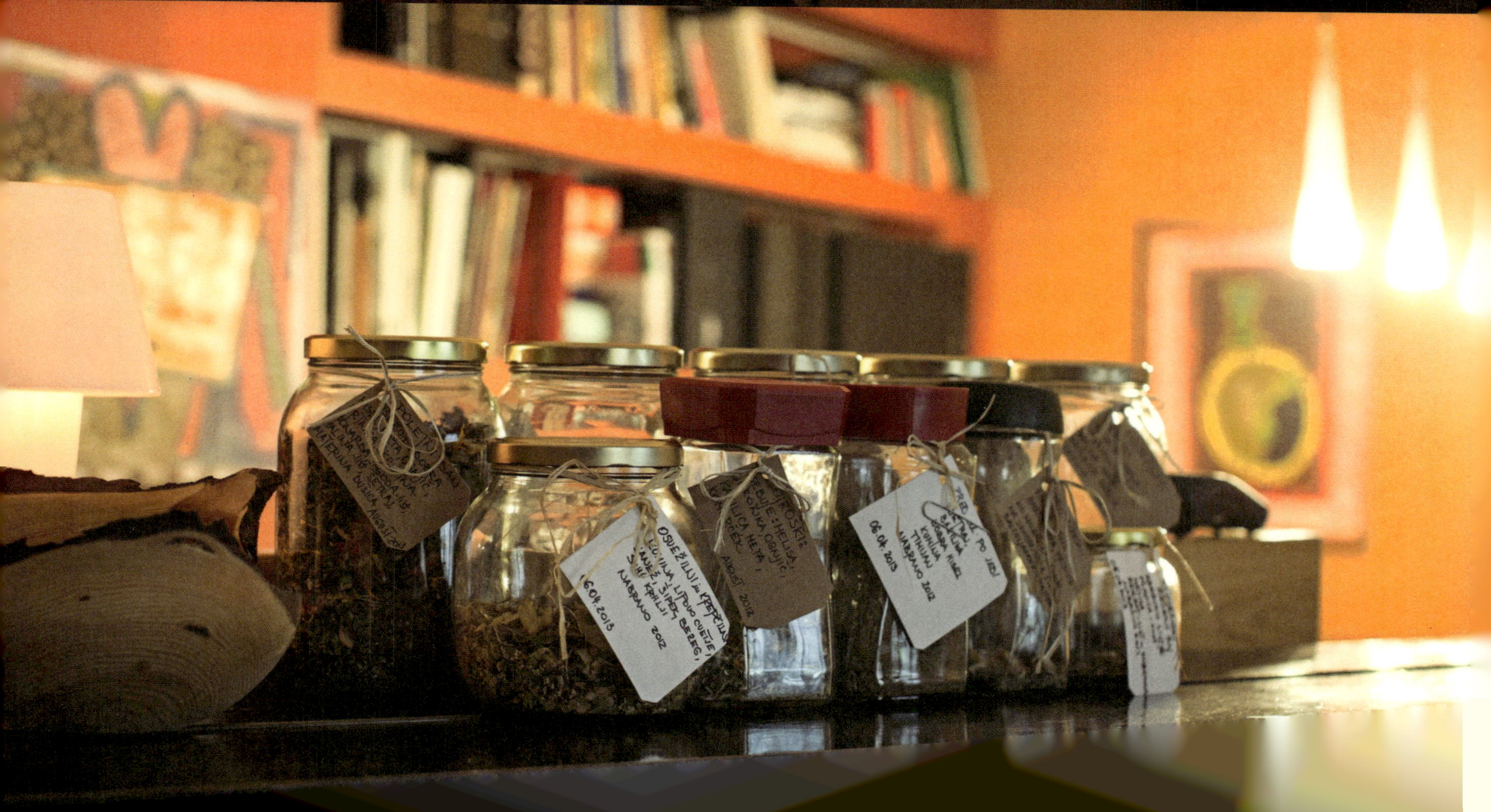

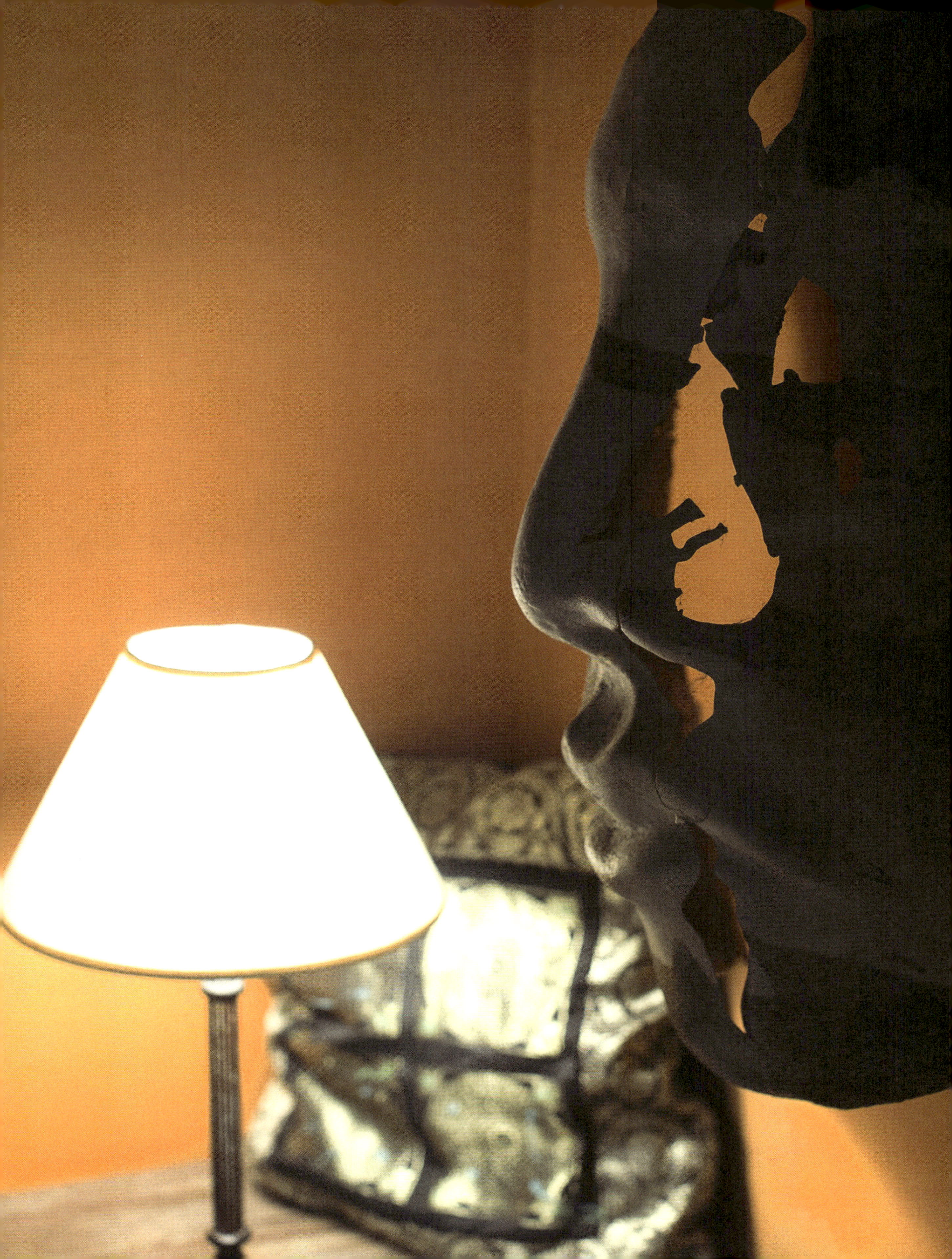

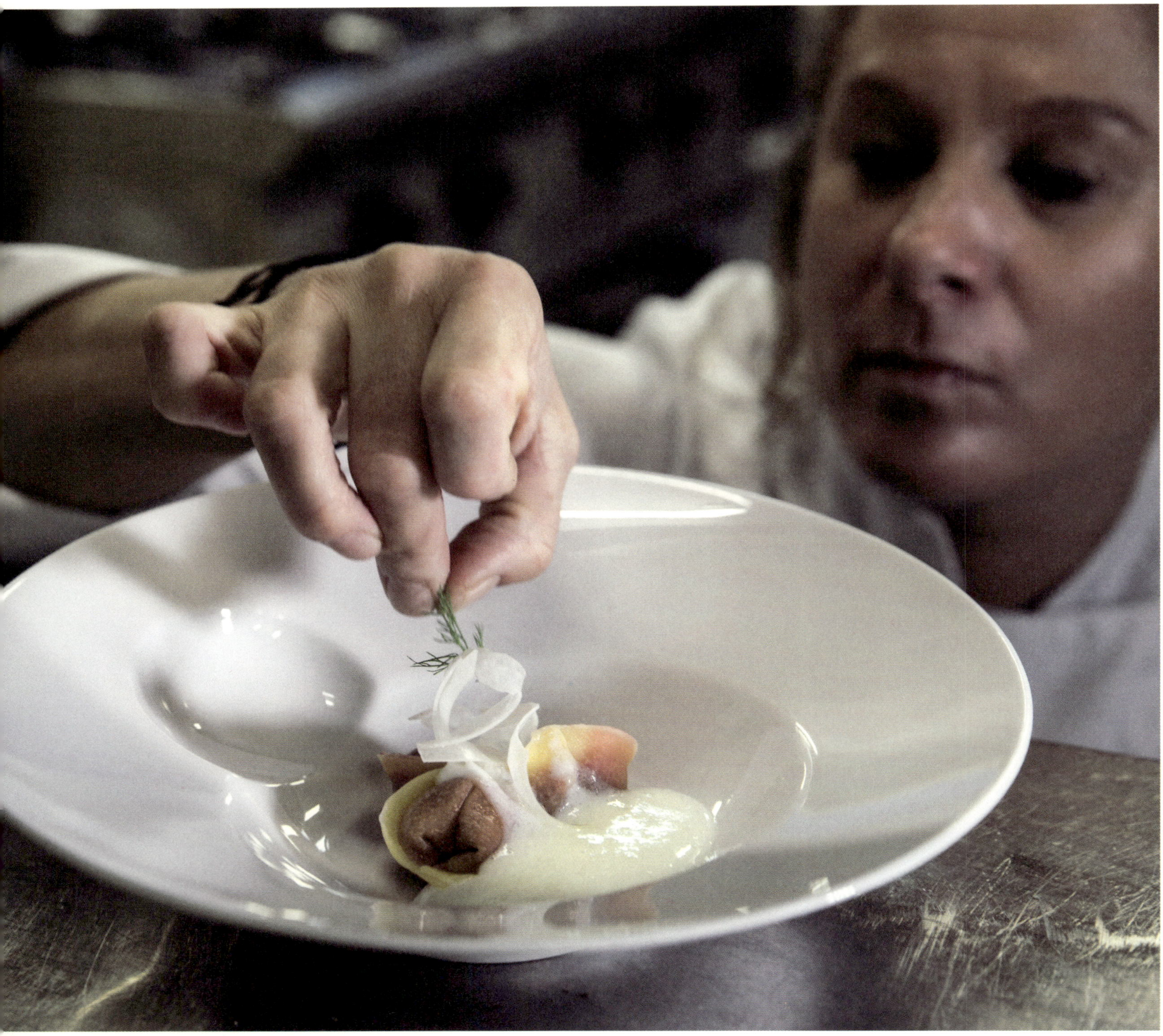

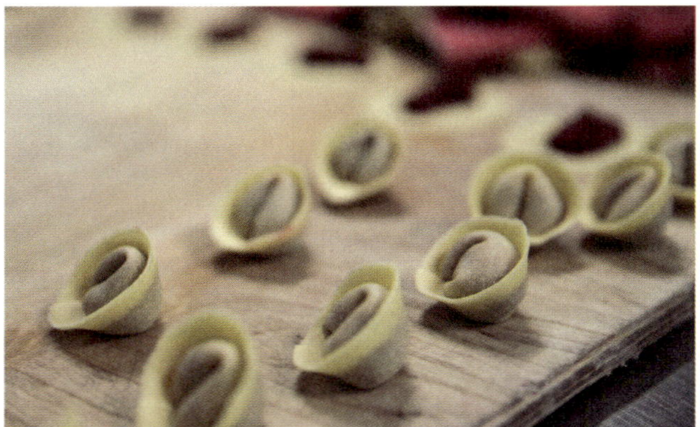

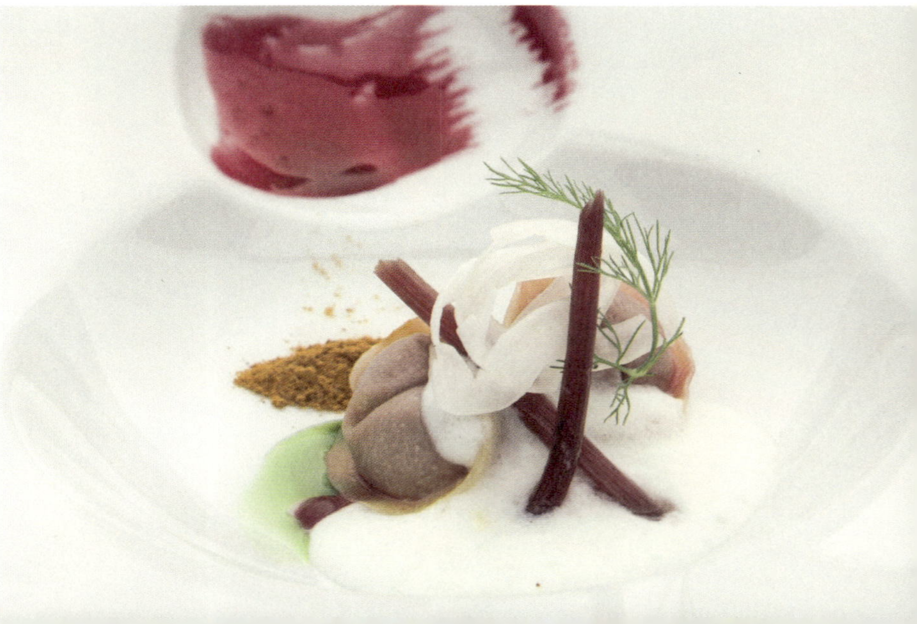

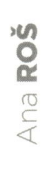

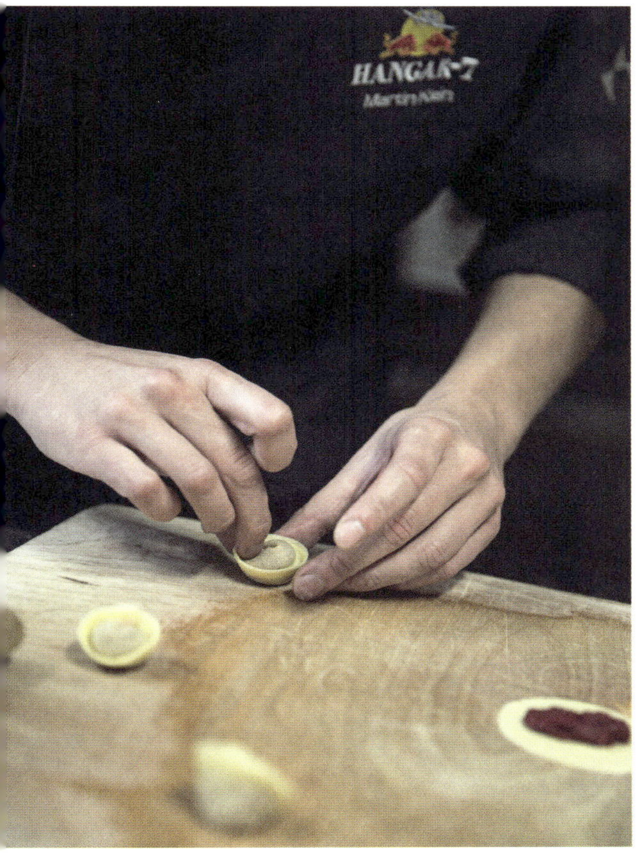
HANGAR-7
Martin Klein

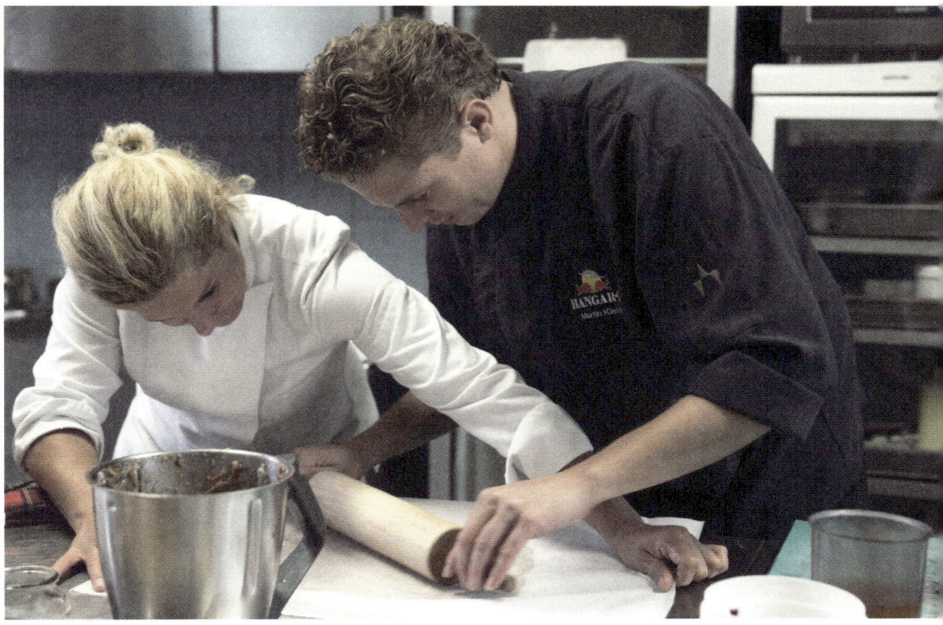

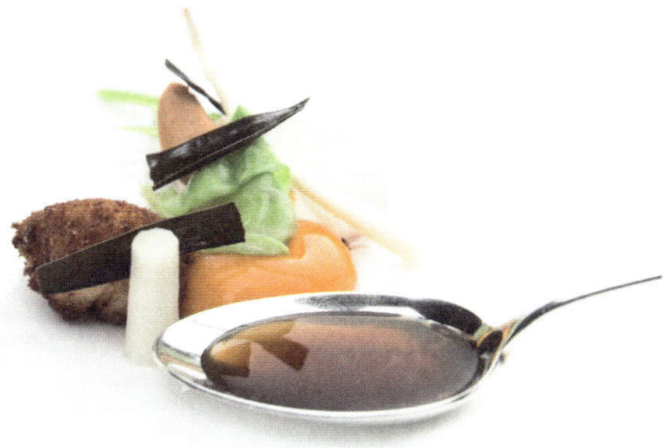

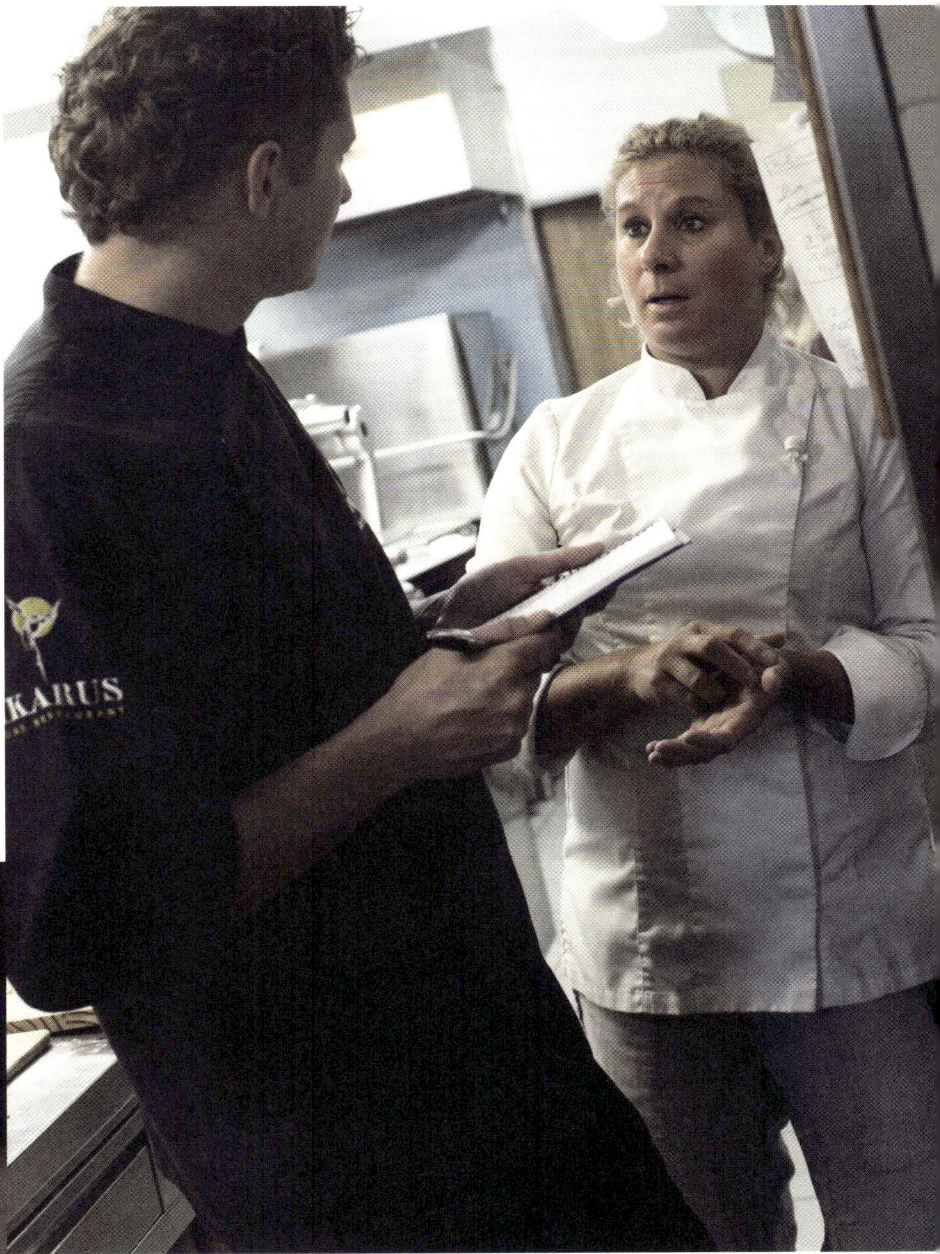
KARUS

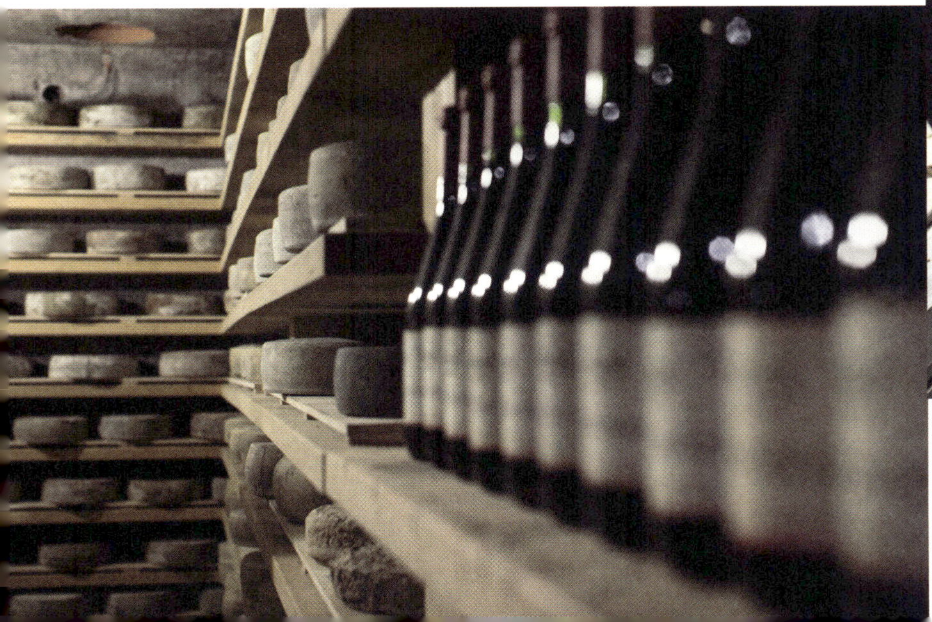

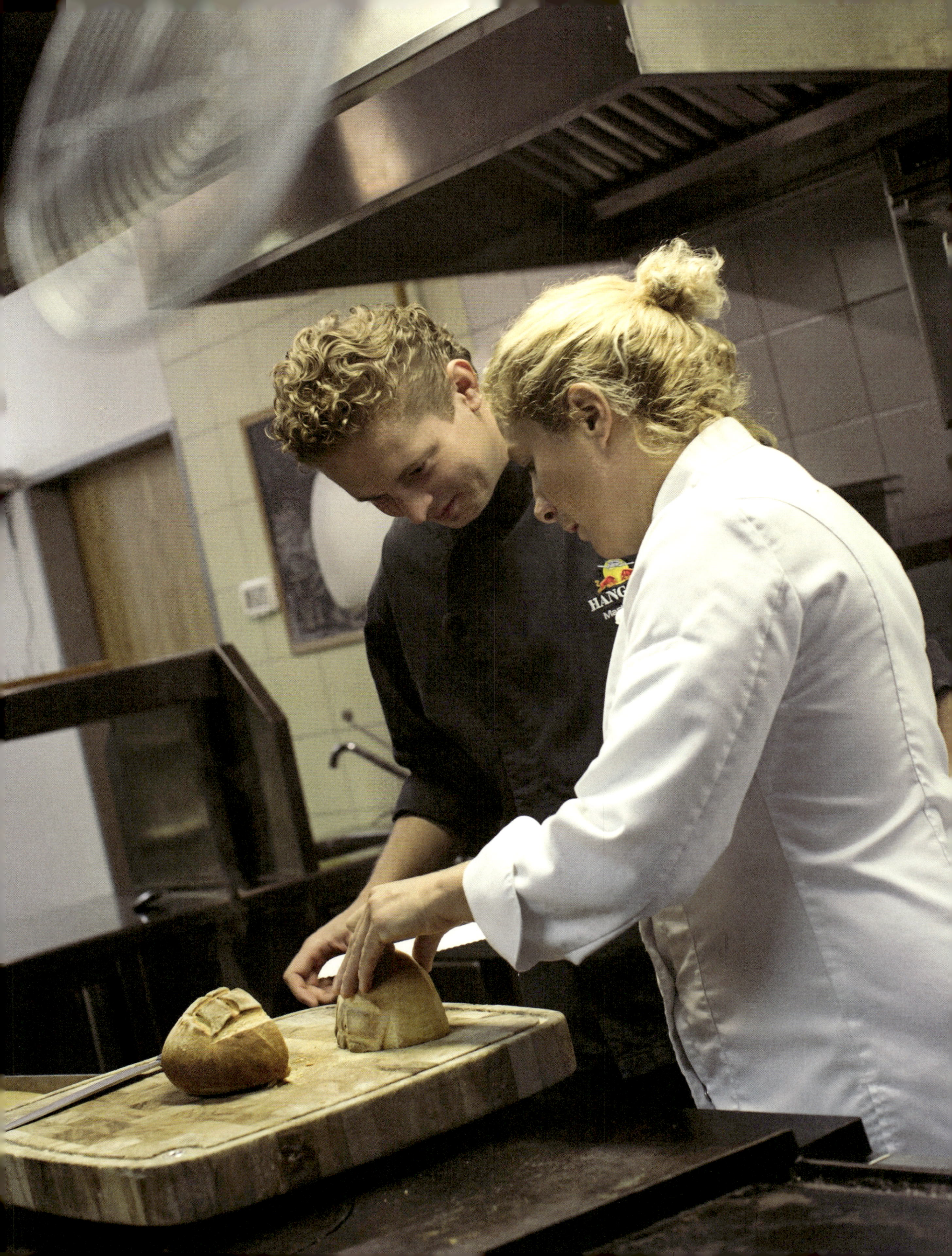

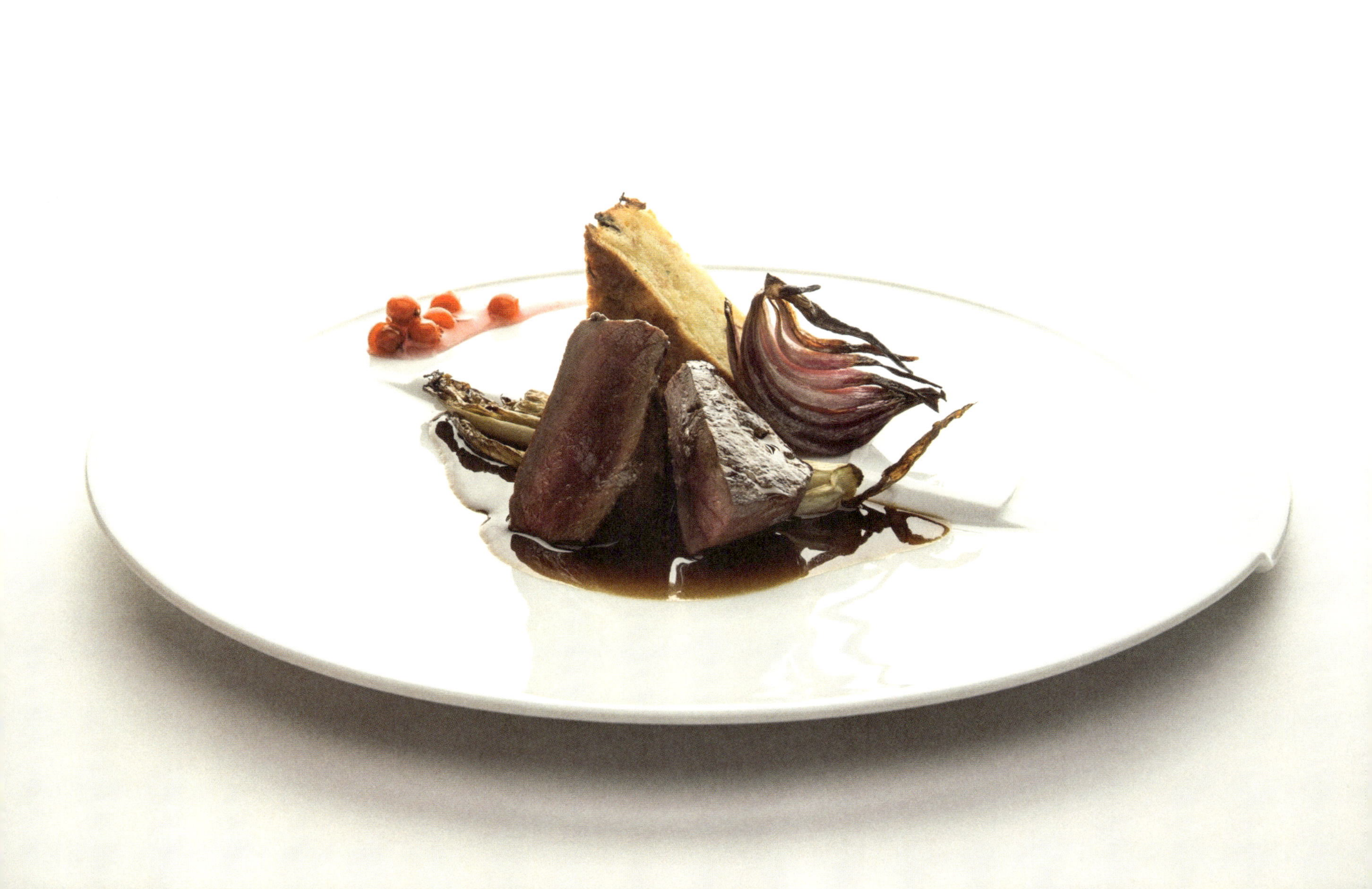

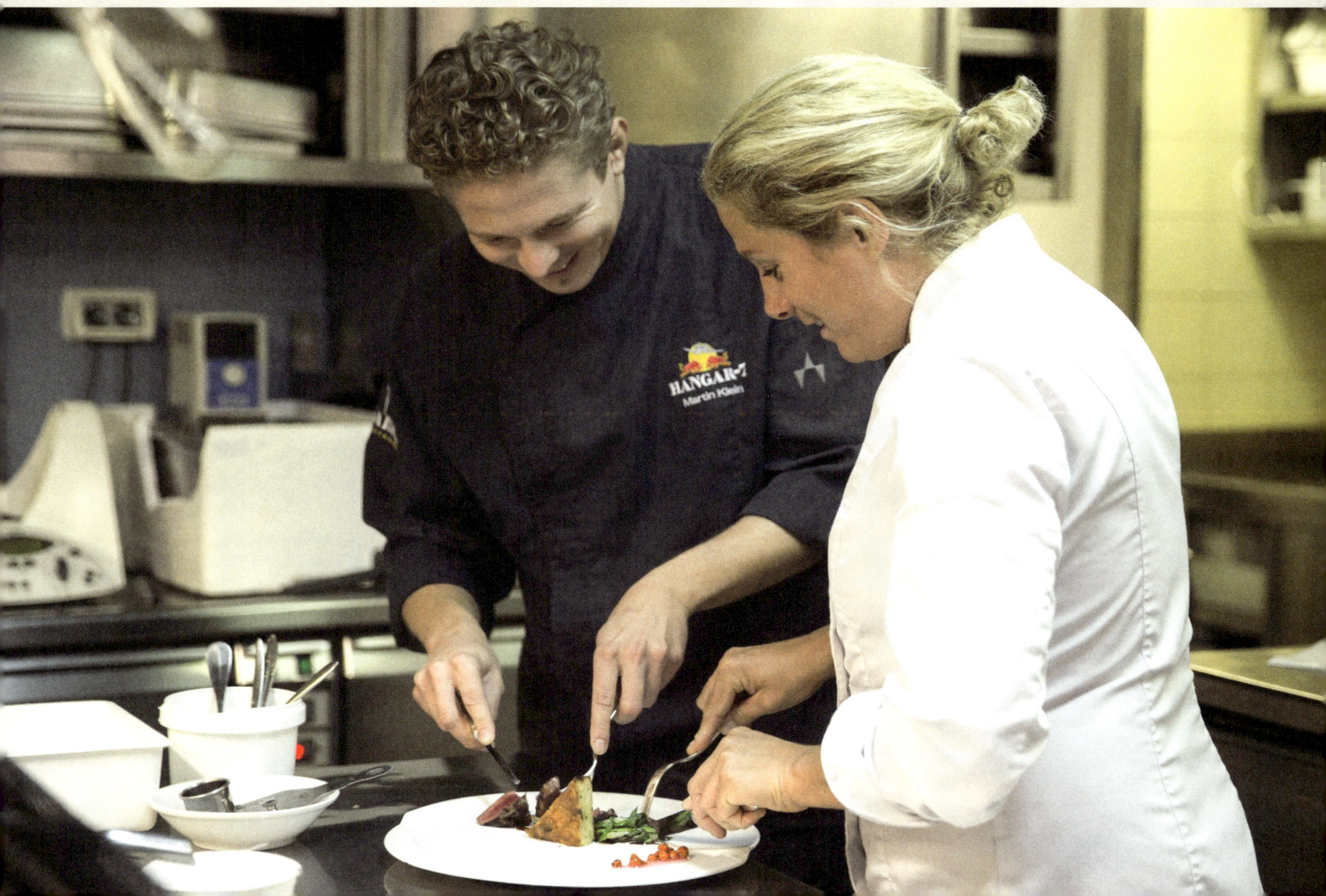
HANGAR-7
Martin Klein

Ich habe das Kochen gelernt, als ich meinen Mann kennenlernte. Seine Eltern führten ein Restaurant und Haus, das schon seit vielen Jahren in Familienbesitz war. Als wir beide uns kennenlernten, waren seine Eltern gerade dabei, in den Ruhestand zu gehen. Und sie beschlossen den Betrieb Valter zu übergeben, weil er das einzige ihrer drei Kinder war, das sich ernsthaft für das Koch- und Wein-Business interessierte. Da war es nur logisch, dass seine Partnerin mit ihm ging. Wir waren damals seit etwa anderthalb Jahren zusammen. Ich hatte bereits meinen ersten Job bei der Europäischen Kommission bekommen, aber dann sagte ich: »Lass uns die Herausforderung annehmen! Lass es uns versuchen und sehen, was passiert.«

Natürlich ist mein Kochstil durch die slowenische Küche beeinflusst, allein schon deswegen, weil ich auf die regionalen Produkte fokussiert bin. Egal ob Milchprodukte, fermentierter Käse, Ziegen, Lämmer, Wild, Pilze oder Wildkräuter, es sind Produkte aus dem Soča-Tal.

Valter und ich sind wie Yin und Yang, total unterschiedlich. Jeder bringt eine andere Energie mit. Valter ist gut darin, mir Grenzen zu setzen, wenn ich zu kreativ mit Dingen umgehe. Zum Beispiel bei finanziellen Angelegenheiten. Er ist da bodenständiger und diszipliniert mich, wenn es notwendig ist.

Mein Kochen ist etwas sehr Persönliches. Man könnte es eine Art Autoren-Küche nennen, die ganz stark persönlich beeinflusst ist. Aber ich versuche auch immer, meine Umgebung im Auge zu behalten.

Ich denke zuerst über die Jahreszeit nach. Das ist mir wichtig. In welcher Zeit befinden wir uns gerade und was für neue Produkte bringt sie mit sich? Aber auch: Was für ein Gefühl vermittelt sie den Menschen?

Die Kreation von Gerichten beginnt immer im Kopf. Es ist ein sehr kreativer Job, wenn man etwas Neues und Frisches machen will.

Meine Kochphilosophie verändert sich mit mir. Menschen verändern sich doch ständig, je nach den Erfahrungen, die sie in ihrem Leben machen. Durch Reisen, Lesen, Begegnungen mit anderen Menschen – oder, wie in meinem Fall, auch mit anderen Köchen. Und genauso ändert sich auch meine Art zu Kochen immer wieder. Weil jede Erfahrung einem eine neue Perspektive verschafft.

Ein Gericht zu kreieren bedeutet, mit Geschmäckern, Aromen und Texturen zu spielen.

Als mir klar wurde, dass wir, um originell und erfolgreich zu sein, auch ein Ausdruck des Standorts sein müssen, fing ich an, über lokale Produkte zu recherchieren. Was essen die Leute hier? Was mögen sie, was lassen sie weg? Ich suchte einfach nach interessanten Produkten.

Trotzdem koche ich nicht einfach nur Landküche. Weil ich nämlich gleichzeitig auch immer einen globaleren Blick auf das jeweilige Produkt habe. Ich lasse jedem Produkt seinen Raum. Ich sage niemals einfach Nein. Was die Techniken anbetrifft ist die slowenische Küche sehr simpel. Sie stehen ganz im Dienst des Produkts. Deshalb würde ich sagen: Hinsichtlich der Zutaten ja, da bin von der slowenischen Küche beeinflusst, hinsichtlich der Zubereitungstechniken nicht.

Ich vertraue mir selbst noch immer nicht genug. Aber philosophisch betrachtet könnte man sagen, dass genau das wichtig ist, weil der Zweifel einen dazu bringt, sich weiterzuentwickeln.

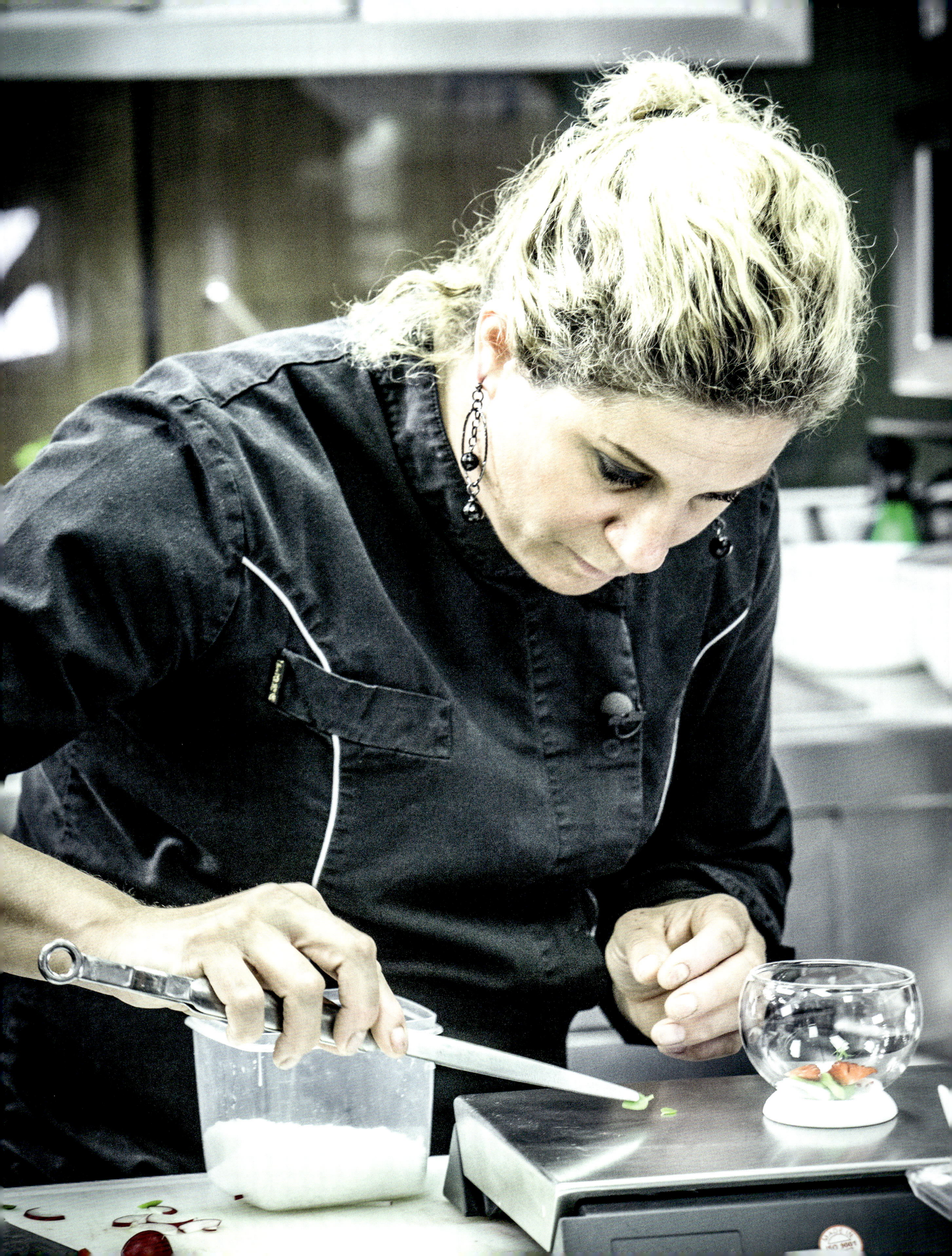

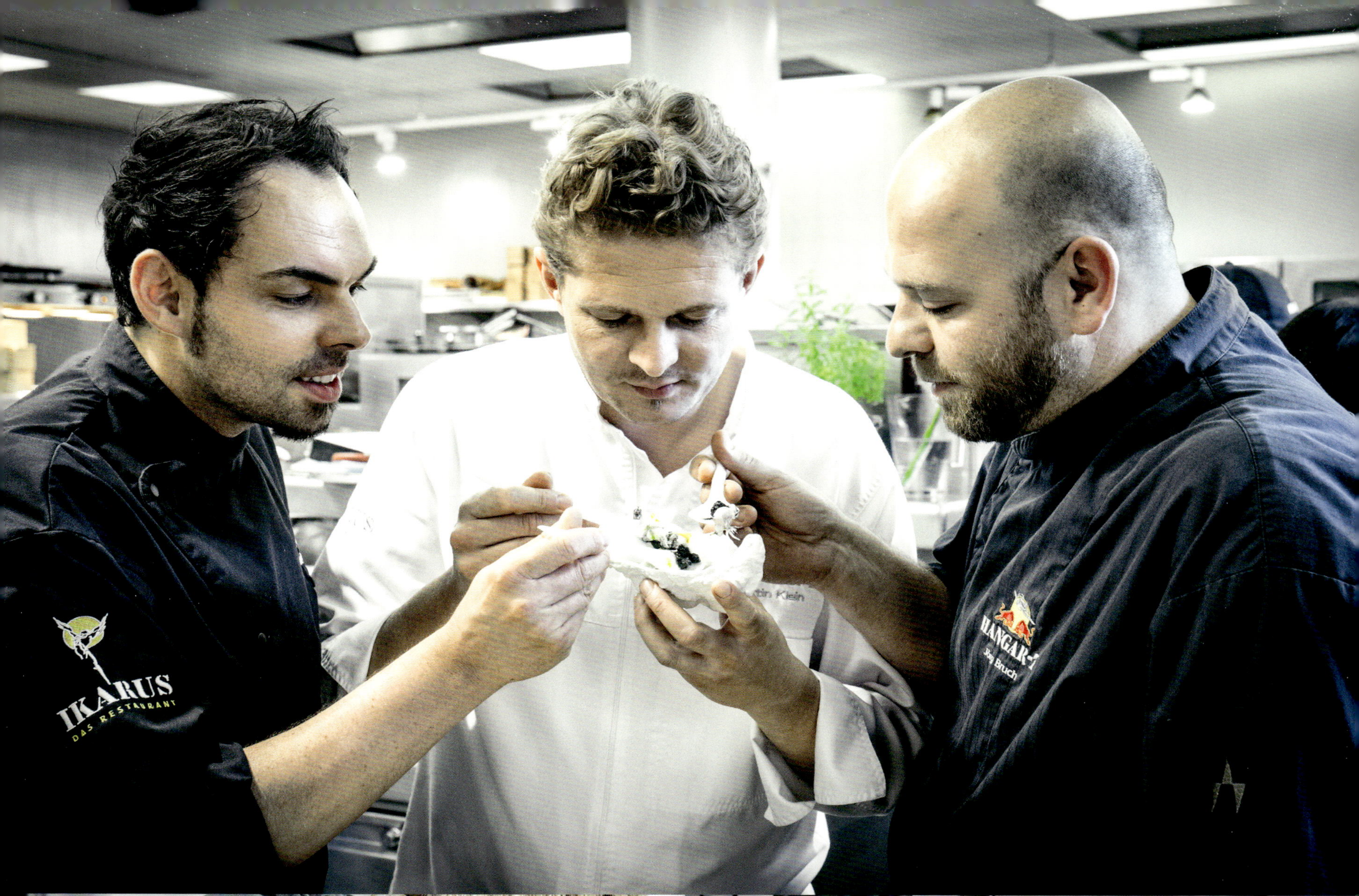
IKARUS
DAS RESTAURANT
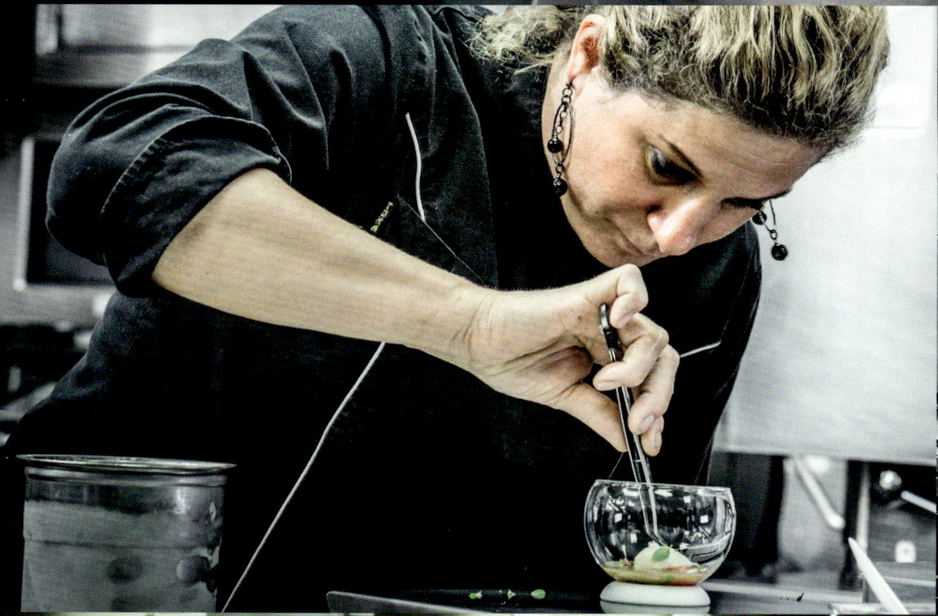
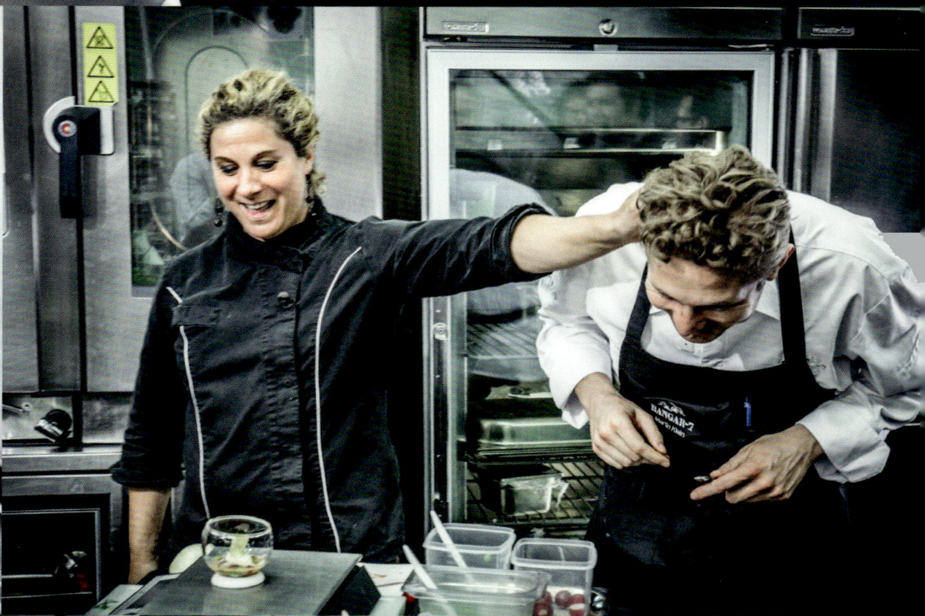
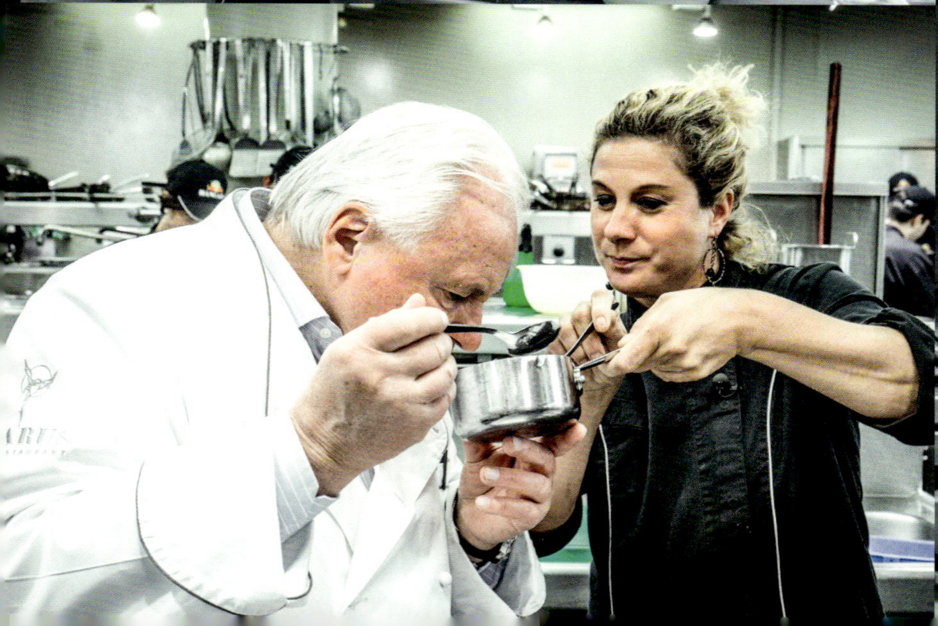
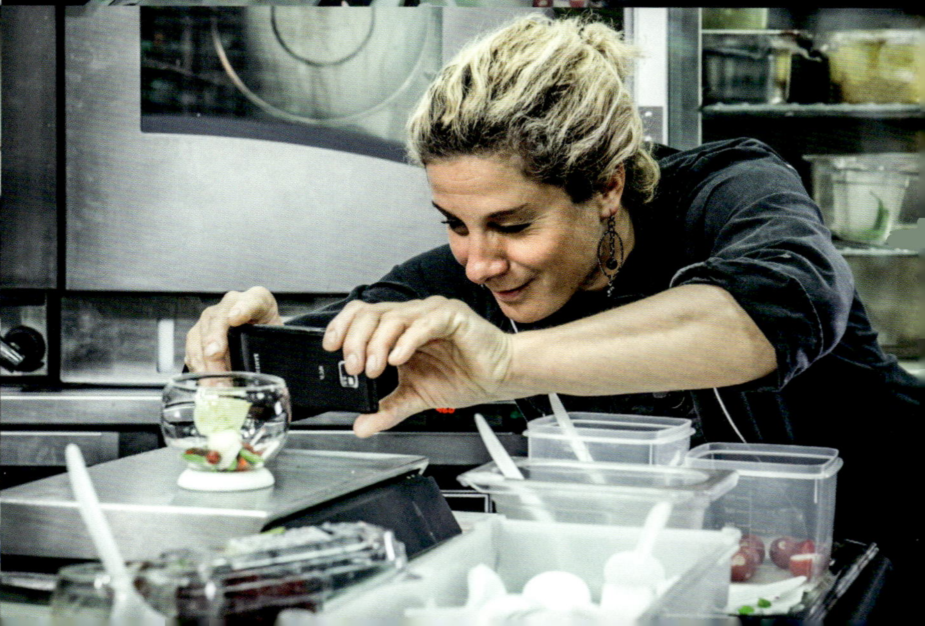

MENÜ

Muscheln / Topinambur
Hühnerleber / Apfel / Rotkohl
Wolfsbarsch / Ananas / Koriander / Tomate
Zicklein / Liebstöckel

Jakobsmuschel mit Eigelb, Radieschen, Kohlrabi und Dashi

Langostino mit Kürbis-Vanille-Ravioli, Mandeln und Basilikum

Ravioli mit geräuchertem Aal, Gänseleber
und fermentiertem Topfen

Schwarzes Gersten-Risotto mit Mortadella und Auster

Black Cod mit grünem Spargel, Aschentempura
und Trüffel-Zabaione

Gepökelte Rinderzunge mit Limetten-Ponzu
und gerösteten Erdnüssen

Rehrücken mit Vogelbeeren, Süßkartoffel und Enzianblütenjus

Ananas-Ingwer-Sorbet, Frühlingssalat,
Pink Grapefruit und Veilchen

Bezaubernder Apfel

Ravioli mit geräuchertem Aal, Gänseleber und fermentiertem Topfen

Rote-Bete-Gel
- 1 l Rote-Bete-Saft
- Salz
- 4 g Agar-Agar

Aalfüllung für Ravioli
- 1 EL Olivenöl
- 1 weiße Zwiebel, gewürfelt
- 500 g Karkassen vom Räucheraal
- 1 Thymianzweig
- 1 frisches Lorbeerblatt
- 1 l Fischfond
- 8 Blatt Gelatine
- Salz

Nudelteig für Ravioli
- 300 g feiner Hartweizengieß
- 85 g Vollei, frisch
- 75 g Eigelb

Ravioli fertigstellen
- Nudelteig (siehe Teilrezept »Nudelteig für Ravioli«)
- Aalfüllung (siehe Teilrezept »Aalfüllung für Ravioli«)
- 1–2 Eiweiß, leicht verquirlt
- Salz
- 200 ml Geflügelfond
- 50 g kalte Butterwürfel

Gänsestopfleber
- 80 g rohe Gänsestopfleber
- etwas geschrotete Pfeffermischung
- Salzflocken

Anrichten
- 4 EL fermentierter Topfen
- 80 g geräucherter Aal, in dünne, lange Streifen geschnitten
- einige rohe Fenchelstreifen, mit Olivenöl und Salz mariniert
- ½ Granny-Smith-Apfel, in feine Scheiben geschnitten
- etwas Fenchelgrün

Rote-Bete-Gel

Den Rote-Bete-Saft auf 250 ml einreduzieren, das Agar-Agar zugeben und 1–2 Minuten weiterkochen lassen. Die Reduktion mit Salz abschmecken, abkühlen und mindestens 6 Stunden im Kühlschrank gelieren lassen. Das Rote-Bete-Gelee fein mixen, in eine Kunststoffspritzflasche füllen und kalt stellen.

Aalfüllung für Ravioli

Die Zwiebelwürfel, die Aalkarkassen, den Thymianzweig und das Lorbeerblatt im Olivenöl einige Minuten anrösten, dann mit dem Fischfond auffüllen. Den Fond auf 400 ml einreduzieren lassen, passieren und die eingeweichte Blattgelatine darin auflösen. Den Aalfond mit Salz abschmecken, abkühlen und mindestens 6 Stunden im Kühlschrank gelieren lassen. Das Aalgelee fein mixen, in einen Spritzbeutel mit glatter Tülle füllen und kalt stellen.

Nudelteig für Ravioli

Den feinen Hartweizengrieß, das Vollei und das Eigelb zu einem glatten Nudelteig verkneten. Den ungesalzenen Nudelteig vakuumieren und 2 Stunden kalt stellen.

Ravioli fertigstellen

Den Nudelteig nach der Ruhezeit portionsweise mit einer Nudelmaschine zu dünnen Teigbahnen ausrollen und Kreise mit einem Durchmesser von 8 cm ausstechen. Auf die Teigkreise mittig etwas Aalfüllung spritzen. Die Ränder mit Eiweiß bestreichen. Die Teigblätter zu Halbmonden zusammenklappen, die spitzen Enden vorne gut verschließen. Die Ravioli auf Backpapier setzen und kalt stellen. Kurz vor dem Anrichten die Ravioli in reichlich Salzwasser 3–4 Minuten »al dente« garen. Währenddessen den Geflügelfond in eine Pfanne geben und aufkochen, die kalte Butter unterrühren und sämig binden. Die fertig gegarten Ravioli aus dem Nudelwasser schöpfen, kurz abtropfen lassen und in die Butteremulsion gleiten lassen. Die Ravioli behutsam durchschwenken und glasieren. Zum Schluss nach Bedarf mit Salz abschmecken.

Gänsestopfleber

Die Gänsestopfleber in 4 Scheiben schneiden und mit etwas geschroteter Pfeffermischung und einigen Salzflocken bestreuen.

Anrichten

Je 1 Scheibe Gänsestopfleber auf 4 Teller legen, daneben je 2–3 Ravioli setzen und mit etwas Butteremulsion beträufeln. Neben die Ravioli je 1 EL fermentierten Topfen geben und je 2–3 Aalstreifen auf die Teller drapieren. In die Zwischenräume etwas Rote-Bete-Gel spritzen und etwas marinierten Fenchel verteilen. Zum Schluss mit feinen Apfelscheiben und etwas Fenchelgrün garnieren.

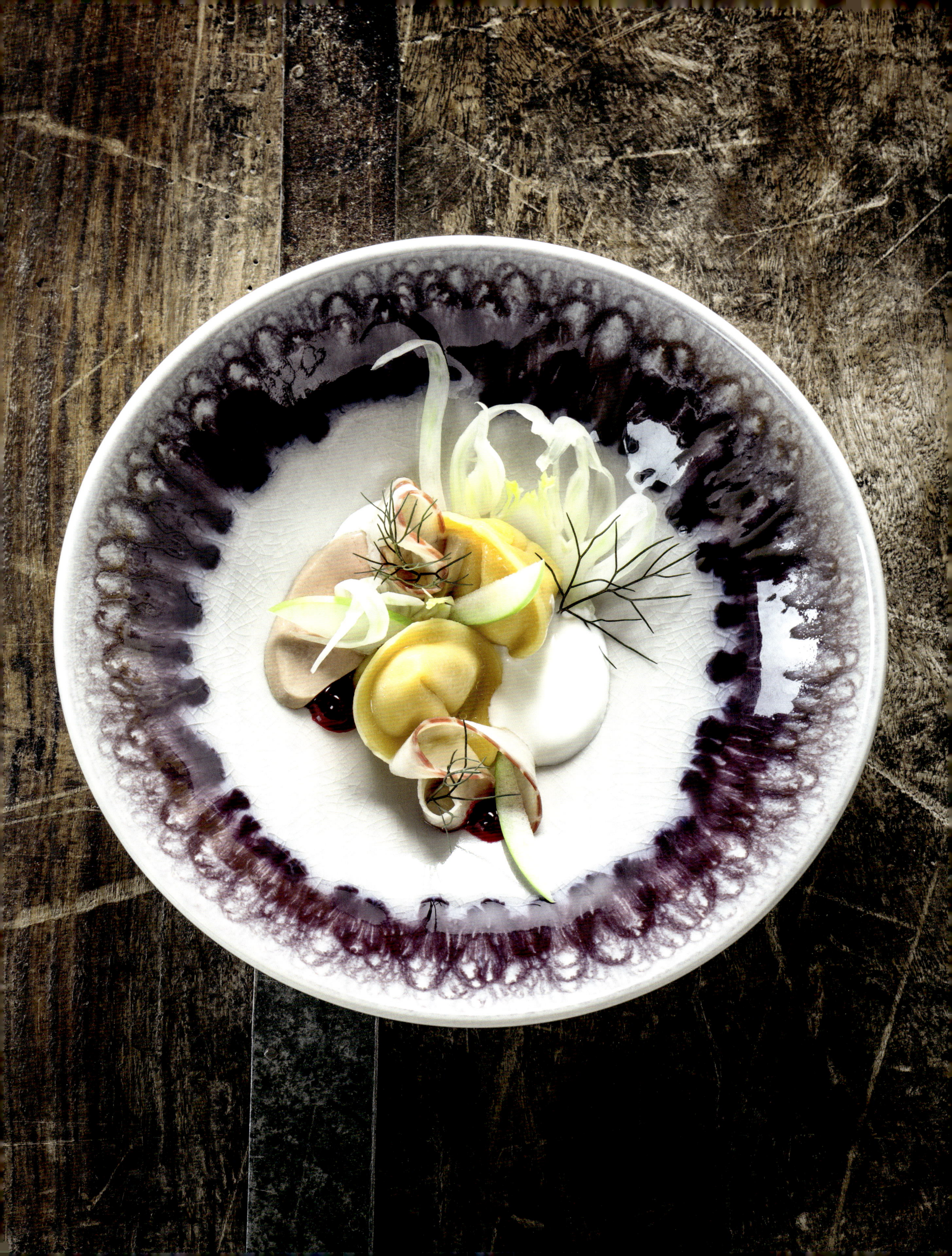

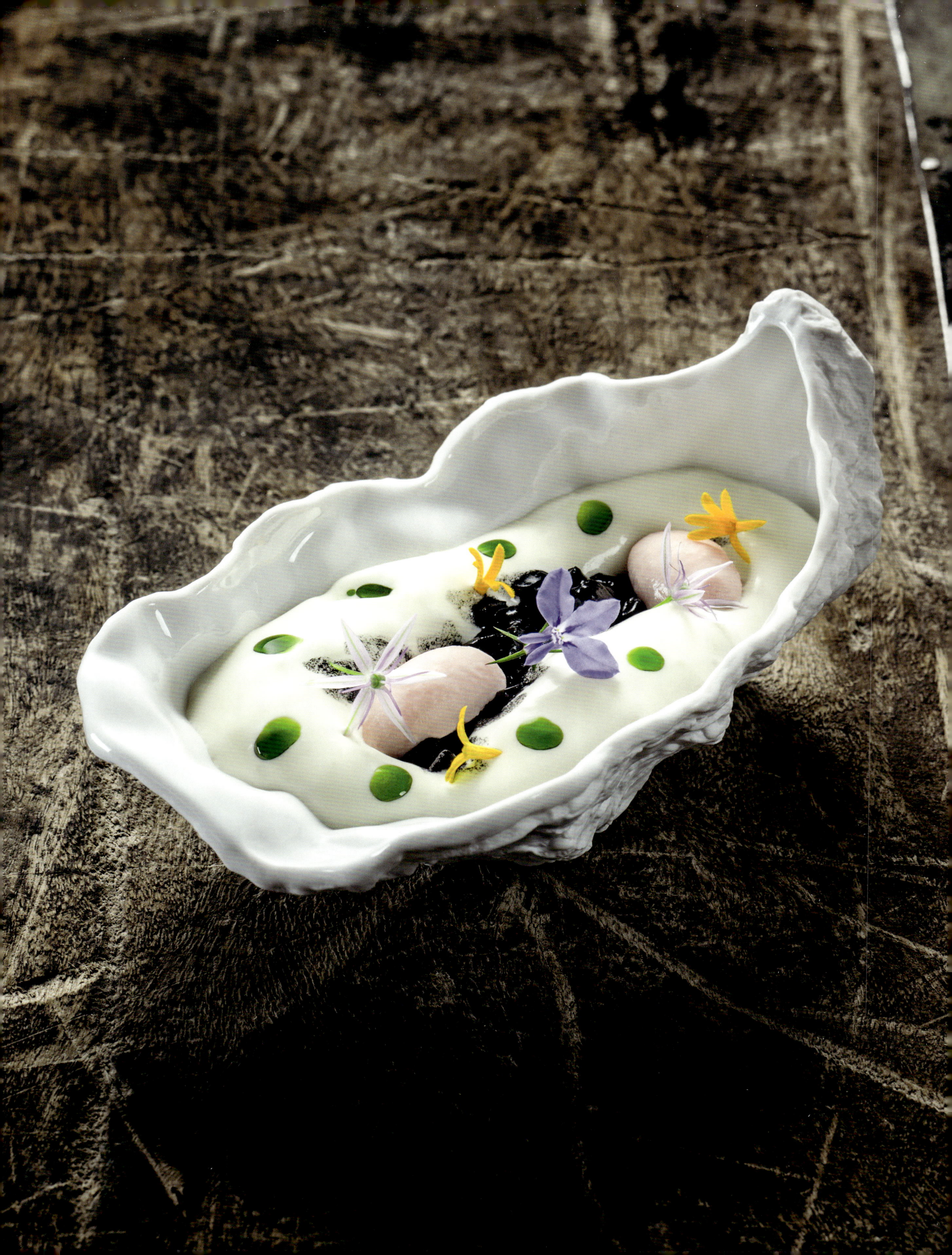

Schwarzes Gersten-Risotto mit Mortadella und Auster

Mortadellacreme
- 100 g Mortadella
- 100 g Doppelrahmfrischkäse (Philadelphia)

Bärlauchöl
- 50 g frische Bärlauchblätter
- 50 g frische Spinatblätter
- 150 ml Sonnenblumenöl
- Salz

Kartoffel-Espuma
- 375 g mehlig kochende Kartoffeln, geschält
- Salz
- 75 g Sahne
- 2–3 EL Nussbutter

Schwarzes Gersten-Risotto
- 1 EL Olivenöl
- 50 g rohe Kartoffelwürfel (Brunoise)
- 50 g rohe Sepiawürfel (Brunoise)
- 200 g Rollgerste, vorgegart
- heiße Geflügelbrühe zum Aufgießen
- 1 Msp. Sepia-Tinte
- 20 g kalte Butter
- Salz

Anrichten
- 4 rohe, ausgelöste Austern
- einige Zierlauch-, Lobelien- und Tagetesblüten

Mortadellacreme
Die Mortadella klein würfeln und mit dem Doppelrahmfrischkäse fein mixen. Die Mortadellacreme durch ein feines Sieb streichen und mindestens 6 Stunden kalt stellen. Kurz vor dem Anrichten mit einem heißen Espressolöffel kleine Nocken abstechen.

Bärlauchöl
Die Bärlauchblätter, die Spinatblätter und das Sonnenblumenöl solange mixen, bis die Masse warm wird. Die Masse in eine Schüssel füllen, auf ein Eiswürfelbad setzen und rasch abkühlen lassen. Das kalte Bärlauchöl durch ein feines Passiertuch abtropfen lassen, in eine kleine Kunststoffspritzflasche füllen und kühl stellen.

Kartoffel-Espuma
Die Kartoffeln würfeln und in kochendem Salzwasser weich kochen. Die Kartoffeln abgießen, das Kartoffelkochwasser auffangen. Die heißen Kartoffeln mit der Sahne und etwas heißem Kartoffelkochwasser glatt mixen. Die Masse sollte die Konsistenz eines festen Kartoffelpürees aufweisen. Die Kartoffelmasse mit Salz und Nussbutter abschmecken und in eine Espumaflasche füllen. Diese mit 2 N20-Kapseln bestücken und in einem heißen Wasserbad warm halten.

Schwarzes Gersten-Risotto
Das Olivenöl in einem Topf erhitzen, die Kartoffelwürfel und die Sepiawürfel zugeben und farblos anbraten. Die vorgegarte Rollgerste zugeben und mit etwas heißer Geflügelbrühe bedecken. Das Risotto mit Sepia-Tinte färben und einreduzieren lassen, dabei je nach Bedarf immer wieder mit etwas heißer Geflügelbrühe aufgießen, bis die Kartoffelwürfel gar sind. Das schwarze Gersten-Risotto mit kalter Butter sämig binden, mit Salz abschmecken und sofort anrichten.

Anrichten
Je 1 Auster in 4 kleine Schalen legen, darauf reichlich warme Kartoffel-Espuma spritzen. Je 1–2 EL schwarzes Gersten-Risotto mittig auf die Kartoffel-Espuma geben. Darauf je 2 Nocken Mortadellacreme setzen und mit bunten Blüten garnieren. Zum Schluss etwas Bärlauchöl darüberträufeln.

Black Cod mit grünem Spargel, Aschentempura und Trüffel-Zabaione

Essigperlen
- 100 g schwarzer Knoblauchessig
- 2 g Agar-Agar
- 0,2 g Citras
- 300 ml Sonnenblumenöl

Trüffel-Zabaione
- 6 Eigelbe
- 250 ml Geflügelbrühe
- 250 g flüssige Trüffelbutter
- Salz
- frisch gemahlener schwarzer Pfeffer

Paprikapüree
- 120 g eingelegte, geschälte Piquillo- oder Spitzpaprika
- Sherryessig
- Salz
- frisch gemahlener schwarzer Pfeffer

Tempuramehl
- 230 g helles Weizenmehl
- 230 g Stärkemehl
- 43 g Backpulver

Black Cod
- 250 g Tempuramehl (siehe Teilrezept »Tempuramehl«)
- 280 g eiskaltes Wasser
- 60 g Crushed Ice
- ½ TL Sepia-Tinte
- 340 g Black-Cod-Filet (ohne Haut)
- Salz
- 750 ml Erdnussöl zum Ausbacken

Spargeltempura
- 8 Stangen grüner Spargel
- 250 g Tempuramehl (siehe Teilrezept »Tempuramehl«)
- 280 g eiskaltes Wasser
- 60 g Crushed Ice
- Salz
- 750 ml Erdnussöl zum Ausbacken

Anrichten
- 10 g frische schwarze Trüffel
- Wasserkresseblättchen

Essigperlen
Den Knoblauchessig, das Agar-Agar und das Citras 1 Minute kochen lassen. Die warme Flüssigkeit in eine Einweg-Kunststoffspritze füllen und langsam in das kalte Sonnenblumenöl träufeln. Die gelierten Essigperlen aus dem Sonnenblumenöl schöpfen und kalt stellen.

Trüffel-Zabaione
Die Eigelbe und die Geflügelbrühe über einem warmen Wasserbad schaumig aufschlagen. Die flüssige Butter in einem dünnen Strahl unter die Eigelbcreme schlagen, bis eine dickcremige Zabaione entstanden ist. Die Trüffel-Zabaione mit Salz und frisch gemahlenem schwarzen Pfeffer abschmecken, durch ein feines Sieb passieren und in eine Espumaflasche füllen. Diese mit 2 N20-Kapseln bestücken und bis zum Anrichten in einem warmen Wasserbad warm halten.

Paprikapüree
Die Piquillo-Paprikaschoten fein mixen und mit Sherryessig, Salz und frisch gemahlenem schwarzen Pfeffer abschmecken.

Tempuramehl
Das Weizenmehl, das Stärkemehl und das Backpulver gut vermischen.

Black Cod
Das Tempuramehl, das eiskalte Wasser und das Crushed Ice zu einem Ausbackteig verrühren und mit Sepia-Tinte schwarz färben. Den Ausbackteig auf ein Eiswürfelbad setzen. Den Black Cod in 4 Tranchen schneiden und mit Salz würzen. Den Fisch durch den Ausbackteig ziehen und im auf 180 °C erhitzten Erdnussöl auf eine Kerntemperatur von 38 °C frittieren. Die frittierten Fischstücke auf Küchenkrepp setzen, 5 Minuten ruhen lassen und anrichten.

Spargeltempura
Die Spargelstangen schälen. Das Tempuramehl, das eiskalte Wasser und das Crushed Ice zu einem Ausbackteig verrühren und mit Salz würzen. Den Ausbackteig auf ein Eiswürfelbad setzen. Die Spargelstangen durch den Ausbackteig ziehen und im auf 180 °C erhitzten Erdnussöl kurz ausbacken. Dann auf Küchenkrepp abtropfen lassen und sofort anrichten.

Anrichten
Je 1 EL Paprikapüree in die Mitte von 4 Tellern geben und zu einem Tropfen auseinanderziehen. Darauf je 1 Black Cod und 2 Spargelstangen setzen. Die frischen Trüffel mit einer Microplane-Reibe zu feinen Spänen reiben und je 1 TL neben das Paprikapüree setzen. Daneben je 1 TL Essigperlen platzieren. An den Fisch etwas Trüffel-Zabaione spritzen und mit Wasserkresseblättchen garnieren.

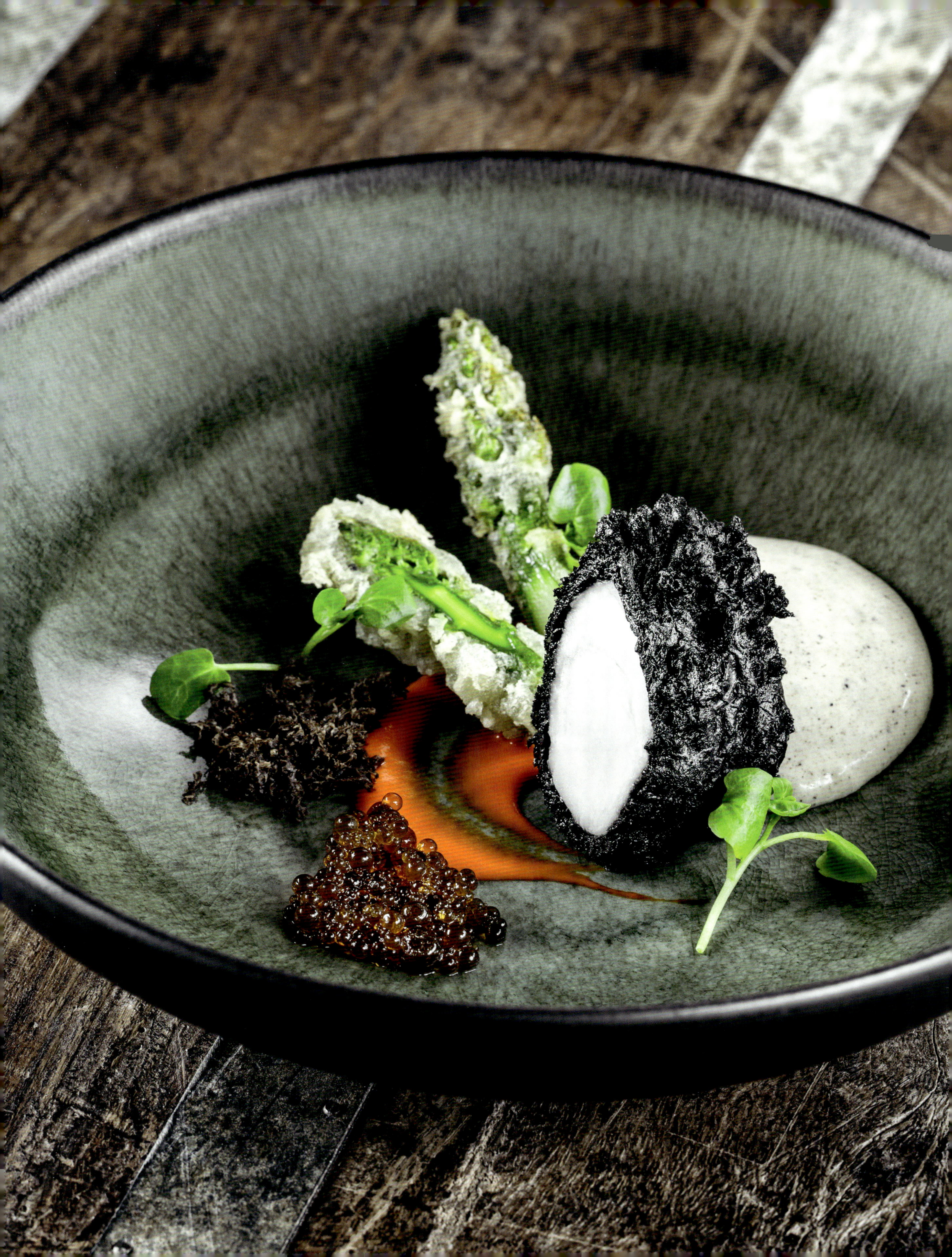

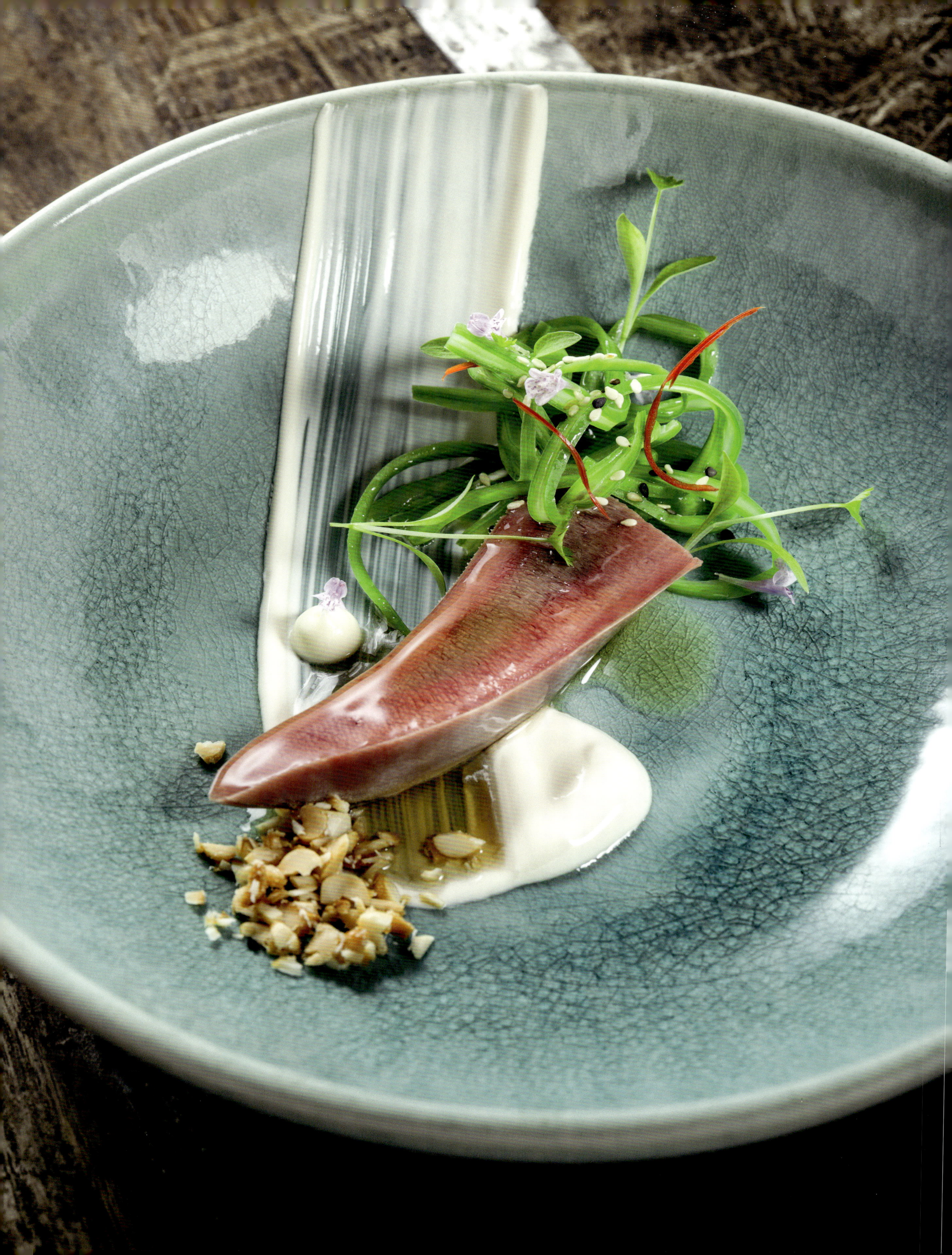

Gepökelte Rinderzunge mit Limetten-Ponzu und gerösteten Erdnüssen

Rinderzunge
- 1 frische Rinderzunge
- 1 Limette
- 50 g frischer Ingwer
- 3 frische Zitronengrasstängel
- 2 frische Kaffir-Limettenblätter
- 500 g Salz zum Pökeln
- 2 frische Lorbeerblätter
- 1 TL schwarze Pfefferkörner

Limetten-Ponzu
- 250 ml trockener Weißwein
- 150 ml Wasser
- 40 g Zucker
- 40 g Sojasauce
- 100 ml frisch gepresster Limettensaft
- 3 frische Kaffir-Limettenblätter
- 2 frische Zitronengrasstängel
- 20 g frischer Ingwer
- frisch geriebene Schale von 1 Limette
- etwas Speisestärke zum Binden

Pastinakenpüree
- 300 g Pastinaken
- 30 g Butter
- Salz

Erdnusspüree
- 100 g geröstete Erdnusskerne, ungesalzen
- 150 g Wasser
- Salz

Sesam-Bohnen
- 160 g breite grüne Bohnen
- Salz
- Sesamöl
- 1 TL schwarze Sesamsamen
- 1 TL weiße Sesamsamen

Anrichten
- 4 EL karamellisierte Erdnusskerne, leicht gesalzen und gehackt
- Korianderkresse
- Minzblüten
- feine frische Fingerchili-Streifen

Rinderzunge

Die Rinderzunge putzen. Die Limette und den Ingwer in Scheiben schneiden. Die Zitronengrasstängel klopfen und in Stücke schneiden. Die Kaffir-Limettenblätter zerrupfen. Die Aromaten mit einem Stößel zerstoßen und mit dem Salz vermischen. Die Salzmischung und die Rinderzunge in einen Plastikbeutel geben und verschließen. Die Rinderzunge sollte von allen Seiten von der Salzmischung ummantelt sein. Die Rinderzunge 3 Tage im Kühlschrank pökeln lassen, dann abwaschen und in reichlich Wasser mit den Lorbeerblättern und den Pfefferkörnern ca. 4 Stunden köcheln lassen. Die Rinderzunge ist gar, wenn man die weiche Zungenspitze zwischen Daumen und Zeigefinger durchdrücken kann. Die Haut der noch heißen Rinderzunge abziehen. Vor dem Anrichten in längliche Scheiben schneiden.

Limetten-Ponzu

Den Weißwein und das Wasser aufkochen und um die Hälfte einreduzieren lassen. Den Zucker, die Sojasauce, den Limettensaft, die Kaffir-Limettenblätter, das geklopfte und geschnittene Zitronengras und den geschnittenen Ingwer zugeben und aufkochen lassen. Dann die frisch geriebene Limettenschale zugeben und den Sud einige Minuten ziehen lassen. Die Limetten-Ponzu durch ein feines Sieb passieren und mit etwas Speisestärke binden. Vor dem Anrichten die Rinderzungenscheiben in der Limetten-Ponzu behutsam erwärmen.

Pastinakenpüree

Die Pastinaken schälen, klein würfeln und in der Butter farblos weich dünsten. Je nach Bedarf etwas Wasser zugeben. Die Pastinaken pürieren, mit Salz abschmecken und warm anrichten.

Erdnusspüree

Die ungesalzenen Erdnusskerne und das Wasser in einem Thermomix langsam zu einem Püree mixen. Das Erdnusspüree mit Salz abschmecken.

Sesam-Bohnen

Die Bohnen in lange dünne Streifen schneiden und in reichlich Salzwasser blanchieren, dann abgießen und mit etwas Sesamöl sowie den schwarzen und weißen Sesamsamen marinieren und warm anrichten.

Anrichten

Je 2 EL Pastinakenpüree auf 4 Teller geben und mit einem breiten Pinsel zu einem Streifen auseinanderziehen. Je 1 Rinderzungenscheibe darauf legen und mit etwas Limetten-Ponzu beträufeln. Einige Tupfen Erdnusspüree auf die Teller spritzen. Jeweils an ein Zungenende einige Sesam-Bohnen und gegenüber je 1 EL gehackte, karamellisierte Erdnusskerne geben. Zum Schluss mit Korianderkresse, Minzblüten und feinen Chilistreifen garnieren.

Ananas-Ingwer-Sorbet, Frühlingssalat, Pink Grapefruit und Veilchen

Ananas-Ingwer-Sorbet
- 195 g Zucker
- 2 g Pectagel rose
- 65 g Glucosepulver
- 100 ml Wasser
- 20 g Trimoline
- 20 g Magermilchpulver
- 335 g Ananassaft, frisch gepresst
- 15 g Ingwersaft, frisch gepresst

Schokoladenchip
- 100 g flüssige weiße Schokolade, temperiert
- 1 EL frisch geriebene Pink-Grapefruit-Schale
- 1 EL frisch geriebene Limettenschale
- 1 EL frisch geriebene Zitronenschale

Grapefruit-Marinade
- 200 g Pink-Grapefruit-Saft
- 20 g Läuterzucker (1:1)
- 1 Tropfen Veilchenaroma
- etwas Xanthan

Frühlingssalat
- 2 EL frisch gepalte Saubohnenkerne
- 2 EL frisch gepalte Erbsenkerne
- 120 g frische gemischte Beeren (Brombeeren, rote Johannisbeeren, Himbeeren)
- 8 frische kleine Erdbeeren
- 4 EL frisches Erdbeerpüree
- 4 kleine Radieschen

Anrichten
- Olivenöl zum Beträufeln
- Meersalzflocken
- feines Fenchelgrün
- blaue Veilchenblüten

Ananas-Ingwer-Sorbet

Den Zucker, das Pectagel rose und das Glucosepulver mischen. Das Wasser, die Zuckermischung, das Trimoline und das Magermilchpulver aufkochen, dann auf ein Eiswürfelbad setzen und auf 10 °C abkühlen lassen. Den Ananassaft und den Ingwersaft unterrühren, die Flüssigkeit in einen Pacojet-Becher füllen und 12 Stunden tiefkühlen. Vor dem Anrichten den gefrorenen Pacojet-Becher in den Pacojet setzen und den Inhalt zu Sorbet verarbeiten. (Alternativ die gut gekühlte Flüssigkeit in einer Eismaschine zu Sorbet verarbeiten.)

Schokoladenchip

Die temperierte Schokolade mit dem Zitrusabrieb verrühren und hauchdünn auf eine stabile Klarsichtfolie streichen. Die Schokolade kalt stellen und vor dem Anrichten in kleine Chips brechen.

Grapefruit-Marinade

Den Pink-Grapefruit-Saft und den Läuterzucker aufkochen und auf 160 g einreduzieren lassen. Die Reduktion mit 1 Tropfen Veilchenaroma aromatisieren und mit etwas Xanthan binden. Die Grapefruit-Marinade kalt stellen.

Frühlingssalat

Die frisch gepalten Saubohnen- und Erbsenkerne getrennt in Salzwasser blanchieren und in Eiswasser abschrecken. Die gemischten Beeren verlesen und je nach Größe halbieren oder vierteln. Die Erdbeeren vierteln und mit etwas Erdbeerpüree marinieren. Die Radieschen putzen und in feine Scheiben schneiden.

Anrichten

Die Saubohnen- und Erbsenkerne auf 4 kleine Schalen verteilen. Darauf die marinierten Erdbeerviertel und die gemischten Beeren geben. Dazwischen einige Radieschenscheiben stecken. Den Frühlingssalat mit etwas Olivenöl beträufeln und mit Meersalzflocken bestreuen. In die Zwischenräume einige Schokoladenchips stecken und mit feinem Fenchelgrün und Veilchenblüten garnieren. Je 1 Nocke Ananas-Ingwer-Sorbet auf die Teller geben. Die Grapefruit-Marinade in kleine Kännchen füllen und bei Tisch über den Frühlingssalat träufeln.

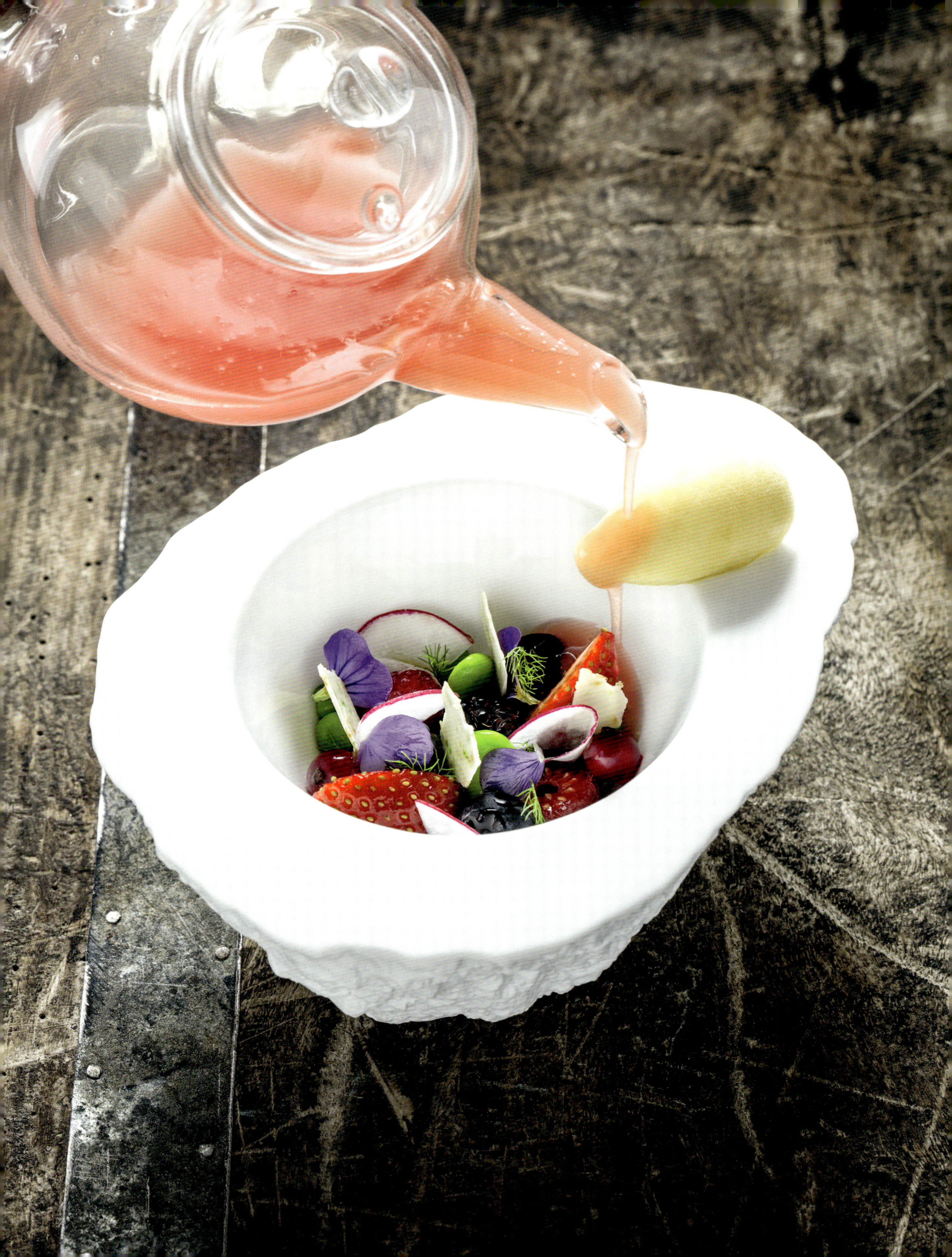

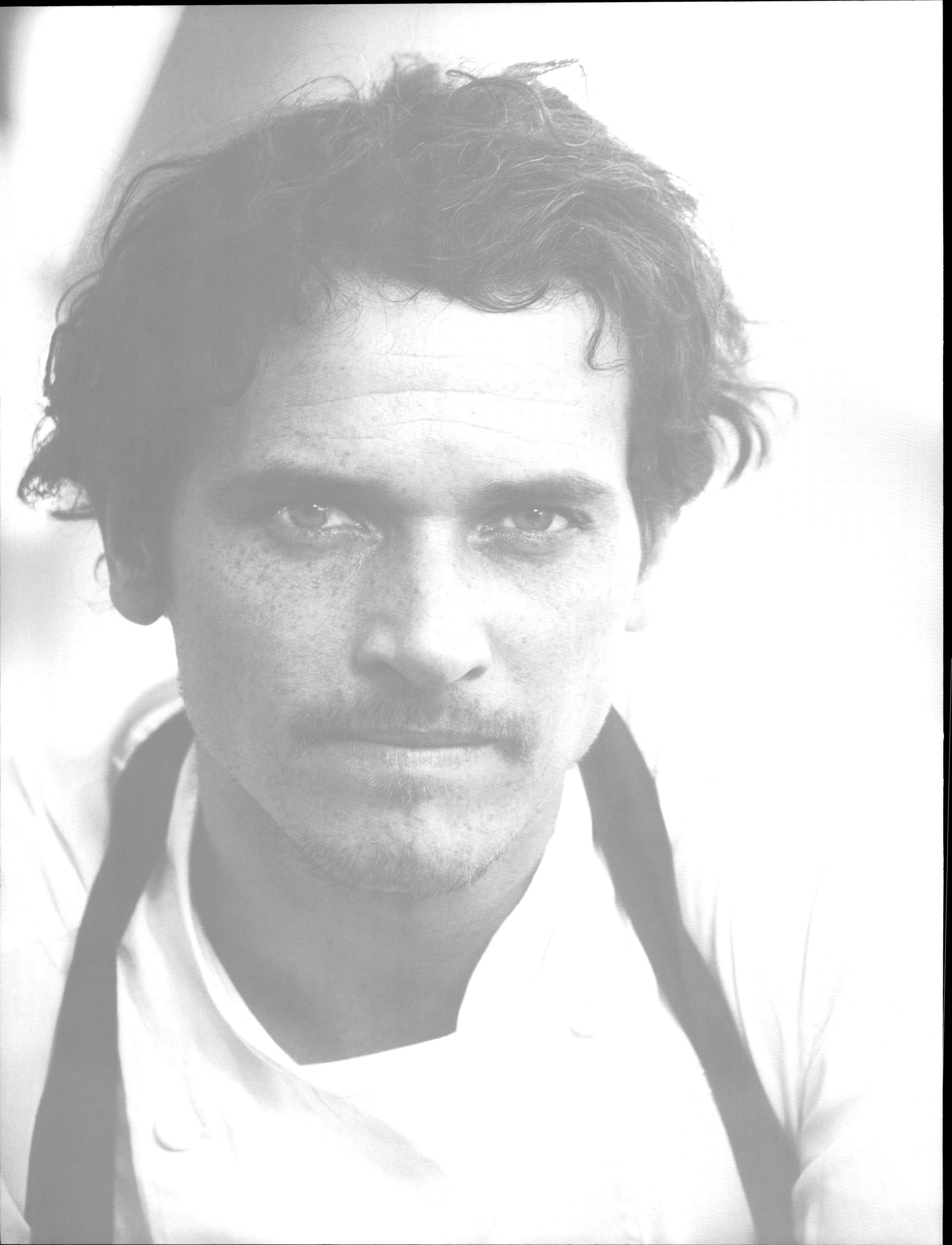

Rodolfo
GUZMÁN

Boragó

Santiago de Chile / Chile

Ganz weit weg von Hummer & Co.

Wer mit Rodolfo Guzmán spazieren geht, sollte Lust am Entdecken haben. Einerlei, ob am Strand oder im Wald, im Gebirge oder im Hinterland, wo immer auch Chiles Starkoch stehen und gehen mag, stets findet er irgendetwas am Wegesrand, dass man »unbedingt probieren müsse«.

Mit den Kenntnissen einer uralten Kräuterhexe hüpft der so jugendlich und smart aussehende Rodolfo von Pilz zu Stängel, von Blatt zu Wurzel – und kocht so ganz nebenbei in Santiago mit seinem Boragó die kulinarisch eher weiße Landkarte Chiles in die Top 50 der weltweit beachteten Pellegrino Liste.

Rodolfo ist ein bekennender Fan seiner Heimat. Und er feiert diese Heimat, indem er unablässlich ausprobiert, stets getrieben von der einen Frage: Wie kann man die Lebensmittel-Stars der »alten Welt« ersetzen? Wie kann man Hummer, Gänseleber, Steinbutt und Co. vergessen machen – nicht durch Verzicht, sondern durch eine ganz eigenständige, alternativ-patriotische Produktsprache?

Mit seiner profunden Ausbildung – er kochte unter anderem bei Andoni Luis Aduriz im Mugaritz – hält er dabei alle Techniken der klassischen und avantgardistischen Küche im petto, allerdings nie um ihrer selbst Willen, sondern immer nur, um einem neuen, bislang unbekannten Lebensmittel den richtigen Rahmen zu stellen.

Ob es eine süß-salzige Meereserdbeere ist oder ein knackige lokale Queller-Art, ob eine mineralische Kelp-Alge oder eine vitaminstrotzende Maqui-Beere, ob ein mit Eukalyptus-Essenz aromatisiertes Stück Holz als Aromaträger oder eine seltene Blüte aus der ansonsten tödlich unwirtlichen Atacama-Wüste – immer versteht es Rodolfo, diese kleinen wie kostbaren Fundstücke in komplexe Gerichte zu integrieren und zu feiern.

Hilfreich auf diesem Weg ist, dass über Mittag das Boragó geschlossen ist, ein guter Zeitpunkt also, mit Teilen seiner Brigade durch die Landschaft zu stromern und aktuell nachzuschauen, was naturmäßig gerade so angesagt ist.

Völlig logisch ist, dass mit dieser Form der Produktbeschaffung jedwede Menü-Abfolgen nur so lange verbindlich sind, wie die Menge der gerade gefundenen Zutaten hierzu reicht. Rodolfo hat im vergangenen Jahr unglaubliche 700 Rezepte in seiner ebenso unglaublichen spartanischen Küche erkocht. Wenn irgendein auf 3.000 Meter Höhe gefundener Gebirgs-Pilz nur für 20 Gerichte reicht, dann bekommt der 21. Gast halt was anderes.

Wäre Rodolfo Nordeuropäer, er wäre Mitunterzeichner des Nordic-Cooking-Manifestes und Bruder im Geiste von René Redzepi. So ist er im fernen Chile ebenso einsame Avantgarde wie flammender Botschafter seines Landes und dessen Produkte. Wobei dieses großartige Land ihm mit unglaublichen Alleinstellungsmerkmalen hilft. Denn welch anderes Land verfügt schon über 4.700 Kilometer Küste und andenhohen Gebirgszügen, über Dauer-Sommer im Norden und Perma-Winter im Süden. Und über eine indianische Urbevölkerung, deren Wissen um Können und Kräfte der Natur Legende ist. René Redzepi könnte von solchen Gegebenheiten nur träumen.

Zum Träumen hat Rodolfo allerdings keine Zeit. Bis zu 20 mal im Jahr macht sich der Vater dreier Kinder zur Landeserkundung auf, immer auf der Suche nach dem Unbekannten. Mittlerweile durchzieht Chile ein dichtes Netz von Informanten und Lieferanten, die um Rodolfos Passion wissen. Dank deren Unterstützung bleibt Gelegenheit für das »Missionieren«. Von Chile aus ist es nun wirklich kein Katzensprung nach Salzburg. Doch Rodolfo Guzmán war der lange Trip die Sache wert. Er versteht sich gleichermaßen als Pionier und als Botschafter und hier im Hangar-7 wollte er zeigen, was in Chile »state of the art« ist. Mit ihn zusammen konnte man sich auf den Weg machen – und sich von ihm überzeugen lassen von all dem Neuen und Unbekannten, also von all dem, »was Sie unbedingt probieren müssen«.

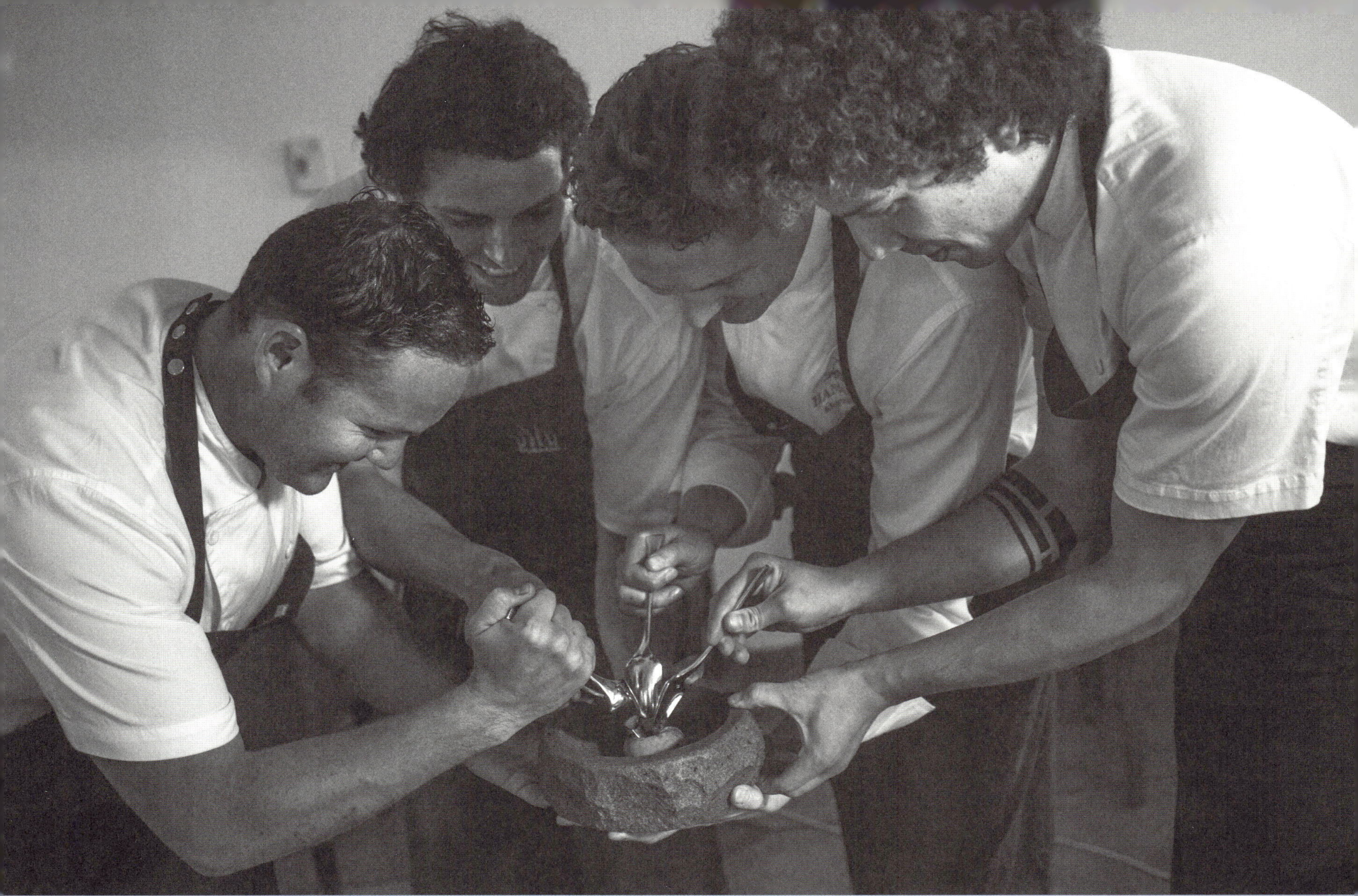

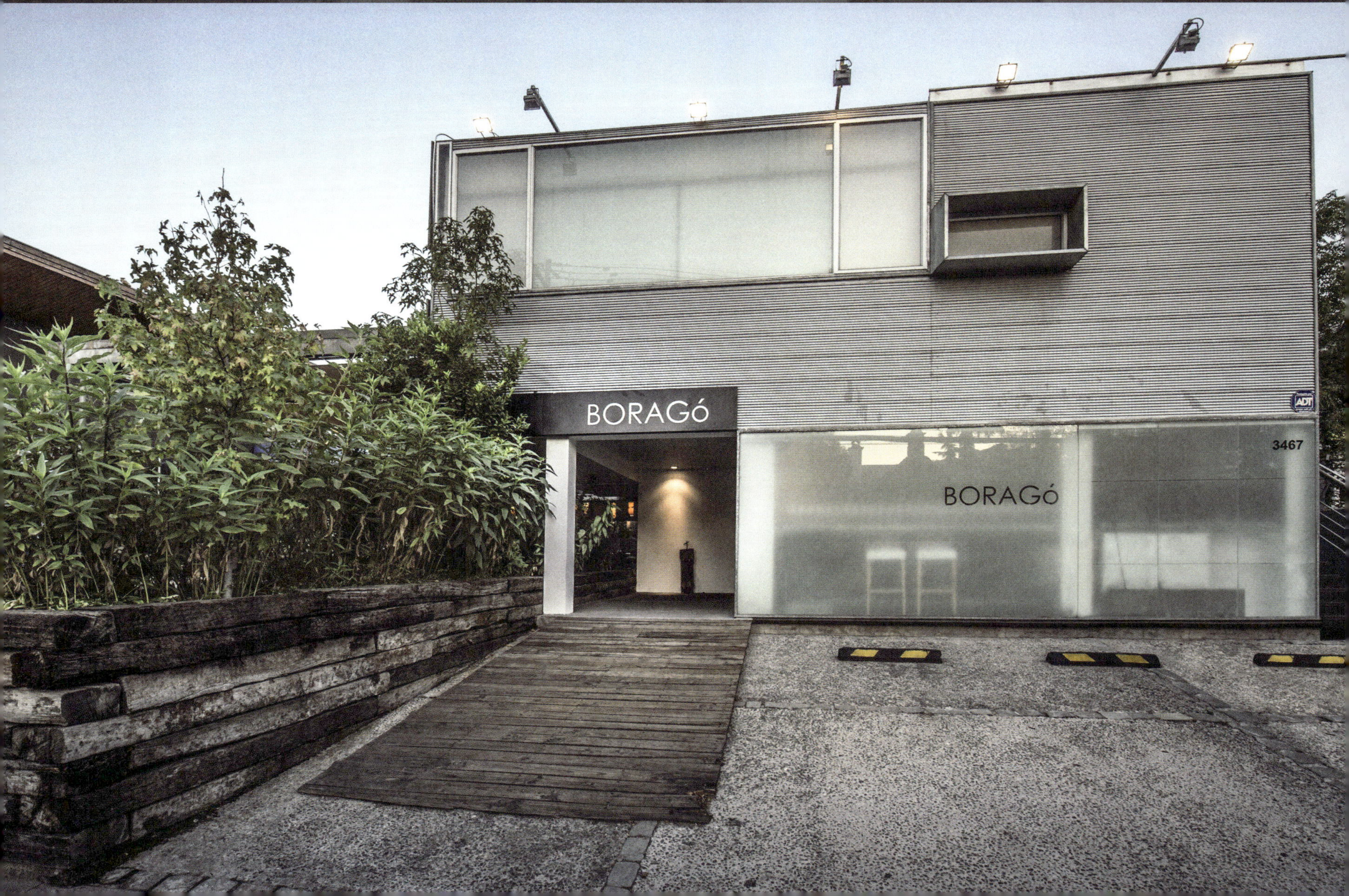
BORAGó
BORAGó
3467

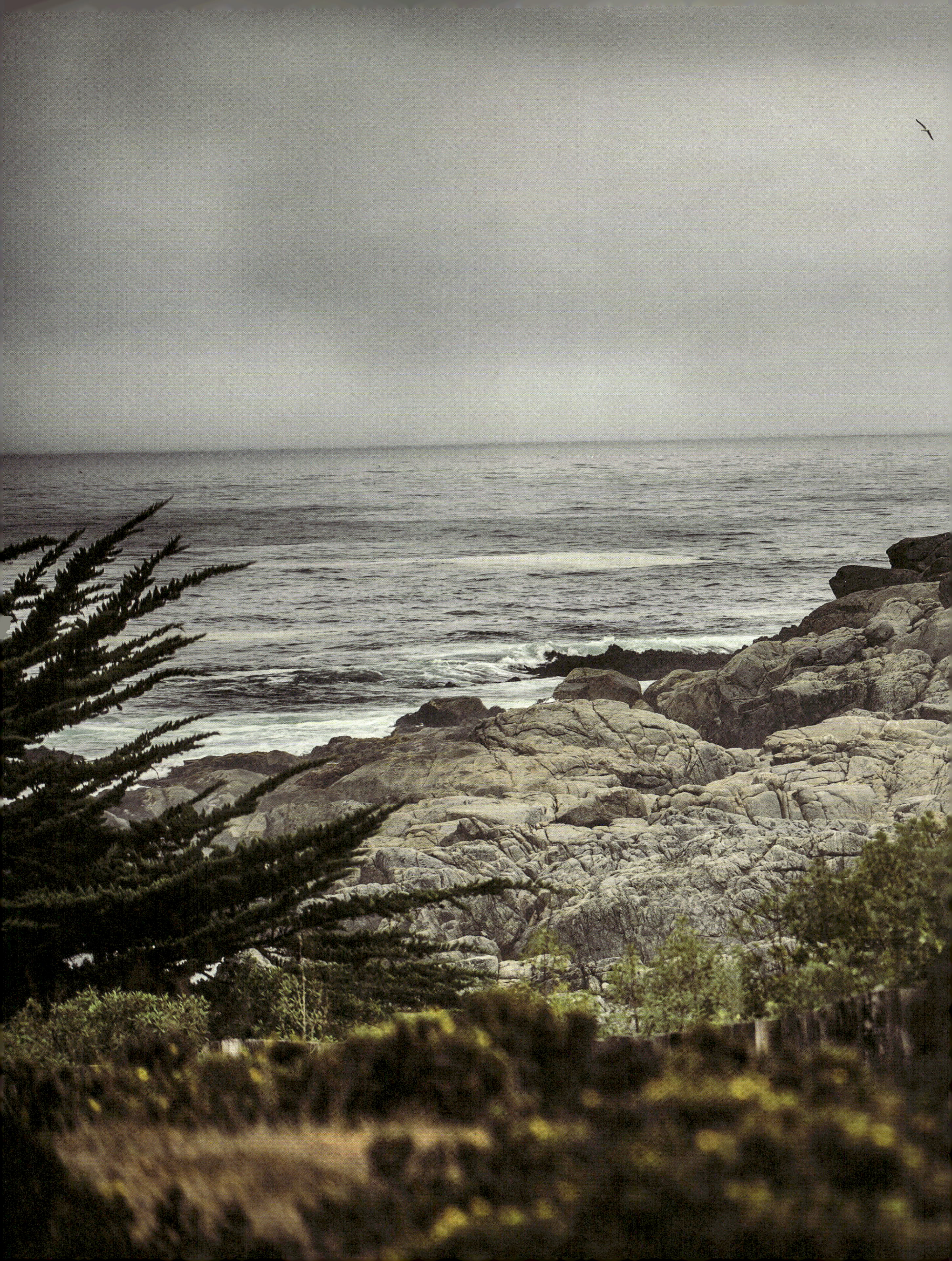

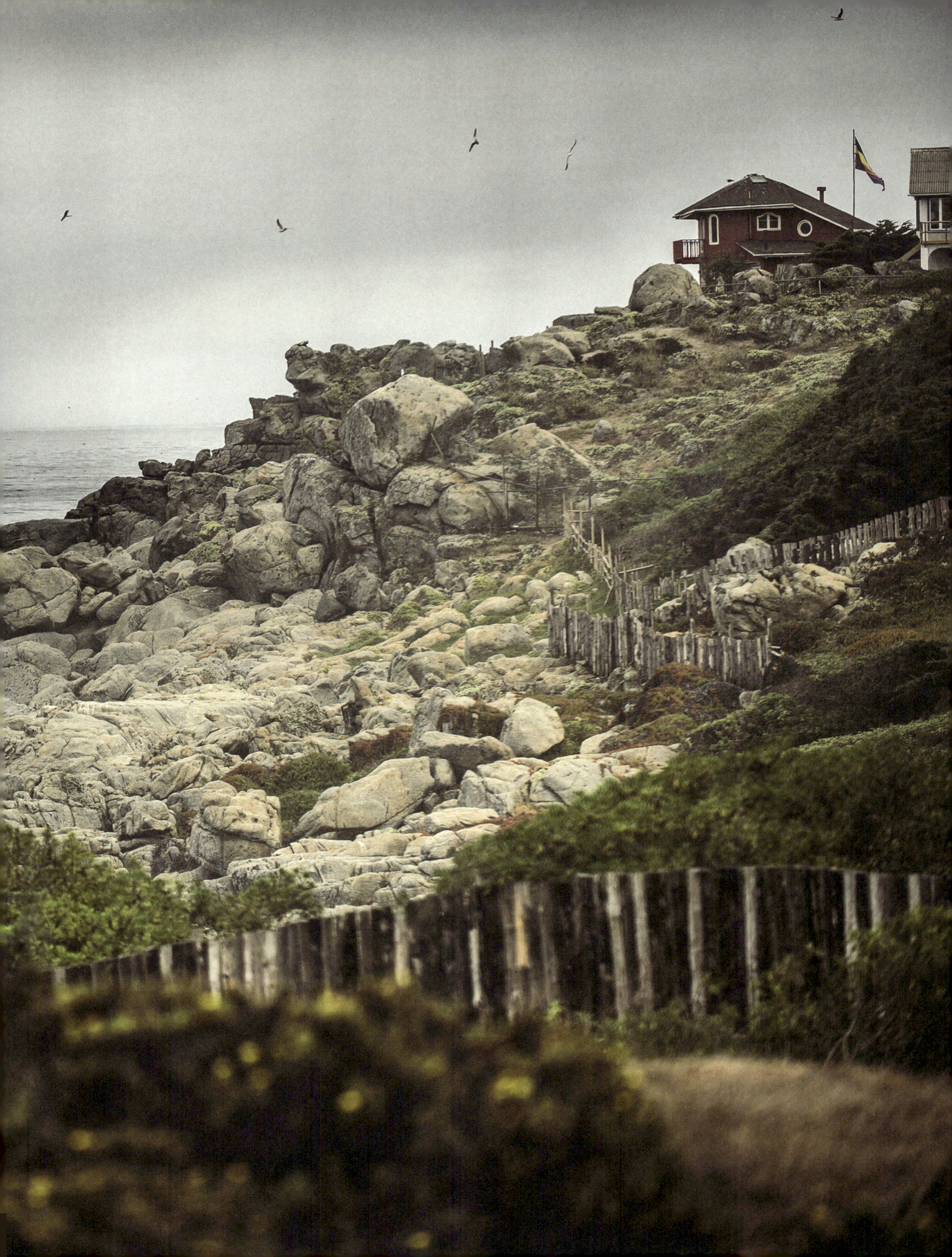

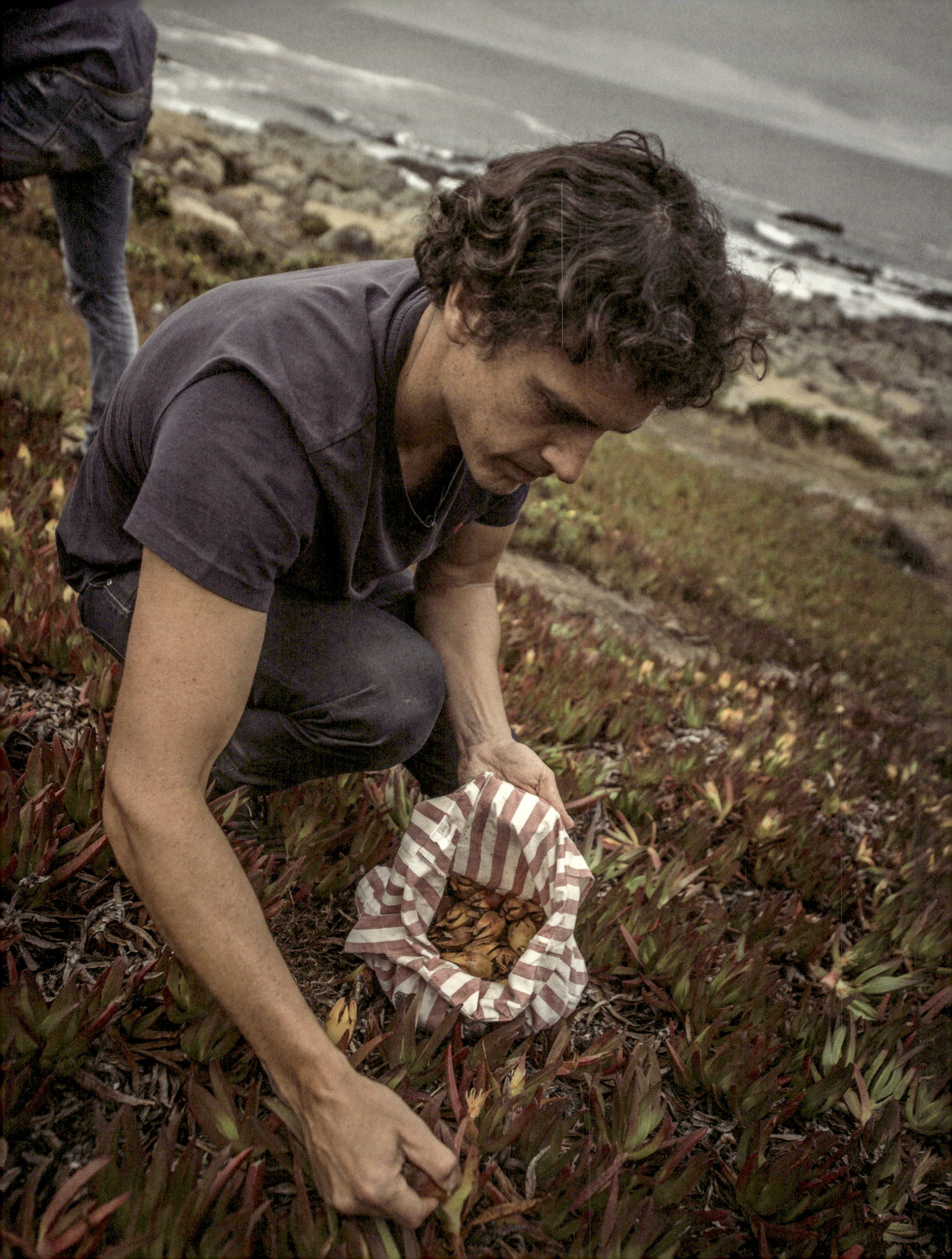

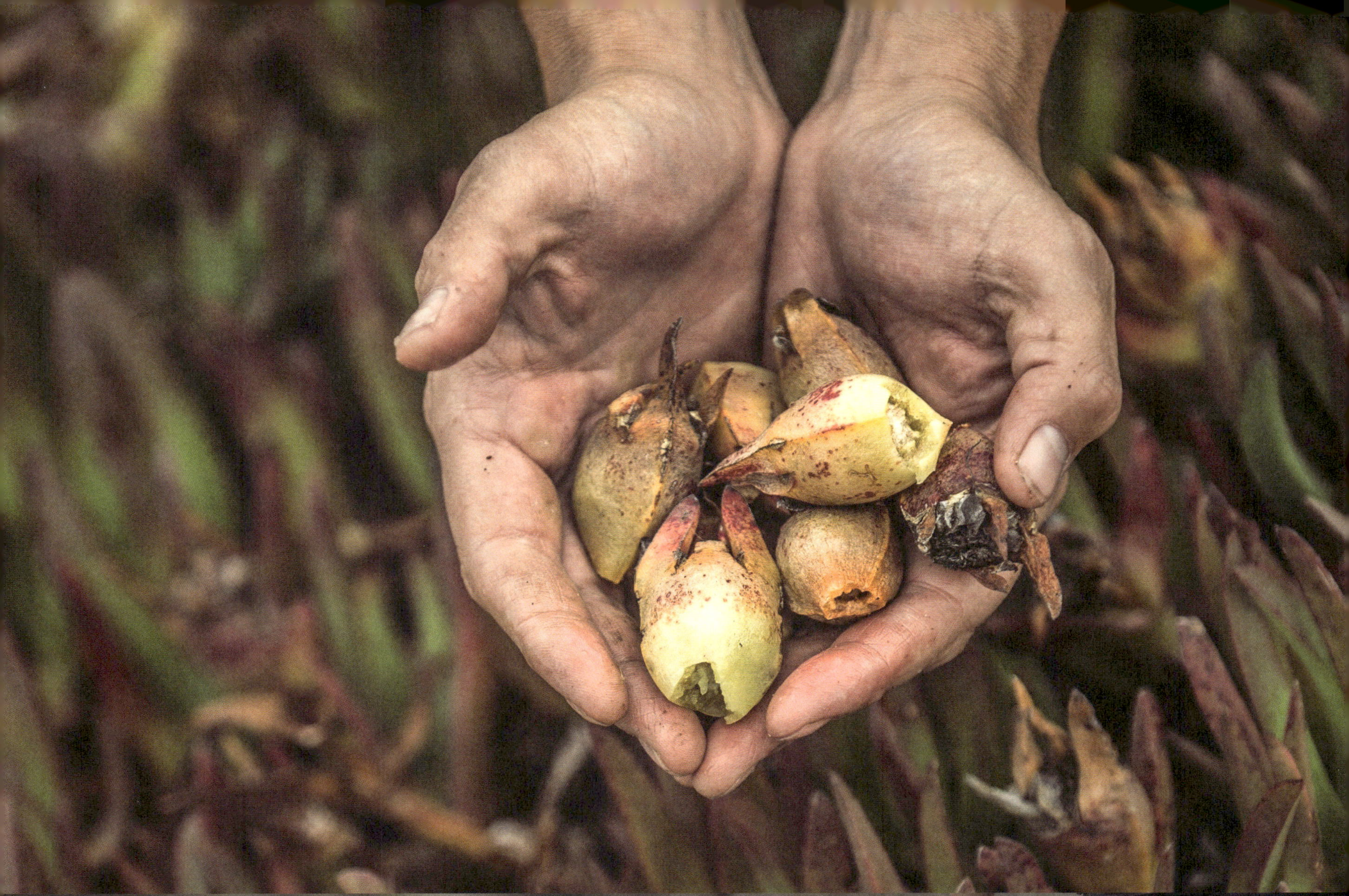
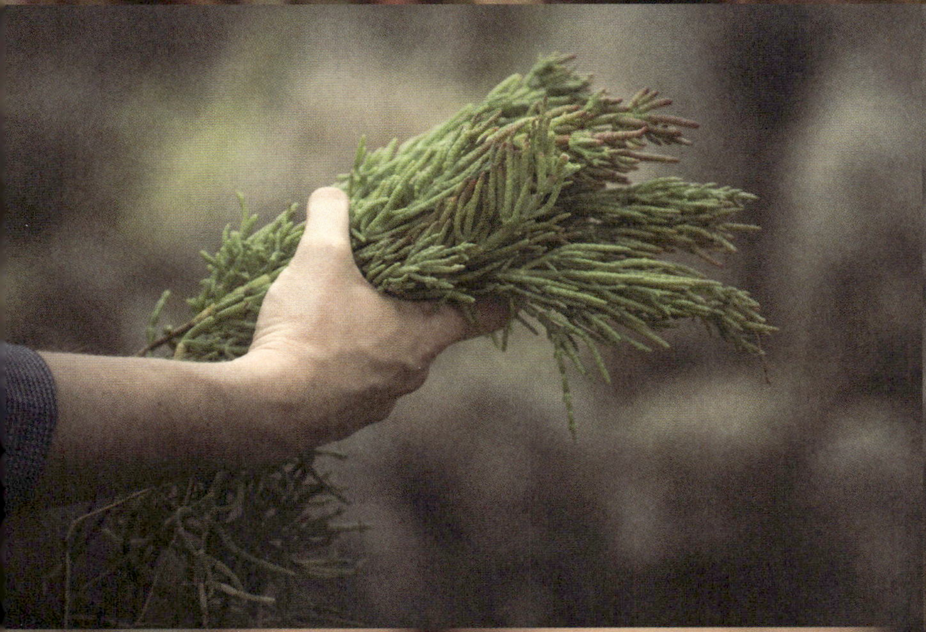
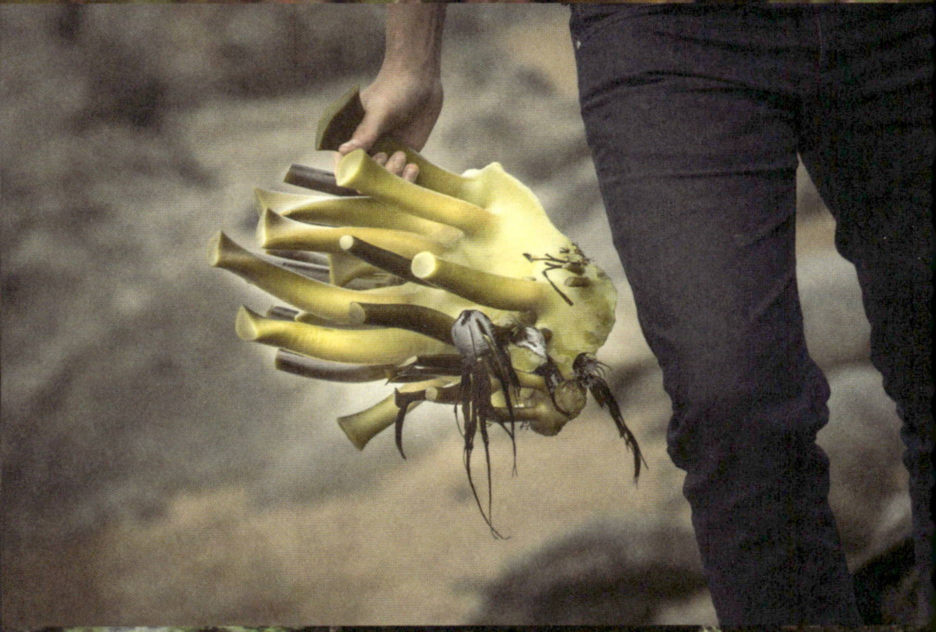
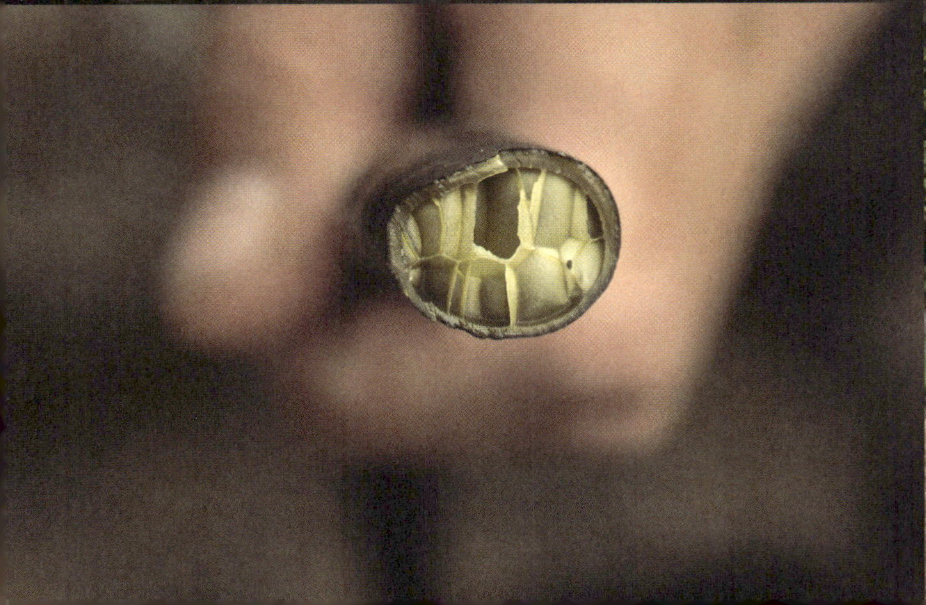
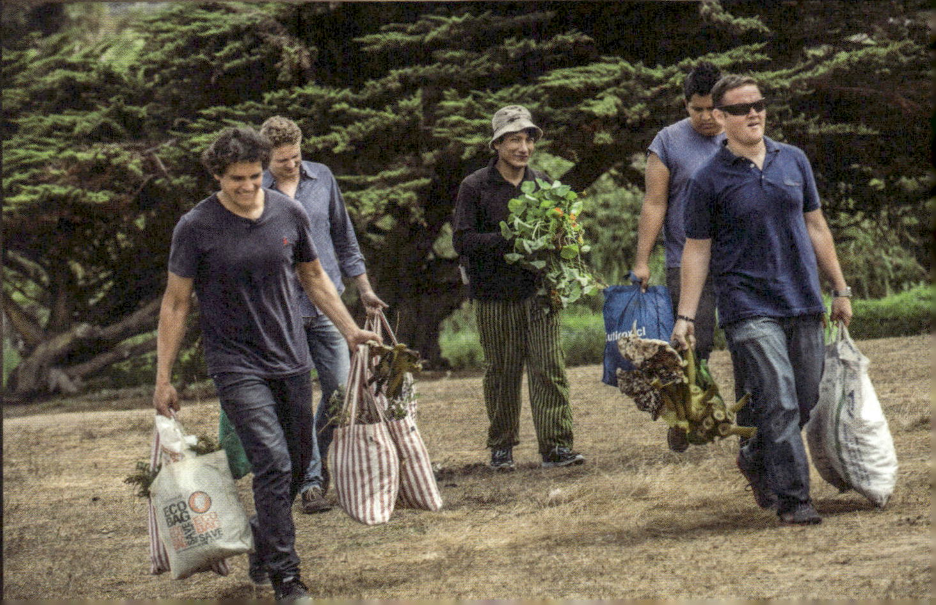

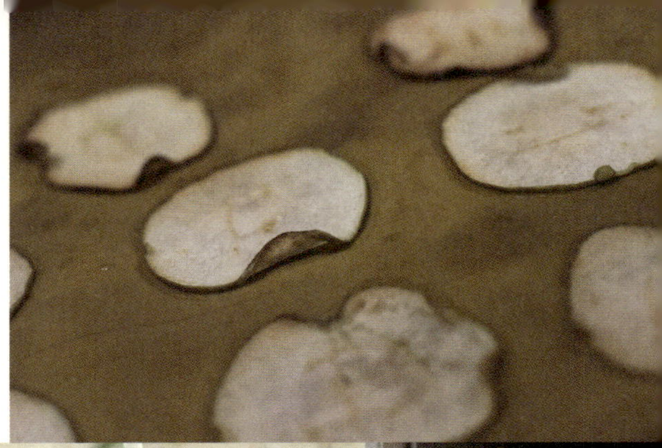

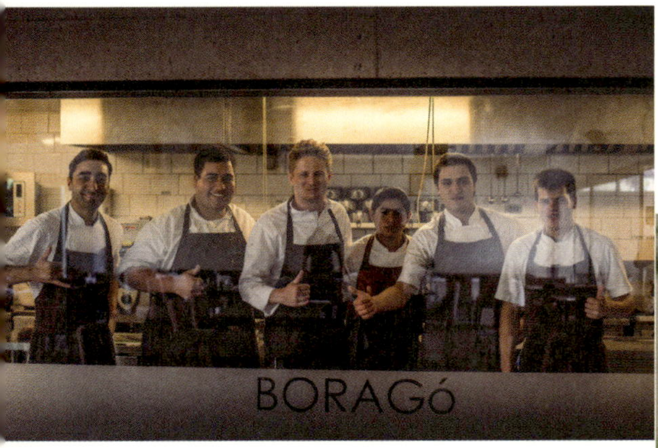
BORAGó

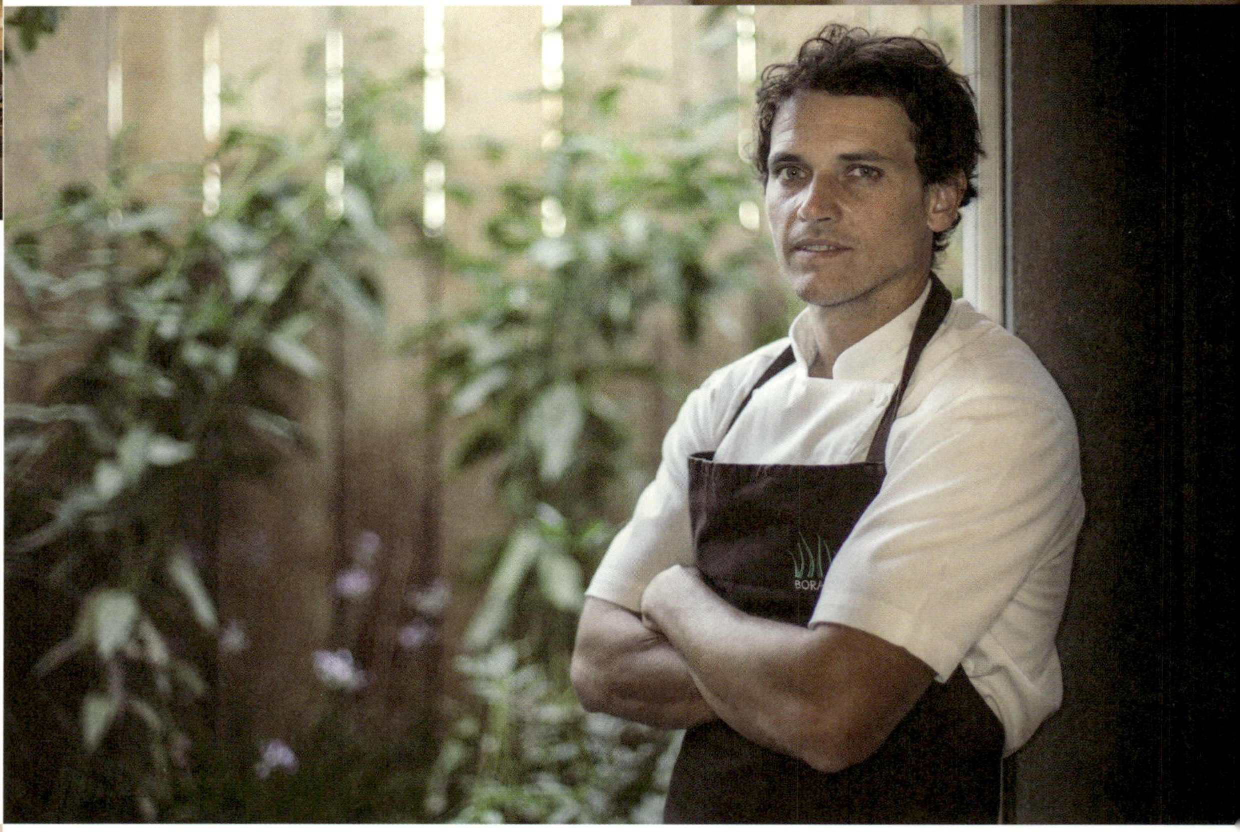

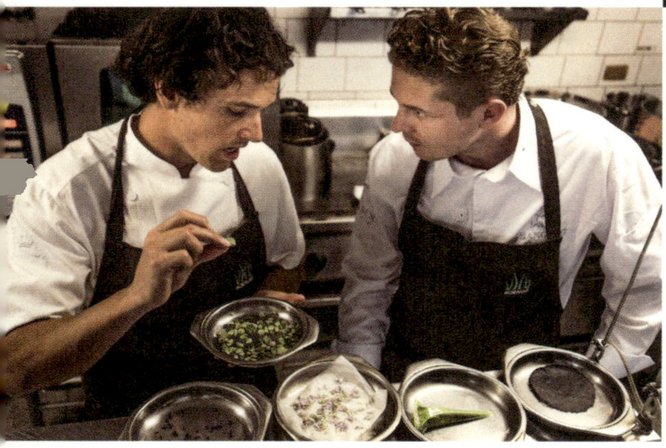

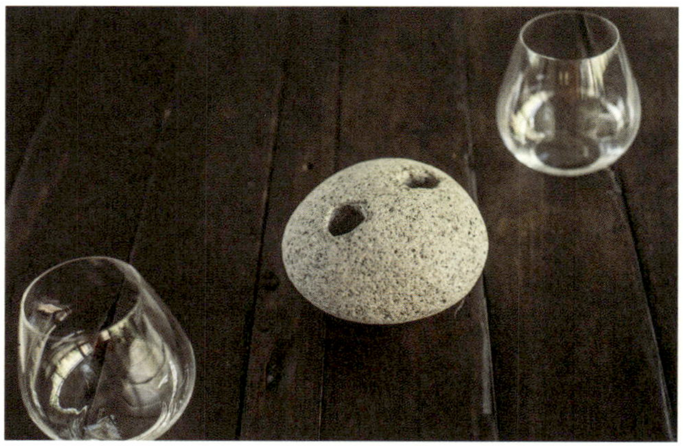

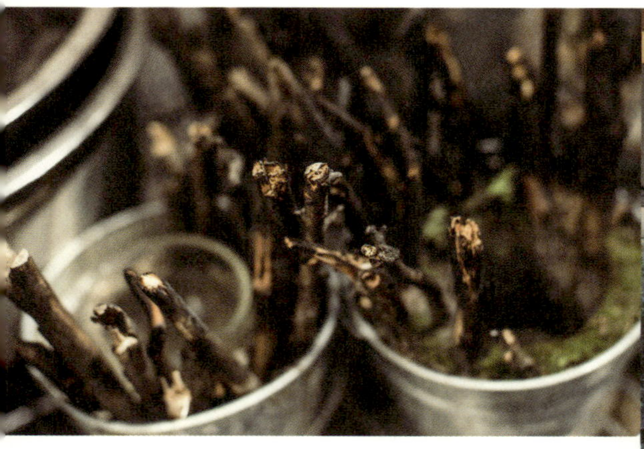

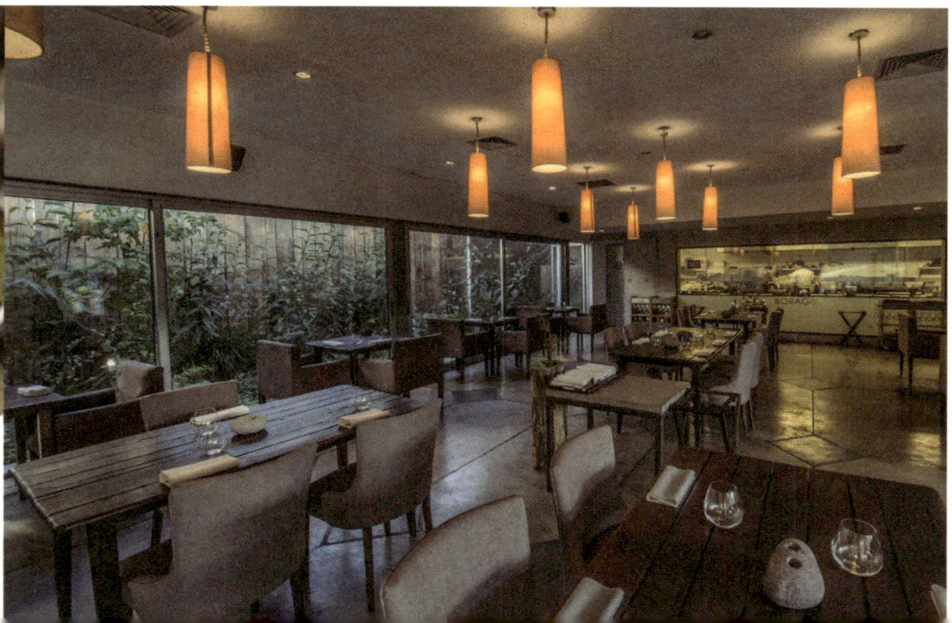

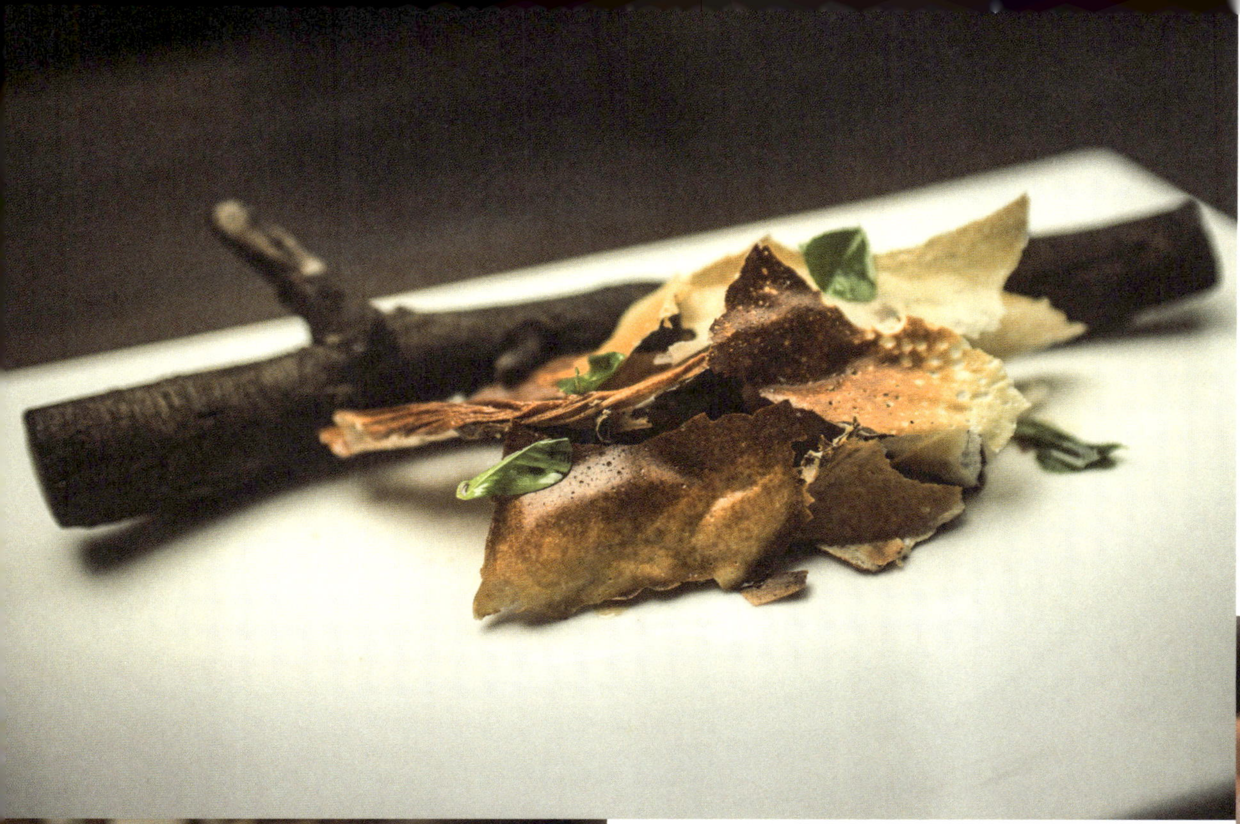
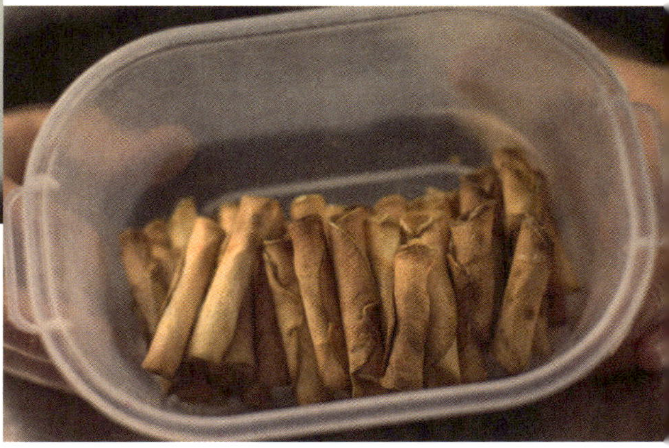
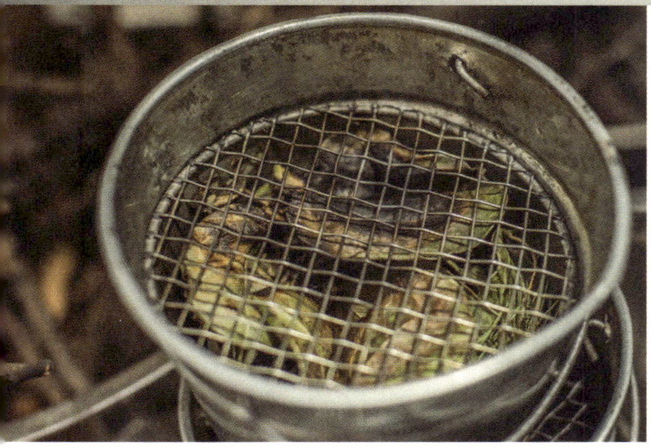
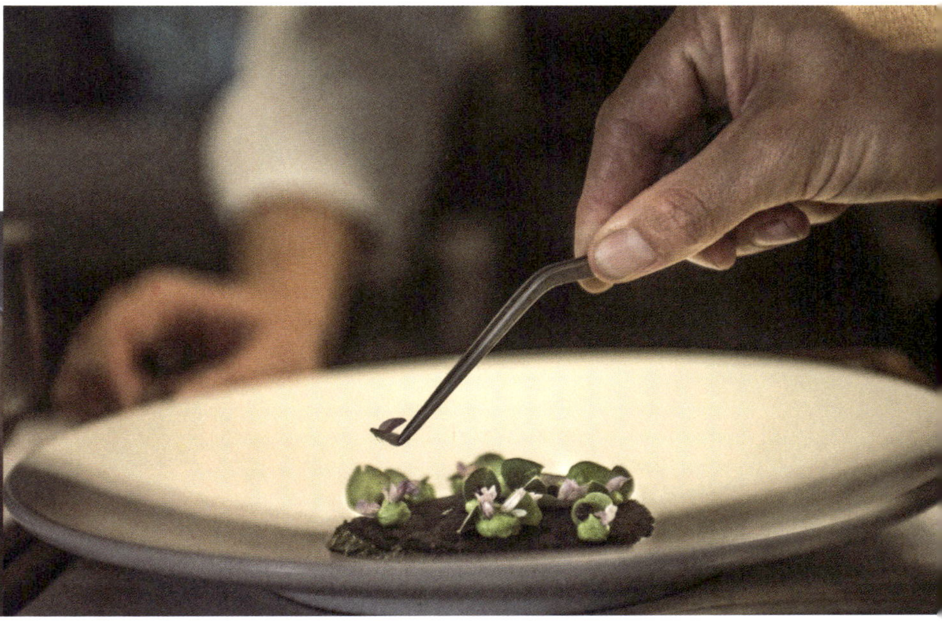
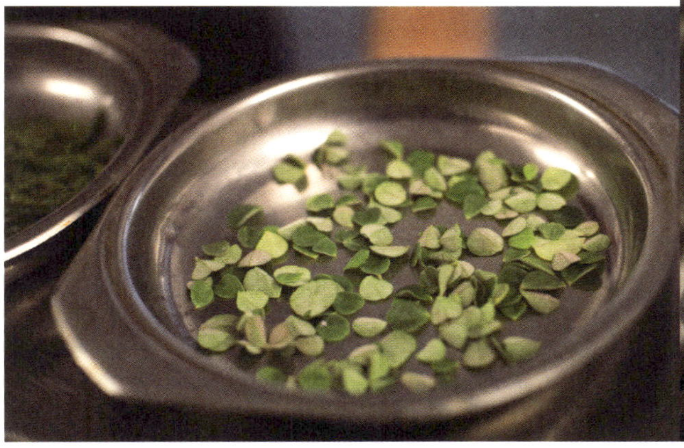
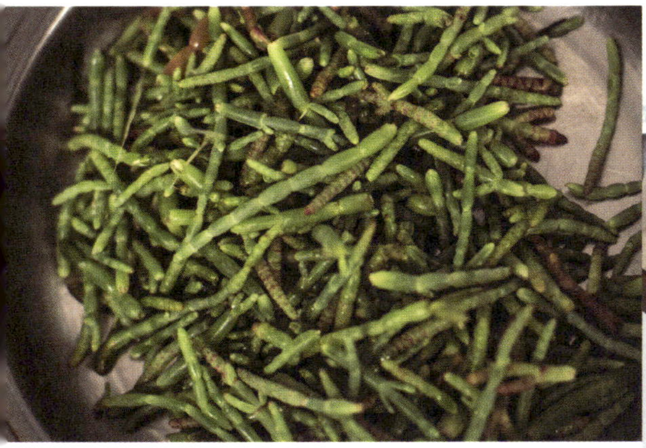
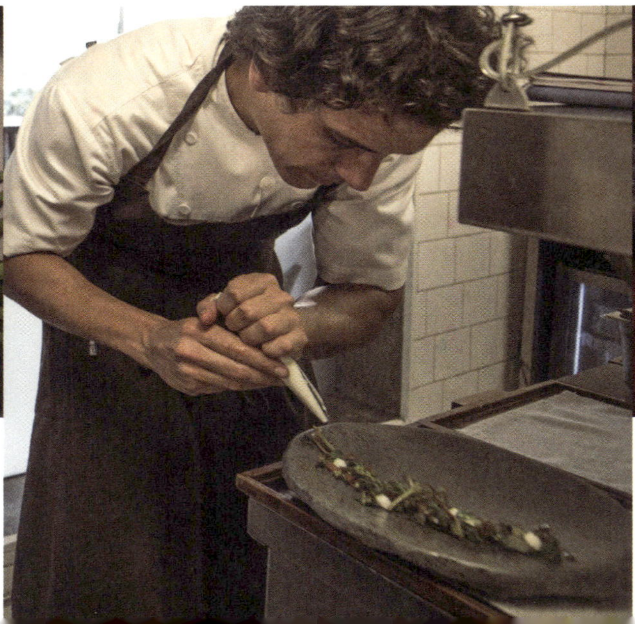
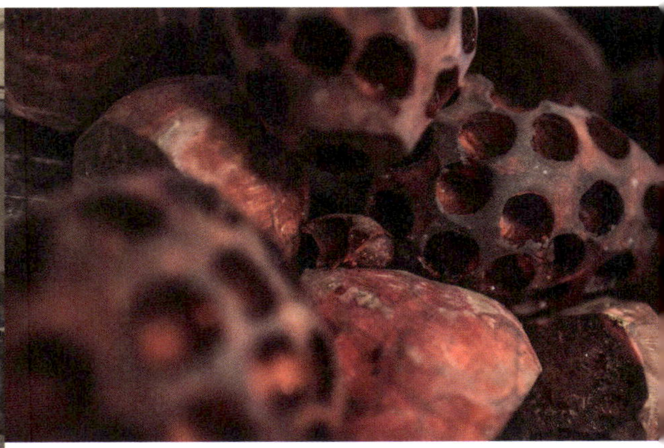

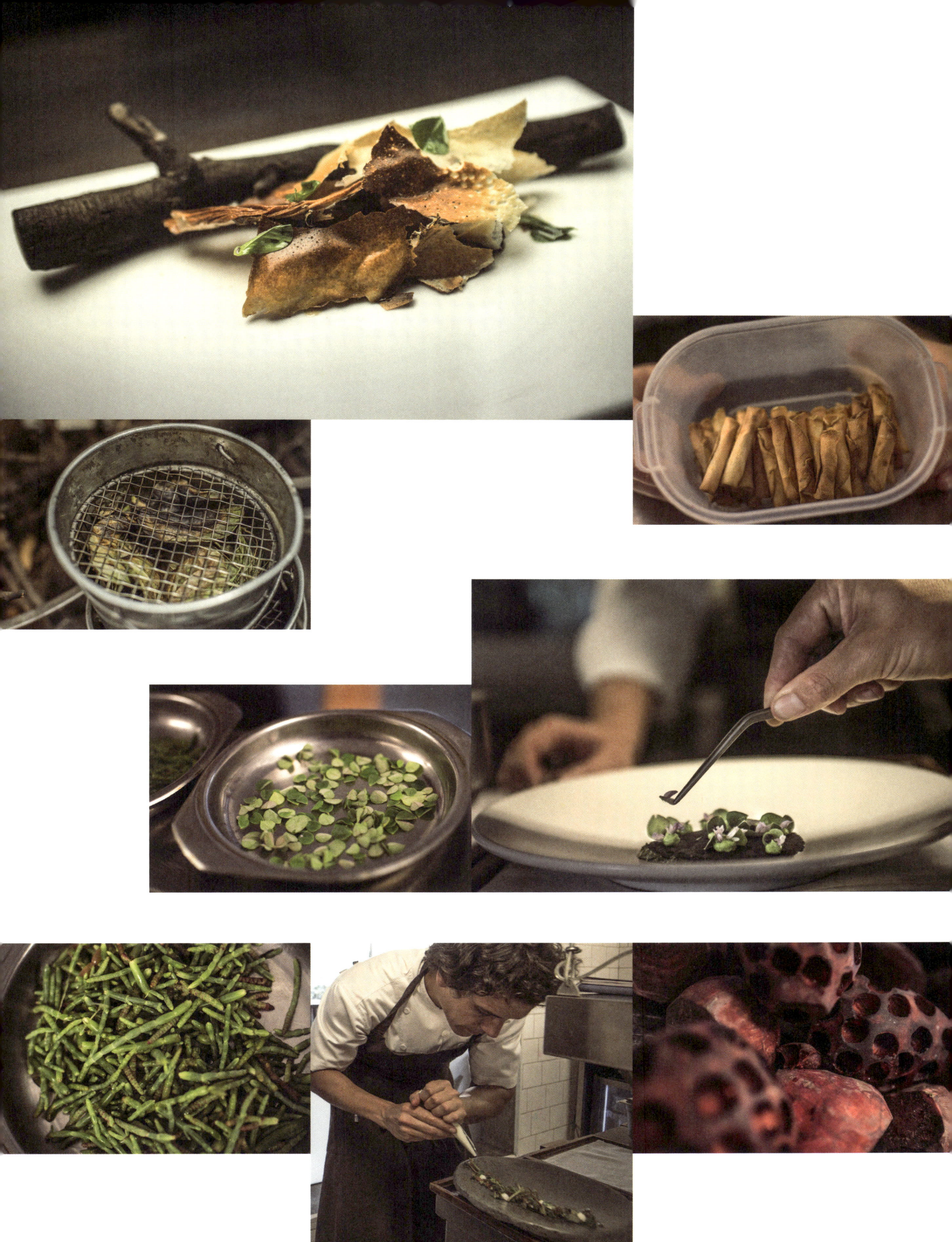

Ich glaube, dass meine Leidenschaft fürs Kochen letztendlich familiär bedingt ist. Ich wuchs auf dem Lande auf. Da hat man noch die wahren Geschmäcker im Kopf. Wirkliche Milch! Richtige Hühner! Wilde Früchte! Dazu gab es eine Mutter, der es wirklich wichtig war, was ihre Kinder aßen.

Nicht viele Menschen haben wirklich Ahnung von chilenischem Essen. Unsere Kultur, unsere Umwelt, alles ist im Vergleich zum übrigen Südamerika völlig anders und einzigartig. Wir haben 4.700 Kilometer Küste und wir haben über 6.000 Meter hohe Berge. Wir sind das kälteste Land des Kontinents. Und dann der Pazifik. Gehen Sie im Sommer doch mal an den Strand. Wunderbare 28 Grad im Schatten und gleichzeitig hat das Wasser keine zehn Grad. Mitten im Sommer. Ist doch klar, was das wiederum für den Geschmack der Meerestiere bedeutet.

Uns chilenischen Köchen ist mittlerweile klargeworden, dass wir gastronomische Multimillionäre sind. Unser Land ist eine riesige Speisekammer – voll der wohlschmeckendsten Dinge. Die Leute wollten immer Trüffel oder Foie Gras – für mich geht das in Ordnung, aber das hat mit unserer Kultur nichts zu tun. Wir kochen nur mit chilenischen Produkten!

Unser Ziel ist es, jedem Gast das starke Gefühl zu vermitteln, dass er in Chile ist. Dass er auf ganz unterschiedliche und spezielle Weisen auf die chilenische Kultur trifft.

Wenn Sie wissen wollen, was Heimat für mich bedeutet, dann ist es Liebe. Und wenn Sie wissen wollen, was mein absoluter Lieblingsplatz auf Erden ist, dann kann ich nur eines antworten: Chile!

Zu Beginn unseres Restaurants fiel es den Gästen schwer, uns zu verstehen. Dass wir ausschließlich chilenische Produkte anboten. Das war eine harte Zeit und 2011 waren wir fast am Ende. Ehrlich gesagt war ich mindesten fünf Mal knapp davor, das Restaurant zu schließen. Zum Glück ist heute alles völlig anders.

Was die Restauranteinrichtung betrifft, so denken wir, dass weniger mehr ist. Das Restaurant soll unterstützen, aber zu viel Aufhebens wollen wir um die Einrichtung nicht machen, denn das Hauptaugenmerk soll eindeutig auf dem Essen liegen.

Die chilenischen Ureinwohner, die Malpuche und Pehuenche, haben unglaubliche Kochtechniken, bei denen das Räuchern eine immense Rolle spielt. In der chilenischen Küche wird überhaupt viel geräuchert.

Wir sammeln wilde Pflanzen, wilde Früchte. Das funktioniert halt nur, wenn man selbst hinausgeht und die Zutaten sucht. Klar, wir arbeiten mit Sammlern aus dem ganzen Land, doch wir gehen natürlich auch selber in die Natur. An einem Tag sind wir oben in den Bergen, auf der Suche nach einer wilden Frucht, die erst über 3.000 Meter wächst und nur zwei Wochen im Jahr zu finden ist, am nächsten Tag sind wir am Strand, um Pilze zu suchen. Nur so bekommt man den Geschmack echten Essens!

Zwei Sachen würden mich noch reizen: Zum einem realisieren immer mehr chilenische Köche, worum es bei unseren einheimischen Produkten geht. Da gibt es also noch viel Wissen zu teilen. Zum anderen wäre es wichtig, möglichst vielen Menschen aus anderen Ländern zu zeigen, dass Chile Einzigartiges zu bieten hat. Chile schmeckt völlig anders, alles ist sehr emotional und das Beste wäre, uns zu besuchen und alles zu probieren.

Rodolfo **GUZMÁN**

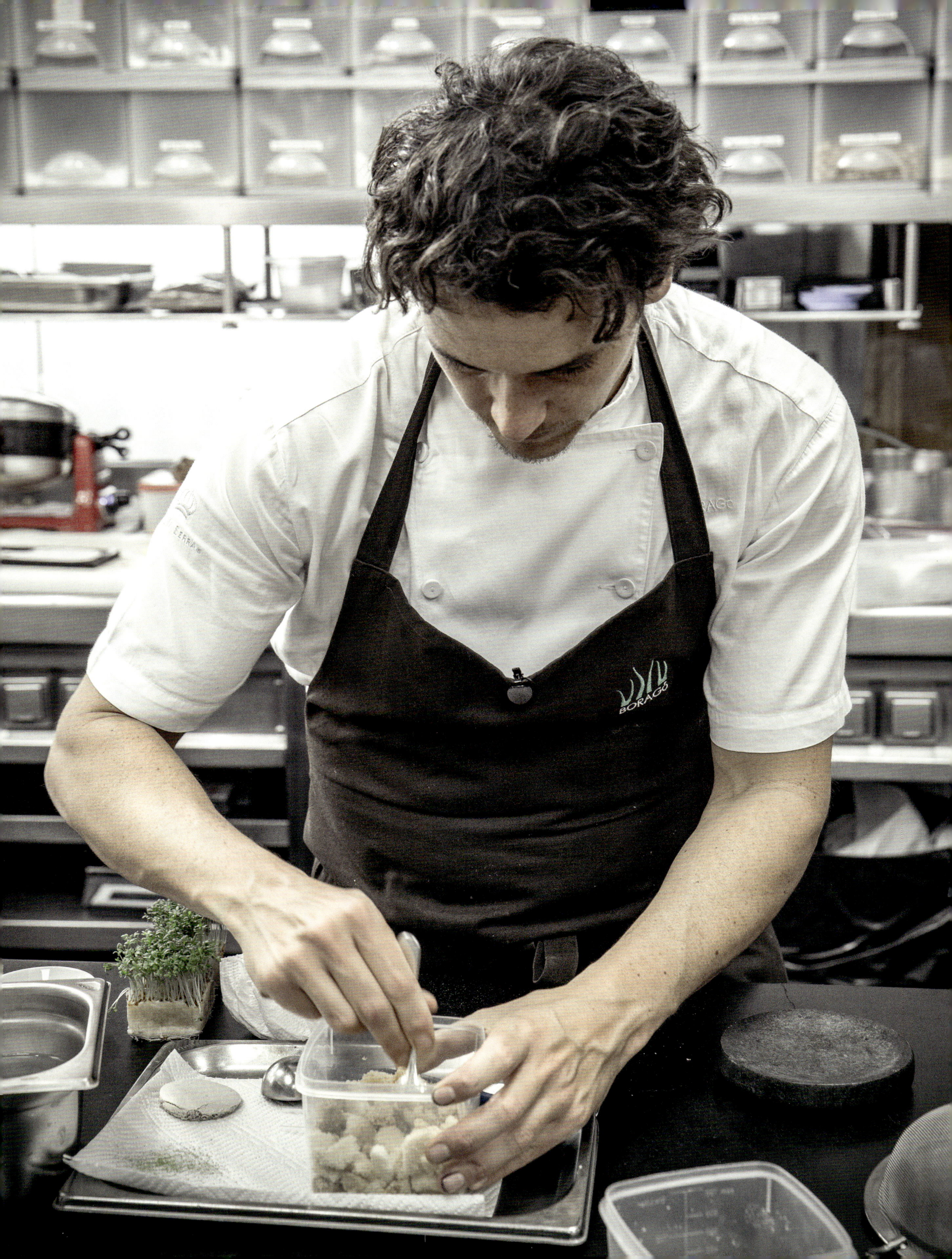
BORAGÓ

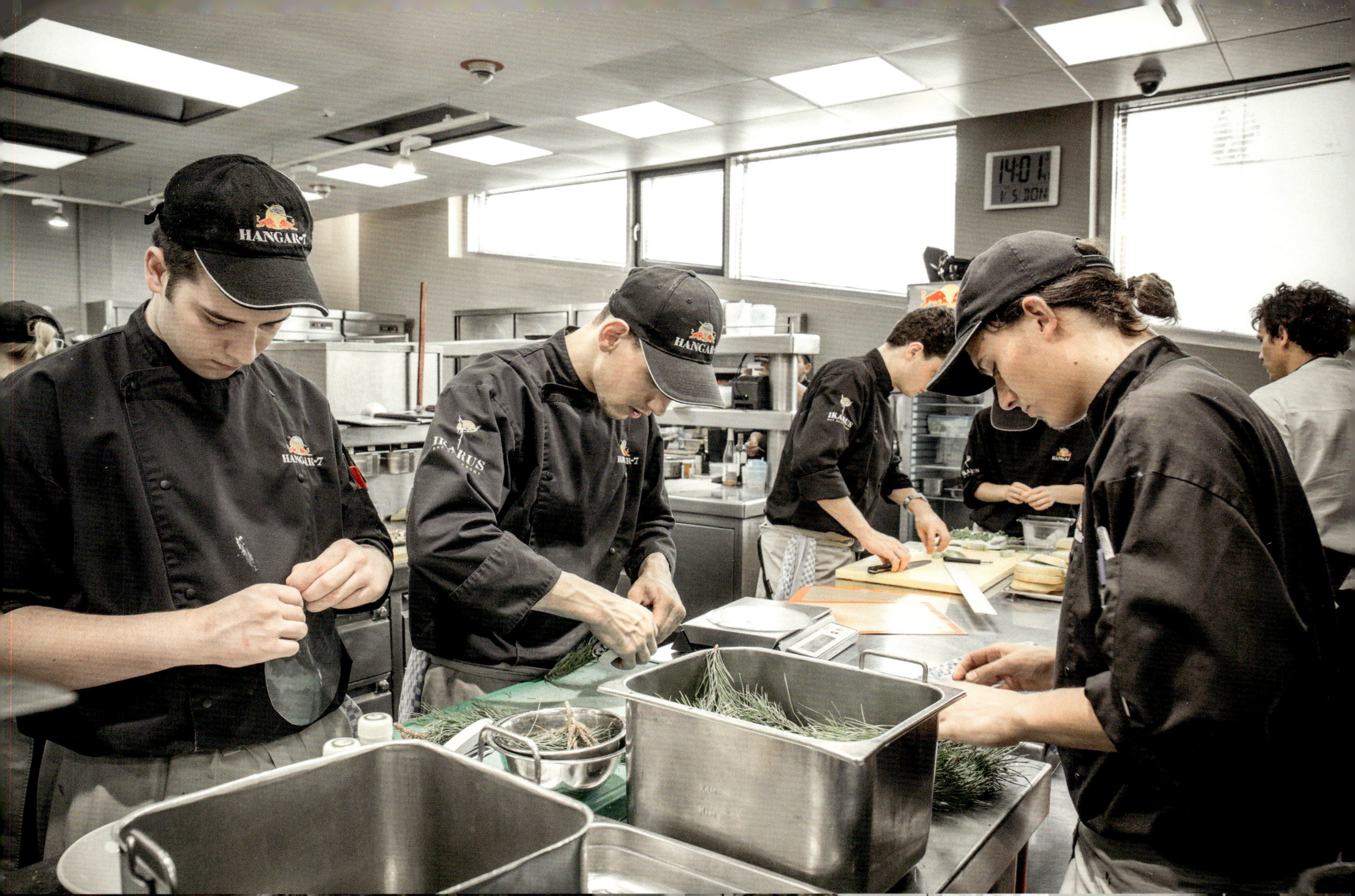
HANGAR-7
IKARUS
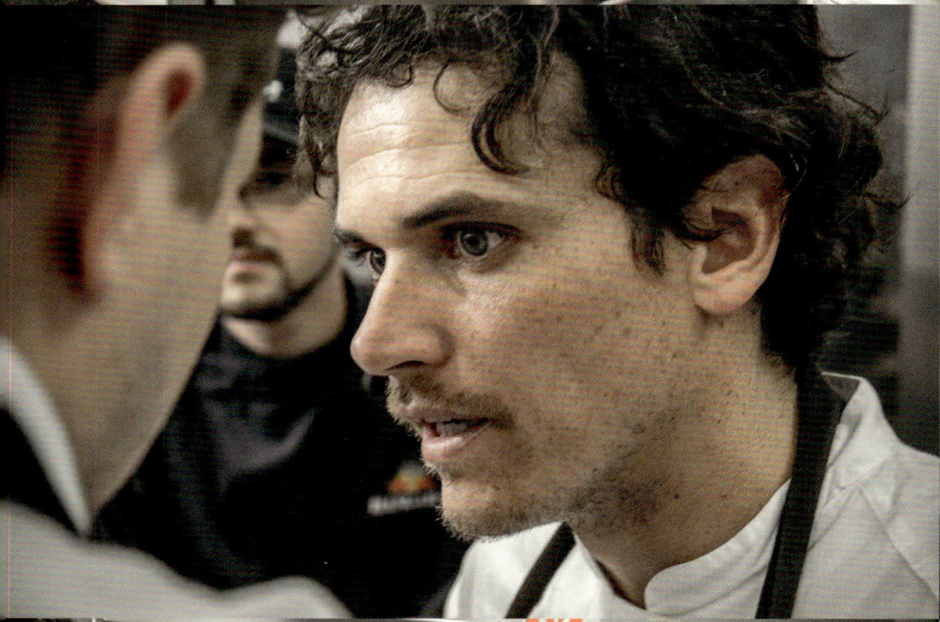
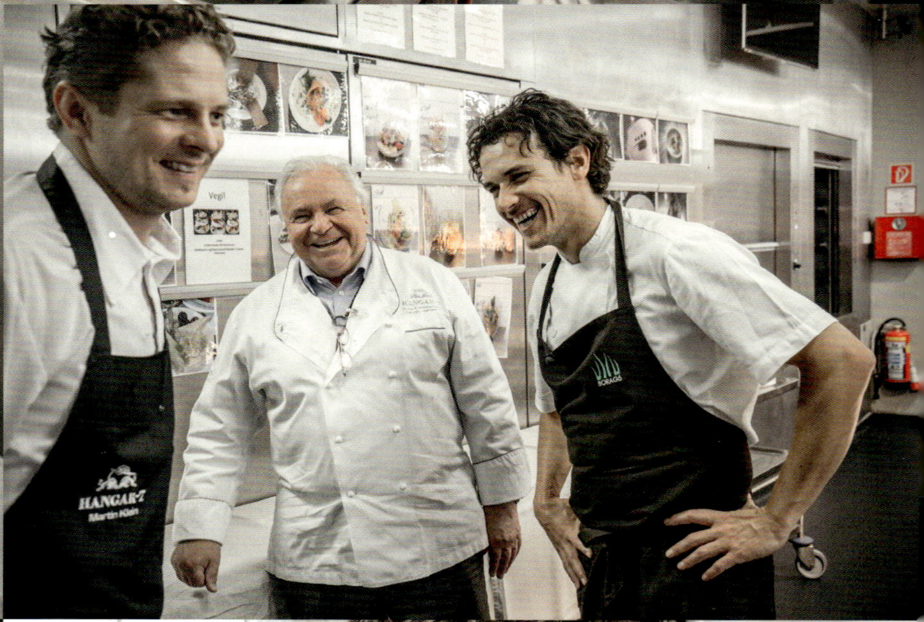
HANGAR-7
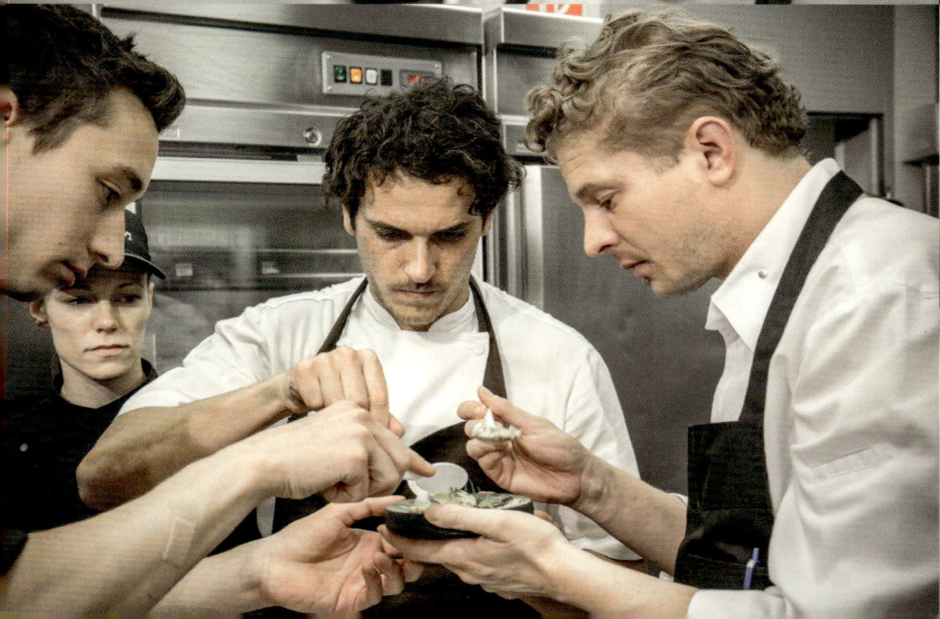
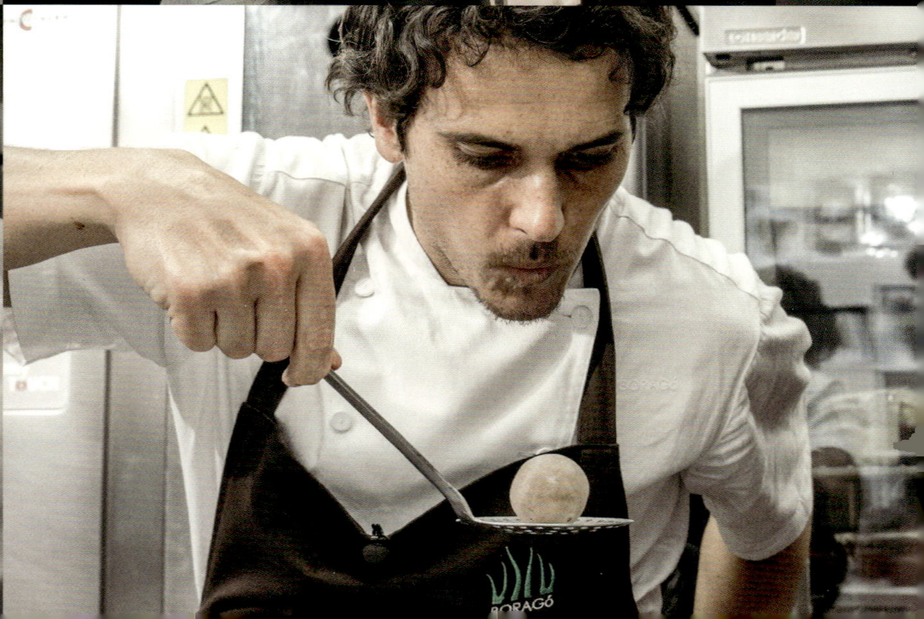
BORAGÓ

MENÜ

Melone / Süßwein
Königskrabbe / Tortilla
Garnelenchips
Gänseleber Berliner
Kartoffel / Alge

Sautierte Messermuscheln mit Mönchsbart
und fermentiertem Joghurt

Cremiges Salicornia mit Erbsen und Bohnenblüten

Topinambur mit Waldpilzen und Maiwipfel

Gegrillter Langostino mit Austerncreme und Alge

Seeteufel in Tempura gebacken mit Bohnenpüree
und Zitronenbouillon

Geschmorte Milchkalbsrippe

Maibock mit Bete und Schokolade

Maquis, Veilchen, Joghurt

Dessert aus der Atacamawüste

Espino-Kaffee mit flüssiger Bitterschokolade

Sautierte Messermuscheln mit Mönchsbart und fermentiertem Joghurt

Fermentierter Joghurt
- 1 l frische Vollmilch
- 1 Kefir-Pilz

Brotbrösel
- 100 g frische Blattpetersilie
- 100 g frische Spinatblätter
- 100 g frische Korianderblätter
- 50 g Koriandersamen
- 30 g Merkén (chilenisches geräuchertes Chilipulver)
- 175 ml Wasser
- 1 Msp. Sepiatinte
- 300 g helles Weizenmehl
- 150 g Weizenvollkornmehl
- 5 g Salz
- 10 g frische Hefe

Messermuscheln
- 12 frische Messermuscheln
- neutrales Pflanzenöl zum Braten
- Salz

Mönchsbart & Wildspargel
- 200 g frischer Mönchsbart
- 120 g frischer Wildspargel
- neutrales Pflanzenöl zum Braten
- 100 ml Geflügelbrühe
- Salz

Anrichten
- einige Portulakblättchen
- einige gelbe Tagetesblüten

Fermentierter Joghurt
Die Vollmilch mit dem Kefir-Pilz vermengen und einmal aufkochen lassen. Die Milch in einen Kunststoffbehälter füllen, auf 20 °C abkühlen lassen und zugedeckt 24 Stunden bei 25 °C ruhen lassen. Die fermentierte Joghurtmasse durch ein feines Sieb passieren, dann in ein Passiertuch füllen und im Kühlschrank 1 Tag abhängen lassen. Den cremigen, fermentierten Joghurt in eine Kunststoffspritzflasche füllen und kalt stellen.

Brotbrösel
Die Blattpetersilie, die Spinatblätter, die Korianderblätter, die Koriandersamen und das Merkén in einen Mixer geben. 125 ml Wasser zugeben und alles zusammen gut durchmixen. Dann die Sepiatinte untermixen. Das Weizenmehl, das Weizenvollkornmehl und das Salz in einer Rührschüssel vermischen. Die frische Hefe in 50 ml lauwarmem Wasser auflösen und zusammen mit der Kräutermasse zu der Mehlmischung geben. Alles zusammen in der Knetmaschine ca. 5–8 Minuten zu einem kompakten Teig verkneten, nach Bedarf noch etwas lauwarmes Wasser zugeben. Der Teig sollte sich zum Schluss gut vom Schüsselrand lösen. Den Teig zugedeckt 60 Minuten bei Raumtemperatur gehen lassen, dann mit den Händen durchkneten und zu einem runden Laib formen. Den Laib auf ein mit Backpapier belegtes Backblech setzen und nochmals zugedeckt 30 Minuten gehen lassen. Das Brot im auf 180 °C (Ober-/Unterhitze) vorgeheizten Backofen ca. 60 Minuten backen. Das abgekühlte Brot in kleine Stücke zerteilen, auf einem Backblech verteilen und im Backofen bei 60 °C (Ober-/Unterhitze) 12 Stunden trocknen lassen. Die Brotstücke im Mixer zu Bröseln zermahlen.

Messermuscheln
Das Muschelfleisch aus den Schalen lösen und säubern. Die ausgelösten Messermuscheln auf Eis legen. Kurz vor dem Anrichten die Messermuscheln mit etwas Pflanzenöl auf der heißen Grillplatte sehr kurz und sehr scharf anbraten, dann leicht salzen und sofort anrichten.

Mönchsbart & Wildspargel
Den geputzten Mönchsbart in einer Pfanne mit etwas Pflanzenöl kurz sautieren. 50 ml Geflügelbrühe zugeben und kurz dünsten. Je nach Bedarf leicht salzen und sofort anrichten. Den geputzten Wildspargel ebenfalls kurz sautieren, mit der restlichen Geflügelbrühe ablöschen, leicht salzen und sofort anrichten.

Anrichten
Je 3 Messermuscheln auf 4 Teller legen, darauf den Mönchsbart und den Wildspargel verteilen. In die Zwischenräume kleine Tupfen fermentierten Joghurt spritzen. Dann mit Brotbröseln bestreuen. Zum Schluss mit einigen Portulakblättchen und Tagetesblüten garnieren.

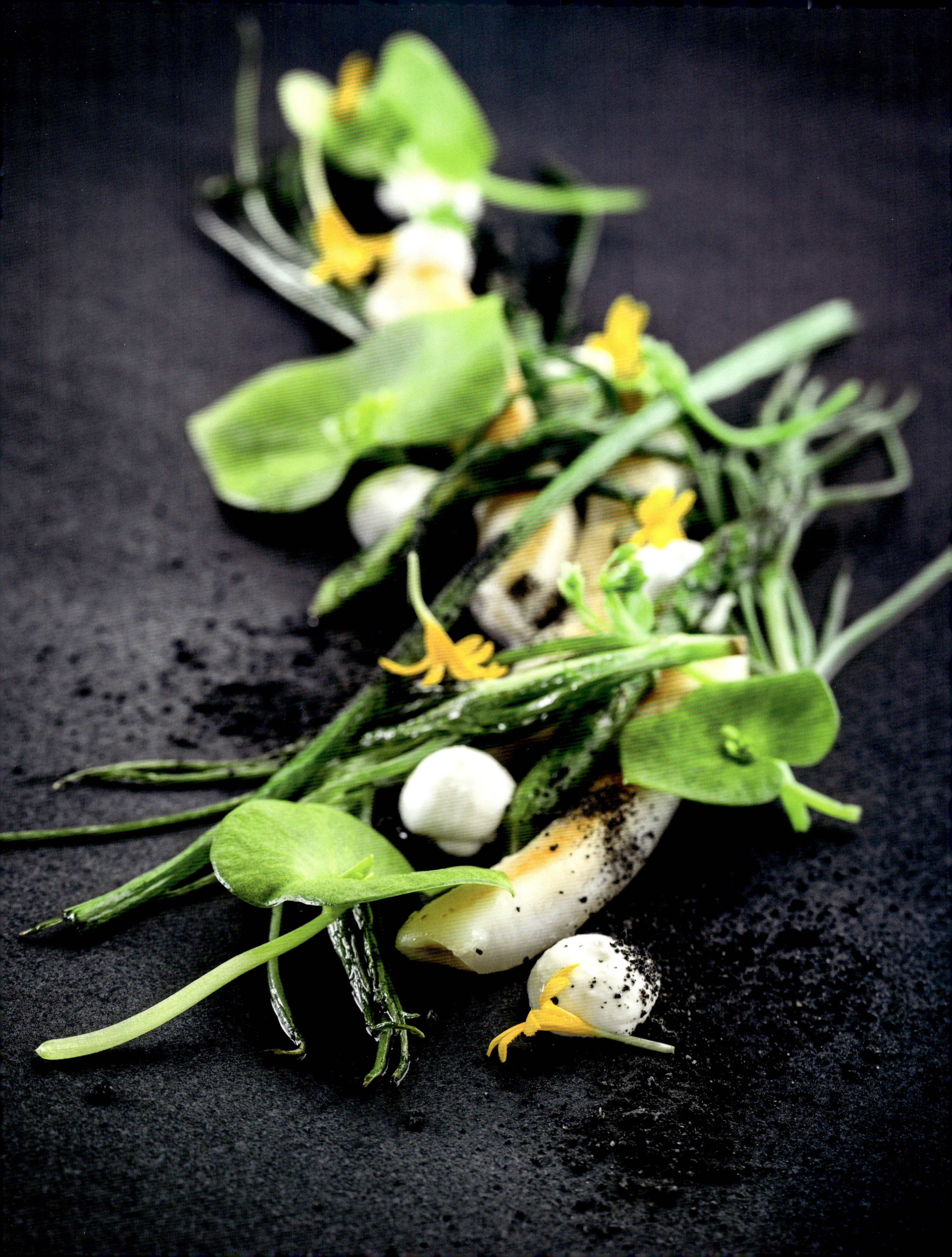

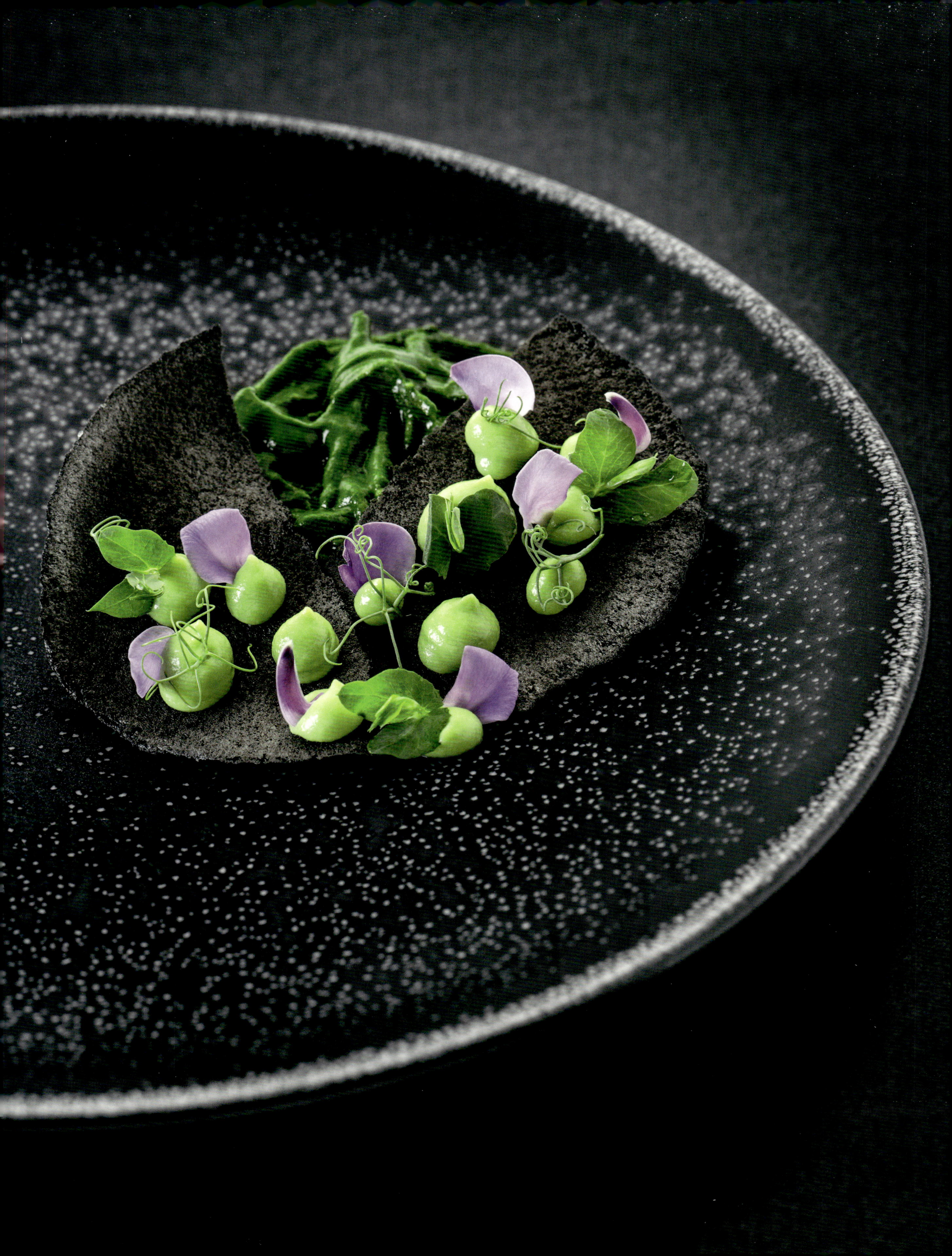

Cremiges Salicornia mit Erbsen und Bohnenblüten

Erbsenpüree
- 100 g frisch gepalte Erbsenkerne
- Salz

Oblaten
- 100 g helles Weizenmehl
- 70 ml Wasser
- 10 g Sepiatinte

Cremiges Salicornia
- 1 EL Olivenöl
- 160 g frische Salicornia-Spitzen (Meeresspargel)
- 80 g frisches Spinatpüree
- 20 g Butter
- 20 g milder Käse (Emmentaler), frisch gerieben
- Salz

Anrichten
- etwas Affilla-Kresse
- einige Bohnenblüten

Erbsenpüree

Die Erbsenkerne in Salzwasser weich kochen und anschließend in Eiswasser abschrecken. Die weichen Erbsenkerne mit etwas Kochwasser fein mixen und mit Salz abschmecken. Das Erbsenpüree abkühlen lassen, in einen kleinen Spritzbeutel füllen und kalt stellen.

Oblaten

Das Weizenmehl, das Wasser und die Sepiatinte zu einem glatten Teig vermengen. Je 15 g Teig abstechen und nacheinander in einem heißen Sandwichmaker mit glatter Grillfläche zu dünnen, knusprigen Oblaten ausbacken.

Cremiges Salicornia

Das Olivenöl in einer Sauteuse erhitzen. Die geputzten Salicornia-Spitzen zugeben und kurz sautieren. Das frische Spinatpüree unterrühren und erhitzen. Die Butter und den frisch geriebenen Emmentaler zugeben und cremig binden. Das cremige Salicornia mit Salz abschmecken und warm anrichten.

Anrichten

Das cremige Salicornia auf 4 Teller verteilen. Die Oblaten in große Stücke brechen und an das cremige Salicornia lehnen. Darauf 12–15 verschieden große Tupfen kalten Erbsenpürees spritzen. Zum Schluss mit etwas Affilla-Kresse und einigen Bohnenblüten garnieren.

Geschmorte Milchkalbsrippe

Milchkalbsrippe
- 1,2 kg Milchkalbsrippe mit Rippenknochen
- 2–3 EL reduzierte Vollmilch
- Salz
- frisch gemahlener schwarzer Pfeffer

Milchchips
- 200 ml Vollmilch

Anrichten
- 4 kleine Eukalyptus-Aststücke
- etwas Eukalyptus-Aromaessenz
- einige kleine Kleeblätter

Milchkalbsrippe

Die Milchkalbsrippe vakuumieren und im Wasserbad bei konstant 72 °C 40 Stunden garen. Die gegarte Milchkalbsrippe im Vakuumierbeutel abkühlen lassen, dann das Fleisch entnehmen und die Rippenknochen auslösen. Den Schmorsaft auffangen. Die ausgelöste Milchkalbsrippe kalt stellen. Vor dem Anrichten das Fleisch in 60 g große Stücke schneiden. Den Schmorsaft in einem Topf zu einer Glace einreduzieren lassen und mit der reduzierten Vollmilch verfeinern. Die Glace mit Salz und frisch gemahlenem Pfeffer würzen. Die Milchkalbstücke im Backofen bei 60 °C erwärmen und anschließend in der Glace rundherum glacieren. Das Fleisch sofort anrichten.

Milchchips

Eine beschichtete Pfanne erhitzen. Jeweils 2–3 mm hoch Vollmilch in die Pfanne gießen und solange einkochen, bis eine karamellfarbene Haut entsteht. Die karamellisierte Milchhaut vorsichtig aus der Pfanne lösen und auf Backpapier aushärten lassen. Vor dem Anrichten die Milchchips in grobe Stücke brechen.

Anrichten

Die Eukalyptus-Aststücke mit etwas Eukalyptus-Aromaessenz besprühen. Je ein Aststück auf einen flachen Teller legen. Je ein Milchkalbsrippenstück auf die Teller setzen und mit etwas Glace umkränzen. Das Fleisch mit einigen Milchchips ummanteln. Zum Schluss mit einigen Kleeblättern garnieren.

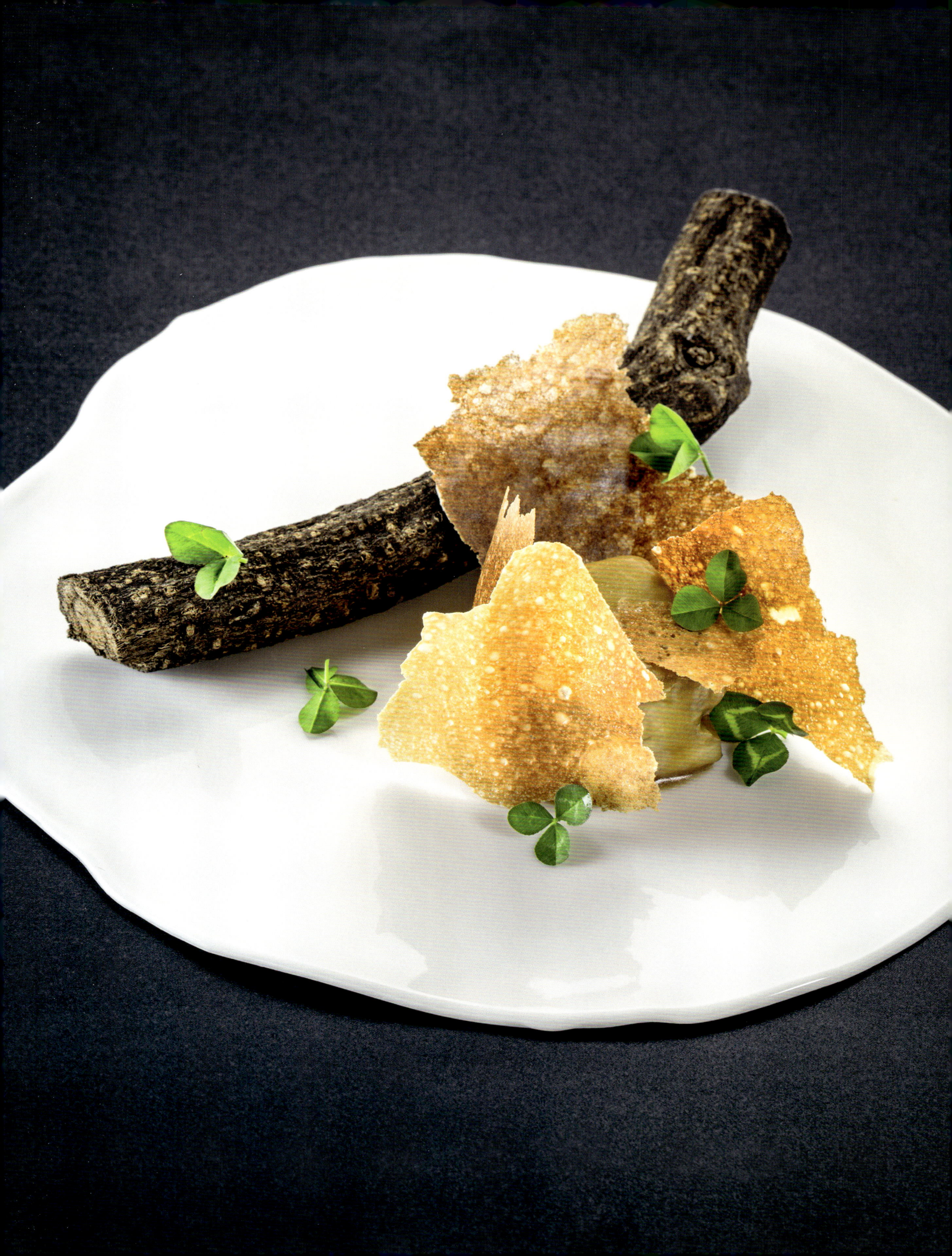

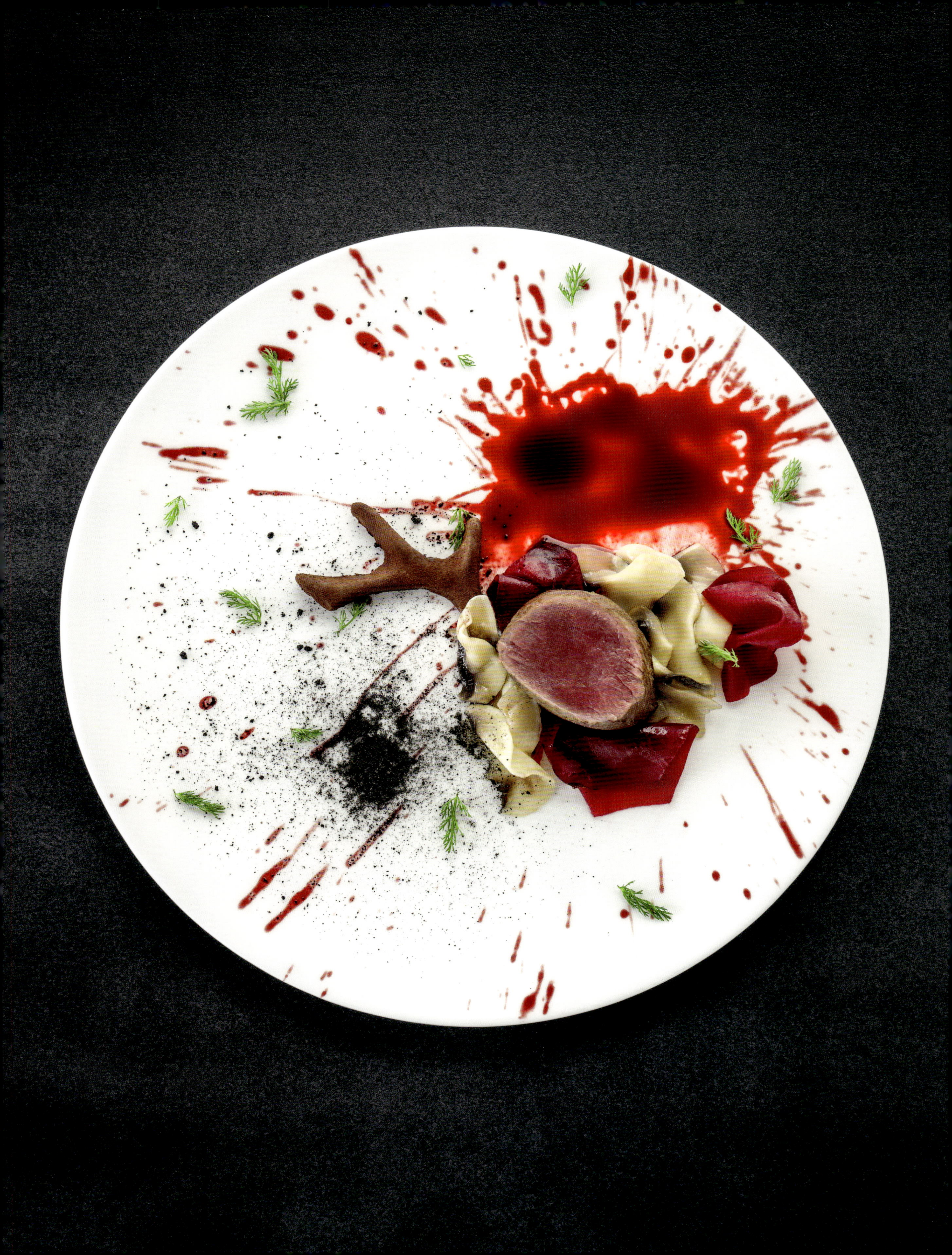

Maibock mit Bete und Schokolade

Rote Bete
- 1 große Rote Bete
- Salz
- 1 EL Sonnenblumenöl

Maibock
- 400 g ausgelöster Maibockrücken
- 1 EL Sonnenblumenöl
- Salz
- frisch gemahlener schwarzer Pfeffer

Schokoladen-Geweih
- 80 g flüssige dunkle Schokolade (70 % Kakaoanteil)
- etwas Kakaopulver
- Silikon-Negativform (in Abbild eines kleinen Geweihs)

Champignons
- 3 große frische Champignons
- 1 EL Sonnenblumenöl
- Salz

Anrichten
- etwas fermentierter Rote-Bete-Saft
- einige feine Schafgarben-Spitzen

Rote Bete
Die ungeschälte Rote Bete über einem heißen Holzkohlegrill ca. 3 Stunden weich garen, dabei öfter wenden. Die gegrillte Rote Bete abkühlen lassen, schälen und in hauchdünne Scheiben schneiden. Die Rote-Bete-Scheiben mit Salz würzen und mit etwas Sonnenblumenöl abglänzen.

Maibock
Den ausgelösten Maibockrücken vakuumieren und im Wasserbad bei konstant 62 °C 7–8 Minuten garen, dann 5 Minuten ruhen lassen. Den Maibockrücken aus dem Vakuumierbeutel nehmen, trocken tupfen und im heißen Sonnenblumenöl rundherum kurz anbraten. Zum Schluss mit Salz und frisch gemahlenem Pfeffer würzen und in 4 Portionen schneiden.

Schokoladen-Geweih
Die flüssige Schokolade in die Silikon-Negativform gießen und glatt streichen. Die Form in Eiswasser legen, sobald die Schokolade fest ist, das Schokoladen-Geweih aus der Form brechen und trocken tupfen. Auf diese Weise 4 Schokoladen-Geweihe vorbereiten. Kurz vor dem Anrichten die Schokoladen-Geweihe mit Kakaopulver übersieben.

Champignons
Die Champignons putzen, in dünne Scheiben schneiden und kurz in heißem Sonnenblumenöl sautieren. Zum Schluss die Champignonscheiben salzen.

Anrichten
Je 1 Stück Maibockrücken auf 4 Teller setzen. Rundherum die sautierten Champignonscheiben und einige marinierte Rote-Bete-Scheiben verteilen. Je 1 Schokoladen-Geweih auf die Teller legen. Zum Schluss mit fermentiertem Rote-Bete-Saft bespritzen und mit feinen Schafgarben-Spitzen garnieren.

Dessert aus der Atacamawüste

Rica-Rica-Eis
- 200 ml Vollmilch
- 100 g Sahne
- 52 g Magermilchpulver
- 10 g Glukosesirup
- 12 g Dextrosepulver
- 50 g Kristallzucker
- 1 g Pectagel rose (Eisstabilisator)
- 2 g Rica-Rica (chilenisches Heilkraut, pulverisiert)

Crumbles
- 50 g Butter
- 50 g gemahlene, blanchierte Mandelkerne
- 50 g Puderzucker
- 50 g helles Weizenmehl

Macarons
- 100 g gemahlene, blanchierte Mandelkerne
- 100 g Puderzucker
- 80 g Eiweiß
- 100 g Kristallzucker
- 25 g Wasser
- 1 Msp. Metallic-Pulver (bronze)
- 7 Tropfen schwarze Lebensmittelfarbe

Anrichten
- etwas Arrope-Sirup
- Rica-Rica-Pulver, in ein Strumpfsieb gefüllt
- etwas Gartenkresse

Rica-Rica-Eis
Die Vollmilch und die Sahne auf 25 °C erwärmen, dann das Magermilchpulver unterrühren. Sobald die Flüssigkeit 30 °C erreicht hat, den Glukosesirup und das Dextrosepulver unterrühren. Den Zucker mit dem Pectagel rose vermischen und bei 35 °C unter die Flüssigkeit rühren. Alles zusammen unter Rühren auf 85 °C erhitzen, dann vom Herd nehmen und über einem Eiswürfelbad auf 50 °C abkühlen lassen. Das Rica-Rica-Pulver unterrühren, dann alles kalt rühren. Die Eismasse in einen Pacojet-Becher füllen und 12 Stunden tiefkühlen. Vor dem Anrichten den gefrorenen Pacojet-Becher in den Pacojet setzen und den Inhalt zu Eis verarbeiten. (Alternativ die gut gekühlte Flüssigkeit in einer Eismaschine zu Eis verarbeiten.)

Crumbles
Die Butter, die gemahlenen Mandelkerne, den Puderzucker und das Weizenmehl zu einem glatten Teig verkneten. Den Teig ca. 1 cm dick auf Backpapier ausrollen und auf ein Backblech legen. Die Teigplatte im auf 165 °C (Ober-/Unterhitze) vorgeheizten Backofen 8 Minuten backen, dann abkühlen lassen und in kleine Stücke zerbröseln. Die Crumbles luftdicht aufbewahren.

Macarons
Die gemahlenen Mandelkerne, den Puderzucker und 40 g Eiweiß glatt rühren und beiseitestellen. Den Kristallzucker und das Wasser auf 118 °C erhitzen. Das restliche Eiweiß (40 g), das Metallic-Pulver und die schwarze Lebensmittelfarbe leicht anschlagen. Das Eiweiß weiter schlagen und den heißen Zuckersirup (während die Küchenmaschine läuft) in einem dünnen Strahl hineinlaufen lassen. Dann solange weiter schlagen, bis die Masse auf 50 °C abgekühlt ist. Die Mandelmischung unterheben. Die Macaronmasse in einen Spritzbeutel füllen und 4 Kreise mit einem Durchmesser von 5 cm auf ein mit Backpapier bedecktes Backblech spritzen. Die Macaronkreise 20 Minuten bei Raumtemperatur trocknen lassen, dann im auf 150 °C (Ober-/Unterhitze) vorgeheizten Backofen 8 Minuten backen. Die Macarons abkühlen lassen.

Anrichten
Je 1–2 EL Crumbles in die Mitte von 4 Tellern geben und mit etwas Arrope-Sirup beträufeln. Mit einem Eisportionierer je 1 Halbkugel Rica-Rica-Eis abstechen und auf die Crumbles setzen. Darauf je 1 Macaron legen und andrücken, bis der Macaron bricht und sich Risse bilden. Zum Schluss mit etwas Rica-Rica-Pulver bestäuben und mit etwas Gartenkresse garnieren.

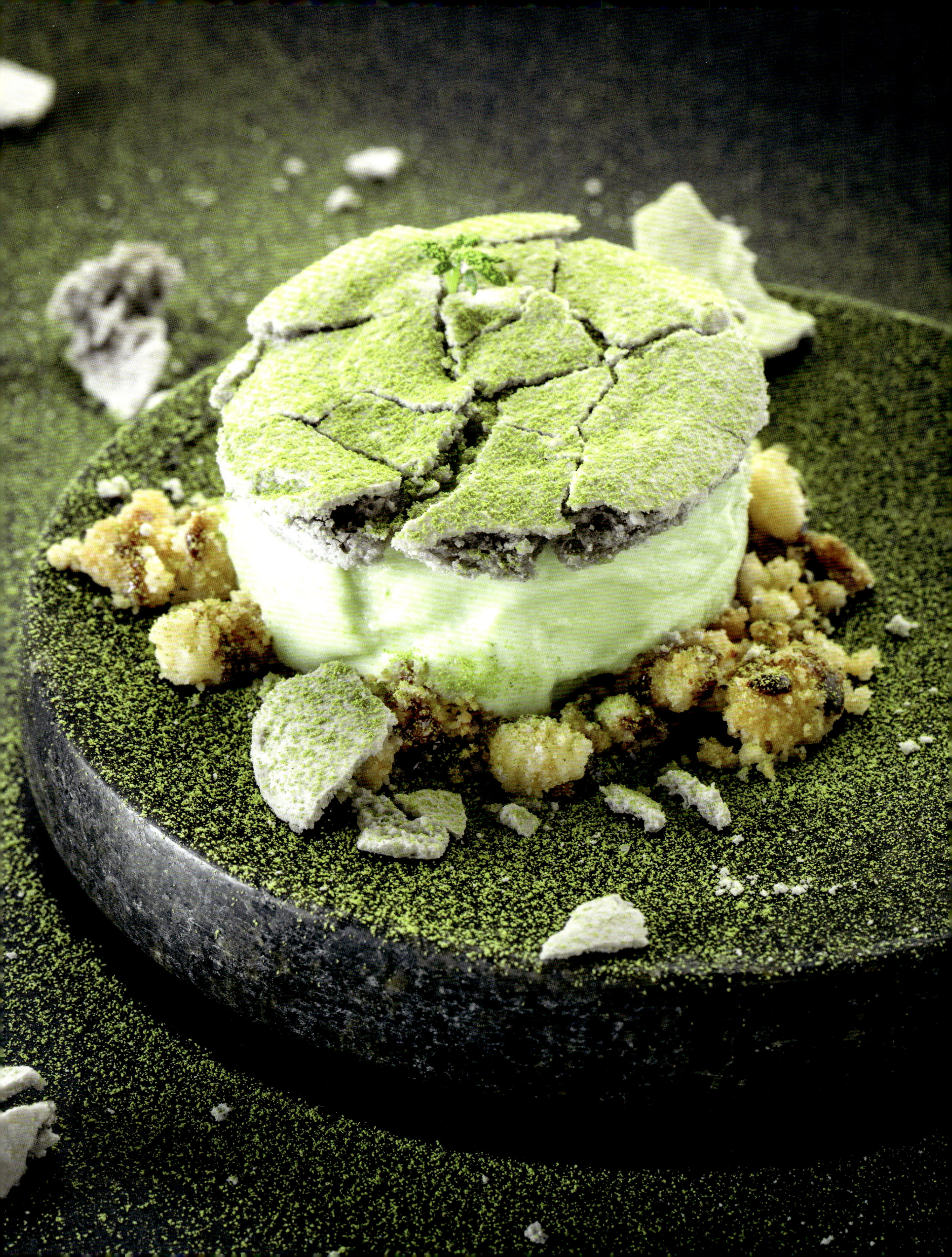

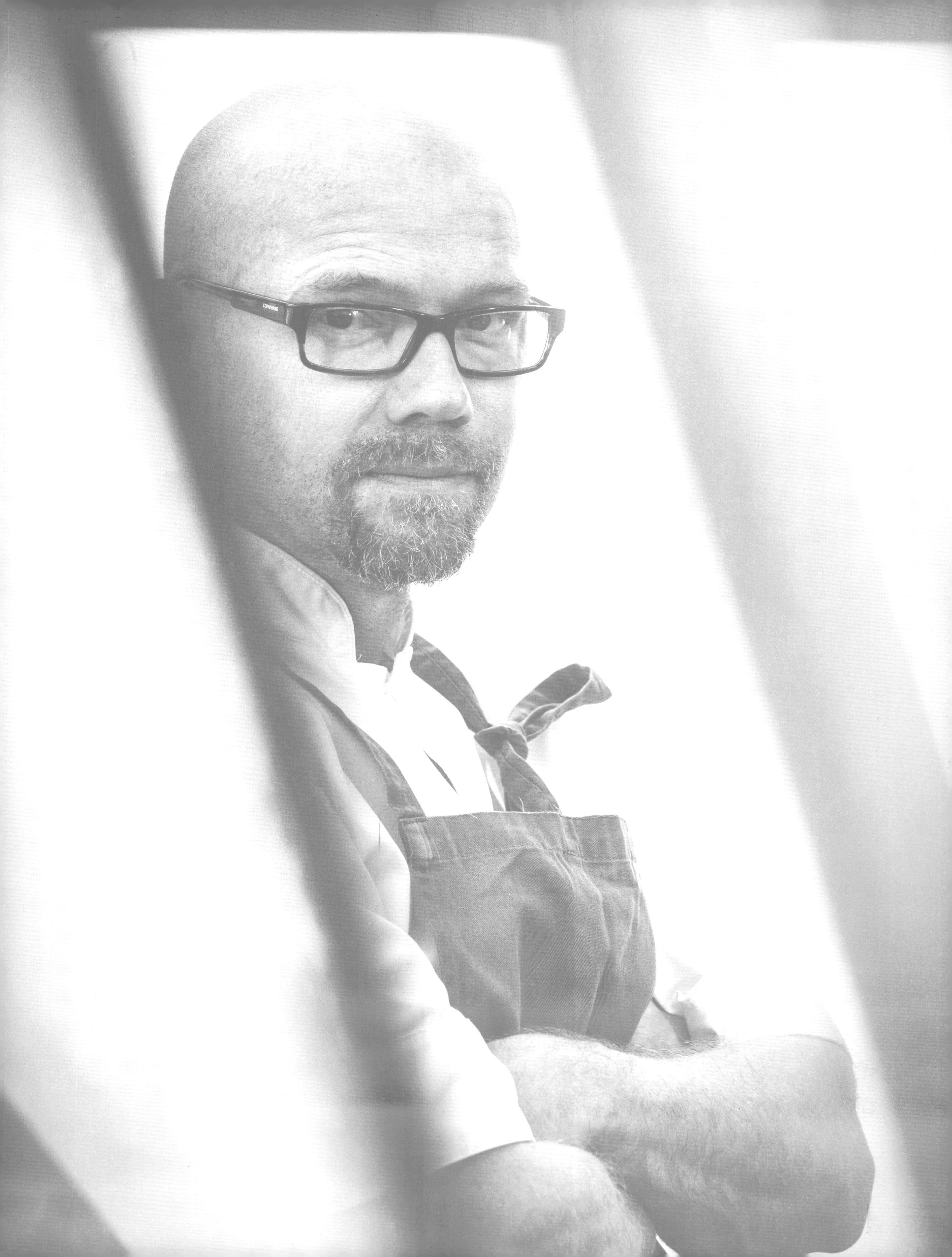

Magnus
EK

Oaxen Krog

Stockholm / Schweden

Der Einzelgänger von der Insel

Nordic-Cooking mit seiner fast schon dogmatisch betonten Regionalität ist nicht nur spannend und kulinarisch wegweisend, nein, es ist auch ein tolles Beispiel für gelungenes Marketing. Ein Gruppe von gleichgesinnten Menschen schließt sich zusammen, postuliert die Gemeinsamkeit zum Manifest und als Sahnehäubchen obendrauf kommt eine staatlich-behördliche Unterstützung in der cleveren Hoffnung, dass der Norden Europas endlich auch kulinarisch auf die Land- und somit Tourismuskarte kommt.

Bei aller Cleverness dieser konzertierten Aktion heißt das aber nicht, dass man da nicht doch durch den Rost fallen könnte. Magnus Ek ist so ein Fall. Der kantig wirkende kahlköpfige Schwede kochte seit vielen Jahren sehr eigenständig und persönlich auf höchstem Niveau – allerdings bis 2013 auf der abgelegenen Insel Oaxen und dort gelang es ihm nicht, bei den führenden internationalen Gourmet-Führern auf den Radar zu kommen.

Ich stand bei Magnus in der Küche, als dann doch die Meldung des ersten Michelin-Sternes eintraf. Und jetzt Magnus Ek live: Er verließ den Herd, sammelte sein Team um sich, es gab einen Kaffee inklusive eines sehr ernst gemeinten Dankes an sein Team dafür, zusammen endlich den heißersehnten Stern erkocht zu haben. Nach zwei Minuten stand Magnus wieder am Herd und arbeitete.

Der ruhige, bedächtige Magnus ist kein Selbstdarsteller, kein Schnell-Redner, kein Profi im Selbst-Marketing. Ein Blick auf seine Hände verrät alles, das sind Kochhände vom Feinsten. Was Kochhände sind? Das sind zupackende Hände voll mit Narben und Brandflecken. Das sind Hände die zeigen, dass auch filigranstes Fine Dining in erster Linie Hand-Werk ist.

Natürlich weiß Magnus Ek auch seinen Kopf einzusetzen. Nach seinem wirtschaftlich sehr sinnvollen Umzug in Stockholms citynahen Nobel-Stadtteil Djurgarden verrät allein die clevere In-house-Kombination des Fine Dining-Restaurants Oaxen Krog und des eher lässigen Slip, wie wirtschaftlich überlegt er mittlerweile agiert.

Zum wirtschaftlichen Aspekt kommt noch hinzu, dass er ein Tüftler und ein Selbst-Macher ist. Der sammelt, sagen wir mal, Pinien-Sprossen, und legt sie ein. Um dann Monate später mal nachzuschauen, was daraus wohl geworden ist. Ich meine, man muss erst einmal auf die Idee kommen, Knoblauch in einem Vakuumbeutel den Winter über in einen drei Meter hohen Komposthaufen einzubuddeln und zu hoffen, dass dem die ständige, milde Wärme gut tut. Eks Hoffnung trog nicht: Sein schwarzer Knoblauch ist um Längen saftiger und geschmacklich voller als all das, was ich aus Asien her kenne. Bevor Magnus auf die Idee mit dem Kompost kam, legte er den Knoblauch übrigens auf die Espresso-Maschine – die hat auch schöne Abwärme. Wie gesagt, ein Tüftler, dem geschmackliches Verändern und zeitliches Verschieben wichtigen Eckpfeiler sind. Sein großes Thema heißt dabei Fermentieren. Ob beim selbst hergestellten Sauerrahm, ob in der eigenen Metzgerei gereifte Salami und Schinken, ob in Essiglake eingelegter Bärlauch, ob bei Nadeln, Sprossen, Flechten, immer setzt Magnus auf die verändernden Prozesse der Enzyme und deren neue Geschmäcker und neue Texturen schaffende Kraft.

Und wenn dann der schwarze Knoblauch als Püree zu einem Kabeljau gereicht wird, dazu noch ein Rote-Bete-Püree und verschiedene Pilze, dann geht das alles hervorragend stimmig auf. Magnus Ek ist dabei in seiner Experimentierfreude mutig bereit, bis an Grenzen zu gehen. Wenn er auf Holzkohle gegrillte Zwiebeln und in Blaubeersaft fermentierte Rosenkohlblätter an einem Wacholderflan mit gebundenem Ochsenblut kombiniert, dann muss man das schon mögen. Und Magnus ist nicht beleidigt, wenn man es nicht mag.

Der Mann, der keine Diva ist, ist mittlerweile nicht nur in der Mitte Stockholms sondern auch im Epizentrum des Nordic-Cookings angekommen. Ich bin mir sicher, dass seine Klasse beider Umstände nicht bedarf. Sein Auftritt im Hangar-7 hat zudem gezeigt, dass er überhaupt gar keine Klassifizierung braucht. Magnus Ek kocht Magnus Ek – das ist kein gelungenes Marketing, das ist einfach nur sehr, sehr gut.

OAXEN
KROG & SLIP

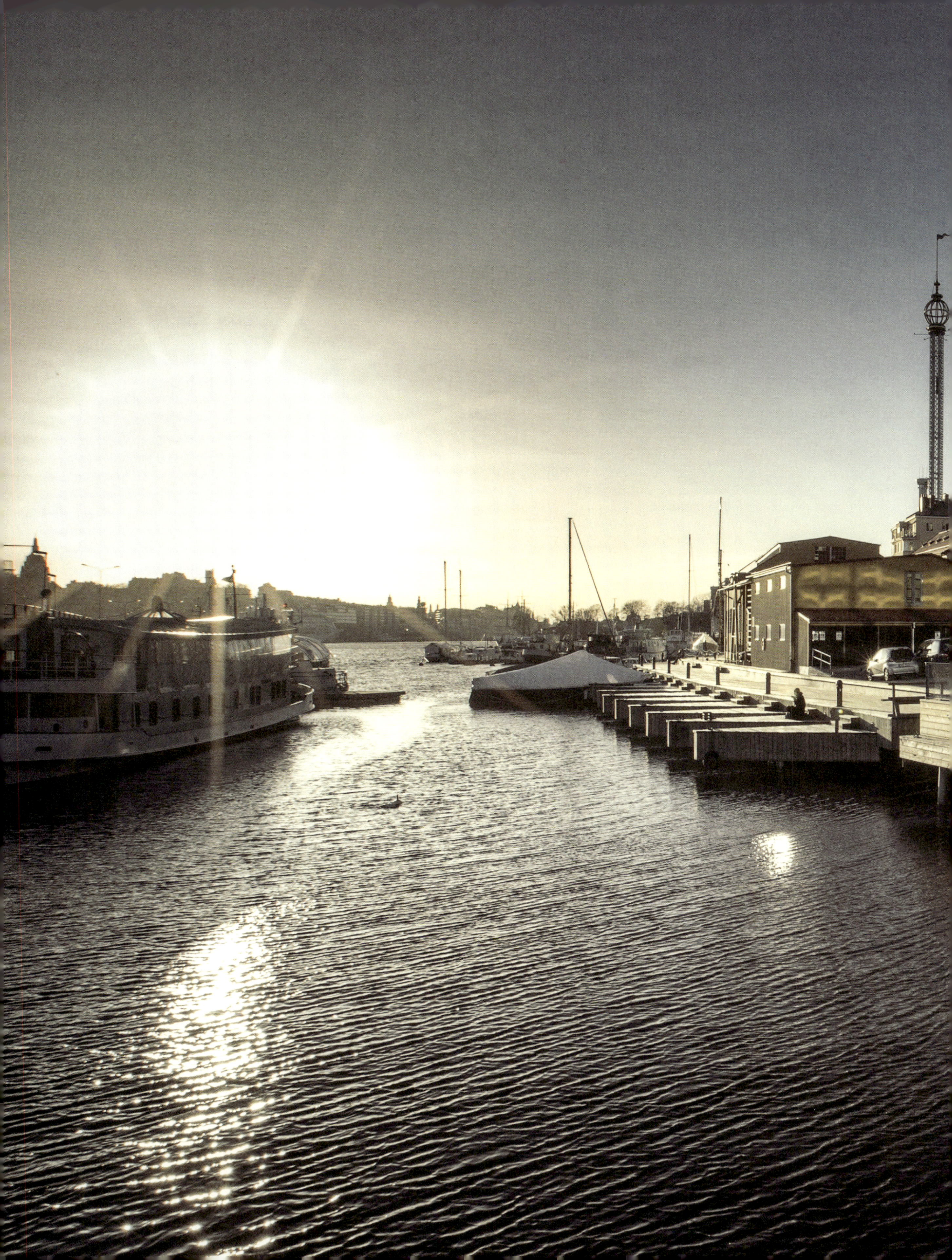

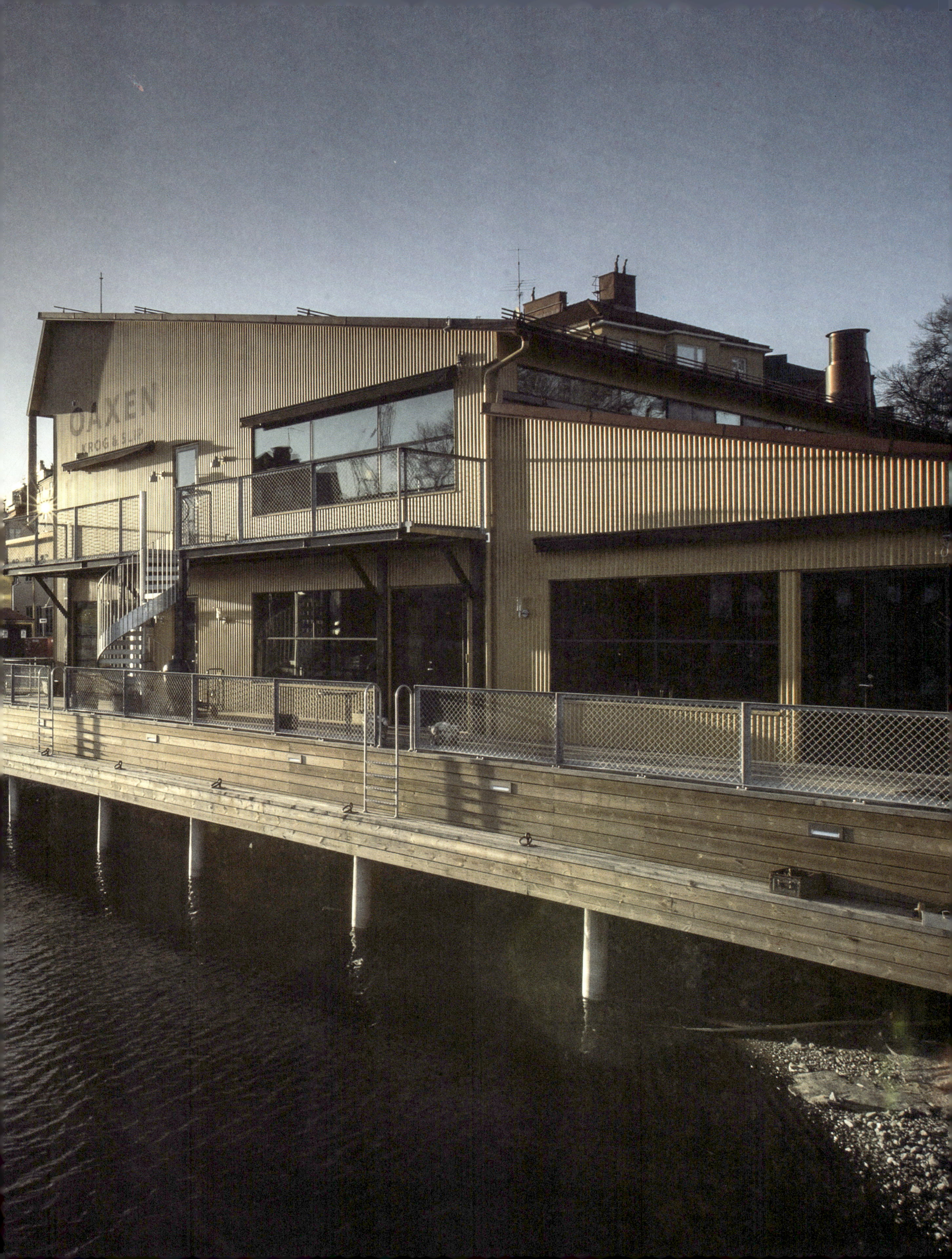
ÖAXEN

Magnus **EK**

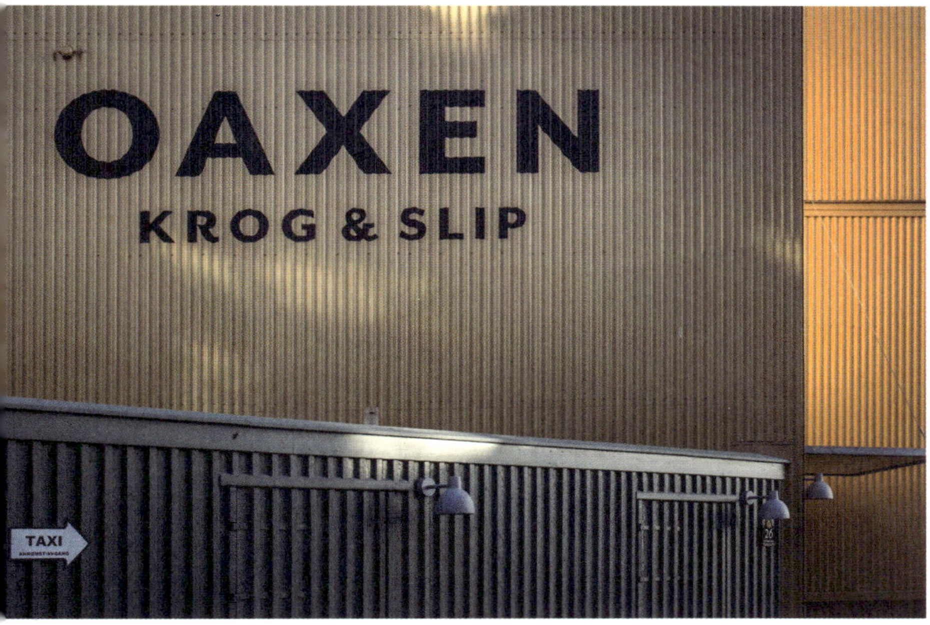
OAXEN
KROG & SLIP
TAXI

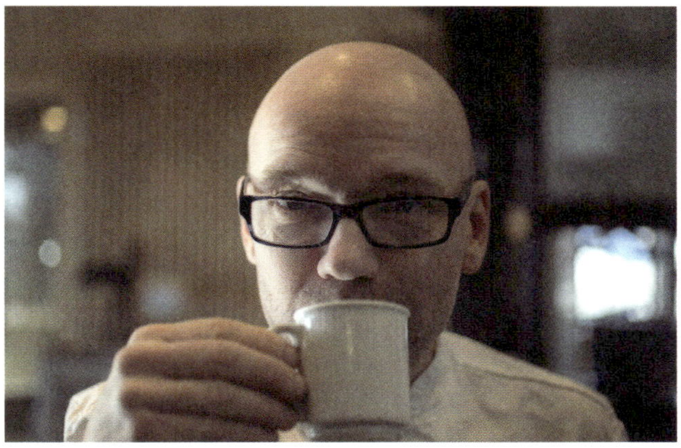

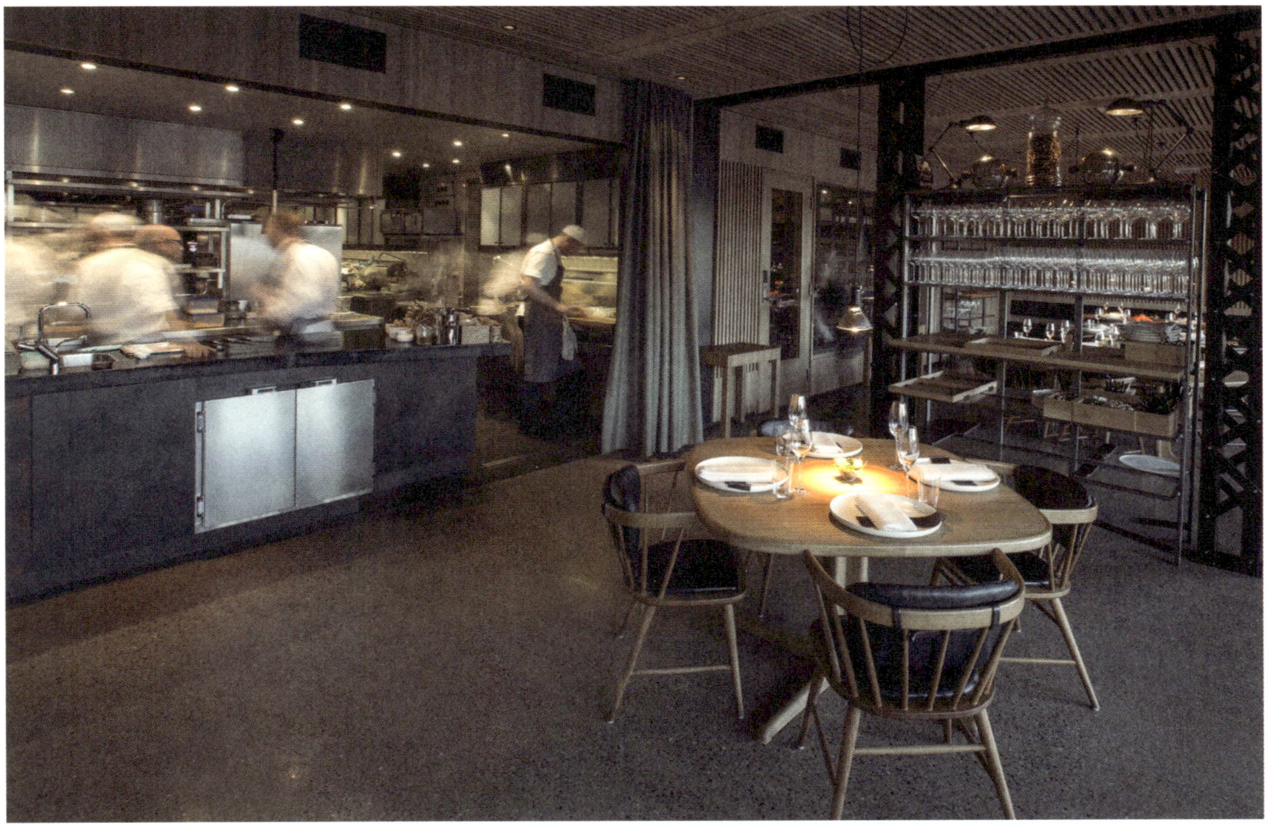

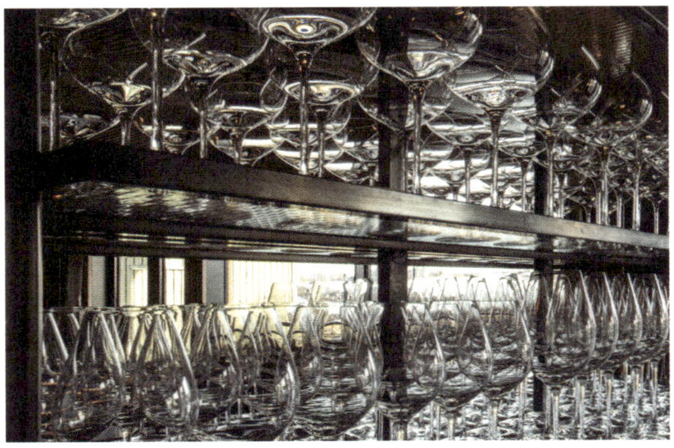

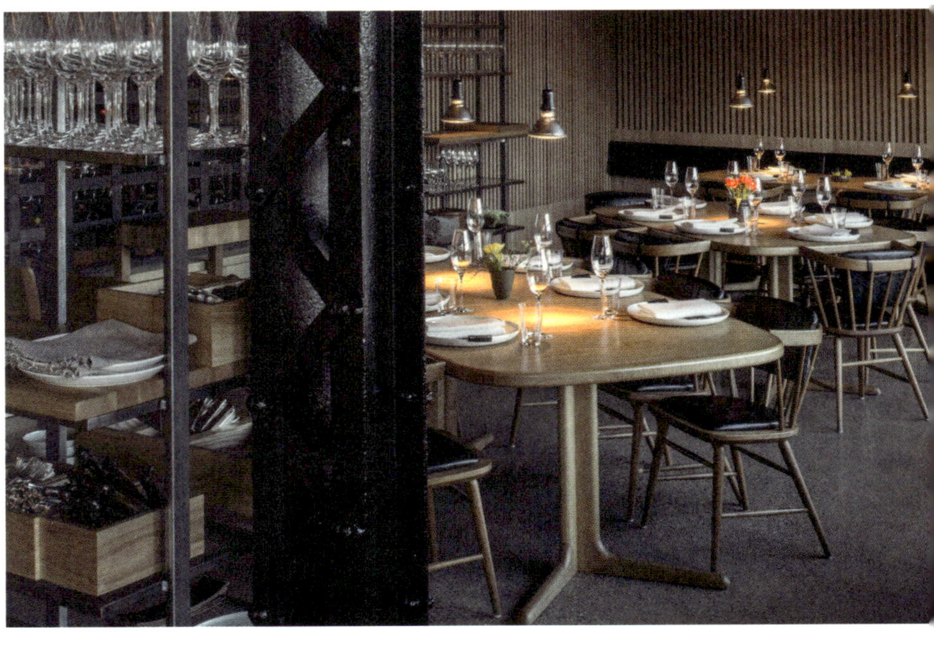

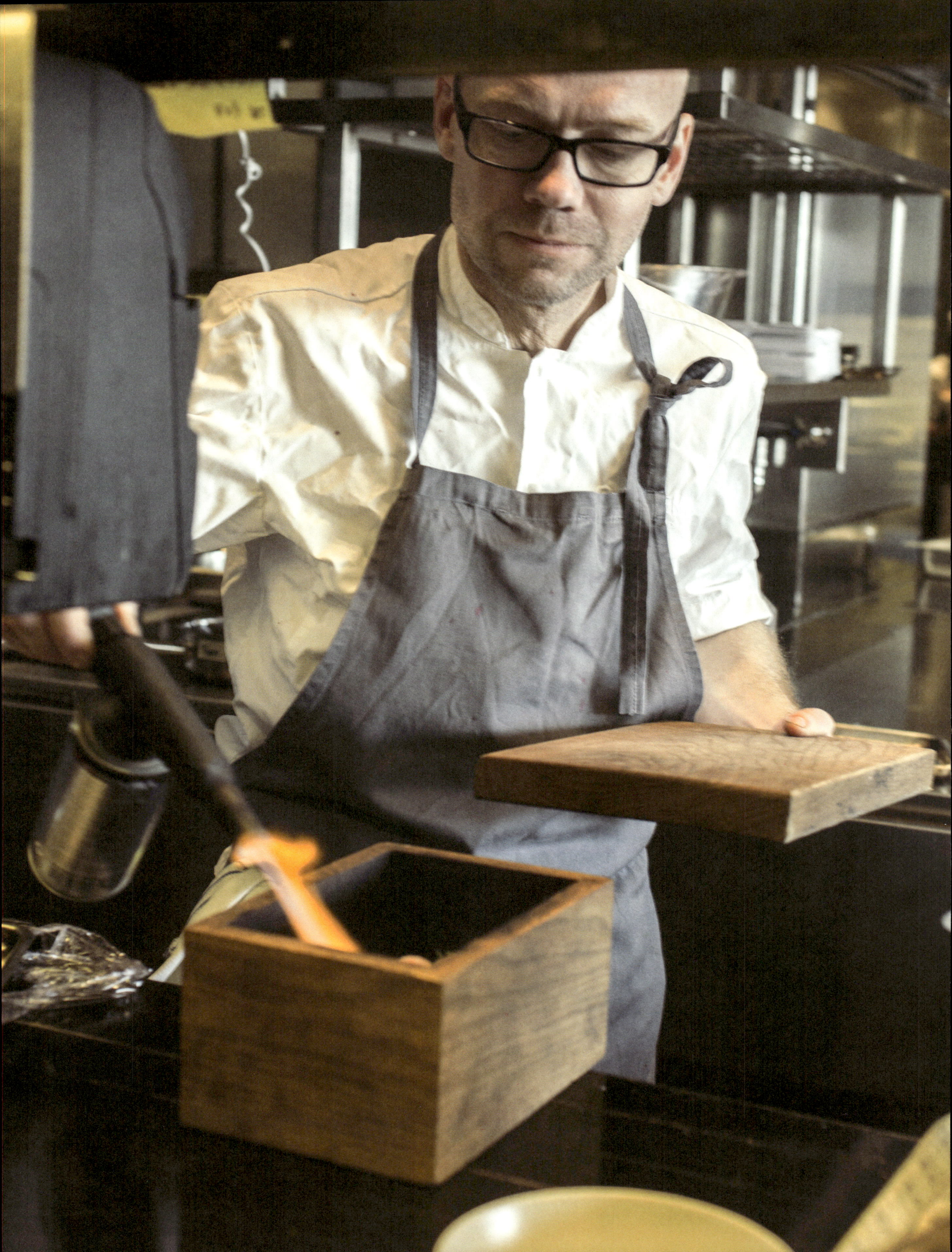

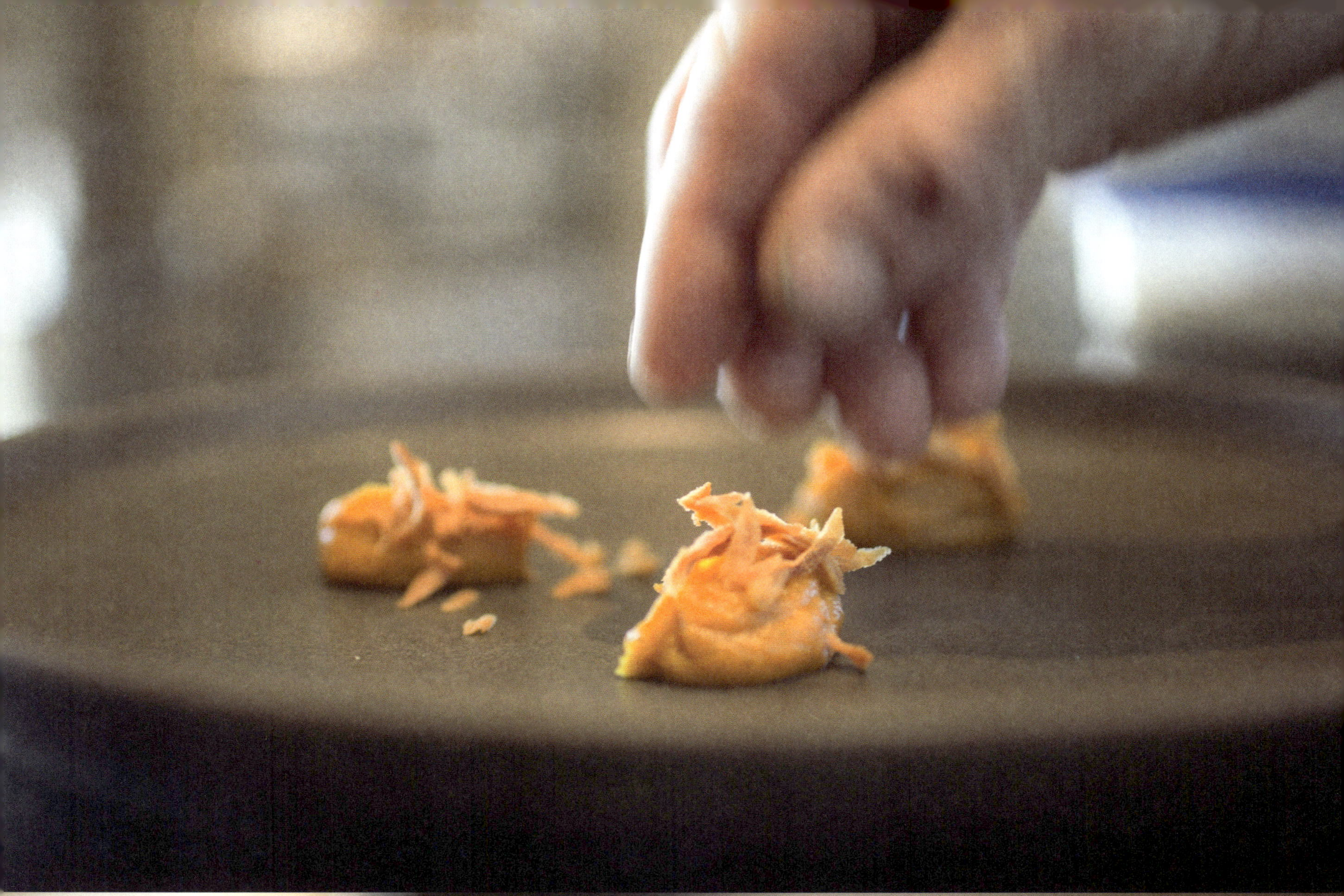
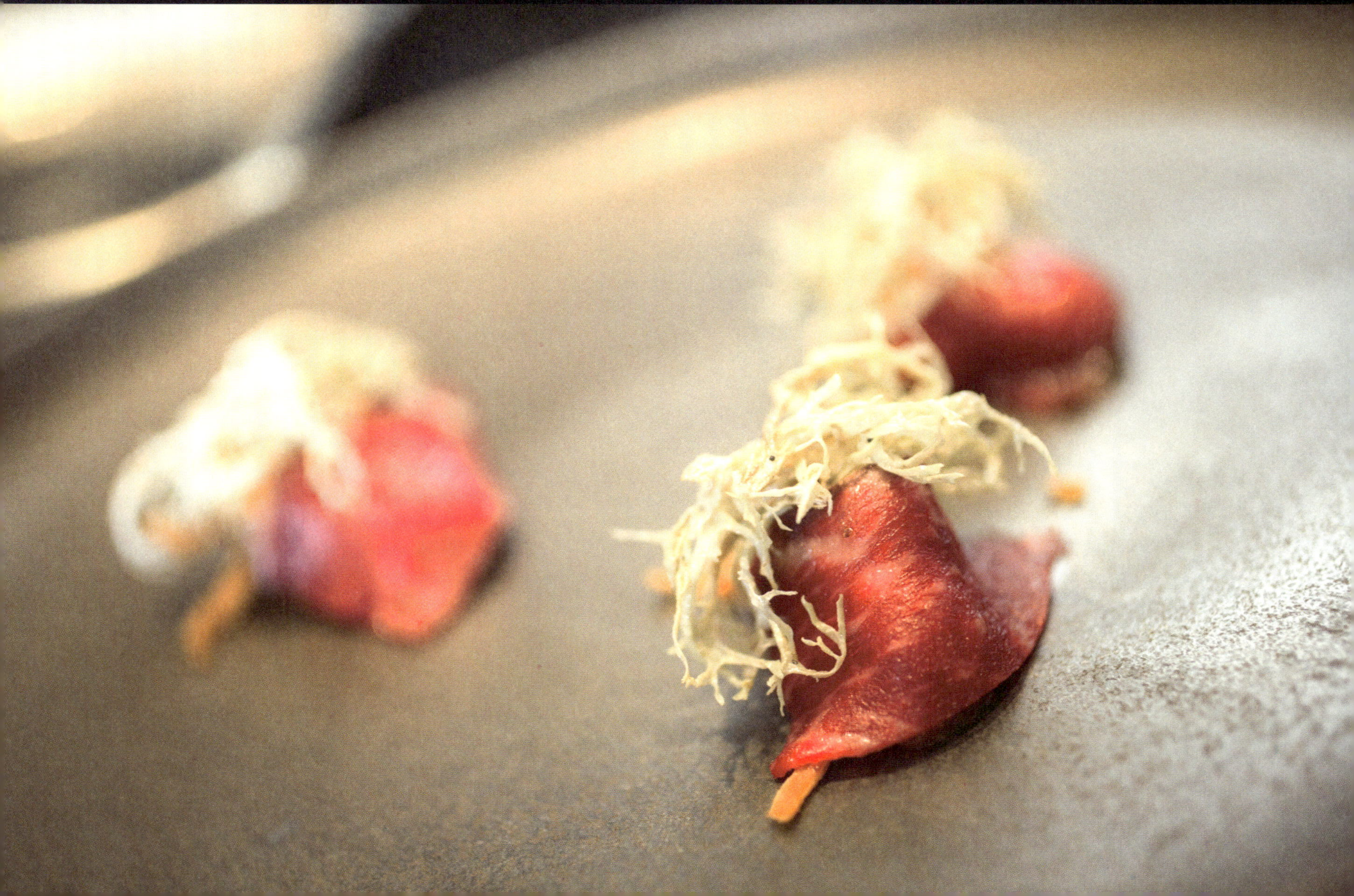

Mit der Beschaffung ist das so eine Sache. Man kennt einen Bauern, der wieder einen anderen kennt. Oder ich frage einen Koch-Kollegen, ob der einen Bauern kennt. Irgendwie klappt das immer, selbst wenn man lokale Artischocken sucht, und die werden nun wirklich nicht oft in Schweden angebaut.

Transportwege sind ein Thema für mich. Ich mag es nicht, wenn Sachen um die ganze Welt gebracht werden, nur um bei mir in der Küche zu landen. Ich habe stattdessen lieber persönlichen Kontakt zu den Bauern und Lieferanten, damit ich weiß, was das für Produkte sind und woher sie kommen.

Die Basis-Techniken im Norden sind Räuchern, Trocknen und Einlegen.

Eine Tasse Kaffee und gute Musik – dann fange ich an, aufzuzeichnen. Und man kann sicher sein, dass es nie so wird, wie es am Anfang gezeichnet wurde. Aber so beginnt es nun mal und ich brauche diesen Anfang, um auf den richtigen Pfad geführt zu werden. Und dieser Pfad wird mich zum Ziel bringen.

Meine Küche ist stark in allem verankert, was mit nordischen Techniken zu tun hat.

Unser Ziel ist das perfekte Spiel zwischen Essen und Wein.

Die Ästhetik eines Gerichts ist bis zum Zeitpunkt des Essens das Wichtigste. Danach ist es nur noch eine Zugabe. Aber ein Gericht sollte schon so aussehen, dass man es auch wirklich und unbedingt essen will.

Wilde Kräuter und Flechten kann man immer wieder in meinem Essen finden.

Das Konservieren ist heutzutage für uns nicht mehr existenziell. Heute kann man einfrieren oder einfach tagesaktuell einkaufen. Man kann alles von überall her einführen. Und trotzdem ist das Konservieren auch heute noch angesagt, weil es nicht nur haltbar macht, sondern weil es durch die jeweilige Konservierungsart auch ganz neue Geschmäcker und Texturen erschafft.

Als ich vor rund 20 Jahren mit meinem Restaurant anfing, gehörte zum Allgemeingut guter Restaurants die Philosophie, dass es ohne Produkte wie Foie Gras und Kaviar nicht geht. Okay, Foie Gras und Kaviar schmecken großartig – und trotzdem dachte ich, wie blöd ist das denn? Wir haben in unserer Region doch ganz andere Produkte, die toll schmecken. Warum also französische Gänseleber und russischer Kaviar? Das war exakt der Punkt, an dem ich anfing, mich auf lokale Produkte zu konzentrieren.

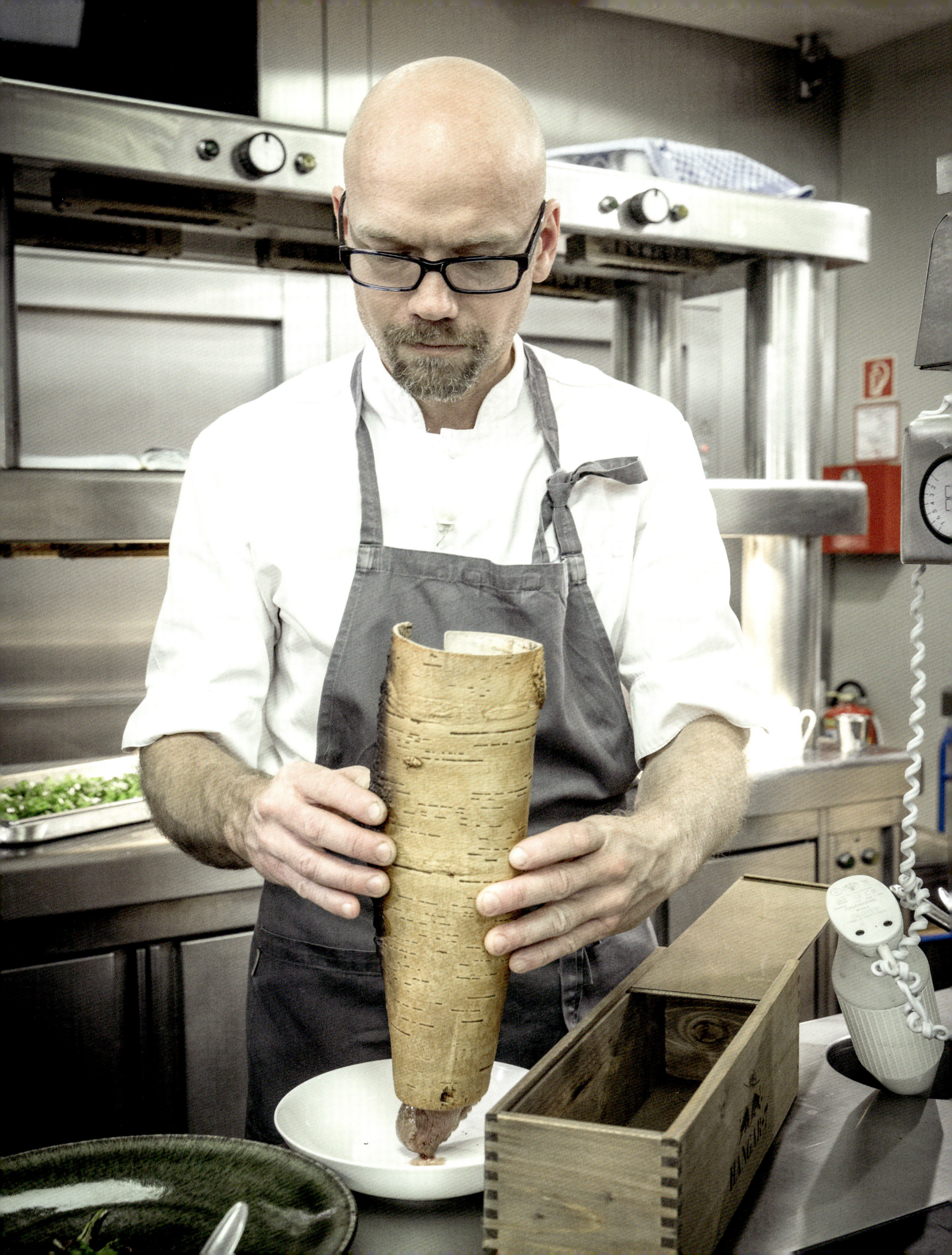

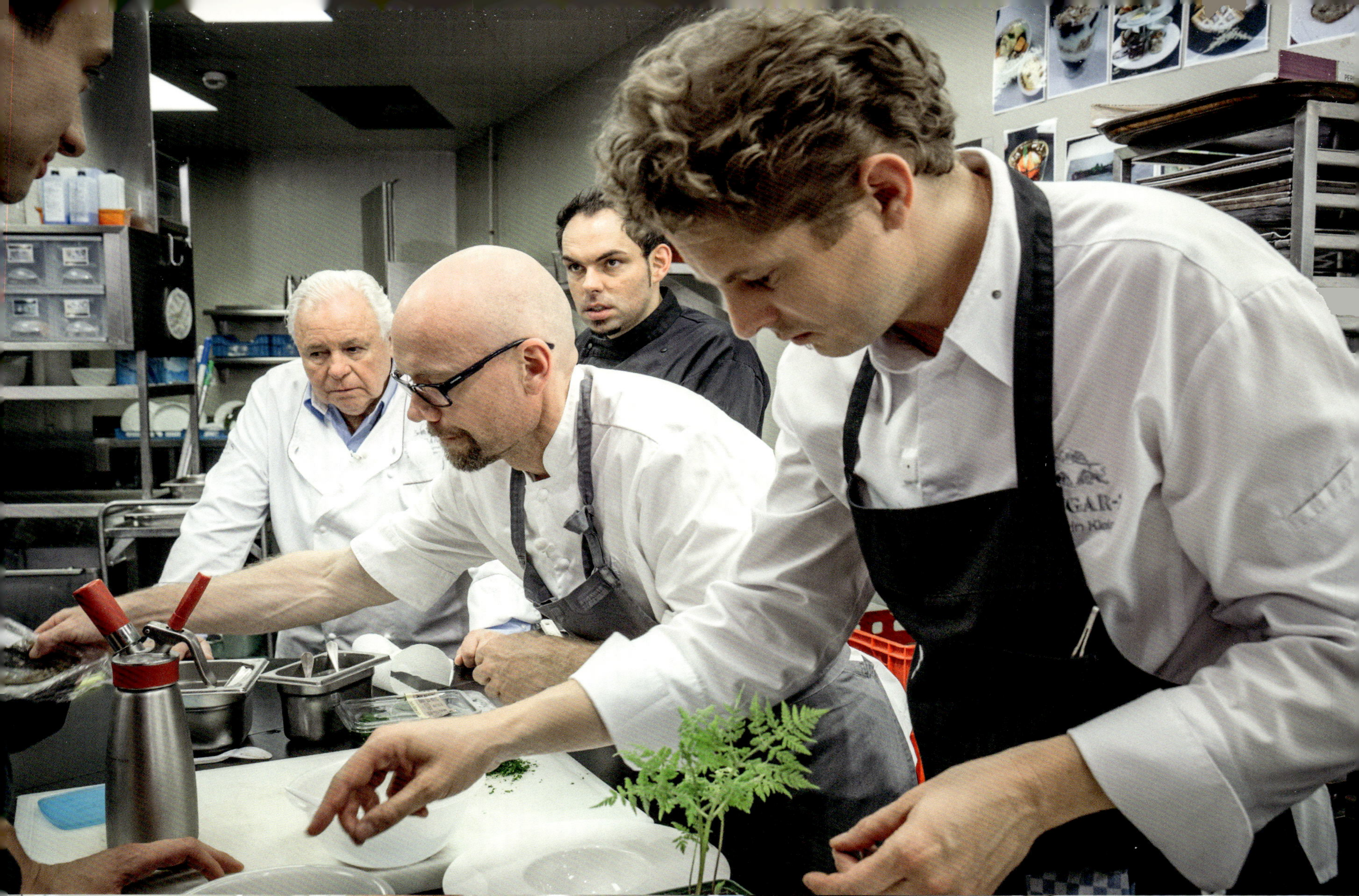

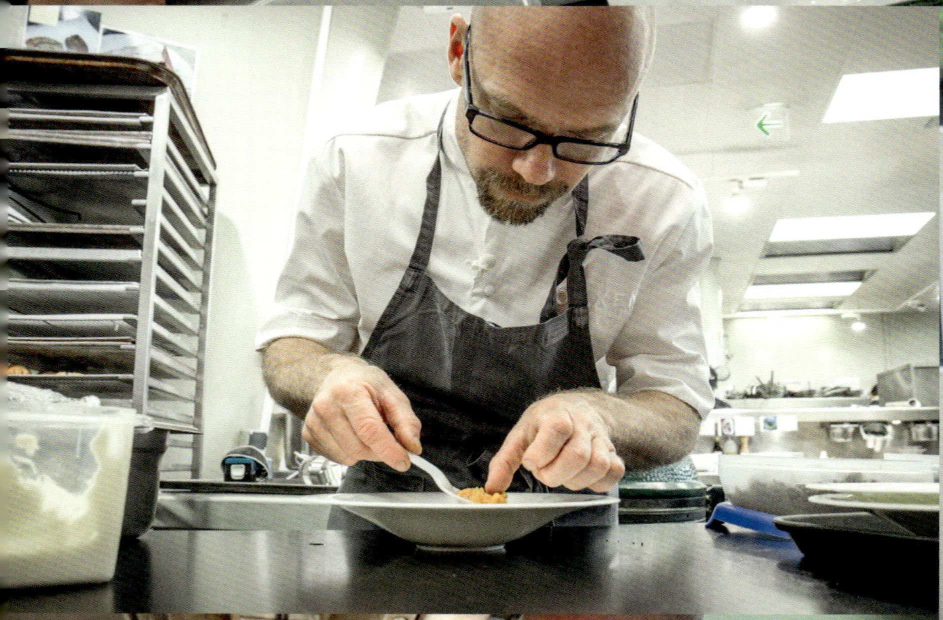

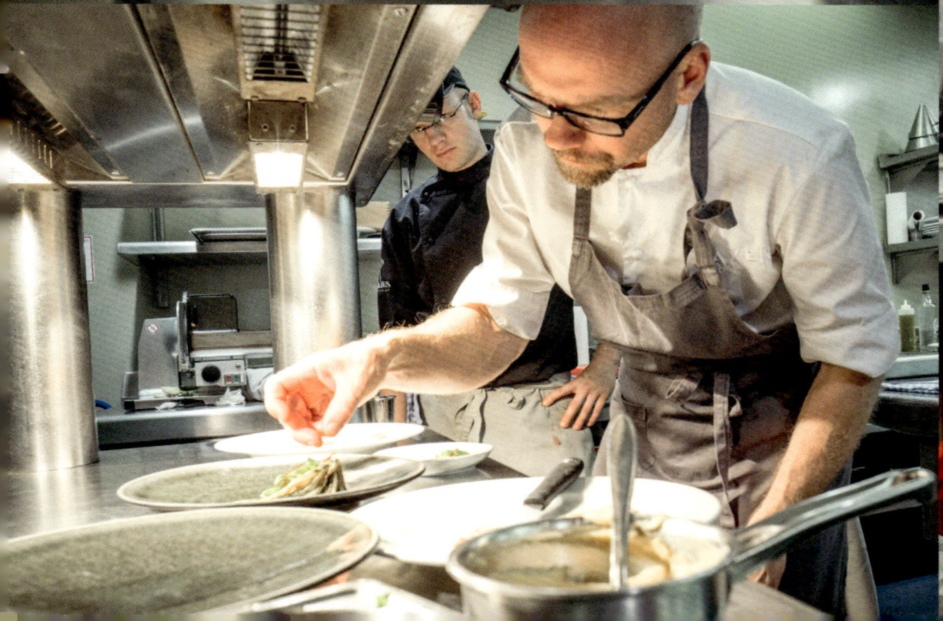

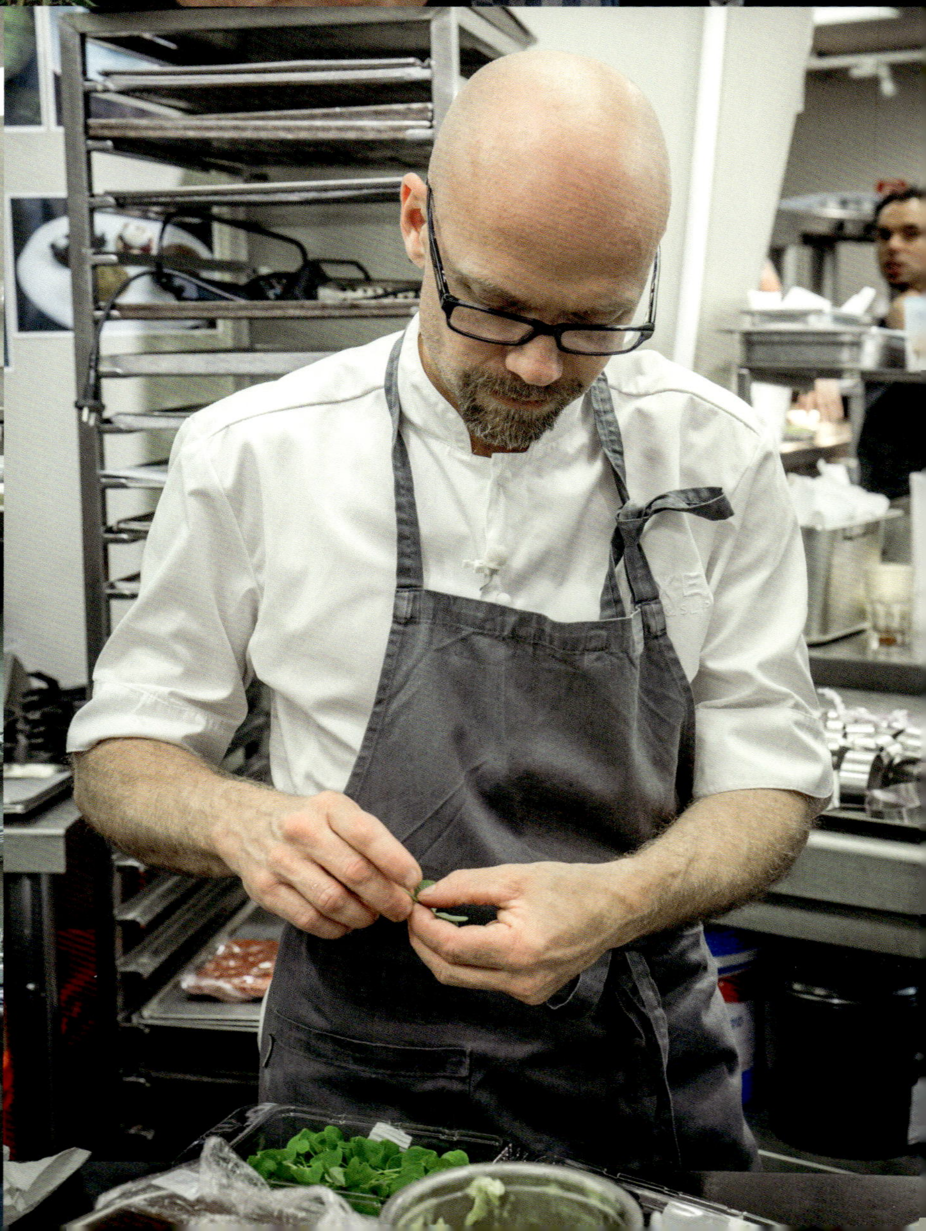

MENÜ

Hausgemachter Lardo mit Piniennadelcreme
Wachtelei, Felchenkaviar und getrocknetes Rind
Marinierter Saibling mit Seetangbrot
Hering mit brauner Butter und Eigelb
Brot und Butter

Muscheln mit fermentierten Erbsen und Roggenbrot

Königskrabbe mit Kohlrabi, Haferflocken und Fichtennadel

Spargel mit gereiften Rüben, fermentiertem Apfel und Petersilie

Langostino mit Polenta-Sauerrahm, Lardo und Salatherzen

Mariniertes Rentier mit Kohl, Senf und Saiblingskaviar

Kabeljau mit Roter Bete und schwarzem Knoblauch

Schwedisches Wagyu mit Morcheln und Flechte

Lammrücken in Birkenrinde gegart mit Sellerie und Ochsenmark

Lakritze, weiße Schokolade, Fenchel und Kerbel

Waldmeistereis, Moltebeeren und Sauerrahm

Spargel mit gereiften Rüben, fermentiertem Apfel und Petersilie

Gereifte Rüben
- 1 kg gelbe Navetten
- 500 g Weizenkleie
- 500 g Haferkleie
- 10 g getrockneter Seetang
- 2 g Chilipulver
- 250 g Salz (ohne Jodzusatz)
- 1 kleiner Fichtenzweig
- etwas Bier

Fermentierte Äpfel
- 2 Äpfel
- Salz (ohne Jodzusatz)

Apfelsauce
- 500 g reife grüne Tomaten
- 25 g Fenchelknolle
- 10 g frische Petersilienblätter
- 8 g Salz
- ½ Thymianzweig
- 250 g Äpfel
- 250 g neutrales Pflanzenöl

Petersiliensauce
- 130 g Sauermilchmolke
- 50 g Vollei
- 150 g Butter
- 30 g frische Petersilienblätter
- 10 g Malzsirup
- 1 TL Thick & Easy® (Andickungsmittel)
- Salz

Spargel
- 200 g grüner Wildspargel
- etwas Apfelsauce (siehe Teilrezept »Apfelsauce«)
- Salz

Anrichten
- 4 TL frisch geriebene Paranusskerne
- getrocknete Petersilienblätter, zu Pulver zermahlen
- frittierte, frische Gierschblätter und orange Tagetesblüten

Gereifte Rüben

Die Navetten von Stiel- und Wurzelansätzen befreien, ungeschält in 1–2 cm dicke Scheiben schneiden und 12 Stunden bei Raumtemperatur antrocknen lassen. Die Weizen- und Haferkleie auf ein Blech geben und im Backofen bei 200 °C (Ober-/Unterhitze) dunkelbraun rösten. Die abgekühlte Kleie mit dem Seetang, dem Chilipulver und dem Salz vermengen. Etwas Bier zugeben, bis die Masse leicht angefeuchtet ist. Die Kleiemischung in eine Edelstahlwanne geben, die Navettenscheiben und den Fichtenzweig untermischen. Die Edelstahlwanne straff mit Frischhaltefolie überziehen und alles zusammen 3–7 Tage bei Raumtemperatur reifen lassen, bis die Navetten gut gesäuert sind. Die Masse jeden Tag durchrühren. Die fermentierten Navettenscheiben schälen, in feine Streifen schneiden und kalt stellen. Vor dem Anrichten behutsam in etwas Apfelsauce (siehe Teilrezept »Apfelsauce«) erwärmen.

Fermentierte Äpfel

Die ungeschälten Äpfel vierteln und das Kerngehäuse entfernen. Die Äpfel abwiegen und mit 2,5 % Salz vermengen. Die gesalzenen Apfelviertel vakuumieren und 5 Tage bei einer Temperatur von 37–45 °C fermentieren lassen. Die Apfelschale mit einem spitzen Messer abziehen. Je 1–2 Apfelviertel auf 1 Lage Frischhaltefolie legen, die Folienenden über den Apfelstücken zusammenfassen und eindrehen, bis ein kleiner straff gebundener Ball entsteht. Vor dem Anrichten behutsam auf 60 °C erwärmen.

Apfelsauce

Die Tomaten, den Fenchel, die Petersilienblätter, das Salz und den Thymianzweig gut durchmixen. Die Masse auf ein Blech gießen und im Backofen bei 250 °C (Ober-/Unterhitze) 15 Minuten rösten. Ein Sieb mit einem Passiertuch auskleiden, die Masse einfüllen und abhängen lassen. Das Tomaten-Fenchel-Wasser auffangen. Die ungeschälten Äpfel in kleine Würfel schneiden, mit dem Tomaten-Fenchel-Wasser und dem Pflanzenöl in einem Topf 10 Minuten köcheln lassen, dann durch ein Sieb streichen. Die Apfelsauce kalt stellen. Vor dem Anrichten erwärmen.

Petersiliensauce

Die Sauermilchmolke, das Vollei, die Butter, die Petersilienblätter und den Malzsirup im Thermomix warm mixen. Anschließend das Thick & Easy® untermixen, salzen und sofort anrichten.

Spargel

Den Wildspargel putzen, kurz blanchieren und in etwas Apfelsauce garziehen lassen. Dann je nach Bedarf mit Salz abschmecken.

Anrichten

Je 1–2 EL Petersiliensauce mittig auf 4 Teller geben. Je 1 fermentierten Apfel, einige Wildspargelstangen und fermentierte Rübenstreifen daraufsetzen. An den Rand je 1 TL frisch geriebene Paranusskerne geben und mit etwas Petersilienpulver bestäuben. Mit frittierten Gierschblättern und Tagetesblüten garnieren.

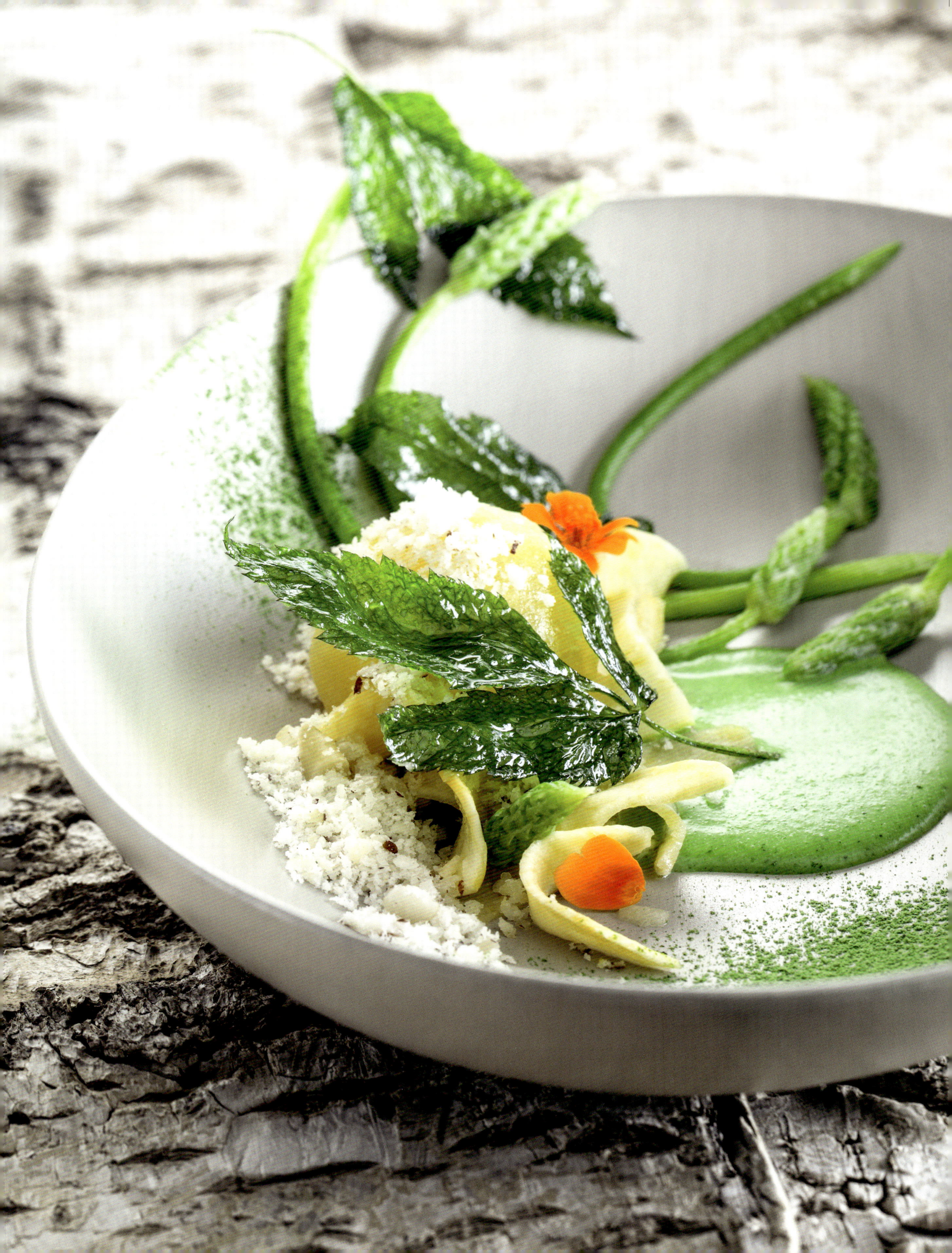

Langostino mit Polenta-Sauerrahm, Lardo und Salatherzen

Pilz-Soja-Sauce
- 60 g feine Haferflocken
- 1,46 l Wasser (Zimmertemperatur)
- 1 EL Weizen- oder Roggensauerteig (Startkultur)
- 2 g Dry Koji (asiatische Pilzkultur)
- 52,6 g Salz (ohne Jodzusatz)
- 600 g frische Champignons
- etwas Maisstärke zum Binden

Sauerrahm
- 300 ml süße Sahne (40 % Fettanteil)
- 10 ml Filmjölk (schwedische Sauermilch)

Polenta-Sauerrahm
- 300 ml Sauerrahm (siehe Teilrezept »Sauerrahm«)
- 150 ml süße Sahne
- 100 g feiner Polentagrieß
- Salz, etwas Butter und flüssige süße Sahne

Pilz-Soja-Sauce

Die Haferflocken, 60 ml Wasser und die Sauerteig-Startkultur in einer Schüssel verrühren, luftdicht verschließen und bei Raumtemperatur 24 Stunden säuern lassen. Das restliche Wasser, das Dry Koji, das Salz, 100 g Haferflocken-Sauerteig und die Champignonscheiben in einer Schüssel verrühren, zugedeckt bei Raumtemperatur ca. 4–5 Tage reifen lassen, bis der Fermentationsprozess abgeschlossen ist. Einmal pro Tag durchrühren. Die Pilz-Soja-Sauce passieren, vor dem Anrichten aufkochen und mit Maisstärke abbinden.

Sauerrahm

Die süße Sahne mit der Filmjölk in einer Schüssel verrühren und zugedeckt bei Raumtemperatur 3 Tage säuern lassen, dabei einmal pro Tag durchrühren.

Polenta-Sauerrahm

Den Sauerrahm, die flüssige süße Sahne und den feinen Polentagrieß verrühren, vakuumieren und im Dampfgarofen bei 98 °C 12 Stunden dämpfen. Vor dem Anrichten den Polenta-Sauerrahm mixen, erhitzen und mit Salz, Butter und flüssiger Sahne abschmecken.

Pilz-Lardo

- 250 g Lardo am Stück
- 5 g Salz
- 1,6 g Agar-Agar
- 1 TL Totentrompeten-Pilzpulver

Gegrillte Salatherzen

- 1–2 Romanasalatherzen
- Salz

Fertigstellen & Anrichten

- einige gebratene kleine Pfifferlinge
- einige blanchierte und gegrillte Lauchringe
- einige Sauerkleeblüten und Spitzen vom wilden Portulak
- je 4 Rosmarin-, Thymian- und Salbeizweige
- 8 frische Langostinos (Kaisergranat), ausgelöst

- 4 Holzboxen mit abnehmbaren Deckel
- 4 Salzsteinplatten, passend zu den Holzboxen

Pilz-Lardo

Das Lardostück säubern und das reine Speckfett in ca. 1 cm große Würfel schneiden. Die restlichen Zutaten vermischen und mit den Speckwürfeln vermengen. Dann auf Frischhaltefolie legen und zu einer Rolle (7 cm Durchmesser) formen. Die Enden fest verschließen, sodass ein kompaktes bonbonartiges Paket entsteht, dieses in Alufolie wickeln und abermals fest verschließen. Den Pilz-Lardo im Backofen bei 64 °C 12 Stunden garen und mindestens 6 Stunden gefrieren. Gefroren in Scheiben von je 8–10 g schneiden.

Gegrillte Salatherzen

Die Romanasalatherzen in sehr salzigem Wasser blanchieren, abschrecken, gut trocken tupfen und längs in ca. 2 cm dicke Scheiben schneiden. Die Salatscheiben über einem Holzkohlegrill von beiden Seiten bei starker Hitze grillen. Eventuell verbrannte Salatteile abzupfen und längs halbieren.

Fertigstellen & Anrichten

Die Salzsteinplatten über einer Glut rechtzeitig auf mindestens 300 °C vorheizen. Je 1–2 EL Polenta-Sauerrahm, je 1 Scheibe gegrilltes Salatherz und 1 Scheibe Pilz-Lardo auf 4 vorgewärmte Teller geben. Etwas Pilz-Soja-Sauce in die Mitte geben und mit Pfifferlingen, Lauchringen, Sauerkleeblättchen und Wildportulakspitzen garnieren. Je 1 heiße Salzsteinplatte in eine Holzbox platzieren, darauf je 1 Rosmarin-, Thymian- und Salbeizweig legen. Je 2 Langostinoschwänze auf das Kräuterbett legen und die Holzboxen mit Deckel verschließen. Die Holzboxen und die Teller servieren. Bei Tisch nach 2–3 Minuten Garzeit die Holzdeckel abnehmen und je 2 glasig gegarte Langostinoschwänze auf die Pilz-Soja-Sauce setzen.

Kabeljau mit Roter Bete und schwarzem Knoblauch

Kabeljau
- 340 g Skrei- oder Kabeljaufilet, ohne Haut
- 340 g unjodierte Salzlösung (3,5 % Salzanteil)

Glace
- 1 frisches Huhn
- 1 kg Fischgräten
- 20 g Butter
- Salz
- kalte Butter zum Montieren

Schwarze Knoblauchsauce
- 1 Knolle fermentierter, schwarzer Knoblauch
- 1–2 EL Nussbutter
- etwas Wasser
- Salz
- Zucker

Aschenpulver
- Schale von 1 Knolle schwarzem Knoblauch
- 1–2 Handvoll aromatisches Bioheu

Rote-Bete-Püree
- 500 g Rote Bete
- 100 g Nussbutter
- etwas Lakritzpulver
- Salz

Schalotten
- 4 Schalotten
- 20 g Nussbutter
- 100 ml Geflügel-Fisch-Fond (siehe Teilrezept »Glace«)
- Salz

Anrichten
- 8 frische Brombeeren
- Schnittlauchsprossen

Kabeljau
Das Skreifilet am Stück mit gleicher Menge Salzlösung vakuumieren und 2 Tage im Kühlschrank lagern. Das Skreifilet trocken tupfen und in 4 Tranchen portionieren. Jede Tranche einzeln vakuumieren und im Wasserbad bei konstant 47 °C 30 Minuten garen. Den Fisch vorsichtig in einzelne Schichten lösen und anrichten.

Glace
Das Huhn halbieren und in eine Pfanne legen, dann im Backofen bei 200 °C (Ober-/Unterhitze) braun rösten. Das Huhn mit Wasser ablöschen und den Bratensatz loskochen. Alles in einen Topf umfüllen, das Huhn vollständig mit Wasser bedecken und 20 Minuten köcheln lassen. Den Hühnerfond abkühlen lassen und 12 Stunden kalt stellen. Die Fischgräten und die Butter in eine Pfanne geben, dann im Backofen bei 200 °C (Ober-/Unterhitze) goldbraun rösten. Die Fischgräten in einen Topf geben. Den Hühnerfond aufkochen, passieren, über die Fischgräten gießen und 20 Minuten köcheln lassen. Den Geflügel-Fisch-Fond abkühlen lassen und 12 Stunden kalt stellen. Anschließend aufkochen und durch ein feines Sieb passieren. 100 ml Geflügel-Fisch-Fond für die Zubereitung der Schalotten beiseitestellen. Den restlichen Fond zu einer Glace einreduzieren und mit Salz abschmecken. Vor dem Anrichten aufkochen und mit kalter Butter aufmontieren.

Schwarze Knoblauchsauce
Die Knoblauchzehen schälen. Die Schale für die Zubereitung des Aschenpulvers verwenden. Vor dem Anrichten die Knoblauchzehen mit etwas Nussbutter und heißem Wasser mixen. Die fertige Sauce mit Salz und Zucker abschmecken.

Aschenpulver
Das Heu auf ein Backblech geben und mit dem Bunsenbrenner vollständig verbrennen. Die so entstandene Heuasche in einen Mixer geben, zu Pulver zermahlen und durch ein feines Sieb sieben. Die Knoblauchschale trocknen, mahlen und ebenfalls durchsieben. Die Heuasche und das Knoblauchpulver zu gleichen Teilen mischen und luftdicht verwahren.

Rote-Bete-Püree
Die Roten Beten schälen und würfeln, dann in der Nussbutter gut anbraten und zugedeckt bei niedriger Temperatur im eigenen Saft weich schmoren. Alles zusammen pürieren und mit Lakritzpulver und Salz abschmecken.

Schalotten
Die Schalotten schälen und in ca. 1 cm dicke Scheiben schneiden. Die Schnittflächen mit einem Bunsenbrenner abflämmen. Die Nussbutter und den Geflügel-Fisch-Fond in einer Sauteuse sämig aufkochen, die Schalotten durchschwenken und etwas garziehen lassen. Die Schalottenscheiben mit Salz abschmecken und in einzelne Ringe lösen.

Anrichten
Etwas schwarze Knoblauchsauce mittig auf je 4 Teller geben und zu Ringen auseinanderziehen. Darauf den Skrei anrichten. Je 1 Nocke warmes Rote-Bete-Püree und 2 Brombeeren auf die Teller setzen. Die Schalottenringe rundherum stellen und vorsichtig mit etwas Glace füllen. Zum Schluss mit etwas Aschenpulver übersieben und mit Schnitttlauchsprossen garnieren.

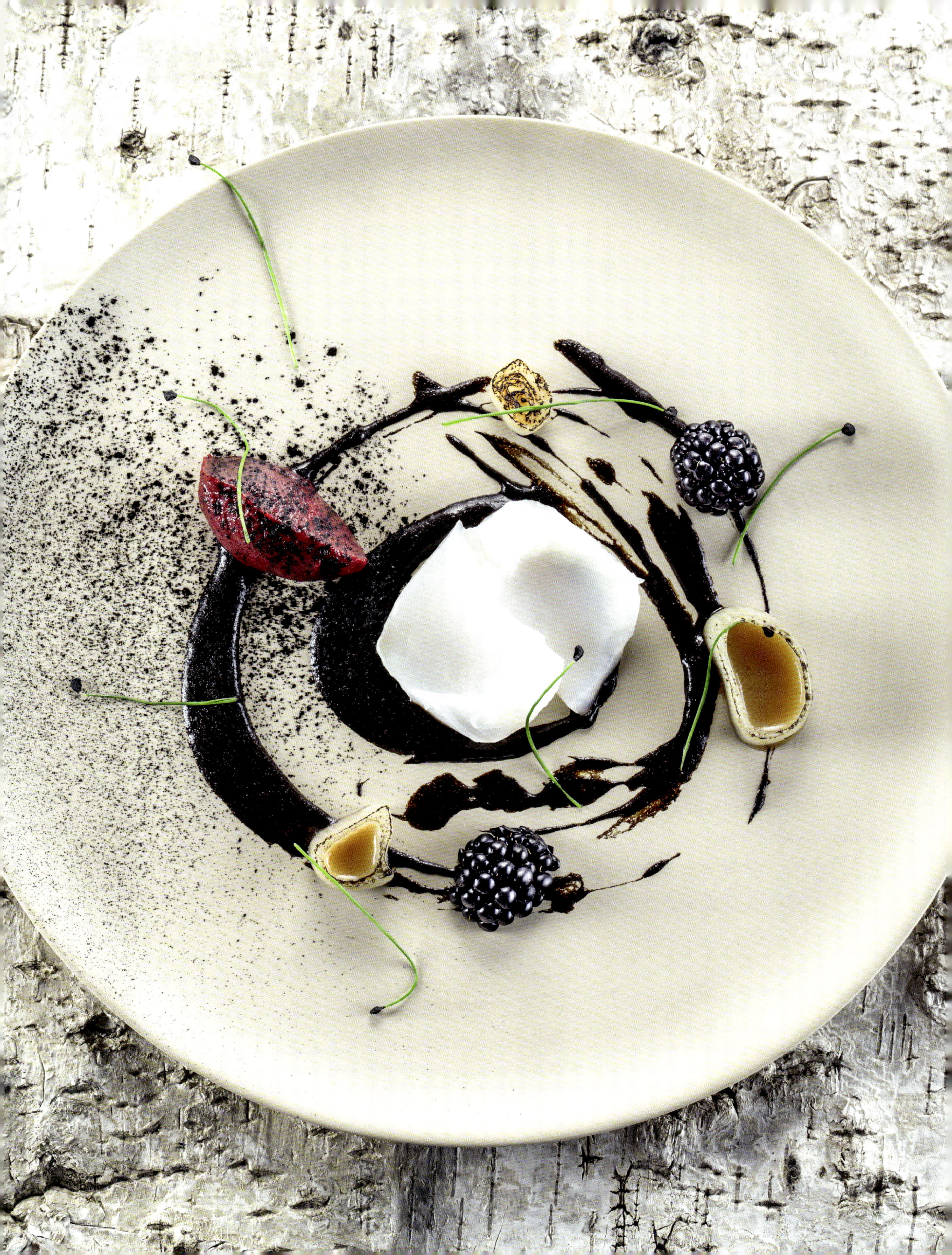

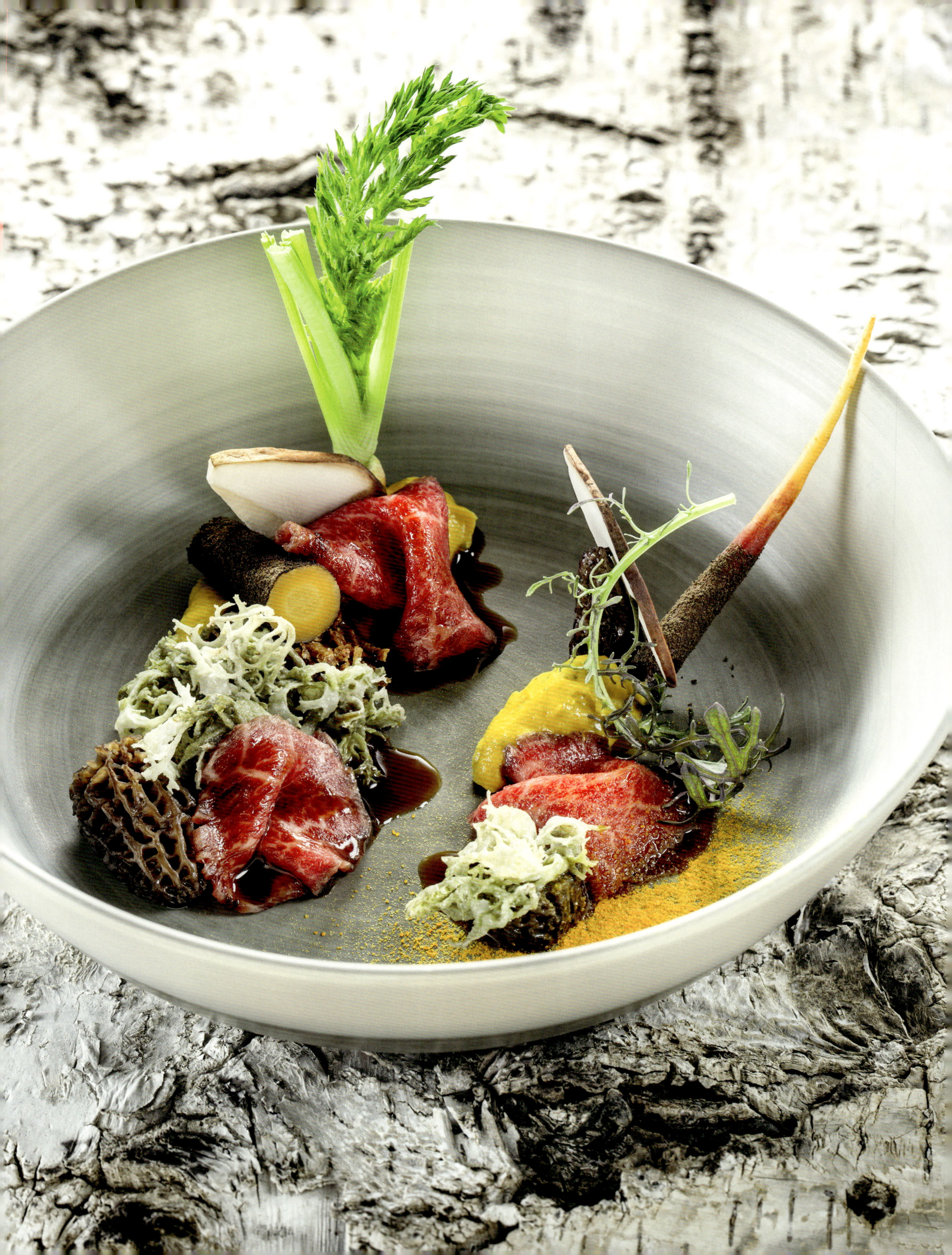

Schwedisches Wagyu mit Morcheln und Flechte

Karottenpüree
- 500 g Fingerkarotten
- 50 g Filmjölk (schwedische Sauermilch)
- 10 g Salz
- 1 EL Nussbutter
- 20 g Butter
- 1 Eigelb
- Salz
- etwas Sauermilchmolke
- 1 EL fein gehackte Liebstöckelblätter

Petersilienwurzel-Chips
- 2 Petersilienwurzeln
- Salz
- neutrales Pflanzenöl zum Frittieren

Flechte
- 1 Handvoll frische Baumflechte (Eichenmoos, Oakmoss)
- 20 g Butter

Fingerkarotten
- 8 dunkle Fingerkarotten
- Salz
- Totentrompetenpulver zum Wälzen

Schwedisches Wagyu
- 120 g Roastbeef vom Schwedischen Wagyu

Anrichten
- 100 g frische Morcheln, in Butter sautiert
- rohe Steinpilzscheiben
- feine Mizuna-Salatblättchen
- etwas Karottenpulver
- etwas reduzierte Kalbs- oder Geflügeljus

Karottenpüree
Die Fingerkarotten putzen, grob würfeln und mit der Filmjölk und dem Salz vakuumieren, dann 5 Tage bei einer Temperatur von 37–45 °C ruhen lassen. Die Karotten abseihen, den Saft auffangen. Die Karotten in brauner Butter anbraten, mit dem Saft ablöschen und weich schmoren. Alles zusammen in einen Thermomix geben und mit der Butter bei 100 °C glatt mixen. Das Eigelb zugeben und nochmals gut durchmixen. Das Karottenpüree mit Salz und etwas Sauermilchmolke abschmecken. Dann etwas fein gehackten Liebstöckel unterrühren.

Petersilienwurzel-Chips
Die Petersilienwurzeln schälen, grob raspeln und einige Minuten in lauwarmes Wasser legen, dann abgießen und gründlich trocken tupfen. Die Petersilienraspel in heißem Pflanzenöl bei 160 °C goldgelb ausbacken, gut abtropfen lassen und im Backofen bei 60 °C trocknen.

Flechte
Die frische Baumflechte in reichlich kaltem Wasser wässern, zupfen und sorgfältig säubern. Dann in Salzwasser bissfest kochen und abgießen. Die Butter in einer Sauteuse aufschäumen lassen, die Baumflechte zugeben und durchschwenken.

Fingerkarotten
Die Fingerkarotten dünn schälen und in Salzwasser bissfest blanchieren. Dann trocken tupfen und sofort in Totentrompetenpulver wälzen. Die Fingerkarotten quer halbieren und sofort anrichten.

Schwedisches Wagyu
Das Wagyu-Roastbeef in hauchdünne Scheiben schneiden und roh anrichten.

Anrichten
Je 2 EL Karottenpüree auf 4 Teller geben und zu Tropfen auseinanderziehen. Die Fingerkarotten, die Morcheln und ein paar Petersilienwurzel-Chips darauf anrichten, dann einige Scheiben Wagyu-Carpaccio darauflegen. Ein paar rohe Steinpilzscheiben in die Zwischenräume stecken und etwas Baumflechte über das Carpaccio legen, dann mit feinen Mizuna-Salatblättchen garnieren. Zum Schluss ein wenig Karottenpulver an den Rand sieben und etwas reduzierte Jus seitlich an das Fleisch träufeln.

Waldmeistereis, Moltebeeren und Sauerrahm

Sauerrahmcreme
- 300 g Crème double (40 % Fettanteil)
- 10 g Filmjölk (schwedische Sauermilch)

Waldmeistereis
- 20 g frische Waldmeisterblätter
- 340 g Milch
- 5 g Kartoffelstärke
- 60 g Eigelb
- 65 g Zucker
- 150 g Sahne

Brot-Crumbles
- 150 g Roggen-Sauerteig-Brot

Schoko-Crumbles
- 50 g Zucker
- 2,5 g Salz
- 15 g Wasser
- 25 g Kakaopulver
- 40 g flüssige dunkle Schokolade (70 % Kakaoanteil)

Moltebeeren
- 100 g Moltebeerensaft
- 10 g Zucker
- 3 g Thick & Easy® (Andickungsmittel)
- 100 g frische Moltebeeren

Anrichten
- einige grüne und dunkle Oxalis-Blätter

Sauerrahmcreme
Die Crème double und die Sauermilch in einer Schüssel verrühren, dann mit einem Deckel verschließen. Die Masse 2 Tage bei Raumtemperatur, anschließend weitere 2 Tage im Kühlschrank reifen lassen, dabei täglich durchrühren. Die Sauerrahmcreme ungesüßt anrichten.

Waldmeistereis
Die frischen Waldmeisterblätter einfrieren. 90 g Milch, die Kartoffelstärke, das Eigelb und den Zucker glatt rühren. Die Sahne aufkochen, die Stärkemischung zugeben und unter Rühren zu einem Pudding kochen. Dann die restliche Milch (250 g) unterrühren. Den Pudding auf ein Eiswürfelbad setzen und unter Rühren rasch auf 10 °C abkühlen. Die gefrorenen Waldmeisterblätter unter die kalte Puddingmasse mixen, alles in einen Pacojet-Becher füllen und 12 Stunden tiefkühlen. Vor dem Anrichten den gefrorenen Pacojet-Becher in den Pacojet setzen und den Inhalt zu Waldmeistereis verarbeiten.

Brot-Crumbles
Das Brot in dünne Scheiben schneiden und im Backofen bei 60 °C (Ober-/Unterhitze) 12 Stunden trocknen. Die getrockneten Brotscheiben zu Bröseln mixen.

Schoko-Crumbles
Den Zucker, das Salz und das Wasser auf 130 °C erhitzen. Das Kakaopulver unter die flüssige Schokolade rühren und mit dem heißen Zuckersirup emulgieren. Die Schokoladenmasse auf ein Blech gießen und aushärten lassen. Die gehärtete Schokolade zu Bröseln mixen.

Moltebeeren
Den Moltebeerensaft, den Zucker und das Thick & Easy® gut durchmixen. Die frischen Moltebeeren in die Marinade legen und kalt stellen.

Anrichten
Je 2–3 EL Sauerrahmcreme mittig in 4 Schalen geben. Einige Brot- und Schoko-Crumbles daraufstreuen und mit einigen Moltebeeren belegen. Vom Waldmeistereis mithilfe eines Espressolöffels kleine Nocken abstechen und pro Schale je 3 Stück auf die Moltebeeren setzen. Abschließend mit Oxalis-Blättern garnieren.

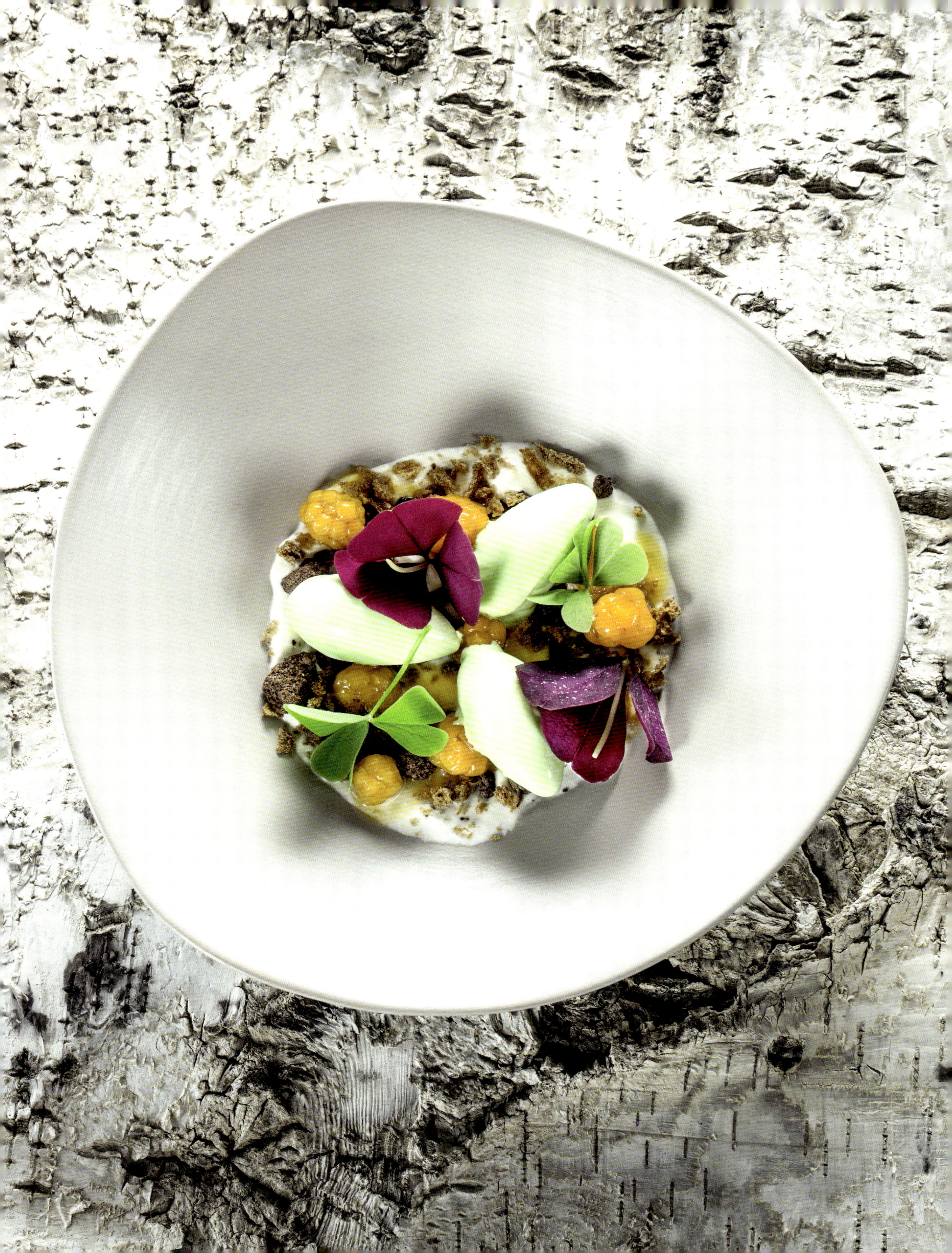

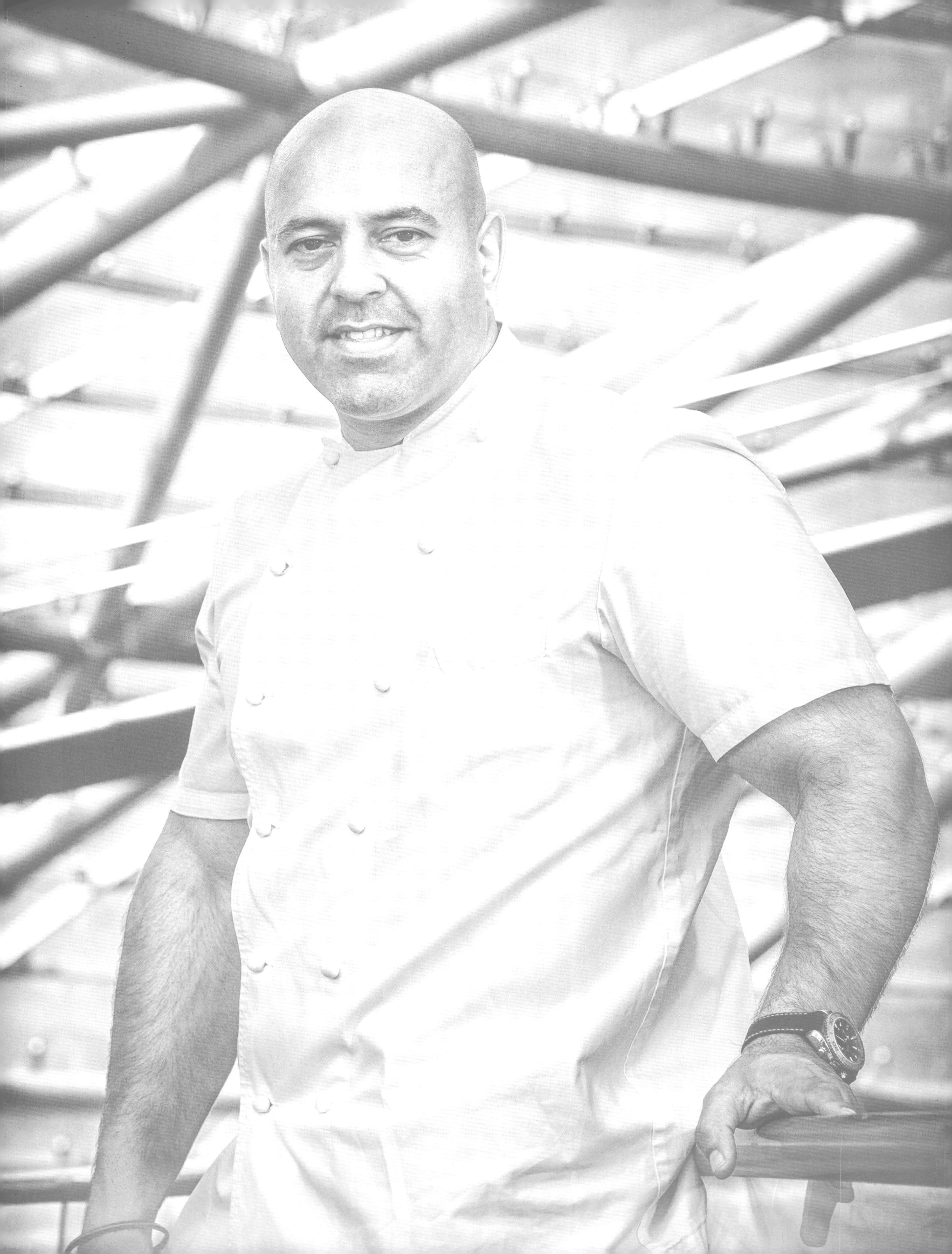

Sat BAINS

Restaurant Sat Bains

Nottingham / Vereinigtes Königreich

Mit Vin Diesel in der Küche

Will man eines Tages das Leben des Nottinghamer Zwei-Sterne-Koches Sat Bains verfilmen, kommt für die Hauptrolle nur Vin Diesel in Frage. Das gilt auch umgekehrt, auf jeden Fall würden die beiden jeden Wettbewerb der Kategorie »Stars bei der Geburt getrennt« gewinnen.

Natürlich ist man schnell geneigt, einen derart massiv auftretenden, durchtrainierten Mucki-Buden-Typen in Schubladen stecken zu wollen. Erfolgsmensch, TV-Star, Rampensau, Jaguar-Liebhaber – so etwas muss dann ja zwangsläufig mit einer gewissen Arroganz und Präpotenz einhergehen.

Schön zu sehen, wie man dann über die eigenen Vorurteile stolpert. Denn tatsächlich trifft man auf einen total normalen, bodenständigen und ehrlichen Menschen, sehr bemüht, hervorragend organisiert und hilfsbereit. Sat gehört wirklich zu den angenehmsten Menschen, die man sich für eine Zusammenarbeit wünschen kann.

Ja, der Mann ist ein Muskelpaket. Um 9:30 Uhr beginnt sein Job in der Küche, trotzdem geht er jeden Tag vorher noch ins Fitnessstudio. Bains will, dass seine junge Crew zu ihm aufschauen kann – und das bezieht er nicht nur auf die Küche, sondern auch auf Lebensführung und Sportlichkeit.

Apropos Küche: Ich weiß, dass die sauber zu sein hat. Bei Sat jedoch übertrifft sie die so oft zitierte Krankenhaus-Sterilität. Jedes Küchengerät wird unmittelbar nach der Benutzung gründlich gereinigt, in Plastikfolie eingeschlagen und mit dem Namen des letzten Benutzers versehen. Sat hat ein unglaubliches Auge fürs Detail, ihm entgeht nichts.

Umso erstaunlicher, dass er bereit ist, seine Gerichte deutlich unter ihren ästhetischen Möglichkeiten zu arrangieren. Hauptsache nur, der Gast isst sein Gericht exakt so, wie er es sich vorgestellt hat. Deswegen benutzt er so oft statt Teller oder Platten lieber Schüssel, in denen er alles Schicht für Schicht aufbaut. Zum Beispiel: Aprikosenpüree, Kenia-Bohnensalat, eingelegte Cranberrys süß-sauer, in Stickstoff gearbeitete Hühnerleber-Granité, darüber geröstete Haferflocken mit Zucker und Hühnerhaut, alles mit Spritzern reduzierten Banyuls' verziert.

Hier muss der Gast mit dem Löffel lustvoll in die Tiefe vordringen und zwangsläufig alle Geschmäcker und Texturen auf einmal ergattern. Hätte man die vielen Komponenten, wie meist üblich, mit bunten Klecksen und Details weitläufig auf einem Teller verteilt, der Gast hätte schier unendliche Möglichkeiten des Essens. Sehr unbefriedigend für einen Koch mit genauen Vorstellungen, wie sein Gericht am besten schmeckt. Wie sagt Sat so schön: »Ich will meine Gäste nicht belehren, ich will sie lieber zum richtigen essen zwingen.«

Der TV-Star ist das, was die Briten gerne »outspoken« nennen, er redet also gerne Schwarzbrot. Wenn er ein Tatar aus 100 Tage altem Filet häckselt, dann muss das Fleisch »nach Tod schmecken«. Im Wald Kräuter sammeln oder jeden Pilz beim Vornamen ansprechen? Alles »Bullshit« in seinen Augen, er ist ein Stadt-Kind, sein Restaurant liegt nun mal inmitten von Hochspannungsleitungen und Autobahnen. Sat sammelt nicht, er kauft ein.

Hinzu kommt, dass der gebürtige Halb-Inder ein unglaublich cleverer Geschäftsmann ist. Bei erwähntem Hühnerleber-Gericht montiert er die Hühnerleber derart gekonnt mit Butter und Sahne auf, dass selbst ich als geborener Elsässer bei diesem Gericht nicht die Gänsestopfleber vermisse. Dieses Edelprodukt wäre hier nicht besser, sondern nur viel teurer. Mittagstisch am Chefstable, angeschlossener Hotelbetrieb, Werbung durch TV-Sendungen, geräucherter Heringskaviar statt Beluga; Sats Geschäftssinn zieht sich durch viele Ebenen, aber nie zu Lasten des Gastes. Wie gesagt, alles sehr, sehr clever.

Ich muss es noch mal sagen: Sat Bains hat in sehr vielen Dingen recht. Er ist ein intelligenter, detailverliebter Geschäftsmann, der eine sehr ehrliche, produktorientierte Küche kocht und es für selbstverständlich hält, dafür tagtäglich in der Küche zu stehen. Dass er trotzdem bereit war, nach Salzburg zu kommen, war ein Privileg. Wer es nutzte, erlebte den freundlichsten und leckersten Vin Diesel aller Zeiten.

restaurant
sat
bains
with rooms

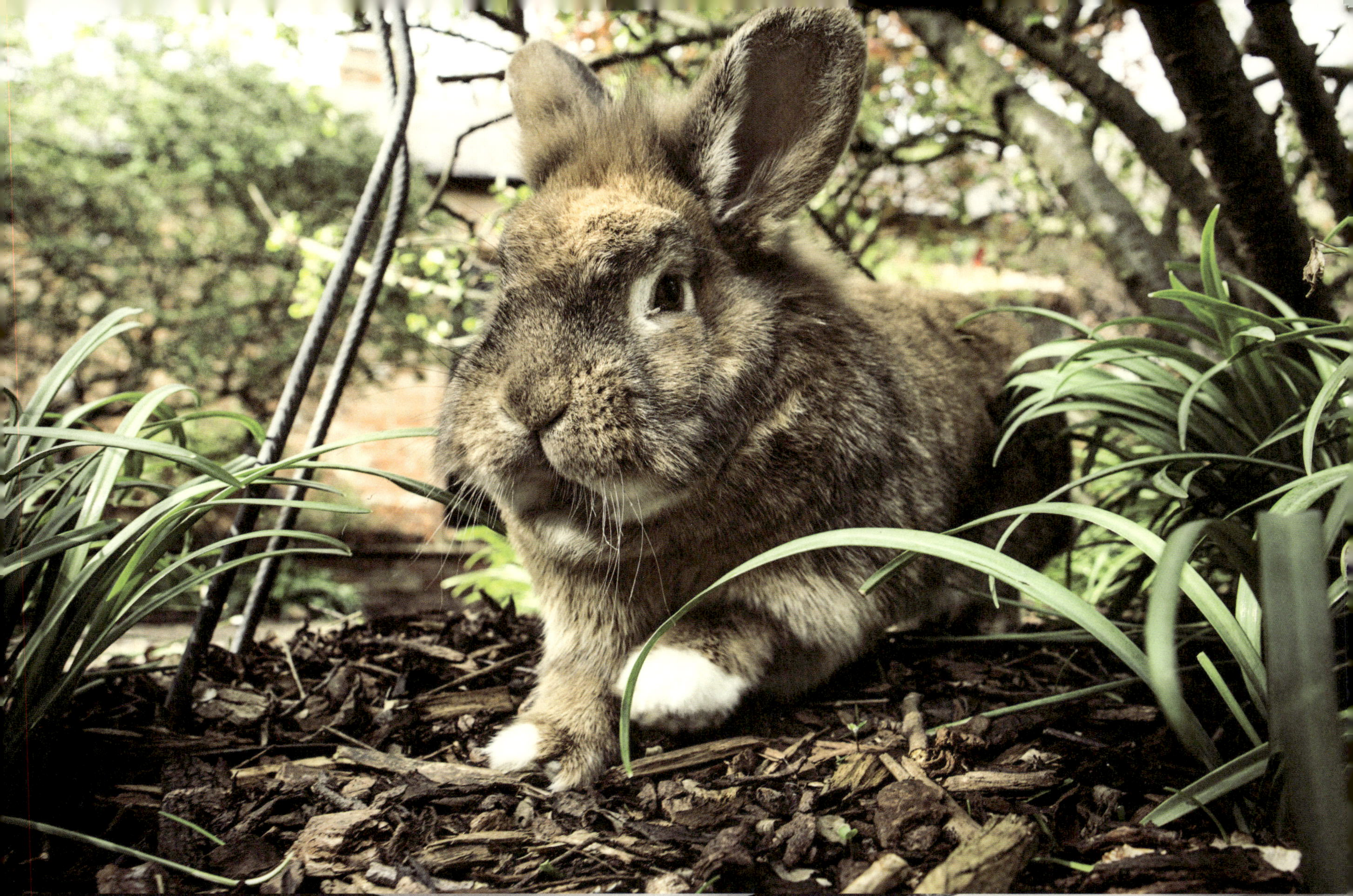

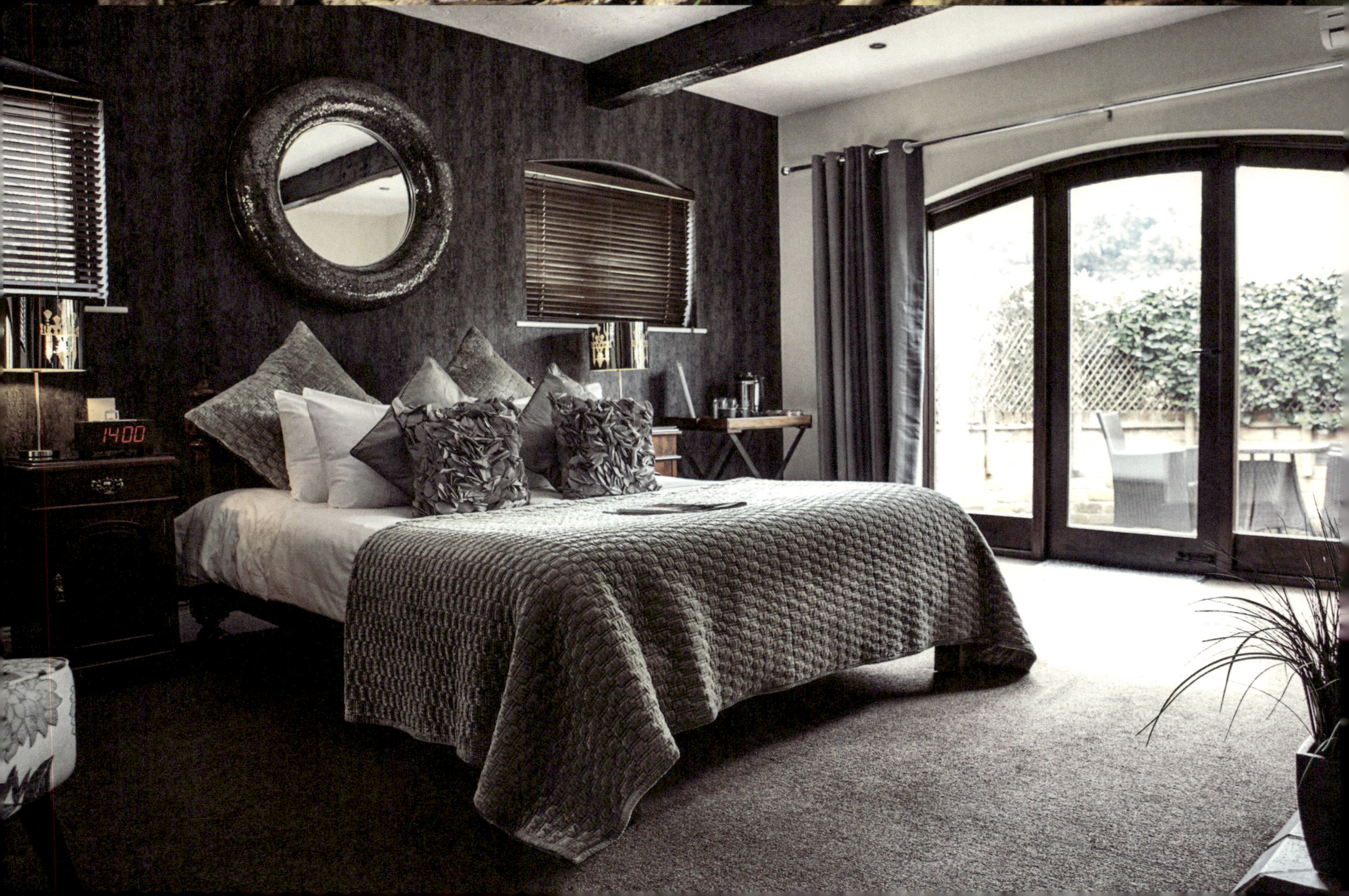

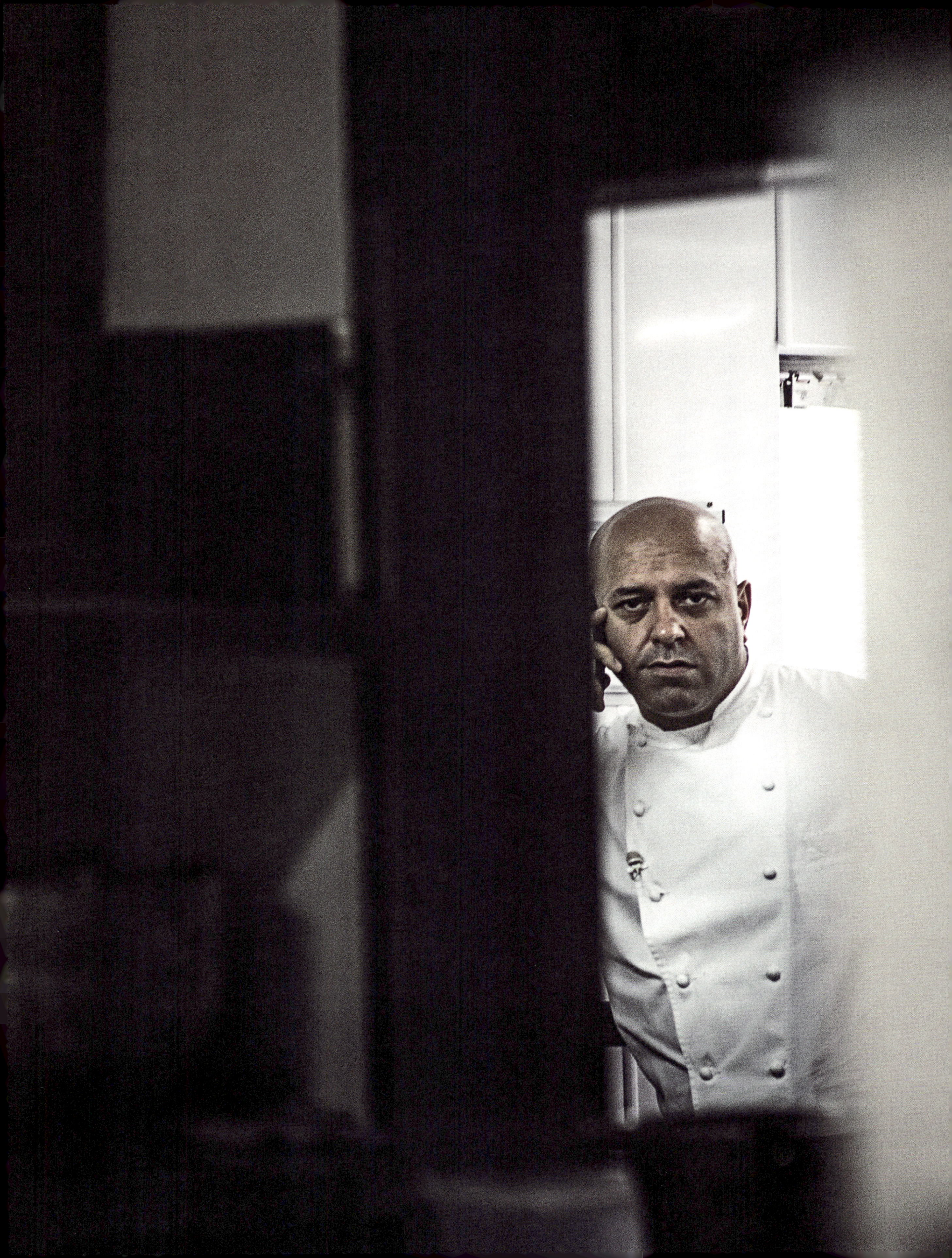

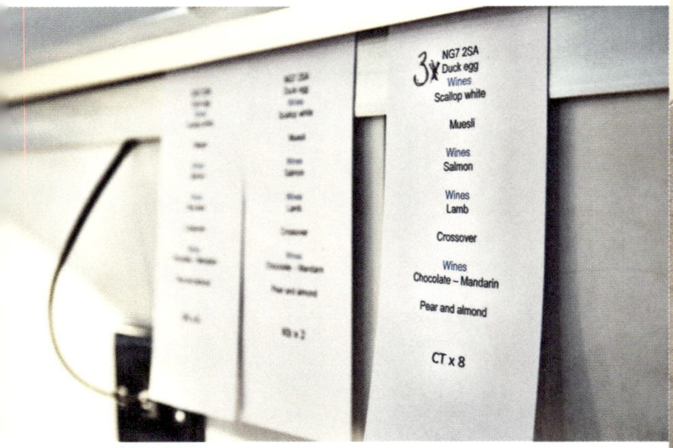
NG7 2SA
Duck egg
Wines
Scallop white
Muesli
Wines
Salmon
Wines
Lamb
Crossover
Wines
Chocolate – Mandarin
Pear and almond
CT x 8

Development Kitchen

taste - texture - temperature

Agenda.

Every morning before shift we read this as a motivational tool to set you for day ahead.

Be the Best......Work hard – work fast – work clean.

Every ingredient we use has to be the best we can afford

Seasons have to rule the kitchen

Only allow minimal manipulation when necessary

Elevate flavours through understanding

Cook as if you are eating

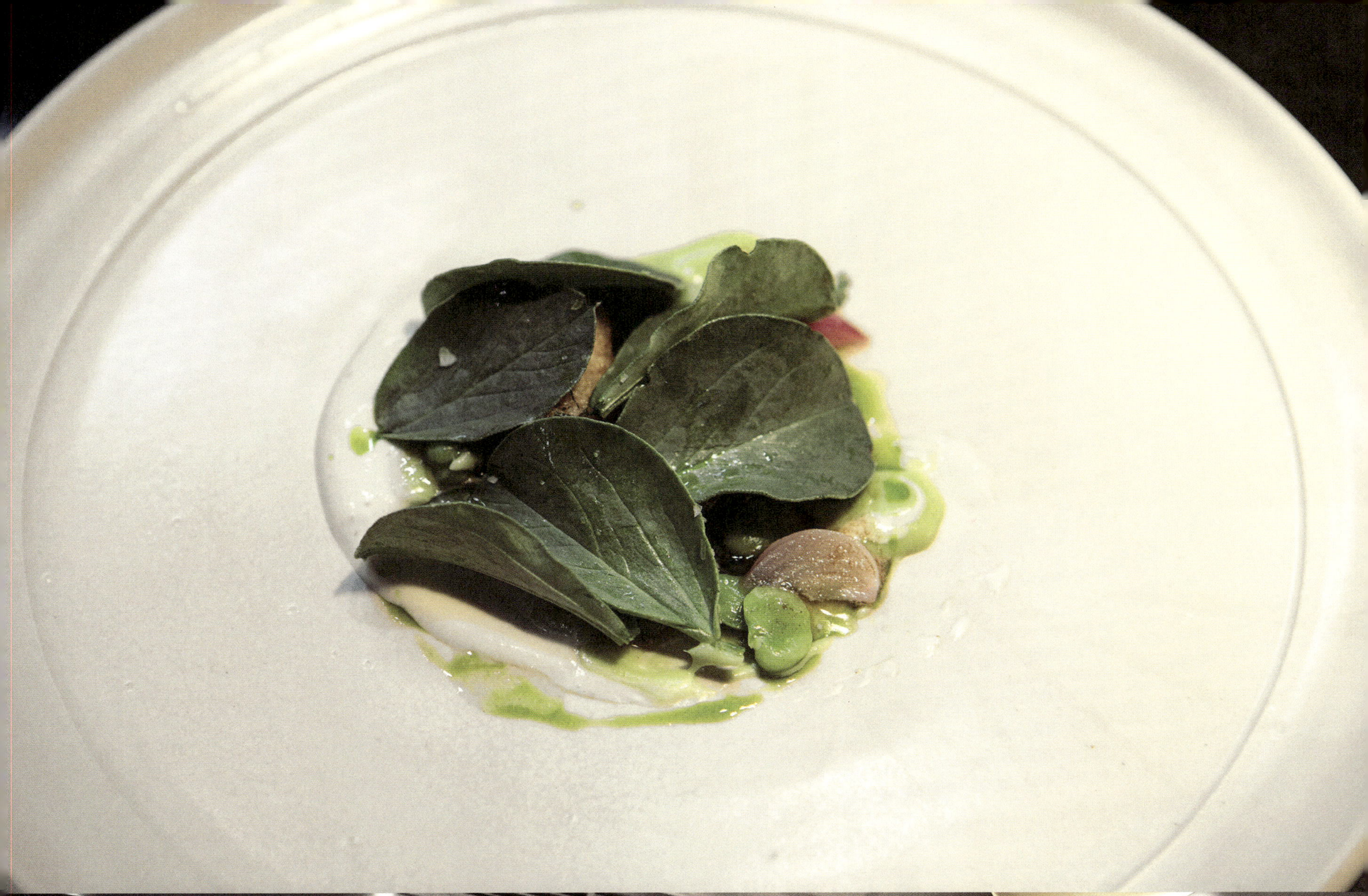
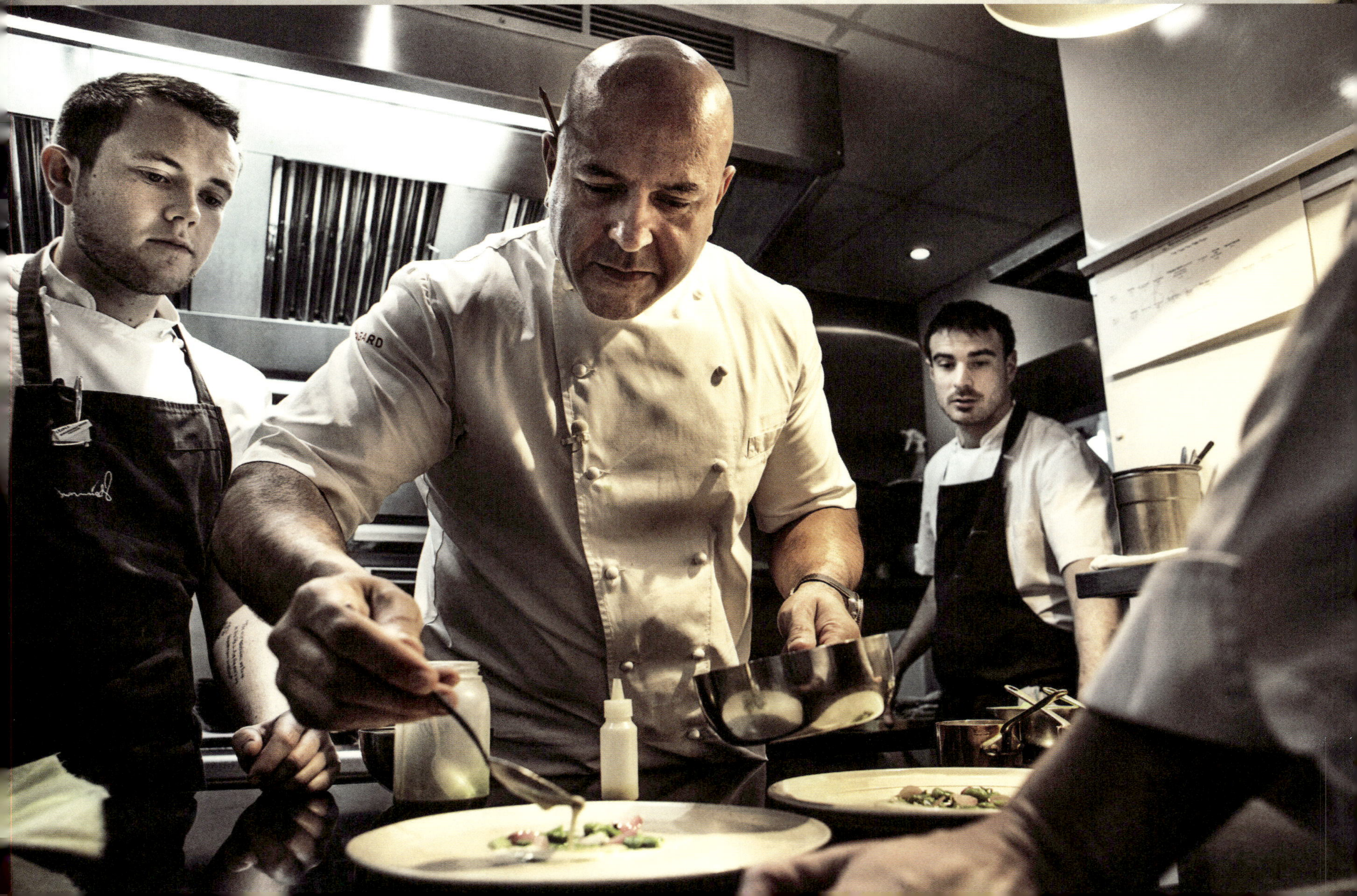

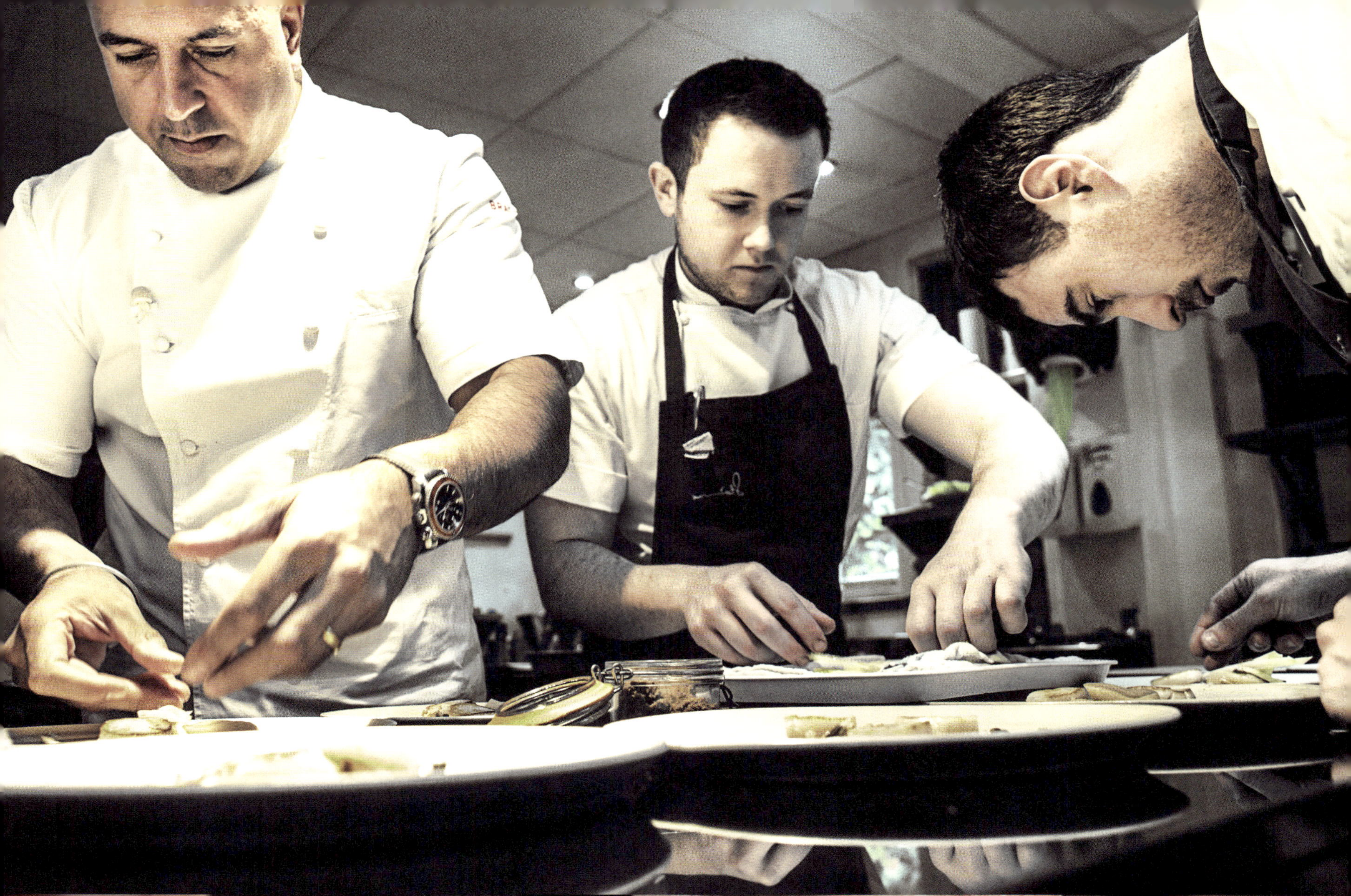

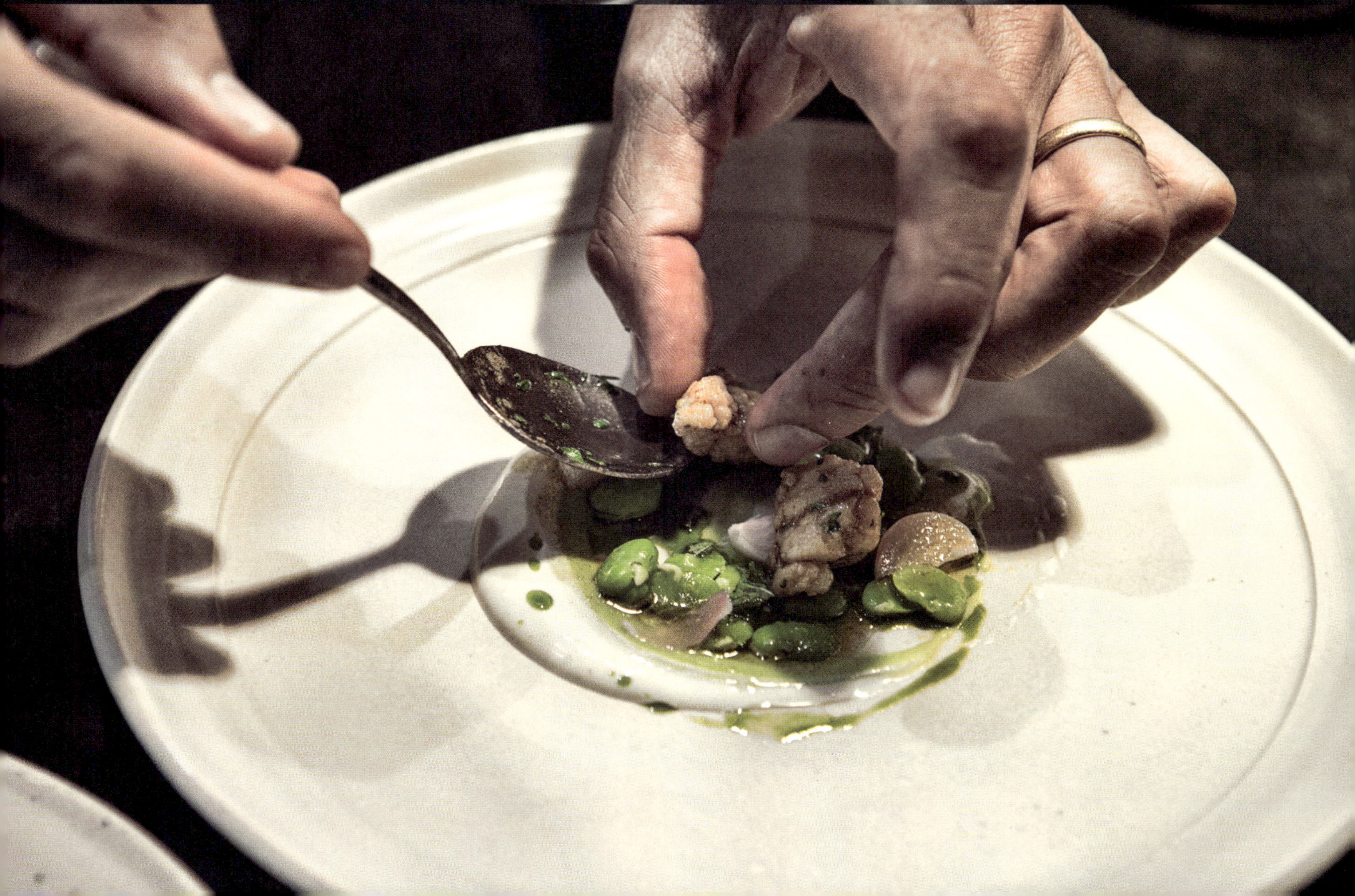

Ich liebe das Unsoziale an meinem Job. Zu arbeiten, wenn alle essen. Und wenn die ins Bett fallen, dann auf die Piste zu gehen.

Ich bin jetzt 43 und mache das satte 25 Jahre. Und ich habe es mir abgewöhnt, 90-prozentiger Perfektion hinterher zu hecheln. Ich konzentriere mich lieber auf die 10 Prozent an Fehlermöglichkeiten. Ich glaube einfach nicht daran, dass man die volle 100 erreicht. Das ist doch Bullshit, keiner schafft die. Zehn Prozent deiner Gäste mögen zehn Prozent deiner Gerichte nicht. Akzeptier es einfach und schon ist es okay für dich.

Wenn einer ein Gericht ganz toll findet und wissen will, wer das gemacht hat, kriegt der nur eine Antwort: Wir haben das gemacht – und nie, ich habe das gemacht.

Als junger Koch nimmt man schlechte Kritiken persönlich. Vergiss es, so etwas nennt man persönlichen Geschmack, also wirklich was Subjektives.

Nur weil ich Gangsta-Rap höre, heißt das noch lange nicht, dass ich Ahnung von Gangsta-Rap habe. Das ist das Problem vieler Gäste, die gerne viel ausgehen. Was halt nicht bedeutet, dass sie viel Ahnung haben, sondern nur, dass sie viel ausgehen. Wenn ich ausgehe, kritisiere ich nie. Weil ich einfach abschalte. Ich bin dann ganz Gast. Da wird kein Gericht analysiert oder gar überanalysiert. Ich genieße es einfach, zu Essen.

Ich habe das riesige Glück in einer großartigen Branche zu arbeiten. In einer Branche, die auch Aussteiger akzeptiert.

Mir gefällt es, die Erwartung der Leute zu drehen. Zum Beispiel mit unserem Restaurant, beziehungsweise seiner Lage. Wenn die Gäste irgendwann mal in unserer Straße landen. Und anfangen besorgt zu sein. Wo sind wir hier? Bist du sicher, dass wir hier richtig sind? Gibt es hier schon Elektrizität?

Es war mir wirklich nicht vorbestimmt, Koch zu werden. Ich habe einfach nur Essen gemocht und dass gekocht wurde. Food ist in der indischen Gemeinschaft ein großes Ding. Als wir groß wurden, war Essen immer ein Thema und Teil unseres Lebens.

Wir spielen nicht all zu sehr mit der Präsentation herum. Bei uns soll es besser schmecken als aussehen. Seien wir doch ehrlich: Solange ein schöner, saisonaler Pilz perfekt gekocht ist, solange ist es doch völlig einerlei, wo und wie der auf dem Teller liegt.

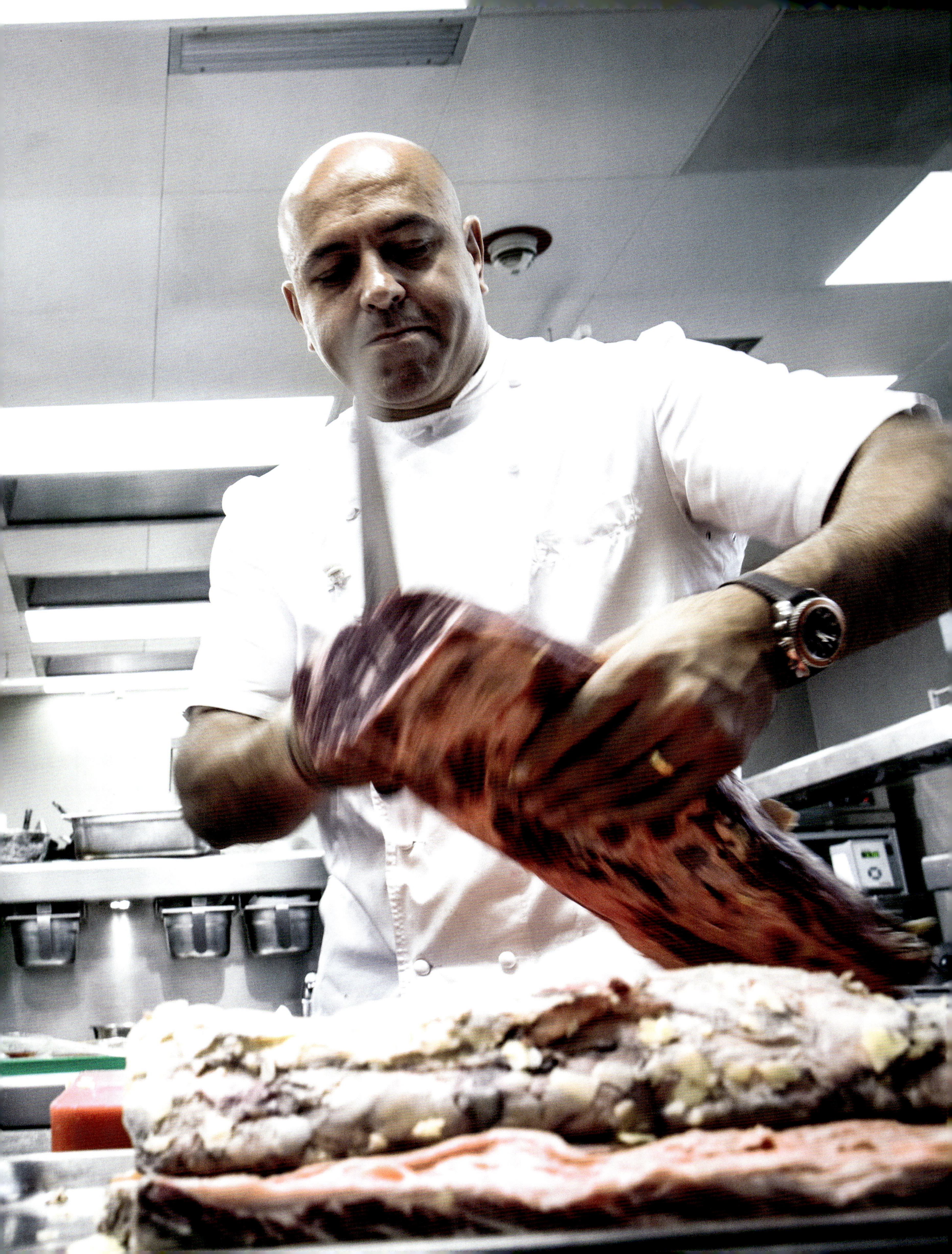

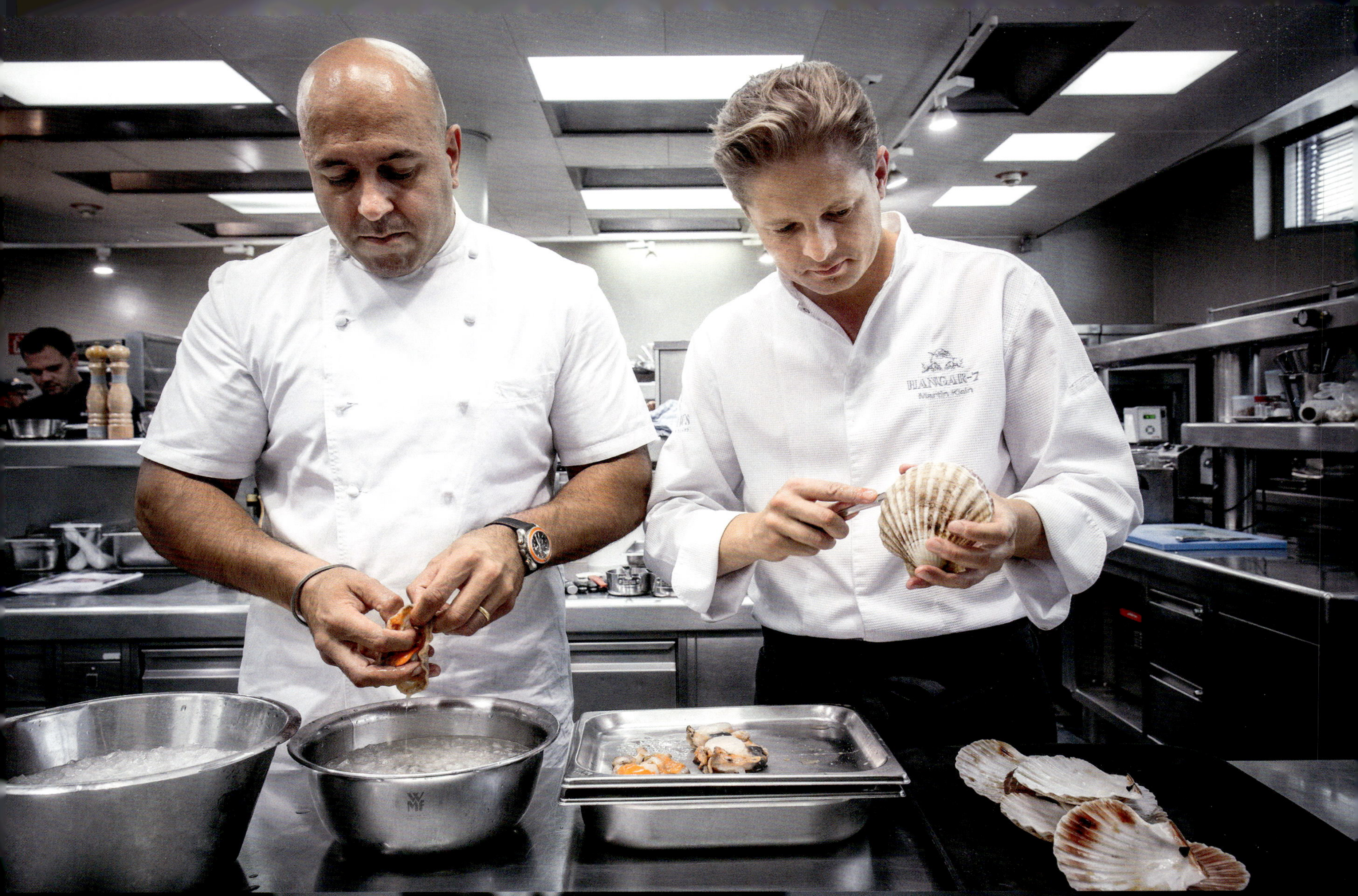
HANGAR-7
Martin Klein

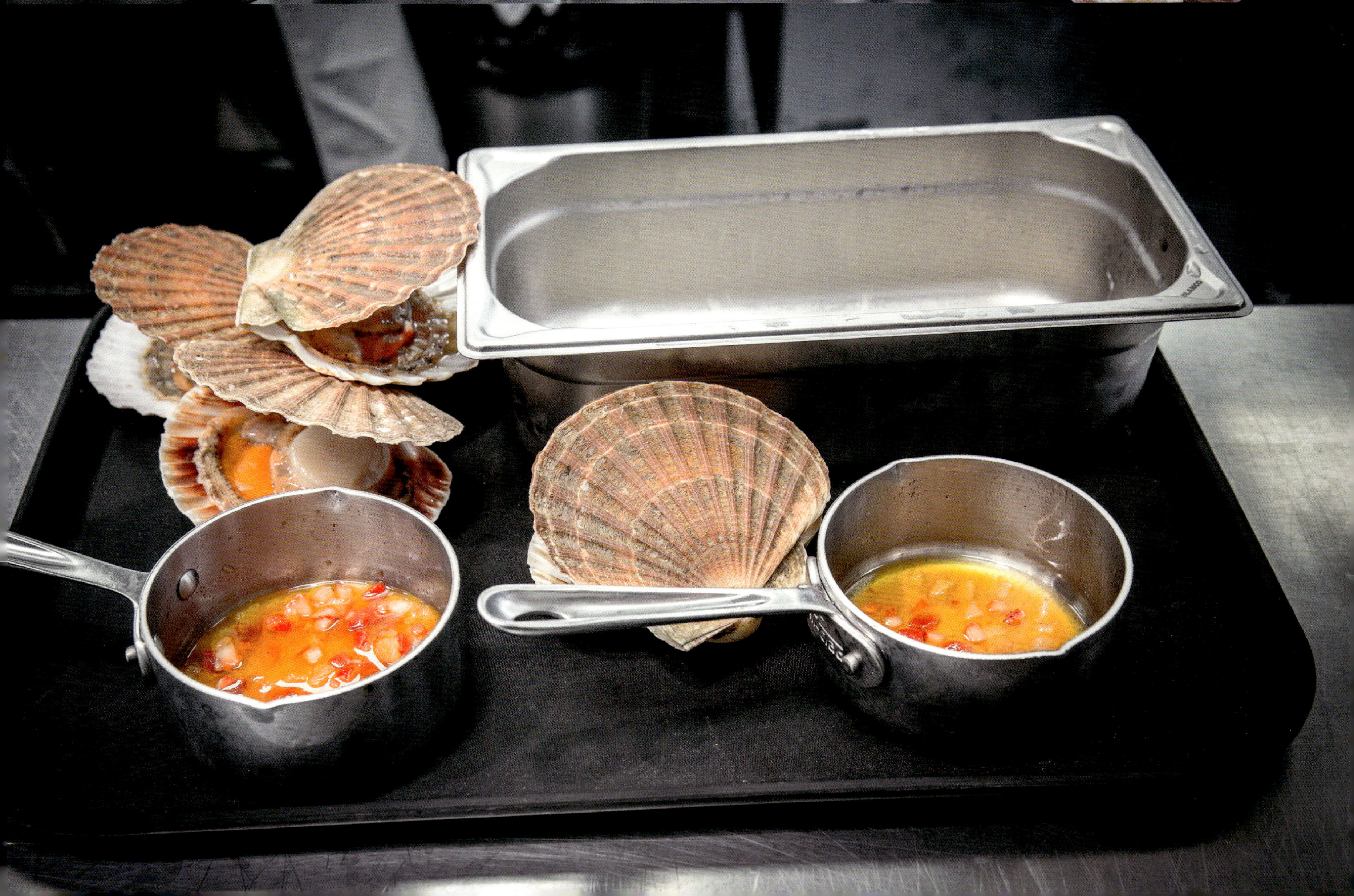

MENÜ

―

Bärlauchsuppe mit Crème fraîche
Kren Sandwich

―

Jakobsmuschel mit Tomate, Erdbeere
und Holunderblüte

Hühnerleber »Müsli«

Langostino »schwarz«

Gereiftes Beef Tatar mit Champignons

Saibling »marinière«

Roscoff-Zwiebel und Thymian

Miéral-Taube mit Melone, Feta und Minze

Beauvale blue, Banbury Cake und Portwein

Rice Pudding

Luftige Schokolade mit Kirschen

Tea & Biscuit

―

Hühnerleber »Müsli«

Aprikosenpüree
- 200 ml Wasser
- 50 ml Weißweinessig
- 125 g Zucker
- 100 g getrocknete Aprikosen
- Salz

Eingelegte Cranberrys
- 75 ml Wasser
- 75 ml Weißweinessig
- 75 g Zucker
- 50 g getrocknete Cranberrys

Hühnerlebergranulat
- 250 g frische Hühnerleber
- 800 ml Vollmilch
- 100 ml Sojasauce
- 600 ml kräftige Hühnerbrühe
- 6 Blatt Gelatine
- Salz
- reichlich flüssiger Stickstoff

Granola
- frische Hühnerhaut (von einem ganzen Huhn)
- 100 g Haferflocken (Großblatt)
- 20 g Ahornsirup
- 30 g Sonnenblumenöl
- 5 g Salz

Bohnensalat
- 100 g Keniabohnen
- 40 g Schalotten (Brunoise)
- Weißweinessig
- Olivenöl
- Salz
- frisch gemahlener schwarzer Pfeffer

Anrichten
- etwas Banyuls-Süßwein, sirupartig reduziert

Aprikosenpüree
Das Wasser, den Weißweinessig und den Zucker aufkochen und heiß über die Aprikosen gießen. Die Aprikosen zugedeckt 12 Stunden quellen lassen. Die abgetropften Aprikosen fein pürieren und mit etwas Aprikoseneinweichwasser verdünnen. Das Aprikosenpüree mit Salz abschmecken, in eine Kunststoffspritzflasche füllen und kühl stellen.

Eingelegte Cranberrys
Das Wasser, den Weißweinessig und den Zucker aufkochen und über die getrockneten Cranberrys gießen. Die Cranberrys zugedeckt 1 Stunde ziehen lassen, dann kalt stellen.

Hühnerlebergranulat
Die Hühnerleber sehr sorgfältig putzen und in eine Schüssel geben. Dann mit der Milch bedecken und 12 Stunden im Kühlschrank wässern lassen. Die Hühnerleber waschen und abtropfen lassen. Die Sojasauce und die kräftige Hühnerbrühe in einen Thermomix geben und auf 60 °C erwärmen, dann die eingeweichte Blattgelatine zugeben und auflösen. Die Hühnerleber zugeben und 20 Minuten bei 60 °C mixen. Die Hühnerlebermasse salzen und durch ein feines Sieb passieren, dann in eine Kanne füllen und einige Stunden kalt stellen. Kurz vor dem Anrichten eine Metallrührschüssel in die Küchenmaschine einsetzen und vorsichtig reichlich flüssigen Stickstoff einfüllen. Dann bei laufender Maschine die gekühlte Hühnerlebermasse schrittweise zugeben und mit dem Schneebesenaufsatz verrühren. Das entstandene schockgefrorene Hühnerlebergranulat auf ein Metallblech stürzen, entnehmen und anrichten.

Granola
Die Hühnerhaut zwischen 2 Silpatmatten legen und im auf 160 °C (Ober-/Unterhitze) vorgeheizten Backofen ca. 45 Minuten knusprig backen, dann abkühlen lassen. Die Haferflocken mit dem Ahornsirup, dem Sonnenblumenöl und dem Salz mischen, auf einem mit Backpapier belegten Backblech verteilen und im Backofen bei 160 °C (Ober-/Unterhitze) 20 Minuten backen. Dabei die Mischung alle 3–4 Minuten wenden, um einzelne karamellisierte Haferflocken zu erhalten. Vor dem Anrichten die knusprige Hühnerhaut mit den Fingern zerbröckeln und je nach Geschmack mit der Granolamischung vermengen.

Bohnensalat
Die Keniabohnen putzen und in ca. 0,5–1 cm große Stücke schneiden, dann kurz in sprudelnd kochendem Salzwasser blanchieren, in Eiswasser abschrecken und abtropfen lassen. Die Bohnenstücke und die Schalotten-Brunoise mit etwas Weißweinessig und Olivenöl marinieren. Den Bohnensalat mit Salz und frisch gemahlenem Pfeffer abschmecken.

Anrichten
Je 1 EL Aprikosenpüree in die Mitte von 4 tiefen Tellern spritzen. Je 1–2 EL Bohnensalat und 4–5 eingelegte Cranberrys daraufgeben. Darüber jeweils 2–3 EL Hühnerlebergranulat verteilen und mit je 2–3 EL Granolamischung bedecken. Zum Schluss einige Tropfen Banyuls-Sirup auf die Granolamischung spritzen.

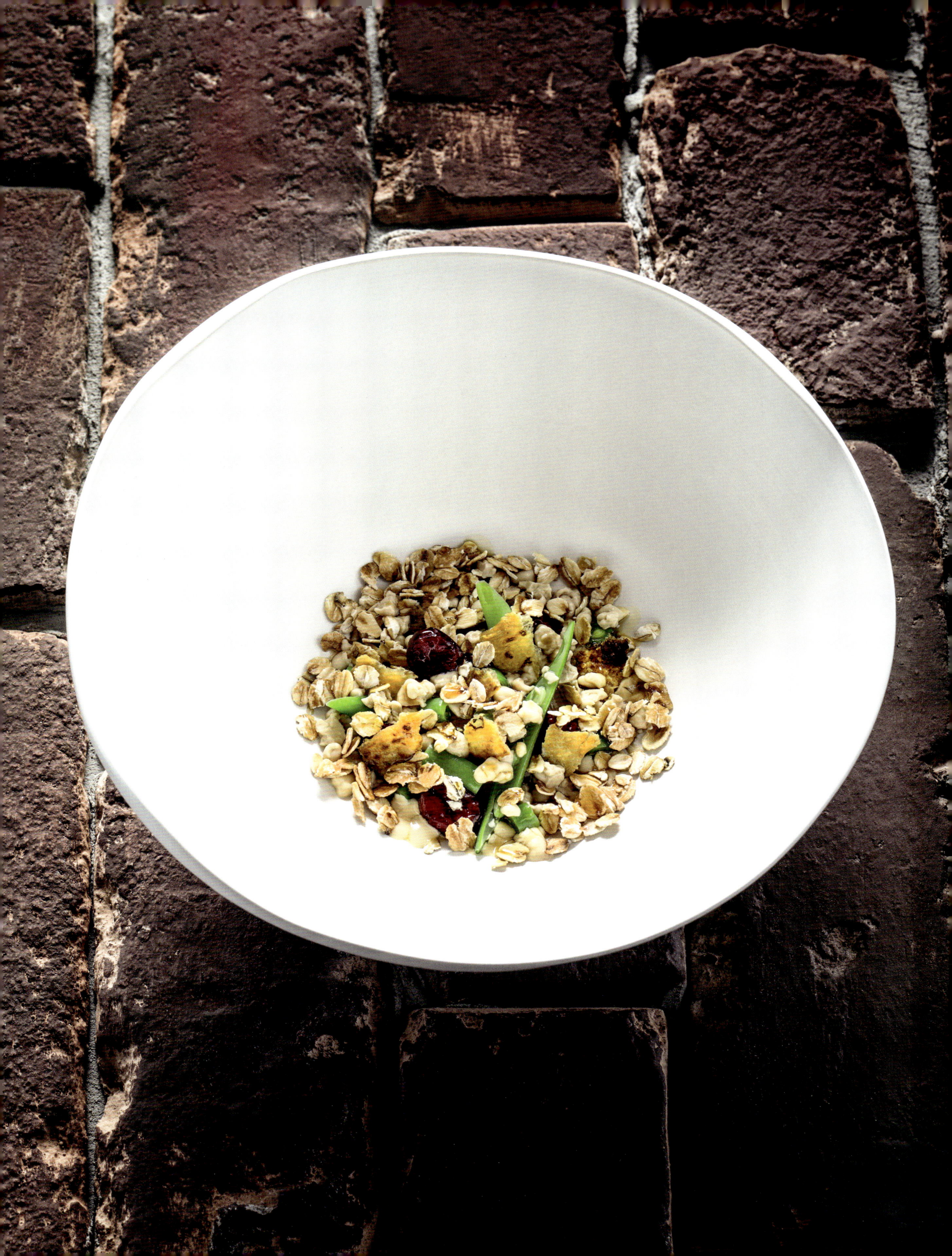

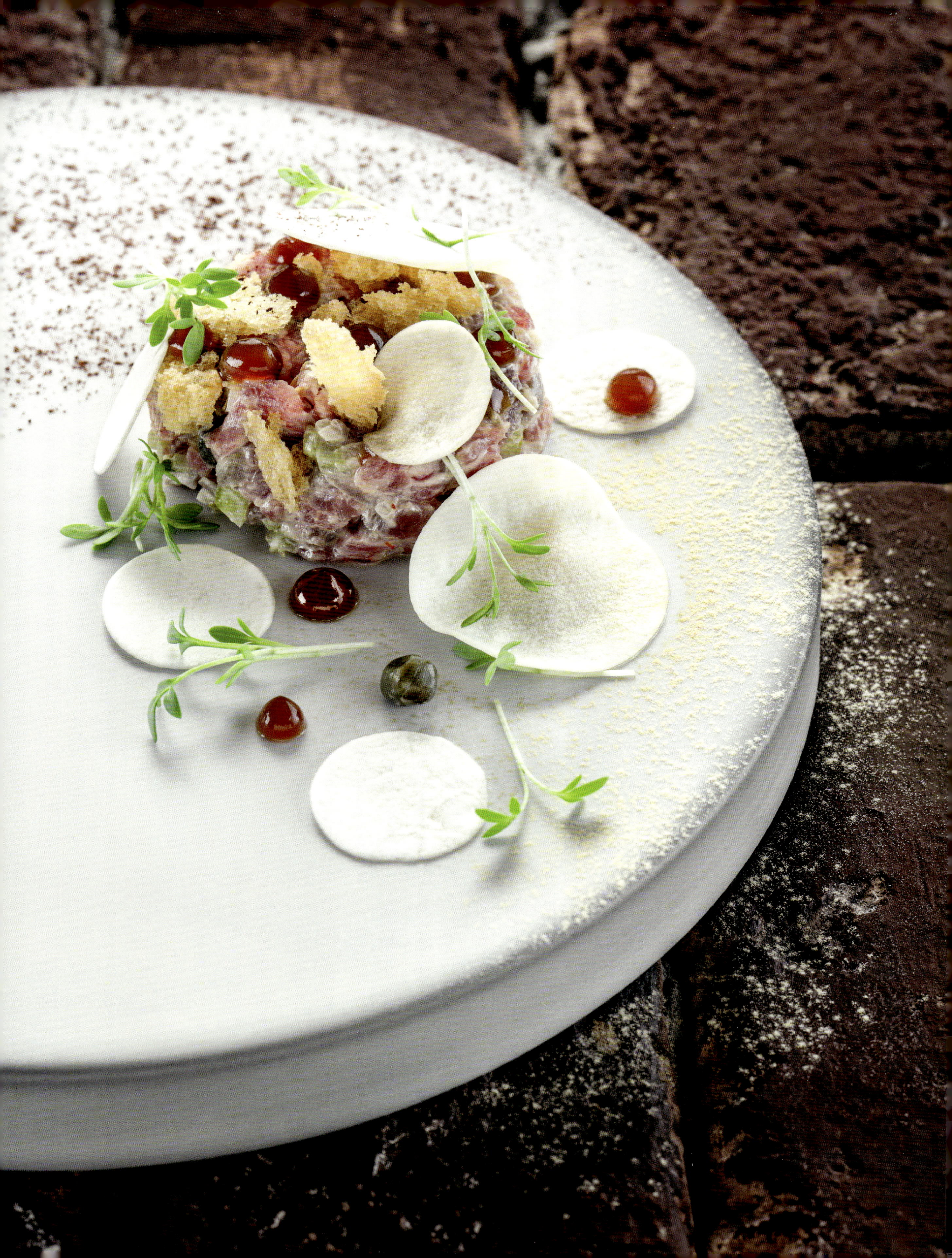

Gereiftes Beef Tatar mit Champignons

Mushroom-Ketchup
- 200 g frische Champignons, geputzt
- 250 g helle Sojasauce
- 250 g Geflügelfond
- etwas Agar-Agar
- etwas Sojasauce zum Abschmecken
- etwas Sushi Seasoning zum Abschmecken

Geschäumte Sauce Hollandaise
- 220 g flüssige Butter
- 2 g Weißwein-Estragonessig-Reduktion
- 20 g Shirodashi
- 75 g Eigelb

Croûtons
- 2 Scheiben Toastbrot
- 40 g Butter
- 1 Knoblauchzehe

gereiftes Beef Tatar
- 200 g gut abgehangenes Beiried (100 Tage)
- 1 EL neutrales Pflanzenöl
- 15 g Schalotten (Brunoise)
- 15 g Kapern, gewässert
- 15 g Essiggurken (Brunoise)
- geschäumte Sauce Hollandaise (siehe Teilrezept »geschäumte Sauce Hollandaise«)
- Salz

Anrichten
- einige dünne rohe Champignonscheiben, rund ausgestochen
- frische Gartenkresse
- etwas Kakaopulver
- etwas Sojasaucenpulver

Mushroom-Ketchup
Die Champignons mit der Sojasauce und dem Geflügelfond pürieren. Ein Passiertuch in eine hohe Schüssel legen und die Pilzmasse einfüllen. Die Enden des Passiertuches verknoten und mithilfe eines langen Kochlöffels über der Schüssel aufhängen. Das Ganze 12 Stunden in den Kühlschrank stellen. Den abgetropften Pilzfond abwiegen, 2 Prozent des Abtropfgewichts an Agar-Agar zufügen und die Mischung aufkochen. Den Pilzfond mit etwas Sojasauce und Sushi Seasoning abschmecken, abkühlen lassen und im Kühlschrank 12 Stunden gelieren lassen. Das kalte Gelee aufmixen, den fertigen Mushroom-Ketchup in eine Kunststoffspritzflasche füllen und kalt stellen.

Geschäumte Sauce Hollandaise
Die abgekühlte Butter, die Weißwein-Estragonessig-Reduktion, das Shirodashi und das Eigelb verrühren und vakuumieren, dann im Wasserbad bei konstant 62 °C 30 Minuten pochieren. Die Flüssigkeit gut durchrühren und emulgieren. Die Emulsion in eine Espumaflasche füllen und diese mit 2 N20-Kapseln bestücken. Etwas Sauce Hollandaise aufspritzen und sofort für das Tatar (siehe Teilrezept »Tatar«) weiterverarbeiten.

Croûtons
Das Toastbrot entrinden und in kleine Würfel schneiden. Die Butter mit der angedrückten Knoblauchzehe aufschäumen lassen und die Toastbrotwürfel darin knusprig ausbacken. Die Croûtons auf Küchenkrepp abtropfen lassen.

gereiftes Beef Tatar
Das gut abgehangene Beiried von allen Seiten kurz und scharf in Pflanzenöl anbraten. Das Fleisch in kleine Würfel schneiden und mit den Schalottenwürfeln, den gewässerten Kapern und den Essiggurken mischen. Dann mit etwas geschäumter Sauce Hollandaise zu einem cremig gebundenen Tatar verrühren und je nach Bedarf mit etwas Salz abschmecken.

Anrichten
Je 1 hohen Ring auf 4 Teller setzen und das marinierte Tatar einfüllen. Die Ringe abnehmen, ein paar Tupfen Mushroom-Ketchup auf das Tatar spritzen und mit einigen Croûtons bedecken. Mit rohen Champgionscheiben und frischer Gartenkresse garnieren. Zum Schluss etwas Kakaopulver und Sojasaucenpulver an den Rand sieben.

Saibling »marinière«

Algencreme
- 30 g frischer Meeressalat (Lechuga de mar)
- 10 g frischer Schnittlauch
- 20 g Eiweiß
- 1 g Xanthan
- 110 g mildes Olivenöl
- Salz

Dillöl
- 50 g frische Dillspitzen
- 50 g Maiskeimöl

Muschelsauce
- 2,5 kg frische Miesmuscheln
- reichlich Geflügelbrühe zum Aufgießen
- 1 kleines Stück getrocknete Kombualge
- 1 Schalotte, fein gewürfelt
- 50 g Fenchel, fein gewürfelt
- 100 ml trockener Weißwein
- etwas Sahne
- Salz
- 30 g kalte Butter

Saibling
- 500 ml Wasser
- 100 g Salz
- 100 g Zucker
- 160 g frisches Saiblingsfilet ohne Haut (ersatzweise Lachs)
- etwas Olivenöl

Anrichten
- gemischte Meereskräuter (Seefenchel, Salicornia, Austernpflanzenblätter)
- feine Dillspitzen
- einige Sechuan Buttons und Lobeliablüten
- 20 g Heringskaviar

Algencreme
Den Meeressalat und den Schnittlauch kurz blanchieren und in Eiswasser abschrecken, dann gut ausdrücken und in einen Mixbecher geben. Das Eiweiß, das Xanthan und das Olivenöl zugeben und mit dem Stabmixer zu einer Creme aufmixen. Die Algencreme mit Salz abschmecken, in eine Kunststoffspritzflasche füllen und kalt stellen.

Dillöl
Die Dillspitzen und das Maiskeimöl in den Thermomix geben und auf eine Temperatur von 80 °C mixen. Das heiße Kräuteröl durch ein feines Sieb passieren, in eine Schüssel füllen und über einem Eiswürfelbad rasch abkühlen lassen. Das Dillöl in eine kleine Kunststoffspritzflasche füllen und kalt stellen.

Muschelsauce
1 kg gewaschene Miesmuscheln in den Schnellkochtopf geben und vollständig mit Geflügelbrühe bedecken. Ein kleines Stück Kombualge zugeben und den Schnellkochtopf unter Druck bringen, dann die Muscheln 30 Minuten ziehen lassen. Den Muschelsud durch ein feines Sieb passieren und um die Hälfte einreduzieren. Die Schalotten- und Fenchelwürfel und die restlichen gewaschenen Miesmuscheln in einen breiten Topf geben. Den Weißwein zugeben und zugedeckt solange kochen lassen, bis sich die Muschelschalen öffnen. Den entstandenen Muschelsud durch ein feines Sieb passieren und um die Hälfte einreduzieren. Das Muschelfleisch auslösen und anderweitig verwenden. Beide Muschelsude aufkochen, mit etwas Sahne verfeinern und mit Salz abschmecken. Dann mit der kalten Butter schaumig aufmixen.

Saibling
Das Wasser, das Salz und den Zucker einmal aufkochen und vollständig abkühlen lassen. Das Saiblingsfilet 15–20 Minuten in die Marinade legen, dann gründlich abwaschen. Anschließend das Saiblingsfilet mit etwas Olivenöl vakuumieren und im Wasserbad bei konstant 40 °C 10 Minuten garen. Das Saiblingsfilet in 12 Würfel schneiden.

Anrichten
Je 3 Saiblingswürfel auf 4 Teller setzen und einige Tupfen Algencreme aufspritzen. Mit gemischten Meereskräutern, Dillspitzen, Sechuan Buttons und Lobeliablüten garnieren. Etwas Heringskaviar auf die Saiblingswürfel geben und etwas Dillöl auf die Teller träufeln. Die schaumige Muschelsauce in Kännchen füllen und bei Tisch in die Teller gießen.

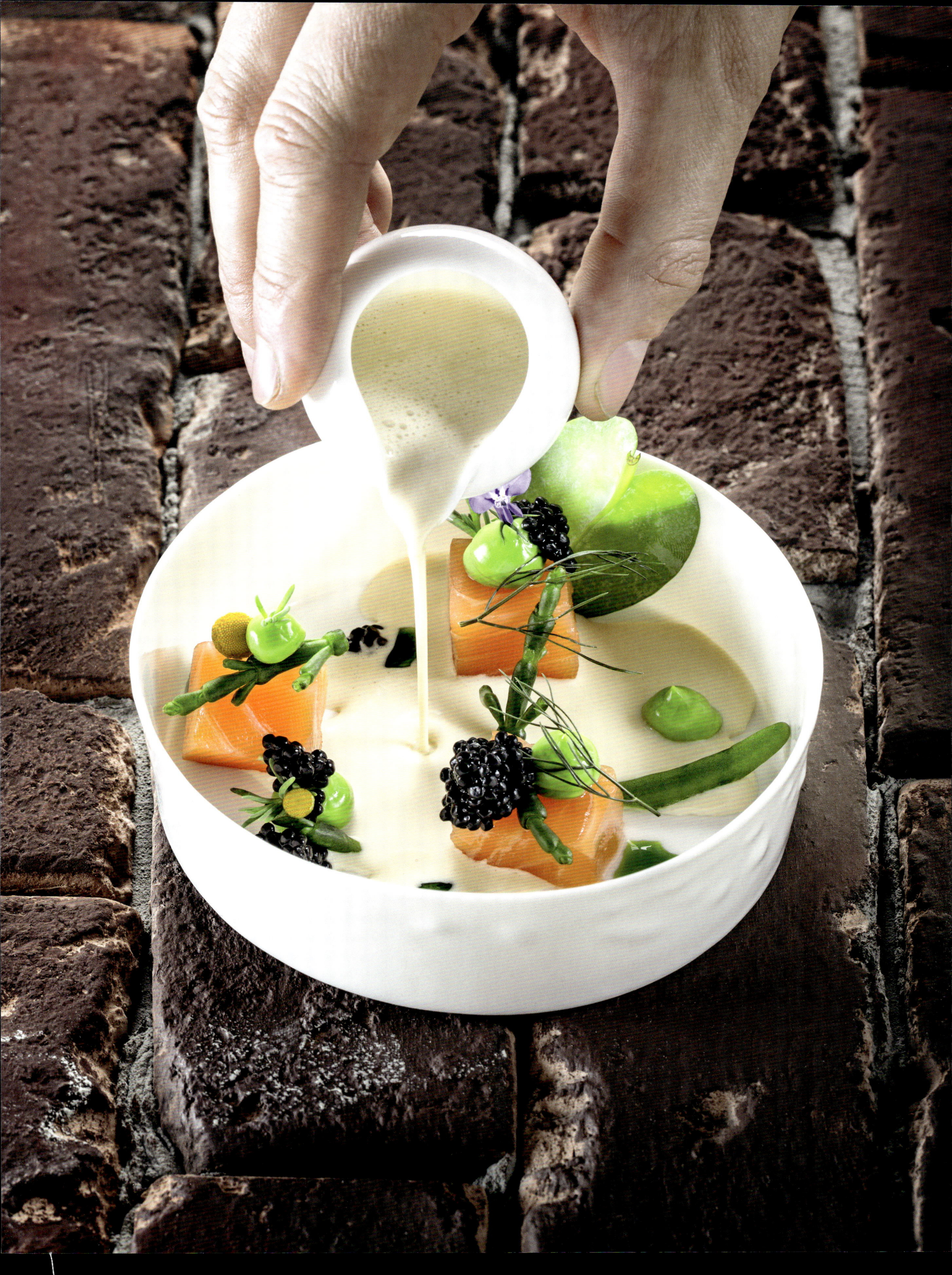

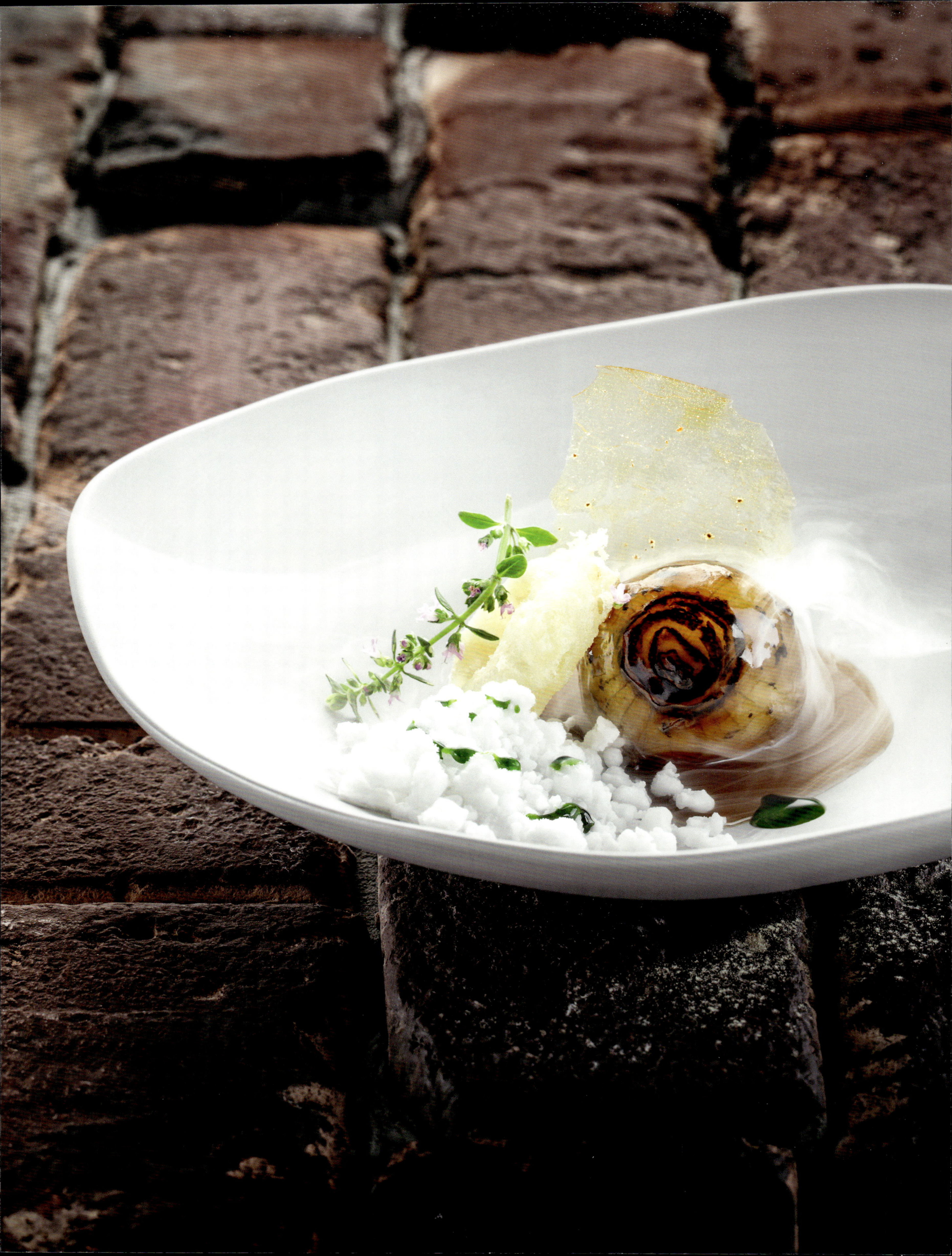

Roscoff-Zwiebel und Thymian

Thymiangranité
- 110 g Zucker
- 500 ml Wasser
- ½ Bund Thymian
- etwas Ascorbinsäure
- Salz
- reichlich flüssiger Stickstoff

Thymianöl
- ½ Bund Thymian
- 3–4 Petersilienzweige
- 200 ml Maiskeimöl

Zwiebeltempura
- 1 Zwiebel
- 400 ml Vollmilch
- 100 g Weizenmehl
- 100 g feines Maismehl
- 10 g Backpulver
- 300 ml eiskaltes helles Bier
- Weizenmehl zum Mehlieren
- 750 ml neutrales Pflanzenöl zum Ausbacken

Roscoff-Zwiebel
- 4 Roscoff-Zwiebeln
- etwas Maiskeimöl
- 20 g Butter
- 1 Thymianzweig
- ½ Knoblauchzehe
- 1 TL Muscovado-Zucker
- reichlich Geflügelbrühe zum Aufgießen
- Salz
- etwas Sherryessig
- 10 g kalte Butter

Esspapier
- 125 g Glucosesirup
- 250 g Fondant
- 10 g Butter
- etwas Zwiebelpulver

Anrichten
- 4 Zitronenthymianzweige

Thymiangranité

Den Zucker, das Wasser und die Thymianzweige aufkochen, dann kurz ziehen lassen und durch ein feines Sieb passieren. Den Thymiansirup mit etwas Ascorbinsäure verrühren, mit Salz abschmecken und kalt stellen. Vor dem Anrichten den Thymiansirup in einen Saucentrichter füllen und in reichlich flüssigen Stickstoff träufeln. Das schockgefrorene Thymiangranité herausschöpfen und sofort anrichten.

Thymianöl

Die Blätter von den Thymianzweigen zupfen und mit den Petersilienzweigen 2 Minuten blanchieren. Die weich blanchierten Kräuter abgießen und in Eiswasser abschrecken, dann gut ausdrücken und mit dem Maiskeimöl mixen. Das Thymianöl passieren, in eine Kunststoffspritzflasche füllen und kalt stellen.

Zwiebeltempura

Die Zwiebel schälen, in Ringe schneiden und für 2 Stunden in Milch einlegen. Vor dem Anrichten das Weizenmehl, das Maismehl und das Backpulvermischen, mit dem eiskalten Bier aufgießen und zu einem Tempurateig verrühren. Den Tempurateig auf ein Eiswürfelbad setzen. Die Zwiebelringe gut trocken tupfen, mehlieren und einzeln durch den Tempurateig ziehen, dann im 180 °C heißen Pflanzenöl knusprig ausbacken. Die Zwiebeltempura auf Küchenkrepp abtropfen lassen und heiß anrichten.

Roscoff-Zwiebel

Die Roscoff-Zwiebeln schälen, ohne sie zu verletzen, dabei den Wurzelansatz nicht entfernen. Dann in einer Sauteuse in etwas Maiskeimöl langsam karamellisieren lassen. Sobald die Zwiebeln gut Farbe angenommen haben, die Butter, den Thymianzweig und die Knoblauchzehe zugeben. Den Muscovado-Zucker darüberstreuen und karamellisieren, dann mit Geflügelbrühe aufgießen, sodass die Zwiebeln zur Hälfte bedeckt sind. Alles zusammen aufkochen und zugedeckt in den Backofen schieben. Die Zwiebeln bei 220 °C (Ober-/Unterhitze) 8 Minuten schmoren, dann den Deckel abnehmen und die Zwiebeln 5 Minuten mit dem Bratfond glacieren, bis sie gar sind. Die Garzeit beträgt ca. 1 Stunde. Den Bratfond je nach Bedarf mit etwas Geflügelfond verdünnen. Die Zwiebeljus mit Salz und etwas Sherryessig abschmecken, abschließend mit kalter Butter binden.

Esspapier

Den Glucosesirup und den Fondant auf 155 °C erhitzen. Die Butter zugeben und die Zuckermasse auf eine Silpatmatte gießen. Etwas Zwiebelpulver darüberstreuen und aushärten lassen. Das Esspapier in grobe Stücke brechen.

Anrichten

Die glacierten Roscoff-Zwiebeln mittig auf 4 Teller setzen und mit etwas Zwiebeljus übergießen. Je 1–2 Zwiebeltempuraringe an die glacierten Zwiebeln lehnen. Etwas Thymianöl in die Zwiebeljus träufeln und mit je 1 Zitronenthymianzweig und einigen Esspapierstücken garnieren. Zum Schluss je 1–2 EL Thymiangranité an die Zwiebeln geben und sofort servieren.

Luftige Schokolade mit Kirschen

Kirschgel
- » 200 ml trockener Rotwein
- » 200 ml roter Portwein
- » 50 g Zucker
- » 1 grüne Kardamomkapsel, angedrückt
- » 1 Zimtstange
- » 1 leere Vanilleschote
- » 150 g frische, entsteinte Kirschen
- » etwas Thick & Easy® (Andickungsmittel)

Luftschokolade
- » 250 g Vollmilchschokolade (40 % Kakaoanteil)
- » 15 g Traubenkernöl

Kirschgel

Den Rotwein, den Portwein, den Zucker, die angedrückte Kardamomkapsel, die Zimtstange und die leere Vanilleschote in einen Topf geben, alles aufkochen und die Flüssigkeit auf 75 ml einkochen. Die Reduktion durch ein feines Sieb passieren, die entsteinten Kirschen zugeben und fein pürieren. Das Kirschpüree erneut passieren und mit etwas Thick & Easy® binden. Das Kirschgel in eine Kunststoffspritzflasche füllen und einige Stunden kalt stellen.

Luftschokolade

Die Vollmilchschokolade über einem Wasserbad behutsam schmelzen und mit dem Traubenkernöl emulgieren. Die flüssige Schokolade in eine Espumaflasche füllen und diese mit 2 N20-Kapseln bestücken. Die Schokoladenmasse sofort in die Edelstahlwanne eines Gastrovac (Hochleistungs-Vakuumiergerät) sprühen, das Gerät verschließen und die Schokolade vakuumieren. Der Schokoladenschaum geht durch den Unterdruck auf, die Lufteinschlüsse verbleiben in der Schokolade. Den noch verschlossenen Vakuumierbehälter sofort in den Schockfroster stellen und die Luftschokolade schockgefrieren. Die schockgefrorene Schokolade aus dem Behälter nehmen und verschlossen in einem separaten Behälter bei -18 °C lagern. Zum Anrichten im noch gefrorenen Zustand in beliebig große Quader schneiden und sofort anrichten.

Anrichten

Je 1 Stück gefrorene Luftschokolade auf 4 Teller legen und im Kühlschrank etwas antauen lassen. Mit einigen Tupfen Kirschgel verzieren und sofort servieren.

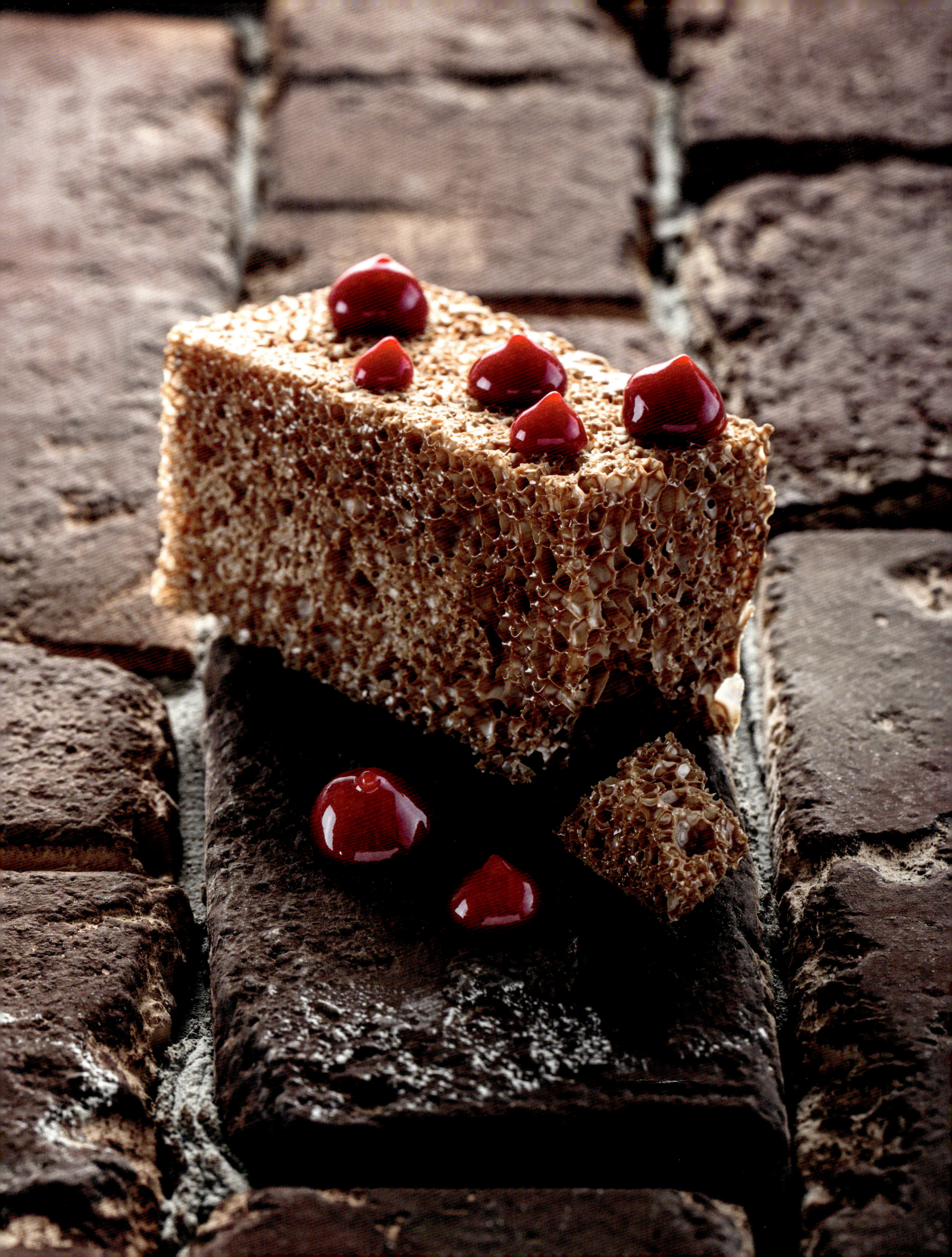

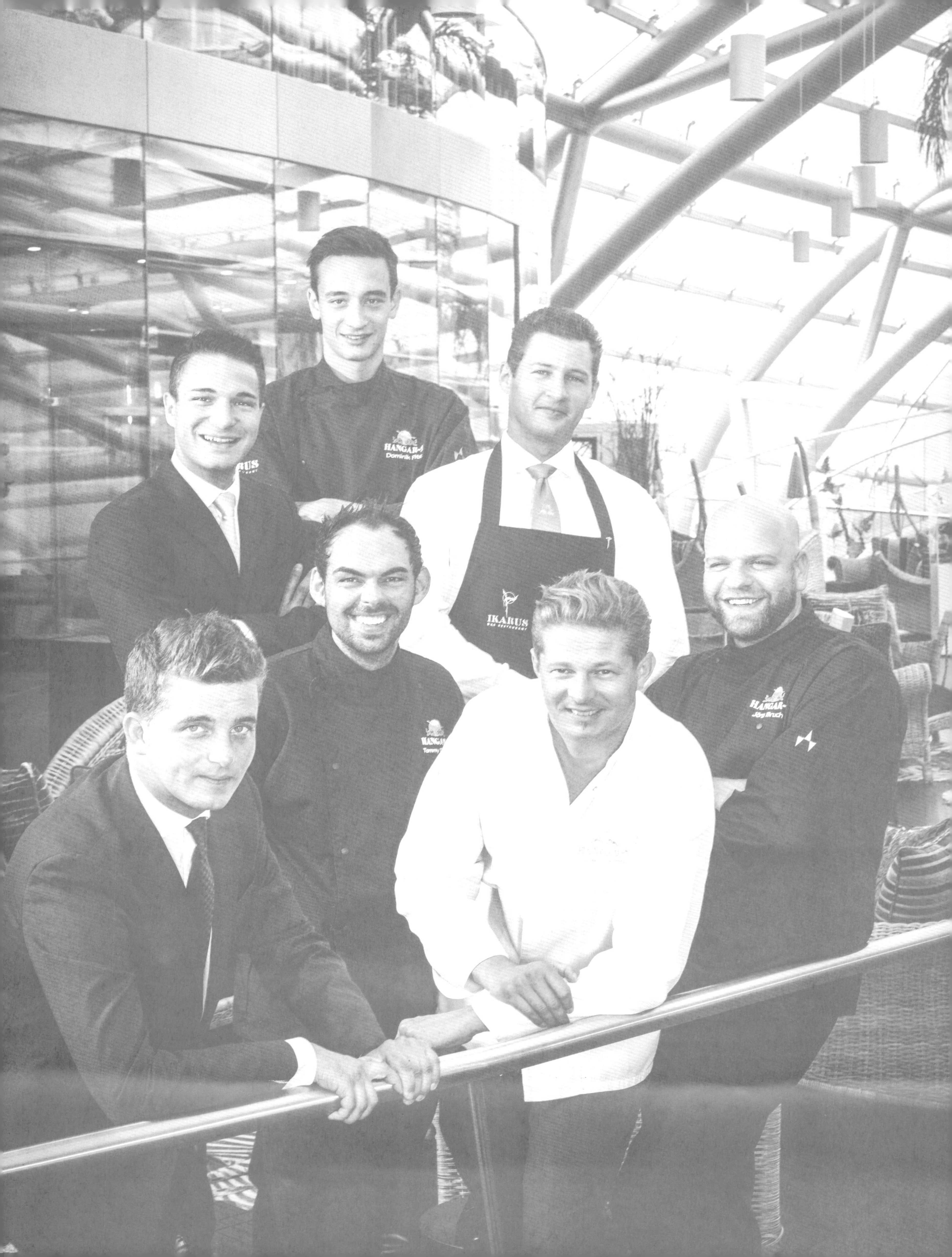
IKARUS

IKARUS
Team

Restaurant Ikarus im Hangar-7

Salzburg/Österreich

Kochen by »WhatsApp«

Professionelles Kochen im Fine-Dining-Bereich ist ein wilder Ritt auf messerscharfem Grat. Einerseits gibt es kaum einen Berufsbereich, wo hierarchische Strukturen so klar gelebt werden. Die Rangordnung Chefkoch, Sous-Chef, Postenchef und deren Vertreter, bis hin zum Commis, geht auf Auguste Escoffier zurück, ist also im nicht unbedingt für sein demokratisches Miteinander bekannten 19. Jahrhundert anzusiedeln.

Andererseits ist Spitzenküche ohne Team-Spirit undenkbar. Ein »Hand in Hand«, ein »Einer für alle, alle für einen« sind keine leeren Floskeln, sondern gelebter Alltag. Ohne ein intaktes Zusammengehörigkeitsgefühl gibt es keine großartige Küche.

Warum betone ich das ausgerechnet vor dem Monat August, dem Monat also, in dem traditionell unser Gastkochkonzept unterbrochen wird zugunsten einer Eigenpräsentation des Ikarus?

Ich betone das, weil diese vier Wochen auch für mich eine besondere Herausforderung sind. Erstmals als Executive-Chef in der obersten Verantwortung, will man natürlich die eigene Handschrift demonstrieren. Doch gleichzeitig will man sich nicht vor die eigene Mannschaft drängeln. Jeder aus dem 30-köpfigen Team muss sich wiederfinden können, nur ein Miteinander schafft die Bereitschaft zum Hundertprozentigen.

Wie gesagt, ein Ritt auf messerscharfem Grat. Der gleichzeitig richtig Spaß gemacht hat – weil Zweierlei gegeben war: zum einen ein gewisser zeitlicher Vorlauf. Diskussion, Rede und Gegenrede, bedürfen der Zeit. Und zweitens: das Spielen mit brutal offenen Karten. Unsere Absprache war: Jeder darf vorschlagen, jeder darf sich einbringen, doch akzeptiert wird in letzter Konsequenz nur das, was nicht nur meine hundertprozentige Zustimmung findet, sondern auch die der beiden Chefköche Tommy Dananic und Jörg Bruch, ihrer Sous Martin Ebert und Andreas Bitsch, sowie die vom Chef-Pâtissier Dominik Fitz. Wie gesagt, einstimmig und bei keinem weniger als 100 Prozent.

Das ganze konnte man dann in der Folge »Kochen by WhatsApp« nennen, allein schon deswegen, weil ich für die Besuche der Gastköche ja sehr häufig unterwegs bin. Das ist durchaus reizvoll, da die neuen Medien Kreativität im Tagestakt freisetzen. Also ich nenne meinen Kollegen eine mögliche Kombination, beispielsweise Garnelen, irgendetwas mit Schafs- oder Ziegenmilch, dazu Knoblauch in unterschiedlichen Konsistenzen – und setze mich Richtung Stockholm ab, um Magnus Ek zu besuchen.

Fast täglich bekam ich von Tommy ein neues Gericht aus dem Ikarus zugeschickt. Wir haben uns ständig ausgetauscht, mal fehlte was zum »Reinlöffeln«, mal war die Komposition zu zerfallen. Um nicht falsch verstanden zu werden, das waren alles Vorschläge, für die 99 Prozent aller Restaurants betteln würden, so etwas auf ihre Karte setzen zu dürfen. Aber unser Ziel war ja die glatte 100. Die dann nach über zehn Anläufen mit in einer Zucker- und Salzlake gebeizten roten Garnelen, einer Creme vom korsischen Käse Brin d'Amour, sowie ein Dreierlei vom Knoblauch gefunden wurde.

Wobei solche Ergebnisse auch über Umwege erreicht werden können. Einer meiner Vorschläge lautete: Sepia, Ei, Kaviar, Lauch. Jörg verstand »Sepia-Ei«, Kaviar, Lauch. Und bastelte sofort an einer Ei-Schablone, gefüllt mit pochierten Sepia-Mus, darin eine Kuhle fürs Eigelb, darauf satt Kaviar, alles versteckt unter der Ei-Schale, die beim Servieren bereits vom Ober aufgeschlagen wird. Ein hinreißendes Missverständnis.

Wo jetzt dabei meine Handschrift geblieben ist? Na bei Gänseleber, Rhabarber, Karamelcrumble erkennt man ebenso den Elsässer wie bei Flusskrebsen, Kohl, Vin Jaune, Speck. Und beim Dessert Petit Suisse, Gurke, Vanille, Kürbiskerne, gibt es sogar einen süße Reminiszenz an die französische Kindheit.

Das ganze 12-gängige Menü steht unter der Überschrift »Essig und Öl« – zwei unerlässliche Küchenzutaten, die wir Dank des Gastkochkonzeptes in ihren weltweiten Unterschiedlichkeiten kennen lernen durften. Dieses Konzept fordert und fördert das Kochen eines jeden Einzelnen in der Ikarus-Brigade. Und bringt uns selbst im Monat August auf einen absolut gültigen, gemeinsamen Nenner. Denn einerlei ob Gastkoch oder eigene Idee, einerlei ob diktatorisch angeordnet oder im breiten Konsens erarbeitet – letztendlich muss es dem Gast gefallen. Das ist für uns alle der einzige messerscharfe Grat, der wirklich zählt.

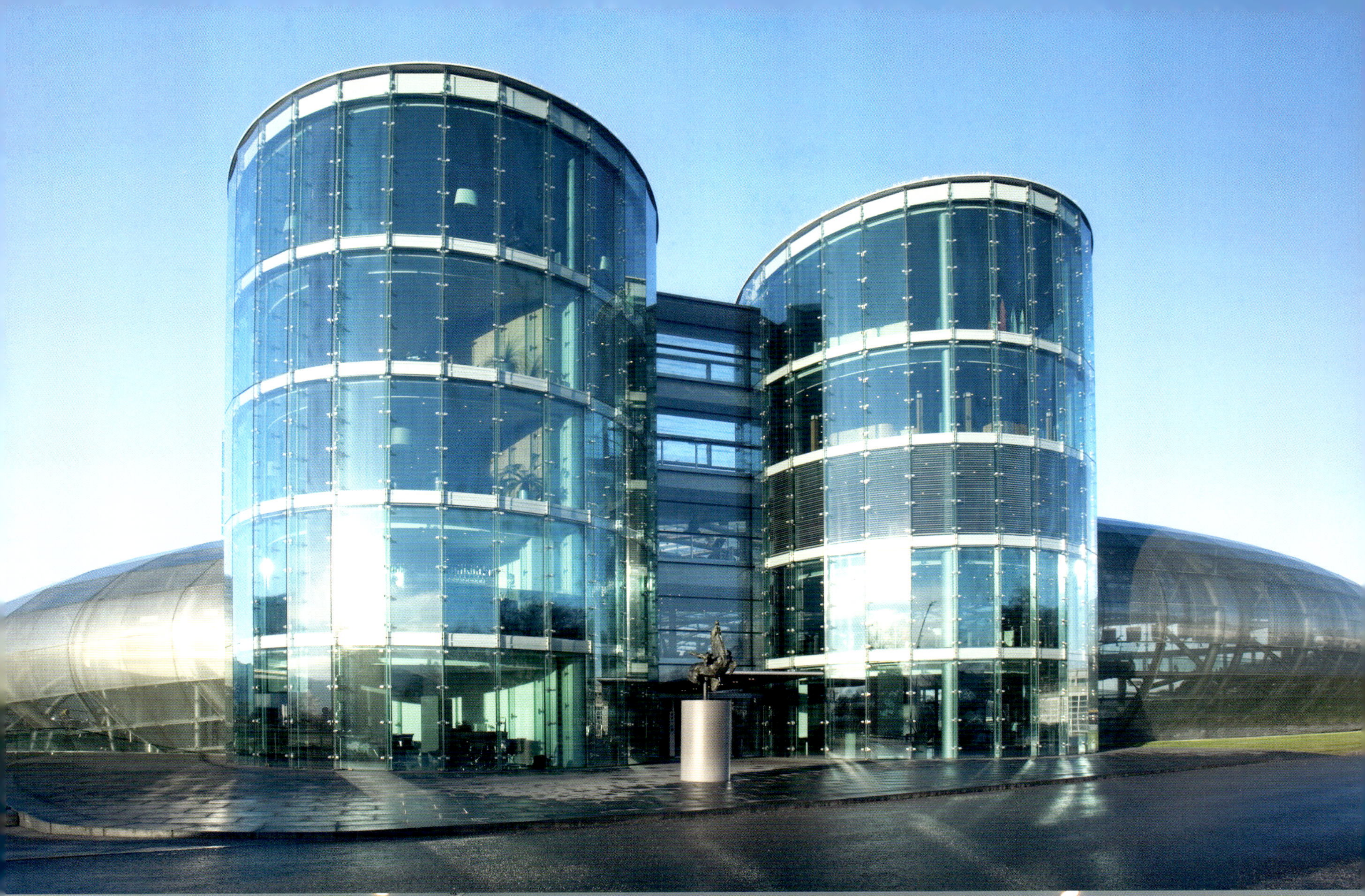

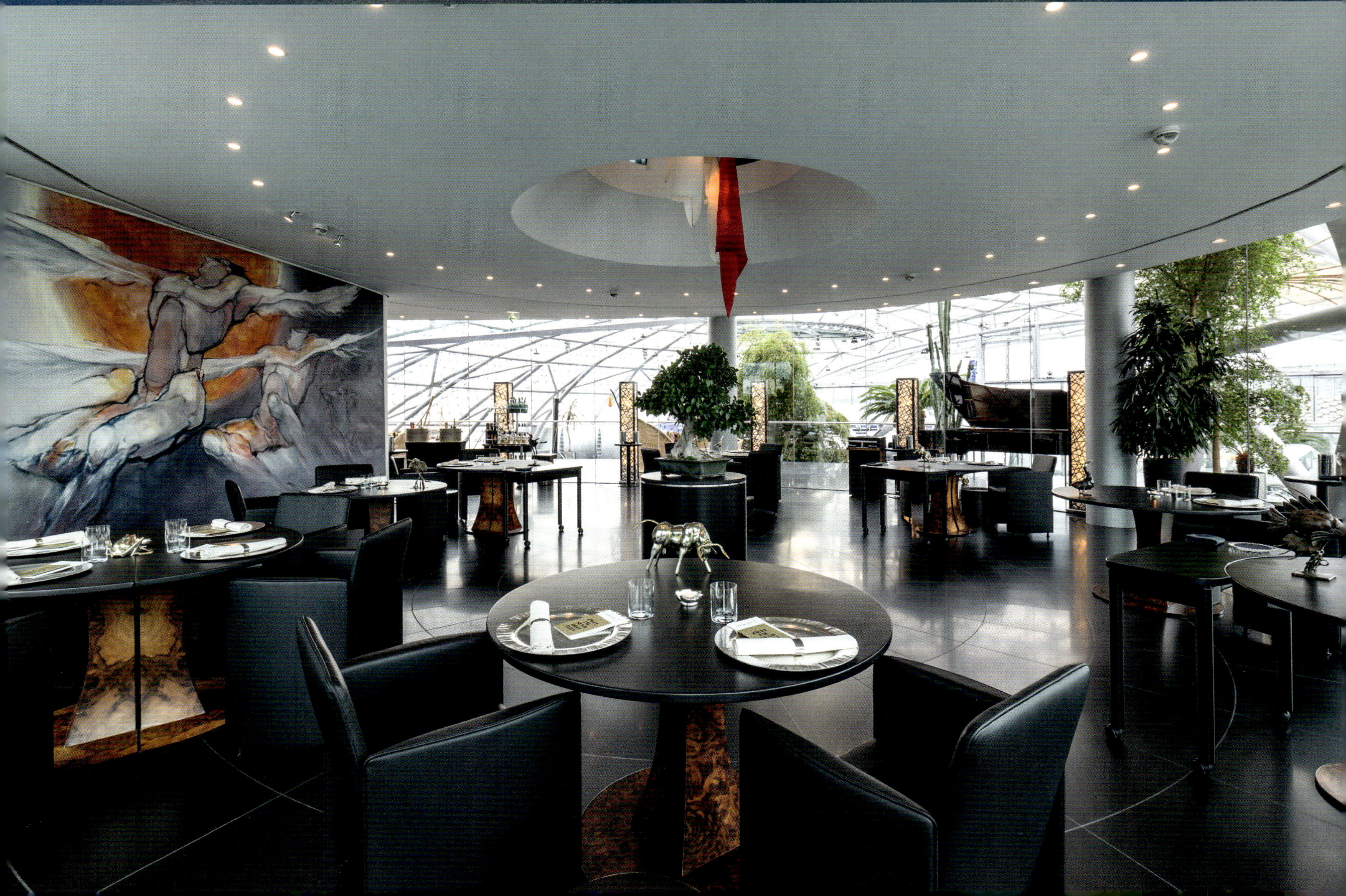

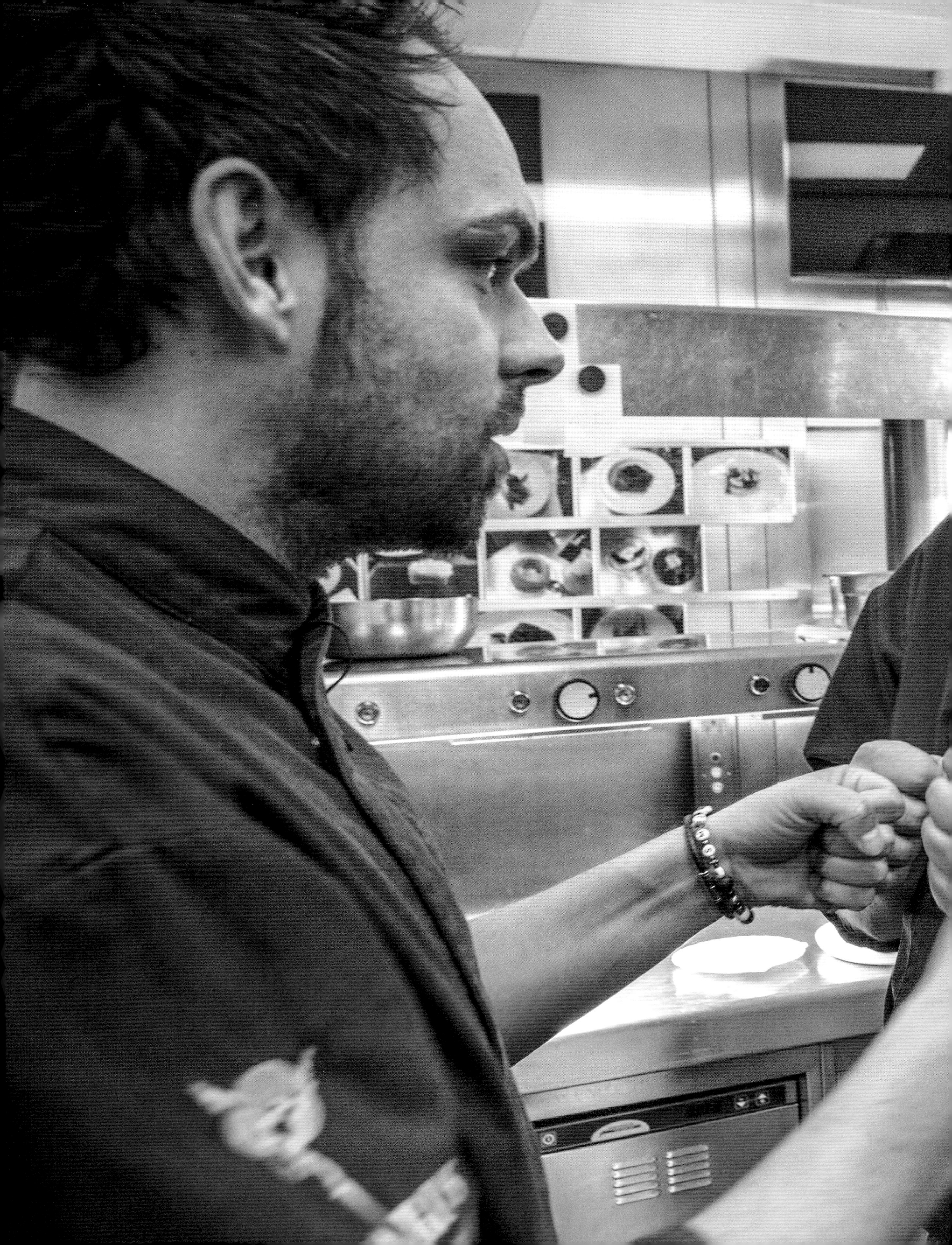

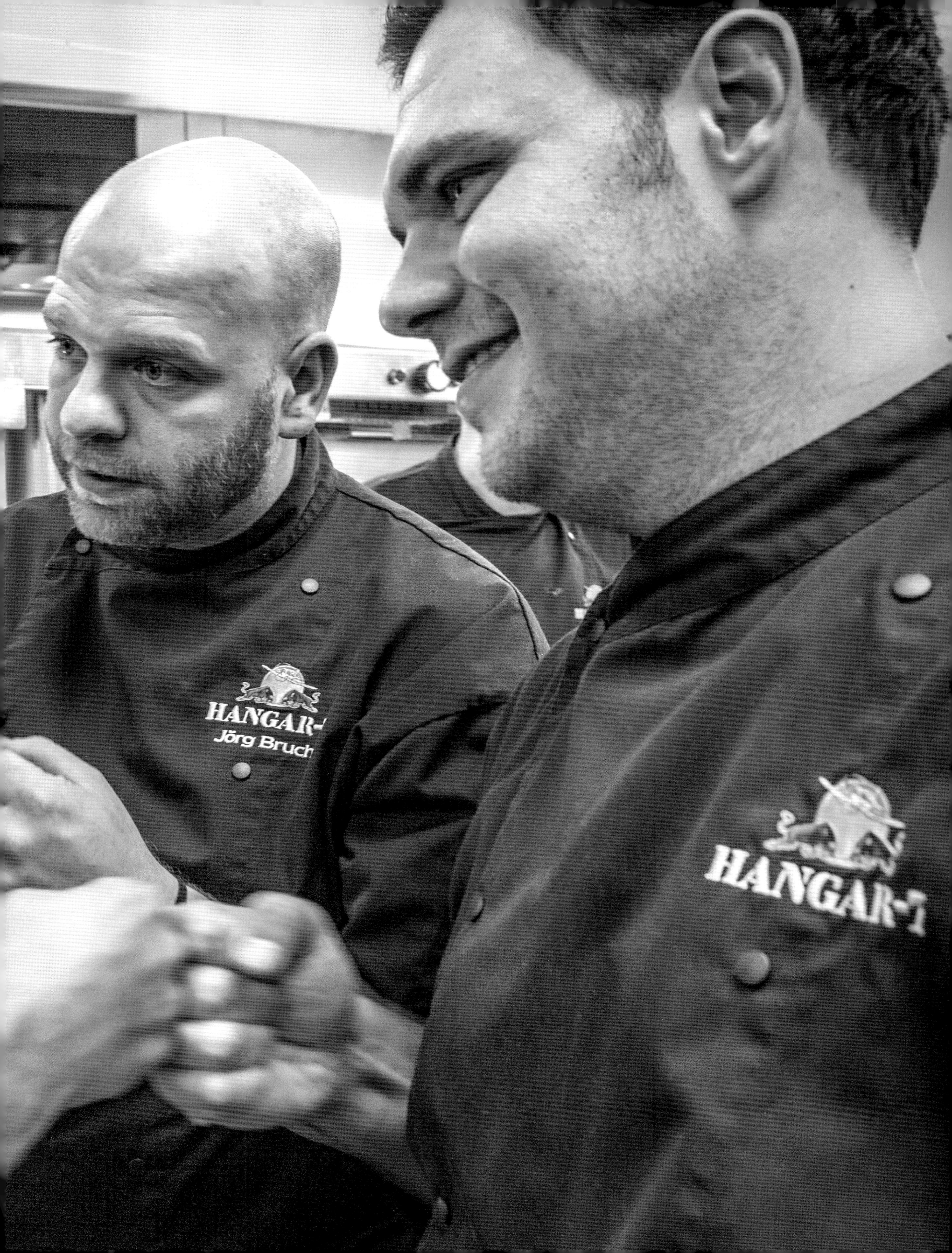
HANGAR-
Jörg Bruch
HANGAR-7

IKARUS Team

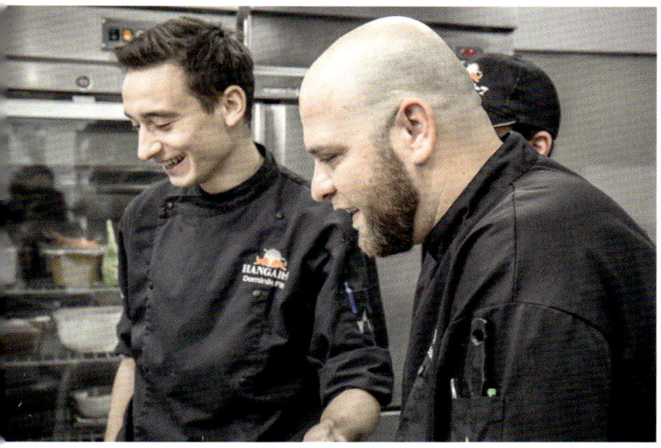

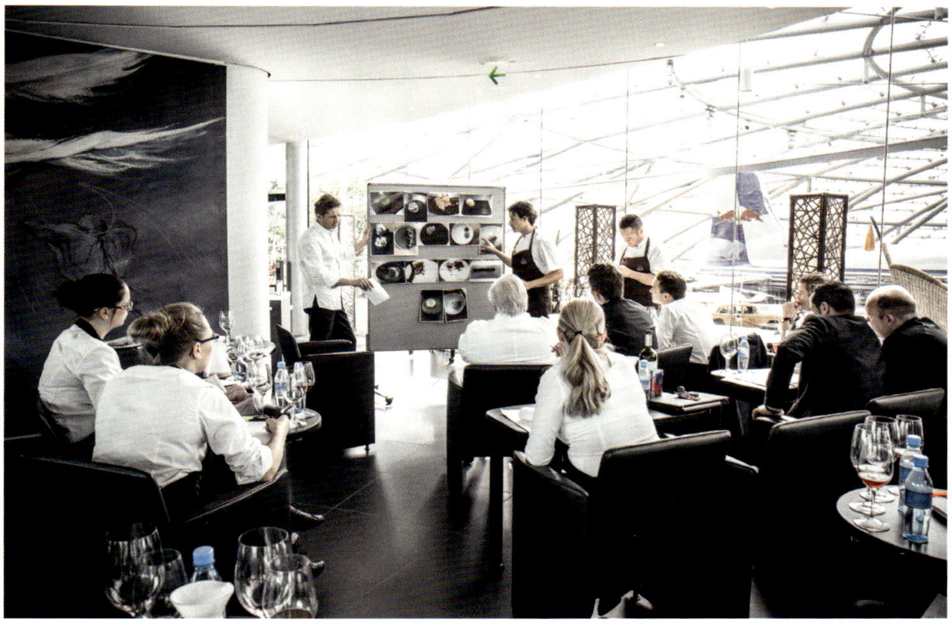

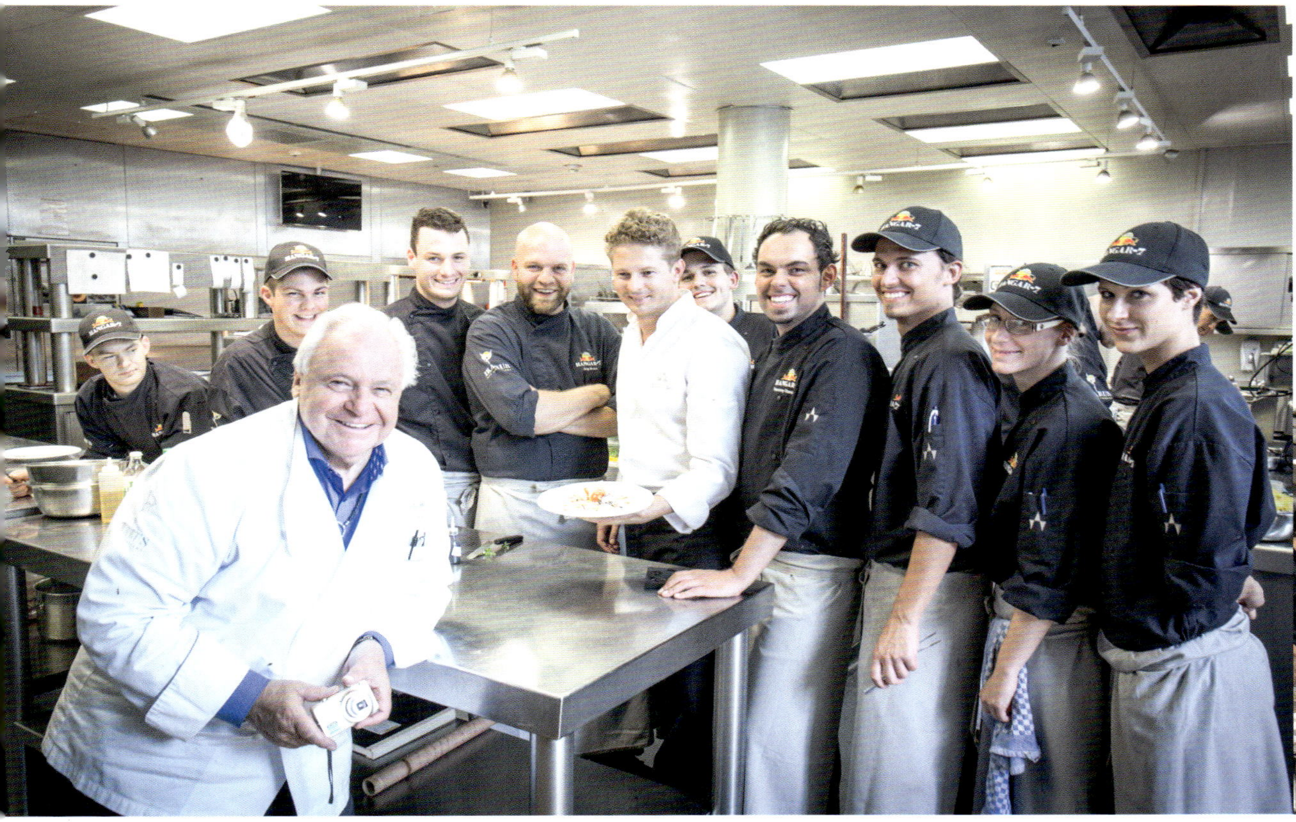
HANGAR-7

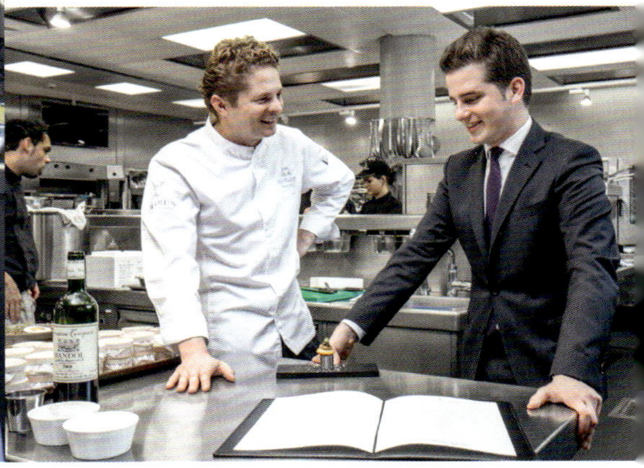

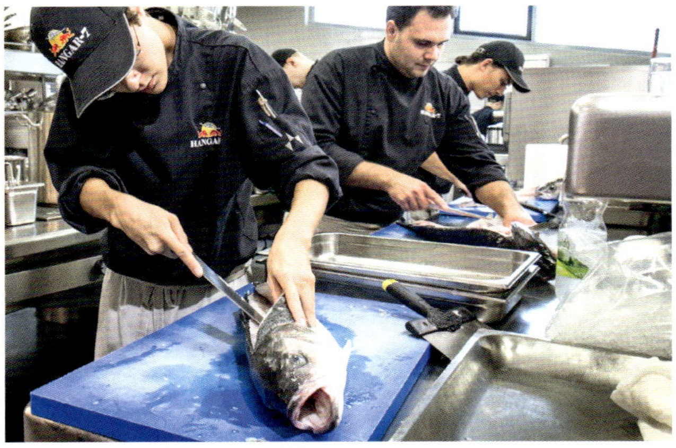
HANGAR-7

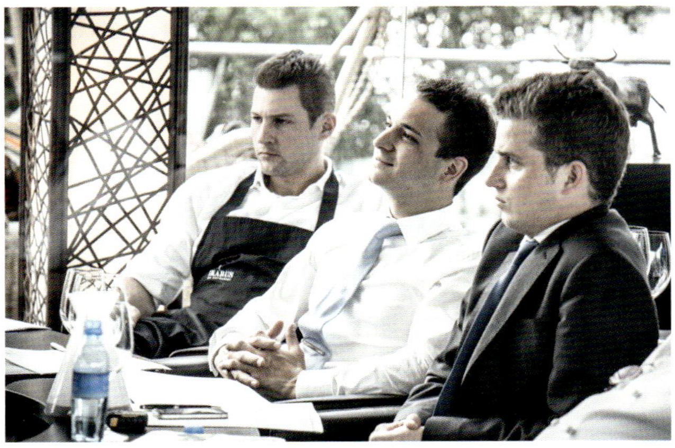

Die Gerichte müssen Eindruck verschaffen und dementsprechend gewürzt sein. Das macht einen guten Koch aus, dass er eben weiß, bis wohin er gehen kann und somit das Limit beim Gericht erreicht.

Martin Klein, Executive Chef

Man kann Ideen haben, aber man braucht auch die Fähigkeiten, sie umsetzen zu können.

Eckart Witzigmann, Patron

Die verschiedenen Produkte, Techniken und Kochstile, die man her sieht, kann man sich in einem normalen Kochleben nicht aneignen.

Andreas Bitsch, Sous-Chef

Bei uns erleben die Gäste Produkte, die sie noch nie vorher probiert haben.

Martin Klein, Executive Chef

Wir müssen schauen, dass wir an der Grenze sind. Sind wir davor, dann ist es blöd, sind wir darüber, dann ist es zu viel. Das ständige Gehen auf der Grenze ist die große Herausforderung.

Dominik Fitz, Chef Pâtissier

Von Monat zu Monat und von Gastkoch zu Gastkoch wird diese Idee aufgewertet.

Eckart Witzigmann, Patron

Für einen Koch ist es wichtig, dass er alle Kochstile, Techniken und Produkte kennt.

Tommy Dananic, Küchenchef

Für uns ist es ganz wichtig, dass sich jeder Mitarbeiter seine eigene Persönlichkeit bewahrt. Das macht diesen persönlichen Charme aus, den wir versprühen wollen. Wenn das den Gast erreicht, dann haben wir etwas richtig gemacht.

Matthias Berger, Service Chef

Durch das Gastkochkonzept im Hangar-7 und die daraus entstehenden monatlichen Wechsel haben wir weltweite Kontakte aufgebaut und bekommen deshalb die besten Produkte von überall her.

Martin Klein, Executive Chef

Der Hangar-7 und das Gastkochkonzept sind einzigartig. Du hast jeden Monat das Gefühl, als wärst du in einem anderen Restaurant.

Jörg Bruch, Küchenchef

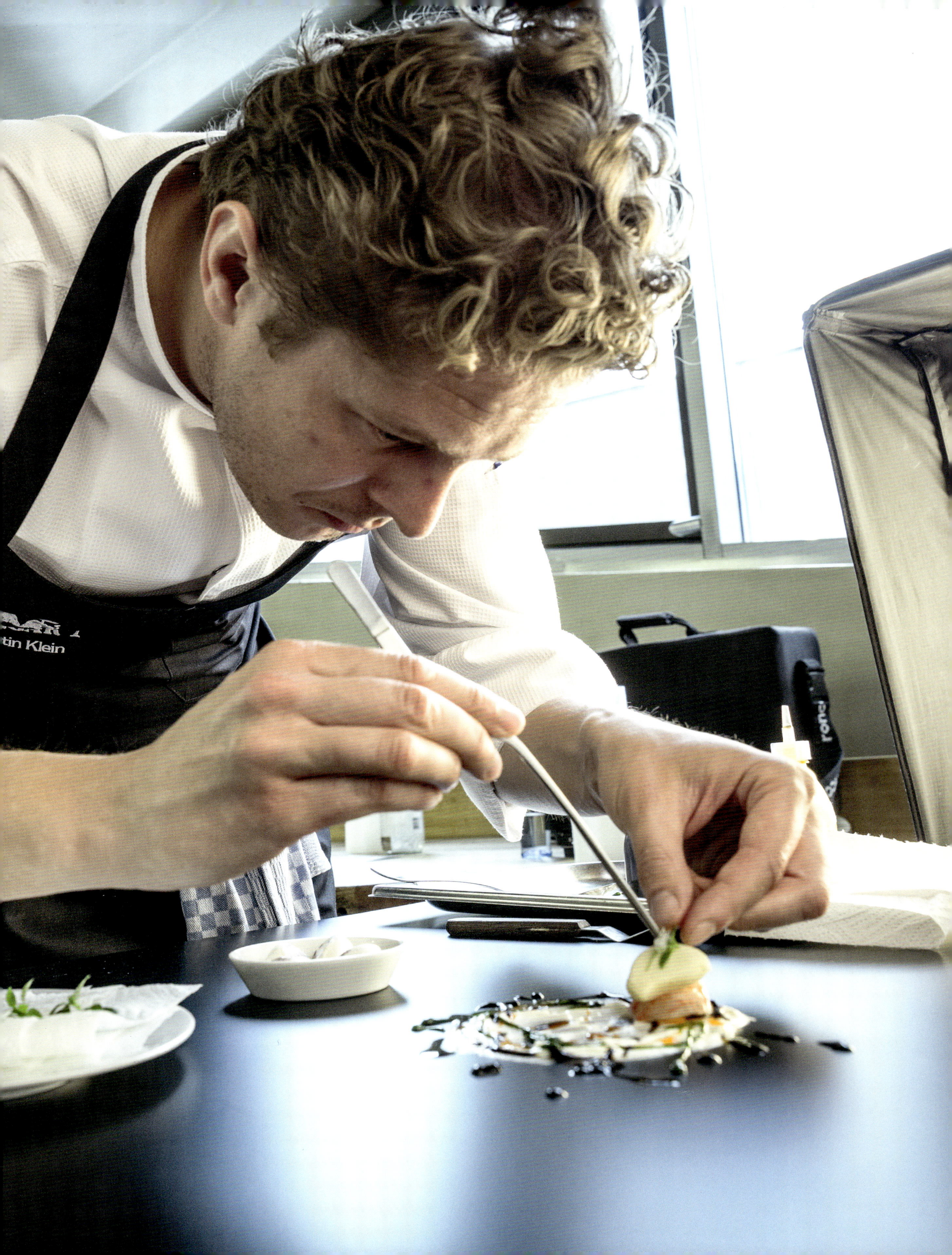

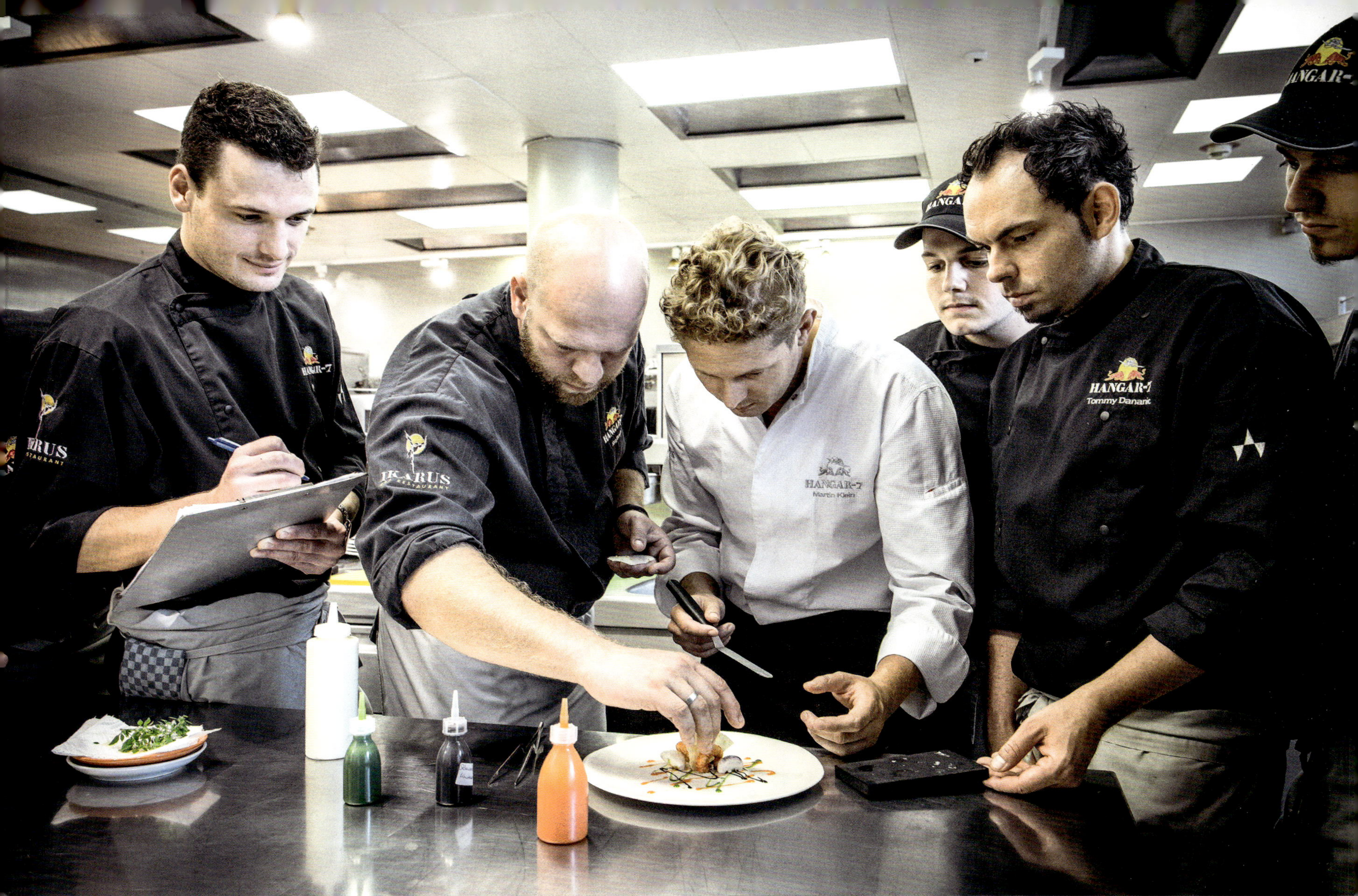
IKARUS
HANGAR-7

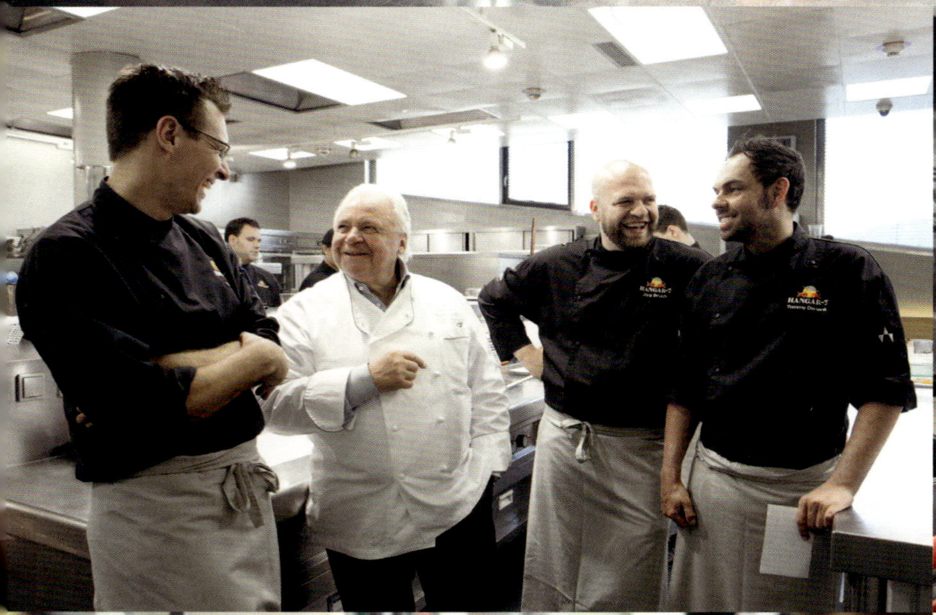

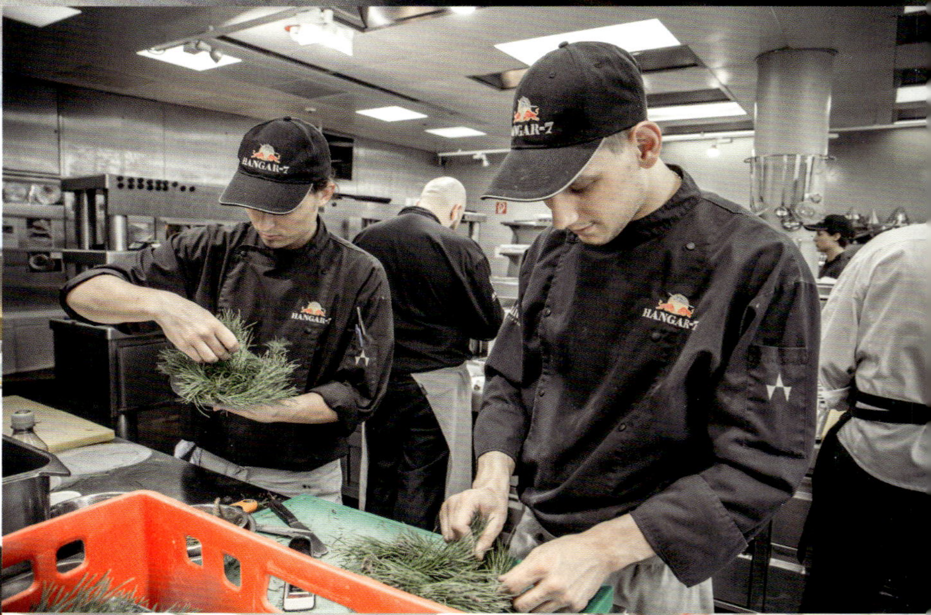

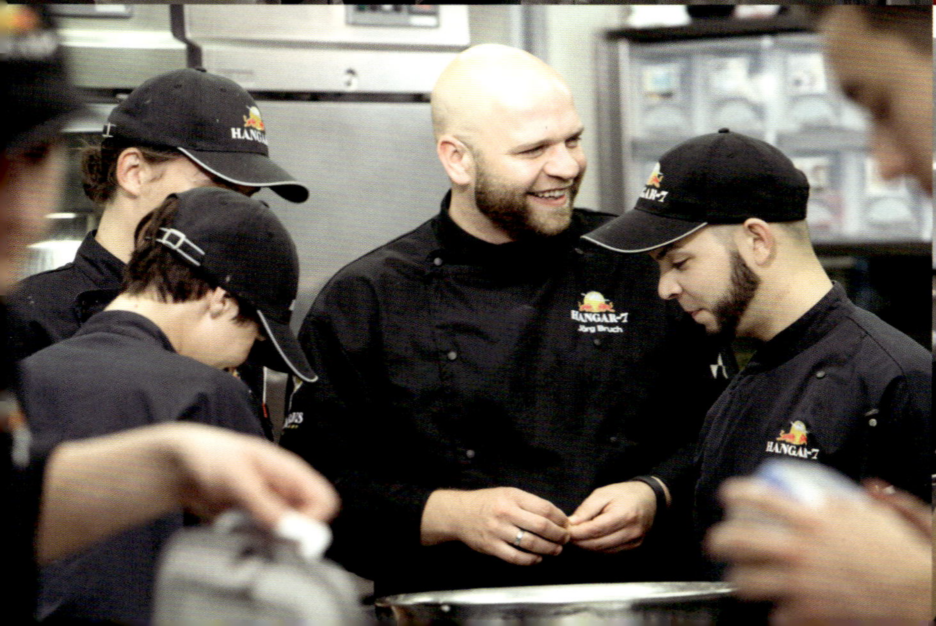

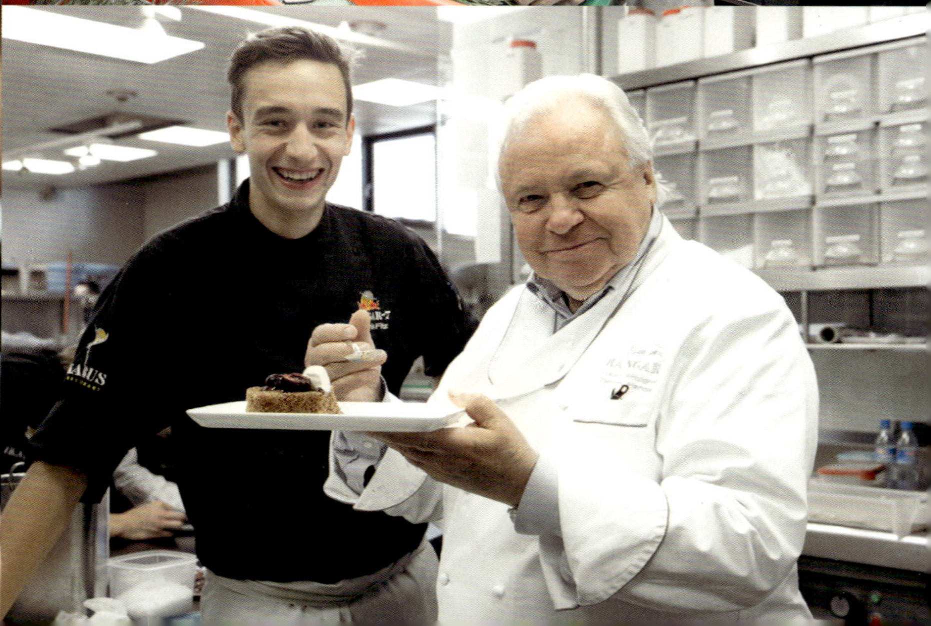

MENÜ

Taschenkrebs-Gazpacho-Shot
Steinpilz-Eis
Cracker mit Misocreme
Kalbstatar-Burger

Gebeizter Toro mit Codium-Alge

Gänseleber, Rhabarber, Haselnuss

Aal mit Melone, Eierschwammerln und Feta-Granité

Sepia, Ei, Kaviar

Flusskrebs mit jungem Spitzkohl und Vin jaune

Jakobsmuschel-Trüffel

Rochenflügel mit Tomate und Salatherzen

Rote Garnele, Brin d'Amour, Knoblauch³

Wiesenkräuter-Malz-Sorbet

Schulterscherzel, Karotte, Zwiebel

Hangar-7-Phantasia

Petit-Suisse mit Gurke, Kürbiskernen und Vanille

Gänseleber, Rhabarber, Haselnuss

Eingelegter Rhabarber
- 4 Stangen frischer Rhabarber
- 440 g roter Shisosaft
- 200 g Himbeeressig
- 150 g frisch gepresster Zitronensaft
- 290 g Zucker
- frisch geriebene Schale von 1 Limette
- 2 g Minzeblätter
- 100 g gefrorene Himbeeren
- etwas Wildtraubenessig zum Abschmecken
- etwas Xanthan zum Binden

Gänselebercreme
- 280 g frische Gänseleber
- 60 g frische Entenleber
- 1 Ei
- 2 Eigelbe
- 300 g Sahne
- 8,5 g Sel rose
- frisch gemahlener schwarzer Pfeffer

Karamell-Crumbles
- 100 g Zucker
- 100 ml Wasser
- 3 g Bicarbonat-Pulver

Haselnuss-Mayonnaise
- 30 g geröstete piemontesische Haselnusskerne
- 20 g Eiweiß
- 1 g Xanthan
- 110 g Haselnussöl
- Salz

Karamellisierte Haselnusskerne
- 100 g geröstete piemontesische Haselnusskerne
- 25 g Zucker
- 20 ml Wasser
- Maldon-Meersalz

Rhabarberschaum
- 30 g Rhabarbersud (siehe Teilrezept »eingelegter Rhabarber«)
- 20 g Läuterzucker, mit Vanille aromatisiert
- 20 g klarer Apfelsaft
- 75 g Crème fraîche
- Mark von ¼ Vanillestange
- etwas frisch geriebene Zitronenschale

Anrichten
- feine Kerbelblüten

Eingelegter Rhabarber
Die Rhabarberstangen schälen, quer halbieren und in eine tiefe Form legen. Den Shisosaft, den Himbeeressig, den Zitronensaft, den Zucker, die Limettenschale, die Minzeblätter und die gefrorenen Himbeeren in einem Topf aufkochen lassen und den heißen Sud über die Rhabarberstangen gießen. Den Rhabarber zugedeckt 1 Tag im Kühlschrank marinieren lassen. Die Rhabarberstangen abtropfen lassen, längs in Streifen schneiden und kleine Kreise ausstechen. 100 ml passierten Rhabarbersud mit etwas Wildtraubenessig abschmecken und mit etwas Xanthan zu einer Sauce binden. Den restlichen Rhabarbersud beiseitestellen.

Gänselebercreme
Die geputzte Gänse- und Entenleber, das Ei, die Eigelbe, die Sahne, das Sel rose und etwas frisch gemahlenen schwarzen Pfeffer in einem Thermomix sehr fein mixen. Die Masse passieren und in eine Edelstahlform füllen, dann mit Alufolie bedecken und 45 Minuten in einem Wasserbad bei konstant 95 °C pochieren. Die Lebermasse abkühlen lassen, dann nochmals mixen, in einen Spritzbeutel füllen und kalt stellen.

Karamell-Crumbles
Das Wasser und den Zucker auf 130 °C erhitzen, dann das Bicarbonat-Pulver unterrühren. Die Masse sofort auf ein Backpapier gießen, mit einer weiteren Lage Backpapier bedecken und kurz mit einem Blech beschweren. Die Karamellplatte geht luftig auf und härtet aus. Vor dem Anrichten in kleine Stückchen zerbröckeln.

Haselnuss-Mayonnaise
Die Haselnusskerne solange mixen, bis eine ölige Paste entsteht. Die abgekühlte Haselnusspaste, das Eiweiß, das Xanthan und das Haselnussöl mit dem Stabmixer zu einer cremigen Mayonnaise aufmixen. Die Haselnuss-Mayonnaise mit Salz abschmecken und kalt stellen.

Karamellisierte Haselnusskerne
Den Zucker und das Wasser auf 116 °C kochen, die Haselnusskerne zugeben und unter Rühren kristallisieren lassen. Die Haselnusskerne weiterrühren, bis der Zucker wieder zu karamellisieren beginnt. Die Haselnusskerne mit Meersalzflocken würzen und auf einer Lage Backpapier aushärten lassen.

Rhabarberschaum
Den passierten Rhabarbersud, den Läuterzucker, den Apfelsaft, die Crème fraîche, das Vanillemark und etwas frisch geriebene Zitronenschale schaumig aufmixen und sofort anrichten.

Anrichten
Je 1–2 EL Haselnuss-Mayonnaise auf 4 flache Teller geben und zu einem Tropfen auseinanderziehen. Einige Tupfen Gänselebercreme rundherum spritzen und mit je 1 Rhabarberscheibe belegen. Einige karamellisierte Haselnusskerne und einige Karamell-Crumbles verteilen. Rundherum etwas Rhabarbersauce träufeln und mit Rhabarberschaum nappieren. Zum Schluss mit feinen Kerbelblüten garnieren.

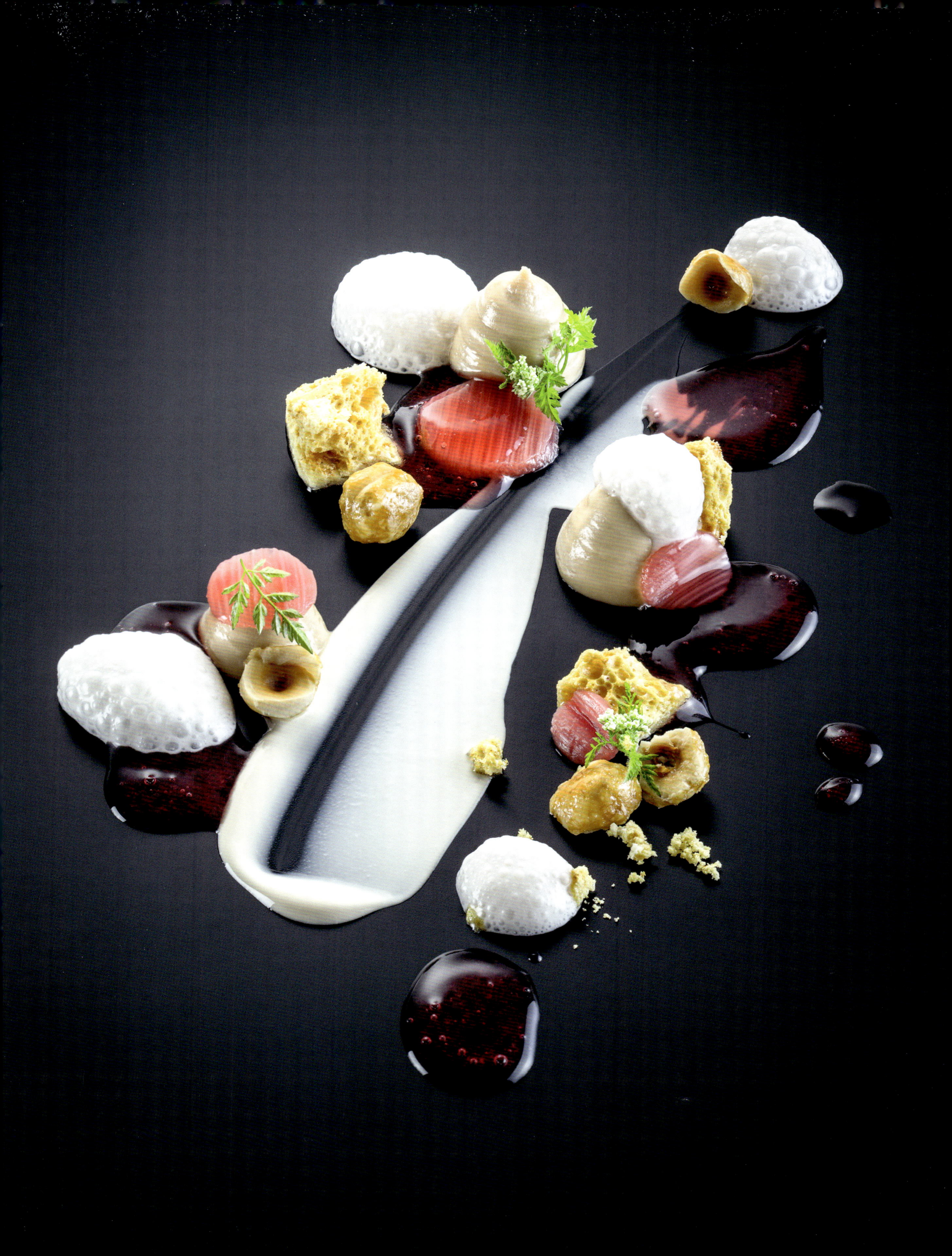

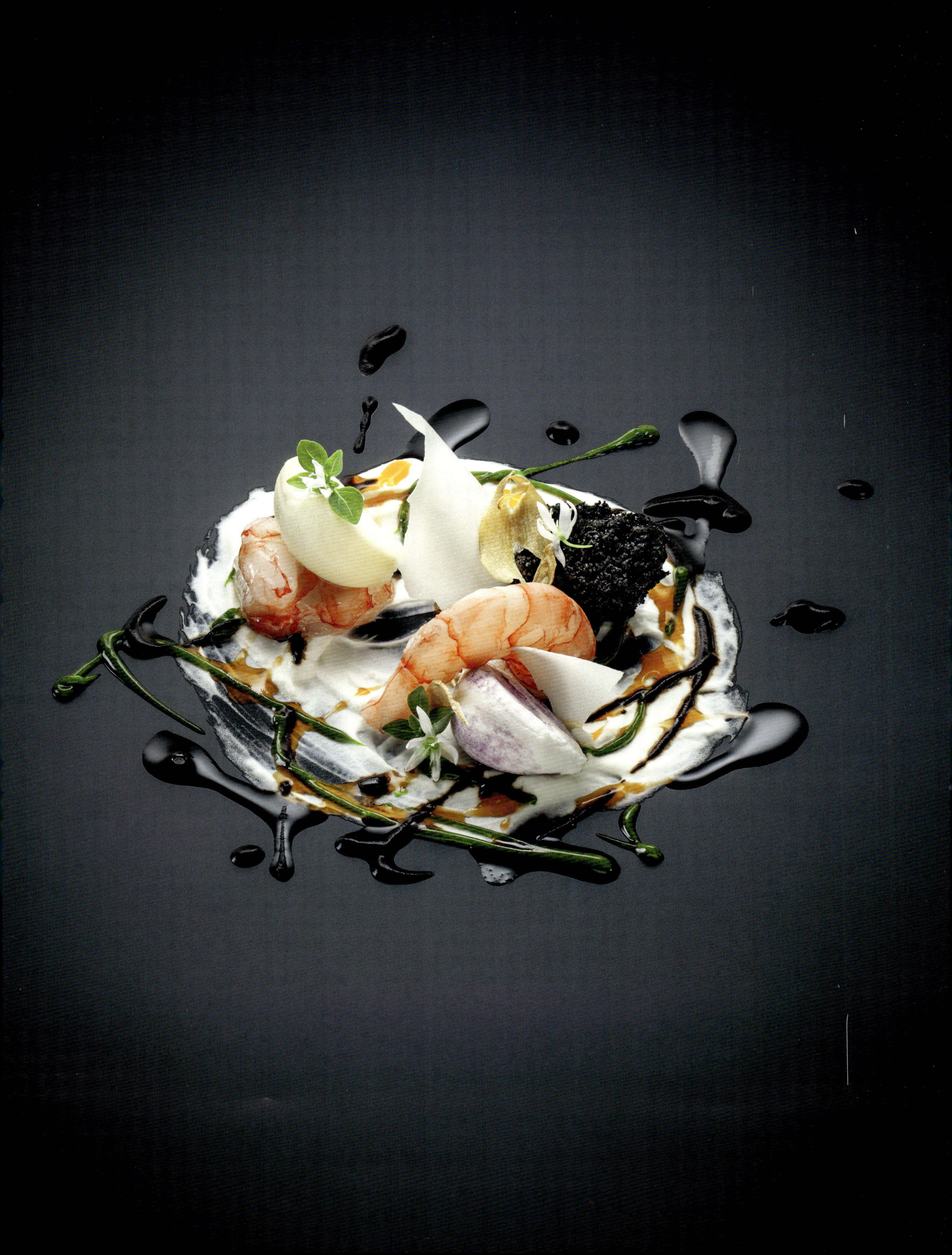

Rote Garnele, Brin d'Amour, Knoblauch³

Knoblauchpaste
- 200 g Knoblauchzehen, geschält und entkeimt
- Salz
- ca. 300 ml Vollmilch

Gefriergetrocknete »Knoblauchzehen«
- je 150 g Sahne und ungesüßte Kokoscreme
- 60 g Knoblauchpaste (siehe Teilrezept »Knoblauchpaste«)
- 5 ½ Blatt Gelatine
- etwas violette Lebensmittelfarbe (flüssig)

Kartoffelflan-»Knoblauchzehen«
- 400–500 g mehlig kochende Kartoffeln
- reichlich grobes Salz
- 500 ml kochende Sahne
- je 2,5 g Calcium-Lactat und Kappa
- 1,5 g Iota
- 50 g gesalzene Kartoffelchips
- etwas Asche- und Essigpulver

Knoblauchmousse-»Knoblauchzehen«
- 200 g abgehangenes Tomatenwasser
- 15 g Knoblauchpaste (siehe Teilrezept »Knoblauchpaste«)
- 50 g ungesüßte Mandelpaste
- 2 Blatt Gelatine
- 50 g geschlagene Sahne
- Salz und frisch gepresster Zitronensaft
- etwas Mandelöl

Rote Garnelen
- 8 rohe rote Garnelen, ausgelöst
- 100 ml Wasser
- je 20 g Salz und Zucker
- etwas Olivenöl

Brin d'Amour-Sauce
- 100 g Brin d'Amour (korsischer Schafskäse), entrindet
- 100 g Sahne
- Salz

Anrichten
- etwas Garnelen- und Basilikumöl und schwarzes Knoblauchgel
- einige frittierte Knoblauchchips
- etwas griechisches Basilikum und einige weiße Schnittknoblauchblüten

Knoblauchpaste
Die Knoblauchzehen 6-mal in Salzwasser blanchieren, dabei jedes Mal frisches Blanchierwasser verwenden. Die Knoblauchzehen mit Milch bedecken und die Flüssigkeit einkochen. Die sehr weichen Knoblauchzehen in einem Pacojet zu einer feinen Knoblauchpaste verarbeiten.

Gefriergetrocknete »Knoblauchzehen«
Die Sahne, die Kokoscreme und die Knoblauchpaste verrühren. 1 ½ Blatt aufgelöste Gelatine unterrühren, dann in eine Espumaflasche füllen, mit 2 N20-Kapseln bestücken und 12 Stunden kalt stellen. Den ganzen Flascheninhalt in eine Schüssel spritzen. 4 Blatt aufgelöste Gelatine unter den Knoblauchschaum rühren, dann in Silikon-Negativformen (in Abbild einer echten großen Knoblauchzehe) füllen und 12 Stunden gefrieren lassen. Die gefrorenen »Knoblauchzehen« 48 Stunden in einem Gefriertrockner trocknen und mit etwas violetter Lebensmittelfarbe schattieren.

Kartoffelflan-»Knoblauchzehen«
Die Kartoffeln auf ein Salzbett setzen und im Backofen bei 180 °C ca. 60 Minuten weich garen, dann auskratzen. 200 g Kartoffeln mit der kochenden Sahne überbrühen und 2–3 Stunden zugedeckt infusieren lassen. Die passierte Kartoffelsahne mit 200 g Kartoffeln, dem Calcium-Lactat, dem Kappa und dem Iota mixen, passieren und einmal aufkochen, dann in Silikon-Negativformen (in Abbild einer echten großen Knoblauchzehe) füllen und kalt stellen. Die zermörserten Kartoffelchips mit etwas Asche- und Essigpulver vermischen. Die ausgelösten Kartoffelflan-»Knoblauchzehen« unter einer Wärmelampe auf 80 °C erwärmen und in dem essigsauren Granulat wälzen.

Knoblauchmousse-»Knoblauchzehen«
Das Tomatenwasser mit der Knoblauchpaste und der Mandelpaste glatt rühren, die aufgelöste Gelatine unterrühren. Die geschlagene Sahne unterheben und mit Salz, frisch gepresstem Zitronensaft und ein paar Tropfen Mandelöl abschmecken. Die Knoblauchmousse in die Silikon-Negativformen (in Abbild einer echten großen Knoblauchzehe) füllen und mindestens 4 Stunden kalt stellen.

Rote Garnelen
Das Wasser, das Salz und den Zucker aufkochen. Die Garnelenschwänze 20 Minuten in die kalte Lake legen, dann abwaschen. 4 Garnelenschwänze im Druckdampfgarer 20 Sekunden bei 80 °C garen und sofort anrichten. Die restlichen 4 Garnelenschwänze mit Olivenöl benetzen und roh anrichten.

Brin d'Amour-Sauce
Den Brin d'Amour und die Sahne in einem Thermomix warm durchmixen und salzen.

Anrichten
Je 2 EL lauwarme Brin d'Amour-Sauce auf 4 flache Teller geben und zu Kreisen auseinanderstreichen. Darauf reichlich Garnelenöl, Knoblauchgel und Basilikumöl spritzen. Je 1 roh marinierte Garnele auf die Sauce legen, darauf je 1 kalte Knoblauchmousse-»Knoblauchzehe« und daneben je 1 warme Kartoffelflan-»Knoblauchzehe« setzen. Davor je 1 gefriergetrocknete »Knoblauchzehe« platzieren und darüber je 1 gegarte Garnele legen. Mit Knoblauchchips, Basilikumspitzen und Schnittknoblauchspitzen garnieren.

Schulterscherzel, Karotte, Zwiebel

Schulterscherzel
- 800 g Wagyu-Schulterscherzel
- Salz
- 80 g Butter
- 1 Karotte, grob gewürfelt
- 1 Selleriestange, grob geschnitten
- 300 g rote Zwiebeln, grob gewürfelt
- 70 g Kirschtomaten, halbiert
- je 100 ml Rotwein und roter Portwein
- 1 Wacholderbeere, zerdrückt
- 1 frisches Lorbeerblatt
- 4 schwarze Pfefferkörner
- 1 Knoblauchzehe, geschält
- 1 Thymianzweig
- 15 g Dijonsenf
- 1 l Rinderbrühe
- 20 g kalte Butter zum Binden

Gepickelte Karotten
- je 300 ml Sushi Seasoning und Wasser
- 150 g Zucker
- etwas Orangenabrieb
- ½ TL geröstete Kardamomsamen
- 2–3 Scheiben frischer Ingwer
- je 2 orange und gelbe Karotten
- 2 Urkarotten

Karottenplatte
- 2 orange Karotten
- Salz, Zucker
- 1 EL flüssige Butter

Karottenpüree
- 2 orange Karotten, gewürfelt
- 10 g Butter zum Anbraten
- 20 ml Verjus
- 125 ml Geflügelbrühe
- 20 g kalte Butter, Salz

Schmorkarotten
- je 2 junge orange Karotten, Urkarotten und gelbe Karotten
- 20 g Butter
- etwas Karottensaft, Salz
- Karottenpulver und schwarzes Zwiebelpulver zum Wälzen

Anrichten
- 4 geschmorte Perlzwiebeln, halbiert und karamellisiert
- 2 geschmorte Tropea-Zwiebel-Scheiben, karamellisiert
- gepickelte Zwiebelringe, Karottenpulver und Karottengrün

Schulterscherzel

Das Schulterscherzel salzen und in einem Bräter mit 30 g Butter rundherum anbraten, herausnehmen und in Alufolie wickeln. Die Karotten, den Sellerie und die Zwiebeln zugeben und anrösten. Die restliche Butter und die Kirschtomaten zugeben und weiterrösten. Den Bratensatz schluckweise mit Rotwein und Portwein ablöschen. Die Gewürze und den Senf zugeben, das Fleisch zurück in den Bräter legen und mit der Rinderbrühe aufkochen. Den Bräter in den Backofen schieben und bei 80 °C ca. 4 Stunden schmoren, dabei das Fleisch mehrmals wenden. Die Sauce passieren, etwas einreduzieren und salzen. Das Fleisch bis zum Anrichten in der Sauce ruhen lassen, dann in Scheiben schneiden. Die Sauce nochmals aufkochen und mit kalter Butter binden. Die Fleischscheiben kurz mit der Sauce glacieren und anrichten.

Gepickelte Karotten

Das Sushi Seasoning, das Wasser und den Zucker aufkochen. Den Essigsud auf 3 verschließbare Gläser verteilen. Je 1 Essigsudportion mit etwas Orangenabrieb, gerösteten Kardamomsamen und Ingwerscheiben aromatisieren. Die Karotten schälen und längs in Streifen schneiden. Die orangen Karottenstreifen in den Orangensud, die Urkarottenstreifen in den Kardamomsud und die gelben Karottenstreifen in den Ingwersud mindestens 4 Stunden einlegen.

Karottenplatte

Die geschälten Karotten weich dämpfen. Die heißen Karotten quer halbieren und mit Salz und Zucker würzen und mit flüssiger Butter beträufeln. Die heißen Karottenhälften mit genügend Abstand zwischen 2 Lagen stabiler Klarsichtfolie plattieren und gefrieren.

Karottenpüree

Die Karottenwürfel in der Butter farblos anschwitzen, mit dem Verjus ablöschen, die Geflügelbrühe zugeben und zugedeckt weich dünsten, bis die Flüssigkeit komplett einreduziert ist. Die Karotten mit der kalten Butter mixen und salzen.

Schmorkarotten

Die Karotten kurz blanchieren, die Haut abkratzen und mit der Butter und etwas Karottensaft weich schmoren. Die Karotten salzen, kurz abtropfen und quer halbieren. Je 1 Karottenhälfte in Karottenpulver und in schwarzer Zwiebelasche wälzen.

Anrichten

Je 1 gefrorene Karottenplatte auf 4 flache vorgewärmte Teller legen und auftauen lassen. Darauf je 1 Scheibe Schulterscherzel legen und mit etwas Sauce beträufeln. Auf dem Fleisch etwas Karottenpüree, gewälzte Schmorkarotten, karamellisierte Perlzwiebeln, Tropea-Zwiebel-Scheiben, gepickelte Karottenstreifen und gepickelte Zwiebelringe anrichten. An die Seite etwas Karottenpulver stäuben und mit zartem Karottengrün garnieren.

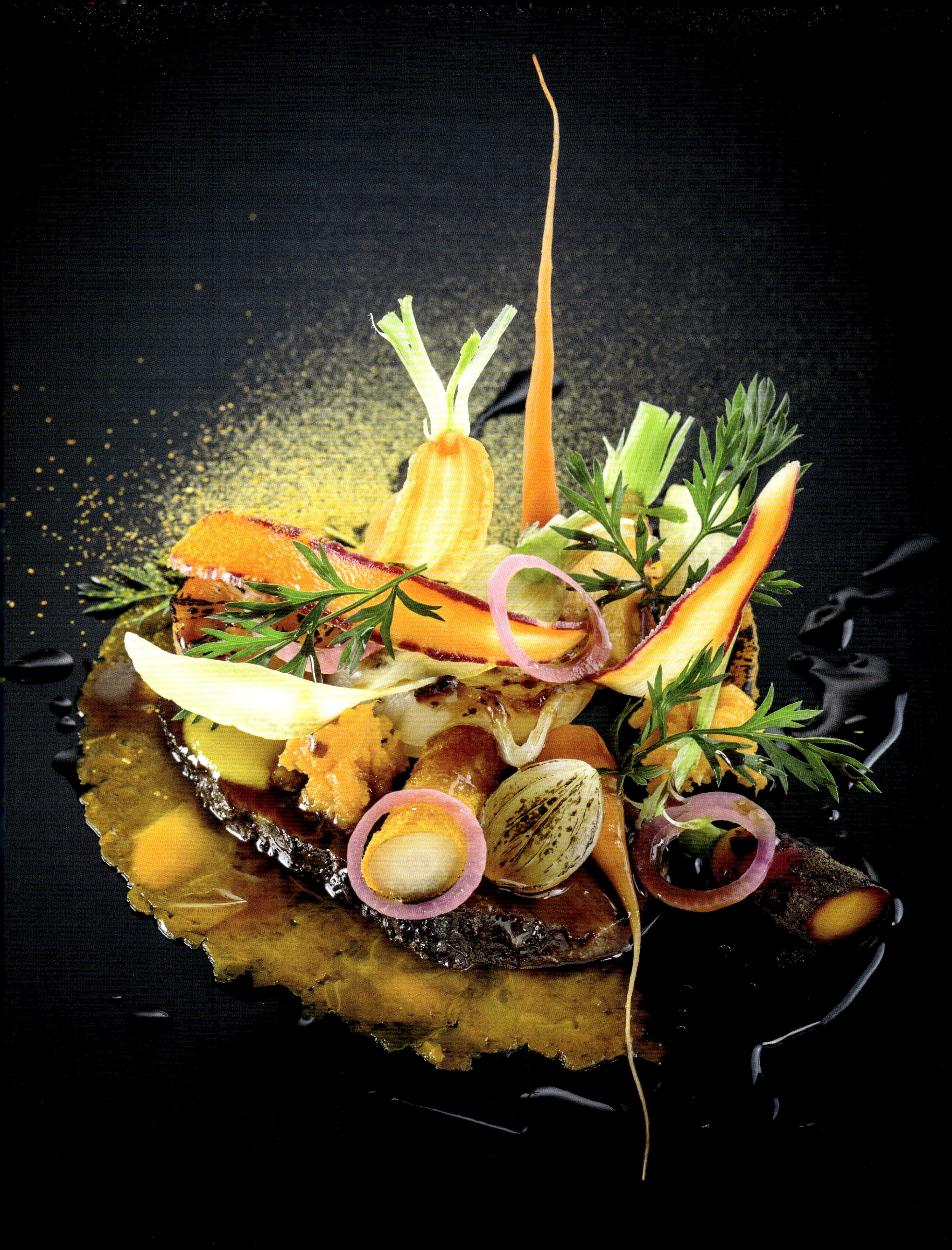

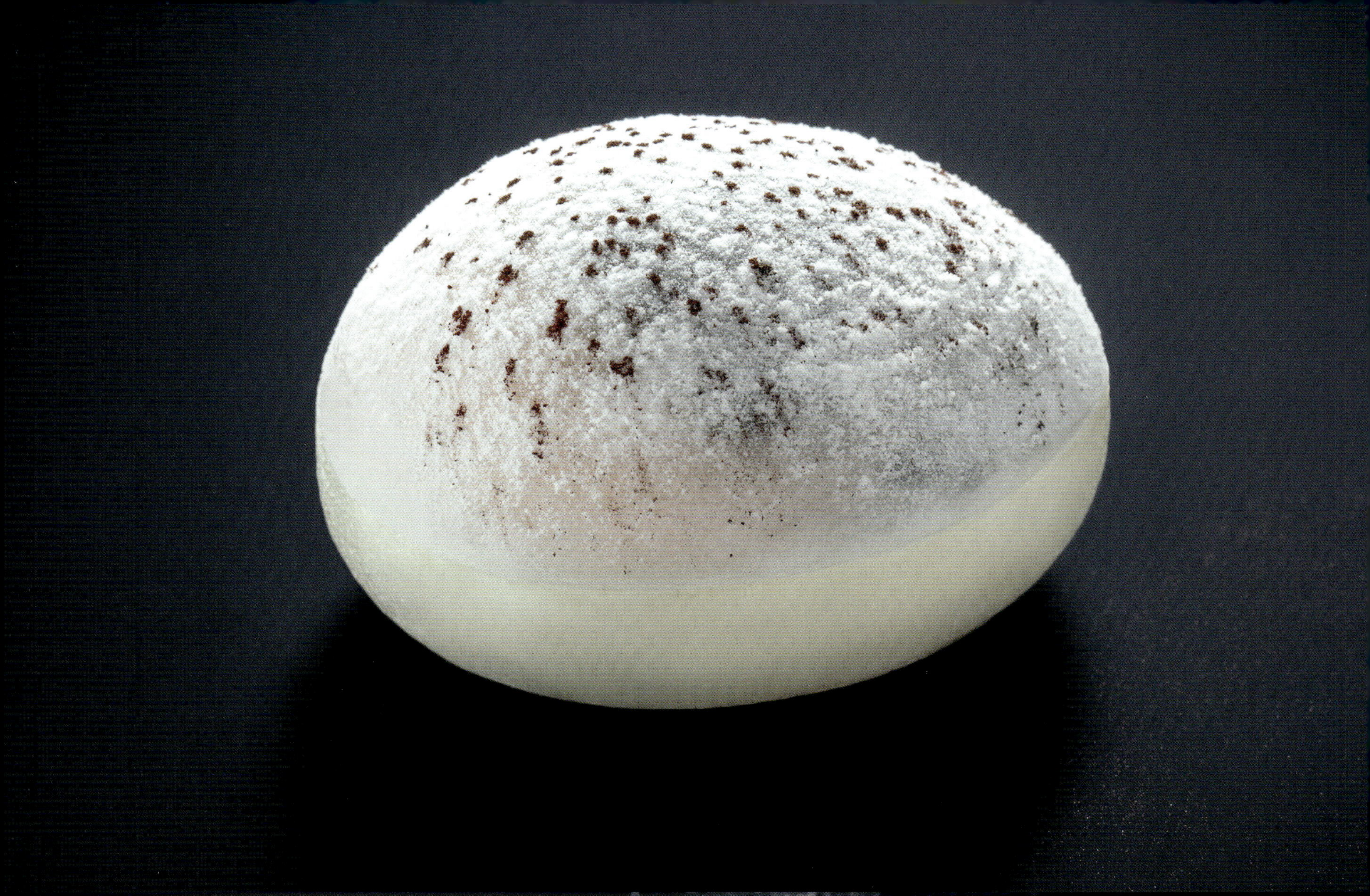

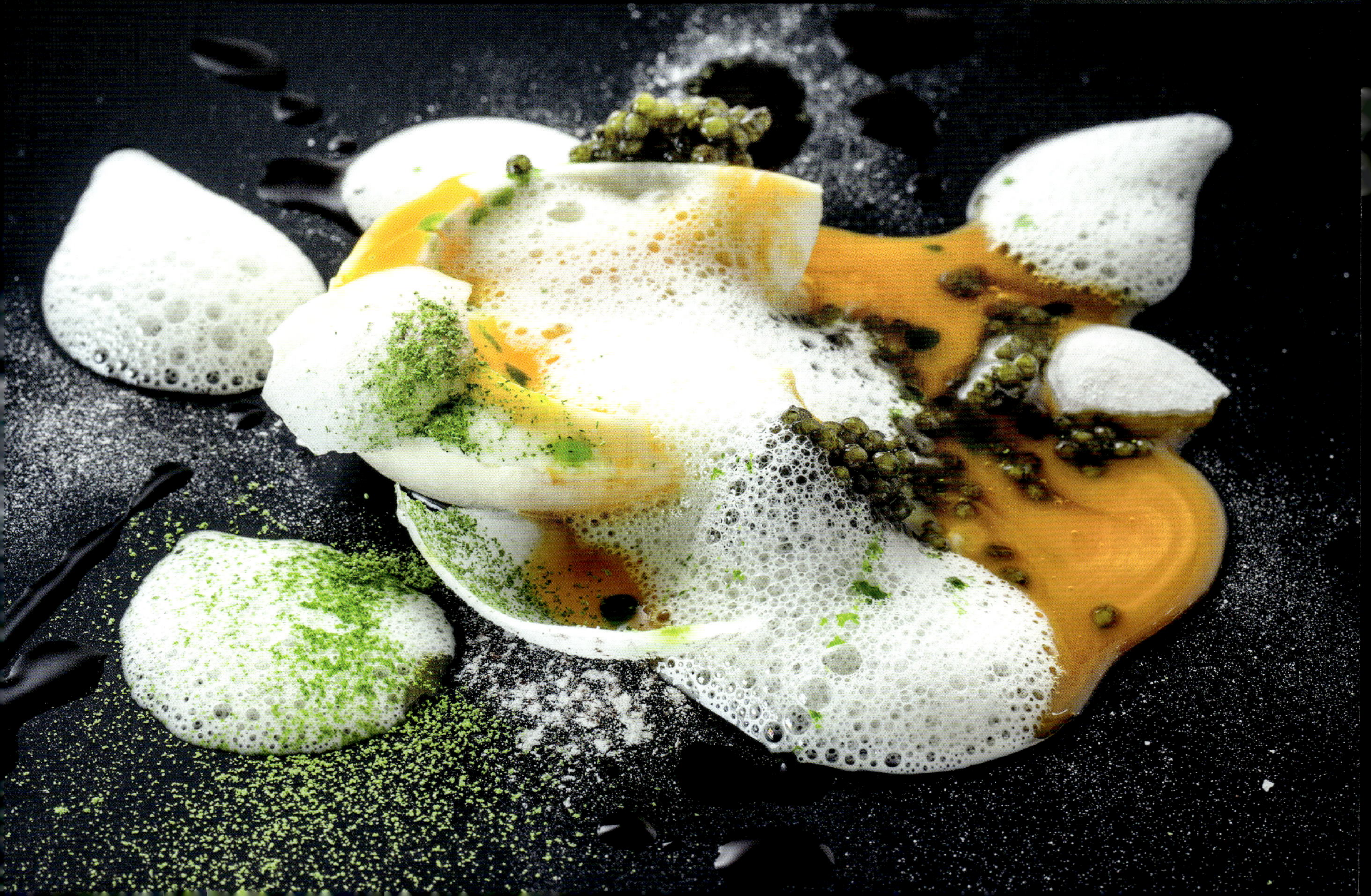

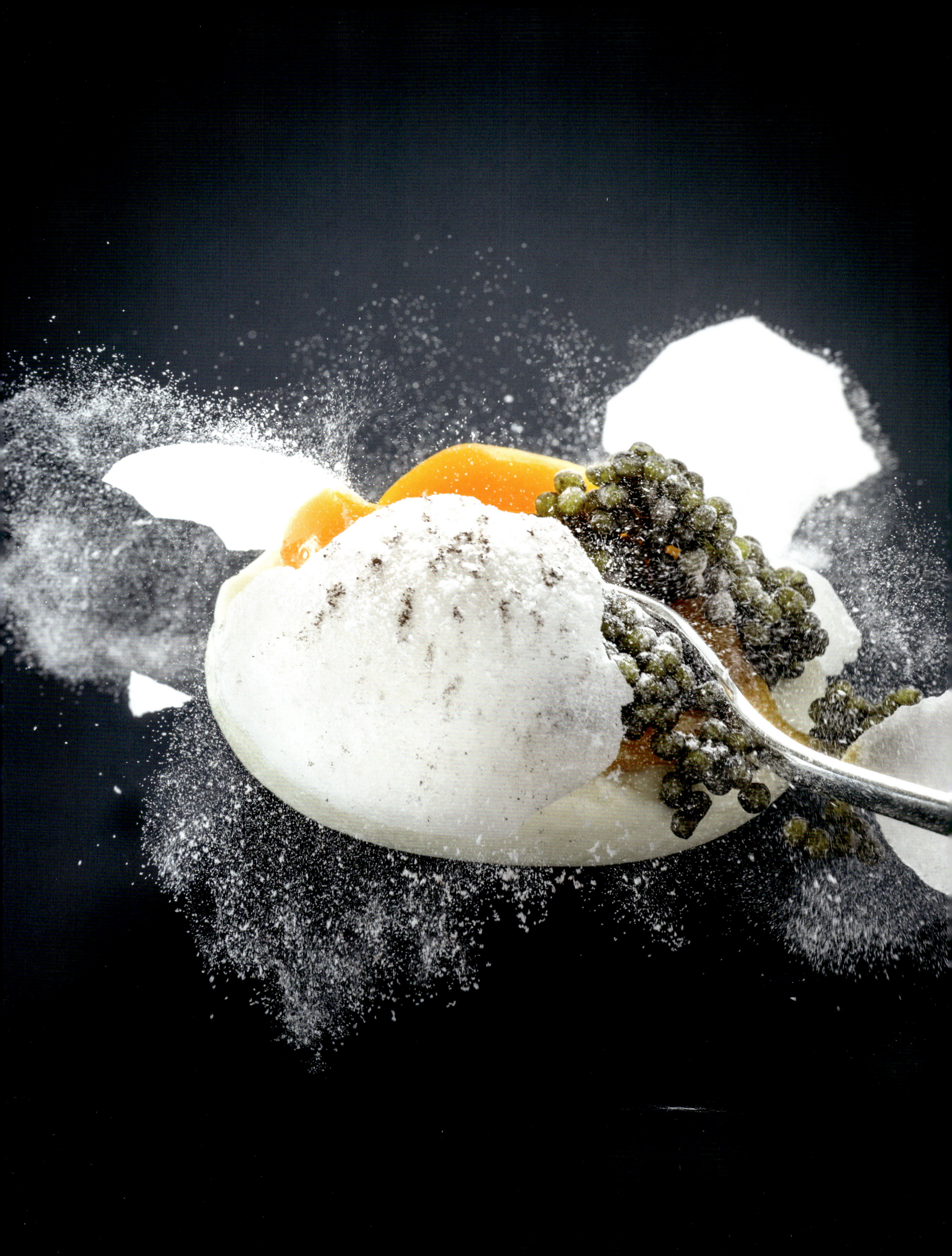

Sepia, Ei, Kaviar

Konfiertes Eigelb
- 250 g Butterschmalz
- 4 frische Eigelbe

Farce für »Sepia-Eihälfte«
- 200 g rohe, geputzte Sepien, eiskalt
- 60 g Eiweiß
- 120 g Sahne
- Salz
- frisch geriebene Zitronenschale
- 4 Silikon-Negativformen (in Abbild eines echten, längs halbierten Hühereies)

»Eierschale«
- 100 g Mannitol-Pulver (Zuckeraustauschstoff)
- 1 Silikon-Negativform (in Abbild eines echten, längs halbierten Hühereies)

Weißweinsauce
- 1 EL Butter
- 100 g Schalotten (Brunoise)
- 200 g Lauch, nur das Weiße (Brunoise)
- 200 ml trockener Weißwein
- 200 ml Fischfond
- 50 g Sahne
- Salz
- Zucker
- frisch gepresster Zitronensaft
- frisch geriebene Zitronenschale
- 50 g kalte Butterwürfel

Fertigstellen »Sepia-Ei« und Anrichten
- 50 g Imperial-Kaviar
- etwas Essigpulver
- etwas Lauchöl
- etwas grünes Lauchpulver

Konfiertes Eigelb
Das Butterschmalz in einem kleinen Topf auf 60 °C erwärmen. Den Topf an den Herdrand ziehen und die Eigelbe mit einem Löffel vorsichtig in das warme Butterschmalz gleiten lassen, dann 45 Minuten konfieren. Die konfierten Eigelbe behutsam aus dem Butterschmalz schöpfen und das »Sepia-Ei« (siehe Teilrezept Fertigstellen »Sepia-Ei«) fertigstellen.

Farce für »Sepia-Eihälfte«
Die eiskalten Sepien im Universalmixer mixen, dann das Eiweiß und die Sahne untermixen. Die Masse durch ein feines Sieb passieren und einige Stunden kalt stellen. Vor dem Anrichten die Farce erneut mixen, mit Salz und frisch geriebener Zitronenschale abschmecken, dann in Silikon-Negativformen streichen und mit Frischhaltefolie überziehen. Die »Sepia-Eierhälften« im Dampfgarofen bei 75 °C 35 Minuten pochieren.

»Eierschale«
Das Mannitol-Pulver in einer Sauteuse auf 150 °C erhitzen. Die heiße Flüssigkeit randvoll in 1 Silikon-Negativform gießen, 2 Minuten ruhen lassen und zurück in den Topf gießen. Die entstandene »Eierschale« aushärten lassen und von der Silikon-Negativform lösen. 3 weitere »Eierschalen« nacheinander vorbereiten.

Weißweinsauce
Die Schalotten- und Lauchwürfel in der Butter farblos weich dünsten. Mit dem Weißwein ablöschen und vollständig einreduzieren. Den Fischfond aufgießen und aufkochen lassen. Die Sahne zugeben und gut durchmixen, dann passieren. Die Weißweinsauce vor dem Anrichten erhitzen und mit Salz, Zucker, frisch gepresstem Zitronensaft und frisch geriebener Zitronenschale abschmecken. Dann mit der kalten Butter schaumig aufmixen und sofort anrichten.

Fertigstellen »Sepia-Ei« und Anrichten
Die pochierten »Sepia-Eierhälften« lauwarm stürzen und jeweils an der glatten Seite mittig mit einem Parisienne-Ausstecher eine kleine Mulde aushöhlen. Je 1 konfiertes Eigelb in jede dieser Mulden setzen und mit reichlich Kaviar bedecken. Darüber jeweils 1 »Eierschale« stülpen und mit etwas Essigpulver bestäuben. Die 4 »Sepia-Eier« auf 4 Teller verteilen und servieren. Bei Tisch die Eierschale mit einem Löffel zerbrechen. Dazu etwas aufgeschäumte Weißweinsauce reichen, etwas Lauchöl auf die Teller spritzen und mit etwas Lauchpulver bestreuen.

Hangar-7-Phantasia

»Schnecken«
- 40 g Holunderblütensirup
- 60 g Wasser
- je 5 g frisch gepresster Limetten- und Zitronensaft
- reichlich flüssiger Stickstoff
- etwas Aschepulver zum Bestäuben

»Frösche«
- 110 g Granny-Smith-Apfelsaft, frisch gepresst
- 5 g frische Sauerampferblätter
- 25 g Läuterzucker (1:1)
- 25 g Wasser
- 3 g Blattgelatine
- 60 g Holunderblütensirup
- 25 g frisch gepresster Limettensaft

»Kracher«
- 30 g Zucker
- 60 g grüne Pistazienkerne, geröstet
- 1 Prise Salz
- 1 g gefärbte grüne Kakaobutter
- 7 g Kakaobutter (natur)
- geröstete, grüne Pistazienkerne zum Füllen
- 25 g Wasser
- 10 g Holunderblütensirup
- 50 g Holunderblütenessig
- 3 g vegetarische Gelatine
- 1 g pulverisierte Lebensmittelfarbe (schokoladenbraun)
- 0,5 g Bronzepulver

»Erdbeere N°1«
- 190 g Zucker
- 155 g Erdbeersaft, frisch entsaftet
- 15 g Trockengelatine
- 35 g frisch gepresster Zitronensaft
- 19 g Eiweiß
- 25 g Fizzy (Sprudelmittel)
- 25 g Peta Zeta (Knallbrause)
- 5 g Erdbeerpulver

»Schnecken«
Den Holunderblütensirup, das Wasser, den Limettensaft und den Zitronensaft in die Rührschüssel einer Küchenmaschine geben und mit flüssigem Stickstoff aufschlagen. Die gefrorene Masse in Silikon-Negativformen (in Abbild einer Lakritz-Schnecke) füllen und mindestens 6 Stunden gefrieren lassen. Kurz vor dem Anrichten die »Schnecken« aus den Formen lösen, mit Aschepulver bestäuben und gefroren anrichten.

»Frösche«
Den Apfelsaft, die Sauerampferblätter und den Läuterzucker pürieren und passieren. Dann die Silikon-Negativformen (in Abbild eines Fruchtgummifrosches) zu ¾ mit der Flüssigkeit füllen und mindestens 4 Stunden gefrieren lassen. Die eingeweichte Blattgelatine im heißen Wasser auflösen und unter den Holunderblütensirup und den Limettensaft rühren. Die Flüssigkeit im Kühlschrank gelieren lassen, dann in einer Küchenmaschine schaumig aufschlagen. Das aufgeschlagene Holunderblütengelee auf die gefrorenen »Frösche« aufstreichen und erneut gefrieren lassen, dann aus den Formen lösen und im Kühlschrank auftauen lassen.

»Kracher«
Den Zucker karamellisieren lassen, die Pistazienkerne und das Salz unterrühren, dann auf Backpapier aushärten lassen. Die Pistazienkerne solange mixen, bis eine cremige Pralinèmasse entsteht. Die Mulden der Silikon-Negativformen (in Abbild eines dragierten Kaubonbons) mit je 1 Pistazienkern füllen. 50 g Pistazien-Pralinèmasse mit der flüssigen Kakaobutter vermischen, in die Silikon-Negativformen streichen und 4 Stunden gefrieren lassen. Die restlichen Zutaten verrühren und auf 85 °C erhitzen. Die gefrorenen »Kracher« aus den Formen lösen und gefroren in den 65–68 °C warmen Holunder-Essig-Geleeüberzug tauchen. Die »Kracher« im Kühlschrank auftauen lassen.

»Erdbeere N°1«
Den Zucker und 55 g Erdbeersaft auf 127 °C erhitzen. 100 g Erdbeersaft, die Trockengelatine und den Zitronensaft verrühren und unter den Zuckersirup rühren. Das Eiweiß anschlagen und den heißen Sirup in einem dünnen Strahl einlaufen lassen. Die Eiweißmasse kalt schlagen, dann in Silikon-Negativformen (in Abbild eines Erdbeer-Schaumzucker-Bonbons) füllen und 4 Stunden gefrieren. Die »Erdbeeren« aus der Form lösen und im Kühlschrank auftauen lassen. Vor dem Anrichten das Fizzy, das Peta Zeta und das Erdbeerpulver vermischen und die »Erdbeeren« darin wälzen.

Fortsetzung auf Seite 256 »

Fortsetzung von Seite 255 »

»Erdbeere N°2«

- 210 g Erdbeersaft, frisch entsaftet
- 70 g Sahne
- 30 g Zucker
- 15 g Eigelb
- 15 g Vollei
- 10 g Puddingpulver
- 15 g Holunderblütensirup
- 2 g Blattgelatine
- 25 g Fizzy (Sprudelmittel)
- 25 g Peta Zeta (Knallbrause)
- 5 g Erdbeerpulver
- 50 g flüssige Kakaobutter

Erdbeerspiegel

- 200 g frische Erdbeeren, püriert
- 25 g Zucker
- 20 g Wasser
- 3 g Pectin NH
- 1 g Zitronensäure

Anrichten

- einige »Bärchen« (hausgemachte Fruchtgummibärchen aus Apfel-Holunder-Saft)
- frische Holunderblüten

»Erdbeere N°2«

100 g Erdbeersaft erhitzen. Die Sahne, den Zucker, das Eigelb, das Vollei und das Puddingpulver verrühren, unter den Erdbeersaft rühren und zu einem Pudding kochen. 110 g Erdbeersaft und den Holunderblütensirup unterrühren, dann die eingeweichte Gelatine zugeben und auflösen. Die Puddingmasse in Silikon-Negativformen (in Abbild eines Erdbeer-Schaumzucker-Bonbons) füllen und 4 Stunden gefrieren lassen. Das Fizzy, das Peta Zeta, das Erdbeerpulver vermischen und unter die flüssige Kakaobutter rühren. Die »Erdbeeren« aus den Formen lösen, gefroren in den Überzug tauchen und im Kühlschrank auftauen lassen.

Erdbeerspiegel

Das Erdbeerpüree mit 20 g Zucker und dem Wasser aufkochen. Die restlichen Zutaten vermischen, unterrühren und aufkochen. Die Masse auf ein Blech gießen und 2 Stunden gefrieren. Vor dem Anrichten 4 Kreise mit einem Durchmesser von 7 cm ausstechen.

Anrichten

Je 1 gefrorenen Erdbeerspiegel auf 4 flache Teller legen und auftauen lassen. Darauf je 1 gefrorene »Schnecke«, 2 »Kracher«, 2–3 »Frösche« und 3–4 »Bärchen« anrichten. Je 1 »Erdbeere N°1« auf den Erdbeerspiegel und je 1 »Erdbeere N°2« auf die »Schnecke« legen. Zum Schluss mit gezupften Holunderblüten garnieren.

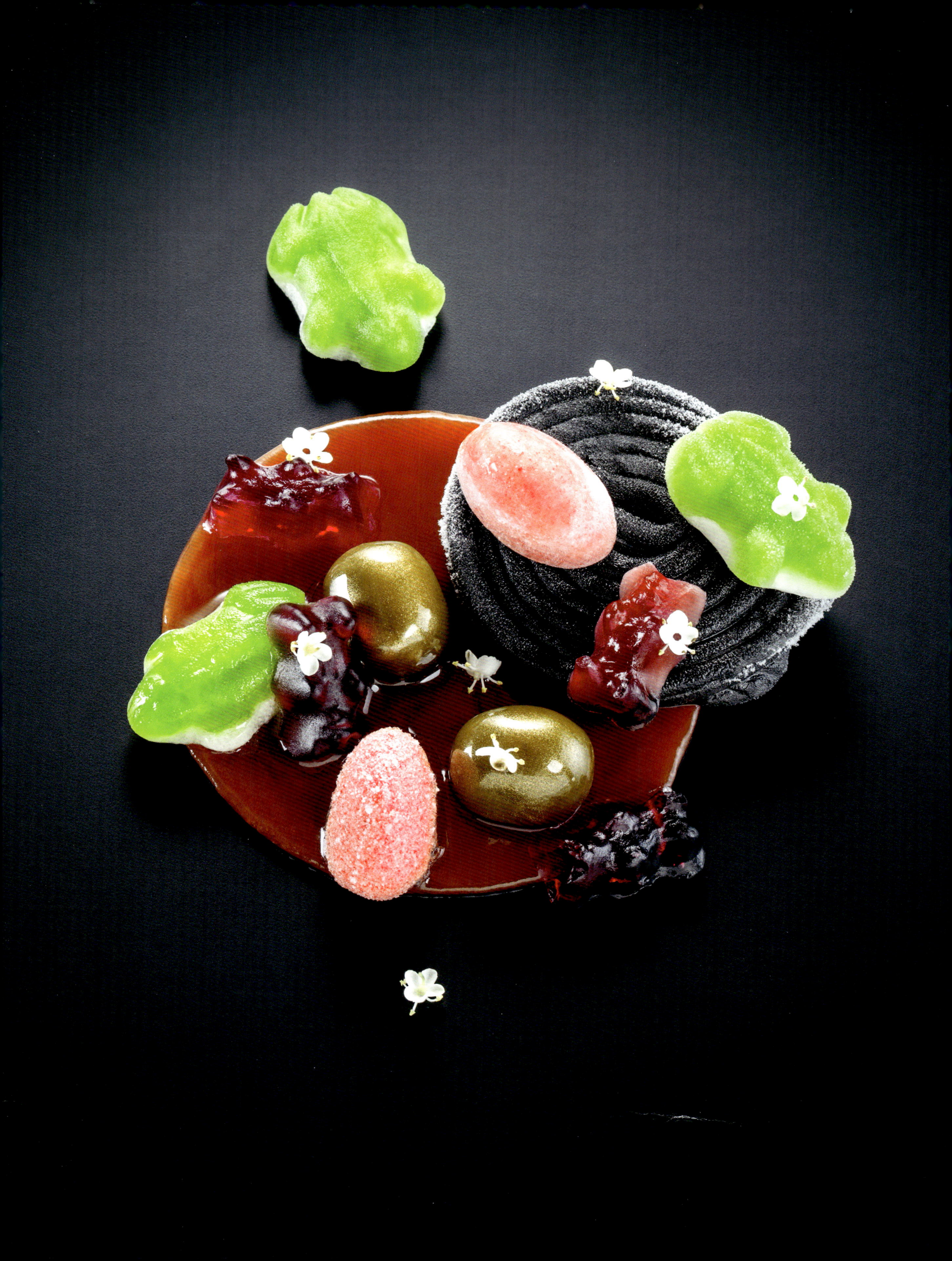

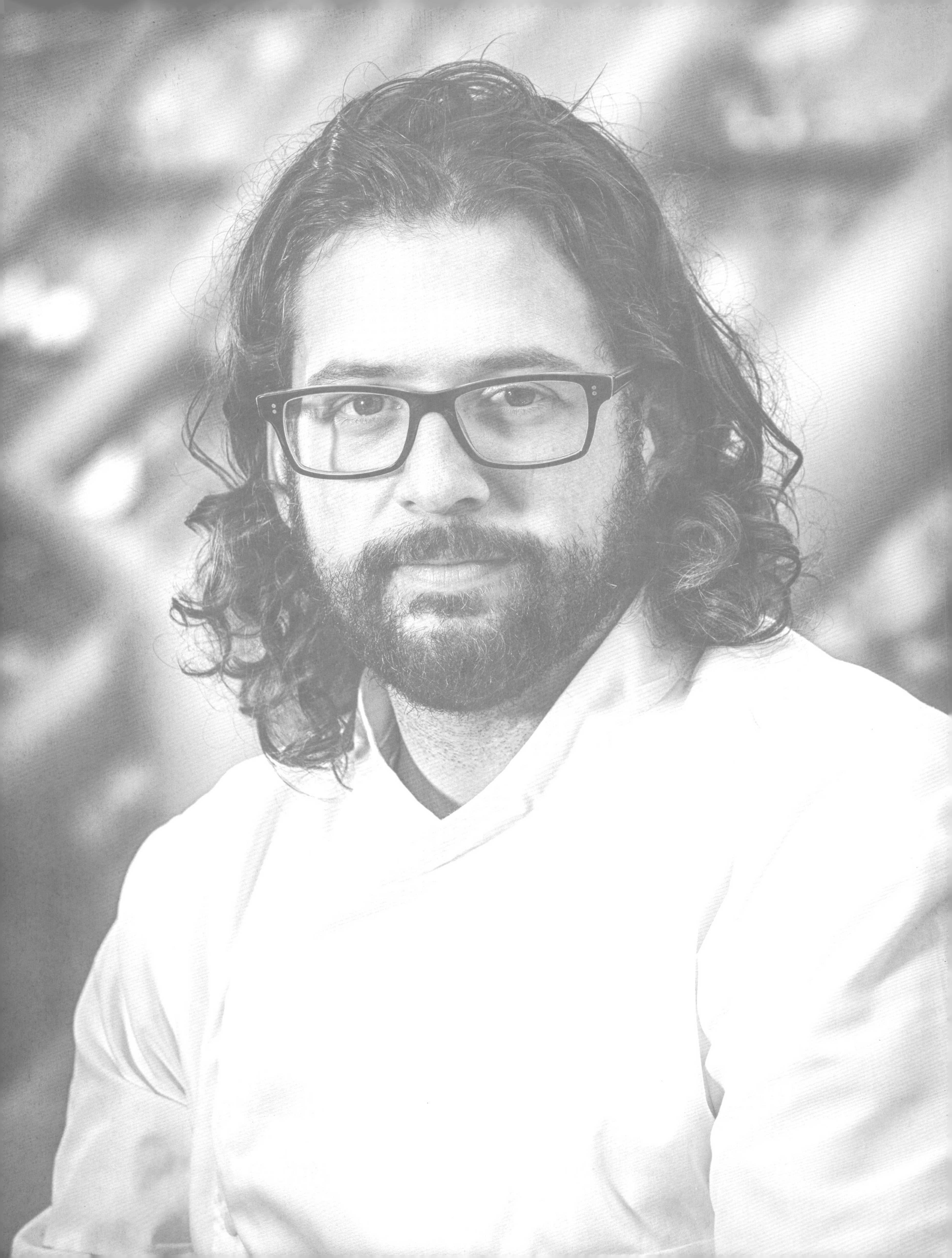

Matthew
LIGHTNER

Atera

New York / USA

Ein »Europäer« in New York

Natürlich ist das für alle Amerikaner der definitive Leistungsbeweis: Erfolg in New York! Mit einem permanent im Hintergrund summenden Frank Sinatra: »If I can make it there I'll make it anywhere.« Und ja, der aus dem eher überschaubaren Oregon stammende Matthew »Matt« Lightner hat in dieser absoluten Weltstadt richtig Erfolg. Das von dem gerade einmal 34-jährigen bekochte Atera hat zwei Michelin-Sterne und ist darüber hinaus seit der Gründung 2012 »talk of the town«.

Matt Lightner hat dies geschafft, weil er sich einerseits zu hundert Prozent auf die New Yorker Gegebenheiten eingestellt hat, um dann andererseits mit einem völlig unamerikanischen Kochstil zu überraschen.

New York ist eine Stadt mit einem – sagen wir es mal vorsichtig – extrem starken Selbstbewusstsein. Der eine mag das, den anderen nervt dieses ständige »wir sind die Aller-aller-Größten«-Gehabe. Aber diese sehr breite Brust erlaubt in der Mega-Metropole Geschäfts-Usancen, die in dieser Form im »alten« Europa eher undenkbar, für das extrem aufwändige Atera-Konzept aber unverzichtbar sind.

Auf Matt Lightners Atera bezogen heißt das konkret: Es gibt ein sehr kleines Restaurant mit exakt 18 Sitzen. 13 an einem Tresen à la Sushi-Bar um eine kleine Küche herum gebaut, und dann noch ein Tisch für fünf Personen. Serviert wird ausschließlich Abends und zwar »sharp« sechs und »sharp« neun! Es gibt jeweils ein gesetztes Menü; wer Unverträglichkeiten hat sollte diese bitte im Voraus mitteilen. Gebucht wird nur nach Angabe der Kreditkarte, wer nicht erscheint oder später als sieben Tage im Voraus storniert, wird mit hundert Prozent belastet. Für das Essen der bis zu 20 Gänge sind dann ziemlich exakt 165 Minuten angesetzt. Wer jetzt noch Lust auf eine weitere Flasche Wein hat, darf diese in einer eigenen Lounge trinken – ja, das ist New York.

Und nun zu dem Matt Lightner, der in einem New York der Alleskenner trotzdem zu überraschen weiß. Da ist zum einen seine sehr europäische Schule. Lange Trips haben ihn zu den Besten in Spanien – Ferran Adrià, Andoni Luis Aduriz, Juan Mari Arzak – geführt, und Matt hat darüber hinaus auch sehr intensiv bei René Redzepi gelernt. Fast jeder seiner Menü-Gänge signalisiert, dass er sich ausgesprochen einfühlsam in diese so eigenständigen Küchen reingedacht hat. Was in der Folge bei ihm zu einem tendenziell minimalistischen, eher unamerikanischen Stil führte. Matts kulinarisches Credo ist pures anti NewYork: »Mehr sein als scheinen.«

Absolute Voraussetzung hierzu ist eine räumlich geteilte Küche. Oben im Gästeraum die kleine Demo-Bühne, unten im Keller eine große Werkstatt, in der bis zu zehn Köche den ganzen Tag über ein gnadenloses »Mise en place« praktizieren. Alles, vom Fond bis zum kleinsten – der von Matt immer wieder sehr gekonnt eingesetzten – Kräuterchen, wird exakt vorbereitet und in Mini-Döschen verpackt und beschriftet. Oben, in der Demo-Kombüse, wird es dann wie »Malen nach Zahlen« zusammengesetzt. Das sieht dann sehr lässig aus, fast choreografisch durchgestylt – und keiner der Gäste hat bei einem Loup de Mer mit 20 unterschiedlichen Blüten auch nur eine leise Ahnung davon, welchen enormen Aufwand diese extrem detailorientierte Küche erfordert.

Ob er nun eine Enten-Jus solange reduziert und trocknet, bis er daraus extrem wohlschmeckende Chips »bauen« kann, ob er stundenlang eine Navette an – nicht über! – glimmender Holzkohle gart, um sie dann mit zudeckender Entenhaut zu aromatisieren, ob er zu einem Heilbutt fermentierte schwarze Nüsse reicht, oder ob er »embryonale«, fast noch flüssige Mandel-»Kerne« filetiert, immer steckt hinter grandiosem Geschmack ein enormer Aufwand.

Diese zeitraubende, fast aufopfernde Einstellung gehört zum Besten, was ein Koch seinem Gast schenken kann, einerlei, ob in Amerika oder ob in Europa. Als Matt Lightner für seinen Hangar-7-Gastauftritt zurückkam in das für sein Schaffen so wichtige Europa, war das ein großartiger Brückenschlag. Ich war mir von Anfang an völlig sicher: Matt hat es nicht nur in New York geschafft, er schafft es sogar in Salzburg.

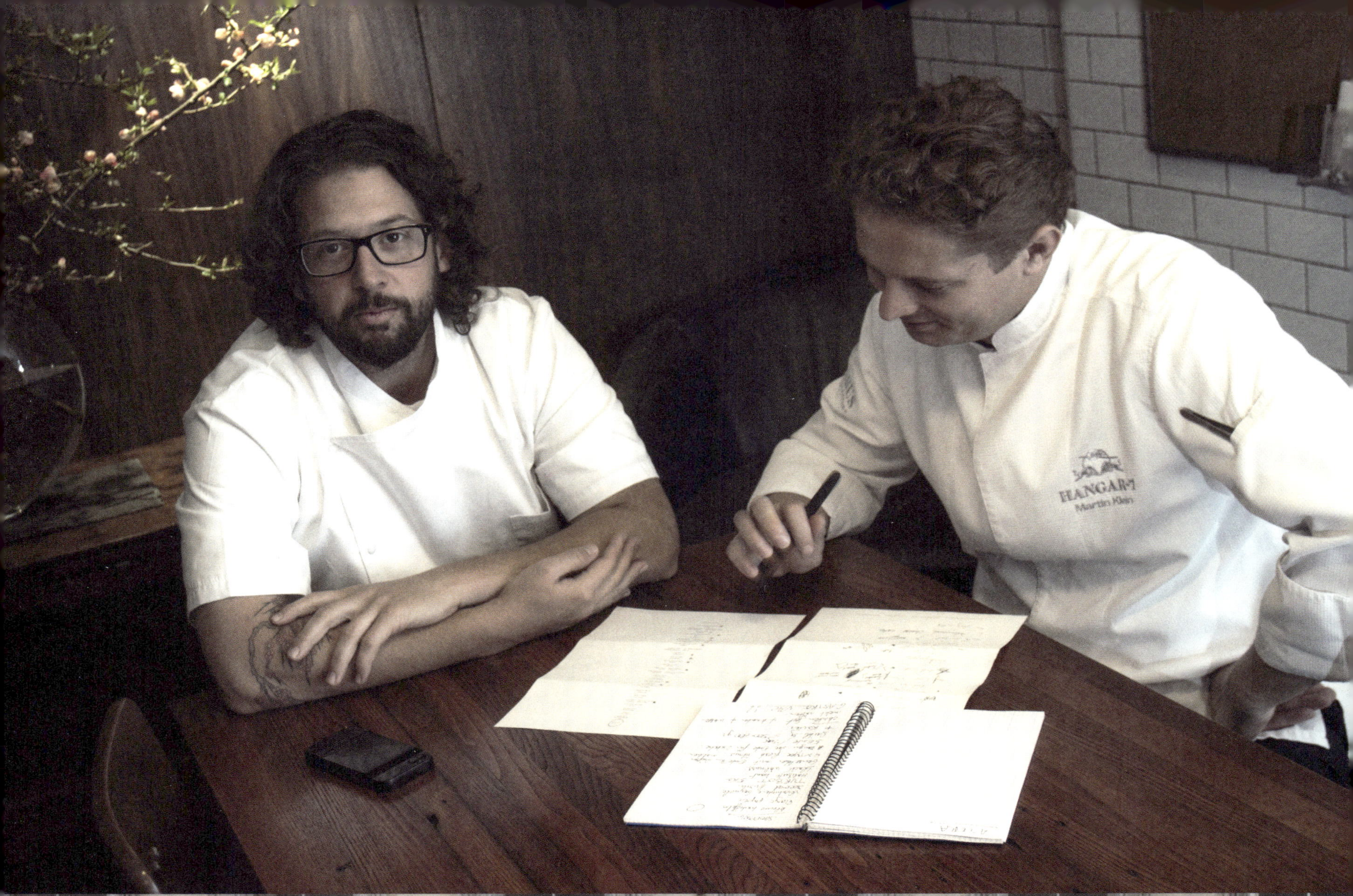
HANGAR-7
Martin Klein

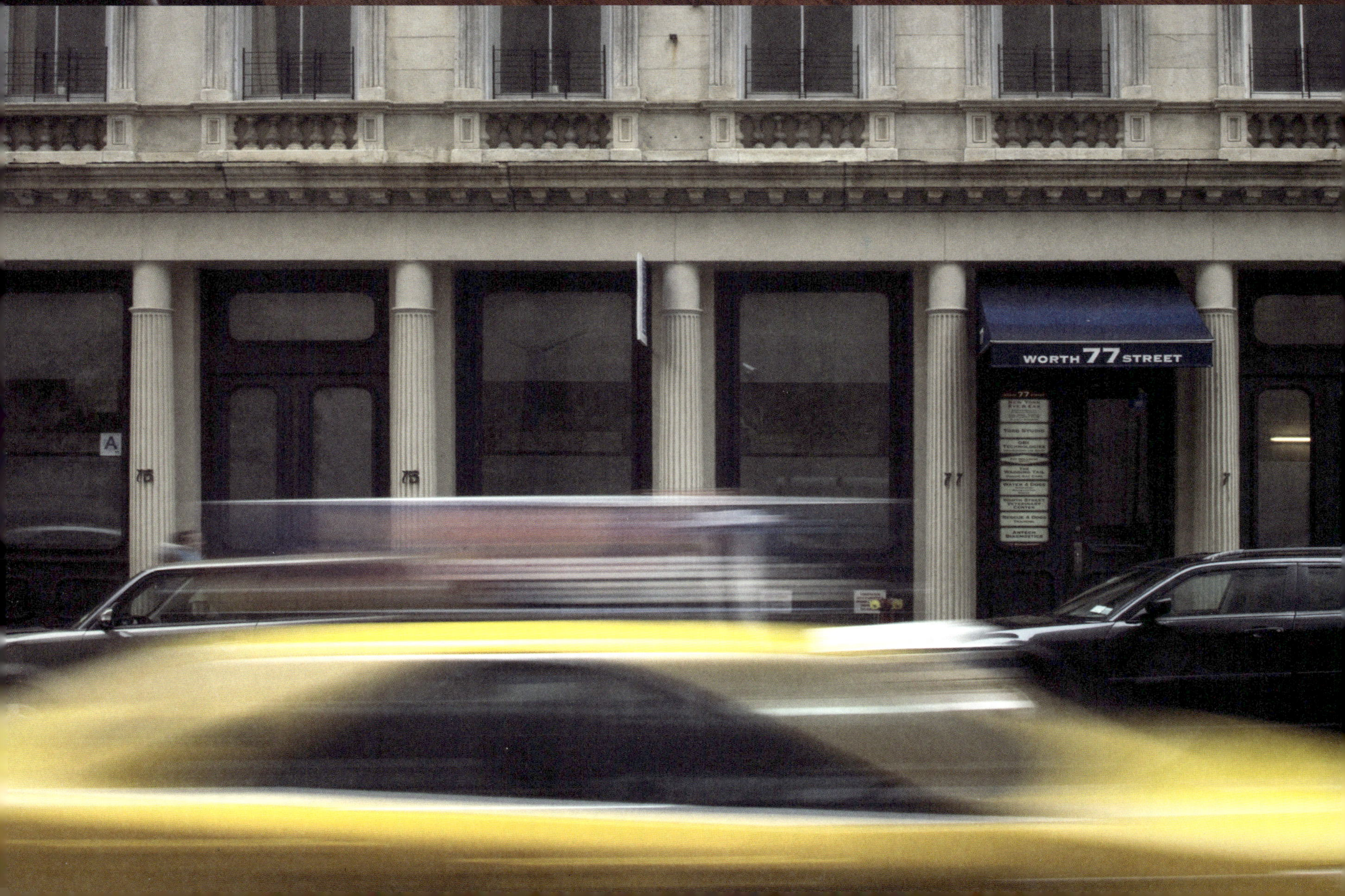
WORTH 77 STREET

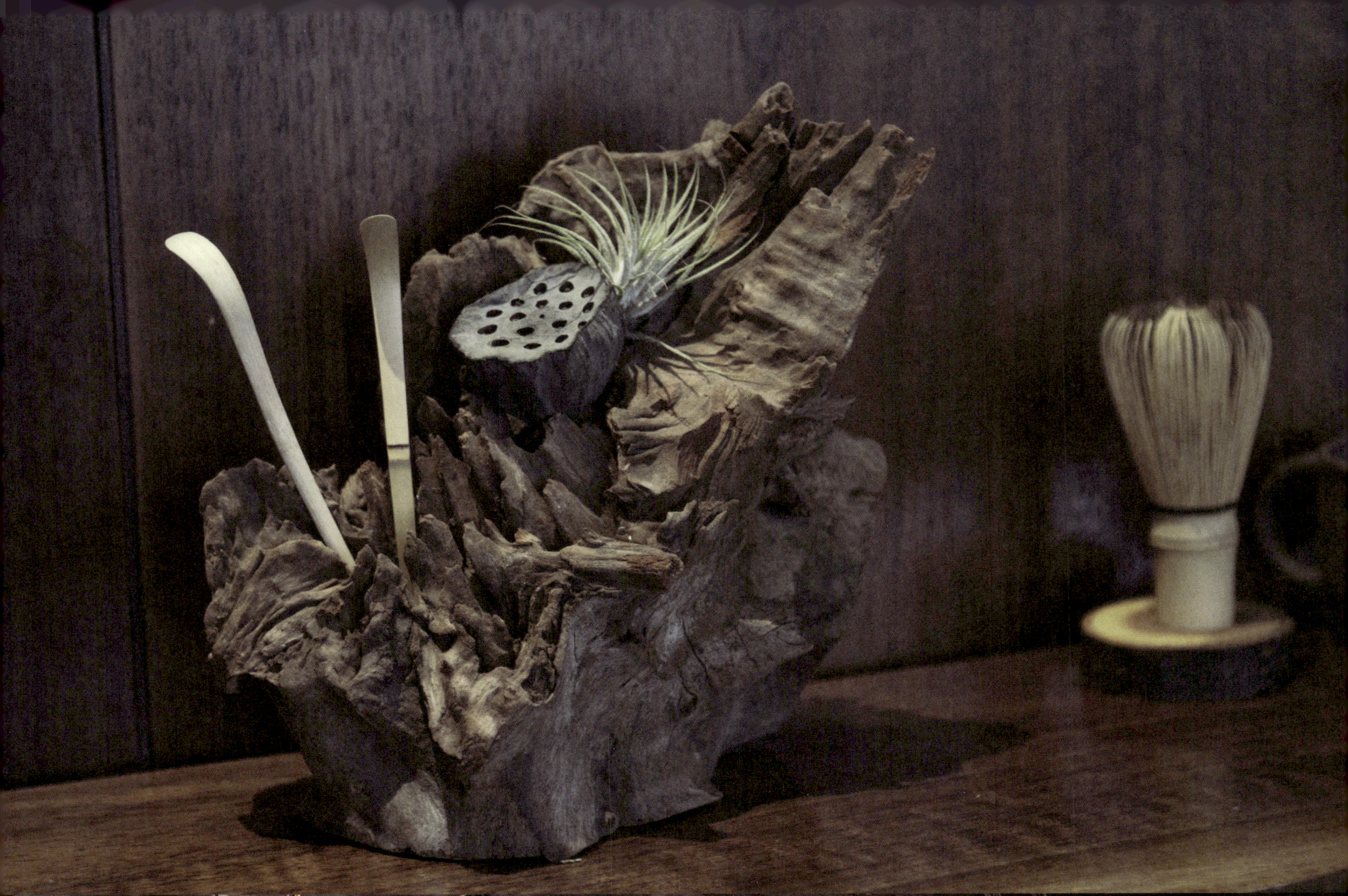

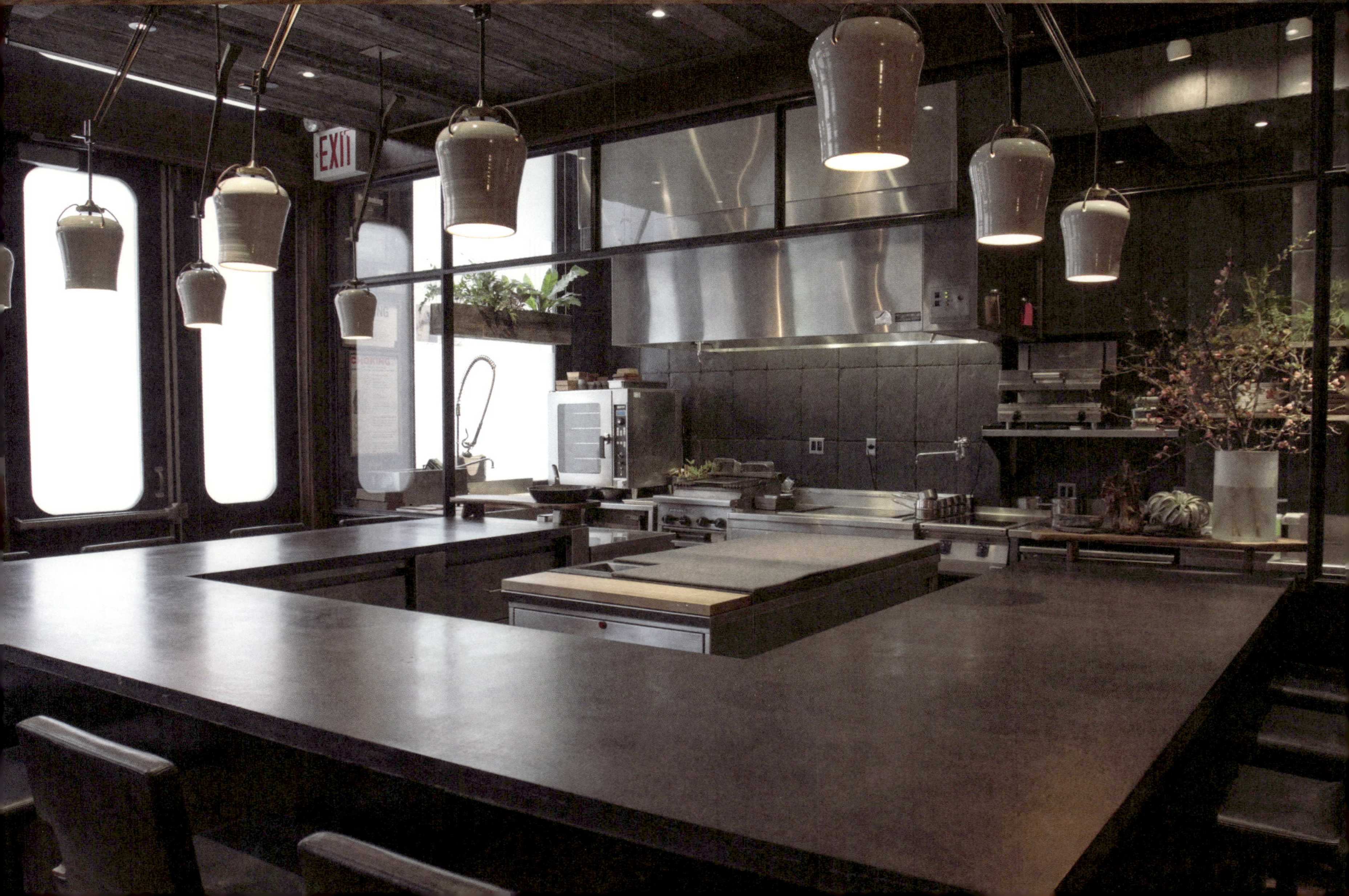
EXIT

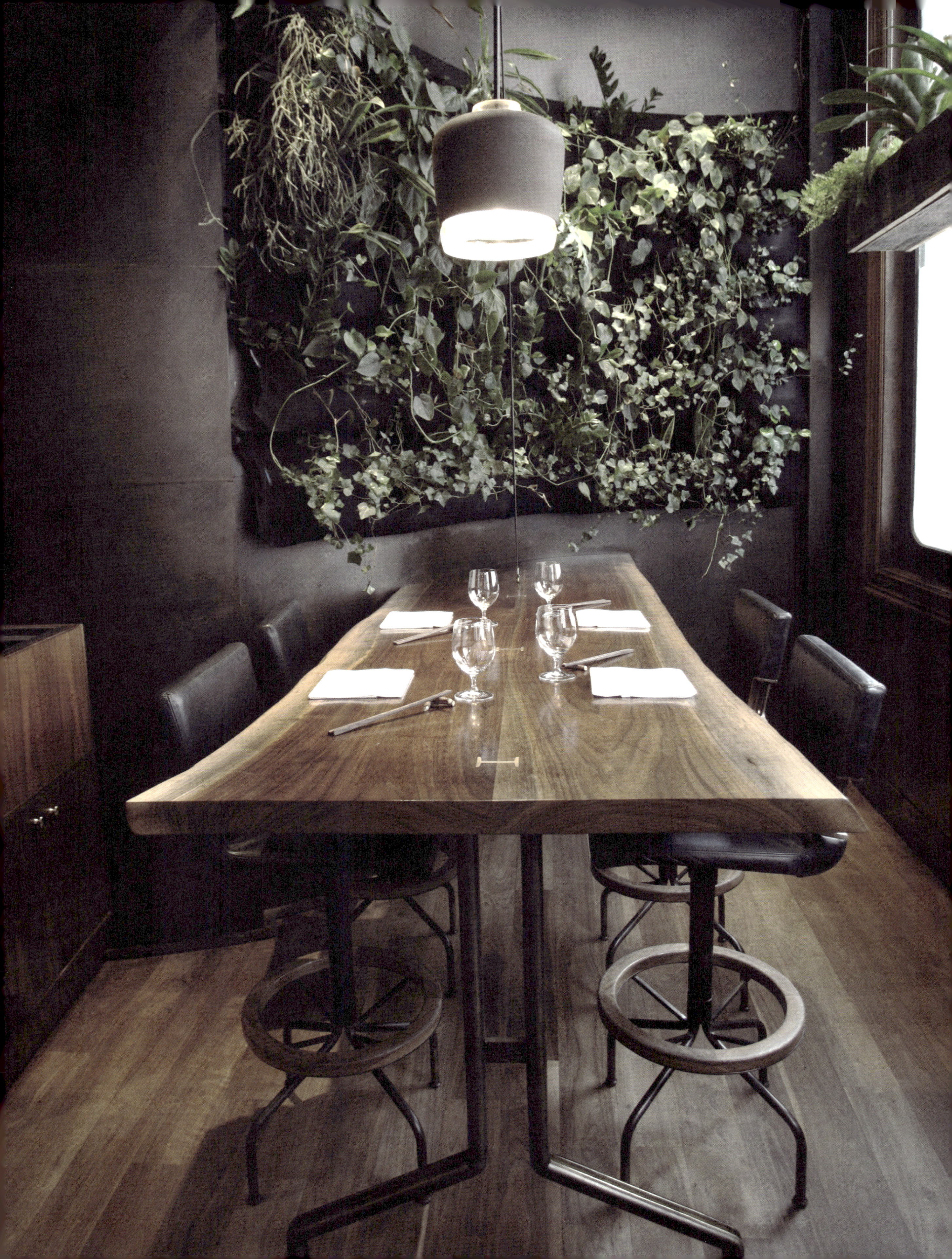

CHURCH
ONE WAY
Church St

WORTH 77 STREET
77

atera
2014
MICHELIN Guide
atera

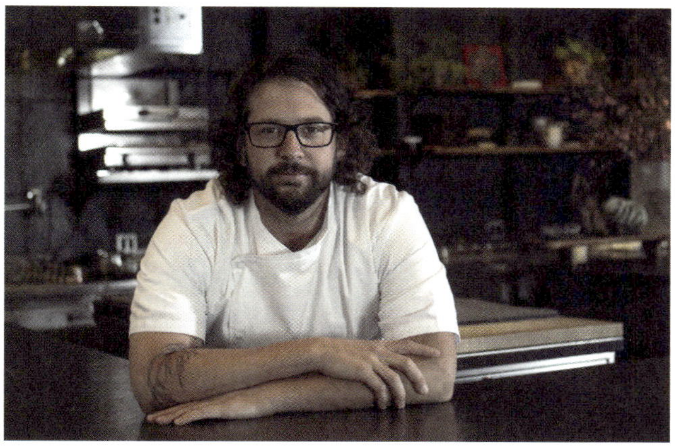

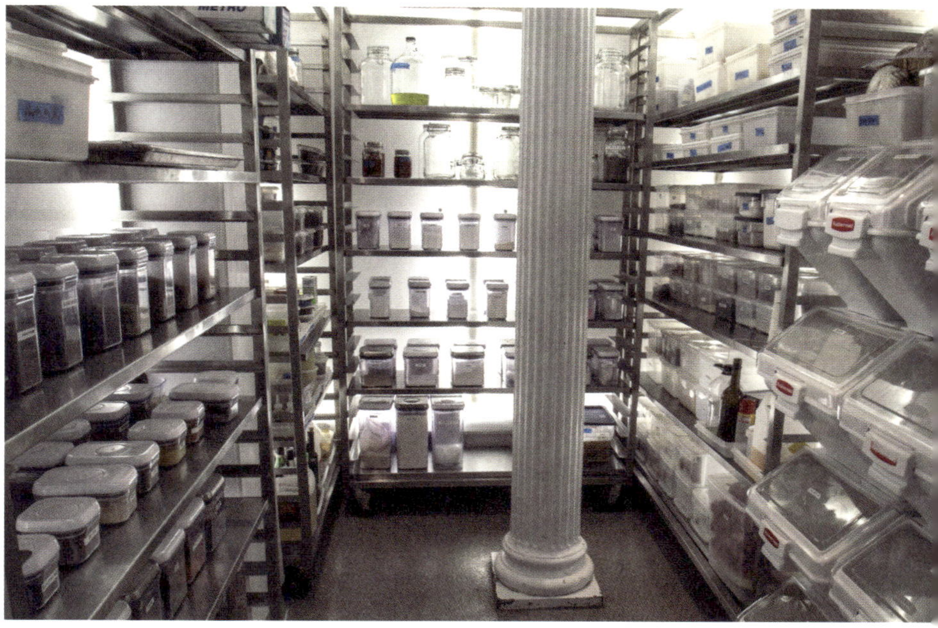

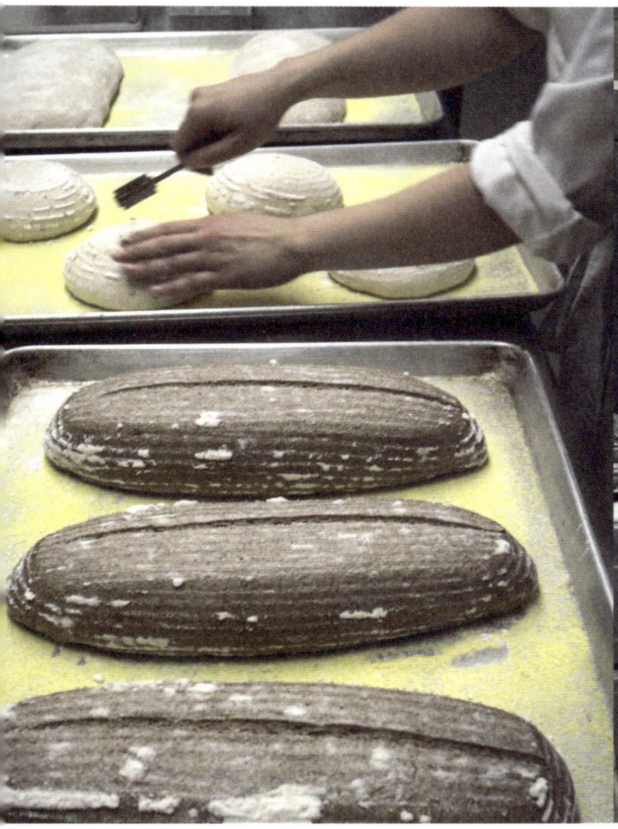

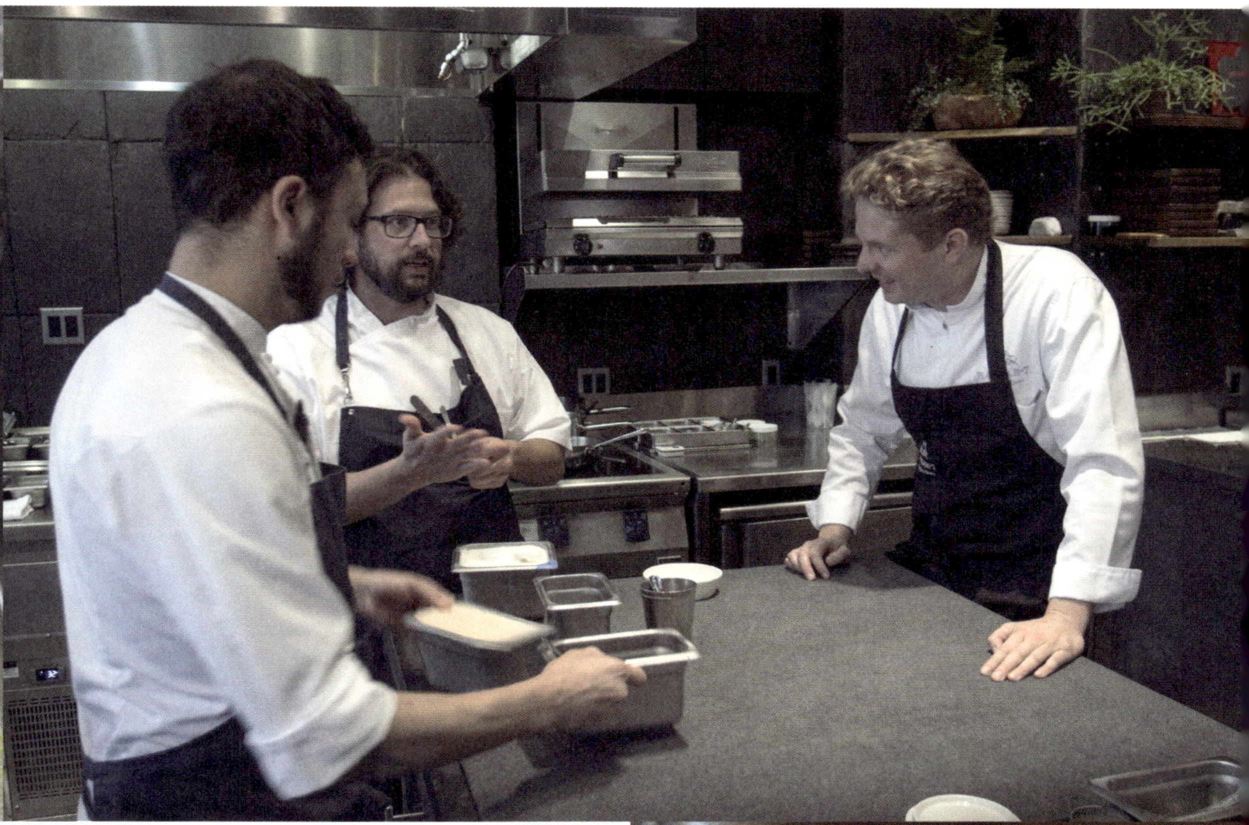

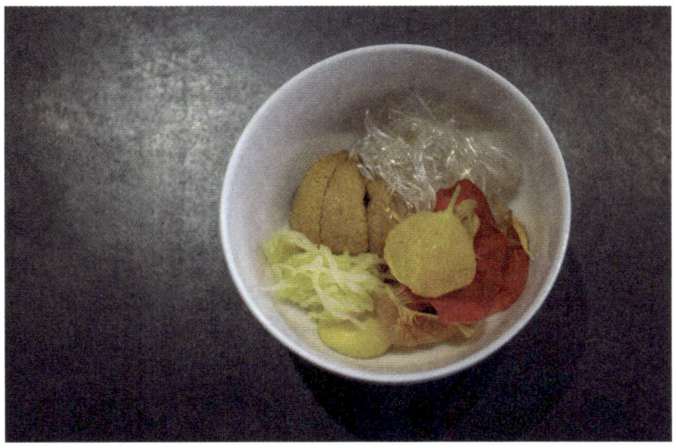

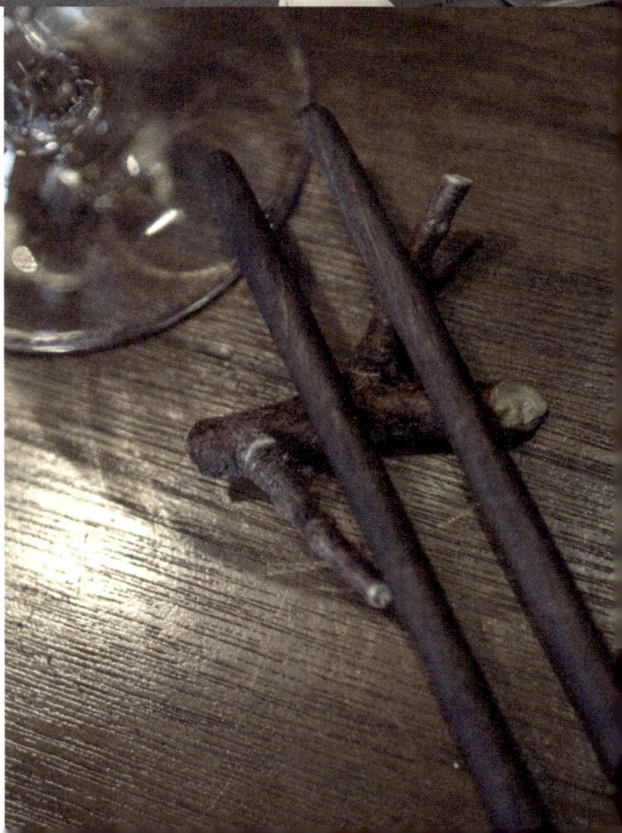

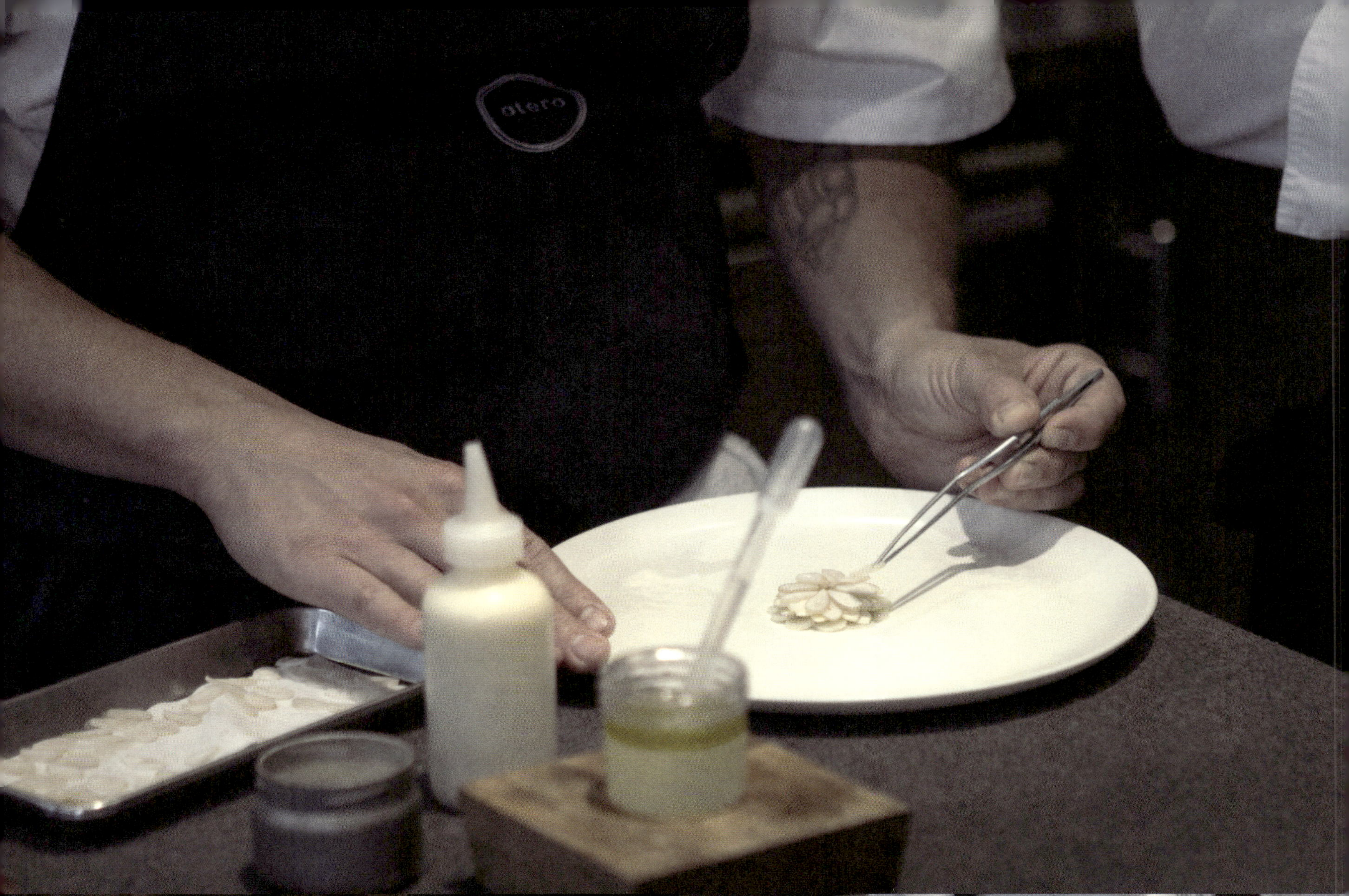
otero

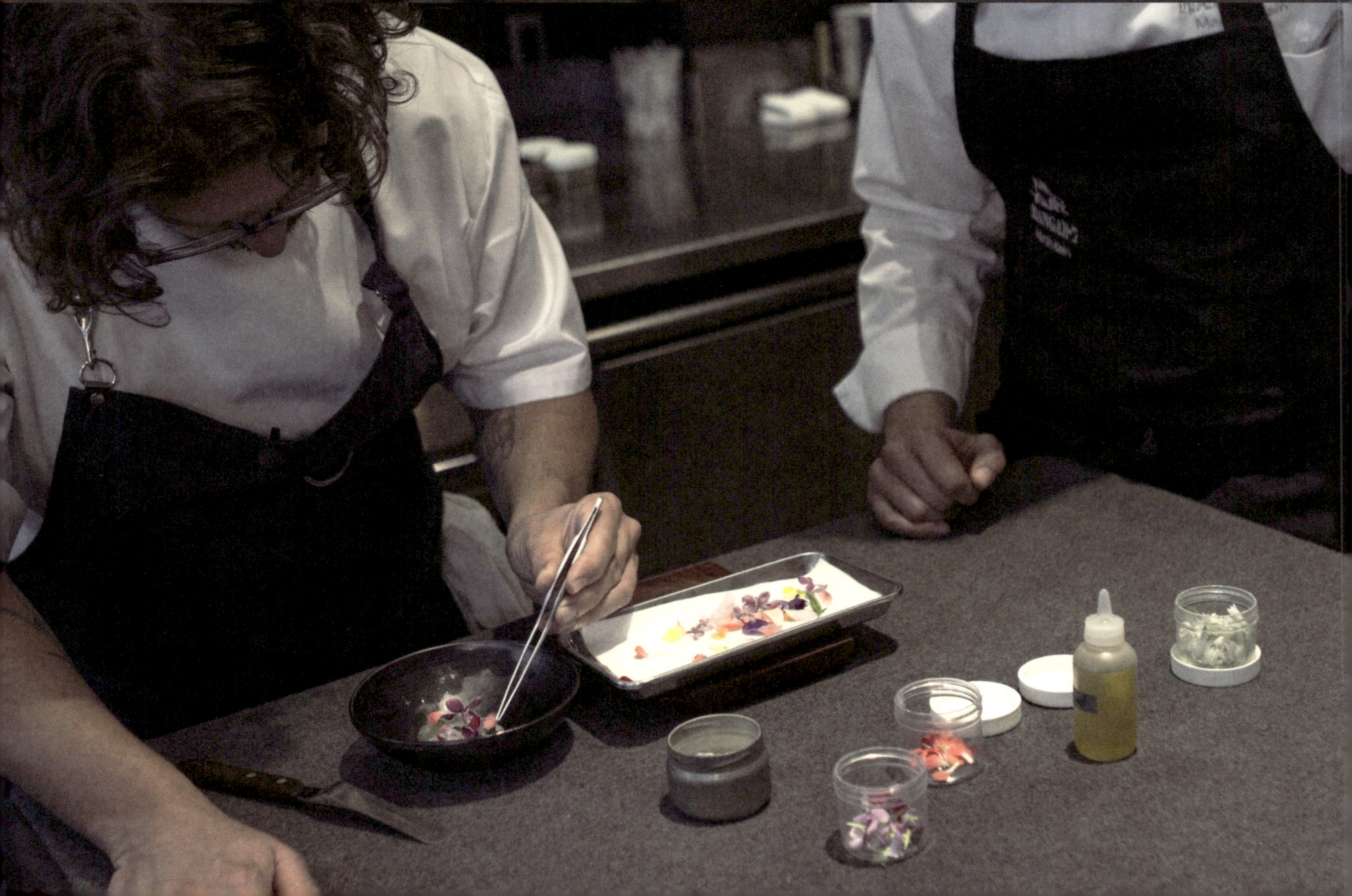

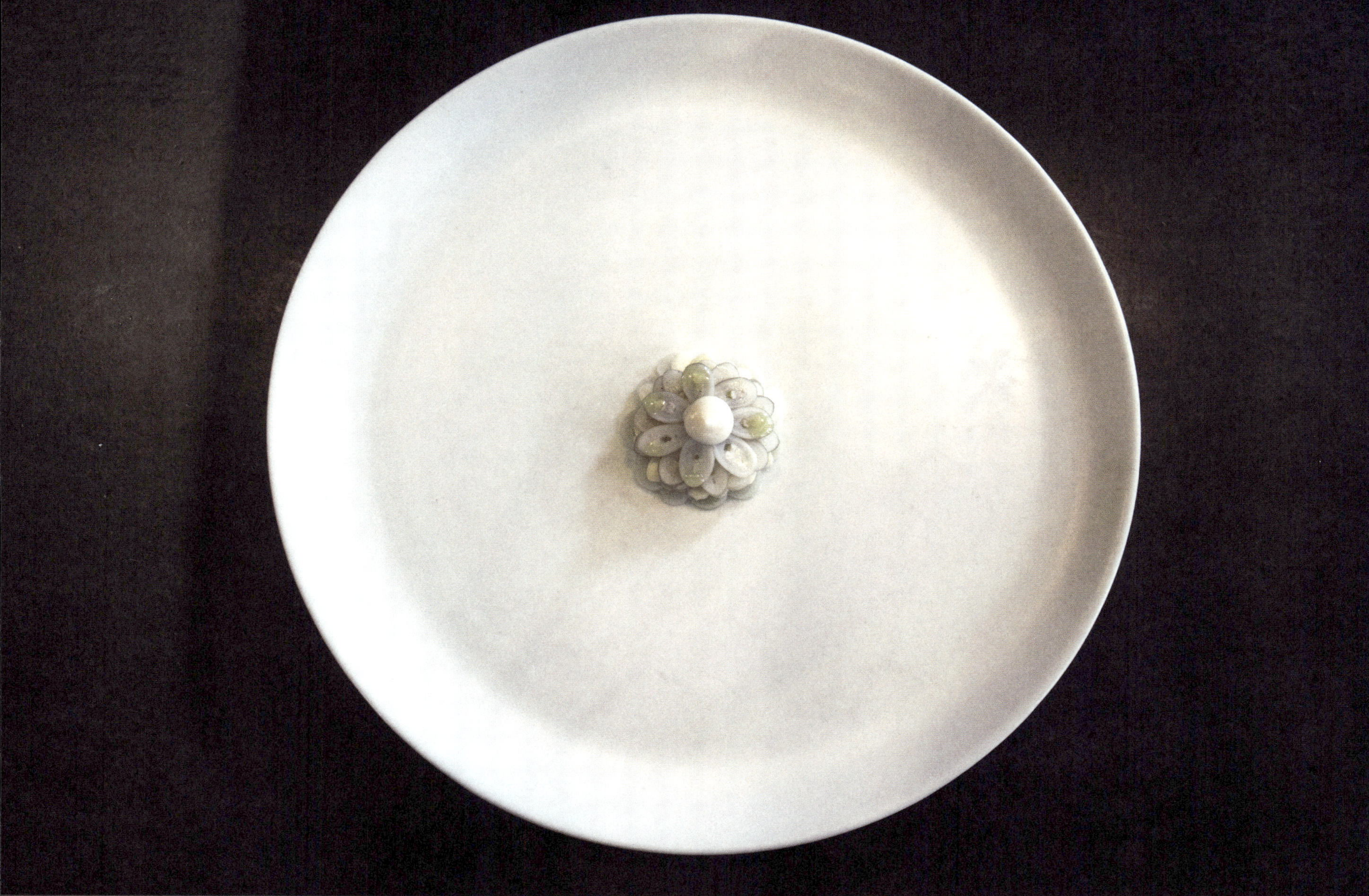
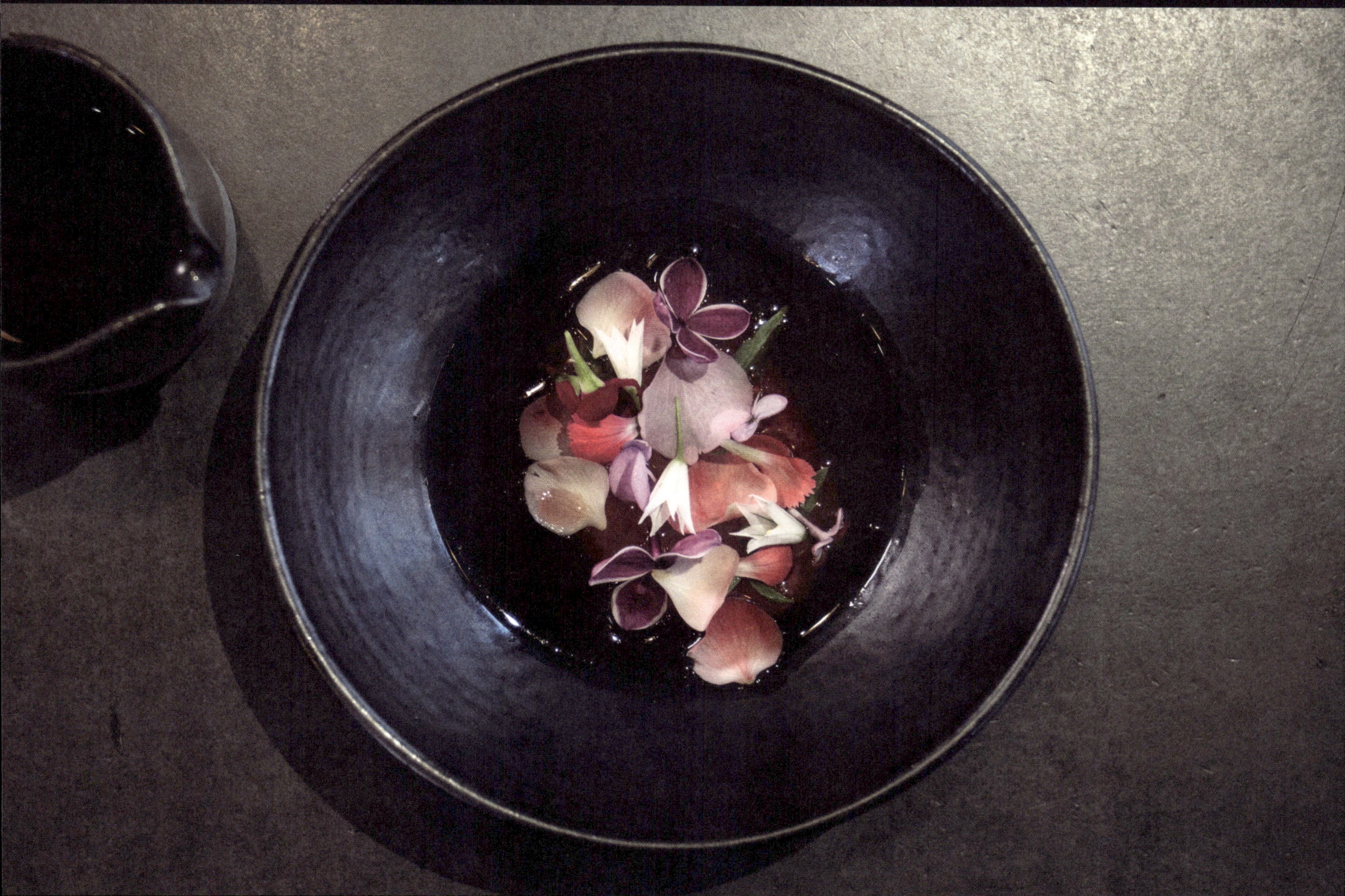

Wenn Gäste dich in eine Schublade stecken wollen, wenn sie der Meinung sind, oh, du bist ein Spanier, oder oh, du bist Nordic, dann greif zu den Ohrstöpseln und sage: »Denkt, was immer ihr wollt.«

Unsere Lieferanten sollen wissen, dass das Atera das wählerischste und anspruchvollste Restaurant in New York ist.

New York ist nun mal ein sensationeller Schmelztiegel. Und genau das wollen wir. Wir wollen Vielfalt in unserer Küche. Ich will, dass mir meine Jungs Sachen zeigen, die ich niemals zuvor gesehen habe.

Die Erde gibt es seit vier Milliarden Jahren. Und wenn es hoch kommt, wirst du 80, 90, das ist ein Fingerschnips. Da will man wenigstens da leben, wo was los ist. New York ist großartig. Und das großartigste ist: New York ist ein Knotenpunkt, der dich überall hin bringt.

Ich möchte, dass meine Gäste auch bei den einfachsten Gerichten deren Komplexität erkennen. Und wie ein Gericht zum nächsten führt und zum nächsten und zum nächsten.

Ich möchte nicht, dass meine Gäste abgelenkt sind. Wir sind schon in einer sehr geschäftigen Straße gelegen, besonders zur Rush-Hour. Wenn dann die Gäste bereit sind, richtig gutes Geld auszugeben für ein tolles Produkt, dann wollen sie nicht davon abgelenkt werden. Das ist wie mit einem guten Film. Du sitzt im Kino, die Kinder um dich herum schreien, weinen, machen Unfug. Aber wenn der Film gut ist, verschwindet alles in den Hintergrund. Genau das muss man hinkriegen, wenn man ein Restaurant führen will.

Wir wollen nur eins: Die Schönheit des Produktes erkennen. Seine Einzigartigkeit. Um dann das Beste aus ihm rauszuholen.

Ich habe in wirklich harten Küchen gearbeitet. Und ich wollte nie eine Küche haben, die denen ähnelt.

Hier bei uns ist alles im Fluss. Die Gerichte, die Kräuter, die Blumen, das Wetter – alles wird morgen ganz anders sein als heute.

Geht es um völlige Inspiration, ist das Baskenland für mich ziemlich weit vorne.

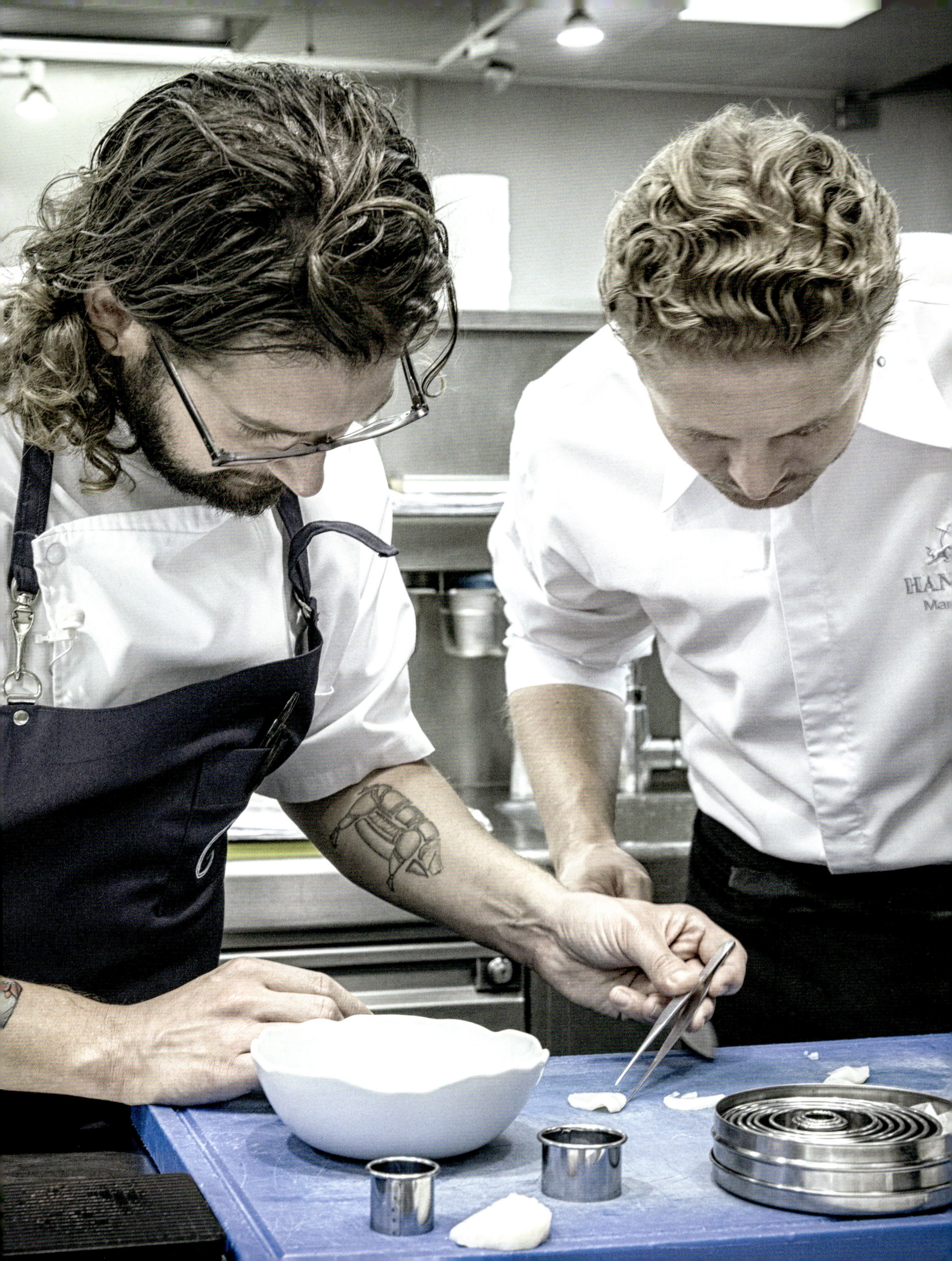

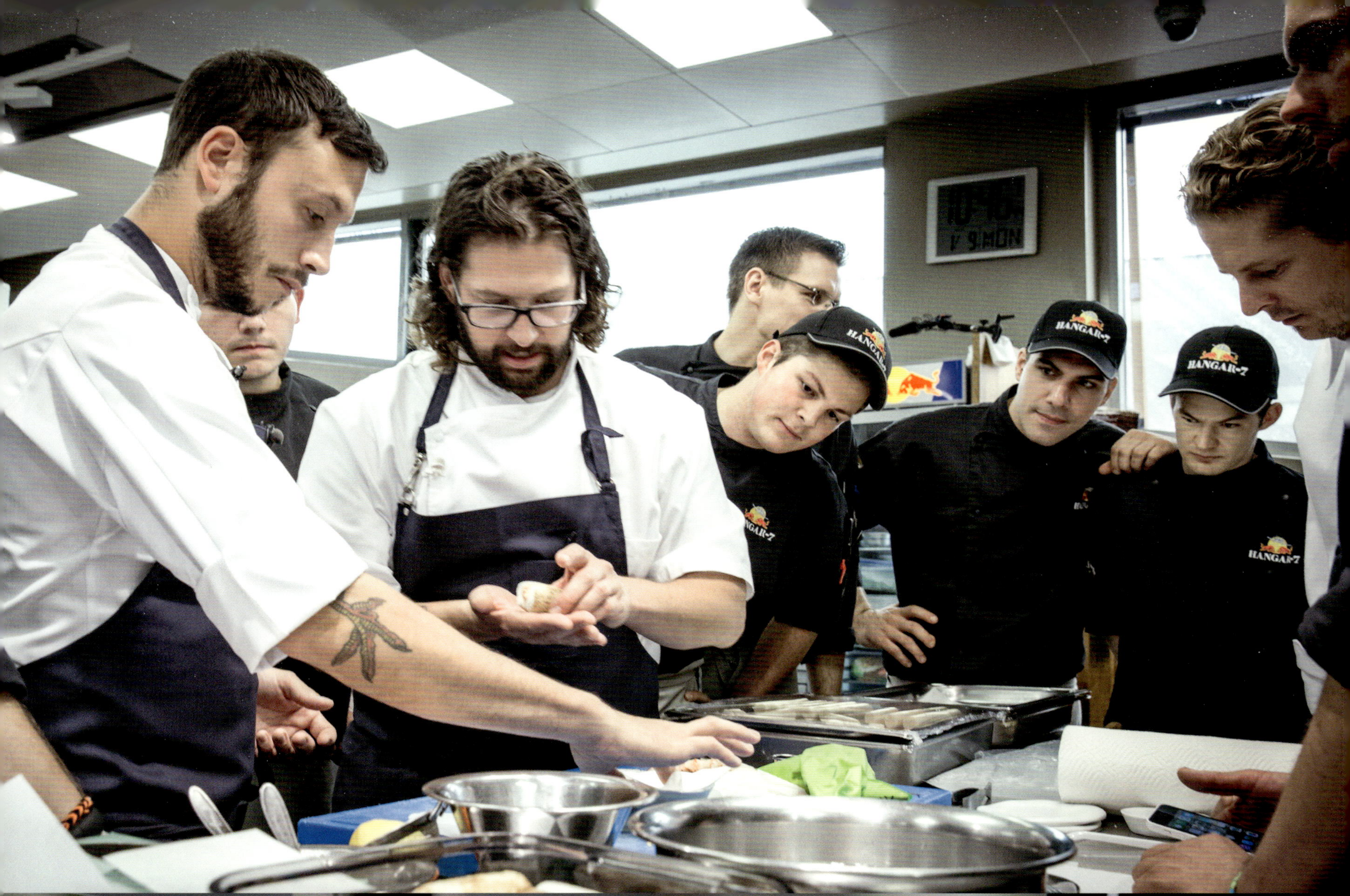
HANGAR-7

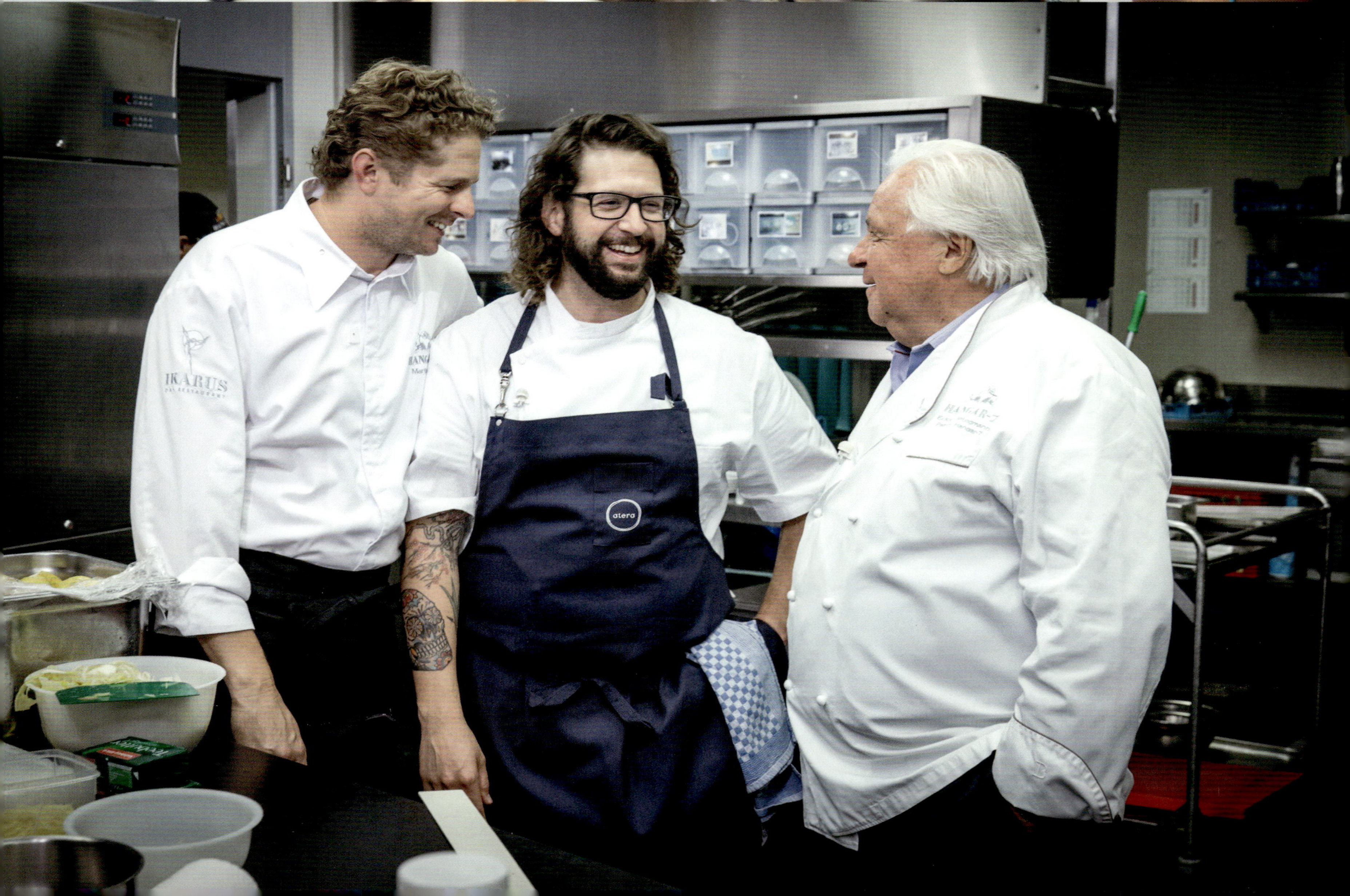
IKARUS
atera
HANGAR-7

MENÜ

Apfel-Leber-Baguette
Geräucherte Forelle
Amarant-Toast

Loup de mer, Hagebutte, Blüten

Hühnchen-Garnelen-Knödel mit Trüffel

Jakobsmuschel, Kartoffel, Bouillon

Meringue-Rolle, Hummer

Königskrabbe

Heilbutt, schwarze Walnuss, grüner Tee

»Hushpuppy«

Lackierte Ente, Navetten

Hippe, Innereienragout, Wiesenkräuter

Zitrusfrüchte-Sorbet

Cheesecake

Joghurt, Marshmallow, braune Butter

Loup de mer, Hagebutte, Blüten

Hagebutten-Blüten-Infusion
- 400 ml Wasser
- 20 g getrocknete Hagebutten
- 20 g frische Blütenmischung, je nach Saison (siehe auch Teilrezept »Anrichten«)
- 50 ml Rote-Bete-Saft
- frisch geriebene Schale von ½ Orange
- 20 ml Sushi Seasoning
- 12 ml rosa Ingwersaft (von eingelegtem rosa Ingwer)
- 10 ml Rosenwasser
- 6–8 Tropfen Orangenblütenwasser
- Salz

Loup de mer
- 200 g frisches Loup-de-mer-Filet, ohne Haut
- etwas Mandelöl
- Meersalzflocken

Anrichten
- 1–2 Handvoll gemischte frische Blüten, je nach Saison (z. B. Viola, Rose, Flieder, Kirsche, Quitte, Phlox, Geranie, Salbei, Sauerklee, Gewürztagetes, Ringelblume, Kornblume, Dianthus, Chrysantheme, Begonie)

Hagebutten-Blüten-Infusion
Das Wasser, die getrockneten Hagebutten und die Blütenmischung in einen Gastrovac (Unterdruck-Gargerät) geben und bei 49 °C 30 Minuten infusieren lassen. Den Rote-Bete-Saft, die frisch geriebene Orangenschale, das Sushi Seasoning, den rosa Ingwersaft, das Rosenwasser und das Orangenblütenwasser zugeben und kurz ziehen lassen. Den Sud durch ein feines Sieb passieren und mit Salz abschmecken. Die Hagebutten-Blüten-Infusion sollte eine feinsäuerliche, blumige Note aufweisen, dann lauwarm anrichten.

Loup de mer
Das Loup-de-mer-Filet mit einer glühenden Holzkohle nacheinander an der Oberseite bedrucken, sodass eine schwarze Marmorierung entsteht. Das Fischfilet in dünne Scheiben schneiden, mit etwas Mandelöl bestreichen und mit Meersalzflocken bestreuen. Die Loup-de-mer-Scheiben roh anrichten.

Anrichten
Die Loup-de-mer-Scheiben auf 4 tiefe Teller verteilen und mit reichlich frischen Blüten garnieren. Die Hagebutten-Blüten-Infusion in Kännchen füllen und bei Tisch angießen.

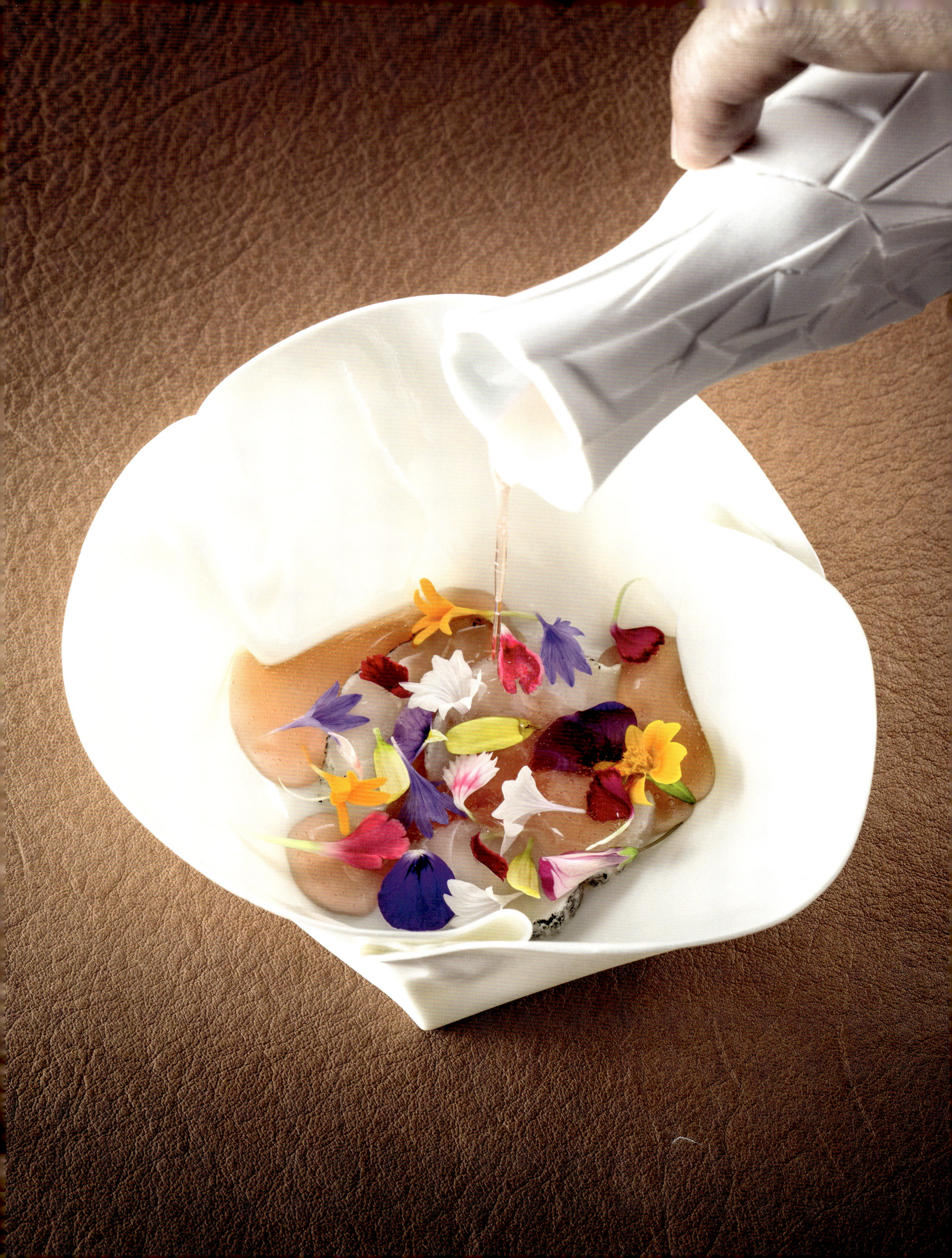

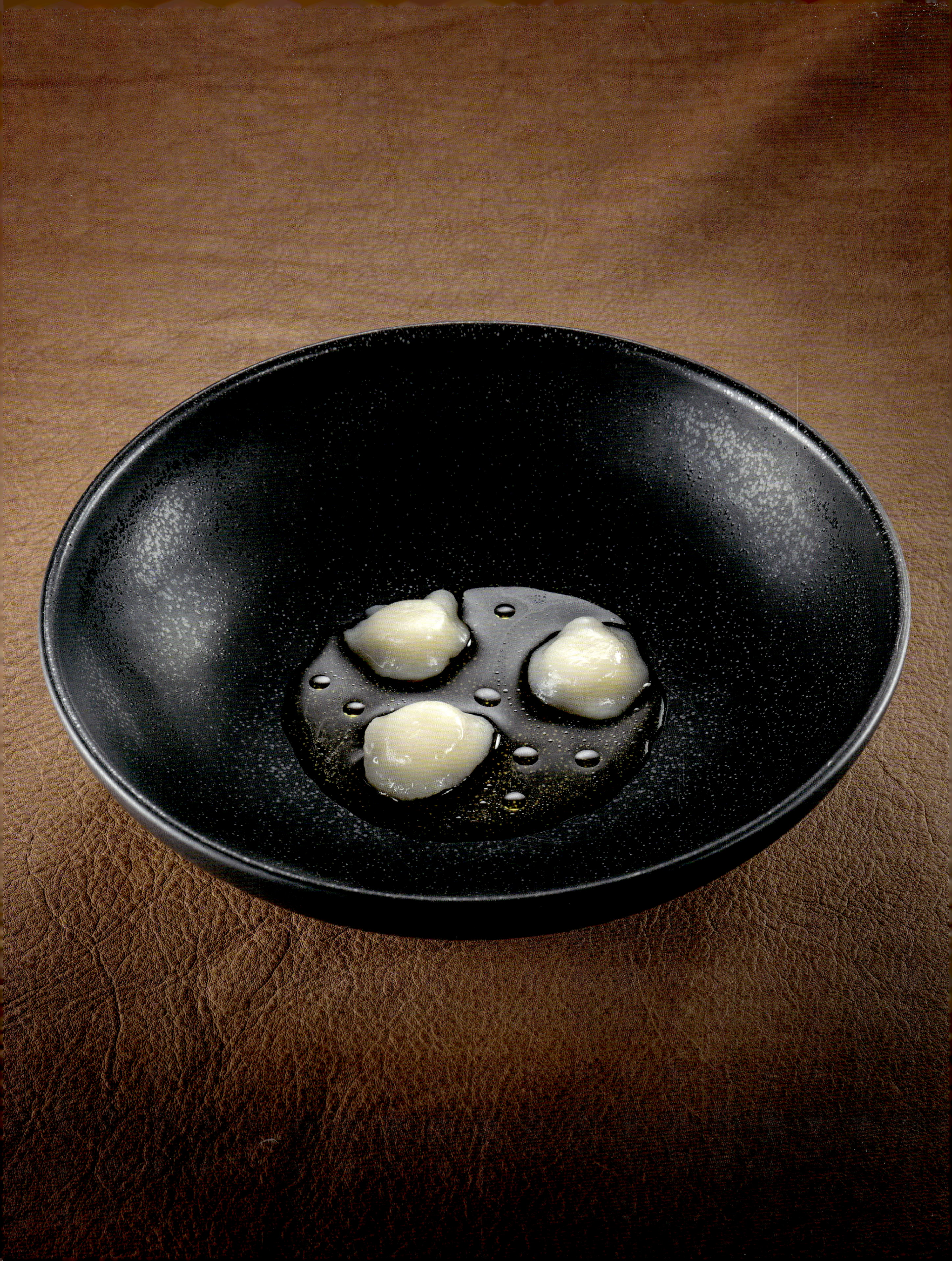

Jakobsmuschel, Kartoffel, Bouillon

Bouillon
- 4 große frische Jakobsmuscheln in der Schale
- 1 kleine Zwiebel
- 2 kleine Kartoffeln
- 1 TL Olivenöl
- 600 ml Wasser
- 1 Handvoll gegarte Kartoffelschalen, im Backofen geröstet
- Salz

Kartoffelfarce
- 60 g Sahne
- 70 g Eiweiß
- 4 g koscheres Salz
- 5 g Ume-Salz (Salz mit japanischen Umeboshi-Pflaumen)
- 1,5 g Sel rose
- 200 g frisches ausgelöstes Jakobsmuschelfleisch
- ca. 250 g Kartoffeln (Sorte: Russet)
- reichlich grobes Meersalz
- 40 g Reismehl

Zitronenöl
- 200 ml Olivenöl (Olivensorte: Arbequina)
- 1 Zitrone
- 1 Meyer-Zitrone

Jakobsmuscheln
- 4 ausgelöste Jakobsmuscheln (siehe Teilrezept »Bouillon«)
- etwas Zitronenöl (siehe Teilrezept »Zitronenöl«)
- feines Meersalz

Bouillon
Die Jakobsmuscheln vorsichtig aus den Schalen lösen. Den Corail und den Bart entfernen, säubern und im Backofen bei 60 °C 12 Stunden trocknen. Das weiße Jakobsmuschelfleisch ebenfalls säubern und bis zum Anrichten kalt stellen. Die Zwiebel und die Kartoffeln schälen, klein würfeln und im Olivenöl einige Minuten farblos anschwitzen. Das Wasser zugeben und langsam zum Kochen bringen. Den oben liegenden Schaum immer wieder abtragen. Die Brühe einige Minuten sanft köcheln lassen, dann vom Herd nehmen. Die gerösteten Kartoffelschalen, den getrockneten Jakobsmuschel-Corail und die getrockneten Jakobsmuschelbärte zugeben und einige Minuten ziehen lassen. Ersatzweise können auch statt des getrockneten Corails und der getrockneten Jakobsmuschelbärte getrocknete Jakobsmuscheln aus dem Asialaden verwendet werden. Die bräunlich gefärbte Bouillon behutsam durch ein Etamin gießen und mit Salz abschmecken. Die Bouillon vor dem Anrichten kurz erhitzen.

Kartoffelfarce
Die Sahne, das Eiweiß, das koschere Salz, das Ume-Salz und das Sel rose mit dem frischen Jakobsmuschelfleisch vermengen. Die Mischung in einen Pacojet-Becher füllen und 12 Stunden gefrieren lassen, dann in den Pacojet einsetzen und pacossieren. Die Muschelfarce erneut einfrieren und pacossieren. Insgesamt 3-mal pacossieren. Die Kartoffeln auf ein Salzbett setzen und im Backofen bei 200 °C (Ober-/Unterhitze) weich garen, dann noch heiß auskratzen und 3-mal durch die Kartoffelpresse drücken. 140 g abgekühlte Kartoffelmasse, die Muschelfarce und das Reismehl in eine Schüssel geben und mit einem Teigschaber vermischen. Die Kartoffelfarce durch ein feines Sieb streichen und in einen Spritzbeutel mit glatter Tülle füllen. Dann auf einer Silikonbackmatte lange Bahnen mit einem Durchmesser von 1,5 cm spritzen und im Dampfgarofen bei 76 °C 15 Minuten dämpfen. Die Kartoffelfarcebahnen in 1 cm hohe Zylinder schneiden und sofort anrichten.

Zitronenöl
Das Olivenöl und die frisch geriebene Schale der Zitrone und der Meyer-Zitrone in einen Thermomix geben und bei 70 °C 20 Minuten mixen. Das Zitronenöl durch ein feines Sieb passieren und abkühlen lassen.

Jakobsmuscheln
Das Jakobsmuschelfleisch quer in ca. 3 mm dünne Scheiben schneiden, mit etwas Zitronenöl bestreichen und mit feinem Meersalz bestreuen. Die Jakobsmuschelscheiben roh anrichten.

Anrichten
Je 3 warme Kartoffelfarce-Zylinder auf 4 tiefe Teller setzen und mit je 1 Jakobsmuschelscheibe belegen. Dann etwas Bouillon angießen und mit etwas Zitronenöl beträufeln.

Meringue-Rolle, Hummer

Meringue-Rolle
- 250 g Eiweiß
- 50 g Zucker
- 28 g Eiweißpulver
- 7 g Versawhip (Eiweißpulver von Willpowder)
- 2 g frisch gepresster Zitronensaft
- 2 g Xanthan
- etwas Trockenhefe zum Betreuen

Aioli
- 25 g Eigelb
- 2 g Salz
- 10 g Weißweinessig
- 10 g frisch gepresster Zitronensaft
- 125 g Olivenöl
- 34 g Knoblauchöl
- 16 g flüssige Hummerbutter

Hummer
- 1 lebenden Hummer (400 g)
- Salz
- Aioli (siehe Teilrezept »Aioli«)
- etwas frisch gepresster Zitronensaft

Anrichten
- etwas Hummeröl

Meringue-Rolle
Das Eiweiß in einen Mixer füllen und leicht anschlagen. Den Zucker, das Eiweißpulver und das Versawhip zugeben und bei hoher Geschwindigkeit mixen. Zum Schluss den frisch gepressten Zitronensaft untermixen. Die Eiweißmasse in die Rührschüssel der Küchenmaschine füllen und 1 Stunde ruhen lassen. Dann das Xanthan zugeben und mit dem Schneebesenaufsatz zu steifem Eischnee aufschlagen. Die Meringue-Masse in einen Spritzbeutel mit glatter Tülle (2 cm) füllen. Auf ein Dörrblech mit genügend Abstand Bahnen mit einer Länge von ca. 7 cm spitzen. Die Enden mit einer kleinen Palette glätten. Die Meringue-Rollen rundherum mit einem Bunsenbrenner leicht abflämmen, mit etwas Trockenhefe betreuen und in einem Dehydrator bei 57 °C 12 Stunden trocknen lassen.

Aioli
Das Eigelb und das Salz in einen Mixbecher geben und mit einem Stabmixer 1 Minute mixen. Dann den Weißweinessig und den frisch gepressten Zitronensaft zugeben und 1 Minute weitermixen. Dann das Olivenöl und das Knoblauchöl langsam einlaufen lassen und zu einer cremigen Aioli aufmixen. Zum Schluss die flüssige Hummerbutter untermixen. Die Aioli kalt stellen.

Hummer
Reichlich Wasser in einem großen Topf auf 70 °C erhitzen. Den lebenden Hummer in das heiße Wasser geben und zugedeckt 7 Minuten garen, anschließend aus dem Wasser nehmen. Den Schwanz und die Scheren des noch warmen Hummers abtrennen. Den Hummerschwanz sofort in Eiswasser legen. Die Hummerscheren zurück in das heiße Wasser geben und 5 Minuten nachgaren, anschließend in Eiswasser legen. Das Fleisch aus dem Hummerschwanz lösen, vom Darm befreien und in gesalzenes Eiswasser legen. Die Hummerscheren ausbrechen und das Scherenfleisch ebenfalls in gesalzenes Eiswasser legen. Das ausgelöste Hummerfleisch trocken tupfen und kalt stellen. Vor dem Anrichten das Hummerfleisch in Würfel schneiden und mit etwas Aioli verrühren. Die Hummer-Aioli mit Salz und frisch gepresstem Zitronensaft abschmecken und sofort anrichten.

Anrichten
Jeweils einige Streifen Hummeröl auf 4 Teller spritzen. Je 1 Meringue-Rolle längs halbieren und mit je 1–2 EL Hummer-Aioli füllen, dann vorsichtig auf die Teller setzen und sofort servieren.

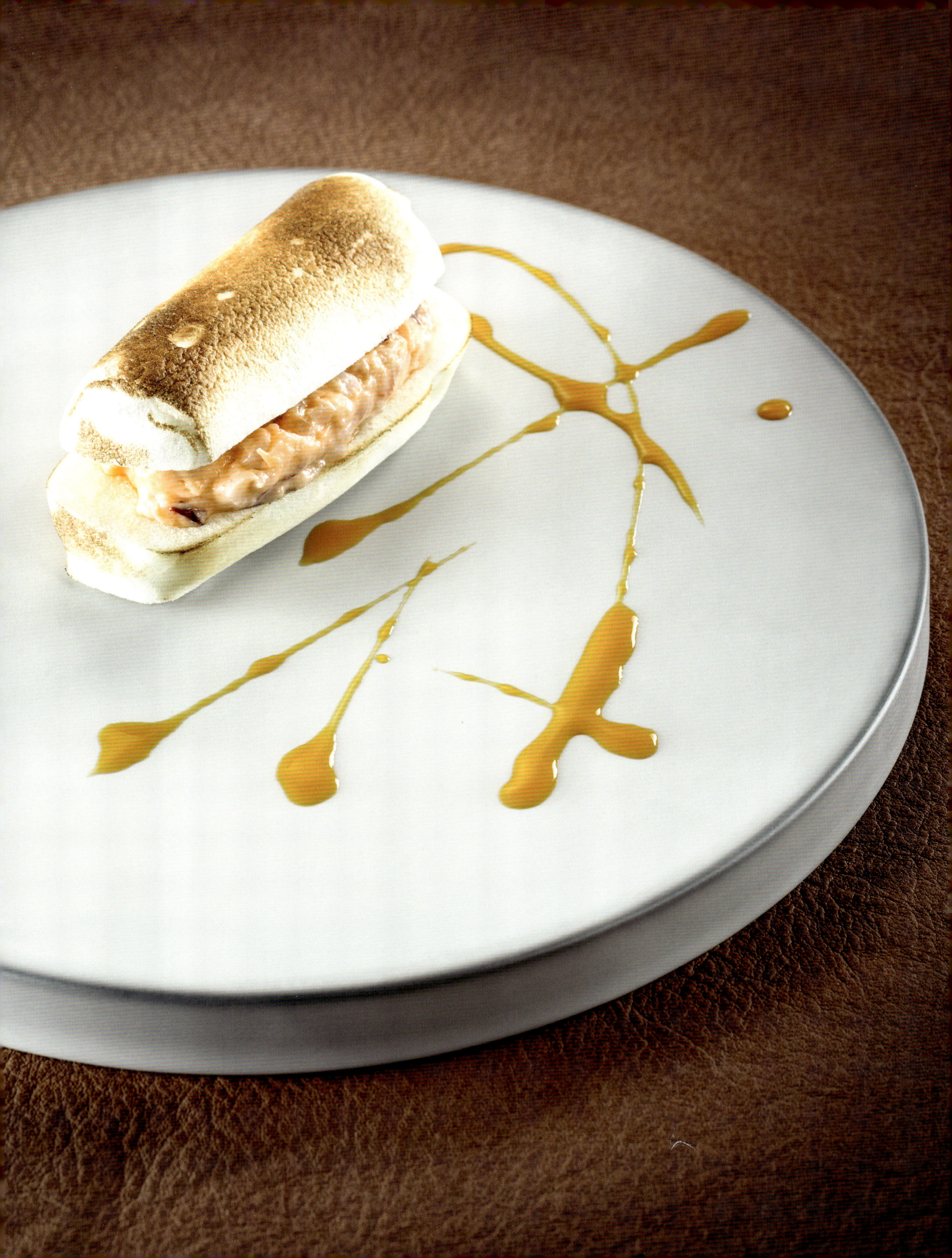

Lackierte Ente, Navetten

Ente
- 1 Ente, 2 Wochen luftig abgehangen
- 150 g Entenkarkassen, geröstet
- 1,6 l Entenfond
- 250 g Enten-Demi-glace
- Gewürze (3 g Zimtrinde, 1 g Süßholzwurzel, 6 g Pimentkörner, 5 g schwarzer Urwaldpfeffer, 8 g schwarze Pfefferkörner, 2 g Wacholderbeeren, 1 g Gewürznelken, 2 frische Lorbeerblätter)
- Salz

Lack
- 25 g Zucker
- 1–2 TL Yuzusaft
- 40 g Honig
- 65 g Fischsauce
- 10 g Sherryessig
- 5 g Sojasauce

Navetten
- 4 junge Navetten
- 10 g Butter, Salz

Ente
Die Ente mindestens 1 Stunde beiseitestellen. Die Entenkarkassen mit dem Entenfond und der Demi glace aufkochen. Die Gewürze zugeben und 1 Stunde köcheln lassen. Den Fond passieren, einreduzieren und salzen. Die Ente von allen Seiten mit reichlich Lack bepinseln und im Backofen (Grillgitter) bei 170 °C braten, bis die Entenbrüste eine Kerntemperatur von 54 °C erreicht haben, dann einige Minuten ruhen lassen. Die Keulen abtrennen, die Entenbrüste auslösen und warm halten. Die Entenkeulen im Backofen bei 170 °C fertig braten, dann vorsichtig entbeinen. Die Entenbrüste nochmals lackieren und unter einem Salamander erhitzen.

Lack
Den Zucker dunkel karamellisieren, mit dem Yuzusaft ablöschen, abkühlen und mit den restlichen Zutaten zu einem dickflüssigen Sirup mixen.

Navetten
Die Navetten putzen und im Salzwasser bissfest blanchieren, dann in der Butter und etwas Blanchierwasser glacieren und salzen.

Anrichten
Je 1 glacierte Navette, 1 Scheibe Entenkeule und 1 Scheibe Entenbrust auf 4 Teller setzen und mit heißer Entensauce umkränzen.

Hippe, Innereienragout, Wiesenkräuter

Hippe
- 400 ml kalter, gut gelierter Entenfond
- 50 g Sahne

Innereienragout
- 25 g Olivenöl
- 1 frische Entenleber
- 2 frische Entenherzen
- 25 g geräucherte Schalotten, geschält und fein gehackt
- 15 g fein gehackter Knoblauch
- 30 ml Rotweinreduktion
- 100 g geräucherte Tomatenpaste
- 30 g geröstete Pecanusskerne, gehackt
- Salz

Anrichten
- frische gemischte Wiesenkräuter und -blüten nach Belieben (Fetthenne, Roter Sibirischer Kohl, Sonnenblumensprossen, dunkle Mizunaspitzen, Wiesenknopf, Wasserkresse, Gundermann, Tatsoi, Gewürztagetes, Schnittknoblauchblüten)

Hippe
Den Entenfond erwärmen und mit der Sahne verrühren. Eine große beschichtete Pfanne erhitzen, die Hälfte der Flüssigkeit zugeben und solange einreduzieren, bis eine Haut entsteht. Die Haut vorsichtig mit den Fingerspitzen aus der Pfanne lösen und auf eine Silikonbackmatte gleiten lassen. Die Haut im Dampfgarofen bei 80 °C 30–90 Sekunden dämpfen, dann mit einem Ausstechring 4 Kreise (6,5 cm Durchmesser) ausstanzen und mit der Schere ausschneiden. Je 1 noch warmen Kreis in eine Tasse drücken und die Hippen aushärten lassen.

Innereienragout
Das Olivenöl in einer Pfanne erhitzen. Die Entenleber und die klein geschnittenen Entenherzen zugeben. Alles gut bräunen lassen, dabei die Leber mit einer Gabel zerteilen. Die Hitze reduzieren, dann die Schalotten und den Knoblauch zugeben und anschwitzen. Mit der Rotweinreduktion ablöschen und die Tomatenpaste unterrühren. Zum Schluss die gehackten Pecanusskerne zugeben und mit Salz abschmecken. Das Innereienragout sofort anrichten.

Anrichten
Je 1 Hippe auf 4 Teller setzen und mit dem Innereienragout füllen. Dann mit reichlich gemischten Wiesenkräutern und -blüten garnieren.

Joghurt, Marshmallow, braune Butter

Braune-Butter-Consommé
- » 200 g gebräunte Milchfeststoffe der braunen Butter
- » 400 ml Wasser
- » 0,25 % Blattgelatine
- » 30 % Zucker

Gewürzmischung
- » 2 Stück Sternanis
- » 4 g Pimentkörner
- » ½ Zimtstange
- » 2 g Gewürznelken

Braune-Butter-Blättchen
- » 100 g gebräunte Milchfeststoffe der braunen Butter
- » 30 g Demerara-Rohrzucker
- » 20 g braune Butter
- » 5 g Gewürzmischung (siehe Teilrezept »Gewürzmischung«)

Joghurt-Marshmallow
- » 160 g Isomalt
- » 96 g Glucosesirup
- » 2,4 g Salz
- » 8 g Blattgelatine
- » 20 ml Wasser
- » 360 g Ziegenmilchjoghurt, natur
- » 12 g Yuzusaft

Braune-Butter-Sorbet
- » 300 ml Vollmilch
- » 120 g gebräunte Milchfeststoffe der braunen Butter
- » 150 g Sahne
- » 90 g Zucker
- » 43 g Glucosepulver
- » 2,4 g Salz
- » 3 g Cremodan (Eisstabilisator)
- » 150 g frisch gepresster Zitronensaft

Braune-Butter-Consommé

Die gebräunten Milchfeststoffe und das Wasser vakuumieren und im Wasserbad bei konstant 56 °C 90 Minuten ziehen lassen. Die Masse in einen Behälter gießen und einige Stunden kalt stellen. Die oben liegende Fettschicht abtragen. Den Braune-Butter-Fond abwiegen und erwärmen, dann 0,25 % des abgewogenen Gewichts an eingeweichter Gelatine zugeben und auflösen. Den Braune-Butter-Fond im Kühlschrank gelieren lassen, dann 12 Stunden gefrieren lassen. Ein Lochblech mit einem feinen Passiertuch auskleiden und auf eine Auffangschale setzen. Den gefrorenen Braune-Butter-Fond grob schneiden und auf das Passiertuch geben. Alles zusammen in den Kühlschrank stellen und auftauen lassen. Die abgetropfte klare Braune-Butter-Consommé mit 30 % Zucker süßen und kalt stellen.

Gewürzmischung

Die beiden Sternanis, die Pimentkörner, die Zimtstange und die Gewürznelken sehr fein mahlen, sieben und luftdicht verwahren.

Braune-Butter-Blättchen

Die gebräunten Milchfeststoffe mit dem Demerara-Rohrzucker im Mixer gut durchmixen. Die warme gebräunte Butter zugeben und weitermixen, bis eine glatte Masse entsteht. Die Gewürzmischung zugeben und weitermixen, bis alles aromatisch duftet. Die Masse sollte die Konsistenz eines dickflüssigen Schlagrahms aufweisen. Die Masse auf eine dünne Acetatfolie geben und mit einer weiteren Acetatfolie abdecken, dann zu einer 1 mm dünnen Platte ausrollen und zusammen mit den Acetatfolien einige Stunden gefrieren lassen. Aus der Platte beliebige Formen ausstechen und bis zum Anrichten tiefgekühlt lagern.

Joghurt-Marshmallow

Das Isomalt und den Glucosesirup schmelzen und auf 120 °C erhitzen. Das Wasser erwärmen und die eingeweichte Gelatine darin auflösen, dann in einen Mixer geben und gut durchmixen. Den heißen Zuckersirup in einem dünnen Strahl einlaufen lassen und weiter mixen. Zum Schluss das Salz untermixen. Die Marshmallowmasse auf eine Silikonbackmatte geben und abkühlen lassen. 200 g abgekühlte Marshmallowmasse mit dem Ziegenmilchjoghurt und dem Yuzusaft verrühren, dann kalt stellen. Vor dem Anrichten in einer Eismaschine cremig kalt rühren.

Braune-Butter-Sorbet

150 ml Vollmilch und die gebräunten Milchfeststoffe in einen Thermomix geben und 10 Minuten glatt mixen. Die Flüssigkeit 3-mal passieren, um jegliche Körnung zu entfernen, dann in einen Topf geben. Die restliche Vollmilch, die Sahne, den Zucker, das Glucosepulver und das Salz zugeben und auf 41 °C erwärmen. Das Cremodan unterrühren und auf 78 °C erhitzen. Die Masse durch ein feines Sieb passieren und über einem Eiswürfelbad abkühlen lassen. Dann den frisch gepressten Zitronensaft unterrühren und kalt stellen. Vor dem Anrichten in einer Eismaschine zu Sorbet gefrieren.

Anrichten

Je 1–2 EL Joghurt-Marshmallow-Creme in die Mitte von 4 tiefen Tellern geben. Dann etwas Braune-Butter-Consommé angießen. Je 1 Nocke Braune-Butter-Sorbet mittig auf die Joghurt-Marshmallow-Creme setzen und rundherum einige Braune-Butter-Blättchen stecken.

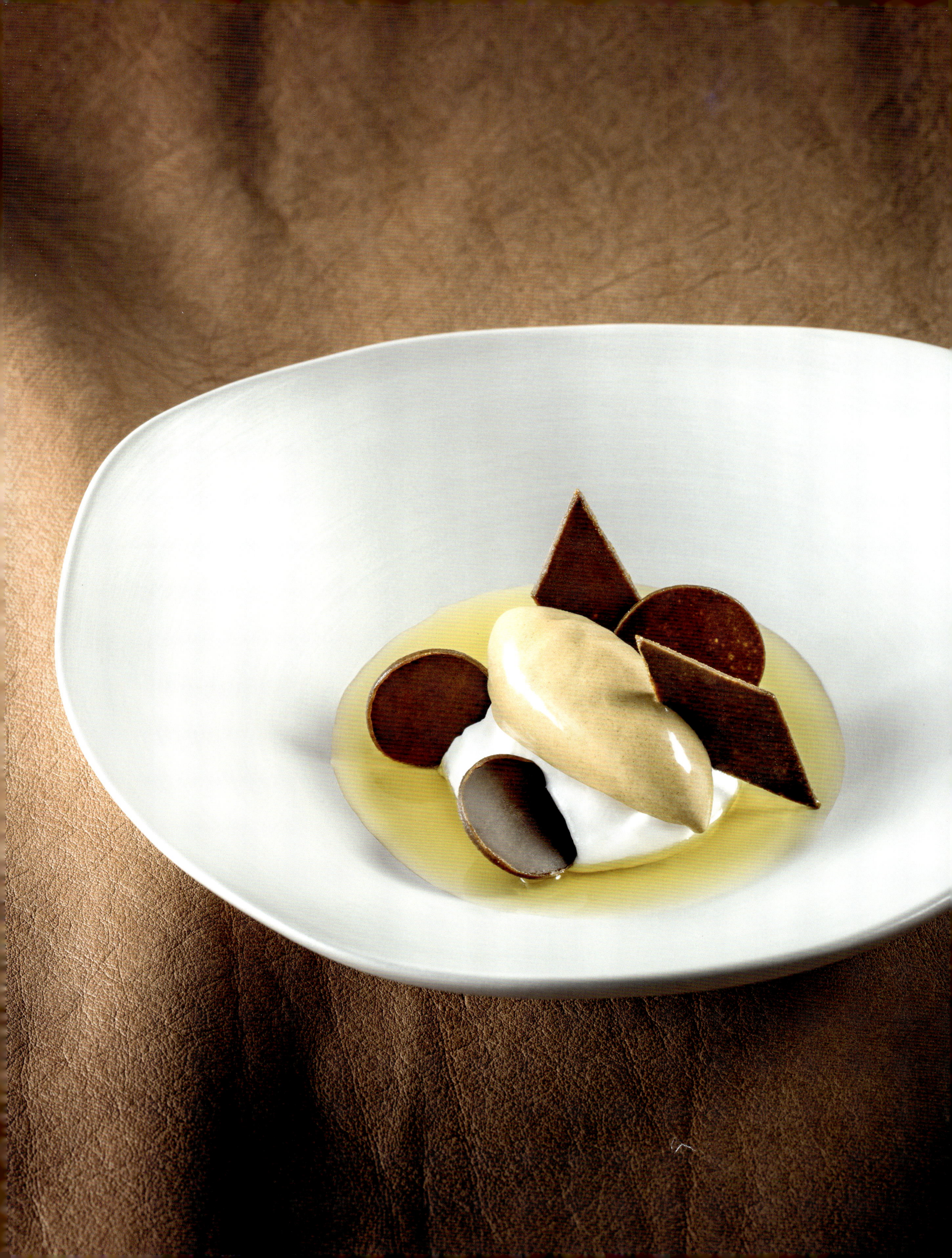

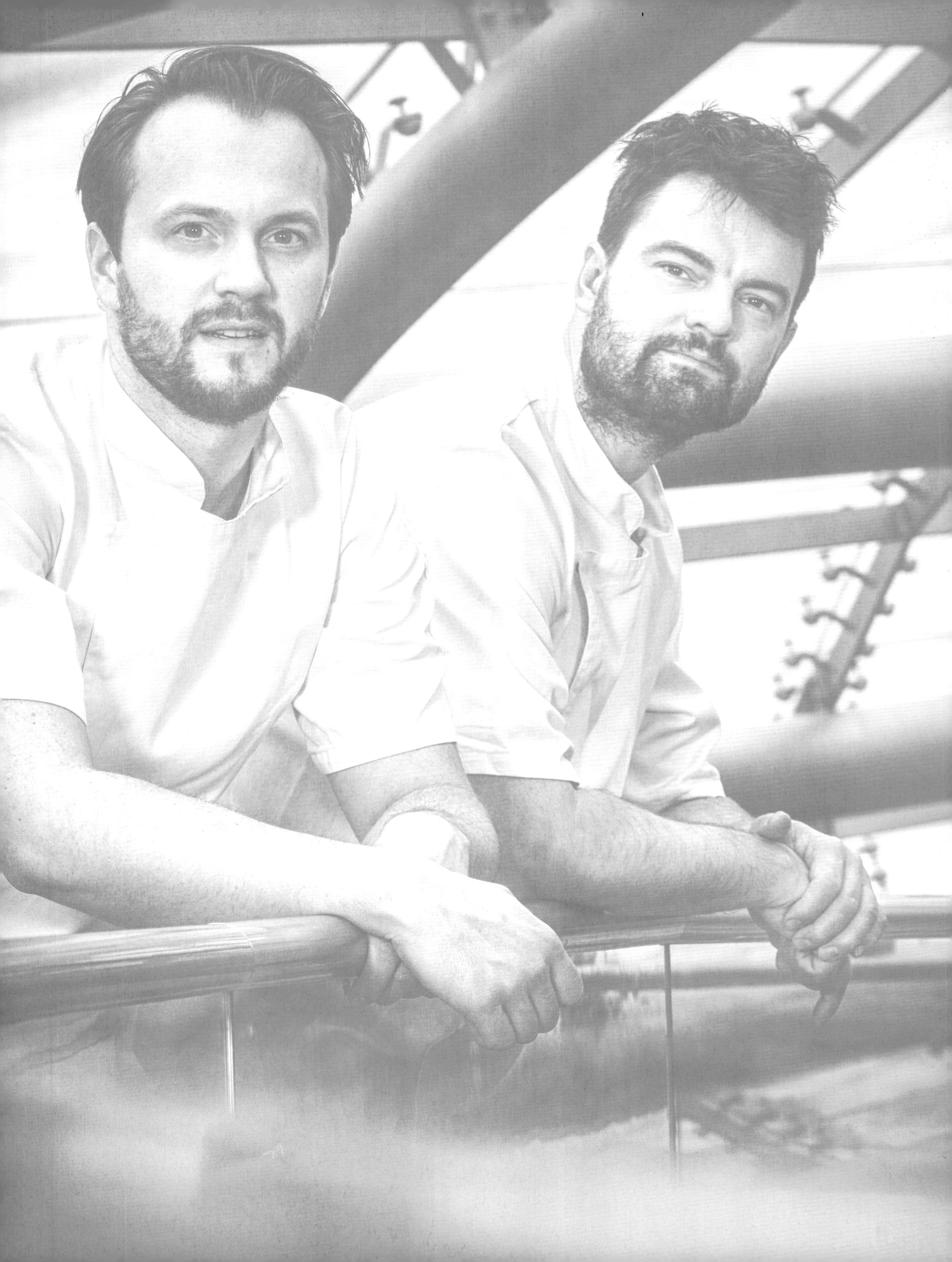

Jesper
KIRKETERP

&

Rasmus
KLIIM

Restaurant Radio

Kopenhagen / Dänemark

Spitze ja – elitär nein

Wie demokratisch kann Fine Dining sein? Ist kulinarische Spitzenleistung grundsätzlich elitär? Wie kann man das Ausreizen des Absoluten mit einem breiten Genießerkreis harmonisieren, ohne dabei beliebig zu werden?

Der Norden Europas mit seinem selbstbewussten und unabhängigen Bürgertum und dessen natürlichen Skeptizismus gegenüber Macht- und Geldeliten, ist die ideale Region für solche Fragen. Was erst recht gilt, wenn man in Kopenhagen im kleinen, knapp 40 Sitze fassenden, sehr rustikalen »Radio« einen Tisch ergattert hat und den beiden jungen Köchen Jesper Kirketerp und Rasmus Kliim über die Schulter schauen darf.

Beide haben noch einen weiteren Partner im Hintergrund: Claus Meyer – mit ihm manövriert man sich ins Epizentrum der immer noch hochaktuellen Nordic-Kitchen-Bewegung. Meyer war Initiator des Nordischen Manifestes, er war Mitgründer des weltweit renommierten Nomas, er hat mit seinem weitverzweigten Beziehungs- und Lieferanten-Netz vieles dieser doch sehr speziellen Küche erst ermöglicht.

Im Noma-Glanz versuchen sich mittlerweile viele zu sonnen, jeder, der dort mal für ein kurze »stage« in der Küche stehen durfte, nennt sich stolz Redzepi-Schüler. Was Jesper und Rasmus nun wirklich nicht nötig haben, Jesper hat als Sous-Chefs im Noma gearbeitet, auch Rasmus kennt dieses Konzept in- und auswendig. Beide haben den dortigen Spirit der ultrastreng regionalen Nordic Kitchen von der Pike auf gelernt, ohne dabei dogmatisch zu werden. Gemüseorientiert, sehr lokal, sehr reduziert – alles schön und gut, aber wenn bei einem bestimmten Gericht beispielsweise Oliven jetzt richtig gut schmecken würden – wie bei den angebratenen Spargelköpfen in einer Oliven-Emulsion mit knusprigen Kartoffeln und Oliven – dann gibt es halt Oliven, auch wenn die bekanntlich in Dänemark eher seltener auf dem Feld anzutreffen sind.

Das unaufgeregte Radio-Konzept überzeugt, weil es einladend wirkt – gerade auch für all die, die nicht in einem Gourmet-Tempel aufgewachsen sind. Kein à la carte, stattdessen ein häufig wechselndes Fünf-Gänge-Menü, das man auf drei Gänge runterfahren oder mit einem sechsten Gang erweitern kann. Alles wird zu Preisen offeriert, die es auch mal dem Studenten ermöglichen, seine Freundin einzuladen, ohne dass Papa zum Bezahlen mit muss.

Sicher ist, dass nicht nur der Student, sondern jeder unvoreingenommene Genießer hier auf seine Kosten kommt. Weil Jesper und Rasmus ein sicheres Gespür für Produkte haben. Die Kombination gebratener Spitzkohl, dazu Kräuter wie Estragon, Melisse und Thymian und der Schaum eines lokalen Hartkäses aus Heumilch ist eine rundum harmonische Komposition – die zur Präsentation im Hangar-7-Menü von Jesper und Rasmus lustvoll mit Perigord-Trüffeln getunt wird.

Originelle Simplizität als Markenzeichen zieht sich durch das gesamte Menü. Scharf angebratene Calamari auf Lauch, darüber getrocknetes Rindfleisch, braune Butter, alles mit frischen und getrockneten Algen »gesalzen«, ist nicht nur ein intelligentes À-la-minute-Gericht, sondern auch sehr, sehr gut.

Ein Dessert möchte ich bei allem als exemplarisch hervorheben: Rote Bete, Milch und Malz. Die Rote Bete wird in fingerdicke Stücke geschnitten, dehydriert und anschließend in einem Rote-Bete-Sirup mariniert. Das ganze wird dann mit Malz-Meringues, Malzflocken, Nüssen, mit einer karamellisierten Kondensmilch mit Waldmeister-Essenz und einem sehr frischen Milcheis texturell und geschmacklich vervollständigt und zu einem stimmigen Gesamtauftritt vereinigt. Das gehört zum absolut Besten, was ich dieses Jahr im Dessert-Bereich kosten durfte. Gemüse als Dessert ist nichts unbedingt Neues mehr, aber dieser Wohlgeschmack mit der fast lakritzartigen Konsistenz der Roten Bete sehr wohl. Das ist fetzig, innovativ, überzeugend, absolut aktuell und kann als Ur-Meter für die Küche von Jesper und Rasmus genommen werden. Spätestens nach dem Dessert war ich mir sicher. Die beiden werden auch im Hangar-7 ihr junges, frisches Konzept zelebrieren und dabei die Quadratur des Kreises hinkriegen: Spitze zu sein – ohne dabei elitär zu wirken.

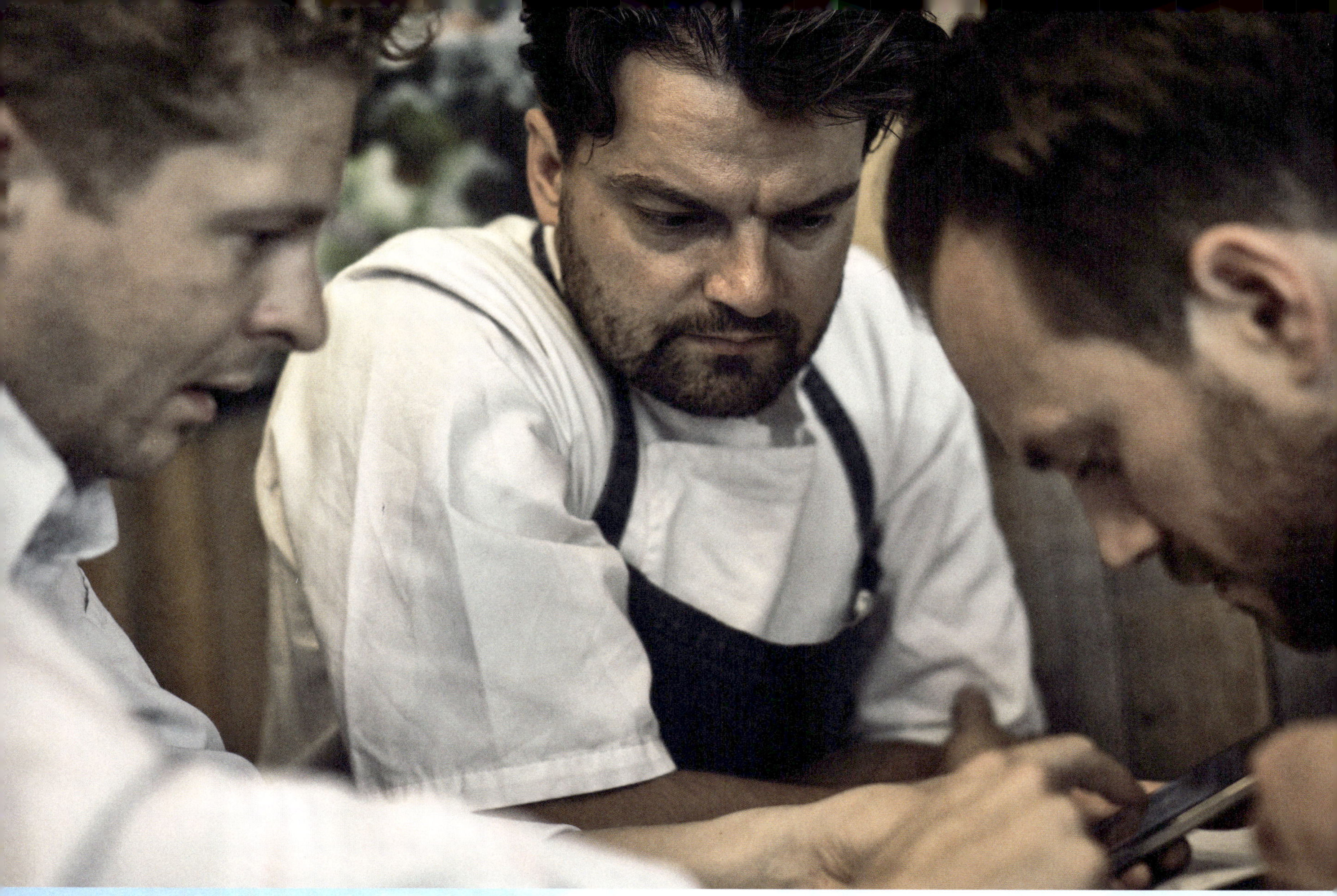

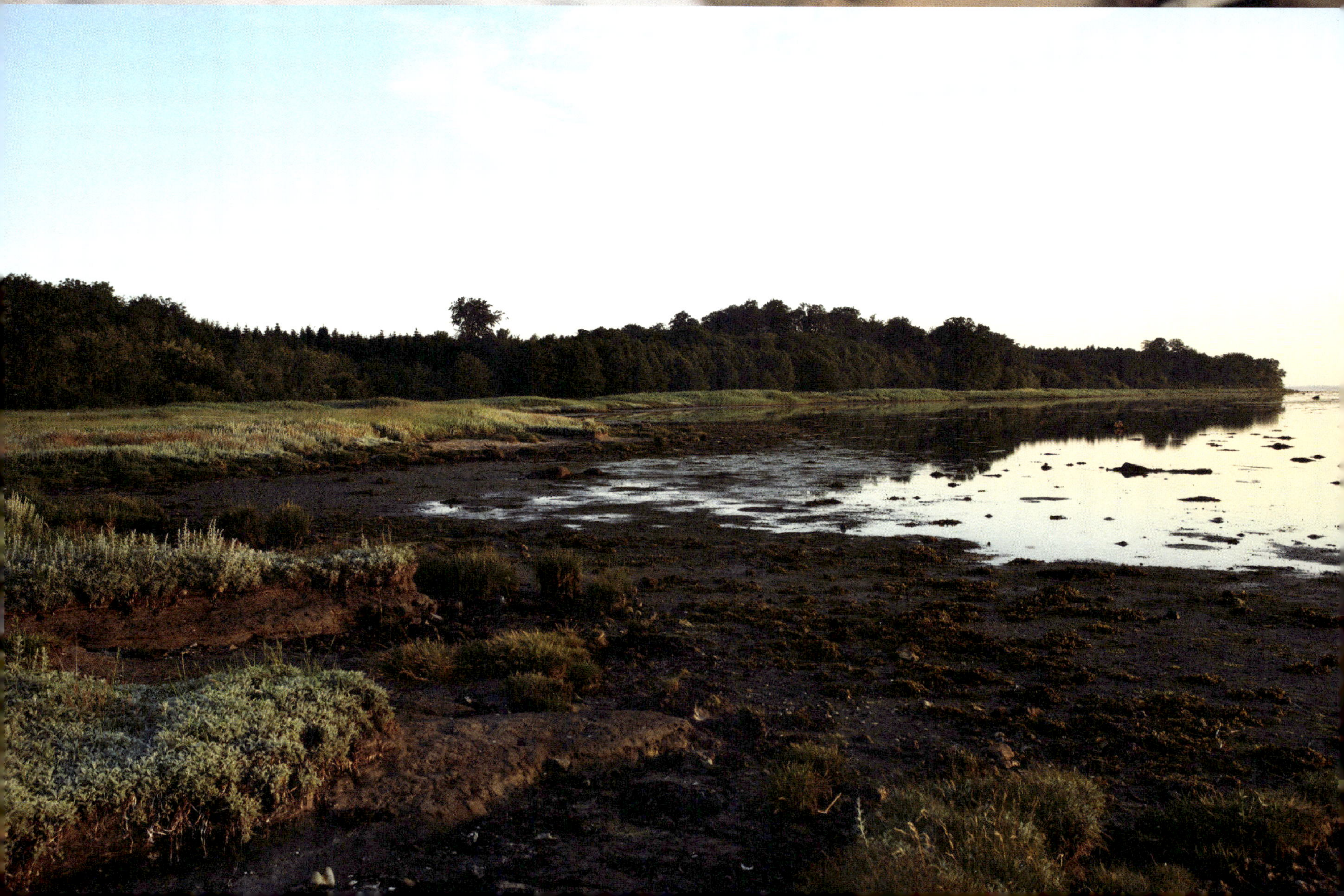

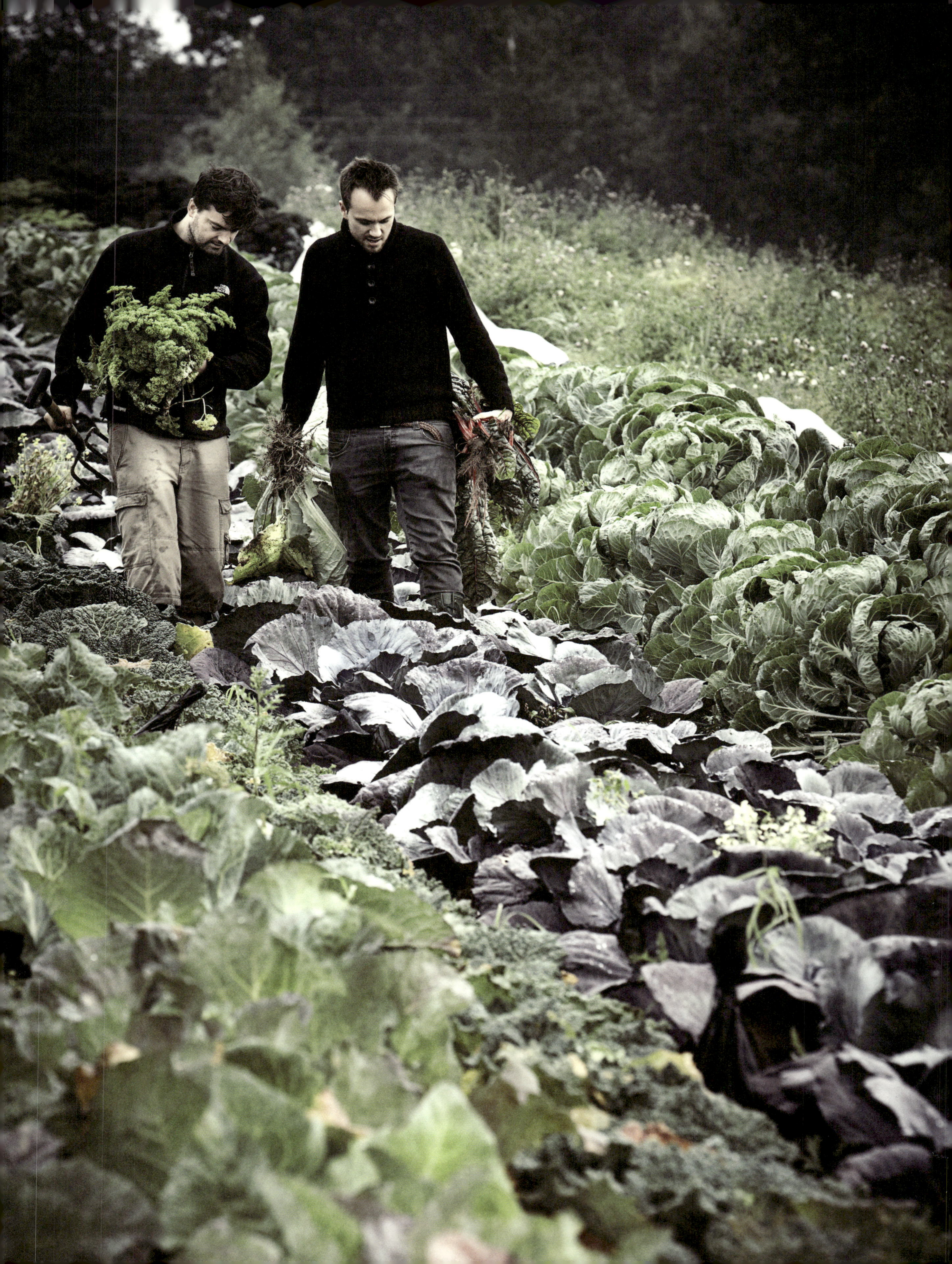

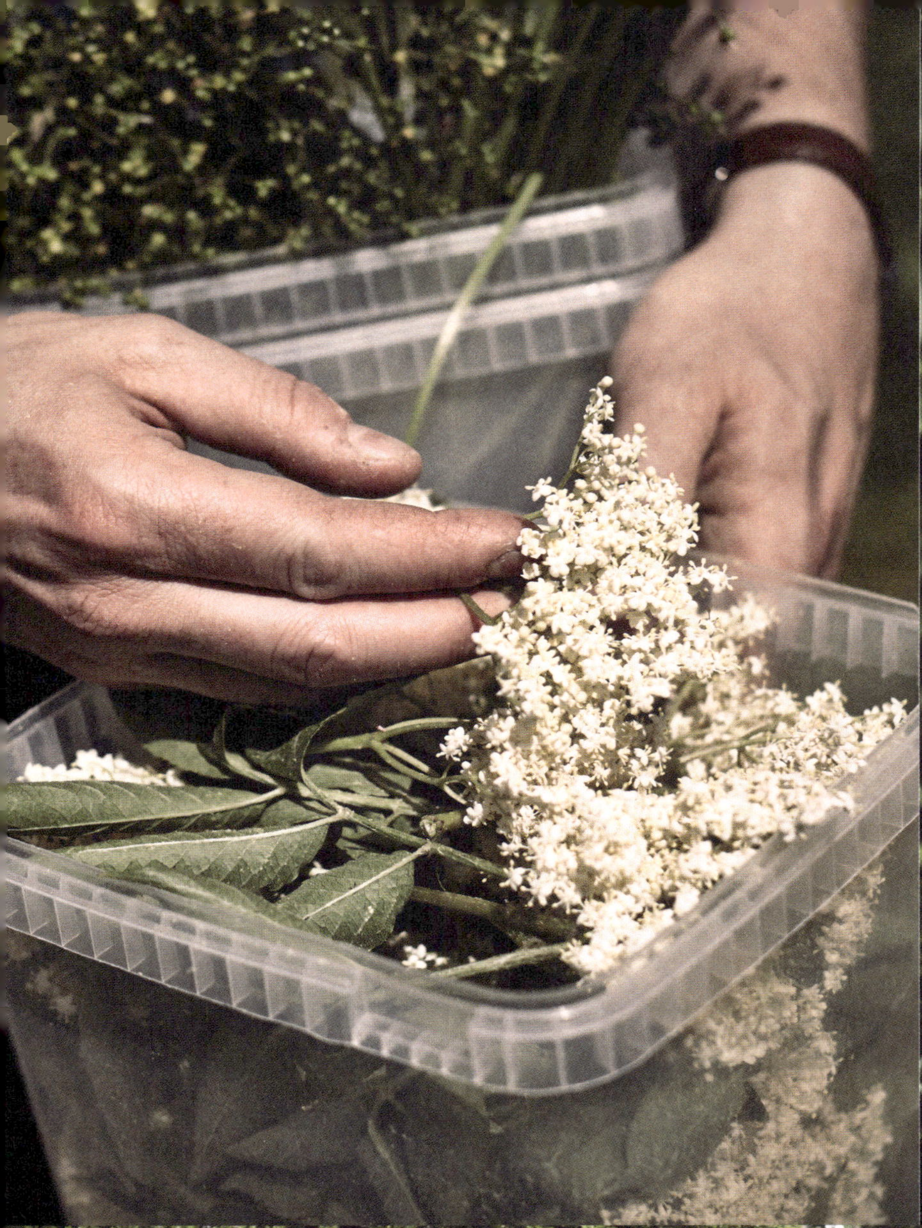
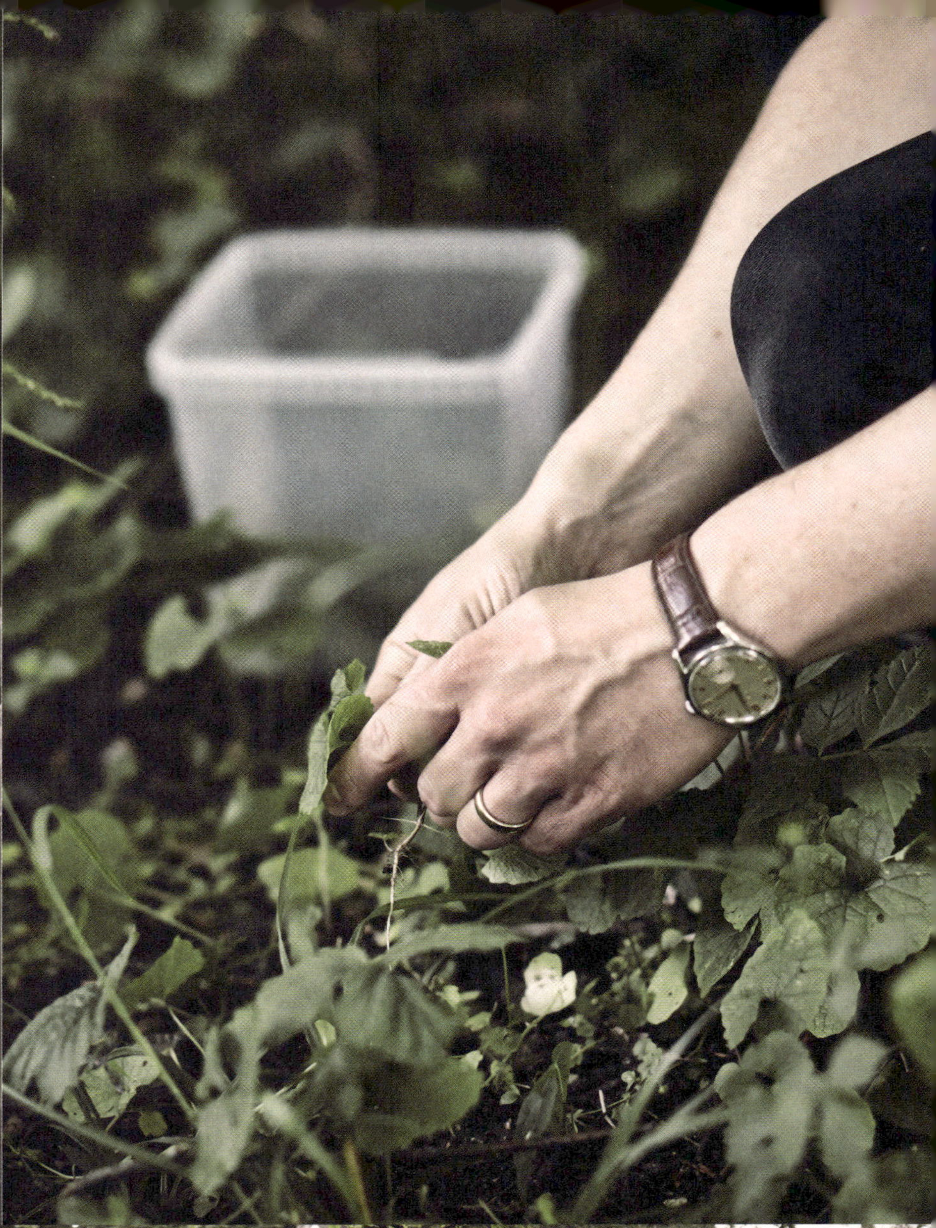
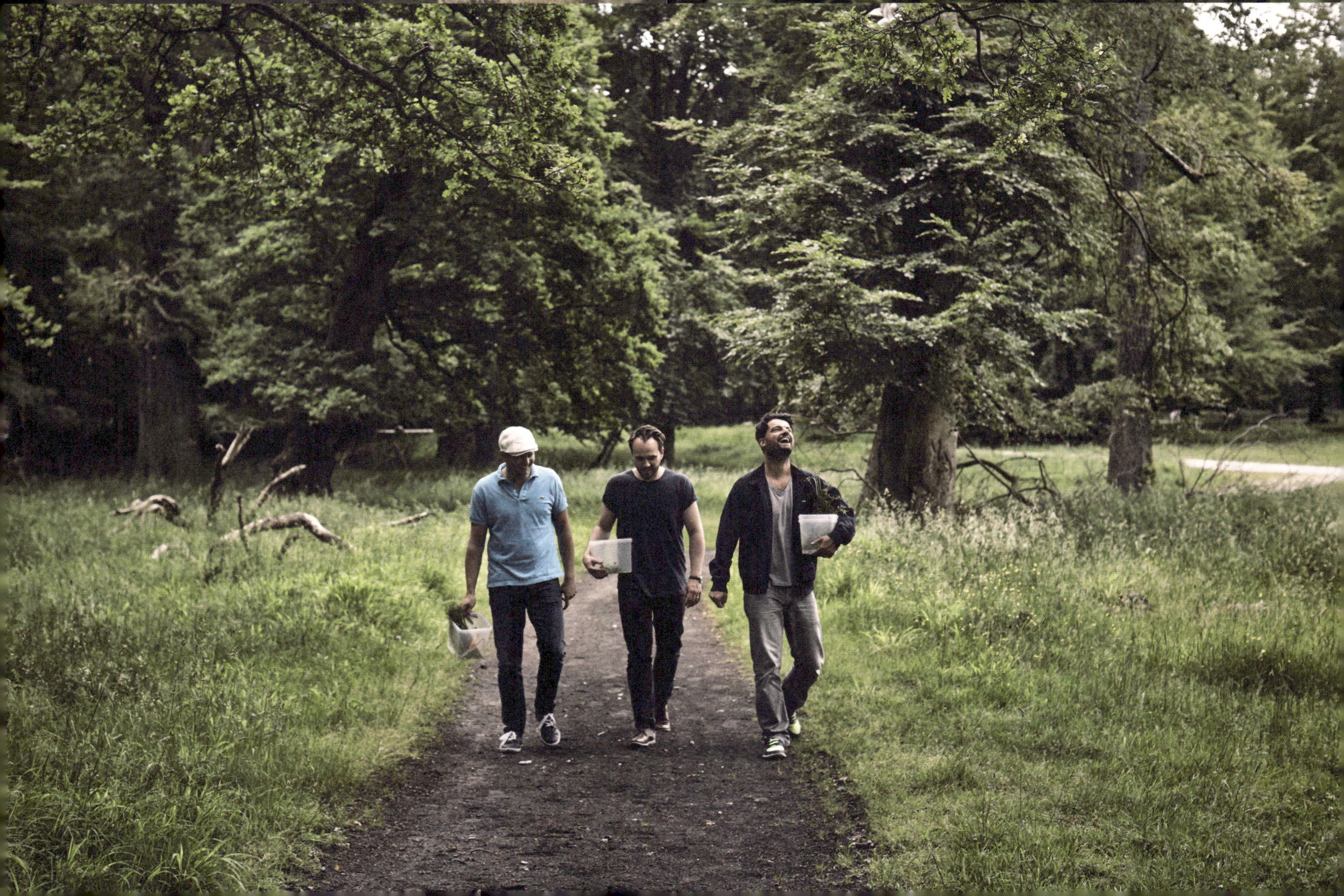

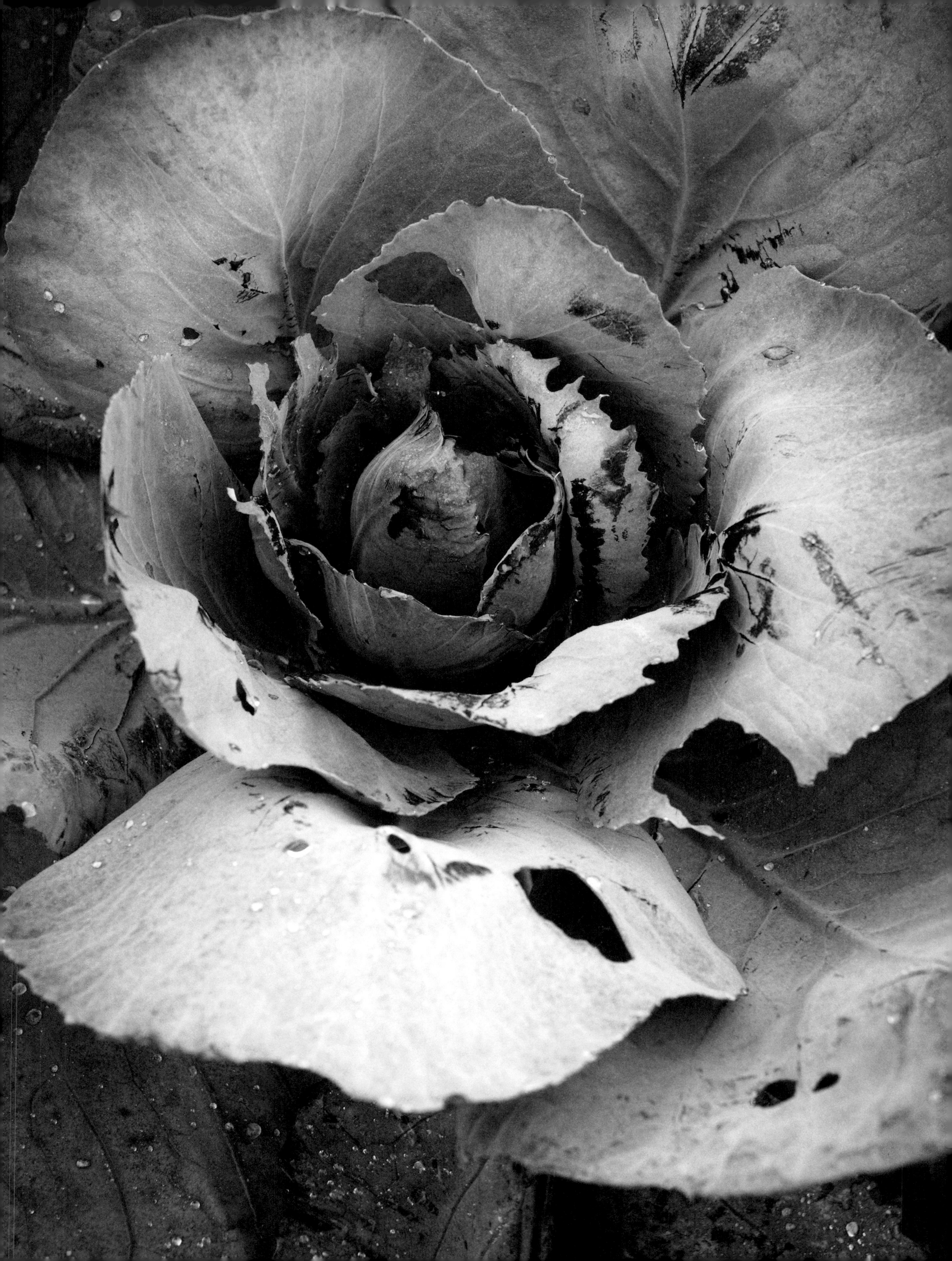

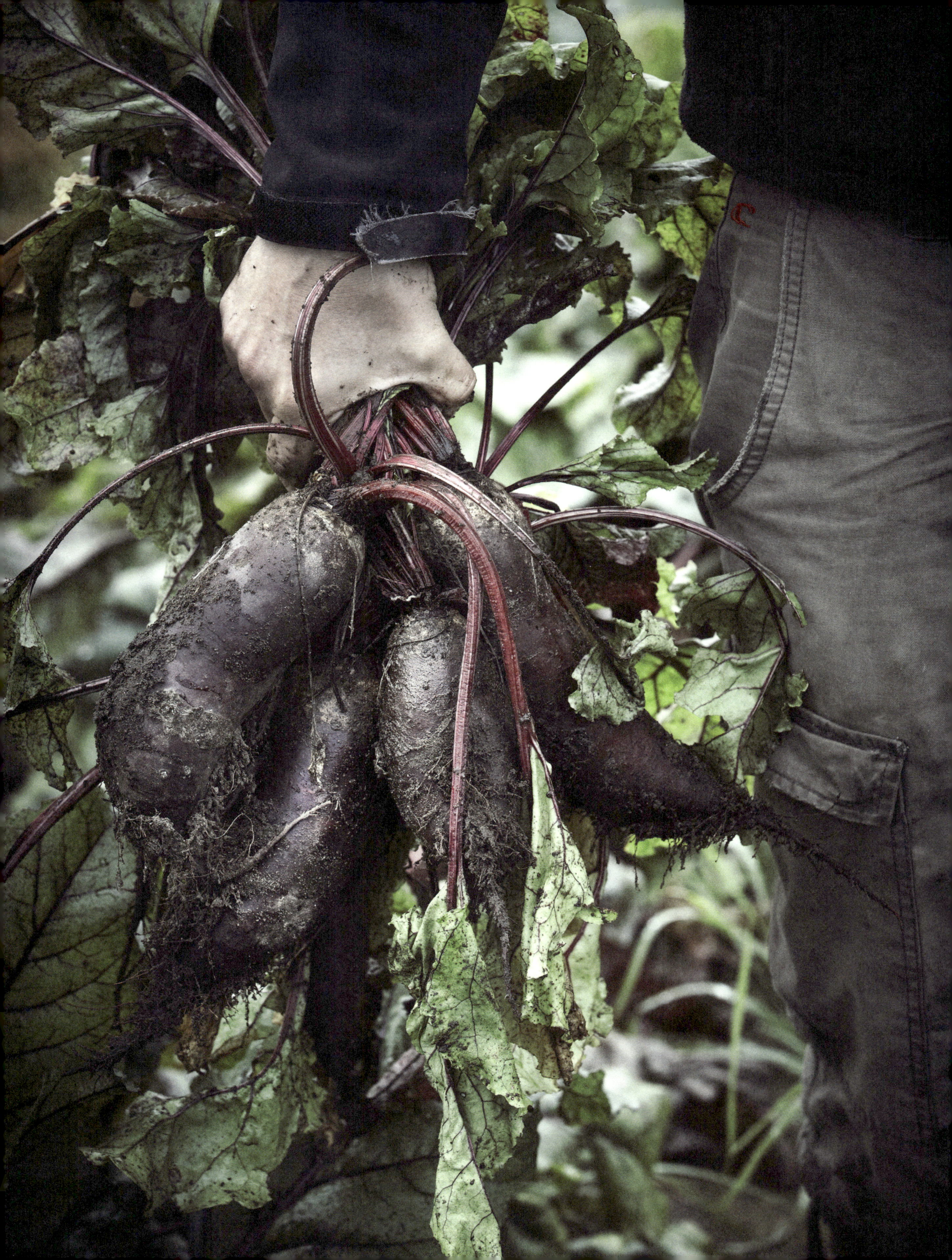

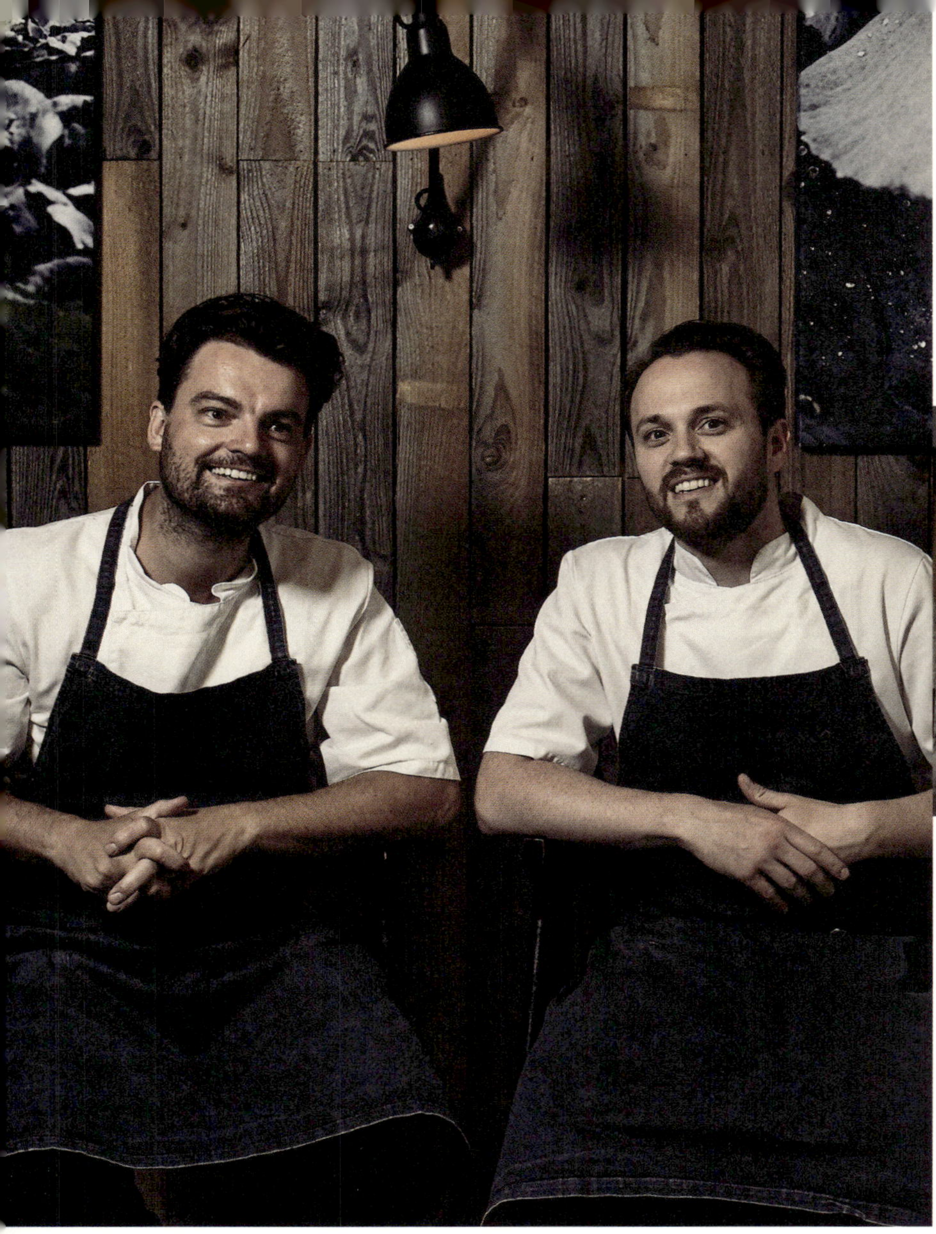

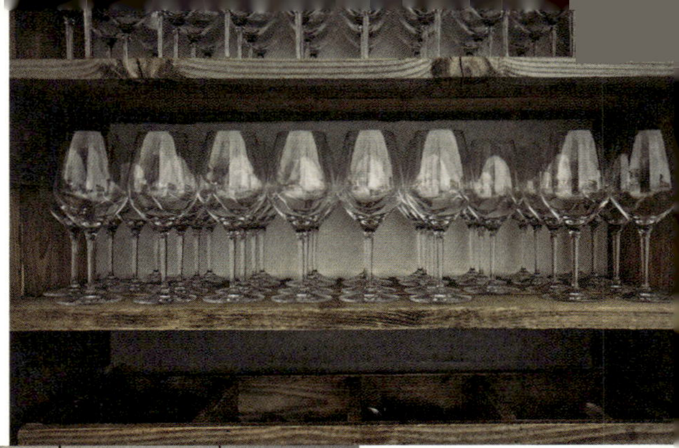

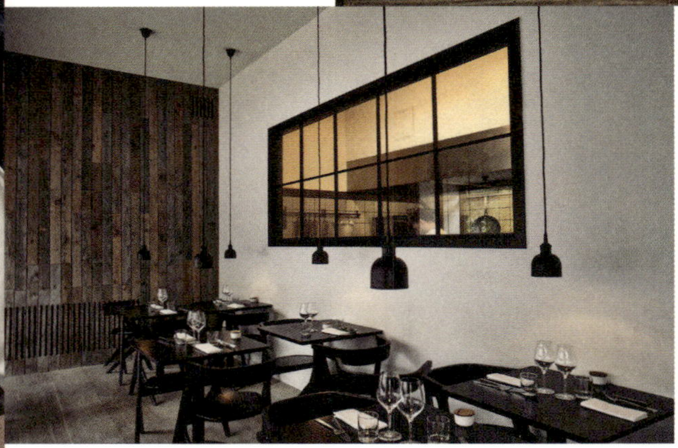

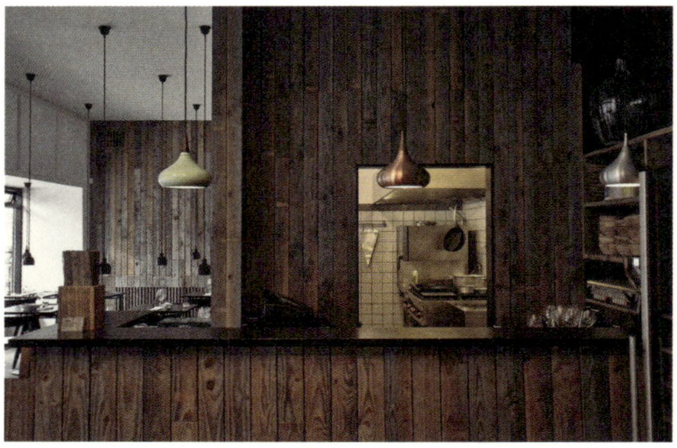

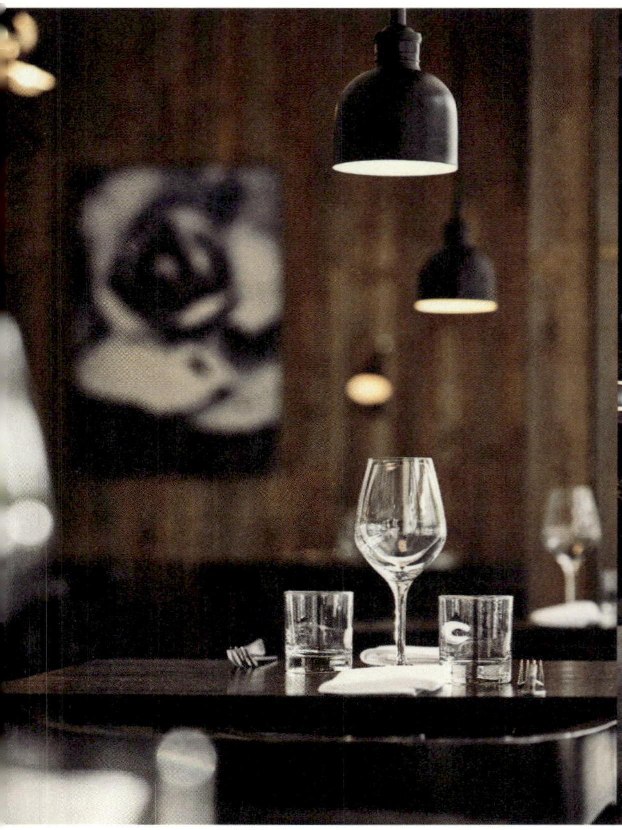

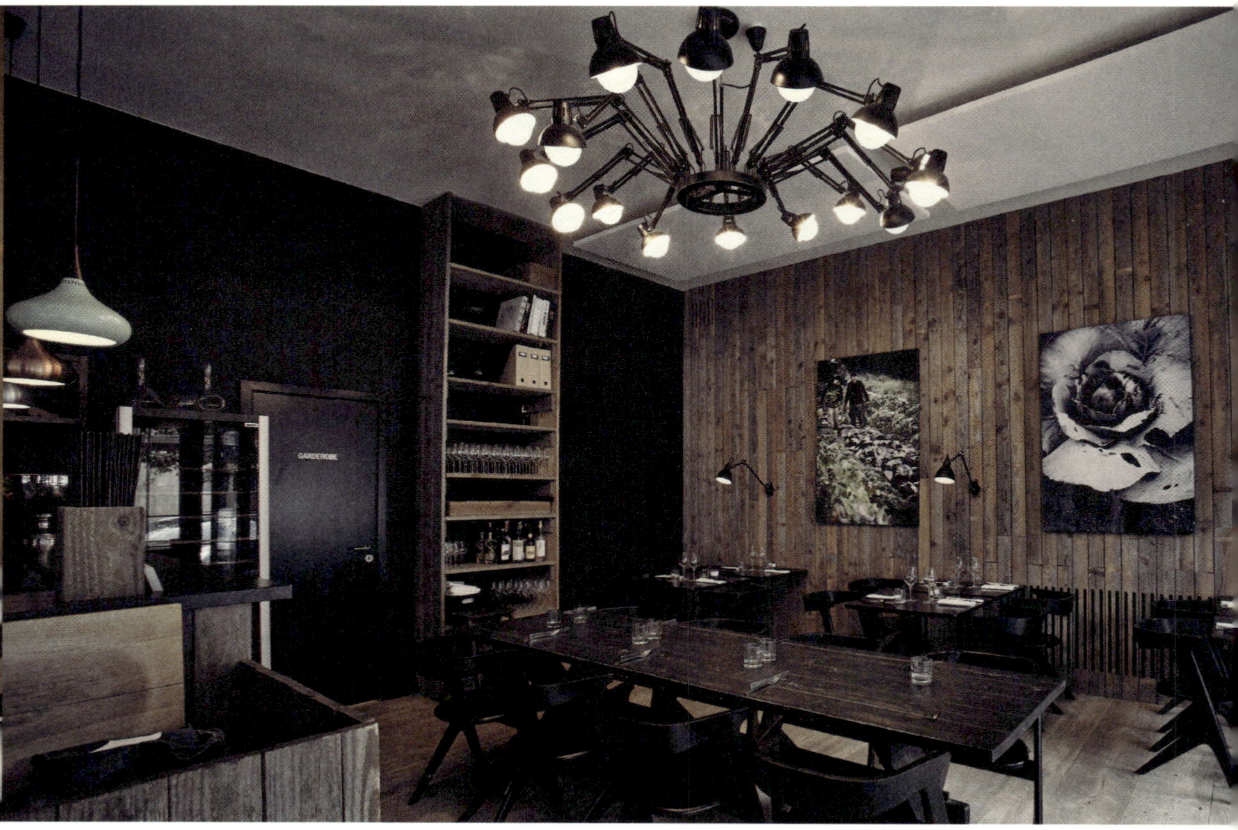
GARDEROBE

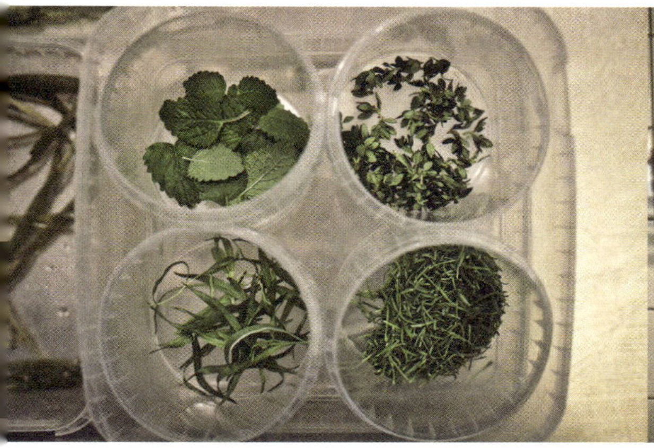
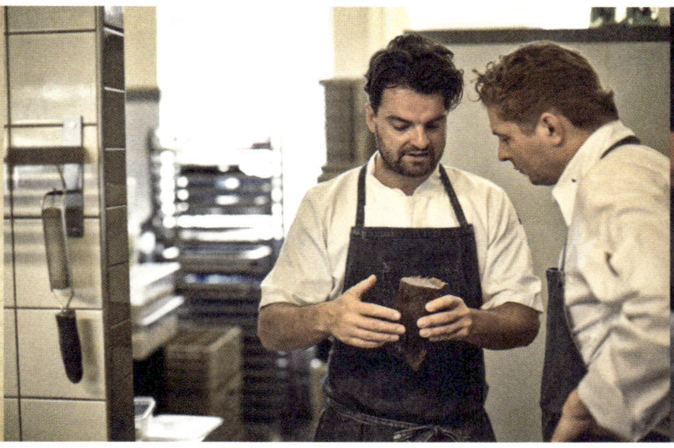
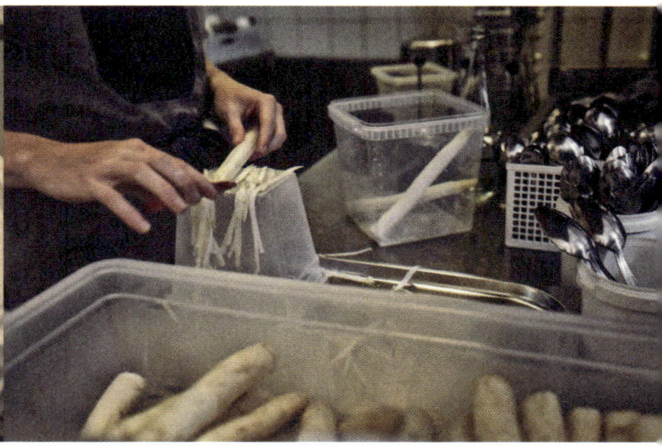
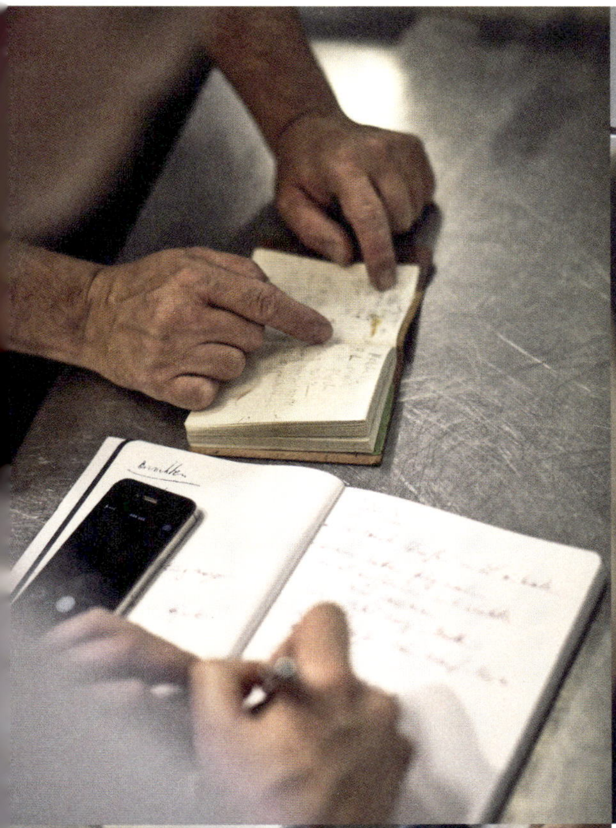
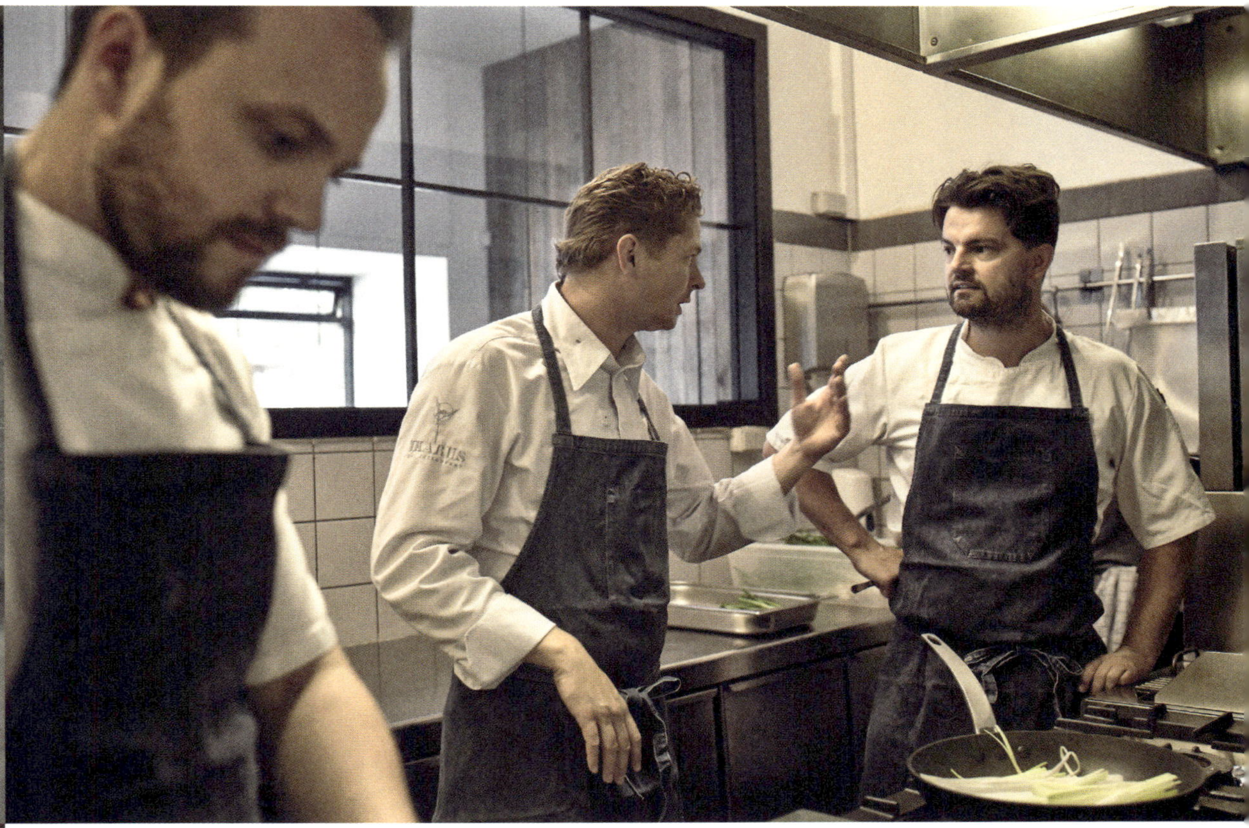
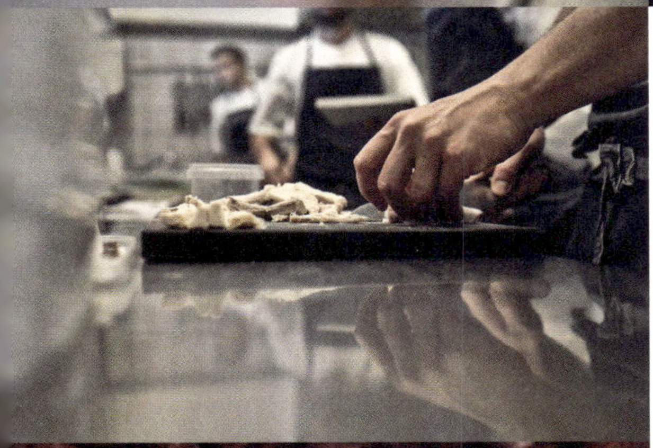
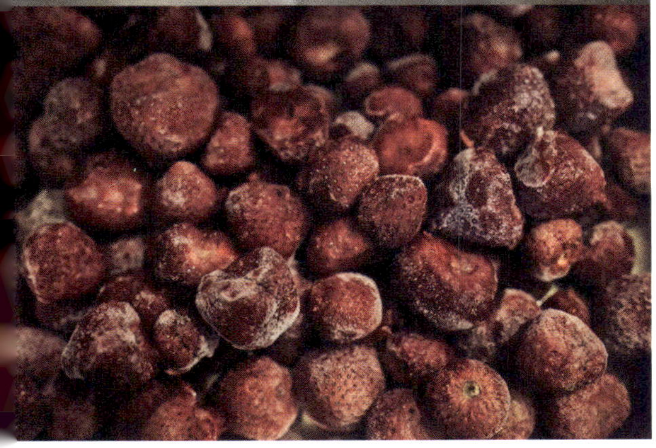
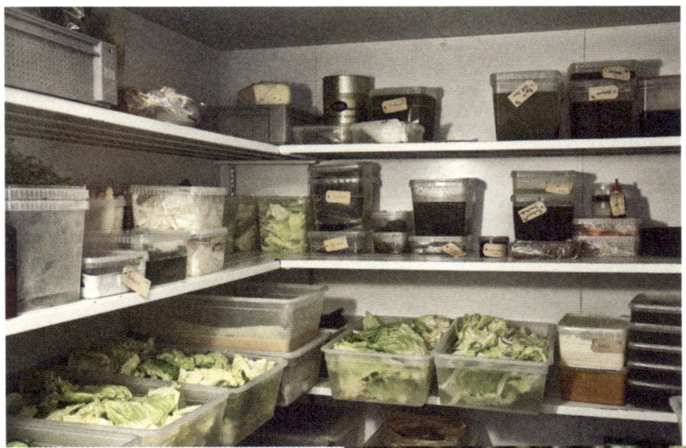
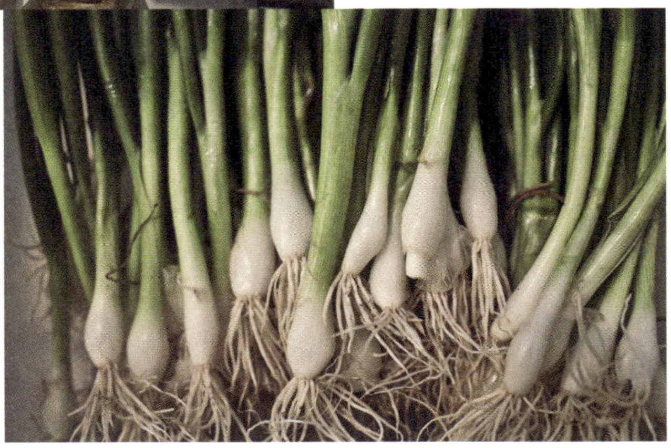

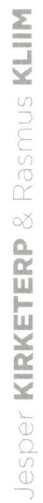

Für Studenten oder Geschäftsleute, für das alte Ehepaar oder für frisch Verliebte – bei uns soll jeder auf seine Kosten kommen. Und ich denke, dass wir das erreicht haben.

Das Thema Food ist in Kopenhagen wirklich etwas Großes geworden. Es muss wohl Liebe auf den ersten Blick gewesen sein. Aber von Tag eins an ist das Radio sehr gut besucht.

Rasmus und ich haben schon in anderen Restaurants zusammengearbeitet. Irgendwann war klar, dass wir eines Tages mal etwas gemeinsam auf die Beine stellen wollen.

Uns besuchen und sich am Essen erfreuen – darum geht es uns.

Unsere Küche ist stark gemüseorientiert. Wir haben eine ganz enge Beziehung zu vielen kleinen Bauern rund um Kopenhagen. Wir fangen mit dem Gemüse an – und sobald wir wissen, was man damit am besten anstellt, machen wir uns Gedanken darüber, was an Fleisch oder Fisch dazu passt.

Ich würde unsere Küche als saisonales Kochen beschreiben. Wir folgen den Jahreszeiten und dann versuchen wir, simpel zu kochen. Selbstverständlich arbeiten wir auch mit billigeren Produkten. Aber trotzdem sind sie erstklassig. Und dann kommen ja noch unser Fähigkeiten und Techniken dazu.

Wenn du mit lokalen Produkten kochst kann es sein, dass sie knapp werden. Schon deswegen macht es keinen Sinn, zwei oder drei Monate im Voraus zu planen.

Es macht für mich wenig Sinn, ein perfektes Gericht zu beschreiben. Denn man kann immer noch etwas verbessern.

Natürlich freut sich jeder Koch auf den Frühling. Mit all seinen frischen Produkten. Aber der Winter zwingt uns, zu denken. Je weniger frische Produkte du hast, desto mehr musst du deinen Kopf anstrengen.

Wir haben nur eine kleine Küche – deswegen muss alles sehr gut organisiert sein.

Okay, ohne Gläser, Gabel und Messer geht es nicht. Aber ansonsten haben wir schon versucht, die Inneneinrichtung so gut es geht, herunterzufahren. Bei uns soll das Essen für sich sprechen.

Wir haben in vielen Restaurants gearbeitet, wo kein Ton gesprochen wird. Dabei geht doch mit einem bisschen Spaß alles besser.

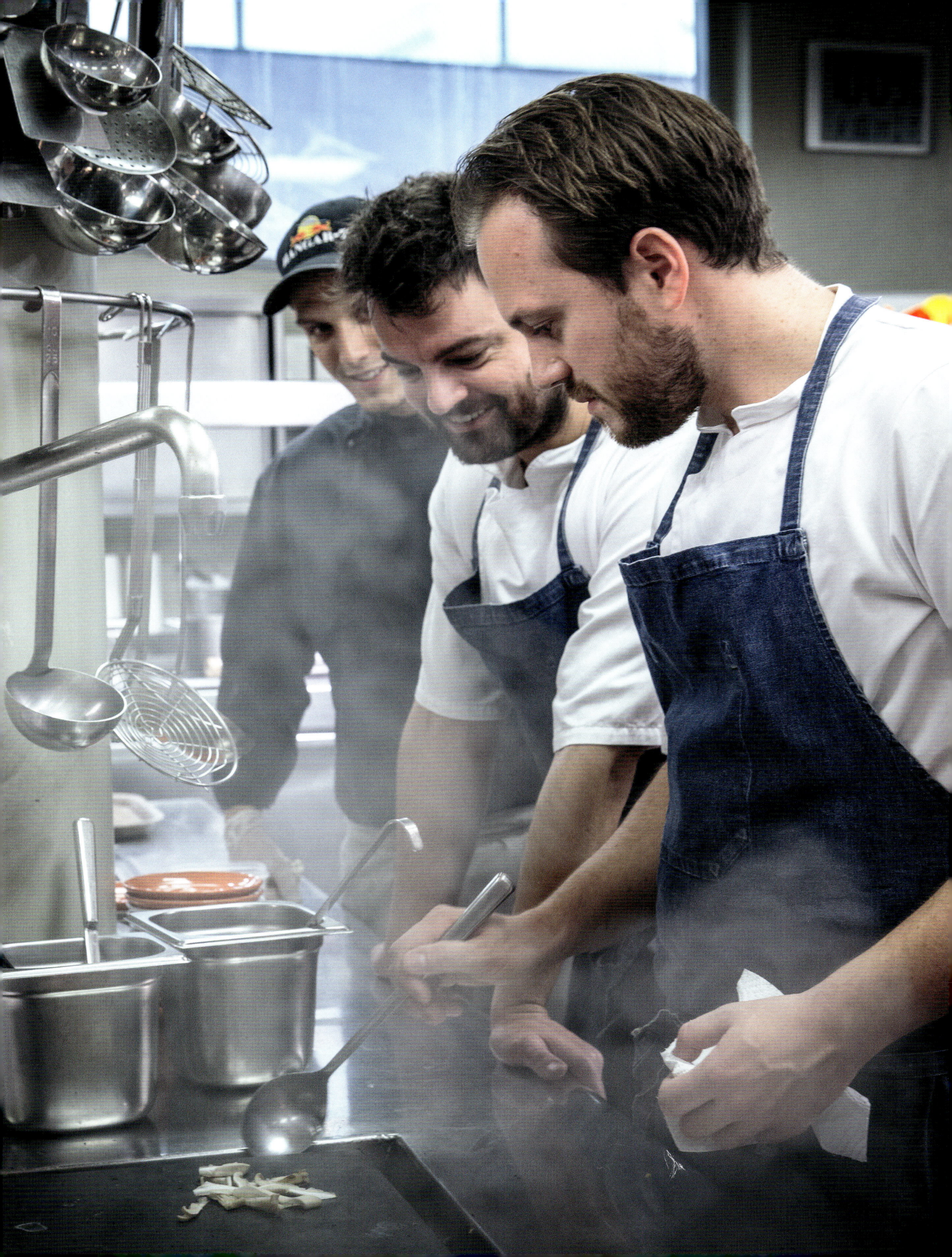

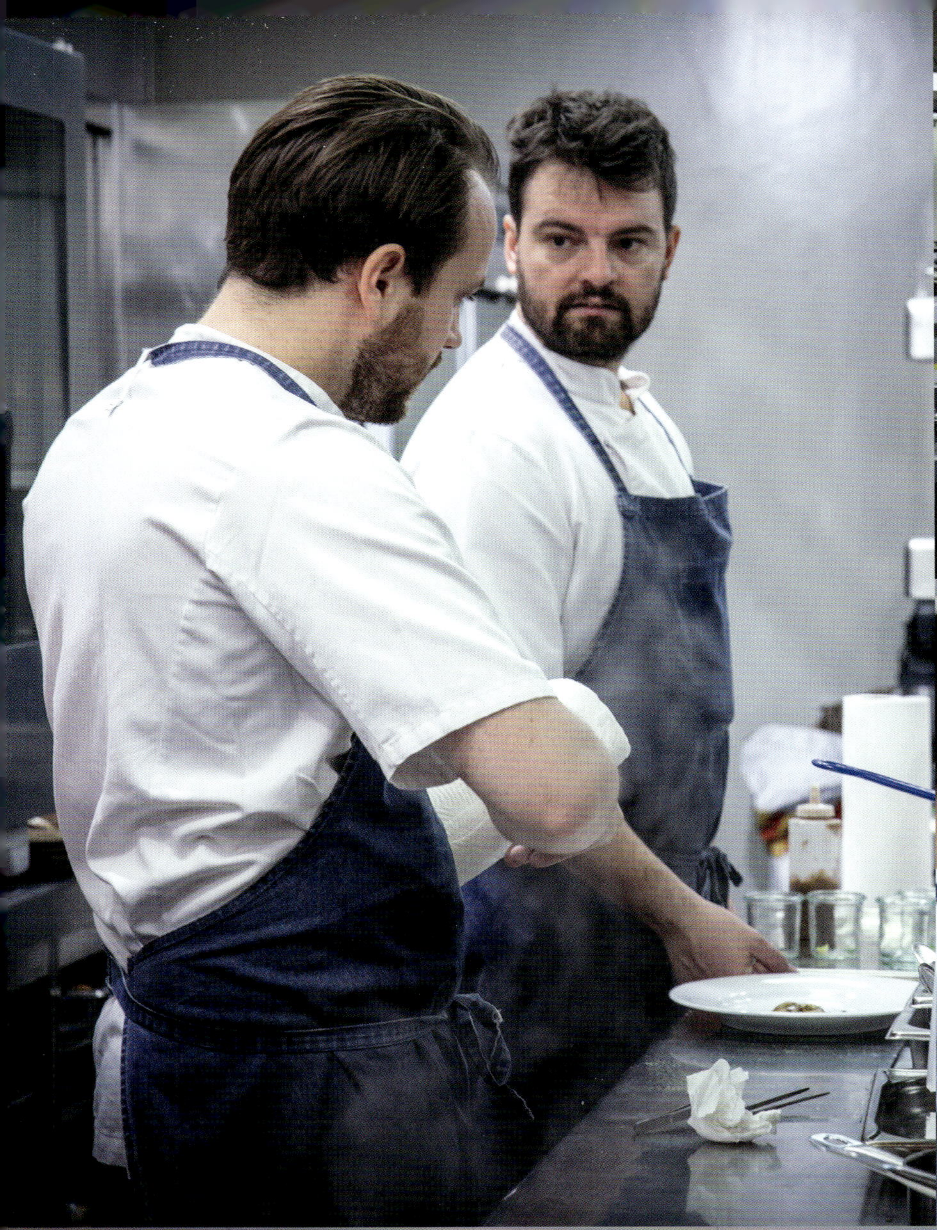

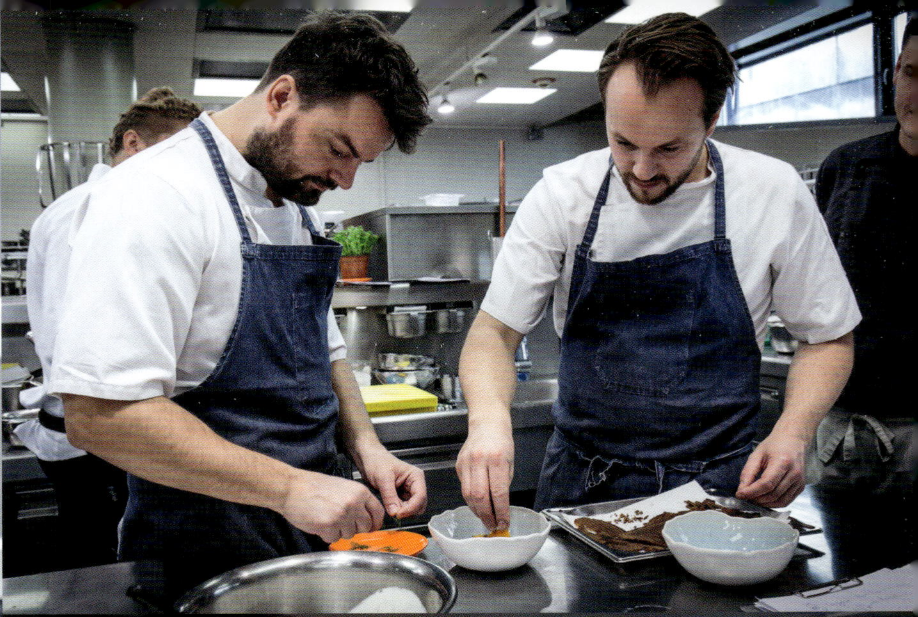

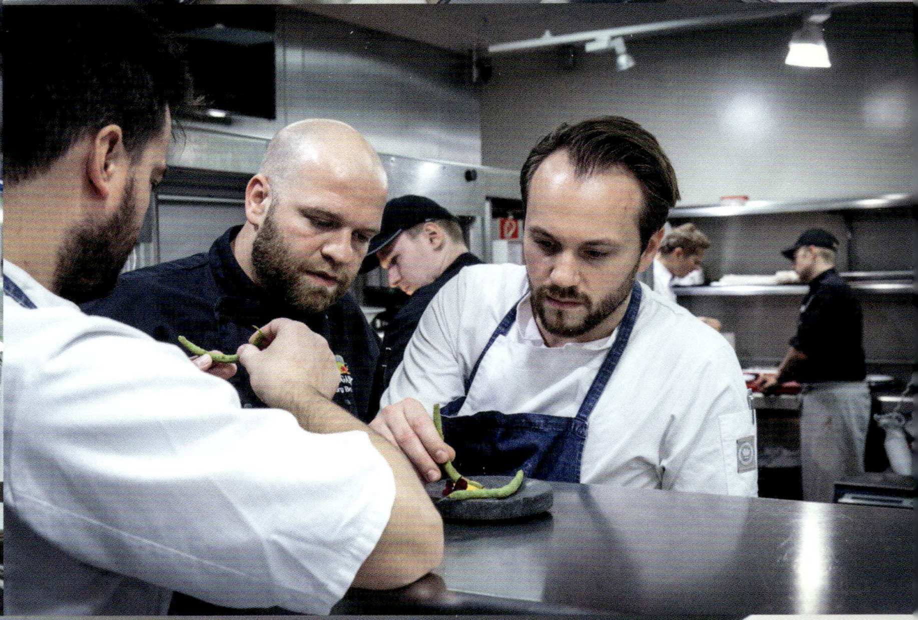

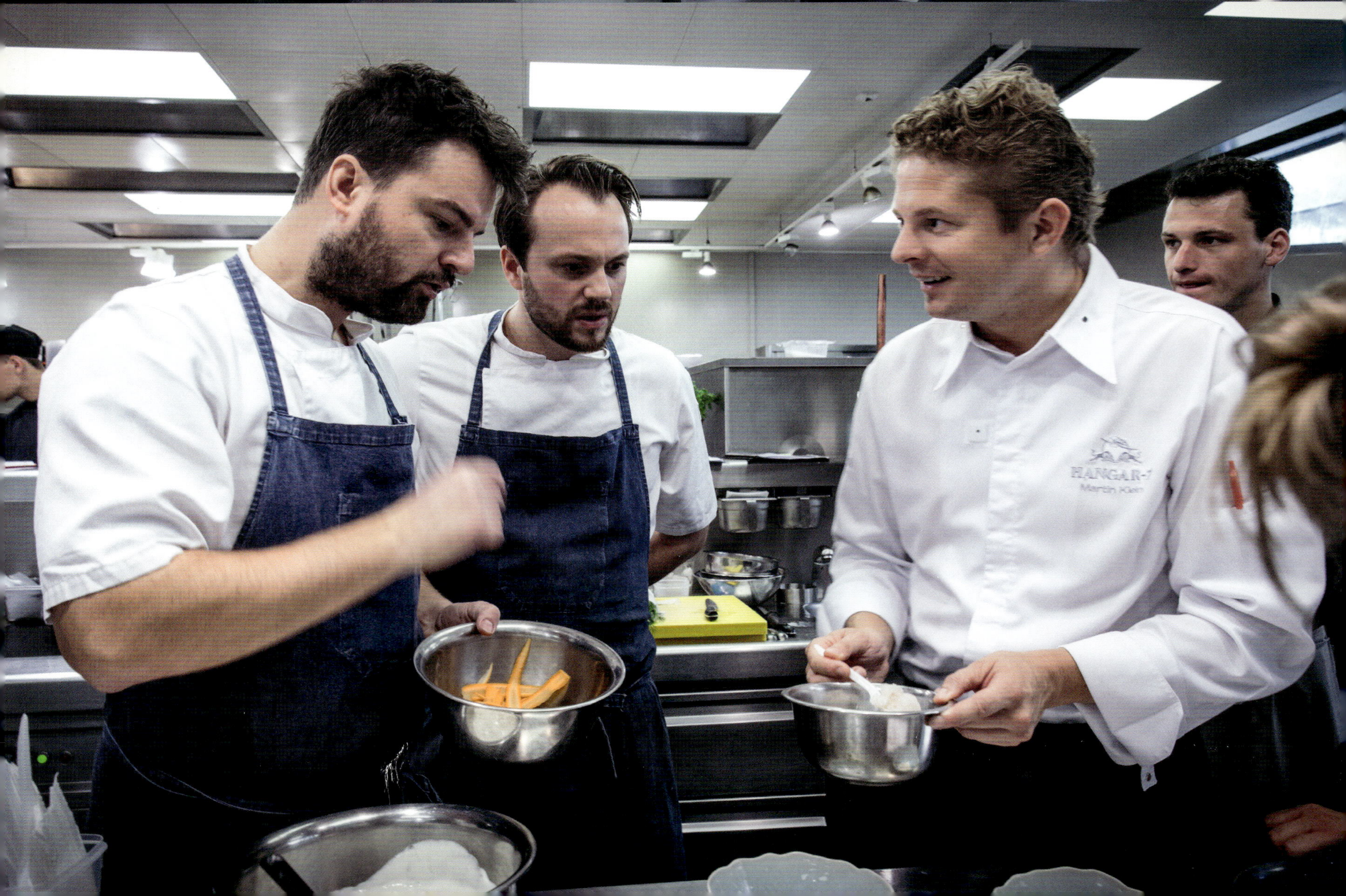
HANGAR-7
Martin Klein

MENÜ

Stachelbeerensaft, Sprossen

Pilze, Thymian

Grüne Bohnen, Eigelb

Langoustine, Karotten, geräucherter Käse, Dill

Seezunge, Sellerie, Petersilie

Sepia, Lauch, Rindfleisch

Jakobsmuscheln, schwarze Oliven, Topinambur

Salatherzen, Rapsöl, Holunderblüte

Kohl, Kräuter, Heukäse, Perigord-Trüffel

Schweinebauch, Zwiebel, Aroniabeere

Gegrilltes Lammfilet, Rüben, Senf

Kürbis, Kamille, Honig

Rote Bete, Milch, Malz

Seezunge, Sellerie, Petersilie

Petersilienpüree
- 300 g frische Petersilienblätter
- Salz

Petersilienbrösel
- 1 Handvoll getrocknete Petersilienblätter
- 1 Handvoll Panko-Paniermehl

Selleriescheiben
- 1–2 junge Sellerieknollen
- Salz
- frisch gepresster Limettensaft
- 2–3 EL braune Butter

Selleriepüree
- ½ Sellerieknolle
- reichlich Vollmilch
- Salz
- 2–3 EL braune Butter
- 2–3 EL Sauerrahm
- etwas frisch gepresster Zitronensaft

Seezunge
- 1 große frische Seezunge (ca. 800 g), küchenfertig
- Salz
- frisch gepresster Zitronensaft
- 1–2 EL braune Butter

Meerrettichschaum
- 250 g Sahne
- etwas frisch entsafteter Meerrettichsaft
- Salz

Anrichten
- Petersilienkresse

Petersilienpüree
Die Petersilienblätter in Salzwasser sehr weich blanchieren, in Eiswasser abschrecken und gut ausdrücken. Die ausgedrückte Petersilie in einen Pacojet-Becher füllen und 12 Stunden gefrieren lassen, dann in den Pacojet einsetzen und pacossieren. Die Kräuterpaste erneut einfrieren und pacossieren. Je nach Bedarf ein weiteres Mal wiederholen. Das sehr feine Petersilienpüree in eine kleine Kunststoffspritzflasche füllen und kalt stellen.

Petersilienbrösel
Die getrockneten Petersilienblätter und das Panko-Paniermehl im Verhältnis 1:1 mischen und zu Bröseln mixen.

Selleriescheiben
Die Sellerieknollen schälen und mit einer Aufschnittmaschine in 1 mm dünne Scheiben schneiden. Die Selleriescheiben mit Salz und frisch gepresstem Limettensaft würzen, dann zusammen mit etwas flüssiger brauner Butter vakuumieren. Die marinierten Selleriescheiben kurz vor dem Anrichten in ein Wasserbad legen und bei konstant 55 °C 10 Minuten erwärmen, aber nicht garen lassen.

Selleriepüree
Die Sellerieknolle schälen und würfeln, dann mit Milch bedecken, leicht salzen und zugedeckt weich kochen. Die Selleriewürfel mit brauner Butter pürieren, dann mit Sauerrahm und etwas frisch gepresstem Zitronensaft verfeinern. Das Selleriepüree mit Salz abschmecken, passieren, in einen Spritzbeutel füllen und warm anrichten.

Seezunge
Die Seezunge filetieren, ohne dabei die Haut zu entfernen. Die 4 Seezungenfilets mit der Haut nach oben im Dampfgarofen bei 58 °C 12 Minuten garen. Dann mit einem Messer vorsichtig die Haut ablösen. Die Seezungenfilets mit Salz und frisch gepresstem Zitronensaft würzen, dann mit etwas brauner Butter abglänzen und sofort anrichten.

Meerrettichschaum
Die Sahne erhitzen und mit etwas Meerrettichsaft und Salz abschmecken, dann schaumig aufmixen.

Anrichten
Je 1 Seezungenfilet auf 4 Teller legen. Darauf einige Selleriescheiben drapieren. In die Zwischenräume einige Tupfen Selleriepüree und Petersilienpüree spritzen. Die Seezungenfilets mit Petersilienkresse garnieren und mit Petersilienbröseln bestreuen. Zum Schluss mit etwas Meerrettichschaum nappieren.

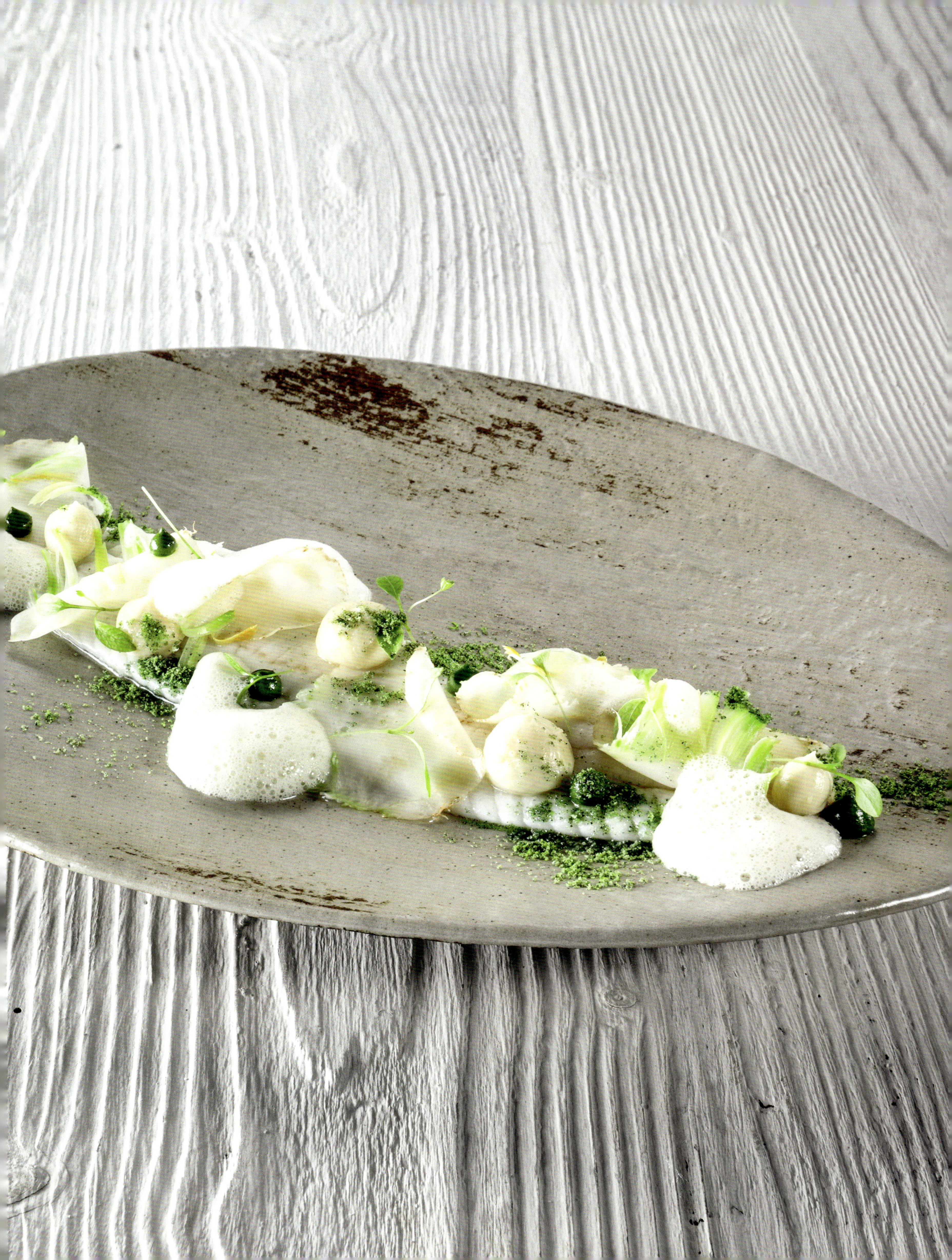

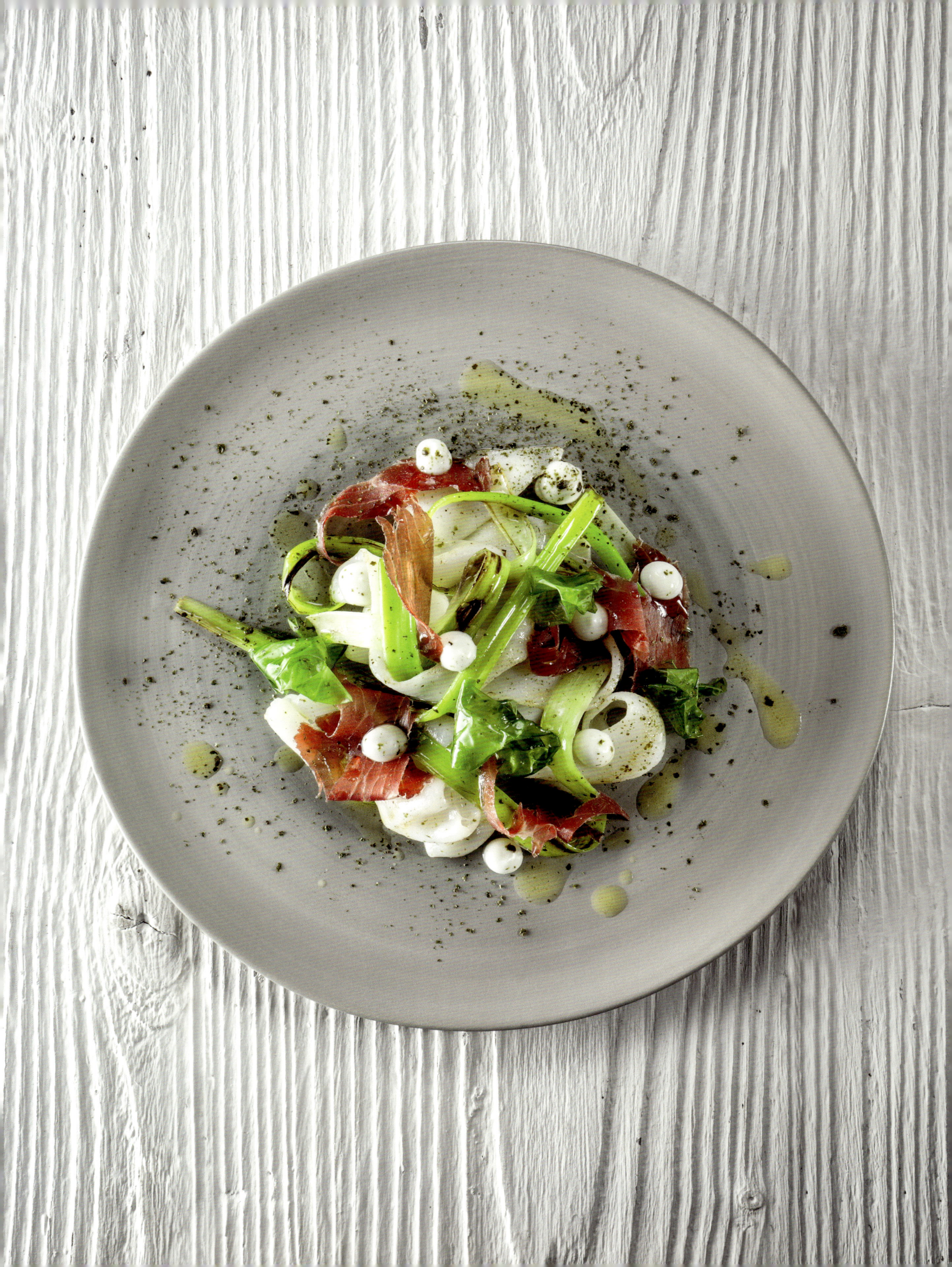

Sepia, Lauch, Rindfleisch

Essigmayonnaise
- 15 g Apfelessig
- 60 g Eiweiß
- 100 ml Traubenkernöl
- 2,5 g Salz

Braune-Butter-Vinaigrette
- 100 g Butter
- 1 EL Schalotten (Brunoise)
- Salz
- Zucker
- Apfelessig

Lauchstreifen
- 2 Lauchstangen
- 1 EL Traubenkernöl
- Salz

Sepia
- 160 g rohe Sepiatuben (mind. 1,5 cm dick, von einer 1,5–2 kg schweren Sepie)
- 1 EL Traubenkernöl
- Salz

Anrichten
- 40 g luftgetrocknetes Rindfleisch, in dicke Streifen geschnitten
- etwas frischer Meeressalat (Lechuga de mar)
- 1 geröstetes, getrocknetes Nori-Algenblatt, gemahlen

Essigmayonnaise

Den Apfelessig, das flüssige Eiweiß, das Traubenkernöl und das Salz in einen Mixbecher geben und mit einem Stabmixer zu einer cremigen Mayonnaise aufmixen. Die Essigmayonnaise in eine Kunststoffspritzflasche füllen und kalt stellen.

Braune-Butter-Vinaigrette

Die Butter langsam bräunen und durch ein feines Sieb passieren. Die braune Butter erneut mit den Schalottenwürfeln aufkochen, mixen und durch ein feines Sieb passieren. Dann mit Salz, Zucker und Apfelessig abschmecken und leicht abkühlen lassen.

Lauchstreifen

Die Lauchstangen putzen, die hellgrünen Bestandteile in lange Streifen schneiden. Die Lauchstreifen scharf in heißem Traubenkernöl sautieren, salzen und sofort anrichten.

Sepia

Die Sepiatuben mit der Aufschnittmaschine in dünne Streifen schneiden. Das Traubenkernöl stark erhitzen und die Sepiastreifen kurz und sehr scharf anbraten, dann salzen und sofort anrichten.

Anrichten

Jeweils Sepiastreifen und Lauchstreifen locker auf 4 Teller drapieren. Darauf einige Streifen getrocknetes Rindfleisch und etwas frischen Meeressalat legen. Einige Tupfen Essigmayonnaise darauf spritzen und mit etwas Braune-Butter-Vinaigrette beträufeln. Zum Schluss mit Nori-Algen-Pulver bestreuen.

Kohl, Kräuter, Heukäse, Perigord-Trüffel

Heukäsesauce
- 150 ml Wasser
- 150 g dänischer Heukäse aus Rohmilch (Heumilch-Hartkäse)
- Salz
- frisch gepresster Zitronensaft
- 20 g Butter

Kohl
- 400 g frischer Kohl der Saison (z. B. Spitzkohl, Weißkraut, Rosenkohl)
- 1 EL Maiskeimöl
- Salz

Perigord-Trüffel
- 40 g frische Perigord-Trüffel
- etwas Maiskeimöl

Anrichten
- 40 g gemischte Kräuter (Zitronenthymian, Zitronenmelisse, Estragon)
- 1 kleines Stück frische junge Fichtennadel-Triebspitze
- 20 g Kürbiskerne, im Backofen geröstet

Heukäsesauce
Das Wasser und den gewürfelten Heukäse in einen Thermomix geben und bei 60 °C 10 Minuten mixen. Die Heukäsesauce mit Salz und frisch gepresstem Zitronensaft abschmecken und mit der Butter schaumig aufmixen.

Kohl
Den Kohl putzen und in einzelne Blätter lösen, je nach Größe in grobe Stücke zerreißen. Das Maiskeimöl in einer Pfanne stark erhitzen. Die Kohlblätter kurz und sehr scharf sautieren, mit Salz würzen und sofort anrichten.

Perigord-Trüffel
Die Trüffel säubern und mit dem Trüffelhobel in hauchdünne Scheiben hobeln. Die Trüffelscheiben mit etwas Maiskeimöl abglänzen und roh anrichten.

Anrichten
Die sautierten Kohlblätter und die Trüffelscheiben auf 4 Teller verteilen und locker drapieren. Darauf die gemischten Kräuter geben. Die weichen Nadeln der Fichtennadel-Triebspitze abzupfen und über die Kohlblätter streuen. Die gerösteten Kürbiskerne grob zerkleinern und darüberstreuen. Zum Schluss mit reichlich aufgeschäumter Heukäsesauce nappieren.

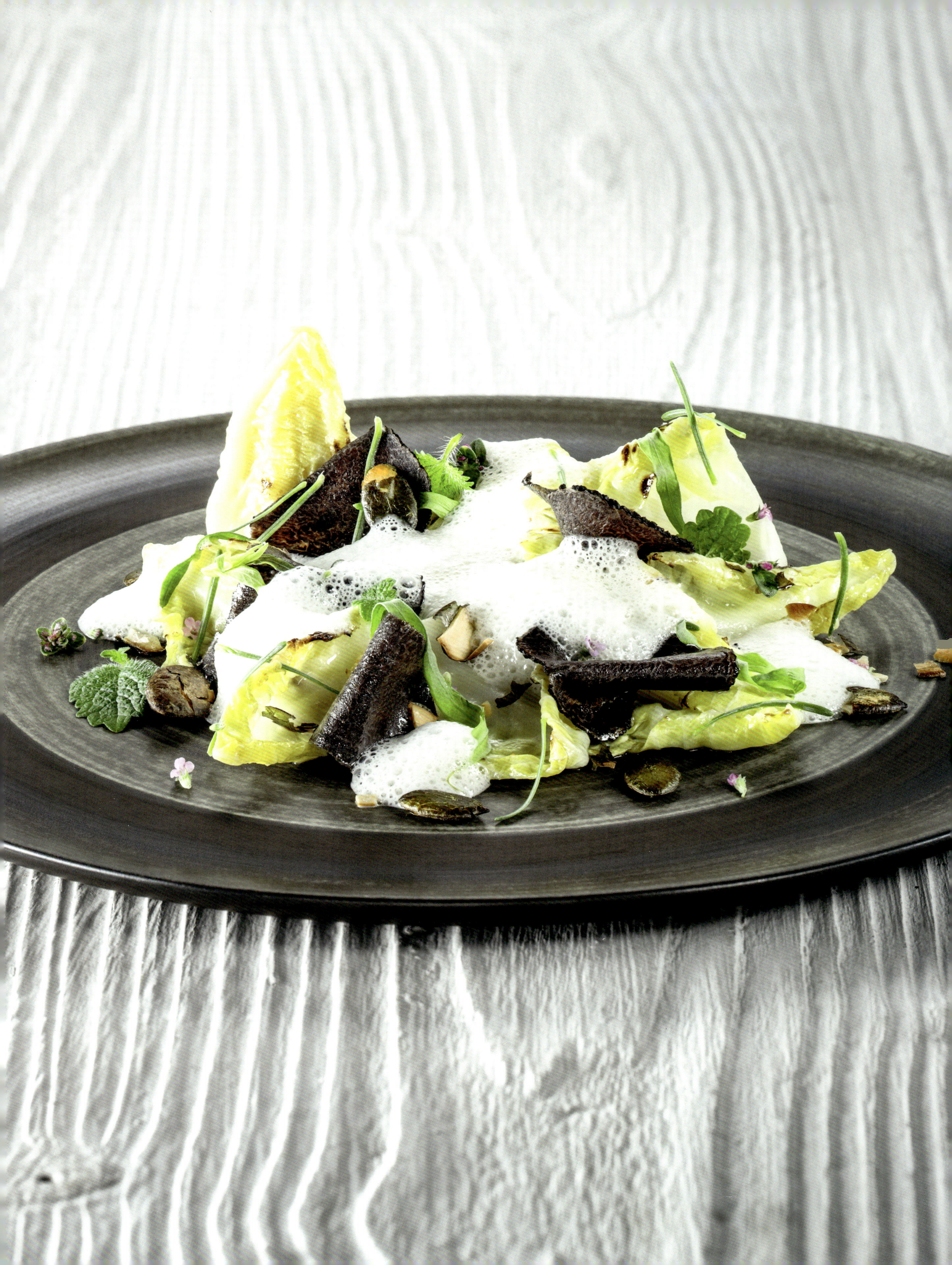

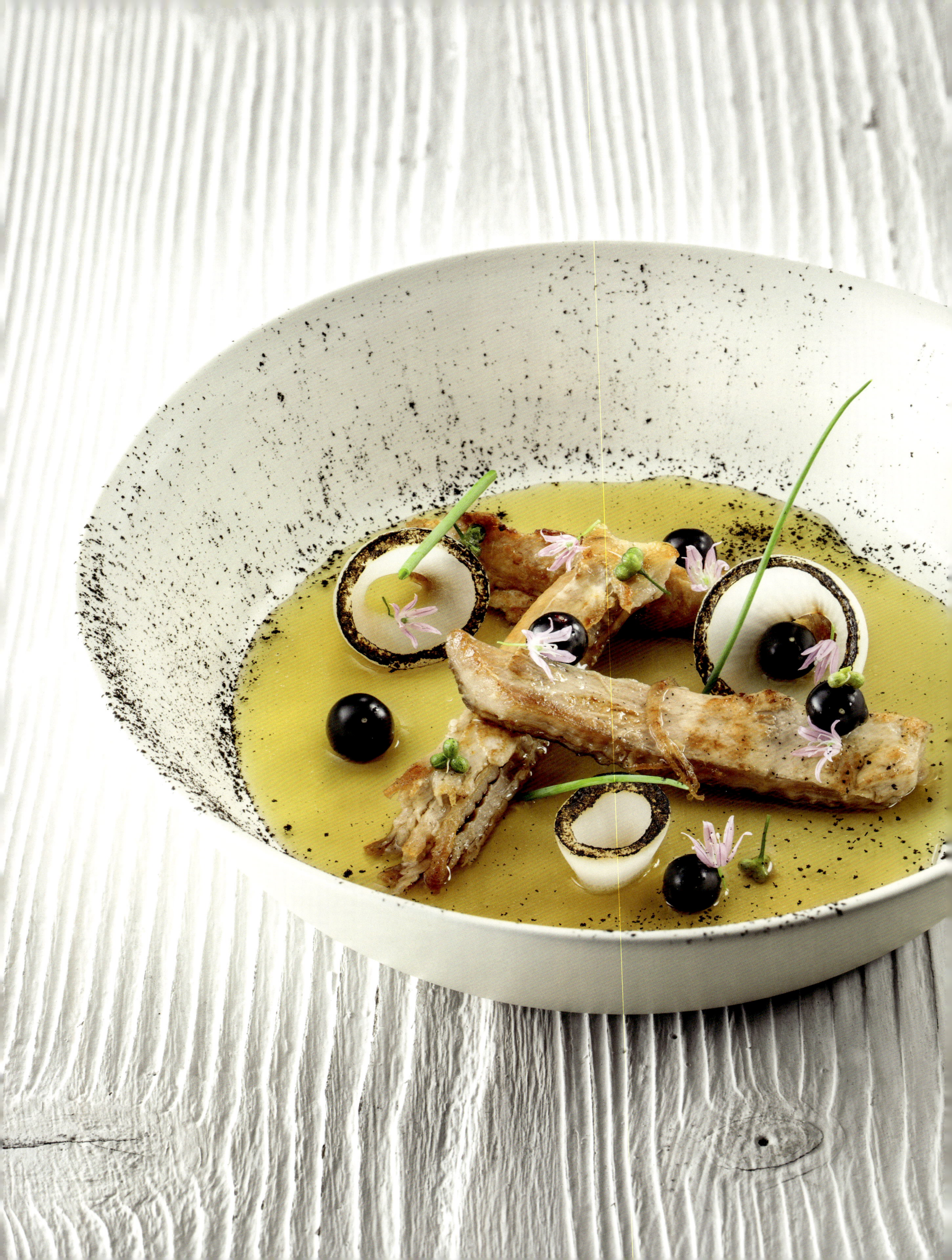

Schweinebauch, Zwiebel, Aroniabeere

Bärlauchkapern
- 1 Hand voll frische Bärlauchfrüchte (grüne Samenkapseln)
- Salz zum Einlegen
- Apfelessig zum Marinieren

Schweinebauch
- 800 g Schweinebauch am Stück, ohne Rippenknochen
- 1 l Salzlösung (10 %)
- 100 g flüssige Butter
- 1 EL Traubenkernöl

Reduzierter Hühnerfond
- Karkassen von 1 Huhn
- 1 EL Maiskeimöl
- 100 g Zwiebelwürfel
- 50 g Karottenwürfel
- 1 Knoblauchzehe
- Salz
- frisch gepresster Zitronensaft

Schwarzes Knoblauchpulver
- 2–3 Knoblauchzehen

Zwiebel
- 4 kleine braune Zwiebeln
- etwas Traubenkernöl
- Salz

Anrichten
- einige frische Aroniabeeren
- feine Schnittlauchhalme
- einige Schnittlauchblüten

Bärlauchkapern

Bärlauchfrüchte sind die unreifen Samenkapseln der verblühten Bärlauchblüten. Am besten sammelt man diese noch im unreifen Zustand, bevor die Samen sich schwarz färben und komplett ausreifen. Die Bärlauchfrüchte von den Stängeln abzupfen und mit reichlich Salz mischen, dann in ein verschließbares Glas füllen und mit Salz bedecken. Die Bärlauchfrüchte 2–3 Wochen verschlossen, kühl und dunkel lagern. Bei Bedarf einige Bärlauchkapern entnehmen, unter fließend kaltem Wasser abbrausen und 2 Stunden in reichlich Apfelessig einlegen.

Schweinebauch

Den Schweinebauch für 2 Stunden in die kalte Salzlösung einlegen, dann herausnehmen und trocken tupfen. Den Schweinebauch in einen Vakuumierbeutel legen, die flüssige Butter zugeben und vakuumieren. Den Schweinebauch im Dampfgarofen bei 83 °C 12 Stunden dämpfen, dann im Vakuumierbeutel abkühlen lassen und kalt stellen. Den Schweinebauch von der Schwarte befreien und in längliche, 2 cm dicke Riegel schneiden. Vor dem Anrichten das Fleisch von allen Seiten im heißen Traubenkernöl knusprig anbraten.

Reduzierter Hühnerfond

Die Hühnerkarkassen grob zerkleinern und im Backofen bei 180 °C (Ober-/Unterhitze) goldbraun rösten. Die Zwiebel- und Karottenwürfel im heißen Maiskeimöl anbraten, die gerösteten Hühnerkarkassen und die geschälte Knoblauchzehe zugeben. Mit kaltem Wasser auffüllen und 2 Stunden köcheln lassen. Den Hühnerfond durch ein feines Sieb passieren und mindestens um die Hälfte einreduzieren. Zum Schluss mit Salz und frisch gepresstem Zitronensaft abschmecken.

Schwarzes Knoblauchpulver

Die Knoblauchzehen schälen und im Backofen bei 250 °C (Ober-/Unterhitze) 1 Stunde lang rösten, bis der Knoblauch schwarz ist und eine styroporartige Konsistenz aufweist. Die schwarzen Knoblauchzehen abkühlen lassen und mit einer Microplane-Reibe zu feinem Pulver reiben.

Zwiebel

Die Zwiebeln schälen, mit etwas Traubenkernöl benetzen und salzen. Die ganzen Zwiebeln vakuumieren und im Dampfgarofen bei 85 °C 30 Minuten garen. Die Zwiebeln quer halbieren und in einzelne Zwiebelschichten lösen. Vor dem Anrichten etwas Traubenkernöl auf einer Grillplatte erhitzen und die Zwiebelschichten mit der Schnittseite nach unten scharf anbraten.

Anrichten

Je 3 Streifen knusprigen Schweinebauch auf 4 Teller legen. Die gerösteten Zwiebeln und einige frische Aroniabeeren darauf verteilen. Einige abgetropfte Bärlauchkapern auf das Fleisch legen und mit feinen Schnittlauchhalmen und Schnittlauchblüten garnieren. Dann den reduzierten Hühnerfond angießen und mit etwas schwarzem Knoblauchpulver bestäuben.

Rote Bete, Milch, Malz

Rote Bete
- 2–3 weich gegarte Roten Beten
- 200 g Rote-Bete-Saft, frisch entsaftet
- 50 g Zucker

Milcheis
- 540 ml Vollmilch
- 90 g Sahne
- 70 g Trimoline
- 30 g Zucker
- 3 Blattgelatine
- 20 g Thick & Easy® (Andickungsmittel)

Malz-Meringue
- 100 ml Wasser
- 125 g Muscovado-Zucker
- 19 g Eiweißpulver
- 1 EL Biermalzpulver

Milchkaramell
- 100 g Kondensmilch
- etwas Waldmeisterkonzentrat

Malzcracker
- 50 g Biermalzpulver
- 240 g helles Weizenmehl
- 100 g Puderzucker
- 1 Ei
- 150 g weiche Butter

Schoko-Crumbles
- 15 g geriebenes, getrocknetes Roggenbrot
- 30 g blonde Schokolade (32 % Kakaobutteranteil)
- 15 g gepuffte Gerste
- 15 g kleingehackte Malzcracker (siehe Teilrezept »Malzcracker«)

Anrichten
- junge Rote-Bete-Blätter oder Blutampferblättchen

Rote Bete

Die Roten Beten schälen und in ca. 1 cm dicke Streifen schneiden, dann im Backofen bei 130 °C (Ober-/Unterhitze) ca. 45 Minuten backen. Die Rote-Bete-Streifen sollen außen trocken sein, aber innen noch einen weichen Kern haben. Den Rote-Bete-Saft und den Zucker zu einem dicken Sirup einreduzieren. Die halb trockenen Rote-Bete-Streifen mit dem Sirup vermischen und mindestens 12 Stunden im Kühlschrank ziehen lassen.

Milcheis

Die Vollmilch, die Sahne, das Trimoline und den Zucker auf 85 °C erhitzen. Die Flüssigkeit in einen Thermomix füllen und die eingeweichte Gelatine zugeben und auflösen. Dann das Thick & Easy® untermixen. Die Eismasse über einem Eiswürfelbad rasch auf 10 °C abkühlen lassen, dann in einen Pacojet-Becher füllen und 12 Stunden tiefkühlen. Vor dem Anrichten den gefrorenen Pacojet-Becher in den Pacojet setzen und den Inhalt zu Milcheis verarbeiten.

Malz-Meringue

Das Wasser, den Muscovado-Zucker und das Eiweißpulver zu cremigem Schnee schlagen, dann das Biermalzpulver unterrühren. Die Meringue-Masse in einen Spritzbeutel füllen und auf einer Lage Backpapier lange Bahnen mit einem Durchmesser von 1 cm spritzen. Die Malz-Meringue im Backofen bei 65 °C (Ober-/Unterhitze) 12 Stunden trocknen lassen. Vor dem Anrichten in kleine Stücke brechen.

Milchkaramell

Die Kondensmilch vakuumieren und 3 Stunden in reichlich Wasser kochen. Das Milchkaramell abkühlen lassen und mit etwas Waldmeisterkonzentrat aromatisieren, dann in eine Kunststoffspritzflasche füllen und kalt stellen.

Malzcracker

Das Biermalzpulver, das Weizenmehl und den Puderzucker vermischen, das Ei und die weiche Butter zugeben und zu einem glatten Teig verkneten. Den Teig zwischen 2 Lagen Backpapier dünn ausrollen und 2 Stunden kalt stellen. Die oben liegende Lage Backpapier abziehen und die Teigplatte im Backofen bei 150 °C (Ober-/Unterhitze) 9 Minuten backen. Die Teigplatte abkühlen lassen und in grobe Cracker brechen.

Schoko-Crumbles

Das geriebene Roggenbrot, die gepuffte Gerste und die klein gehackten Malzcracker mischen, dann die flüssige blonde Schokolade unterrühren. Die Schokoladenmischung auf ein Blech geben und aushärten lassen. Vor dem Anrichten in kleine Stücke brechen.

Anrichten

Je 4 Streifen marinierte Rote-Bete-Streifen auf 4 Teller legen. Dann mit einigen Malz-Meringue-Stücken und Schoko-Crumbles bedecken. In die Zwischenräume etwas Milchkaramell spritzen. Je 1 Nocke Milcheis daraufsetzen und mit einigen Malzcracker und jungen Rote-Bete-Blättern garnieren.

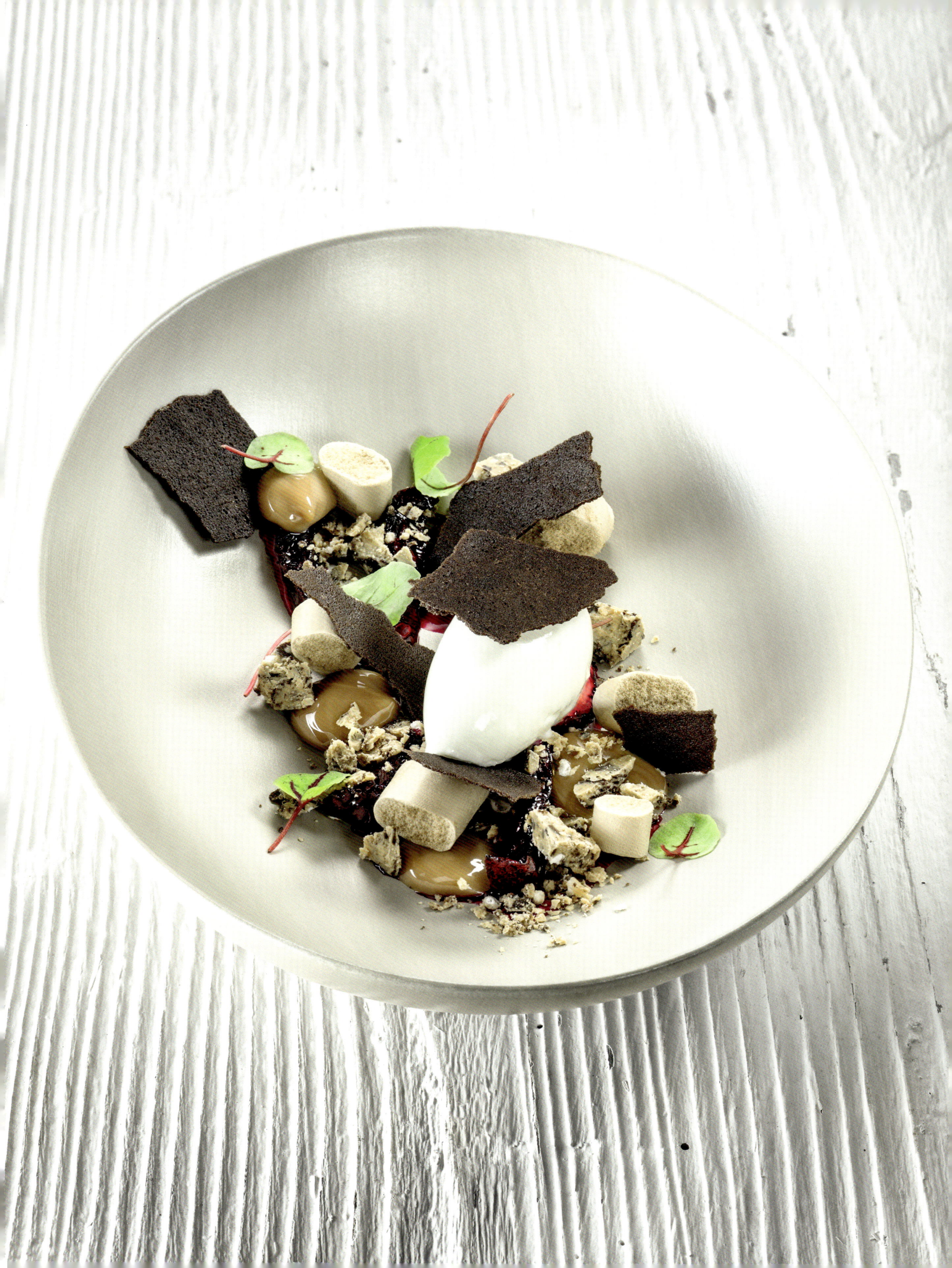

BEHIND THE SCENES

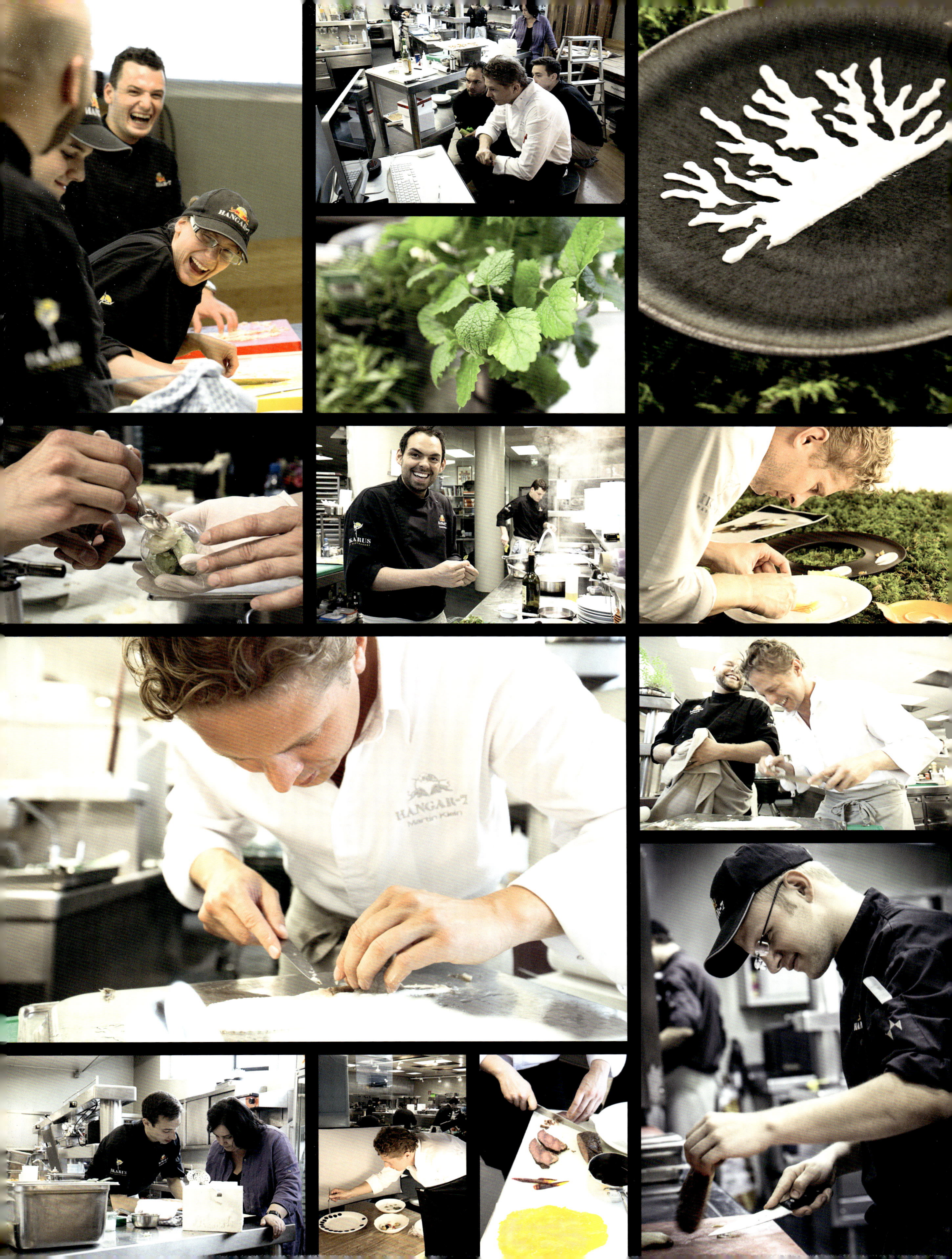
HANGAR
IKARUS
HANGAR-7
Martin Klein

15
Bart DE POOTER

39
Jannis BREVET

67
André CHIANG

91
Paco **PÉREZ**

- 104
- 106
- 108
- 110
- 112

115
Alexandre **GAUTHIER**

- 128
- 130
- 132
- 136
- 136

139
Ana **ROŠ**

- 152
- 154
- 156
- 158
- 160

163
Rodolfo GUZMÁN

176
178
180
182
184

187
Magnus EK

200
202
204
206
208

211
Sat BAINS

224
226
228
230
232

235
IKARUS Team

259
Matthew **LIGHTNER**

283
Jesper **KIRKETERP** & Rasmus **KLIIM**

© 2014

PANTAURO, SALZBURG

by Benevento Publishing

Eine Marke der Red Bull Media House GmbH

DANKSAGUNG: Martin Klein dankt allen, die bei der Erstellung dieses Buches mitgewirkt haben. Ganz besonderer Dank gilt Eckart Witzigmann, Jörg Bruch, Tommy Dananic, Dominik Fitz, Martin Ebert, Andreas Bitsch, Marisa Wutschl, Clara Krulich und dem gesamten Ikarus-Team für die großartige Unterstützung.

ZU BEACHTEN: Das Arbeiten mit flüssigem Stickstoff erfordert große Vorsicht und eingehende Kenntnisse der Molekularküche. Sofern nicht anders angegeben, wird der Backofen auf Ober-/Unterhitze eingestellt. Für das exakte Arbeiten sind auch Flüssigkeiten in Gramm angegeben, wie in der Sterneküche üblich. Alle im Buch enthaltenen Rezepte sind für 4 Personen gedacht.

HAFTUNGSAUSSCHLUSS: Die im Buch veröffentlichten Texte und Rezepte wurden mit größter Sorgfalt von Verfassern und Verlag erarbeitet und geprüft. Eine Garantie kann jedoch nicht übernommen werden. Ebenso ist eine Haftung der Verfasser und/oder des Verlags und seiner Beauftragten für Personen-, Sach- oder Vermögensschäden ausgeschlossen.

REDAKTION: Feierabend Unique Books

CREATIVE DIRECTOR: Peter Feierabend

GESTALTUNG UND SATZ: Christian Schaarschmidt, Marc Wnuck

FOTOGRAFIE, RED BULL CONTENT POOL:
Helge Kirchbherger Photography

FOTOGRAFIE DER GASTKÖCHE IM AUSLAND: S. 17-23, 41-47: Jarno Schurgers; S. 69-75: Mark Teo; S. 93-99: Sebas Romero; S. 117-123: Flavien Duhamel; S. 141-147: Samo Vidic; S. 165-171: Alfredo Escobar & Pablo Azocar; S. 189-195: James Holm; S. 213-219: Rutger Pauw; S. 261-267: François Portmann; S. 285-291: Esben Zøllner Olesen – alle für Red Bull Hangar-7 – ausser S. 72/73: Restaurant André/Nat K., S. 285u., S. 286-288: Anders Schønnemann

TEXTE: Christoph Schulte

REDAKTION REZEPTE: Irmgard Rumberger

LEKTORAT UND KORREKTORAT: Alexander Kerkhoffs

DRUCK UND BINDUNG: Druckhaus Friedrich Schmücker, Löningen

ISBN: 978-3-7105-0003-9